学术支持单位

国际儒学联合会

北京外国语大学中华文化国际传播研究院

北京外国语大学北京中外交流文化研究基地

本书为北京外国语大学中华文化国际传播研究院所主持的北京外国语大学"双一流"建设重大标志性项目"文明互鉴：中国文化与世界"（2021SYLZD020）的研究成果。

儒学与欧洲文明研究丛书　主编：张西平　罗莹

ZHONGGUO HE OUZHOU ZAOQI
SIXIANG JIAOLIUSHI

中国和欧洲早期思想交流史

张西平 / 著

北京大学出版社

图书在版编目(CIP)数据

中国和欧洲早期思想交流史/张西平著.—北京：北京大学出版社，2021.7
（儒学与欧洲文明研究丛书）
ISBN 978-7-301-32228-4

Ⅰ.①中… Ⅱ.①张… Ⅲ.①学术思想—文化交流—中国、欧洲—1500—1800 Ⅳ.① G129 ② G150.9

中国版本图书馆 CIP 数据核字(2021) 第 108786 号

书　　名	中国和欧洲早期思想交流史 ZHONGGUO HE OUZHOU ZAOQI SIXIANG JIAOLIUSHI
著作责任者	张西平　著
责任编辑	朱房煦
标准书号	ISBN 978-7-301-32228-4
出版发行	北京大学出版社
地　　址	北京市海淀区成府路 205 号　100871
网　　址	http://www.pup.cn　新浪微博：@北京大学出版社
电子信箱	zhufangxu@yeah.net
电　　话	邮购部 010-62752015　发行部 010-62750672　编辑部 010-62754382
印刷者	三河市博文印刷有限公司
经销者	新华书店
	720 毫米 ×1020 毫米　16 开本　35 印张　580 千字 2021 年 7 月第 1 版　2021 年 7 月第 1 次印刷
定　　价	138.00 元

未经许可，不得以任何方式复制或抄袭本书之部分或全部内容。
版权所有，侵权必究
举报电话：010-62752024　电子信箱：fd@pup.pku.edu.cn
图书如有印装质量问题，请与出版部联系，电话：010-62756370

"儒学与欧洲文明研究丛书"编委会

学术顾问：滕文生

主　　编：张西平　罗　莹

编 委 会：（按姓氏拼音首字母排序）

杜维明	韩　凌
［日］井川义次	［日］堀池信夫
［德］郎宓榭（Michael Lackner）	李存山
［德］李文潮	李　颖
［法］梅谦立（Thierry Meynard）	孟　华
任大援	田辰山
［法］汪德迈（Leon Vandermeersch）	杨慧玲
张朝意	张隆溪

序言一

16世纪末以后中欧思想文化的交流互鉴及影响

中欧之间思想文化交流和互学互鉴的历史源远流长，对各自的发展都起到了取长补短、相得益彰之效。梳理和总结中欧思想文化交流和互学互鉴的历史，是一件有意义的事情。

从欧洲中世纪晚期以来，以儒学为主干的中国文明，就已通过来华的欧洲人和到欧洲留学的中国人，传入欧洲各国。意大利的耶稣会士利玛窦，是最早把中国历史文化介绍到欧洲的文化名人之一。他在中国生活了28年。1594年，利玛窦将儒学的经典著作"四书"即《大学》《中庸》《论语》《孟子》，翻译成拉丁文在欧洲传播，他认为孔子的儒家思想同基督教的教义如出一辙。在这之后的1626年，法国耶稣会士金尼阁又将"五经"即《诗经》《尚书》《周易》《礼记》《春秋》，译成拉丁文在欧洲传播。来华传教的耶稣会士们对中国儒学和其他历史文化典籍的介绍与提倡，在欧洲的思想文化界产生了很大影响。从16世纪末到18世纪将近二百年间，整个欧洲出现了"中国文化热"。一大批德国、法国、英国、意大利、俄罗斯等欧洲国家的著名学者，十分关注并不断研究中国的哲学、文学、历史和经济、政治、军事，发表了许多解读和推崇中国文明的卓识之见。

法国的启蒙思想家们，是最先研究中国儒学和中国历史文化并深受其影响的一批学者。1713年，孟德斯鸠曾同在法国皇家文库工作的中国福建人黄加略进行过长谈。他的《论法的精神》等著作，就受到儒学特别是宋明理学的影响。伏尔泰认为儒学的哲学思想没有迷信和谬说，没有曲解自然，是最合人类理性的哲学。狄德罗认为中国哲学的基本概念是"理性"，孔子的学说是以道德、理性治天下。霍尔巴赫认为"中国是世界上唯一的把政治和伦理道德相结合的国家"。以上这些学者都是法国百科全书派的领军人物。法国"重农学派"的创始人魁奈，也认为中国文明是欧洲政治经济应该学习的圭臬，他的重农主义思想就受到儒学"以农立国"的"自然之理"思想的影响。担任过法国财政部长的重农学派改革家杜尔哥，还提出过法国的发展需要借助中国文明的经验。

当中国的历史文化传入德国时，学者们的研究也是盛况空前。当时德国的不少学者不仅可以阅读到拉丁文本的中国先秦儒学典籍，而且可以阅读佛兰恺用德文翻译的董仲舒的《春秋繁露》。德国著名的思想家、哲学家、文学家，如莱布尼茨、康德、费尔巴哈、歌德、席勒等，都对中国历史文化进行过研究并发表了许多精辟的见解。莱布尼茨是欧洲第一位肯定中国文明对于欧洲文明十分有用的思想巨匠。在他倡导建立的柏林、维也纳、彼得堡的科学院中，探讨中国哲学与文化被列为重要的研究项目。他在1715年写的《论中国哲学》的长信中，表达了对中国先哲们的思想开放、独立思考、富于思辨、崇尚理性的尊崇和向往。他主张欧洲应该学习吸收中国的政治、伦理文化，中国则应该学习吸收欧洲的理论科学。莱布尼茨从《周易》中得到灵感而撰写的二进制学说，为德国哲学增加了辩证的思想因素。康德从儒家的哲学思想中受到启发而创建的用辩证的、联系的、发展的观点考察自然界的科学方法，开了德国古典哲学区别于英国经验主义和法国理性主义的先河。费尔巴哈认为孔子的"己所不欲，勿施于人"的思想，是"健全的、纯朴的、正直的道德体现"，是一种高尚的哲学伦理。被誉为德国文学史上最耀眼的"双子星座"的歌德与席勒，对中国文学怀有浓厚的兴趣，他们曾创作过《中德四季朝暮吟》《图兰朵》等关于中国的文学作品。

是不是可以这样说，中国儒家和道家、法家等诸子百家学说中的哲学伦理、政治思想、人文精神的精华，中国历史上的物质文明、精神文明、政治文明的精华，为欧洲的思想家、政治家所吸取和借鉴，对于冲破欧洲中世纪神学政治的禁锢，对于欧洲启蒙运动的兴起和欧洲近现代文明的发展，曾经提供过思想养料和政治动力，提供过四大发明为代表的物质技术条件，从而对欧洲文明的进步起到了积极的影响和作用。每忆及此，我们为中国文明能够对欧洲文明和世界文明做出重要贡献而感到光荣。

毫无疑义，思想文化的交流、传播及其影响，从来都是相互的。中国从欧洲的思想文化和经济、科学技术中，也学习、吸收、借鉴过不少进步思想、发展经验和先进技术。欧洲文明的精华，对中国文明的发展也起到过积极的影响和作用。对此中国人民是记忆犹新的。

就在利玛窦来华传教期间，中国明代的不少学者和官员，就向他学习过欧洲的思想文化和科学技术知识。其中最有名的是徐光启、李之藻。徐光启当过明朝礼部尚书，同时是一位杰出的农学家、科学家。1600年，他结识了利玛窦，抱着"一物不知、儒者之耻"的虚心态度向利玛窦请教西方科学。他同利玛窦合译了欧几里得的数学名著《几何原本》，并根据利玛窦的讲授撰写了介绍欧洲水利科学的著作《泰西水法》，还吸收欧洲的天文历法知识制定了《崇祯历书》。徐光启是明代末年中国学者中学习西方科学文化的领袖群伦的人物，是中西文化交流的先驱之一。李之藻精通天文、数学，也是明代杰出的科学家。他曾同利玛窦合作撰写和编译了《浑盖通宪图说》《同文算指》等介绍欧洲天文、数学等自然科学知识的著作，同葡萄牙人傅汎际合译了亚里士多德的名著《论天》和《辩证法概论》。这些欧洲的思想文化和科学技术知识在中国的传播，对于中国社会的发展和进步所起的促进作用是功不可没的。

近代以来，欧洲的各种思潮更是纷纷传到中国。欧洲各国的许多人文科学和自然科学的重要典籍，从哲学、历史、文学、艺术到经济、政治、法律、科技，先后在中国翻译出版发行。这些读物，其涉及领域之广、数量之多，可以用中国的一句成语来形容，叫作"山阴道上，应接不暇"。就德国而言，我想举出在文学艺术和哲学方面的几位大家及其作品，他们给中国人民留下了深刻印象与认识。歌德的《浮士德》《少年维特之烦恼》，席勒的《阴谋与爱情》《欢乐颂》，在中国几乎是耳熟能详的。王国维、梁启超、鲁迅、郭沫若等中国文化名家，对这些作品都曾给予高度评价。康德、费尔巴哈、黑格尔可以说是中国人了解最多也是对中国近现代哲学产生过重要影响的德国哲学家。在20世纪初，随着马克思、恩格斯的学说在中国广泛传播，作为其先驱思想来源之一的费尔巴哈、黑格尔的哲学思想在中国也传播开来，影响了中国的哲学界。中国的伟大领导者毛泽东的重要哲学著作《实践论》《矛盾论》，显然也是吸收了费尔巴哈、黑格尔的哲学思想中关于唯物论和辩证法思想的合理内核。马克思、恩格斯无疑是对中国现代文明的进步和现代历史的发展影响最大的德国人。在中国人民的心目中，马克思、恩格斯不仅是伟大的哲学家、思想家、经济学家，而且是为中国的革命和建设提供了科学指导思想的理论导师。1899年2月至5月《万国公报》第121—124期连载了英国传教士李提摩太翻译、上海人蔡尔康笔述的介绍英国社会学家本杰明·颉德的著作《社会进化》一书主要内容的文章，1899年5月这些文章结集出版，书名定为《大同学》。从这本书中，中国人最早知道了马克思、恩格斯的名字及马克思主义学说。其后，中国共产党的早期领导人李大钊、陈独秀、李达等人，成为马克思主义在中国的主要传播者。马克思主义学说一旦与中国实际相结合，包括与中国优秀传统文化相结合，就给近代以来积贫积弱的半殖民地半封建的中国，带来了翻天覆地的历史巨变。中国共产党领导中国人民经过长期奋斗和艰苦探索，终于成功地走上了建设中国特色社会主义的康庄大道。

历史发展到现在，世界已进入经济全球化时代，科学技术日新月异，各国的经济文化社会联系日益紧密，人类文明无论在物质还是精神方面都取得了巨大进步。但是经济全球化的发展和新自由主义的盛行，也带来了许多问题和弊端。诸如无限度地追逐高额利润、无休止地争夺和滥用资源、无节制地追求高消费的生活方式，以及脱离实体经济追逐金融投机等，由此造成资源破坏、环境污染和各种冲突不断，造成国家之间、地区之间、社会成员之间的贫富悬殊，造成物质至上而精神道德沦丧的现象，造成经济危机和社会危机。这些问题，是国际社会亟待解决的紧迫问题。解决这些问题的出路和办法在哪里？可以借鉴的历史经验和历史智慧在哪里？各国的政治家、有识之士和专家学者，都在思考和探索。要解决这些问题，当前最重要的是世界各国要加强平等协商，各种不同文明要加强对话和交流，要充分吸取不同国家、不同文明的思想文化精华。不论是经济还是社会的发展，都应实现同合理利用资源和保护环境相协调的可持续发展；不论是国家之间还是地区之间，都应消除政治军事冲突而实现持久和平；不论是发达国家还是发展中国家，都应实现互利互惠和共同繁荣。这是全世界人民所希望达到的目的。

在解决上述问题的过程中，儒学文化是可以而且能够发挥重要作用的。世界上一些有识之士已认识到了这一点。1988年，诺贝尔获奖者在巴黎举行主题为"面向二十一世纪"的集会。在会议的新闻发布会上，瑞典的汉内斯·阿尔文博士就指出：人类要生存下去，就必须去吸取孔子和儒家学说的智慧。美国著名学者约翰·奈斯比特在其著作《亚洲大趋势》中也指出：要重新重视孔子为代表的儒家思想，借以抵御日下的世风，防止职业道德败坏、享乐式消费、个人主义膨胀以及政治狂热。他们的这些看法，可以说在不少国家的政要和专家学者中已成为共识。

儒学作为一种具有世界影响的思想文化遗产，蕴含着丰富的思想财富。这些思想财富，无论是对解决当今国家与社会治理和经济文化发展中的问题，还是对处理当今国家与国家关系、各种经济社会关系以及人与自然关系等方面的问题，仍然具有自己的价值。比如，儒学中包含着关于安民、惠民、保民、"以民为本"的思想，关于敬德、明德、奉德、"惟德是辅"的思想，关于中和、泰和、和谐、"和而不同"的思想，关于仁者爱人、以己度人、以德为邻、"协和万邦"的思想，关于自强不息、厚德载物、俭约自守、"天人合一"的思想，关于安不忘危、存不忘亡、治不忘乱、"居安思危"的思想等。从这些思想中，是可以找到解决经济全球化和新自由主义带来的问题和弊端所需要的重要智慧、经验与历史借鉴的。我们国际儒学联合会的同仁，愿意同各国的思想家、政治家和专家学者们一道，共同为此做出努力。

国际儒学联合会会长　滕文生
2019年7月

序言二

在与西方思想的对话中展开儒学研究

一、全球史观下新的思考

在19世纪后由西方所主导的人文社会科学研究中,西方文化是人类思想的中心,它代表着人类的未来。其根据是现代化的社会发展模式和思想都是由西方人所确立的。西方所以取得现代化的显著成就,获得这样的地位,那是因为西方有一整套的思想文化传统。文化的优越导致了发展的优越,文化的先进导致了社会的先进。西方文化的这种地域性的经验就成为全球性的经验,放之四海而皆准;西方文化的自我表述就成为全球各类文化的统一表述。希腊,文艺复兴,地理大发现,启蒙运动……西方成为所有非西方国家的榜样,西方的道路应是全球各个国家的发展道路,西方的政治制度和文化观念应成为全球所有国家的制度和理念。于是就有了目前被人们广泛接受的"东西之分""现代与传统"之别的二元对峙的模式。东方是落后的,西方是先进的;西方代表着现代,东方或者非西方代表着传统。东方或者非西方国家如果希望走上现代之路,就一定要和传统决裂,就一定要学习西方。"化古今为中西",只有向西方学习,走西方之路,东方或非西方国家与民族才能复兴。

不可否认，西方文化中确有许多有价值的东西，也为人类的文明与文化提供了宝贵的经验和理念，有不少经验和理念也的确值得东方去学习。但中西对峙、现代与传统二分的模式显然有着它的弊端。仅就历史而言，这样的思路美化了西方的道路，把西方文化与精神发展史说成了一个自我成长的历史，把在漫长历史中阿拉伯文化、东方文化对其的影响与贡献完全省略掉了。特别是西方在启蒙时期的东西文化之间的交流与融合的历史完全被忽视了，当然同时，自大航海以后西方在全球的殖民历史以及对其他文化的灭绝与罪恶也统统都不见了。从全球史的观点来看，这是有问题的。

弗兰克和吉登斯认为："当代世界体系有着至少一段5000年的历史。欧洲和西方在这一体系中升至主导地位只不过是不久前的——也许是短暂的——事件。因此，我们对欧洲中心论提出质疑，主张人类中心论。"① 世界的历史是各个民族共同书写的历史，西方的强大只不过是近代以来的事情，而这种强大的原因之一就是西方不断地向东方学习。在希腊时期，"对俄耳甫斯（Orpheus）、狄俄尼索斯（Dionysus）、密特拉斯（Mithras）的崇拜充斥着整个希腊—罗马世界，这说明在耶稣之后的若干世纪里，基督教学说和信仰很有可能与印度宗教共享了一种遗产。这些问题都值得深思，关于孰先孰后的疑虑很难决断，但是有一点确凿无疑，即任何试图将西方剥离出东方传统的行为都是一种人为的划分"② 。文艺复兴前的几百年中，世界文明的中心是阿拉伯文明，文艺复兴起始阶段就是意大利人学习阿拉伯文，从阿拉伯文中翻译回他们已失的经典。之后在佛罗伦萨的顶楼上发现了希腊文献的手稿，重点才回到意大利本土。③ "就连像弗雷德里克·特加特这样的一些西方史学家，早在数代人之前业已批判过'以欧洲为中心

---

① 安德烈·冈德·弗兰克、巴里·K.吉尔斯主编：《世界体系：500年还是5000年？》，郝名玮译，社会科学文献出版社2004年版，第3页。

② J. J. 克拉克：《东方启蒙：东西方思想的遭遇》，于闽梅、曾祥波译，上海人民出版社2011年版，第55页。

③ 参见约翰·霍布森：《西方文明的东方起源》，孙建党译，于向东、王琛校，山东画报出版社2009年版；瓦尔特·伯克特：《东方化革命：古风时代前近东对古希腊文化的影响》，刘智译，上海三联书店2010年版。

的'历史著作,主张撰写单一的'欧亚地区'史。特加特1918年指出:'欧、亚两大地区是密不可分的。麦金德曾指出过:若视欧洲史附属于亚洲史,即可非常深刻地认识欧洲史。……史学家们的老祖宗(希罗多德)认为,欧洲史各时期均留有跨越将东西方隔开的假想线而交替运动的印记。'"①有了这样一个长时段、大历史的全球化史观,有了对西方文化自我成圣的神秘化的破除,我再来讨论16—18世纪启蒙时期与中国古代文化的关系。②

二、关于18世纪欧洲中国热

关于西方思想和中国思想在启蒙时期的相遇,要从大航海时代开始,"任何试图弄清楚欧洲和亚洲思想会面问题的研究都必须在这一语境下展开"③。

从社会侧面来看,启蒙时期中国古代文化对欧洲的影响表现在18世纪的中国热。"启蒙时期正是中国清朝的早期和中期,这时中国在世界历史上的影响达到了巅峰。……中国在世界历史和世界地理上都引人注目,其哲学、花卉和重农思想受到密切的关注,其经验被视为典范。……世界历史上任何一个时期都没有像启蒙时期这样,使得中国的商业贸易相对而言如此重要,世界知识界对中国的兴趣如此之大,中国形象在整个世界上如此有影响。"④在社会生活层面,当时的欧洲上流社会将喝中国茶,穿中国丝绸的衣服,坐中国轿,建中国庭院,讲中国的故事,作为一种使命和风尚。Chinoiserie这个词汇的出现,反映了法国当时对中国的热情。这"突出地反映了这样一个事实:在一个相当长的时期中,各

---

① 安德烈·冈德·弗兰克、巴里·K.吉尔斯主编:《世界体系:500年还是5000年?》,第15页。
② 近来学界亦开始出现试图摆脱西方中心主义的视角,分别从中国与西方两个角度,来分析明清之际中国社会的转变,并将其与西方国家同期发展进行对比的出色研究,例如王国斌《转变的中国:历史变迁与欧洲经验的局限》(李伯重、连玲玲译,江苏人民出版社1998年版)一书。
③ J.J.克拉克:《东方启蒙:东西方思想的遭遇》,第57页。
④ S. A. M. 艾兹赫德:《世界历史中的中国》,姜智芹译,上海人民出版社2009年版,第275—276页。也参见:Willy R. Berger, *China-Bild und China-Mode in Europa der Aufklärung*, Böhlau, 1990; Chen Shouyi, "The Chinese Garden in Eighteenth Century England," *T'ien Hsia Monthly 2*(1936), pp. 321-339; repr. in Adrian Hsia (ed.), *The Vision of China in the English Literature of the Seventeenth and Eighteenth Centuries*, The Chinese University. Press, 1998, pp. 339-357。

个阶层的欧洲人普遍关心和喜爱中国,关心发生在中国的事,喜爱来自中国的物"①。

正如我们在前面所研究的,来华耶稣会士的关于中国的著作在欧洲的不断出版,特别是柏应理的《中国哲学家孔子》的出版,在欧洲思想界产生了深刻的影响。来华耶稣会士的这些介绍儒家思想的著作,所翻译的儒家经典,引起了欧洲思想界的高度重视。

德国哲学家莱布尼茨是当时欧洲最关心中国的哲学家。他和来华传教士有着直接的接触和联系,他见过闵明我,他与白晋保持了长期的通信;他出版了德国历史上第一本关于中国的书《中国近事》;在礼仪之争中,他明确站在耶稣会一边,写了《论尊孔民俗》这一重要文献;晚年他写下了他哲学生涯中关于中国研究最重要的文献《中国自然神学论》。

从思想而言,中国思想的两个关键点是和莱布尼茨契合的。其一,他对宋明理学的理解基本是正确的,尽管他并没有很好地看到宋明理学中"理"这一观念的伦理和本体之间的复杂关系,但他看到理的本体性和自己的"单子论"的相似一面。其二,他从孔子的哲学中看到自己自然神论的东方版本。在西方宗教的发展中,斯宾诺莎的自然神论开启了解构基督教人格神的神学基础,传统神学将自然神论视为洪水猛兽。从此斯宾诺莎只能生活在阿姆斯特丹,靠磨眼镜片为生。莱布尼茨通过自然神论来调和孔子与基督教的思想,在这个意义上,"莱布尼茨是当时唯一重要的哲学家,认为中国人拥有一门唯理学说,在某些方面可与基督教教义并存"②。尽管,莱布尼茨的理解有其欧洲自身思想发展的内在逻辑,但

---

① 许明龙:《欧洲18世纪"中国热"》,山西教育出版社1999年版,第121页。关于18世纪欧洲各国中国热的专题研究,亦可参阅严建强:《18世纪中国文化在西欧的传播及其反应》,中国美术学院出版社2002年版。
② 艾田蒲:《中国之欧洲》(上),许钧、钱林森译,河南人民出版社1992年版,第427页。

他看到孔子学说中非人格神的崇拜是很明确的。①

如果说莱布尼茨从哲学和宗教上论证了孔子学说的合理性，那么伏尔泰则从历史和政治上论证了孔子学说的合理性。卫匡国的《中国上古史》《中国哲学家孔子》，在欧洲出版后引起了思想的轰动，这两本书中的中国纪年彻底动摇了中世纪的基督教纪年。②"《风俗论》是伏尔泰的一部重要著作，在这部著作中，伏尔泰第一次把整个人类文明史纳入世界文化史之中，从而不仅打破了以欧洲历史代替世界史的'欧洲中心主义'的史学观，……他说东方的民族早在西方民族形成之前就有了自己的历史，我们有什么理由不重视东方呢？'当你以哲学家身份去了解这个世界时，你首先把目光朝向东方，东方是一切艺术的摇篮，东方给了西方一切。'"③如果中国的历史纪年是真实的，基督教的纪年就是假的，梵蒂冈就在骗人，欧洲的历史也就是一部谎言的历史。借助中国，借助孔子，启蒙思想家们吹响了摧毁中世纪思想的号角。而伏尔泰这位18世纪启蒙的领袖是穿着孔子的外套出场的，他的书房叫"孔庙"，他的笔名是"孔庙大主持"。④

魁奈也是推动18世纪法国中国热的重要人物。魁奈对孔子充满了崇敬之情，他说："中国人把孔子看作是所有学者中最伟大的人物，是他们国家从其光辉的

---

① 参见莱布尼茨：《中国近事：为了照亮我们这个时代的历史》，梅谦立、杨保筠译，大象出版社2005年版；李文潮编：《莱布尼茨与中国》，科学出版社2002年版；桑靖宇：《莱布尼茨与现象学：莱布尼茨直觉理论研究》，中国社会科学出版社2009年版；胡阳、李长铎：《莱布尼茨二进制与伏羲八卦图考》，上海人民出版社2006年版；孙小礼：《莱布尼茨与中国》，首都师范大学出版社2006年版；方岚生：《互照：莱布尼茨与中国》，曾小五译，王蓉蓉校，北京大学出版社2013年版；张西平：《欧洲早期汉学史：中西文化交流与西方汉学的兴起》，中华书局2000年版；David E. Mungello, *Leibniz and Conpcianism: The Search tor Accord*, University of Hawaii Press, 1977; David E. Mungello, "Confucianism in the Enlightenment: Antagonism and Collaboration Between the Jesuits and the Philosophes," *China and Europe* (1991), pp. 95-122; Gottfried W. Leibniz, *Discours sur la theologie naturelle des Chinois, à M. de Remont*, Translation of *Discours and Novissinw Sinica,* Daniel J. Cook & Henry Rosemont, *Gonfried Wilhelm Leibniz: Writings on China*, Chicago Open Court, 1994.
② 参见吴莉苇：《当诺亚方舟遭遇伏羲神农——启蒙时代欧洲的中国上古史论争》，中国人民大学出版社2005年版。
③ 张西平：《中国与欧洲早期宗教和哲学交流史》，东方出版社2001年版，第371页。
④ 参见孟华：《伏尔泰与孔子》，中国书籍出版社2015年版；张国刚、吴莉苇：《启蒙时代欧洲的中国观：一个历史的巡礼与反思》，上海古籍出版社2006年版。

古代所留传下来的各种法律、道德和宗教的最伟大的革新者。"①他从孔子学说中找到自己经济学说的思想基础——自然法则。重农学派的自然秩序理论主要受益于中国古代思想,魁奈说:"中华帝国不是由于遵守自然法则而得以年代绵长、疆土辽阔、繁荣不息吗?那些靠人的意志来统治并且靠武装力量来迫使人们服从于社会管辖的民族,难道不会被人口稠密的中华民族完全有根据地看作野蛮民族吗?这个服从自然秩序的广袤帝国,证明造成暂时的统治经常变化的原因,没有别的根据或规则,只是由于人们本身的反复无常,中华帝国不就是一个稳定、持久和不变的政府的范例吗?……由此可见,它的统治所以能够长久维持,绝不应当归因于特殊的环境条件,而应当归因于其内在的稳固秩序。"②这个内在固有的秩序就是"自然秩序",这正是他的学说的核心思想。

魁奈重农学派与中国古代思想之间的渊源和联系,这是经过学者反复研究得到证明的问题。利奇温认为,魁奈的学说"特别得力于中国的文化传统"③,中国学者谈敏认为:"重农学派创立自然秩序思想,其重要思想来源之一,是得自中国的文化传统;尤其是这一思想中那些在西方学者看来不同于欧洲主流思想的独特部分,几乎都能在中国古代学说中找到其范本。"④

---

① 弗朗斯瓦·魁奈:《中华帝国的专制制度》,谈敏译,商务印书馆1992年版,第37—38页。
② L. A. 马弗利克:《中国:欧洲的模范》,转引自谈敏:《法国重农学派学说的中国渊源》,上海人民出版社1992年版,第162页。
③ 参见利奇温:《十八世纪中国与欧州文化的接触》,朱杰勤译,商务印书馆1962年版,第93页。
④ 谈敏:《法国重农学派学说的中国渊源》,第161页。有的学者从魁奈的书名《中华帝国的专制制度》(Le despotism de la Chine)就认为魁奈是批评中国专制主义,是法国中国热的一个转折点,正像看到孟德斯鸠对中国专制主义的批评一样。实际上即便在孟德斯鸠的批评中,他自己也感到把专制主义一词完全套用在中国是不完全合适的,在魁奈这里更是如此。这里并非为中国的制度辩护,只是在理解这些西方学者的思想时,要实事求是。把重农学派说成"回到封建的农业社会""从重农角度讲,他们是维护封建制度的""重农主义推崇中国重视农业",亚当·斯密比重农学派更加重视经济的自由发展等,这些议论基本上没有读懂重农学派的基本理论,不了解这一学派在西方经济学说中的地位。马克思对于魁奈的《经济表》,给予很高评价。他说:"重农学派最大的功劳,就在于他们在自己的《经济表》中,首次试图对通过流通表现出来的年生产的形式画出一幅图画。"(马克思:《马克思恩格斯全集》(第二十三卷),人民出版社1972年版,第648页。)他还指出"魁奈医生使政治经济学成为一门科学,他在自己的名著'经济表'中概括地叙述了这门科学"。(马克思:《哲学的贫困》,《马克思恩格斯全集》(第四卷),人民出版社1958年版,第138页。)

在启蒙运动中始终有两种声音,从孟德斯鸠到卢梭,启蒙思想也在不断发生演进与变化,这种变化最终在1793年孔多塞（Marie-Jean-Antoine-Nicolas de Caritat, Marquis de Condorcet）的《人类精神进步史表纲要》中表达了出来,此时,以进步为核心的启蒙观念确定了下来。此时中国成为与进步对峙的"停滞的国家"。如他所说:"我们就必须暂时把目光转到中国,转到那个民族,他们似乎从不曾在科学上和技术上被别的民族所超出过,但他们却又只是看到自己被所有其他的民族一一相继地超赶过去。这个民族的火炮知识并没有使他们免于被那些野蛮国家所征服;科学在无数的学校里是向所有的公民都开放的,唯有它才导向一切的尊贵,然而却由于种种荒诞的偏见,科学竟致沦为一种永恒的卑微;在那里甚至于印刷术的发明,也全然无助于人类精神的进步。"①

这样我们看到启蒙运动从伏尔泰到孔多塞,它走过了一个完整的过程,对中国从赞扬变为批判。其实中国仍是中国,这种中国观的变化是欧洲自身思想变化的结果。"中国形象发生颠覆性的转变,归根结底是欧洲人看待中国时的坐标已经斗转星移,从尊敬古代变为肯定当今,从崇尚权威变为抚戴理性,从谨慎地借古讽今变为大胆地高扬时代精神。因此中国曾经被作为圣经知识体系的从属物而被尊敬,被作为古老文明的典范而被尊敬,但瞬间又因为同样的原因被轻视。借耶稣会士之手所传递的中国知识在17—18世纪的欧洲人眼里堆积起的中国形象其实没有太大变化,只是这个形象的价值随着欧洲人价值观的变化而改变了。"②

应该如何看待启蒙时代的这种变化的中国观呢？中国思想在启蒙时代的影响应该如何评断呢？

三、中国思想在启蒙运动中的价值

历史说明了文化之间的互动和交错,单一的文化中心论是不成立的,无论是西方文化中心主义还是中国文化中心主义,当我们指出中国文化对18世纪欧洲的影响时,并不是倡导一种"西学中源说",历史早已证明那是把中国文化引向

---

① 孔多塞：《人类精神进步史表纲要》，何兆武、何冰译，生活·读书·新知三联书店1998年版，第36—37页。
② 张国刚、吴莉苇：《启蒙时代欧洲的中国观：一个历史的巡礼与反思》，第324页。

封闭的错误思潮。在如何看待中国思想在启蒙运动中的影响时,有两个问题需要特别注意。

第一,中国思想是否传播到了欧洲,启蒙思想家们是否读到了中国古代哲学儒家的作品,这是一个知识论的问题。在这个问题上有的学者将其分为两种立场:"研究西方的中国观,有两种知识立场:一是现代的、经验的知识立场;二是后现代的、批判的知识立场。这两种立场的差别不仅表现在研究对象、方法上,还表现在理论前提上。现代的、经验的知识立场,假设西方的中国观是中国现实的反映,有理解与曲解,有真理与错误;后现代的、批判的知识立场,假设西方的中国观是西方文化的表述(representation),自身构成或创造着意义,无所谓客观的知识,也无所谓真实或虚构。"①不可否认,从后现代主义的理论出发,可以揭示出西方中国形象的一些特点,但将现代经验的知识立场和后现代的批判知识立场对立起来本身就是有问题的,尽管从后现代主义的立场来看,这种对立是天经地义的事。知识的传播和知识的接受是两个密不可分的阶段。知识是否流动?知识流动的具体内容如何?接受者如何接受和理解知识?他们的文化身份对所接受知识的影响如何?这些理解和他们所在的时代思想关系如何?这是一个问题的两个方面。"启蒙思想家在关于中国讨论时,绝大多数情况下是建立在误读基础上的",这样的判断只说明了问题的一个方面。不能因为接受者对知识的理解受到自身文化的影响而产生了对异文化的"误读",就否认知识在传播中的真实性,同样,不能因传播者在传播知识时受其自身文化的影响,对其所传播的知识附上自身的色彩,就完全否认了所传播知识仍具有真实的一面。中国后现代主义的知识立场夸大了知识传播和接受主体的自身文化背景对知识传播和接受的影响,并且将文化之间的交流、知识在不同文化之间的流动完全龟缩为一个主体自身文化背景问题,将丰富的历史过程仅仅压缩为主体自己的文化理解问题。这样也就"无所谓客观的知识,也无所谓真实或虚构"。显然,这种理解是片面的。

这涉及启蒙时期欧洲知识界所了解到的关于中国知识,所接触到中国古代文

---

① 周宁:《西方的中国形象》,周宁编:《世界之中国:域外中国形象研究》,南京大学出版社2007年版,第4页。

化思想究竟是真实的，还是虚假的？或者启蒙时期所形成的中国观和中国有关还是根本和中国没有关系，中国仅仅是一个方法，一个参照系，在这些学者看来："关于西方的中国观的客观认识与真实知识这一假设本身就值得商榷。我们分析不同时代西方的中国观的变异与极端化表现，并不是希望证明某一个时代西方的某一种中国观错了而另一种就对了，一种比另一种更客观或更真实，而是试图对其二元对立的两极转换方式进行分析，揭示西方的中国观的意义结构原则。"①西方对中国的认识自然有其自身的原因，但所接触和了解的外部因素的多少和真假当然对其内部因素的理解有着直接的影响。把外部因素作为一个虚幻的存在，其内部思想和文化转换的结构当然无法说清。

在笔者看来，尽管后现代主义的知识立场有一定的价值，但完全否认现代知识立场是有片面性的。中国知识和思想在启蒙运动中引起了巨大的思想震动，这本身是欧洲思想内部的原因所造成的，但正是在耶稣会士所介绍的儒家思想的观照下，儒家自然宗教的倾向，中国历史编年的真实性，中国政治制度在设计上比欧洲的更为合理，例如科举考试制度等，才会引起了欧洲思想的震动。如果中国思想文化不具备一定的特质，就不会引起启蒙思想家如此大的兴趣。就伏尔泰来说，毋庸讳言，伏尔泰论及中国、宣传孔子，在一定程度上是出于实际斗争的需要，即所谓的"托华改制"。这一点，尤其在"反无耻之战"中更显突出。但儒家本身的特点无疑是重要的，如孟华所说："孔子思想的核心是'仁'，它的基本含义是'爱人'。而伏尔泰终其一生不懈追求的，正是这种将人视为人，能够建立起人际间和谐关系的人本主义。"②就魁奈来说，中国的思想对他来说是真实的，是他经济思想的重要来源，如谈敏先生所说，他的研究就是"试图以确凿的事实和大量的资料，系统地论证法国重农学派经济学说甚至西方经济学的中国思想渊源，具体地勾勒出重农学派在创建他们的理论体系时从中国所获得的丰富滋养及其对后代经济学家的影响；展示中西文化交流对于18世纪经济科学发展的重要意义，驳斥那些无视东方经济思想对于世界经济思想的贡献与影响的荒谬言论，弘扬中国古代经济思想的光辉成就"③。

---

① 周宁：《西方的中国形象》，周宁编：《世界之中国：域外中国形象研究》，第6页。
② 孟华：《伏尔泰与孔子》，第146页。
③ 谈敏：《法国重农学派学说的中国渊源》，第366页。

中国思想和文化在16—18世纪的传播是一个复杂的历史过程，欧洲启蒙时期对中国古代思想与文化的接受也是一个复杂的历史过程，中国思想和文化在16—18世纪产生如此大的影响，在欧洲形成了持续百年的中国热，这既是欧洲自身社会发展的一个自然过程，也是中国思想文化融入欧洲社会发展的一个过程，这既是欧洲思想变迁的内部需要的一个表现，也揭示了中国思想文化特点所具有的现代性内涵。我们不能仅仅将其看成欧洲精神的自我成圣，完全否认中国知识在启蒙运动中的作用，完全无视中国思想文化的现代性内涵对启蒙思想的影响，将此时的启蒙发展完全归结于欧洲思想自身发展的逻辑，这不仅违背了历史，也反映出了这种观点对欧洲思想自身成圣的神话的相信和迷恋。将欧洲的发展史神话，这正是欧洲逐步走向"欧洲中心主义"的重要一步。如果我们运用后现代的理论，来证明这一点，按照后现代主义思潮来说，这才恰恰是"自我殖民化"。

我们必须看到，这段历史不仅彰显出了中国古代文化的世界性意义，同时"这段历史又告诉我们：中国的传统并不是完全与近现代社会相冲突的，中国宗教和哲学思想并不是与现代思想根本对立的，在我们的传统中，在我们先哲的思想中有许多具有同希腊文明一样永恒的东西，有许多观念同基督教文明一样具有普世性。只要我们进行创造性的转化，中国传统哲学的精华定会成为中国现代文化的有机内容。东方在世界体系中也并非无足轻重，在西方走向世界时，东方无论在思想上还是在经济上都起着不可取代的作用"①。因此，1500—1800年间是中西文化的伟大相遇，这是人类文明史上少有的平等、和平交流的一段历史，是中国和西方文化交流史中最重要、最具有现代意义的一段历史，它是中国与西方共同的文化遗产，"未来的中西交流将更多地呈现出1500年到1800年间中西方的互动与互惠"②。

第二，对启蒙运动后期所确立的进步史观应进行解构。孔多塞最终所确立的以进步为核心的启蒙观是欧洲思想走向自我中心主义的开始。孔多塞写于1793年的《人类精神进步史表纲要》，以进步史观为核心，将人类历史发展分为九个时期，由低到高，最终达到完美阶段。他把中国安排在人类历史发展的第三个

---

① 张西平：《中国与欧洲早期宗教和哲学交流史》，第492页。
② 孟德卫：《1500—1800：中西方的伟大相遇》，江文君、姚霏译，新星出版社2007年版，第188页。

时代，他对中国历史与文明的安排为以后黑格尔的《历史哲学》对中国思想的评价打下了基础。①正如学者所说："启蒙主义者努力在知识与观念中'发现'并'建设'一个完整的、体现人类幸福价值观的世界秩序，该秩序的核心就是进步，进步的主体是西方，世界其他地区与民族只是对象，这其中既有一种知识关系——认识与被认识，又有一种权力关系，因为发现与被发现、征服与被征服往往是同时发生的。启蒙主义者都是欧洲中心的世界主义者。他们描述世界的目的是确定欧洲在世界中的位置，他们叙述历史是为了确立自由与进步的价值，并将欧洲文明作为世界历史主体。启蒙运动为西方现代文明构筑了一个完整的观念世界，或者说是观念中的世界秩序。它在空间中表现为不同民族、国家、风俗及其法律的多样的、从文明到野蛮的等级性结构；在时间中表现为朝向一个必然的、目标的、线性的、可以划分为不同阶段的进步。启蒙主义都是历史主义者，他们将世界的空间秩序并入时间中，在世界历史发展的过程中理解不同民族文明的意义和价值。其线性的、进步的历史观念已不仅是人类经验时间的方式，甚至是人类存在的方式。所有的民族、国家都必须先在历史中确认自己的位置，无论是停滞的或进步的，在历史之外或在历史之中，然后才在世界的共时格局——即文明、野蛮的等级秩序——中找到自己的位置。"②这个分析是正确的，指出了孔多塞所代表的后期启蒙思想家的问题所在——一种强烈的西方中心主义，说明了孔多塞的历史观的西方立场。

实际上当孔多塞这样来解释中国时，当时的中国并未停滞，不但没有停滞，当时的中国仍是一个强大的中国。1800年前的中国是世界上人口最多，经济规模最大、国民总产值第一的强盛大国，当时的中国正处在康乾盛世时期。弗兰克说得更为明确："整个世界经济秩序当时名副其实地是以中国为中心的。哥伦布以及在他之后直到亚当·斯密的许多欧洲人都清楚这一点。只是到了19世纪，欧洲人才根据新的欧洲中心论观念名副其实地'改写'了这一历史。正如布罗代尔指出的，欧洲发明了历史学家，然后充分地利用了他们对各自利益的追求，而不是

---

① 参见张国刚：《18世纪晚期欧洲对于中国的认识——欧洲进步观念的确立与中国形象的逆转》，《天津社会科学》2005年第3期。
② 周宁：《西方的中国形象》，周宁编：《世界之中国：域外中国形象研究》，第49—50页。

让他们追求准确或客观的历史。"①

所以，揭示出启蒙时期思想的实际发展过程，说明欧洲思想不是一个自我成圣的过程，仅仅回到希腊，西方思想家发展不出来近代的启蒙思想观念。但西方思想的当代叙述完全不再提这段历史，他们改写西方思想文化的发展史，并设置一个二元对峙的思想和文化发展的模式，将其作为训导东方国家的思想文化模式。在这个意义上，这种做法不仅无耻，也反映出西方思想自启蒙后的堕落，尤其至今一些西方文化思想领袖希望按照这样的逻辑继续改造这个世界时，将其称为文化帝国主义是完全可以的。后殖民主义理论的意义在于揭示出启蒙以来西方思想发展形成的真实历史和逻辑，说明了东方的价值和西方的虚伪。但绝不是用后殖民主义理论去论证西方思想的合理性、开放性，西方思想自我调节、自我成圣，西方近代思想自我发展的逻辑的合理性。我们决不能从这段历史的叙述中，按照后现代主义的理论框架，强化西方在启蒙后所形成的思想文化特征的合理性。这样的论述将重点放在西方思想的自我成圣、自我逻辑的发展，强调西方思想自身发展的逻辑的合理性、自洽性，东方只是一个没有实际价值的他者，西方近代思想的形成全在西方自身的内因。这样的一种研究实际上仍只是研究西方，东方只是个陪衬，中国只是个背景，从而没有真正从全球化的角度考虑文化与思想的互动，没有揭示在这个历史过程中东方思想的价值，没有用这段真实的历史去揭示当代西方思想和文化主流叙述的虚伪性。因而，这样一种用后殖民主义理论来论证启蒙思想的内在形成逻辑的合理性的做法，恰恰违背了后殖民主义理论的初衷，这是用后殖民主义逻辑为西方辩护的一种自我殖民化。对于这种思想和认识应该给予足够的认识。

这说明，当启蒙思想家以进步史观设计历史时，在历史事实上就存在问题，即便当时中国相比于欧洲发展慢了一些，但并未停滞。在启蒙后期孔多塞、马戛尔尼把中国说成停滞的帝国肯定是不符合事实的。历史是一个长时段的发展，100年是一个短暂的瞬间，今天中国发展的道路和特点都和西方有很大的不同，历史已经对启蒙后期开始形成的欧洲中心主义和19世纪主导世界的西方中心主义

---

① 贡德·弗兰克：《白银资本——重视经济全球化中的东方》，刘北成译，中央编译出版社2000年版，第169页。

做出了最好的回答。从今天的历史来看，启蒙后期的思想家的傲慢是多么的可笑。

四、启蒙精神与中国传统文化

历史充满了复杂性。启蒙时期中国古代文化在欧洲的影响也呈现出多元的色彩。学术界在理解启蒙与中国文化的关系时，大都不注意启蒙运动真实历史与中国文化之间的多元复杂关系，从而对启蒙思想和中国文化关系不能做出学理与历史的综合性分析与解释。

通过弘扬启蒙思想，来批判中国传统文化——这是一种看法。这种思维实际上已经接受了现代与传统、东方与西方二元对峙的思维方式，加之缺乏比较文化的立场和对全球史研究进展的关注，因而，完全不知中国文化在1500—1800年间与西方文化的基本关系和状态，不知当时中国在全球化初期的地位。所以，当弗兰克说出当时的中国是世界经济中心时，在中国学术界引起轩然大波，一些学者极为震惊。这种看法自然无法理解中国传统文化，尤其是儒家文化为何被启蒙思想所接受、所赞扬。在他们赞扬启蒙之时，内心已经将中国文化作为启蒙思想的对立面，而完全不知中国文化恰恰曾是启蒙思想家的思想源泉之一，也无法理解从这段历史可以看出中国传统文化，特别是儒家文化具有现代思想的内涵，只要经过创造性转换完全可以成为中国当代文化的重要资源。在这个意义上，这些学者并未真正理解启蒙运动。历史的吊诡在于，20世纪80年代的文化热中，对启蒙的崇拜和信仰有其合理性，就是到今天启蒙精神仍有其文化和思想价值，因为，启蒙运动所留给人类的"自由""民主""科学""理性"仍有其重要的价值。但将这些启蒙精神和中国传统思想完全对立起来是对启蒙思想形成历史的不了解。同时，对启蒙时期思想家们所提出的"科学""理性""进步"的一味赞扬，说明这样的看法不了解启蒙思想家在形成这些观念时的缺失，尤其启蒙思想后期所形成的"进步"观念背后的"欧洲中心主义"的立场，从而缺乏一种对启蒙的反思，特别是对西方近百年来在启蒙思想下所走过的实际历史过程的反思。①

　　通过批判启蒙思想,来弘扬中国文化——这是另一种。很长时间以来,在西方思想文化上启蒙运动都是作为一场伟大的思想文化运动而载入史册的。正如著名的罗兰·N.斯特龙伯格所指出,18世纪为世界贡献了这样的观念:"人类现在和将来都会'进步',科学技术对推动人类进步起了最大作用,人类的目的就是享受世俗的幸福。虽然有越来越多的知识分子对这些说法表示怀疑,但大多数平民百姓可能还是信奉它们。与许多社会科学一样,现代自由主义和社会主义都是在18世纪孕育出来的。今天的公共政策的目标也是由启蒙运动确定的:物质福利、幸福。人们还会想到宗教宽容、人道主义、法律面前人人平等,言论自由以及民主和社会平等。所有这些都主要源于这个世纪。更深入地看,很显然,我们的基本思维习惯以及我们的语言方式,也主要受到启蒙运动的影响。"②

　　以批判当代西方社会思想为其特点的后现代思潮兴起后,启蒙运动的地位发生了变化,启蒙开始成为批判的对象。后现代主义是对启蒙的一种反思、质疑和批判。一些思想家"开始对现代性的总体观念提出批判,并提出'后现代'以同'现代'相对抗,这些思想家的思想被称为'后现代主义'"③。这样一种反叛倾向首先是从尼采开始的,在他看来现代社会不是一个健康的社会,它是由废物组成的病态胶合物。沿着这条思路,利奥塔、德里达、福柯、罗蒂等西方哲学家

---

① "'人本主义在上世纪(19世纪)末叶达到顶峰。帝国主义的欧洲统治全球,但文化的欧洲则相信这是对世界文明进步的贡献';'一些欧洲人发觉他们的人本主义掩盖了和包庇了一场可怕的非人惨剧。他们还发觉自己所认为是唯一的文化其实只是世界文化之林中的一枝文化,而自己的这个文化曾居然认为有权蔑视其他文化并予以毁灭之。'"陈彦:《文化批判与文化自觉——中文版序》,埃德加·莫兰:《反思欧洲》,康征、齐小曼译,生活·读书·新知三联书店2005年版,中文版序第7页。参见汤林森:《文化帝国主义》,冯建三译,郭英剑校订,上海人民出版社1999年版。当下中国学术与思想界如何创造性地转化中国传统文化,如何在合理吸收西方近代思想文化精神合理内核的基础上清理"西方中心主义",是一个根本性的问题。思想的创造与独立、本土资源的发掘和百年西方中心主义的清理也是我们绕不过的一个重大问题。20世纪80年代的启蒙已经瓦解,思想已经分野,哪种思想方案更适合于现在的中国,这要待历史回答。参见许纪霖、罗岗等:《启蒙的自我瓦解:1990年代以来中国思想文化界重大论争研究》,吉林出版集团有限责任公司2007年版。

② 罗兰·斯特龙伯格:《西方现代思想史》,刘北成、赵国新译,中央编译出版社2005年版,第196页。

③ 姚大志:《现代之后——20世纪晚期西方哲学》,东方出版社2000年版,第229页。

各自展开了自己的论述,从而形成了后现代思潮,而另一些哲学家如哈贝马斯将继续沿着启蒙的方向完善这个理论。

西方这样的思考自然引起中国学者的注意,学者杜维明认为:"启蒙心态从18世纪以来,是人类文明史到现在为止最有影响力的一种心态。科学主义、物质主义、进步主义,我们现在熟悉的话语,都和启蒙有密切关系。社会主义和资本主义都是从启蒙发展出来的。市场经济、民主政治、市民社会,还有后面所代表的核心价值,比如说自由、理智、人权、法制、个人的尊严,这些价值也都从启蒙发展而来,而这个力量不仅方兴未艾,而且在各个地方已经成为文化传统中间不可分割的部分。所以我进一步说,在文化中国的知识界,文化的传统之中,启蒙心态的影响远远要超出儒家的、道家的、法家的、佛教的、道教的、民间宗教带来的影响。"①启蒙的问题在于:第一,人类中心主义(anthropocentrism);第二,工具理性(instrumental rationality)以及宰制性的科学主义;第三,个人主义;第四,西方中心主义。由此,杜先生认为:"经过了西化,经过了现代化,儒家传统的人文精神,人文关怀,可以和启蒙所带来的最强势的人文主义进行深层的对话,现代西方启蒙所开发出来那么多的光辉灿烂的价值,特别是科学技术方面的价值,和人的个性的解放,人的精神的发展,儒家的人文精神和现代西方人文主义之间的对话和互动的空间有没有,有哪些课题需要讨论,这是我关注的问题。"②正如学者所概括的:"作为儒家的现代传人,如何在启蒙反思中发挥儒家思想的积极作用,是杜维明相关思考的理论兴奋点之一。"③对此,一些学者的基本主张是:"儒家天人合一的人文主义可以在自身、社群、自然和上天四层面为超越启蒙凡俗的人文主义提供思想资源。"④

启蒙思想还是中国传统思想?看起来似乎有些对立。但一旦我们进入实际的历史境遇,就会看到将启蒙与中国传统思想对立起来的认识是值得反思的。

从我们上面所介绍的启蒙思想家对中国文化的接受来看,儒家思想和启蒙思想并不是对立的,儒家思想曾是滋润启蒙思想的重要外部资源,它与启蒙精神相

---

① 杜维明:《"启蒙的反思"学术座谈》,《开放时代》2006年第3期,第6页。
② 同上文,第8页。
③ 李翔海:《杜维明"启蒙反思"论述评》,《中国社会科学院研究生院学报》2011年第5期,第33页。
④ 同上文,第29页。

连，而又有别于西方启蒙思想。因此，在重建中国文化传统的现代意义时，我们不能完全将儒家思想和启蒙思想对立起来，而是可以从启蒙思想家当年对中国文化的跨文化理解中，纠正其偏误，赋予儒家文化以符合现代生活的新意，开出启蒙思想之新意。

例如，启蒙思想家利用中国文化的理性精神来解构中世纪的宗教，这里说明儒家思想中的理性精神是有其合理的一面。但启蒙思想家在理解儒家的理性精神时，并不全面，启蒙思想所确立的理性最终演化成为工具理性主义。这样他们并未深刻理解儒家思想的理性精神和宗教精神的融合，儒家思想的半哲学和半宗教特点。儒家的理性主义和启蒙思想的工具理性之间有着契合与差别，这样如何在保持启蒙理性精神的同时，发挥儒家理性与神圣性合一的资源，人文理性主义的资源，克服启蒙以来的工具理性之不足。同时，如何学习启蒙精神，将儒家实用理性转化成为不同于工具理性的现代理性，这都给我们留下宽阔的学术空间。

又如，启蒙思想家通过耶稣会士所介绍的中国富足的世俗生活，赞扬了个人主义。因此，将中国传统文化说成是一个压制个人的专制文化史是说不过去的，即便在孟德斯鸠那里，他对中国的专制文化也做了特别的处理，而魁奈专制主义并非是在批评意义上的使用，如克拉克所说："必须记住，启蒙思想家口中的'专制'绝非批评之辞，在这里中国乃是被视为受开明统治者治理的国家典范，也就是说，这种类型的国家不会根据统治者的一时兴起而作出决定，它将视法律而定，它将以全体人民的幸福为目的，它将以社会一切方面的和谐运转作为统治者最关注的核心问题。魁奈自己和他的同时代人一样，把中国视为理想社会，它为欧洲提供了一个可供模仿的范本。"①

但中国文化中对个人的肯定又不同于启蒙所开启的物质主义的个人主义，或者说凡俗的个人主义，乃至人类中心主义。儒家的人文主义正如陈荣捷教授在《中国哲学文献选编》中指出的："中国哲学史的特色，一言以蔽之，可以说是人文主义，但此种人文主义并不否认或忽视超越力量，而是主张天人可以合一。"②按照这样的理解，中国的天人合一的人文主义既不是启蒙思想家所倡导

---

① J.J.克拉克：《东方启蒙：东西方思想的遭遇》，第71页。
② 陈荣捷编著：《中国哲学文献选编》，杨儒宾等译，江苏教育出版社2006年版，第1页。

的世俗个人主义,也不是后来由此演化成为的人类中心主义。

自然,孔多塞等后期启蒙思想家所提出的"进步"观念也有其合理性,进步总是比落后要好。但这种进步不是一种以欧洲为中心的线性进步观,不是一种人类中心主义的无限索取自然的进步观,不是以西方文化取代其他多元文化的进步观。在这个意义上,中国传统的"天人合一"的自然观,"和而不同"的文化观,都可以作为修正孔多塞所代表的启蒙思想家进步观的重要思想资源。

目前关于启蒙思想与中国思想的讨论大都是在纯粹理论范围内展开的,但思想是历史的思想,没有历史的思想史是永远无法高飞的。历史是智慧的源泉,只有在一个长时段的历史中,我们才会体悟到真理。通过对1500—1800年间中西文化交流史的研究,通过对中国传统文化在启蒙时期的传播和影响接受研究,我们可以从根源上对启蒙做更为全面的反思,可以走出启蒙思想与中国传统思想对立的思考模式,克服后现代主义对启蒙片面批判和固守在启蒙思想内部发展思想的两种倾向,从中国的历史和启蒙的历史做出新的解释,将历史重新激活,将中西思想重新融合。这是我们的祈盼,亦是我们编订此套丛书的初衷。①

因应目前学界关于儒学研究的最新学术动向,一并汇总极具代表性的重要研究成果,本套丛书既收录有视野恢宏、横跨明清两代中西哲学交流史的通论型研究著作,例如张西平《中国和欧洲早期思想交流史》和堀池信夫《中国哲学与欧洲的哲学家》的研究专著;亦有专门针对目前学术界未能给予充分重视、实则能充分体现儒家思想在启蒙现代性构建过程中的地位和作用的研究专题,例如杜维明和孟华主编的《儒家思想在启蒙时代的译介与接受》和井川义次的《宋学西渐——欧洲迈向近代启蒙之路》都侧重于考察18世纪儒学与启蒙运动之间的互动关系,探讨儒家以"仁"为核心的伦理道德观,以及"仁政德治"的政体主张,对欧洲启蒙思想家的启迪作用并为他们的宗教、社会、政体改革提供了精神养料和可资借鉴的模式。张西平和李颖主编的《启蒙的先声:中国文化与启蒙运动》则经由梳理"中学西传"的历史脉络,展现儒家思想与启蒙运动和西方汉学兴起的紧密关系。梅谦立《从邂逅到相识:孔子与亚里士多德相遇在明清》一书则反向探讨了明清来华耶稣会士用儒家术语翻译、书写的亚里士多德主义的汉语著

---

① 参见许纪霖、罗岗等:《启蒙的自我瓦解:1990年代以来中国思想文化界重大论争研究》。

作，经由这种经典的交织使亚里士多德思想在中国文化土壤上呈现出新的阐释可能和丰富内涵。此外，丛书亦关注目前国内年轻学者对"西文文献中的中国"的最新研究成果，例如韩凌《洛克与中国：洛克"中国笔记"考辨》一书借助英国经验主义哲学家洛克的"中国笔记"手稿，系统梳理洛克的"中国观"，进而弥补17世纪中西文化交流史研究链条中所缺失的重要一环，亦即洛克对中国的认识和评价；罗莹《康熙朝来华传教士拉丁文儒学译述整理研究》一书在对康熙朝来华三大天主教修会传教士拉丁语儒学译述进行文献编目整理的基础上，细致呈现出当时来华传教士内部围绕儒学宗教性问题，分裂为"支持中国文化适应政策""反对文化适应政策"及"文化调和激进派"等不同态度并试图分析其儒学观的根本性分歧所在。

  我们期待借助不同文化本位和新老代际的研究者的多元研究视角，来呈现这一关注儒家思想的学术共同体，对其在不同历史阶段发展特点的审视及评论，从而反观中国人的哲学精神和宗教追求有别于西方的种种特点，经由文本上的旅行来实现横亘千古中西之间跨文化的对话，进而减弱自我认识的片面性，坦诚面对那个褒贬不一却始终具备丰沛生命力的儒家思想，及其在人类思想史进程中所蕴含的世界性意义。愿我们能以史为鉴，以更为广阔的胸怀迎接一个以文明交流超越文明隔阂、以文明互鉴超越文明冲突、以文明共存超越文明优越的伟大历史时代。

张西平　罗　莹
2019年7月

目　录

导　论　重新回到平等对话的元点上 ………………………………… 1

第一章　站在全球化的起点上 …………………………………………… 11

上编　欧洲思想在中国的早期传播

第二章　明清间西方文化在中国的传播 ………………………………… 27

第三章　入华传教士对亚里士多德哲学的介绍 ………………………… 38

第四章　入华传教士对托马斯·阿奎那哲学的介绍 …………………… 87

第五章　入华传教士对中世纪经院哲学的介绍 ………………………… 105

第六章　入华传教士所介绍的基督教神学 ……………………………… 193

第七章　天主教哲学与理学、佛学的理论争辩 ………………………… 210

第八章　利玛窦儒学观的困境与张力 …………………………………… 231

下　编　中国思想文化在欧洲的早期传播

第九章　明清间中国文化在西方的传播……………………… 253

第十章　罗明坚与中国宗教和哲学的西传…………………… 274

第十一章　利玛窦与中国宗教和哲学的西传………………… 298

第十二章　礼仪之争与中国哲学的西传……………………… 317

第十三章　儒、释、道在西方的早期传播…………………… 335

第十四章　中国哲学对法国文化的影响……………………… 362

第十五章　中国哲学对德国文化的影响……………………… 431

第十六章　中国哲学在英国的传播和影响…………………… 495

结束语　寻求世界近代思想的起源…………………………… 508

参考文献………………………………………………………… 513

后　记…………………………………………………………… 530

导　论　重新回到平等对话的元点上

在远古时代，东西双方在对方的眼中都是一个梦，一个神话。希腊人最早称中国人为"赛里斯人"，他们认为赛里斯人"身高达十三肘尺……寿逾二百岁……皮与河马相近，故弓箭不能入"①，中国人此时在西方人眼中真是"半人半仙"。在《吕氏春秋·古乐篇》《逸周书·王会解》等先秦典籍中，中国人的先祖也有一些对西方的认识，如《山海经》把西部世界的人描绘成"其状如人，豹尾虎齿"，由此可以看出，那时西方人在中国人眼中也是半仙半人。

在漫漫的历史长夜中，那一望无垠的大漠上的阵阵驼铃声通过丝绸之路连起了东方和西方，那时双方的交往大多还停留在器物交流的水平上。元代丝绸之路交通畅通，威尼斯商人马可·波罗（Marco Polo，1254—1324）成为蒙古大汗的座上客，据说还被派到扬州当了几年的"父母官"，但他那本震惊西方的《马可·波罗游记》（又译《马可波罗行纪》）竟然一字未提孔子、儒家，难怪至今有人怀疑马可·波罗是否真的到过中国。或许是像黑格尔所说的，那时人类的"自我意识"还没有达到宗教和哲学的阶段，因而根本谈不上东西方之间实质性的思想和哲学的交流。

世界近代化的曙光是在碧蓝的大海上升起的，哥伦布这个被有些人称作"骗

---

① 戈岱司编：《希腊拉丁作家远东古文献辑录》，耿昇译，中华书局1987年版，第1页。

子""可耻的人""小偷和见了女人就追的人",拉开了世界近代化的序幕。"寻找契丹",寻找《马可·波罗游记》中那神奇、富饶的东方,是大航海的直接动因之一。哥伦布就是身怀着西班牙国王所写的《致大汗书》,肩负着寻找契丹的使命,带着到达香料堆积如山、白帆遮天蔽日的刺桐港的梦想,而踏上这历史性的航程的。但阴差阳错,不知道大西洋上的哪股风把他的船吹到了海地。从此,大航海的时代到来了,地理大发现的时代到来了。

哥伦布没有到达中国。东西双方宗教与哲学的交流,乃至近代以来整个中西文化的交流的奠基性人物是一个意大利人,这就是明万历年间入华的耶稣会传教士利玛窦(Matteo Ricci,1552—1610)。①利玛窦1552年10月6日出生于意大利马切拉塔城(Macerata)的一个以红蓝色刺猬为其族徽的大户人家。据占星学家说,利玛窦出世的时候,"天平宫适在其上,土星刚刚上升",这预示着他是一个非凡的人物。

此事不知真假,但利玛窦这只"红蓝色刺猬"的东渡使东西方哲学、宗教思想真正相遇,从而使双方的思想都发生了重大的变化。就此而言,方豪先生称"利玛窦实为明季沟通中西文化之第一人"②实不为过。在近代中西思想文化交流史上,他的成就恐怕是前无古人、后无来者的。交流也就是对话,思想的对话才使文化交流达到它的高潮。

利玛窦及他以后的来华耶稣会士做了两件惊天动地的大事。

第一件就是"西学东渐",为中国近代思想的演进掀开了新的一页。

利玛窦第一次向中国介绍了西方的天文学,他的《乾坤体义》被《四库全书》的编纂者称为"西学传入中国之始",继而他又和明末大儒李之藻合著《浑盖通宪图说》。从此,对西方天文学的介绍一直是来华耶稣会士的重头戏,乃至明清间历局大部分为传教士所主持。

历学和算学二者历来不可分,利玛窦和徐光启所翻译的《几何原本》在中国产生了重大的影响,阮元认为传教士所介绍的各种西学书中以《几何原本》为

---

① 意大利耶稣会传教士,继罗明坚后开创了中国传教事业,并成为西方传教士汉学的奠基者之一。
② 方豪:《中西交通史》(下),上海人民出版社2008年版,第488页。

最，所以，梁启超后来称这本书"字字精金美玉，为千古不朽之作"①。

利玛窦所绘制的《万国舆图》更是受到了许多人的喜爱，明清间先后被翻刻了12次之多，乃至万历皇帝也把这幅世界地图做成屏风，每日坐卧都要细细端看。

表面上看，利玛窦所介绍的这些似乎都是纯科学的知识，其实这些科学知识蕴含西方的宇宙观、哲学观。历学虽是中世纪的，但其理论对中国来说却完全是异质的，算学则把西方科学逻辑思维方法介绍到中国，而地学则是大航海以来西方新的世界观念的体现，它从根本上动摇了中国传统的夷夏观念。

利玛窦这只"红蓝色刺猬"是极为聪明的，科学不过是他传教的手段，而传教则是他的目的。像他自己所说：

> 象纬之学，特是少时偶所涉猎；献上方物，亦所携成器，以当羔雉，其以技巧见奖借者，果非知窦之深者也。若止尔尔，则此等事，于敝国庠序中，见为微末，器物复是工人所造，八万里外，安知上国之无此？何用泛海三年，出万死而致之阙下哉？所以然者，为奉天主至道……②

利玛窦和来华耶稣会士在传播西方哲学思想方面的成绩亦是很大的，利玛窦的《天主实义》是中西文化史上第一部比较哲学的著作，也是中西文化的第一次实质性的对话。该书言古经、谈天主，文采四溢，博学通达，一时赢得许多士大夫好评，明清间久印不衰。长期以来一些人认为利玛窦介绍来的这套天主教的东西是有害的，这种看法实在太肤浅。宗教传播历来是文化传播的重要途径，如果没有自玄奘以来的译经活动，中国哪里知道印度的文化。徐光启加入天主教的直接原因之一就是看到了一幅精美的圣母像，实际上他是被基督教义化所震撼。

直到今天许多人还认为亚里士多德、毕达哥拉斯、斯多葛、西塞罗等这些古希腊罗马的大哲学家是在"五四"时期被介绍到中国来的，其实不然。别的不说，仅亚里士多德的书，明清时就有多部被译成中文。被称为"西来孔子"的艾儒略（Giulio Alenio，1582—1649）认为，西方哲学中的"落日加"即逻辑学位

---

① 梁启超：《清代学术概论》，朱维铮校注：《梁启超论清学史二种》，复旦大学出版社1985年版，第99页。

② 转引自方豪：《中西交通史》（下），第675页。

于首位,是"立诸学之根基";傅汎际(Francisco Furtado,1587—1653)和李之藻将亚里士多德的逻辑学的一部分译为中文,取名《名理探》;比利时传教士南怀仁(Ferdinand Verbiest,1623—1688)则继而把他们未完成的后半部分整理出版,中文取名《穷理学》。这种逻辑思想的传入对中国传统思想产生了重大的影响,为处于阳明心学衰落中的中国思想界注入了一股清风。

明清间,从利玛窦入华到乾嘉厉行禁教时为止,"中西文化之交流蔚为巨观。西洋近代天文、历法、数学、物理、医学、哲学、地理、水利诸学,建筑、音乐、绘画等艺术,无不在此时期传入"①。这次西方文化的传播规模之大,影响之广,是中国历史上前所未有的。

特别引人注意的是此时士大夫阶层对西学的接受的态度。当时,尽管保守派并不少,并时时挑起争端,但大多数知识分子对西学采取接受态度。利玛窦在明末时交游的士大夫有一百四十多名,几乎朝中的主要官员、各地主要公卿大夫都与其有过来往。当时的不少士大夫对于利玛窦等人介绍来的西学既不趋之若鹜、盲目附和,也不拒之门外、孤芳自赏,而是心态平稳,该做自我批评时就反躬自问、虚心学习,该承认自己传统时也不夜郎自大、旁若无人。如徐光启在《刻〈同文算指〉序》中对中国算学失传做过深刻反省,认为原因之一在于"名理之儒士,苴天下之实事",而利先生的西学之根本优点在于"其言道、言理,皆返本蹠实,绝去一切虚玄幻妄之说"。而只有学习西学才能把我们已丢失的黄帝、周公之算学继承下来。那时的读书人中既没有晚清知识分子因山河破碎所造成的在中西文化关系上的焦虑之感,也没有后来"五四"精英们的那种紧张感,如晚明名士冯应京所说:"东海西海,此心此理同也。"从容自如、大度气象一言尽之。这同"五四"时期的那种东西方的二分法、非此即彼的文化态度形成明显的对比。

胡适后来在谈到中国近代思想的演进时提到,中国近三百年来思想学问皆趋于精密细微科学化是受利玛窦来华的影响。西学东渐,东西会通,中国文化开始向近代形态转变。

利玛窦和来华耶稣会士所做的第二件事就是将中国文化传向西方,简称"中

---

① 方豪:《中西交通史》(下),第488页。

学西传"。

由于利玛窦所确定的"合儒补儒"路线取得成功,明清间在华耶稣会士虽和中国文化时有冲突,但大体耶儒相通。这条路线的确定使传教士来华的第一件事就是学习方块字,学说中国话,用毛笔写中文书,这对后来的传教士产生重要影响。别的不说,仅利玛窦就有中文著作二十几部,这一点就是当今的汉学家也望尘莫及。

会说了中国话,能读了中文书,对中国文化就有了了解。于是一二百年间来华的耶稣会士要么写信,要么译书,要么著书,以各种西方文字把中国的书译成西文。来华耶稣会士在中学西传上耕笔之勤,兴趣之广,成就之大,令世人惊叹!《论语》《道德经》《诗经》《书经》《礼经》《孟子》《中庸》《大学》等作品统统都有西文译本,而且有不止一个语言的译本,甚至连《洗冤录》这样很专业的中国最早的法医学著作都被他们翻译成了西方语言。

来华耶稣会士大多数是饱学之士,尤其是来华的法国耶稣会士,更是个个学富五车,博通古今,文理皆是高手。他们还写下了一系列研究中国文化、中国科学的著作,传教士汉学由此兴起。

从利玛窦的《耶稣会与天主教进入中国史》开始,到曾德昭(Alvaro Semedo,1585—1658)的《大中国志》、卫匡国(Martino Martini,1614—1661)的《中国上古史》、安文思(Gabriel de Magalhaens,1609—1677)的《中国新史》、卜弥格(Michel Boym,1612—1659)的《中国植物志》《中医脉诀》等,来华耶稣会士的汉学著作一部接一部地在西方出版。如果说在他们前期的汉学著作中转述性、介绍性内容较多,那么到后期他们的学术水平已达到很高的程度。像宋君荣(Autoine Gaubil,1689—1759)的《中国天文史略》和《中国天文纲要》两本书,通过考证《书经》中之日食、《诗经》中之日食、《春秋》中首见之日食来考察中国的纪年,其方法和今天中国进行的"夏商周断代工程"相差不多。

正是在利玛窦的"适应"策略之下,经过一二百年的努力,在西方的东方学中产生了一门新的学问——汉学。汉学实为中西文化会通之产物。来华耶稣会士对中国文化的介绍,难免有不实之处,他们中许多人就是"索隐派"的重要成员,但这丝毫不能降低他们在中西文化交流与对话中所做的重大贡献。

颇有趣味的是，为了证明自己"耶儒相合"路线的正确，争取欧洲对在中国传教的支持，在来华耶稣会士的著作中护教成分较多，但这些文章和著作却在欧洲思想界引起轩然大波，他们的著作不仅没有起到"护教"的作用，却反而被当时欧洲的进步思想家所采用。培尔（Pierre Bayle，1647—1706）高度赞扬中国的宽容精神，以抨击教会对异己思想的排斥；伏尔泰则高举起孔子的仁爱精神，批评西欧中世纪文化的落后性；中国哲学的自然理性成为莱布尼茨走出神学的主要依据。这真是有意栽花花不开，无心插柳柳成荫。文化接受中的"误读"实在是一个极有趣味的问题。不论怎样误读，在18世纪，东方文化、中国精神成为瓦解西欧中世纪城堡的一个重要因素，这是一个被普遍接受的结论。

那时的东西双方好像处在"初恋"之中，情人眼中出西施，各自都从自己的需要出发，学习对方。徐光启把"泰西"作为人类社会的理想，伏尔泰则时时以孔子弟子自居，对儒学顶礼膜拜。

相互的学习，相互的尊重，相互的倾慕，成为那个时代东西方的主要特征。明末清初的学术领袖们，如徐光启、黄宗羲等人，个个都读西洋之书，谈历学、算学；康熙学西洋数学，听西洋音乐，让八旗子弟们演几何，学拉丁文。心学衰，实学兴，与西学有着直接的联系。而大西洋岸边的路易十四则专门将被传教士带到法国的中国人黄嘉略留在身边，喝中国茶，建中国亭，用中国漆器，看中国皮影戏，一时间"中国热"遍及欧洲。那是一个会通的时代，尽管有着虚幻，有着矫情，但双方是平等的，心态是平稳的。

当然，那个时代并非"莺歌燕舞"的时代。地理大发现是欧洲资本与文化扩张的时代，对非洲、拉美、南亚、东南亚许多国家来说是一个残酷而血腥的时代，但历史从来就是在"恶"中前进的，浪漫主义的历史观无法直面和说明真正的历史。正像资本具有二重性一样，地理大发现时代也是一个充满矛盾的时代。我们今天之所以要强调那个时代的意义，是因为过去更多的是看到这一历史进程中的"恶"，而没有从更宏观的历史进程中看到大发现从历史上看，大航海时代既是一个伟大的大发现的时代，也是一个充满罪恶的时代，一个西方文化在全球扩张中灭绝其他文化的时代。

那个时代的东西方关系，尤其是中国和西方的关系，与西方和北美洲的关系有着很大的不同。当时的西方，无论是葡萄牙、西班牙，还是在欧洲称雄的法兰西，它们来到东方时，面对着的明清帝国是一个国力比它们还要强盛的大国，一个比其文化还要悠久灿烂的文明古国。这些来到东方的西方国家并非对中国格外善良，西班牙传教士桑切斯也制订过攻打中国的计划，但在庞大的中华帝国面前，整个计划最终成为泡影。葡萄牙的船队在中国南海附近也和晚明帝国的船队交过手，三次海战都以失败而告终。这些西方国家，出于无奈，只能采取较为缓和、平等的政策。葡萄牙以晒海货为名，赖在了澳门，但只是一个特殊的居住者，澳门主权始终在中国政府手中。入华的传教士以传教为宗旨，要向中国人宣传伟大的耶稣，但当他们面对比基督教文化悠久得多的中国文化时，大多数传教士是震惊的，甚至是敬佩的，于是开创了一种求同存异的传教路线——"适应政策"。在整个人类历史上，实质性相遇而没有发生根本性冲突的文化交流并不多见。明清之际的中西文化交流是人类历史上灿烂的一页。

正是在向东方的学习中，西方走出了中世纪，借东方之火煮熟了自己的肉，而中国向西方学习的运动终未酿成社会大潮。乾嘉禁教之后，其间虽有乾嘉汉学之一搏，但终因晚清政府的闭关锁国政策已成定局，这星星之火未成燎原之势，中国知识分子的思想始终还是在自己的屋子里转圈圈，会通之路没有打通。拒绝了海洋，拒绝了交往，中世纪的城堡最终关闭了一切进步的因素，一个庞大的帝国终于彻底衰败了。

这期间当然也有些偶然的因素，例如礼仪之争就是一个重大的事件，这是中西方关系的转折点。就西方来说，此事已暴露出基督教文化具有排他性、缺少宽容性的一面。当代天主教神学家汉斯·昆说，在教宗的许多错误决定中，不允许中国教徒实行中国礼仪是最大的一个错误。孤傲自大的罗马教廷不让传教士遵守"利玛窦规矩"，从此失去了东方。四百多年后西方才真正看到了利玛窦的智慧与价值，罗马教廷的"梵二会议"就是对其错误的检讨。就中国来说，它错过了与世界同步发展的一个机会，思想界终未出现一个像伏尔泰那样敢于挖自己肉的英雄，悠久的文化成为一个沉重的包袱。当"西学东源说"登场时，中国思想界已失去了它的生命力。当思想僵死时，这个民族也就面临着极大的危机。

1840年以后中西关系彻底颠倒了，西洋人的战舰使用着中国人发明的罗盘驶入了中国的海岸，用中国人祖先发明的火药制造出了威力十足的大炮，轰塌了虎门的海关。在南京，晚清的大员们在自己祖先发明的纸上签下了第一个卖国条约。从此，中国江河日下，平等的对话再不存在，中国再也不是西方慕恋的对象。

19世纪是西方人的世纪，是强者的世纪，是西方人欺凌、强暴东方人的世纪。晚清的败局刺激了每一个中国人，从此，"救亡图存""变法维新"成为中国的两面旗帜。而要达到这两个目的，只有学习西方，如梁启超所说，"参西法以救中国"，当"尽取西人之所学而学之"。在严酷的事实面前，东西方关系完全失衡了。在国家面临生死存亡之关头，人们似乎无别的路可走，这种局面实际上一直持续到"五四"时期。从此，在东西方关系上，东方与西方，现代与传统，成为一个打不破的定式。

百年烟云，沧海一粟。当今天中国重新回到世界舞台上时，当哥伦布所起航的世界全球化进程已成铺天大潮时，回顾五百多年的中西思想交流历程，我们应从整体上对中西关系做一新的说明，或者说我们应将中国放入世界近代化的进程中，把世界作为一个整体来重新考虑中国的文化和思想重建问题。走出东方与西方、现代与传统的二元对峙，在五百多年的宏大历史进程中重新思考中国思想的价值，是我们今天的重要任务。

从客观的历史进程来看，1500—1800年是今日世界的起点，是今日世界的胚胎，它包含着说明今日世界的一切因素。从这一丰富的历史过程中，我们至少可以对东西文化关系得出以下两点启示：

第一，在世界全球化的进程中，任何民族都无法脱离这种进程，无论这种进程以"恶"的形式还是以"善"的形式表现出来，谁都无法拒绝。"大风泱泱兮大潮滂滂"，历史不可拒绝。在世界全球化的进程中，任何一个民族的思想都不能再"独语"。任何一种文化都不能在自己原有的封闭系统中发展。正像经济活动使世界各个孤立国家联结成一个统一的市场一样，政治和经济的交往也必然引起文化的交往与融合。我们应当以当年徐光启、李之藻、康熙帝那种容纳百川的宏大心态面对西方文化，以一种平静的心态看待自己，看待别人。徐光启说得好："会通以求超胜。"面对这种全球化的大潮，不必恐惧，老祖宗的东西该丢失的想留也留不住，不能丢失的一定会留下。中国传统的夷夏观念必须彻底地被打破，人类凡是美好的东西我们都应学、都应用。再不要有那种一学习西方就害怕江山失去的恐惧感。这是一种没有文化自信的表现，不是一个伟大文化，特别是像中国这样有着悠久文化历史传统的国家的应有态度。我们不仅要以中国人的眼光看待东西方的文化，还要以人类的眼光看待东西方的文化。我们也不应再有"五四"时期那种紧张感，似乎不把洋人的东西全拿来就毫无出路，似乎不把祖宗留下的那份遗产全部抛掉就无法实现国富民强。这样的话西方就成了标准，东方是无足轻重的。一百多年来，我们总算有了可以喘息的机会，现在我们总算可以从更高、更远的角度来考虑问题，以更深刻、更全面的方法来看这种世界全球化中的文化问题。晚清以来的一百多年都是特殊的年代，是中国历史上最悲惨、最壮烈的时代，但那毕竟是一个东西方关系不正常的年代。在宏大的历史叙事中，百年只不过是弹指一挥间。更重要的是，无论东方还是西方，那时的心态都是不正常的。在枪炮下的交往是扭曲的交往，在刀剑火影中的评判带有极端性。只有到了今天，当我们在因特网上读美国图书馆的文献时，当中国四十多年来经济迅猛发展并真正成为世界家庭的重要一员时，一切历史的本质东西才开始清晰起来。走出西方中心主义，走出晚清的悲情，走出以往历史的悲情，"化中西为古今"，回到我们自己的优秀文化中，重新审视我们先人的智慧。应明确看到，中国当代的伟大成就必由伟大的文化所支撑，此时我们才能对一百多年来形成的东方—西方的定式给以重新考虑。我们仿佛又回到康熙时代，正是在这样的时刻，历史的老人给了我们智慧，历史仿佛又回到它的元点。不！这是一个更为崭新伟大的时代，是对大航海时代五百多年以来历史总结的时代，是一个开启全球化的新时代。

黑格尔说过，密纳发的猫头鹰要到傍晚才起飞，哲学家总是后出场的。回顾那段中西哲学家们的最早交往，我们期待那飞翔的猫头鹰。

第二，西方该抛弃掉"霸权话语"。具有普遍意义的不仅是西方文化，中国文化同样具有普遍意义。在全球化进程中的世界当然有它共同的话语，共同的价值。这些标准的确有些是来自西方，但这并不能证明西方文化可以取代一切。每一滴水都能折射出七色的阳光，每一个生命都有自身的尊严，每个民族的文化都有着存在的依据，中国文化同样是人类普遍价值的源泉。

1840年以后的中国人在西方人眼中失去了光彩，拖着长辫、衔着烟枪的中国人再不被西方人所喜爱，孔夫子在黑格尔笔下只不过是一个只会讲伦理格言的俗老头，毫无精彩之处。近百年来西方的中国观是一个扭曲的中国观，他们忘记了"初恋"时对中国的钟情,昔日的"神"已变成了"鬼"。他们按照强权的西方话语编造了一个东方的故事。其实中国人既非"神"也非"鬼"。天同此道,人同此心,中国人和西方人一样有着自己的尊严,自己的价值,自己的梦想。大西洋,太平洋,水水相连;阿尔卑斯山,唐古拉山,山山相连。世界万象,但殊途同归。自大航海时代开始的五百年,不仅是东方学习西方的过程,也是西方学习东方的过程。美国学者拉赫(Donald F. Lach)在他的巨著《欧洲形成中的亚洲》(*Asia in the Making of Europe*)中已证明了这一点。这里我们绝不是回到晚清的"西学东源说",而是强调东西双方在文化态度上应回到一个平等的起点上,回到公元1500年这个起点上;西方应抛弃掉19世纪所确立的东方观、中国观,回到利玛窦所确立的路线上来。正像赛义德所说,西方应抛掉19世纪所形成的东方观,重新看待东方。

提出这一点,丝毫不是认同晚清以来的"国粹派"或今天的"中国救世论",而是想让西方人知道,他们不能仅从西方文化的立场看自身,还应从世界文化的立场来反观西方文化。

西方所孕育出的商品文化是矛盾的,它一方面为个性的发展提供了更为广阔的空间,但另一方面它却在使人平白化、单一化。从卢梭以来的西方浪漫思潮几百年来一直在西方文化内部进行着批判西方主流文化的工作。

历史是一个圆,在这个圆的任何一点上似乎都能看到一条直线,但相对于整个历史,那只是一个点。今天,我们必须走出点,而从整个圆来看历史。19世纪东西方所形成的东西观都应重新检讨,尤其是西方。文化交流与对话的前提是对对方的承认和尊重,丧失了这个前提就根本不存在对话。在这个意义上,中西双方应回到明清时的初识阶段,重新梳理五百多年来的中西关系史,回到平等对话的元点上来。

第一章　站在全球化的起点上

中国和西方的文化关系中，有一个最重要、最有影响的事件，这就是马可·波罗来华。中国和欧洲1500—1800年间的中西文化交流史，中国和欧洲思想的相遇与交流，都要从这个故事开始。

第一节　马可·波罗时代

中国和欧洲处在欧亚大陆的两端，北方的大漠千里黄沙无人烟，除了蒙古人的铁骑外，历史上很少有人越过。相隔就有眺望，眺望是一种幻想，在漫漫的历史长河中，欧洲和中国通过那仅有的联系相互地遥望和幻想。

在中世纪有一个人来过东方，他就是意大利的旅行家马可·波罗。在西方关于东方的游记中，没有任何一本游记的影响能和《马可·波罗游记》相媲美，这位因东方而致富的百万富翁从此成为整个西方家喻户晓的人物。《马可·波罗游记》的魅力何在？为什么它在中世纪牵动了那么多西方人的心？我们必须将其放在西方认识中国文化的历程中加以考察。

马可·波罗是威尼斯富商尼科洛·波罗之子。在他出生后不久，其父和叔叔马泰奥曾到过蒙古帝国的钦察汗国经商。后因钦察汗国的别儿国和伊利汗国的旭烈兀之间发生了战争,他们俩在回国途中偶遇旭烈兀派回元朝的使臣,便阴差阳错地随着使臣到了元大都,见到了忽必烈。后受元世祖之托,他们担任了元朝派往罗马教廷的特使,忽必烈希望他们从罗马带回100个精通各类学问的传教士。1271年,马可·波罗随着父亲和叔叔,带着罗马教廷给忽必烈的复信,踏上了重探契丹之路。历经千险万苦后,他们终于在1275年到达元大都,受到元世祖的欢迎。从此,三个人在中国住了下来,一住就是十七年。元世祖喜欢聪明伶俐的小马可,邀他一起狩猎,一起品酒,还派他做元朝的外交使臣、地方官员,马可·波罗可谓官运亨通。

1289年伊利汗国的阿鲁浑丧妻,派使者来元朝求婚,想娶一个真正的蒙古公主。忽必烈将卜鲁罕族的阔阔真公主选中,当阔阔真公主随使者返回伊利汗国时,马可·波罗一行三人也随公主返回欧洲。1291年,他们从泉州起航,经南海、印度洋、红海到达阿拉伯半岛。告别阔阔真公主后,三人从陆路返回家乡。

1296年在威尼斯和热那亚的海战中,马可·波罗作为战俘被投入狱中。狱中的孤独和郁闷使他和早在狱中的比萨小说家鲁思梯切诺(Rusticiano)很快成为朋友。马可·波罗周游东方的故事一下子吸引了鲁思梯切诺,两人都感到相见恨晚。于是,一个讲一个写,一部轰动世界的东方游记就这样在1298年很快完成了。

马可·波罗

马可·波罗一家离开欧洲前往东方

《马可·波罗游记》的出版使他名声大噪,不久便以多种文字出版。此书成为"世界一大奇书",马可·波罗也成为世界第一号游侠。1324年马可·波罗去世。

《马可·波罗游记》共分四卷:第一卷记载了马可·波罗诸人东游沿途见

闻，直至上都止；第二卷记载了蒙古大汗忽必烈及其宫殿、都城、朝廷、政府、节庆、游猎等事，自大都南行至杭州、福州、泉州及东地沿岸及诸海诸州等事；第三卷记载日本、越南、东印度、南印度、印度洋沿岸及诸岛屿、非洲东部；第四卷记载君临亚洲之成吉思汗后裔诸鞑靼宗王的战争和亚洲北部。每卷分章，每章叙述一地的情况或一件史事，共有229章。书中记述的国家、城市等地名达一百多个，而这些地方的情况综合起来有山川地形、物产、气候、商贾贸易、居民、宗教信仰、风俗习惯等，及至国家的琐闻佚事。《马可·波罗游记》是西方认识中国历程中里程碑性的著作，它是第一部全面、深入介绍中国的游记。"他的书为西方人对完全是另一个世界的含浑、笼统的了解提供了一线光芒……"[1]

西方学术界的主流一直认为这本书是真实可靠的，尽管有些不实之言，但他们一直把《马可·波罗游记》作为研究蒙古帝国和中西文化交流史的重要文献。[2]近年来否定这本书的真实性的观点再次出现[3]，作为学术研究这是正常的现象。笔者认为从学术上来看，这本书所记录的内容基本上是属实的，如杨志玖先生所说："马可·波罗书中记载了大量的有关中国政治、经济、社会情况，人物活动和风土人情，其中大部分都可在中国文献中得到证实，随着研究的深入，还可以继续得到证实。其中不免有夸大失实或错误等缺陷，但总体上可以说是'基本属实'的。"[4]杨志玖先生早在1941年就第一次从中国文献中找到和《马可·波罗游记》完全对应的文献，证实了马可·波罗来华的真实性，当年向达先生认为杨志玖的文章为"《马可·波罗游记》的真实性提供了可靠的证据"[5]。根据学者们的研究，《马可·波罗游记》中确有不实之词，但书中所记载的大量

---

[1] 陆国俊、郝名玮、孙成木主编：《中西文化交流的先驱——马可·波罗》，商务印书馆1995年版，第8页。

[2] 1938年伯希和和穆尔出版了英文的整理版，后伯希和自己又出版了《马可·波罗注》，著名中西交通史研究专家亨利·裕尔也出版了自己的注释本。

[3] 参阅王育民：《关于〈马可·波罗游记〉的真伪问题》，《史林》1988年第4期；弗朗西丝·伍德（吴芳思）：《马可·波罗到过中国吗？》，洪允息译，新华出版社1997年版。

[4] 陆国俊、郝名玮、孙成木主编：《中西文化交流的先驱——马可·波罗》，第9页。

[5] 杨志玖：《关于马可·波罗离华的一段汉文记载》，原载《文史杂志》1941年第1卷第12期，收入上书，第17—24页；向达的观点见余士雄主编：《马可·波罗介绍与研究》，书目文献出版社1983年版，第68页。

元朝历史大都可以在历史文献中找到对应之处，一个人如果没到过中国，不是亲身经历，几乎不可能写出这样的内容。所以如杨志玖所说：

> 不管马可本人和其书有多少缺点和错误，但总起来看，还是可靠的。他的书的真实性是不容抹杀的。他对世界历史和地理的影响和贡献也是应该承认的。他是第一个横穿亚洲大陆并作出详细记录的人，对中国的内地和边疆，对亚洲其他国家和民族的政治社会情况、风俗习惯、宗教信仰、土特产品、轶闻奇事，一一笔之于书，虽朴实无华，但生动有趣。在他以前和以后来华的西方人留有行纪的也不少，在文采和对某一事件的记叙方面也许远胜于他，但像他这样记事之广、全面概括的著作却绝无仅有。①

如果同《马可·波罗游记》以前的游记相比，《马可·波罗游记》在对中国的介绍上有两点是十分明显和突出的。

第一，该书对元代中国的政治制度做了详尽的介绍。

在马可·波罗时代对中国介绍最详细的是鄂多立克的游记，但如果将《马可·波罗游记》的游记和他的游记比较一下我们就会发现，无论在广度上还是在深度上，鄂多立克的游记都无法和《马可·波罗游记》相比。如对大都城及大汗的介绍，鄂多立克仅用了5页纸，而马可·波罗却用了14章43页的篇幅。

《马可·波罗游记》详细地记载了元代两次重大的内部政治斗争，一次是乃颜的叛乱，一次是阿合马事件。马可·波罗对这两次事件都做了较为详细的报道。他描绘了平叛乃颜的战斗及将乃颜处死的过程，而他所讲的阿合马事件和《元史》的记载基本相符（参阅《元史·许衡传》）。另外，马可·波罗对元代的政治制度、军事体制的介绍都十分详细。

例如，元代的政治制度是行省制，驿站制和漕运制也是元代政治制度的重要内容，马可·波罗在游记中对这三种制度都做了详细的介绍。《马可·波罗游记》明确指出，当时元朝共有十二个行中书省，全国有驿站一万多个，有驿马三十多万匹②。他对瓜州在元朝漕运系统中的地位给予了明确的说明："朝中必

---

① 杨志玖：《马可波罗在中国》，南开大学出版社1999年版，第38—39页。
② 参阅马可波罗：《马可波罗行纪》，冯承钧译，上海书店出版社2001年版，第247页。

需之谷，乃自此地用船由川湖运输，不由海道。"[1] 他对元朝时的驿传制度极为赞叹，认为大汗在这一切事物的管理方面，比起其他皇帝、君主或普通人都更为出类拔萃。而这点并不夸张，因为元代的中国是一个横跨欧亚大陆的帝国，它建立了当时世界上最早、最完备的"站赤"制度。

第二，该书对元代中国的经济和社会生活做了详尽的介绍。

《马可·波罗游记》中专有一章介绍了元朝的纸币。纸币成为元代人们经济生活中的必需，"凡州郡国土及君主所辖之地莫不通行。臣民位置虽高，不敢拒绝使用，盖拒用者罪至死也"[2]。根据《元史·食货志》记载，公元1260年元朝开始发行纸币，有以文计算和以贯计算的两大类近十种不同面值的纸币。

在讲到汗廷的宫殿时，他说：

> 君等应知此宫之大，向所未见。宫上无楼，建于平地。惟台基高出地面十掌。宫顶甚高，宫墙及房壁满涂金银，并绘龙、兽、鸟、骑士、形像及其他数物于其上。屋顶之天花板，亦除金银及绘画外别无他物。
>
> 大殿宽广，足容六千人聚食而有余，房屋之多，可谓奇观。此宫壮丽富赡，世人布置之良，诚无逾于此者。顶上之瓦，皆红黄绿蓝及其他诸色。上涂以釉，光泽灿烂，犹如水晶，致使远处亦见此宫光辉。[3]

马可·波罗对大汗每年的节日庆典的介绍非常具体，不是亲身参加者，不可能如此记述。研究游记的专家沙海昂认为他的记述与当时中国著述所记相符。甚至连大汗的私生活他也了如指掌，如大汗从弘吉剌部每年招来美女，"命宫中老妇与之共处，共寝一床，试其气息之良恶，肢体是否健全。体貌美善健全者，命之轮番侍主。六人一班，三日三夜一易"[4]。仅此，便可知他对宫廷了解之深入。

到目前为止，《马可·波罗游记》是外文文献中对元代中国记载最为详尽的历史文献，虽然有不少地方有夸大之词，记载有不实之处，但他的绝大多数的记

---

[1] 参阅马可波罗：《马可波罗行纪》，冯承钧译，上海书店出版社2001年版，第345页。
[2] 同上书，第240页。
[3] 同上书，第203页。
[4] 同上书，第198页。

载都可在中国历史文献中得到证实。他的游记不仅为中国学者提供了研究元史的一手文献，也为当时的欧洲展现了中国的真实画卷。

马可·波罗在中国居住了十七年，足迹几乎踏遍中国，他到过哈密州、肃州、甘州城、涿州、太原、关中、成都、建都州、金齿州、叙州、新州、临州、淮安、高邮、泰州、扬州、瓜州、镇江、苏州、福州、泉州等地，这样他对中国的报道在内容上已经大大突破了元代的时空，实际上是对中国古代文明和文化的一种报道，这种广度是同时代人所没有的。鄂多立克也曾介绍中国江南的富人生活，但篇幅十分有限，根本无法和马可·波罗相比。他讲到西安城时说："城甚壮丽，为京兆府国之都会。昔为一国，甚富强，有大王数人，富而英武。"① 在讲到杭州南宋的宫殿时，他说：

> （这）是为世界最大之宫，周围广有十哩，环以具有雉堞之高墙，内有世界最美丽而最堪娱乐之园囿，世界良果充满其中，并有喷泉及湖沼，湖中充满鱼类。中央有最壮丽之宫室，计有大而美之殿二十所，其中最大者，多人可以会食。全饰以金，其天花板及四壁，除金色外无他色，灿烂华丽，至堪娱目。②

作为一个商人，马可·波罗对中国的民俗十分感兴趣。他说鞑靼人用十二生肖记年，显然，这实际上说的是汉人的一种风俗。他还提到利用属相来算命，这种风俗在中国早已有之。他在游记中多次提到汉人的丧葬礼俗："人死焚其尸，设有死者，其亲友服大丧，衣麻，携数种乐器行于尸后，在偶像前作丧歌，及至焚尸之所，取纸制之马匹、甲胄、金锦等物并尸共焚之。"③ 在游记中他还多次介绍中国各地的饮食，从蒙古的马乳、骆驼奶，到南方的甜米酒、药酒、葡萄酒，各类饮料他都提到；他既参加过宫廷的国宴，也参加过民间的"船宴"，上至王宫贵族的饮食，下到民间普通百姓的日常生活，他都做了描写。他的这些描写展现了中国悠久的文化传统。但是，在赞扬中国人的孝道时，他"从未提及孔子、老子、庄子、孙子、墨子、孟子的名字，甚至也未曾提起朱熹的名字，我

---

① 马可波罗：《马可波罗行纪》，第268页。
② 同上书，第355页。
③ 同上。

们不得不承认,他对汉语一窍不通,但同时,他对哲学思想又是何等的无动于衷……"①

第二节 《马可·波罗游记》的思想文化意义

《马可·波罗游记》无疑是西方东方学中最重要的历史文献,它是中世纪西方对中国认识的顶峰,西方人在对中国的认识上翻过这座山峰是在四百年后。但它对西方的影响绝不能仅仅从一种知识论的角度来看,还要从西方本身的文化演进来看。因为西方对中国的认识是在其文化的背景下发生的,在本质上,它是西方知识体系中的一部分,是西方文化进展中的一个环节。

如果有了这个角度,我们必须使用比较文学中的形象学理论。比较文学的形象学是"对一部作品、一种文学中异国形象的研究"②。而这种形象的确立并不仅仅是作家个人的冲动,它实际上是一种文化对另一种文化的言说,我们只有在一种言说者的母体文化的广阔背景中才能揭示出它所创造出的形象的真正原因,才能真正发现"他者"的形象如何是一种"社会整体想象物"③。

马可·波罗的时代正是欧洲文艺复兴的前夜,而《马可·波罗游记》正是在文艺复兴中才大放异彩的。意大利是欧洲近代文化的长子,它所倡导的文艺复兴在本质上是对世界的发现和对人的发现。《马可·波罗游记》的传播和接受,它的影响史,正是欧洲文艺复兴时期的"社会整体想象物"。我们从以下三个方面说明这一点。

首先,《马可·波罗游记》拓宽了欧洲人的世界观念。

在中世纪时,"意大利人已经摆脱了在欧洲其他地方阻碍发展的许多束缚,达到了高度的个人发展,并且受到了古代文化的熏陶,于是他们的思想就转向于外部世界的发现,并表达之于语言和形式中"④。当时关于东方的游记基本上都

---

① 艾田蒲:《中国之欧洲》(上),许钧、钱林森译,河南人民出版社1992年版,第119页。
② 达尼埃尔-亨利·巴柔:《从文化形象到集体想象物》,孟华译,孟华主编:《比较文学形象学》,北京大学出版社2001年版,第118页。
③ 让-马克·莫哈:《试论文学形象学的研究史及方法论》,孟华译,同上书,第25页。
④ 雅各布·布克哈特:《意大利文艺复兴时期的文化》,何新译,马香雪校,商务印书馆1979年版,第280页。

是意大利人所写的，马可·波罗这个威尼斯富商的契丹之行，一下子把西方人的眼光拉到了大陆的最东端，它遥远而又神秘。这样欧洲的时空就大大扩展了，大汗的宫廷，行在的湖水，扬州的石桥，都进入了他们的想象之中。欧洲以往那种地中海世界的观念就被突破，罗马再不是世界的中心。它"打碎了欧洲便是世界的神话，把一个有血有肉的中国呈现在欧洲人面前，令他们无比惊奇，以至于不敢相信"①。在14世纪，"欧洲某些思想最活跃的人开始按这位威尼斯旅行家提供的知识塑造其世界观。早在地理大发现之前，欧洲从前以欧洲和地中海为界的视域展宽了，包容了世界上大片新的地区。1375年的加泰罗尼亚世界地图就是马可·波罗的地理学的一个体现，它摆脱了中世纪地图学的幻象，构成了欧洲思想文化史上的重要里程碑"②。

其次，《马可·波罗游记》激发了欧洲的世俗观念。

文艺复兴造就了意大利人新的性格，"这种性格的根本缺陷同时也就是构成它伟大的一种条件，那就是极端个人主义"③。对世俗生活的渴望，对财富的迷恋，对爱情的追求，这些大部分是为了满足个人的欲望。而《马可·波罗游记》满足了意大利人所有的这些冲动，大汗有数不尽的金银财宝，契丹的每座城市都远比威尼斯富饶。东方的女人美丽动人，奇异的风俗可以使你在契丹永远享受欢乐。

> 契丹出现了，它立即就成了西方文化表现被压抑的社会无意识的一种象征或符号。他们不厌其烦地描绘渲染契丹的财富。无外乎是在这种表现中置换地实现自己文化中被压抑的潜意识欲望。表面上看他们在谈论一个异在的民族与土地，实质上他们是在他们论内心深处被压抑的欲望世界。中世纪晚期出现的契丹形象，是西方人想象中的一种解放力量……④

---

① 许明龙：《〈马可·波罗游记〉与中国在欧洲的影响》，陆国俊、郝名玮、孙成木主编：《中西文化交流的先驱——马可·波罗》，第225页。
② 雷蒙·道森：《中国变色龙——对于欧洲中国文明观的分析》，常绍民、明毅译，中华书局2006年版，第23页。
③ 雅各布·布克哈特：《意大利文艺复兴时期的文化》，第445页。
④ 周宁著/编注：《契丹传奇》，学苑出版社2004年版，第205页。

《马可·波罗游记》成为一种意大利所梦幻的新生活的象征，成为一切世俗追求的理想王国。

最后，《马可·波罗游记》催生了近代的地理大发现。

全球化的序幕开启于15世纪的地理大发现，第一个驾着三桅帆船驶向大西洋的也是一位意大利人——哥伦布。而这位意大利的水师提督正是《马可·波罗游记》最热心的读者，直到今天，在西班牙塞维利亚市的哥伦布图书馆还存放着他当年所读过的《马可·波罗游记》。其实，当时迷恋着契丹的绝不仅仅是哥伦布，意大利的地理学家托斯加内里（Paolo dal Pozzo Toscanelli）也是一位着迷于契丹的人。他自己画了一张海图，认为从里斯本出发越过2550海里就可以到达刺桐港。

他在给哥伦布的信中详细描绘了富饶的契丹：

> 盖诸地商贾，贩运货物之巨，虽合世界之数，不及刺桐一巨港也。每年有巨舟百艘，载运胡椒至刺桐。其载运别种香料之船舶，尚未计及也。其国人口殷庶，富厚无匹。邦国、省区、城邑之多，不可以数计。皆臣属大汗（Great Kan）。大汗者，拉丁语大皇帝也。都城在契丹省。[1]

哥伦布在漫漫的航海途中面对重重困难，但他坚信托斯加内里的判断，《马可·波罗游记》也成为他战胜全部苦难的动力。当大西洋上的海风把他的船队吹到美洲的小岛时，他还认为自己发现的是契丹，他要"去京赛城，把陛下的亲笔信件交给大可汗，向他索取回信带给国王陛下"[2]。

契丹的财富不仅吸引着哥伦布，而且当时的西班牙国王费尔南多五世也渴望着遥远的财富。他和哥伦布签了一个协议：国王授予哥伦布贵族头衔，任命哥伦布为所有他发现的地方的元帅，并可以祖祖辈辈地继承，他还拥有所有他发现的地方的所有财富的1/10，并一律免税，他甚至可以向他发现的地区的所有船只征收1/8的税。两个人都把希望寄托在遥远的东方，似乎哥伦布一到达那里就可以

---

[1] 张星烺编注，朱杰勤校订：《中西交通史料汇编》（第一册），中华书局1977年版，第337页。
[2] 克里斯托弗·哥伦布：《哥伦布美洲发现记》，刘福文译，文云朝、蔡宗夏校，黑龙江人民出版社1998年版，第64页。

腰缠万贯，富比万家。哥伦布对契丹的向往使他和渴望契丹财富的西班牙国王一拍即合。带着西班牙国王写的致大汗书，带着《马可·波罗游记》给他的梦想，他将出航去寻找契丹，寻找那香料堆积如山、帆船遮天蔽日的刺桐港。

1492年10月12日，哥伦布的船队终于见到了陆地，这就是巴哈马群岛。在岛上他们见到了印第安人，这些人还处在原始社会的后期新石器时代，男女老少都一丝不挂。哥伦布认为这可能是亚洲的边缘地区，称它为大印度地区。10月28日，他们发现了古巴，惊奇地看到了男女老少都在抽烟，很舒服。西班牙人很快学会了这个习惯，并把它传向全世界。哥伦布认为古巴这个穷地方一定是契丹最荒凉的地方，契丹绝不是这样。他认为自己一定会发现马可·波罗所说的那香料堆积如山的刺桐港。1493年3月15日，哥伦布返回出发地西班牙港口帕洛斯。哥伦布向人们宣称，他已经找到了契丹。对欧洲来说，这是一个石破天惊的消息，一时，哥伦布名扬天下。

实际上，哥伦布至死仍坚信他所发现的国家就是亚洲的东海岸，就是契丹。"这种信念在哥伦布死后二十余年仍未销声匿迹。"[①]甚至在之后一个世纪中，仍有西方的航海家们不死心，如英国的许多探险家，他们仍然将契丹作为寻找的目标。《马可·波罗游记》对西方人的影响真是太大了。正如《英国十六世纪航海史》一书所说："探寻契丹的确是冒险家这首长诗的主旨；是数百年航行业的意志、灵魂。"[②]

1605年耶稣会士鄂本笃第一次证实了"契丹"就是"中国"。他死后的墓志铭是"探寻契丹却发现了天堂"。哥伦布则是"寻找契丹却发现了美洲"，实际上也是发现了新世界。一个新的时代到来了。

第三节 地理大发现的时代

葡萄牙地处欧洲的最西端，诗人们说"陆地到此结束，大海由此开始"，这点出了这个欧洲小国的处境。当时的地中海是意大利人的传统商业势力范围，北海和波罗的海是汉萨同盟的商业势力范围，北部和东部是西班牙，西部是无边的

---

① H.裕尔撰，H.考迪埃修订：《东域纪程录丛》，张绪山译，云南人民出版社2002年版，第143页。
② 转引自朱谦之：《中国哲学对欧洲的影响》，上海人民出版社2006年版，第43页。

大西洋，这样的地缘政治特点使葡萄牙人只能向南挺进。于是，葡萄牙人驾着他们的三桅帆船沿着西非海岸慢慢向前推进。在与摩尔人的斗争和海上贸易的发展中，葡萄牙的贵族们把马匹换成船只，把盾牌盔甲换成罗经星盘，使骑手变成了船长。对于商人来说，领土的扩张意味着生意兴隆；对于国王宫廷来说，领土的扩张可以提高威望，特别是可以开辟新的财源，扩大版图和自己的利益；新兴的资产阶级则想把他们的商业活动扩大到更新更远的市场。

1415年葡萄牙占领了北非重镇休达，夺取了伊斯兰世界的一个重要战略地，并为以后对西非海岸的探险提供了一个活动的据点。

休达战役后，年轻的亨利王子被封为骑士，当上了葡萄牙骑士团的总团长。骑士团是个半军事半宗教的组织，拥有大量的钱财。他开办航海学校，聘请了当时最有经验的航海家和最知名的地理学家，在这里研制地图和造船技术，造出了灵活坚固的卡拉维尔轻帆船。

亨利王子主持葡萄牙的航海探险事业，是整个葡萄牙航海事业的一个转折点。他"在历史上首先指定了明确的地理政策；部署了一系列的探险活动，使地理探险和发现成为一门艺术和科学，使远航成为全国感兴趣的、与之有密切利益联系的事业"[①]。

欧洲的历史书说，北纬26度是个界限，如果跨过这一纬度，那里的海水会把人给烫死，而白人一过这条线就被晒黑再也变不成白人。但亨利王子的探险队1434年过了博哈多尔角，他们不但没被滚烫的海水烫死，而且在非洲大陆登陆时第一次见到了黑人，这是历史上白人和黑人的第一次见面。葡萄牙人巴尔托洛梅乌·缪·迪亚士对好望角的发现，是葡萄牙航海史上的一个重要事件。当时，伊斯兰的奥斯曼帝国兴起，中断了欧洲和亚洲的联系，亚洲的香料从此无法运到欧洲。而欧洲人吃牛肉、炖牛排时是必须要有香料的，不然就索然无味。为了让圣诞的牛肉炖得更香，欧洲人必须寻找到达亚洲的新的路线。哪里有香料呢？马可·波罗说过，在契丹的刺桐港香料堆积如山。找刺桐港！那年迪亚士才27岁，他是哥伦布之前最好的航海家，他所带领的船队已经绕过了非洲南部的好望角进入了印度洋，当时他称之为"风暴角"。在那里他立下一根石柱，表示占有这里

---

① 张箭：《地理大发现研究：15—17世纪》，商务印书馆2002年版，第81页。

的土地。他回到葡萄牙以后，若昂二世将大海角改名为"好望角"。

瓦斯科·达·伽马无疑是葡萄牙历史上最伟大的航海家。1492年意大利的航海家哥伦布率领着西班牙的船队横渡大西洋发现"西印度"（美洲），这对葡萄牙人刺激很大，契丹难得的财富绝不能让他们的死对头西班牙独占。当时的葡萄牙国王曼努埃尔一世决定派达·伽马率领船队远航。他们沿着东非海岸线航行，在到达莫桑比克的赞比西河河口时靠岸休整，当地的黑人热情地接待了他们。他们还见到了两个头戴丝织帽的头领，并把一些印花布送给他们。这些或许是郑和留下的部属，因郑和离开这里不过七十余年，这个地方也就是郑和下西洋走到的最远的地方。

1511年，葡萄牙人占领印度洋西端的马六甲，这意味着葡萄牙在印度洋海上殖民帝国的轮廓勾勒完毕，也标志着其插手太平洋海上贸易的肇始。穿过马六甲海峡，广阔的太平洋就展现在葡萄牙人的面前。

如果说西班牙在北美发现的是土地，那么，葡萄牙在远东发现的则是文明，一个高度发展的中国文明，一个比基督教文明悠久得多的文明。当西班牙人和葡萄牙人在福建外的海域相逢时，当麦哲伦1522年完成环球航行时，世界合围。全球化的时代开始了。

第四节　耶稣会士入华

自葡萄牙人以晒海货的名义在澳门长期驻扎下来以后，澳门就逐渐演化成当时中西文化交流的交汇点。葡萄牙在整个东方拥有护教权，打通中国，与中国建立稳定的关系，从中获得丰厚的贸易利润，一直是葡萄牙人的梦想。1516年，葡萄牙驻东印度的总督委派皇家的御医皮列士（Tomé Pires）访华。这是西方来华的第一个使团。当时正值明正德年间，皮列士一行到达北京，但三个原因使这次访问流产。一是被葡萄牙灭亡的满刺加国的使臣来到北京告发了葡萄牙人在马六甲海峡的劣迹，二是允许他们进京的明武宗皇帝驾崩，三是当时的翻译者亚三在北京声誉极差。结果亚三被处死，皮列士一行被打入死牢，最后也生死不明，只留下他的同行在狱中所写的几封信。

早期来到东方的西方人大都很不顺利。命运比皮列士稍好一些的是第一个来到东方的耶稣会士沙勿略（S. Franciscus Xaverius，1506—1552）。他先在日本传教，当时日本人就问他：你们的宗教中国人知道吗？沙勿略说：不知道。日本人就告诉他，如果中国人都不知道你这样的宗教，你的宗教肯定不是好的。沙勿略由此才知道中国文化在东亚的地位，制定下了在远东传教必须首先归化中国的方针。不久，他从日本来到中国澳门，寻找进入中国内地的机会。后来，他被一名中国渔民带到了广州附近的一个叫上川岛的小岛上，岛上无一人居住。沙勿略高喊着："岩石啊，你何时开门！"但中国的大门却始终没向他打开。在秋雨瑟瑟中，沙勿略病逝在上川岛上。

沙勿略失败了，但却启发了他的后来者。以后，耶稣会在东方传教的负责人范礼安（Alessandro Valignano，1539—1606）定下了在中国传教一定要适应中国文化的"适应路线"。第一个实行这一路线的就是意大利的传教士罗明坚（Michele Ruggieri，1543—1607）。罗明坚到澳门后找了一个中国文人开始咿呀学语，看图说话，学习中文。当罗明坚说着一口流利的汉语出现在广州每年对外国人开放的贸易会上时，马上引起了中国官员的注意。中国当地的官员与他接触后，发现罗明坚温文尔雅，对中国文化比较熟悉。这自然让当时的官员们喜出望外。这样，经过两年的交往，中国的当地官员答应了罗明坚可以在当时两广总督所在地的肇庆长期住下来。1583年罗明坚来到了肇庆，不久，在肇庆建起中国的第一座天主教堂，当地官员王泮起名仙华寺。不久，罗明坚把自己的老乡，从意大利来的耶稣会士利玛窦，也调到了肇庆。罗明坚为传教四处周游，他开始认识到中国是一个中央集权制的国家，如果做不好皇帝的工作，不让他认可基督教，那他们的事业是不可能有大的发展的。如何做好中国皇帝的工作呢？那只有梵蒂冈的教宗亲自出面，给中国明朝皇帝写信，送份厚礼，传教士们才可能见到中国的皇帝；在赢得皇帝的好感后，他们就能提出他们的传教计划。为了实行这个计划，罗明坚返回了欧洲。哪知欧洲局势风云变幻，梵蒂冈的教宗老眼昏花，继而病故，罗明坚的事早被教宗抛在了脑后。罗明坚最后老死故乡撒列诺。

此时只剩利玛窦独撑局面。利玛窦做了两件大事，从此打开基督教在中国的局面。第一，脱去袈裟，换上儒袍，修正过去的以"西僧"出现的面貌，改为"合儒易佛"。于是，利玛窦出门开始坐轿，像中国的儒生一样，读《四书》，念《诗经》，出入于文人墨客之间，一时，西儒利玛窦在江南名声大噪。第二，进驻北京，接近明王朝。1601年，利玛窦历经千辛万苦，终于进入北京，靠着他进呈给万历皇帝的自鸣钟，在北京住了下来，成了万历皇帝的门客。虽然他从来没见过皇帝，也从不参与朝中之事，但在文人中颇有影响，不仅像徐光启、李之藻这样晚明重臣投于他的门下，就是像李贽这样的另类文人也很欣赏他的才华，处处给利玛窦以帮助。1610年利玛窦病逝北京，葬于滕公栅栏。基督教从此在中国真正扎下了根。西方文化传入中国，随之宗教哲学思想也开始在晚明传播开来。

上编　欧洲思想在中国的早期传播

第二章　明清间西方文化在中国的传播

中西文化的接触和交流源远流长，西方思想文化对中国的输入应始于明末清初的天主教东传。"中国正式接触到所谓'西学'，应以明末因基督教传入而带来的学术为其端倪。"[①] 如果要梳理中西文化之间的关系，非从明清间的中西对话入手不可。如果要理清中国近代以来的文化问题，也非从这个元点入手不可。因自明清之际以后，中国文化的发展再也不是在自身的框架中演进，"西学东渐"构成了中国文化嬗变的基本因素。本章旨在对明清间传入的西方文化做一简要的介绍，以从全局上把握这一时期"西学东渐"的基本特点。在介绍西方哲学、宗教思想的传入以前，我们必须首先了解当时西方文化传入的一般情况。只有在掌握了这个基本情况后方能更好理解哲学和宗教的传入问题。

第一节　西方自然科学的传入

耶稣会士入华后，"传教士不仅将许多西方的宗教哲学著作译成了中文，而且也将西方的科学技术介绍到了中国"[②]。西方文化传入中国，这一奠基性的工

---

① 侯外庐：《中国思想通史》（第四卷下），人民出版社1960年版，第1189页。
② Lewis A. Maverick, *China: A Model For Europe*, Paul Anderson Company, 1946, p. 4.

作是由意大利人利玛窦入华开始的。

　　首先看一下天文学。利玛窦向中国介绍的第一部天文学著作是《乾坤体义》，该书被认为是"西法入中国之始"①。此书的上卷《四元行论》，曾被利氏以单行本在南京刊印过。《浑盖通宪图说》名为李之藻所著，实为利玛窦和李之藻共同合作的第二部介绍西方天文学的著作。此书原本是利氏的老师丁先生所著《圣林的若望论天体注释》（*In Spaeram Joannis de Sacro Bosco Commentarius*）一书，后经利氏口述，之藻参以己见，会通一二，以解释浑天、盖天之说，尔后加以整理而成。

　　自利氏以后，对西方天文学著作的翻译成为在华耶稣会士的重要工作之一。经李之藻、徐光启等人的不断努力，崇祯二年（1629）开设历局，修订历法，编译西书的工作全面展开。投入这项工作的传教士先后有庞迪我（Diego de Pantoja，1571—1618）、熊三拔（Sabatino de Ursis，1575—1620）、阳玛诺（Emmanuel Diaz，1574—1659）、邓玉函（Johann Schreck，1576—1630）、汤若望（Johann Adam Schall von Bell，1591/1592—1666）、南怀仁、罗雅谷（Jacques Rho或Giacomo Rho，1593—1638）、蒋友仁（Michel Benoist，1715—1774）等人。

　　这样，从崇祯二年（1629）至七年（1634），译书"凡一百数十册，编为一百卷，分十二部：曰法原、法数、法算、法器、会通，是为基本五目；曰日躔、恒星、月离、日月交会、纬星、五星交会，是为节次六目；其中有图、术、考、表论，是即《崇祯历书》又名《西洋新法历书》，入清后改为《新法算书》"②。

　　传教士不仅翻译西方天文学著作，还引进西方天文学仪器，参与中国天文观测。实际上从《康熙永年历法》后，中国从此沿用西历。西历胜于旧历法已为实践所证明，清时历局也多为传教士所主持，他们为新历法的推行做了许多具体的工作。

　　但对于传教士所传入的西方天文学，过去有两点责斥，一曰他们介绍了与近代科学相对立的中世纪天文学，二曰他们没有宣传近代重要天文学思想——

---

① 永瑢：《四库全书简明目录》（上册），古典文学出版社1957年版，第403页。
② 方豪：《中西交通史》（下），第493页。

哥白尼的学说。这两个责斥都过于偏激，缺少应有公允的态度，在此不能不加以说明。

就利玛窦来说，他介绍给中国人的宇宙理论的确是托勒密—亚里士多德的宇宙论。《乾坤体义》上卷介绍的是托勒密"九重天"理论，书中说："此九层相包，如葱头皮焉，皆硬坚，而日月星辰定在其体内，如大节在板，而只因本天而动。第天体明而无色，则能通透光如琉璃水晶之类，无所碍也。"①在这个意义上，李约瑟的批评是有道理的："耶稣会传教士带去的世界图式是托勒密—亚里士多德的封闭的地心说。"②此处准确地说应是指利玛窦，而不能笼统说是来华的耶稣会士，因在《崇祯历书》时，来华耶稣会所介绍的西方天文学理论已经走出了托勒密体系。

任何问题都要历史地加以分析和考察。第一，利玛窦向中国介绍了他当时所了解的最好的天文学理论。从欧洲天文学发展史来看，哥白尼的《天体运行论》（De Revolutionibus Orbium Coelestium）是1543年出版的，"地动说"当时不过是一个假说，科学界几乎没有察觉到它的重大意义。作为哥白尼体系和托勒密体系中介的第谷（Tycho Brahe）体系著作是1583年出版的，而利玛窦1582年已到中国，他不可能了解这些知识。有近代科学奠基意义的开普勒（Johannes Kepler）的《新天学》（Astronomia Nova）是1609年出版的，伽利略（Galileo Galilei）的《星际信使》（Sidereus Nuncius）是1610年出版的，此时利氏更是已经作古。这些基本事实说明，利玛窦并未完全了解和掌握近代科学知识是在情理之中的，我们不能超越历史去要求前人。利玛窦本人所知道的就是中世纪的天文学，就此而论，可以认为，在此范围内他把当时最有权威、最好的科学知识提供给中国③。

第二，利玛窦本人向中国士大夫介绍的托勒密—亚里士多德的宇宙论作为中世纪的学说，"虽然不属近代科学的内容，但对中国传统科学而言，却是异质

---

① 利玛窦：《乾坤体义》，朱维铮主编：《利玛窦中文著译集》，复旦大学出版社2001年版，第521页。
② 李约瑟：《中国科学技术史》（第四卷天学第二分册），《中国科学技术史》翻译小组译，科学出版社1975年版，第643页。
③ 参阅江晓原：《天学外史》，上海人民出版社1999年版，第十章至第十二章。

的、全新的，并触及了宇宙观和方法的较深层面，具有科学革命的意义"①。这是从中国接受的一方说的。即便从西方来说，中世纪的理论也并非完全是糟粕，它是西方知识演进中的一个不可缺少的环节，西方近代科学恰恰诞生于这个环节之中。正如P. S.艾伦所指出的："在它在伟大的大师阿尔伯特和托马斯·阿奎那下面，经院哲学被锻炼成一个能理解一切知识和表现每一种精美的思想工具……而且，创造这个工具的头脑敏锐的人们，只要把他们的探讨延伸到自然科学，就会轻而易举地在几个世纪前就预料到近代的发现。"②

身着清朝官服的汤若望

关于哥白尼学说在中国的传播，那种认为来华耶稣会士对此"缄口不谈"的观点是不符合事实的。《崇祯历书》已把哥白尼列为四大天文学家之一，并给予了较高的评价。此外，书中还大量运用了哥白尼《天体运行论》的材料，这点中国天文学史专家席泽宗先生有非常详尽的说明。③另外，汤若望等人在《崇祯历书》中之所以采用第谷的天文学理论而没有直接采用哥白尼的理论，还有一个观察的准确性问题。对于耶稣会士来说，观察和计算的准确性是首要的，只有如此才能取得中国皇帝和士大夫的信任，基督教在中国才有传播的可能。江晓原博士认为：

> 中国天文学的代数体系尽管有许多不利因素，但在预推天象这一点上也能达到相当的精确度。研究表明：中法的精确度当时优于哥白尼天文体系，而不及第谷体系……因此在传播天文学为了传教这一原则之下，由于天文学本身的原因，耶稣会士也不能在《历书》（《崇祯历书》——引者注）中用哥白尼体系。④

---

① 樊洪业：《耶稣会士与中国科学》，中国人民大学出版社1992年版，第209页。
② 转引自吴于廑、齐世荣主编：《世界史·近代史编》（上卷），高等教育出版社1992年版，第35页。
③ 参阅席泽宗：《十七、十八世纪西方天文学对中国的影响》，《自然科学史研究》1988年第3期，第237—241页。
④ 江晓原：《明清之际西方天文学在中国的传播及其影响》，博士论文抽样本，第92—93页；参阅江晓原：《十七、十八世纪中国天文学的三个新特点》，《自然辩证法通讯》1988年第3期，第51—80页。

江晓原博士的这个研究十分有说服力，它说明入华耶稣会士对待哥白尼学说的态度是由许多原因造成的，而最直接的原因是科学本身的观察与计算问题。①

其次，让我们来看一下数学。在华耶稣会士在翻译西方天文学著作时就同时介绍了西方的数学著作。像《乾坤体仪》就已经讲了"以边线、面积、平圆、椭圆互相较容"②等内容。所以，张荫麟先生也说此书为"西方数学入中国之始"③。

当然，在西方数学的介绍上影响最大的当属1607年印刷发行的《几何原本》。此书由利玛窦述，徐光启译。徐光启，字子先，号玄扈，上海人，万历三十一年（1603）在南京由传教士罗如望（Jean de Rocha, 1566—1623）为之施洗入教。他是利玛窦为代表的在华耶稣会士的最有力支持者。这部书的翻译自万历三十三年（1605）夏开始动笔，次年5月完成前六卷。阮元在《畴人传》中说："《天学初函》诸书，当以《几何原本》为最。"④《几何原本》给利玛窦带来了极大的声誉。因为它介绍了许多中国人前所未闻的知识，"非常为中国人欣赏，对中国日历的修订有很大的影响"⑤。

利玛窦与徐光启

《测量法义》是利玛窦与中国学者合作的另一部数学著作，书自1607年始译，内容为"首造器……次论景……次设问十五题，以明测望高深广远之法"⑥。实际上这本书是《几何原本》的应用本，以其原理来测高、测深、测广、测远。

---

① 参阅Ferdinand Verbiest, *The "Astronomia Europaea" of Ferdinand Verbiest, S. J.* (*Dillingen, 1687*), ed. and tr. by Noel Golvers, Steyler Verlag, 1993；南怀仁：《南怀仁的〈欧洲天文学〉》，高华士英译，余三乐中译，林俊雄审校，大象出版社2016年版。
② 永瑢、纪昀主编：《四库全书总目提要》，海南出版社1999年版，第184页。
③ 张荫麟：《明清之际西学输入中国攷略》，《清华学报》1924年第1期。
④ 阮元：《畴人传》，商务印书馆1955年重印本。
⑤ 利玛窦：《利玛窦中国传教史》（下），刘俊余、王玉川合译，光启出版社、辅仁大学出版社1986年版，第459页。
⑥ 徐宗泽：《明清间耶稣会士译著提要》，上海书店出版社2006年版，第206页。

《同文算指》是利玛窦介绍西方数学的另一部有影响的著作，它译自其老师丁先生的《简明实用数学》（*Epitome Arithmeticae Practicae*）一书。这本书是由利玛窦和李之藻共同合作而完成的，它的内容包括开方、开立方、开四次方到无限等内容，利玛窦说这在中国是非常新奇的东西。当然，此书并不完全是翻译，李之藻、徐光启在翻译过程中还根据中国算术的传统斟酌取舍，如徐光启在其序言中所说："……取旧术，斟酌去取，用所译西术，骈附梓之，题曰《同文算指》。"① 因而也有一些学者认为此书应是"实采中西算术之精华，合辑而成"②。

　　《测量异同》《勾股义》则是徐光启根据利玛窦所传授的知识将中西的测量法和算学加以比较性研究，"推求异同，以俟讨论"③。

　　集明末清初西方数学之大成的是《律历渊源》一书，共有100卷，上部为《历象考成》，中部为《数理精蕴》，下部为《律吕正义》。《四库提要》称："绘图立表，粲然毕备。实为从古未有之书。虽专门名家，未能窥高源于万一也。"④

　　再次，西方地理学也是来华耶稣会士所传入的西方科学的一项重要内容。艾儒略在《大西西泰利先生行迹》中说，利氏于万历十一年（1583）抵肇庆后，"间制地图、浑仪、天地、球考、时晷、惜时之具，以赠于当道"⑤。

　　据洪煨莲先生考，利玛窦所绘制的《万国舆图》，在中国先后被翻刻了12次之多，由此可见这幅地图在中国的影响。正如利玛窦本人所说："《世界地图》已传遍各地，这确是他们不曾听见过的，连想也不会想到的，已经翻印十次以上；中国学者与显贵无不争相传阅，著文称赞或加以翻印。"⑥

　　利氏之后对西洋地理介绍最有成就的是艾儒略。艾儒略的《职方外纪》卷首有《万国全图》《北舆地图》《南舆地图》《亚细亚图》《欧逻巴图》《利未亚

---

① 徐光启：《刻同文算指序》，朱维铮主编：《利玛窦中文著译集》，第648页。
② 王萍：《西方历算学之输入》，"中央研究院"近代史研究所1980年版，第28页。
③ 徐宗泽：《明清间耶稣会士译著提要》，第207页。
④ 永瑢等撰：《四库家藏：子部典籍概览（一）》，山东画报出版社2004年版，第317页。
⑤ 转引自方豪：《中西交通史》（下），第504页。参阅李俨、钱宝琮：《科学史全集》，辽宁教育出版社1998年版，第三、五、七卷。
⑥ 利玛窦：《利玛窦书信集》（下），罗渔译，光启出版社、辅仁大学出版社1986年版，第315页。

图》《南北亚墨利加图》，然后分洲评说各地情况，有《亚细亚总说》《欧逻巴总说》《利未亚总说》《亚墨利加总说》，最后一卷为《四海总说》。《职方外纪》比利玛窦的《万国舆图》更为详细地介绍了世界各地的地理、风俗情况，如果说利玛窦的地图是对中国传统地理观念的首次冲击，那么，这次"是更为有力的第二次冲击"①。艾儒略还著有《西方问答》一书，对西方地理也有介绍，后安文思、南怀仁、利类思（Lodovico Buglio，1606—1682）将其改为《御览西方要纪》。

对西方地理学的介绍一直是耶稣会士一个兴趣不衰的工作，继利玛窦、艾儒略之后，龙华民（Nicolò Longobardo，1559—1645）著《地震解》，南怀仁、蒋友仁分别绘《坤舆图》和《坤舆全图》。由康熙帝亲自促成的《皇舆全览图》则是集西方绘图学之大成，也是当时世界上最先进的一幅大地测量图。如方豪先生所说："17、18世纪时，欧洲各国之全国性测量，或尚未开始，或未完成，而中国有此大业，亦中西学术合作之一大纪念也。"②

复次，在物理学方面，由传教士邓玉函口授、王徵笔录的《远西奇器图说录最》（又称《奇器图说》）是我国第一部介绍西方物理学的著作。全书共三卷，分别介绍了西方物理学、机械学的基本概念、器具、工具，配之以图，通俗易懂。如王徵在序言中所说，这些知识"实有益于民生日用"③。

最后，在此期间被介绍到中国的还有西方的农学，徐光启所著的《泰西水法》是我国第一部详细介绍西方农业水利的著作；利类思所写的《狮子论》介绍了西方的动物；邓玉函的《泰西人身说概》、汤若望的《人身论》介绍了西方的生理解剖学等。

第二节 西方语言学的传入

耶稣会士来华所面临的第一问题是语言问题，他们在学习中国语言的同时也就把西方的语言学带进了中国。在这方面贡献最大的是利玛窦和金尼阁（Nicolas

---

① 艾儒略原著，谢方校释：《职方外纪校释》，中华书局1996年版，前言第2页。
② 方豪：《中西交通史》（下），第605页。
③ 王徵：《自序》，邓玉函口授、王徵译绘：《远西奇器图说》（一），中华书局1985年版，第11页。

Trigault，1577—1628）。利氏共编了三部字典，第一部是和罗明坚合著的《葡汉辞典》（*Dizionario Portoghese-Chinese*），全书189页，此书至今尚未出版。第二部是与郭居静（Lazaro Cattaneo，1560—1640）合著的《中西文字典》（*Vocabularium Sinicum, Ordine Alphabetico Europeorum More Concinnatum et per accentus suos digestum*），此书是按西文字形及中国读音排的字典，据方豪先生讲，此书存于德国早期汉学家基歇尔（Athanasius Kircher，1601—1680）手中。

利玛窦所编的字典中影响最大的是《西字奇迹》。其实这并不是一部严格意义上的字典，而是以拉丁文注汉字的一篇文章。利玛窦在赠给程大约四幅宗教画时，对每一幅画注以短文并以拉丁文注音。此书作于万历三十三年（1605），1927陈垣先生曾以《明季之欧化美术及罗马字注音》名义出版，1957年文字改革出版社将其收入"拼音文字史料丛书"之中。这是"我国音韵史上，第一部用拉丁字母拼音汉字的音韵学著作"①。

在387个不同音的汉字中，利玛窦确定了他的中文拉丁注音系统：26个声母（字父），44个韵母（字母），5个声调符号，此外还有一个送气音符号。对于利玛窦的这个贡献，我国语言学家罗常培先生曾做过十分透彻的分析。他认为，利玛窦对音的分析已经相当精密。"这种精密的分析，已经超过'音位'（Phoneme）的观念，进一步注意到'音质'（Phone），颇同近代语言学家的眼光不谋而合。"②

对中国语言学贡献最大的来华耶稣会士应属金尼阁。金尼阁的《西儒耳目资》是一部供传教士学习中文用的书，实际为一部拉丁拼音的汉字字典。全书三篇：上篇讲叙音韵学理论；中篇为"列音韵谱"，讲如何从音查字或按音求字；下篇为"列边正谱"，讲如何从字查音，按字的偏旁排中国字，并以拉丁文拼其音。这样，金尼阁较利玛窦更为系统地提出一个拉丁文注汉语拼音的方案。在这个方案中，自鸣音（元音）5个，同鸣音（辅音）20个，不鸣音4个；同时，5个"自鸣一字元母"自相结合，并与L、M、N三字结合成"自鸣二字子母"以及"自鸣三字孙母"各22个，以及"自鸣四字曾孙母"1个。以元母、子母、孙

---

① 尹斌庸：《西字奇迹考》，《中国语文天地》1986年第2期。
② 罗常培：《耶稣会士在音韵学上的贡献》，《中央研究院历史语言研究所集刊》1930年第一本第三分，第274页。

母、曾孙母为50列音,是为字母,以20同鸣字为字父。字母有清、浊、上、去、入5个声调,及甚音、中音、次音记号各一。①

金尼阁的这部书的出版,在中国语言学界反响很大,"文人学士视为奇书而惊异之。吾国许多小学家,无论直接、间接受金公之影响者实多"②。

第三节　西方文学艺术的传入

随着基督教进入中国,西方宗教音乐、绘画、文学也一起进入中国。利玛窦向万历皇帝的贡品中有"西琴一张",明代文人在利玛窦寓所见过此琴。《蓬窗续录》说:"余至京,有外国道人利玛窦……道人又出番琴,其制异于中国,用铜铁丝为弦;不用指弹,只以小板案,其声更清越。"③

利玛窦为了教太监演奏西琴,还专写了《西琴八曲》,据陶亚兵博士考,利氏原稿记为Canzone del manicordio di Europa voltate in lettera cinese,"其中canzone是13至17世纪意大利流行的一种较为通俗的意大利文抒情诗;16世纪至17世纪又成为意大利器乐曲的重要体裁"④。

利玛窦之后对西洋音乐介绍贡献最大的是葡萄牙人徐日升(Thomas Pereira,1645—1708)。徐日升在康熙十二年(1673)进京,成为康熙的宫廷音乐教师。他不仅自己精通西洋乐器,能演奏几种乐器,还能指挥乐队,制造乐器。据费赖之(Louis Pfister)说,徐日升"曾在天主堂(南堂——引者注)中装置大风琴一架,式样之新,节奏之调,华人见之者莫不惊异"⑤。徐日升对中国音乐发展的最大贡献在于他写作了第一部汉文西洋乐理著作——《律吕纂要》,第一次较系统地向中国介绍了西方音乐的基本知识,如五线谱、音阶、节拍、和声等。

德理格(Teodorico Pedrini,1671—1746),意大利籍遣使会传教士,康熙

---

① 参阅金尼阁:《西儒耳目资》,文字改革出版社1957年版。
② 徐宗泽:《明清间耶稣会士译著提要》,第252页。
③ 转引自方豪:《中西交通史》(下),第619页。
④ 陶亚兵:《中西音乐交流史稿》,中国大百科全书出版社1994年版,第42页。
⑤ 费赖之:《在华耶稣会士列传及书目》,冯承钧译,中华书局1995年版,第383页。

四十八年（1709）来华，次年进学成为宫廷音乐师。他是继徐日升后对西洋音乐介绍做出重要贡献的人物，其主要成果是《律吕正义续编》，在徐日升的基础上对西洋音乐的新近发展做了进一步的介绍。而且由于徐日升的书并未刊印，所以德理格的书应是"中国第一部正式刊行的汉文西洋乐理（记谱法部分）著作"①。

另外，德理格还留下了一部音乐著作《小提琴奏·乐曲》（Sonate a violino solo col basso de Neprid，opera terza Parte prima·ms·18th cent，北堂藏书号3397）。这部作品对于研究中西音乐交流史有重要意义。陶亚兵博士认为这是"传入中国最早的欧洲音乐作品"②。

在美术方面，利玛窦献于神宗帝的还有"天主图像一幅，天主母图像二幅"③。利氏自己屋中也挂有圣母抱耶稣像，徐光启就是见到这些西洋宗教画后而发生了信仰的改变。但利玛窦所留下的美术品现只存于程大约所编的《程氏墨苑》之中，向达先生认为，目前中国"西洋美术品，现存者当以此为最古"④。

继《程氏墨苑》的四幅之后，艾儒略的《天主降生言行记略》所附的57幅图是对西方木刻画表现得最为集中的。但对西洋绘画的传播贡献最大并在中国画界产生广泛影响的当属以郎世宁（Giuseppe Castiglione，1688—1766）、王致诚（Jean-Denis Attiret，1702—1768）、马国贤（Matteo Ripa，1682—1746）等人为代表的宫廷画师。郎世宁所画的《平安春信图》《哈萨克贡马图》以及他为南堂所画的巨型壁画，都充分反映了他西洋画的技法。如《石渠宝笈》中所说，"世宁之画本西法而能以中法参之"⑤。这些身为宫廷画师的传教士共同创作的一个集体成果就是反映乾隆平定准噶尔叛乱的组画，共16幅，名为《乾隆平定准部回部战图》。

---

① 陶亚兵：《明清间的中西音乐交流》，东方出版社2001年版，第58页。
② 陶亚兵：《中西音乐交流史稿》，第102页。
③ 张维华：《明史欧洲四国传注释》，上海古籍出版社1982年版，第139页。
④ 向达：《明清之际中国美术所受西洋之影响》，《唐代长安与西域文明》，生活·读书·新知三联书店1957年版，第499页。
⑤ 转引自沈福伟：《中西文化交流史》，上海人民出版社1985版，第433页。

郎世宁、王致诚、马国贤等所代表的西洋画师们对中国画坛产生了影响。如康熙年间的画家焦秉贞，他所画的作品其"位置之自远而近，由大及小，不爽毫毛，盖西洋法也"[①]。正是在这一时期，一些画家像焦秉贞那样，"参用西法，产生了糅合中西画法的新画派"[②]。

[①] 转引自方豪：《中西交通史》（下），第637页。
[②] 同上。

第三章　入华传教士对亚里士多德哲学的介绍

在来华耶稣会士对西方哲学的介绍中，最值得称道的就是对亚里士多德哲学的介绍。亚里士多德是希腊哲学的奠基性人物，也是对整个西方思想发展影响最大的人物之一。按照黑格尔的看法，他是一个历史上无与伦比的人，应和柏拉图一起被称为人类的导师，我们现在所讲的西方哲学的划分和产生都应当归于他。中世纪经院哲学最初的繁荣，与亚里士多德的学说在哲学界得到极其广泛的运用有关，而集中世纪经院哲学之大成的托马斯·阿奎那则正是通过注释亚里士多德的哲学、发挥亚里士多德的思想而完成其哲学体系并确立其哲学地位的。

来华耶稣会士在宣扬经院哲学的过程中，"自然也夹杂了一些希腊思想成分在内"[①]。这种希腊思想的重要内容就是亚里士多德哲学。从西方哲学思想发展的过程来看，"经院哲学家把亚里士多德的哲学作为外在的东西接受过来"[②]。这种"外在性"表现为亚里士多德的哲学是一把双刃剑：一方面，它是一种以事物为其对象，均"高度明确、清晰的理智"[③]；另一方面，这种理智同时又是

---

① 侯外庐主编：《中国思想通史》（第四卷下），第1199页。
② 黑格尔：《哲学史讲演录》（第三卷），贺麟、王太庆译，商务印书馆1959年版，第328页。
③ 同上。

"思辨的概念"①。经院哲学在接受亚氏哲学时只接受了"思辨的概念"这一方面,这样,在经院哲学家们的研究中,"并没有健康的常识。健康的常识是不反对思辨的,但必定要反对没有基础的反思。亚里士多德的哲学是这种没有基础的反思的反面,正因为如此,它本身是很不同于这种抽象研究的"②。尽管这样,中世纪的经院哲学作为人类认识之树上的一朵不结果实的花,还是以其抽象的形式发挥了亚里士多德的哲学。它仍有其认识的价值,在以后的人类精神的发展中,"自我意识已经把那较神圣的、较高的教会原则汲取进自身之内了"③。

如果从中世纪哲学本身发展的过程来看,基督教的神学理论从以柏拉图的哲学为基础演进到以亚里士多德的哲学为基础,这本身是一个重要的进步,因为相对于柏拉图的哲学来说,亚里士多德的哲学显然更具有明显的自然主义倾向。

如果从中西哲学的交流来看,尽管经过经院哲学改进后的亚里士多德哲学与亚里士多德原本的思想有较大的差别,但它毕竟是以亚里士多德的哲学为基础的。尤其是对于中国哲学来说,它完全是异质的思想,正是这种异质性对中国哲学的传统思维造成了冲击,正是这种异质性才催生了中西哲学交流所产生的意想不到的进步的作用。文化交流史研究远胜于纯粹抽象的文化比较研究的意义正在于此。

因为纯粹抽象的文化比较研究完全忽略了文化双方相互接受的历史境遇,按照当代解释学大师伽达默的话叫作"历史的前见"。不从这种"历史的前见"出发,不从文化交流史的具体历史条件出发,一般性地将苏格拉底与孔子比较,将黑格尔与朱熹比较,只有抽象的理论意义;用这种比较得出的理论去解释中西文化之异同,基本上只是纯粹理论上的比较研究。我们如果仅从各自文化单线性的发展来看,那么就不会理解为什么作为封建意识形态的儒家学说会成为欧洲启蒙运动领袖手中的思想武器,这点我们在下面还要专门探讨。我们若不从具体的历史境遇出发,也不会理解为何中世纪托马斯·阿奎那的哲学,或者作为经院哲学的亚里士多德哲学,会成为明清间中国进步思想家们关注的问题。

无论是从意识形态出发,还是从抽象的文化比较理论出发,都无法解释中西文化交流史上发生的实际历史进程。这就需要我们重新反思我们过去评价来华耶稣

---

① 黑格尔:《哲学史讲演录》(第三卷),第328页。
② 同上。
③ 同上。

会士的那些理论,从那种纯粹抽象的比较研究中摆脱出来,在历史中发现真理。用新的理论来解释中西文化交流史中的所谓"误读现象",在文化交流史中重新研究中西文化之异同,在历史的基础上展开文化比较的研究,这才是一条切实的道路,只有这样,我们才能对耶稣会士在中西文化交流史中发挥的作用有一个较为客观的评价。

第一节 入华传教士对亚里士多德逻辑学的介绍

明清之际的西学东渐中,亚里士多德的逻辑学也被介绍到中国,成为西学东渐的重要内容。自佛教因明逻辑传入中国以来,亚里士多德逻辑学是第一支传入中国的外来逻辑学派。[1]

一、利玛窦和艾儒略对西方逻辑学的介绍

利玛窦来华以后逐步认识到,中西文化在思维特点上的重大区别是逻辑问题:

> 中国所熟习的唯一较高深的哲理科学就是道德哲学,但在这方面他们由于引入了错误似乎非但没有把事情弄明白,反倒弄糊涂了。他们没有逻辑规则的概念,因而处理伦理学的某些教诫时毫不考虑这一课题各个分支相互的内在联系。在他们那里,伦理学这门科学只是他们在理性之光的指引下所达到的一系列混乱的格言和推论。[2]

在写作《天主实义》时,他用引用亚里士多德的概念论来说明"太极""理"不是世界之源:

> 夫物之宗品有二,有自立者,有依赖者。物之不恃别体以为物,而自能成立,如天地、鬼神、人、鸟兽、草木、金石、四行等,是也。斯属自立之品者。物之不能立,而托他体以为其物,如五常、五色、五音、五味、七情

---

[1] 本节写作由作者与侯乐共同完成。
[2] 利玛窦、金尼阁:《利玛窦中国札记》(上册),何高济、王遵仲、李申译,何兆武校,中华书局1983年版,第31页。

等，是也。斯属依赖之品者。①

这里他以"自立者"和"依赖者"两个逻辑概念对万物做了分类。在《天主实义》的第四篇"辩释鬼神及人魂异论，而解天下万物不可谓之一体"中，他又详细分类解释十范畴：

> 分物之类，贵邦士者曰：或得其形，如金石是也；或另得生气而长大，如草木是也；或更得知觉，如禽兽是也；或益精而得灵才，如人类是也。吾西洋之士，犹加详焉，观后图可见。但其依赖之类最多，难以图尽，故略之，而特书其类之九元宗云。

> 凡此物之万品，各有一定之类，有属灵者，有属愚者。如吾于外国士，传中国有儒谓鸟兽草木金石皆灵，与人类齐，岂不令之大惊哉！②

为了说明了"依赖者"的九类，利玛窦绘制了一幅《物宗类图》表示万物的分类，把"依赖者"作为其中一支。

通过这个《物宗类图》，我们看到利玛窦将亚里士多德的"依赖者"的九类逐一列了出来：

> 几何：如二、三、寸、丈等；相视：如君臣、父子等；何如：如黑白、凉热等；作为：如化、伤、走、言等；抵受：如被化、著伤等；何时：如昼夜、年世等；何所：如乡房、厅位等；体势：如立、坐、伏、倒等；穿得：如袍裙、田池等。③

这是亚里士多德《范畴论》的十个概念（"依赖者"九类及"自立者"）第一次被翻译成中文，应该说，利玛窦在翻译这些概念时是相当困难的，因为这是中国历史上从未听说的概念。"即使在宋明理学的概念中似乎不具备可用来处理

---

① 利玛窦：《天主实义》，朱维铮主编：《利玛窦中文著译集》，第18页。
② 同上书，第38页。
③ 参阅利玛窦：《物宗类图》，同上书，第37页。这里的"几何"即指数量；"相视"即指关系；"何如"即指性质；"抵受"即指被动；"作为"即指主动、动作；"何时"即指时间；"何所"即指地点；"体势"即指所处、姿态；"穿得"即指所有、状态。

物宗类图

亚里斯多德（即亚里士多德——引者注）《范畴论》的专门语词。"①但利玛窦还是努力从中文典籍中一一找到十范畴的对应汉语词汇。②

1607年刊印的《几何原本》虽然是数学著作，但其中包含逻辑思想，特别是演绎的理论。《几何原本》每卷有界说、公论、设题。"界说"就是对所用名目进行解说；"公论"就是举出不可疑之理；"设题"则是根据所说之理次第设之，先易后难，由浅入深，由简到繁。徐光启说：

> 今详味其书，规摹次第，洵为奇矣。题论之首先标界说，次设公论，题论所据；次乃具题，题有本解，有作法，有推论，先之所征，必后之所恃。十三卷中，五百余题，一脉贯通。卷与卷、题与题相结倚，一先不可后，一后不可先……初言实理，至易至明，渐次积累，终竟乃发奥微之义，若暂观后来一二题旨，即其所言，人所难测，亦所难信，及以前题为据，层层印证，重重开发，则义如列眉，往往释然而后失笑矣。③

这里我们看到徐光启对《几何原本》中逻辑思想的敬佩，看到他在翻译过程中"释然而后失笑"的陶醉状态。徐光启已经十分清楚地认识到，《几何原本》绝非只是一本数学著作，而是同时介绍给国人一种新的思维方法，这种方法就是逻辑演绎的方法，它具有普遍性。徐光启在《几何原本杂议》中说：

> 昔人云："鸳鸯绣出从君看，不把金针度与人"，吾辈言几何之学，政与此异，因反其语曰："金针度去从君用，不把鸳鸯绣与人，若此书者，又

---

① 徐光台：《明末西方〈范畴论〉重要语词的传入与翻译——从〈天主实义〉到〈名理探〉》，姚小平主编：《海外汉语探索四百年管窥：西洋汉语研究国际研讨会暨第二届中国语言学史研讨会论文集》，外语教学与研究出版社2008年版，第22页。"从传播西方科学的角度考虑，《天主实义》的重要性体现在两个方面。首先，作为亚里士多德论证模式的样本，此书诉诸'理性之光'证明中国宗教及宇宙观的谬误，说服读者承认天主教相应学说的正确性。为此目的，该书引入了亚里士多德的若干重要概念，诸如四因说、四元素、（本体论）的'是'（being）以及十范畴（ten categories）……"安国风：《欧几里得在中国：汉译〈几何原本〉的源流与影响》，纪志刚、郑诚、郑方磊译，江苏人民出版社2008年版，第78页。
② 徐光台在他的论文中逐一讨论了利玛窦翻译十概念时所使用的中文概念的语言来源及其赋予的新意。参阅徐光台一文第22—25页。
③ 利玛窦：《译几何原本引》，朱维铮主编：《利玛窦中文著译集》，第300—301页。

非止金针度与而已，直是教人开卿冶铁，抽线造针，又是教人植桑饲蚕，沫丝染缕，有能此者，其绣出鸳鸯，直是等闲细事。①

当时欧洲的数学是在亚里士多德哲学体系的笼罩之下的，对耶稣会士来说，"神学上遵从圣托马斯，哲学上遵从亚里士多德"②。而三段论的证明则是数学证明的本质。这样一种演绎的思维方法贯穿在《几何原本》之中。③这说明，从利玛窦开始，传教士们已经对西方逻辑学的介绍做了些工作。④

艾儒略在《西学凡》中把哲学（"斐禄所费亚"，即Philosophia）称为"理学"，以此来比附宋儒之学。他说："理学者，义理之大学也。人以义理超于万物，而为万物之灵。格物穷理，则于人全而于天近。"⑤他以此来说明西方哲学探究的是万物之根，这种理是看不见的，它隐于具体事物之中，"然物之理藏在物中，如金在砂，如玉在璞"⑥，追根探究，"须淘之剖之以斐禄所费亚之学"⑦。这是来华耶稣会士对西方哲学最简明的一个介绍。

艾儒略说，西方哲学源于"西土古贤观天地间变化多奇，虽已各著为论，开此斐禄之学，然多未免似是而非，终未了决"⑧。这样，他就引出了亚里士多德，将其视为西方哲学奠基人。他说："……亚理斯多，其识超卓，其学渊深，其才旷逸。"⑨正因此，他认为，哲学的五门科目中，逻辑学（"落日加"）位于首位。逻辑学也就是"明辩之道"，它"立诸学之根基，辩其是与非、虚与

---

① 徐光启：《几何原本杂议》，王重民辑校：《徐光启集》（上册），上海古籍出版社1984年版，第78页。
② 安国风：《欧几里得在中国：汉译〈几何原本的源流与影响〉》，第39页。
③ "克拉维乌斯同样相信三段论法是数学证明的本质。《导言》这样写道：'任何问题或定理的证明方法都不止一种，对于各种证明，从原则上来说，唯有证明的三段论才是最根本的证明我们将通过欧几里得的第一条定理阐明此理，其他命题同样适用，概莫能外。'"同上书，第48页。
④ 参阅徐光台：《明末西方〈范畴论〉重要语词的传入与翻译——从〈天主实义〉到〈名理探〉》，第14—15页。
⑤ 艾儒略：《西学凡》，李之藻编：《天学初函·理编》，黄曙辉点校，上海交通大学出版社2013年版，第10页。
⑥ 同上。
⑦ 同上。
⑧ 同上书，第14页。
⑨ 同上。

实、表与里之诸法"①。这里,他指出了逻辑学的功能。

接着,他对亚里士多德的逻辑学做了简要的介绍。他说,逻辑学分为六大门。第一门"是落日加诸豫论,凡理学所用诸名目之解",说明这是逻辑学的绪论和范畴解释。第二门是"五公称之论",这里艾儒略借用了原李之藻译《名理探》时的名称"五公",实际上是对各种事物按其本质属性分类。正像艾儒略所说的,这是"万物之宗类,如生觉灵等物之本类,如牛、马、人等;物之分类,如牛、马、人所以相分之理;物类之所独有"。第三门是"理有之论,即不显形于外而独在人明悟之义理之有者"。第四门是"十宗论",这也是借用李之藻《名理探》的概念,实际上讲述的是十个范畴,如自立者、几何等。第五门是"辩学之论",第六门是"知学之论",前者指"辩是非得失之诸确法",后者指"论实知与臆度与差谬之分"。②

亚里士多德畴逻辑学的主要代表作是《工具论》,这是由六篇逻辑学论文组成的一部书:(1)《范畴篇》,论述十个范畴;(2)《解释篇》,包含亚氏的句法学说;(3)《前分析篇》,包括直三段论、模态三段论;(4)《后分析篇》,讲述论证、定义及其关系;(5)《论辩常识篇》,讨论论辩的艺术、推理的方法;(6)《辩谬篇》,证明推理过程中谬误如何产生以及如何排除逻辑谬误。艾儒略在这里并未展开论述这六门的具体内容,但从这个对比中可以看到,他已经初步介绍了亚里士多德逻辑学的主要内容,虽然只是一种篇名、目录上的介绍。

二、《名理探》所介绍的西方逻辑学

对亚里士多德逻辑学介绍最为全面的当属李之藻与傅汎际合译的《名理探》一书。傅汎际是葡萄牙传教士,1618年在金尼阁神父重返中国之际与之偕行,费赖之说他"除布教外,曾与之藻编撰哲学书籍"。这里所说的"哲学书籍",其中重要的一本就是《名理探》。

《名理探》由傅汎际和李之藻合作翻译而成,1631年,在李之藻去世的第二年,《名理探》在杭州首次付梓。《名理探》刻本主要集中在欧洲的图书馆,

---

① 艾儒略:《西学凡》,李之藻编:《天学初函·理编》,第10页。
② 参阅上书,第10—11页。

如巴黎国家图书馆、罗马国家图书馆、梵蒂冈图书馆。最初中国国内仅有两个抄本。1926年有北平公教大学（后改名为辅仁大学）辅仁社影印本，影印自陈援庵（陈垣）校传抄本，三册线装，包括首端五卷。陈本抄自英敛之抄本，英本则抄自马相伯本，而马本源自徐家汇原存五卷。五年之后，即1931年，徐家汇光启社复刻此五卷，即所称土山湾本。徐宗泽在重刻《名理探》作跋中称，土山湾本出版的第二年，他托人到巴黎影印了国家图书馆藏本十卷，以及此后所见北平北堂图书馆十卷和李天经、李次虨序，在1937年出版了包含上述两人序的十卷本，将土山湾本与巴黎影印本合二为一，收入上海商务印书馆王云五所编"万有文库"第二辑中，终成第一部现代较完整版本《名理探》。1965年，台湾商务印书馆重印之，列入"汉译世界名著"中。① 1975年，台湾商务印书馆又再印之，归入"人人文库"。1953年，北京的生活·读书·新知三联书店也出版了《名理探》，共384页，并于1959年再版，收入"逻辑丛刊"中。徐宗泽在"跋"中称："译本分为五端。每端分为五论。成五卷。"② 由此可知，徐宗泽认为傅、李二人已译成之《名理探》本有二十五卷。李天经在其序中称："余向于秦中阅其草创，今于京邸，读其五帙，而尚未睹其大全也。"③作序时为崇祯九年，即1636年。李次虨也在序中称："丁丑冬，先生主会入都，示余刻本五帙，益觉私衷，欣报交构。"④丁丑冬为1637年年末或1638年年初。由此可知，迟至1638年，已刻印的只有五卷。李次虨又称："其为书也，计三十卷。"⑤曾德昭在《大中国志》的《李之藻传》中称有二十卷未刻者。⑥若曾德昭写作时，《名理探》已刻者有十，则加上未刻之二十卷即为李次虨所言三十卷；若其时仍只有五卷，则共为二十五卷，即李次虨所言未能实现。方豪分析了已有的二十五卷说和

---

① 方豪：《李之藻研究》，台湾商务印书馆1966年版，第117—120页。
② 傅汎际译义，李之藻达辞：《名理探》，生活·读书·新知三联书店1959年版，第380页。
③ 同上书，第4页。
④ 同上书，第6页。
⑤ 同上。
⑥ 参阅曾德昭：《大中国志》，何高济译，上海古籍出版社1998年版，第294页。

三十卷说①，通过所见北堂拉丁文原本上的中文卷数标注推知，除已印"五公"及"十伦"以外，另有"词句论"（今译《解释篇》，De Interpretatione）、"三段论"（即这《前分析篇》，De Syllogismo 或者 De Priori Resulutione，Analytica Priora）及"论证论"（即《后分析篇》，De Demonstratione 或者 De Posteriori Resolutione，Analytica Posteriora）共二十卷未刻②，由此得出实为三十卷的结论③。

根据方豪等人考证，《名理探》所据《亚里士多德辩证法大全疏解》④底本并不是1606年威尼斯的首版，而是1611年科隆版。笔者经过比对发现，1611年版除了比1606版多出了再版者之序，还多出当时各级审查机构的审批文书，包括国王议会和会省的审查文书。此外，1611年版在1606年版的基础上增加了全书所有专题、节和小节的总目录（Summa Quaestiorum et Articulorum in Totam Dialecticam），便于读者查找。1606年版全书共990页，1611年版共711页。

现存《名理探》共十卷，是对《序言》《薄斐略的引论》《范畴篇》这三部分的译介。与《亚里士多德辩证法大全疏解》的结构基本保持一致，《名理探》在专题和节这两个层级上同拉丁语原文基本对应，专题对应"辩"，节对应"支"。但是《名理探》的卷和原文的"书"不是一一对应的关系，原文的"小节"在《名理探》中也没有明确的标志。拉汉两个文本比较明显的区别在于对待亚氏原文与后人评注的问题上：《亚里士多德辩证法大全疏解》在每一章节中都将这二者明确地分割开来，但是《名理探》没有做到每章都保持一致，有些专题开头会用以"古"和"解"打头的段落分别标示开来，"古"表示亚氏原文，

---

① 此外，持二十五卷说的有顾有信（Joachim Kurtz），他在 The Discovery of Chinese Logic：Genealogy of A Twentieth-Century Discourse (Brill, 2011)中认为《解释篇》为未译章节；持三十卷说的有惠泽霖（《中国公教典籍丛考》）等。

② 参阅方豪：《李之藻研究》，第127—128页。

③ 参阅曹杰生：《略论〈名理探〉的翻译及其影响》，《中国逻辑史研究》编辑小组编：《中国逻辑史研究》，中国社会科学出版社1982年版。

④ 《亚里士多德辩证法大全疏解》（In Universam Dialecticam Aristotelis）全名为《耶稣会会立科英布拉大学讲义：斯塔吉拉人亚里士多德〈辩证法大全〉注疏》（Commentarii Collegii Conimbricensis Societatis Jesv：In Universam Dialecticam Aristotelis Stagiritae. Nunc Primum in Germania in lucem editi. Coloniae Agrippinae，Apud Benardvm Gualterivm，1611）。

"解"表示评述讨论。但这套标志并没出现在每个专题里,大多数章节常常将二者混淆起来,或仅以"亚利曰"作为区分标志。

1540年,依纳爵·罗耀拉创立耶稣会,在其亲自起草的《耶稣会宪章》（*Constitutiones*）中规定耶稣会的哲学教育必须以亚里士多德的著作为底本,耶稣会的《教育计划》（*Ratio studiorum*）也规定耶稣会士须学习三年亚里士多德哲学,其中第一年学习的就是亚里士多德逻辑学。

16世纪、17世纪,耶稣会在欧洲各地设立大学,位于葡萄牙的科英布拉学院（Collegium Conimbricenses）在教授亚里士多德哲学时,常常采用听写的形式,其中包含大量对亚里士多德思想的评注（Commentarii）。当时的耶稣会葡萄牙省会长冯赛卡（Pedro da Fonseca, 1528—1599）把这些评注修订编纂成一个书系,称之为"葡萄牙的亚里士多德"（The Aristotle of Portugal）。这些书分别为:

《亚里士多德物理学讲义》,科英布拉,1591年（*Commentarii Collegii Conimbricensis Societatis Jesu in octo libros physicorum Aristotelis Stagiritae*, Coimbra, 1591）;

《亚里士多德论天讲义》,科英布拉,1592年（*Commentarii Collegii Conimbricensis Societatis Jesu in quattuor libros physicorum Aristotelis de Coelo*, Coimbra, 1592）;

《亚里士多德论矿产讲义》,科英布拉,1592年（*Commentarii etc. in libros meteorum Aristotelis qui parva naturalia appelantur*, Coimbra, 1592）;

《亚里士多德伦理学讲义》,科英布拉,1595年（*Commentarii etc. in libros ethicorum Aristotelis ad Nichomachum aliquot Cursus Conimbricensis disputationes in quibus praecipua quaedam ethicae disciplinae capita continentur*, Coimbra, 1595）;

《亚里士多德论生与灭讲义》,科英布拉,1595年（*Commentarii etc. in duos libros Aristotelis de generatione et corruptione*, Coimbra, 1595）;

《亚里士多德论灵魂讲义》，科英布拉，1592年（*Commentarii etc. in tres libros Aristotelis de Anima*，Coimbra，1592）；

《亚里士多德全称辩证法讲义》，威尼斯，1606年（*Commentarii etc. in universam dialecticam nunc primum*，ed. Venice，1606）。①

上述著作除了在科英布拉出版以外，还在欧洲各地出版了各种地方版本，有名的包括里昂、里斯本、科隆等地版本。《亚里士多德全称辩证法讲义》即《亚里士多德辩证法大全疏解》，后一种译名较为常见，下文简称《辩证法大全疏解》。

《辩证法大全疏解》包括《序言》《薄斐略的引论》《范畴篇》《解释篇》《前分析篇》《后分析篇》《论题篇》《辩谬篇》，共八个部分。全书前两个部分为《序言》和《薄斐略的引论》，后面按照亚里士多德《工具论》的章节顺序排列。书中除头两个部分完全为评述内容，其后六个部分都以如下形式撰写：首先是章节概要（Summa Capitis）；其次是用拉丁文翻译的亚里士多德原著，一般用斜体字书写；接下来是诸多学者评注；最后是关于本章节的若干篇不同主题的小篇章。若按标题等级从大到小排列即为：书（Liber）—章（Caput）—专题（Quaestio）—节（Articulus）—小节（Sectio）。②

《名理探》第一部分五卷论"五公"，第二部分五卷讲"十伦"。李之藻和傅汎际译出了前十卷，实际上只是把《范畴篇》上篇内容翻译成中文。以后李之藻虽译完了《名理探》后半部分，但未能出版。③

《名理探》主要探讨了"五公"和"十伦"：

亚利欲辩名理，先释十伦。俾学者略寻物理，以具三通之先资也。缘其理奥难明。薄斐略（在亚利之后一千年）为著五伦，引辟其门。其立名：一

---

① 参阅肖朗：《明清之际耶稣会士与西方大学讲义的译介》，《教育研究》2005年第4期，以及 "Conimbricenses," John T. Driscoll, *The Catholic Encyclopedia*, Vol. 4, Robert Appleton Company, 1908.

② 罗伯特·瓦第（Robert Wardy）在其书中描述《辩证法大全疏解》时，把Articulus放在Quaestio之前，似乎有误。

③ 参阅方豪：《名理探译刻卷数考》，《方豪文录》，上智编译馆1948年版，第123—126页。

曰五公,一曰五称。谓五公者,就共义言。谓五称者,就共称言。①

这里的"五公",就是指五类概念。李之藻说,公即宗、类、殊、独、依。"问:五公称之序谓何?曰:此本物理,亦教规也。物理者,物有性情先后,宗也,殊也,类也,所以成其性者,固在先。独也,依也,所以具其情者,固在后。物生之序亦然。"②后来严复在《穆勒名学》中把"五公"译为"五旌",其名称是:类、别、差、撰、寓。

这五个概念是什么含义呢?李之藻说:"生觉为宗,人性为类,推理为殊,能笑为独,黑白为依。"③这里的"宗"相当于逻辑学里所说的"属",所谓的"类"则是今天所说的"种"。"殊"讲的是差别,无论"泛殊""切殊""甚切殊",都是指的万物间的差别,只是程度不同而已。因而李之藻所说的"类殊"实际是"种差"。"独"则指事物的非本质属性,如李之藻所说:"凡为人者,即为能笑;凡能笑者,固即为人。彼此转应,故正为独。"④"依"是讲事物的偶有性。

如果我们考察一下亚里士多德的逻辑学,就会发现李之藻所译的"五公",实际上大部分来自亚里士多德的"四谓词理论"。亚里士多德出于论辩的需要,阐述谓词与主词在命题中的四种不同的关系,提出四谓词:属、定义、固有性、偶性。⑤

亚里士多德的"四谓词"被注释者薄斐略(Porphyrios,233或234—约305)另补充了一个种,后称为"五种宾词",即属、种、种类、固有属性、偶性。⑥

---

① 傅汛际译义,李之藻达辞:《名理探》,第33页。
② 同上。
③ 同上书,第106页。
④ 同上书,第167页。
⑤ 亚里士多德说:"所有命题和所有问题所表示的或是某个属,或是一特性,或是一偶性;因为种差具有类的属性,应与属处于相同序列。但是,既然在事物的特性,有的表现本质,有的并不表现本质,那么,就可以把特性区分为上述的两个部分,把表现本质的那个部分称为定义,把剩下的部分按通常听用的术语叫作特性。根据上述,因此很明显,按现在的区分,一共出现有四个要素,即特性、定义、属和偶性。"转引自张家龙主编:《逻辑学思想史》,湖南教育出版社2004年版,第377页。
⑥ 薄斐略在引论中说:"为了理解亚里士多德的范畴学说,必须认识属、种差、种、固有属性(按:即特性)和偶性的实质。这一认识也有助于提出定义,并且一般来说有助于划分和证明。"转引自上书,第392页。

李之藻和傅汎际所用的理论显然是薄斐略的"五种宾词"理论：

五种宾词（薄斐略）：属、种、种类、固有属性、偶性

五公论（李之藻）：宗、类、殊、独、依性

今日逻辑类：种、种差、固有非质属性、偶有性

有的学者认为，薄斐略这种扩大，"离开了亚里士多德的原意，但是在中世纪，这些是非常有名的，人们对波非利（即薄斐略——引者注）的赞誉超过了他应得的评价"①。这说明李之藻所译《名理探》的原本也是接受了薄斐略的理论的。尽管如此，"五公论"仍最大限度地反映了亚里士多德的"四谓词理论"。

"十伦"是《名理探》的另一个重点，这是在研究对世间万事万物分门别类时所划的十个区分。李之藻将其定为自立体、几何、互视、何似、施作、承受、体势、何居、暂久、得有。

这里的"自立体"就是"实体"；"几何"就是"数量"；"互视"就是"向他而谓"，指事物间的关系；"何似"指的是"性质范畴"，物所以何似，是"何谓"似者；"施作"指的是"主动"；"承受"指的是"被动"；"体态"是讲"形体之分布"；"何居"指的是"位置"；"暂久"讲的是时间；"得有"指的是"情况"。

亚里士多德是最早对范畴进行分类的人。通常所说的亚里士多德的"十范畴"就是：实体、数量、性质、关系、地点、时间、姿态、状况、动作、遭受。用今天的逻辑术语来表述，就是这样十个范畴：实体、数量、关系、性质、主动、被动、状态、位置、时间、情况。②

---

① 亨利希·肖尔兹：《简明逻辑史》，张家龙译，商务印书馆1977年版，第192页。
② 亚里士多德在《范畴篇》中说："一切非复合词包括实体、数量、性质、关系、何地、何时、所处、所有、动作、承受。举个例子来说，实体，如人和马；数量，如，'两肘长''三肘长'；性质，如，'白色的''有教养的'；关系，如，'一半''二倍''大于'；何地，如，'在吕克昂''在市场'；何时，如，'昨天''年'；所出，如，'躺着''坐着'；所有，如，'穿鞋的''贯甲的'；动作，如，'分割''点燃'；承受，如，'被分割''被点燃'。"转引自张家龙主编：《逻辑思想史》，第389—390页。

亚里士多德的"十范畴"：实体、数量、性质、关系、地点、时间、姿态、状况、动作、遭受。

李之藻所译的"十伦"：自立体、几何、互视、何似、施作、承受、体势、何居、暂久、得有。

从这个对比中我们可以看出，除了排列顺序略有差别之外，二者在范畴内容上是完全一致的。在亚里士多德那里只用3.5万字就讲清的问题，在李之藻这里却用了14万字的篇幅。但我们不能简单地说李之藻是一种经院哲学的繁缛写作，而更应从中西文化的差别和不同来理解。

李之藻与利玛窦有交往，他也熟读过《天主实义》。利玛窦在《天主实义》中所介绍的西方逻辑知识，对李之藻翻译《名理探》也产生了影响。

在《天主实义》中，亚里士多德的十个范畴为自立者、几何、相视、何如、作为、抵受、何时、何所、体势、穿得；在艾儒略的《西学凡》中，这十个概念为自立者、几何、相接、何状、作为、抵受、何时、何所、体势、得用；到《名理探》中，则译为自立体、几何、互视、何似、施作、承受、体势、何居、暂久、得有。我们看到《天主实义》和《名理探》中的十个范畴的译名，其中有两个是完全相同的，其他几个虽然有所不同，看起来差异也不大。因此，利玛窦在《天主实义》中对西方十个范畴的翻译多为《名理探》所沿用①。

关于李之藻在翻译时将西方逻辑概念转换成中文所面临的困难，以及《名理探》与《辩证法大全疏解》的关系，学界已经有所研究，这里不再展开。②

---

① 参阅徐光台：《明末西方〈范畴论〉重要语词的传入与翻译：从利玛窦〈天主实义〉到〈名理探〉》一文。

② "在《名理探》中，亚里士多德的形象被重新塑造，从一个被雅典仇视的外来者形象转变成为一个成功的学者型政府官员的典范，这一新的形象可能会对《名理探》的普及有好处，毕竟这一形象是孔子形象的补益。对于逻辑学中概念的形成而言，中国人在这里很可能就会止步不前，因为在'十伦'中，中国人无法正确理解的至少有三个，'何时者'，'何似者'，'互视者'，而概念的明晰是逻辑学中不可缺少的。古代汉语在辩证法的第一步中就遇到了无法消除的困难。古汉语不依据句子和命题来表达语义内容的惊人主张必然以此为结果，即所有的汉字都是名词以及作为一串名词的复合名词、短语和句子。它们缺乏任何形态学上的标志以表明它们是限定动词或者是完整句句，因此它们都不是逻辑学意义上的语句与命题，这种结果相应地使人们能够理解早期中国人缺乏对'真'与'假'问题的兴趣。"王建鲁：《〈名理探〉与〈辩证法大全注疏〉比较研究》，中国社会科学出版社2014年版，第163—164页。

《名理探》与《辩证法大全疏解》的具体章节对应情况如下：

《辩证法大全疏解》的第一章《序言》共有七节，对应《名理探》五公卷之一的十节，简要介绍爱知学（哲学）的重要意义。

《辩证法大全疏解》的第二章《薄斐略的引论》共有八节，第一节为前言，第二节至第六节分别解释genus、species、differentia、proprius、accidens，即宗、类、殊、独、依这五公，第七、六节为总论。这八节正好对应《名理探》五公卷之二到卷之五，此四卷分为七篇。其中第一篇（即卷二、卷三）对应"引论"的第一节，第二篇至第六篇对应"引论"的第二节至第六节，第七篇对应"引论"的第七、八节。在本章中，薄斐略对亚里士多德四谓词加以阐释，提出"五公称"——即今所谓"五种宾词"理论。

《辩证法大全疏解》第三章《范畴篇》共分十四节。第一节至第四节分别对应《名理探》十伦卷之一的先论四篇，第五至九节分别对应《名理探》十伦卷之二到卷之五的前三辩，第十节至第十三节分别对应卷之五的第四辩与四篇后论，第十四节在十伦卷中未找到。其中第五至九节是对"十伦"，即十个范畴的解释，第五节substantia为卷三二"十伦"之一"自立体"，第六节quantitas为卷之三"十伦"之二"几何"，第七节对应卷之四的"十伦"之三"互视"，第八节对应之卷四的"十伦"之四"何似"，而第九节则对应了剩下的六个范畴，即actio（施作）、passio（承受）、situs（体势）、ubi（何居）、duratio（暂久）、habitus（得有），两两为一组，成对而论。

罗伯特·瓦第是西方学者中较早对《名理探》展开研究的学者。瓦第在*Aristotle in China, Language, Categories, and Translation*这部书中以中文为例，考察了《名理探》中语言和思想的关系，特别考察了用中文表述的逻辑学思想。瓦第反对语言相对论者所持的拉丁语亚氏逻辑学说不可能被古代汉语完全诠释出来的观点，他认为既然亚里士多德逻辑学可以复兴于2000年后的拉丁语中，也一定有理由存活于同时代的汉语中。作者从内容、思想、语言等多方面进行对比，以希腊原著作为参照系，细致地分析了拉丁文本和汉语文本之间的同异。这样就跳出了单纯以拉丁文为基础的参照系，采用更为公平和宽广的视角，评价哪一个文本更接近原著。这种反传统的对比方法，不仅是为《名理探》"正名"，同时也是从外来角度重新审视拉丁文本，有助于欧洲语言、哲学领域的研究。作者还详细探讨了"十伦""互视"等概念的翻译,总结出汉译本在不同情况下采取的不同翻译策略。这些策略的形成原因大多是中国和欧洲读者文化、教育背景的不同,部分是语言形态的不同。作者不同于一些前人研究者之处也就在这里,他认为语言形态上的不同并不能被视为将欧洲语言著作翻译成汉语时的劣势,正是这些区别使得汉语译介发挥出超越拉丁语的优势,能够在很多概念上更加清晰简洁地反映原义。作者赞同的是语义、哲理上的一致性,而非仅仅是语言形式上的统一。"有时,正如这里,语言学上的依存关系与本体论上的依存关系正好相反。当这种情况发生时,我们应当考虑哲理的统一,而非'语法'的正确。"①在序言中,作者第一句话就申明这本书考察的是语言与思想的关系。通过对《名理探》和拉丁文本的翻译比较,作者反对语言决定思想的"语言决定论"以及由此衍生的"绝对相对论",肯定无论什么样的语言形式都有特点各异但地位同等的诠释能力。正如最后一节的标题——"不可译之译"②,看似不可翻译的古代汉语,恰恰交出了一份令人满意的亚氏逻辑学翻译答卷。

通过下面这个表格,我们可以厘清拉丁文本的《辩证法大全疏解》与《名理探》间的章节对应关系。

拉丁文本《辩证法大全疏解》与《名理探》间章节对应关系

《辩证法大全疏解》		《名理探》		主要内容
Prooemium		五公卷之一		名理探总论
Isagoge	Praefatio	五公卷之二,五公卷之三 五公卷之篇第一		总体阐述何为"公"
	De Genere	五公卷之四	五公之篇第二论宗	解释"宗"
	De Specie		五公之篇第三论类	解释"类"

---

① Robert Wardy, *Aristotle in China: Language, Categories, and Translation*, Cambridge University Press, 2000, p. 149.

② Ibid., p. 146.

第三章 入华传教士对亚里士多德哲学的介绍　55

(续表)

《辩证法大全疏解》		《名理探》		主要内容
Isagoge	De Differentia	五公卷之五	五公之篇第四论殊	解释"殊"
	De Proprio		五公之篇第五论独	解释"独"
	De Accidente De Communitatibus et differentiis praedicabilium		五公之篇第六论依 五公之篇第七	解释"依" 分析五公称的同异
De Categoriarum	De Aequivoci, Univocis, et Denominatiuis	十伦卷之一	先论之一	总析十范畴
	De Complexis, et Incomplexis		先论之二	
	De Regulis		先论之三	
	De decem praedicamentis		先论之四	
	De Substantia	十伦卷之二	十伦之一论自立体	解释"自立体"
	De Quantitate	十伦卷之三	十伦之二论几何	解释"几何"
	De Relatione	十伦卷之四	十伦之三论互视	解释"互视"
	De Qualitate		十伦之四论何似	解释"何似"
	De Actione&Passione, Situs&Ubi, Duratione&Habitu	十伦卷之五	十伦之五论施作、承受、体势、何居、暂久、得有	解释"施"和"承受"、"体势"和"何居"、"暂久"和"得有"
	De Oppositis		后论之一论相对	解释"相对"
	De Modis Prioris		后论之二论先	解释"并"
	De Modis Simul		后论之三论并	解释"并"
	De Speciebus Motus	十伦卷之五	后论之四论动	解释"动"
	De Modis Habere		未译	无

三、《穷理学》和《名理探》的关系

《名理探》出版时并未将李之藻的全部译文刊出。据李天经（1579—1659）及李次彪（李之藻之子，生卒年不详）之序，以及方豪对比北堂所存拉丁文原本，可知傅汎际和李之藻还可能译出了其他部分，共计二十五卷或三十卷①。

《名理探》和《穷理学》实紧密相连。我们只能窥见当年李之藻和傅汎际所翻译的《辩证法大全疏解》的部分内容，因为《穷理学》全本至今仍未被发现，从而我们仍不能说发现了《名理探》的全译本。学术界虽然在这方面已经有重大的发现②，但是长期以来一直无法获得《名理探》的全译本，从而也就无法全面了解傅汎际和李之藻所翻译的《辩证法大全疏解》的全貌。20个世纪90年代，笔者在北大图书馆查阅了南怀仁1683年的《穷理学》（*The Science of Fathoming Patterns*）。这是南怀仁进呈康熙帝的西学总汇之书，共六十卷。南怀仁按照康熙的要求将耶稣会士们所译的欧洲知识，包括天文学、数学、机械等诸多学科知识，汇集在一起。但很遗憾，北大所发现的只是《穷理学》的残卷，仅有十六卷，包括"理推之总论""形性之理推""轻重之理推""理辩五公称"四个部分。其中"理辩五公称"对应《名理探》的前五卷，推理之总论则是对《前分析篇》的翻译。经考证，《穷理学》这两章即当年李之藻和傅汎际在翻译《名理探》时的译本，是未及刻印收入《名理探》中的部分章节。③

比利时来华传教士南怀仁是中国天主教史上的重要人物，虽然他较利玛窦、汤若望来华稍晚，但"中国天主教教士身后得蒙赐谥的，在历史上却只有南怀仁一人"④。他在清史上的重要性不仅在于治历法、铸大炮、传播西方科技，并使康熙皇帝逐步改变了对待天主教的态度，"给中国教会带来了约40年的'黄金时代'"⑤，而且还在于他传播介绍了西方哲学与宗教。后一方面鲜为人所研究。

---

① 参阅方豪：《李之藻研究》，第125—129页。
② 从20个世纪90年代后，由于北大《穷理学》部分残本的发现，中外学术界已经开始关注并展开研究。
③ 参阅张西平：《穷理学——南怀仁最重要的著作》，任继愈主编：《国际汉学》（第四辑），大象出版社1999年版，第382—394页。
④ 方豪：《中国天主教史人物传》，宗教文化出版社2007年版，第339页。
⑤ 林金水：《试论南怀仁对康熙天主教政策的影响》，*Sino-Western Cultural Relations Journal*，XIV，1992，第18页。

《穷理学》是南怀仁晚年的著作，康熙二十二年（1683）他在进呈《穷理学》的奏疏中说："臣自钦取来京，至今二十四载，昼夜竭力，以全备理推之法。"① 这说明《穷理学》非一日之功，而是集南怀仁一生之心血，在此意义上把《穷理学》作为南怀仁一生的代表作也是完全应该的。

南怀仁之所以如此重视《穷理学》有两个方面的原因：

第一，从西洋学问来说，《穷理学》可谓"百学之门"。他在奏疏中说：

> 古今名学之名公凡论，诸学之粹精纯贵，皆谓穷理学为百学之宗，谓订非之磨勘、试真之砺石、万艺之司衡、灵界之日光、明悟之眼目、义理之启钥，为诸学之首需者也，如兵工医律量度等学，若无理推之法，则必浮泛而不能为精确之艺。且天下不拘何方何品之士，凡论事物莫不以理为主，但常有不知分别其理之真伪何在，故彼此恒有相反之说而不能归于一，是必有一确法以定之，其法即理推之法耳。②

他告诉康熙，西国虽有六艺，但六艺之根是理推之法，不了解这个根、这个本，任何学问不过是浮光掠影，无法精确。

第二，从中国学问来说，《穷理学》乃历法之本。南怀仁写《穷理学》时，来中国已经二十多年，他深知历法在中国的地位和作用，尤其他本人历经了"熙朝历狱"，饱受磨难，因杨光先诬而入狱③，后因西洋之法准确而重新复出，逐步取得康熙帝的信任。

所以，他在书疏中开宗明义便说："……进《穷理学》之理，以明历理，以广开百学之门，永垂万世事。窃惟治历明时为帝王之首务。"④ 南怀仁认为，历法是如此重大之事，但长期以来，中国历法是只知其数不知其理，正像一个人只有其形体而无灵魂一样。

所以，南怀仁在奏疏中对中国历法史做了简要回顾。他认为史书中记载的

---

① 南怀仁：《进呈〈穷理书〉书奏》，徐宗泽：《明清间耶稣会士译著提要》，第147页。
② 同上。
③ 参阅杨光先：《不得已》，吴相湘主编：《天主教东传文献续编》（第三册），学生书局1986年版，第1069—1332页。
④ 徐宗泽：《明清间耶稣会士译著提要》，第146页。

汉代以后的名家历法大都停留在表面，都是"专求法数，罕求名理"①。元代郭守敬之历法号称精密，实际上当时已出现了不足，即"推食而不食、食而失推之弊"②。究其原因，这些历法都"未能洞晓本原"③。

南怀仁所进呈的《穷理学》得到了康熙的认可。自南怀仁进呈《穷理学》一书以来，史书多有描述性记载，而无详细具体之介绍。"最早对《穷理学》展开研究的是欧洲汉学家Dunyn-Szpot（ca. 1700）。他提到《穷理学》可能纂集了以往耶稣会士的几部著作的内容。"④

徐宗泽在《明清间耶稣会士译著提要》一书中谈到此书时说：

> 耶稣会士南怀仁译，康熙二十二年（1683）八月二十六日进呈御览，共六十卷，《熙朝定案》中有南怀仁恭进《穷理学》折。是书系一部论理学，想译自亚利斯多德哲学之一部分，或即高因盘利大学（Univérsité de Coimbre）哲学讲义课本，续傅汎际、李之藻《名理探》而完成之书也。⑤

从徐宗泽的这段话我们可得出结论：（1）他本人并未见过此书，关于此书情况他只是有一些猜想；（2）他猜想《穷理学》是亚里士多德哲学的一部分；（3）他猜想《穷理学》是《名理探》的续本。

费赖之在《在华耶稣会士列传及书目》一书中讲到南怀仁时也提到了此书：

> 帝命怀仁撰哲学进呈，怀仁辑傅汎际之《名理探》，艾儒略、毕方济之《万物真原》《灵言蠡勺》，利类思之《超性学要》、王丰肃（Alphonse Vagnoni）之《斐录汇答》等书，录其概要，参以己意，都为六十卷，书成进呈，帝留中阅览。⑥

费赖之的这个记载表明两点：（1）《穷理学》是南怀仁将其他来华传教士

---

① 徐宗泽：《明清间耶稣会士译著提要》，第146页。
② 同上。
③ 同上。
④ 尚智丛：《明末清初（1582—1687）的格物穷理之学：中国科学发展的前近代形态》，四川教育出版社2003年版，第66页。
⑤ 徐宗泽：《明清间耶稣会士译著提要》，第146页。
⑥ 费赖之：《在华耶稣会士列传及书目》，第356页。

有关著作汇辑而成；（2）《穷理学》的主要来源是傅汎际、艾儒略、利类思、王丰肃、毕方济等人的著作。

很明显徐宗泽和费赖之的记载相互不一致，材料来源也不一样。但他们两人都是在转述、介绍这部著作，都未见过原著原文。

从目前的文献来看，见到此书残本的可能有两人。一人在1939年11月19日的天津《益世报》上发文谈此事，这篇文章笔者一直未能读到，但徐宗泽作过转述：

> 近年来北平燕京大学图书馆收得旧抄本《穷理学》残本一部，共两函十六本，朱丝阑恭楷，书面绸绫标题，颇似进呈之本，计存理推之总论五卷、形性之理推一卷、轻重之理推一卷。①

见过此残本的另一人可能是冯承钧先生，他在费赖之一书的中文版注释中说：

> 今见有怀仁撰进呈《穷理学》旧抄本，已残缺不完，计存《理推之总论》五卷、《形性之理推》三卷、《轻重之理推》一卷、《理辩之五公称》五卷，应是此书。惟考狄著《中国的中欧印刷术》书目，有《形性理推》五卷（三六〇号）、《光向异验理推》一卷（三六一号）、《目司图说》一卷（三六二号）、《理推各图说》一卷（三六四号）、《理辩之引启》二卷（三六二号），应皆为是编之子目。则是编所述形上形下诸学皆备，可谓集当时西学之大成，惟所钞《名理探》凡论及天主诸节，胥予删润，殆进呈之书未敢涉及教理耳。又考《癸巳类稿》卷十四，书《人身图说》后，曾引怀仁是编，谓一切知识记忆不在于心而于头脑之内。是《穷理学》中或尚辑有邓玉函、罗雅谷之著述矣。②

冯先生亲眼所见，《穷理学》残本是存在的。不同之处在于，两人对残存本的篇目记述不一。关于"形性之理推"徐宗泽说是一卷，而冯承钧说是三卷；

---

① 徐宗泽：《明清间耶稣会士译著提要》，第146页。
② 费赖之：《在华耶稣会士列传及书目》，356—357页。现北大的藏本中有二页未注明作者的散页，从行文的风格和口气来说，很可能是冯承钧先生当年读此书时之遗墨。

徐宗泽未讲"理辩之五公称"这部分内容，而冯承钧认为有五卷。"与北大现存《穷理学》残抄本内容相比较，徐宗泽先生所论与《穷理学》实际情况有较大出入，原收并不仅是逻辑一学内容。可见他并未亲见该书，只是根据《益世报》的报道来做分析。"①

笔者1999年在《国际汉学》（第四辑）发表《〈穷理学〉——南怀仁最重要的著作》，初步描述了《穷理学》的版本，高华士（Noêl Golvers）、钟鸣旦（Nicolas Standaert）、杜鼎克（Adrian Dudink）也分别对《穷理学》的版本与内容做了整理与分析②。

现将北大图书馆所藏的《穷理学》残本作一介绍。

这个残本共两函十六册，抄本，每页是单边单栏，上花口。书面为如徐宗泽所说的"绸绫"，"理推之总论"标题下有"治理历法加工部右侍郎又加二级臣南怀仁集述"。从整个书的装帧来看属于进呈的内府本。笔者曾在当时的北图工作多年，见过传教士徐日升的《律吕纂要》一书，此书也属清宫廷内府本，所见装潢与笔者见到的《穷理论》十分接近。从内容上来说，费赖之认为《穷理学》是将部分来华耶稣会士的著作辑集而成，这有一定的道理。

在这两函十六册中，第一册为目录，其他册具体情况如下：

《理推之总论》（第一卷至第五卷）

《形性之理推》（第六、八、九卷）

《轻重之理推》（第七卷）

《理辩之五公称》（第一卷至第五卷）

南怀仁在呈康熙的奏折中称"穷理之书六十卷"，但从这个残本的目录来看，《理推之总论》五卷，《形性之理推》至少有九卷，《轻重之理推》至少有七卷，《理辩五公称》五卷，合计二十六卷。考狄（Henri Cordier）列出过关于

---

① 尚智丛：《明末清初（1582—1687）的格物穷理之学：中国科学发展的前近代形态》，第68页。

② 参阅Noêl Golvers ed., *The Christian Mission in China in the Verbiest Era: Some Aspects of the Missionary Approach,* Leuven University Press, 1990.

南怀仁的中文著作，有《形性理推》五卷，《预推经验》一卷，《光向异验理推》一卷，《理辩之引启》二卷，《目司图说》一卷，《理推各图说》二卷，共有十一卷。①有记载的合起来共有三十七卷，也就是说还有二十三卷的情况现在完全不知。

《穷理学》被认为是集西学之大成的著作，它和其他来华耶稣会士的译著有着密切的关系。由于篇幅所限，本文不能一一展开这种考证和研究。但有一点可以肯定：《穷理学》并不仅仅是逻辑学的著作，而是当时西学之总汇。②

从《穷理学》和《名理探》的关系来说，二者在介绍西方逻辑学上是连接的。

《名理探》是来华传教士介绍西方哲学的最重要著作之一。李天经说："《名理探》十余卷，大抵欲人明此真实之理，而于明悟为用、推论为梯，读之其旨似奥而味之其理皆真，诚也为格物穷理之大原本哉。"③这个残本中的《理辩五公称》取于李之藻的《名理探》的前五卷，所不同的是李之藻在翻译中加入了许多天主教的内容，而南怀仁则将与逻辑学无关的宗教内容删去。这充分表现了南怀仁的传教策略，他继承了利玛窦的科学传教的路线，尤其是经过杨光先的反教案后，他更为谨慎，在科学和宗教之间加以平衡。正如他在1683年致欧洲会友的一封信中所说："皇帝的意志对我们是处处限制，如违背他的意志，或者对此有任何轻微的表现，都立刻危害我们的整个传教事业。"④

李之藻在《名理探》中对亚里士多德的逻辑学体系做了清楚表述："名理探三门，论明悟之首用、次用、三用；非先发直通，不能得断通；非先发断通，不

---

① 参阅 Henri Cordier, *L'imprimerie Sino-Européenne En Chine: Bibliographie Des Ouvrages Publiés En Chine Par Les Européens Au Xuiie Et Au Xuiiie Siècle*, E. leroux, 1901. 冯承钧先生在《在华耶稣会士列传及书目》第356页注中说考狄书目中关于《穷理学》的书只有《形性理推》五卷，《光向异验理推》一卷，《目司图说》一卷，《理推各图说》一卷，《理辩之引启》二卷，少了《预推经验》一卷。

② 参阅钟鸣旦：《"格物穷理"：17世纪西方耶稣会士与中国学者间的讨论》，魏若望编：《传教士·科学家·工程师·外交家南怀仁（1623～1688）——鲁汶国际学术研讨会论文集》，社会科学文献出版社2001年版，第454—479页。

③ 李天经：《〈名理探〉序》，徐宗泽：《明清间耶稣会士译者著提要》，第148页。

④ 南怀仁：《扈从康熙皇帝巡幸西鞑靼记》，张美华译，《清史研究通讯》1987年第1期，第39页。

能得推通；三者相因，故三门相须为用，自有相先之序。"①

这里"直通"是指概念，"断通"是指判断，"推通"是指推理。《名理探》的"五公"是对事物种类及其性质的分析，它属于认识论范畴，对于形式逻辑来说，它只是预备性的知识。而《名理探》中的"十伦"讲的是亚里士多德《范畴篇》中的十个范畴。现残存的《理推之总论》五卷属于"推理"的内容，现所见李之藻的《名理探》中没有刻出这五卷。李之藻在《名理探》的目录最后有"第三四五端之论待后刻"一句，据此，我对《穷理学》和《名理探》的关系得出以下两点结论：

第一，徐宗泽当年已经考证，并核对了《名理探》的原拉丁文本，得出《名理探》全部应是二十五卷。曾德昭在他的《大中国志》一书后已附录《李之藻传》，称《名理探》还有二十卷待刻，显然他此时只看到了"五公"的五卷（这五卷于1631年成书）。这样《名理探》应有二十五卷收入《穷理学》中，其中已刻的有十卷，即"五公"（五卷）、"十伦"（五卷），这未刻的十五卷被南怀仁重新刻印收入《穷理学》中。这点南怀仁在奏书中讲得很清楚："从西字已经翻译而未刻者，皆校对而增修之、纂集之，其未经翻译者则接续而翻译，以加补之，辑集成帙。"②

第二，《理推之总论》是李之藻译竟未刻之文献，由南怀仁刻印成书。③这五卷的发现对于研究西方哲学在中国早期的传播，对于研究中国逻辑史，都有着重要意义。

总之，《穷理学》是南怀仁的一本重要的著作，是当时西学之集大成之作。从这个残本我们可以看到，南怀仁传播西方宗教哲学贡献很大，仅他将《名理探》所剩下的十五卷重新刻印就功不可没。鉴于《名理探》的《理推之总论》五卷已经失传，现只存于《穷理学》的残本之中，故将这五卷的目录附后，以飨读者。

---

① 傅汎际译义，李之藻达辞：《名理探》，第31—32页。
② 南怀仁：《进呈〈穷理学〉书奏》，徐宗泽：《明清间耶稣会士译著提要》，第147页。
③ 《穷理学》的刻本至今尚未发现。

理推之总论一卷

总引

论题列与限界及理推也者

论题列与限界其理正否

  解题列为当

  就几何与何似以析题列之属端

  释限界

解理推也者当否

  释推论之本理何属

  解理推当否

  凡理推为就规模之推辩者否

理推之总论二卷

直题相转

前设之四论当否

  公且非以直相转

  公且是者相转

  特之题列之相转

  子一之题相转

直之题列可就反置受转否

  固然之题反置之相转

论凡属可不然之题与凡有合成之限界者亦可就

  反置受转否

理推之总论三卷

何若题相转

论属何若题之相转

　　固能可三何若属是者其题之转当否

　　论不可有等何若属非者其题之相转何如

第二义可然者之题何以相转

　　亚利论此类取合义乎取分义乎又此题之阐解何如

　　第二义之可然属是者相转

　　第二义可然属非者相转

第二义可然者之题据其属合义而言可相转与否

　　其题有可相当解之之他题否

　　凡可然且属合义之题可相转否

　　何若之题可就反置转否

理推之总论四卷

形与式云何

可凡可无一之限界

理推之第一形

论理推者第二形

理推之第三形

就阐之理推以证第三形之理推者其论当否

　　解析阐之理推

　　释所提之元问

设几端以明前论

推明与前篇关系数端

谓诸形为三不多不少者其论正否

  理推诸形惟三

  驳前论

第二三形亦有非以正推者否

  论此义歧说

  两说皆可

理推之总论五卷

论理推由属何若之称谓造成者

从一固一直杂成之理推系第一形者

论杂之理推在第二形有一题属固然一题为直者

杂之理推有一题为固然一题为直系于第三形者

论可然非固然者

二十八篇总义

二十九篇总略

三十篇至三十二篇总略

三十二篇以至本卷终总略

古论究先者

  诸篇之总论

  理推者之能有六

  论推也者之疵有六

  他推辩如何归乎理推者

引推比推非全推各所宜归之形①

《理推之总论一卷》首页

《理推之总论一卷》目录页

四、《穷理学》所介绍的西方逻辑学

从西方逻辑学的内容来看,《理辩五公称》在《名理探》中已经介绍了,《理推之总论》属于《名理探》所没有的新的内容,主要介绍了演绎推理的理论。

南怀仁在《理推之总论一卷》中指出:

> 究先、究后者,古论总有四卷。亚利名为究解之论,而此云究先、究后者,以别其中两论之各名也。然而亚利分别两论,名先二卷为理推之论,而后二卷为指显之理推……②

---

① 参阅南怀仁集述:《穷理学存(外一种)》,宋兴无、宫云维等点校,浙江大学出版社2016年版,目录第1—4页。

② 同上书,第1页。

这是说亚里士多德逻辑学的《前分析篇》主要是讲推理，《后分析篇》主要是讲演绎。

在《理推之总论二卷》中，南怀仁说：

> 本篇有二论：一提析题列之属端；二提直题列之何以相转也。属端者有三：一析直者；二析是非；三析公特与非限定之题列。论直之题何以相转者，释有四端：一曰凡公且非之题列，直然受转；二曰凡公具是之题列，依然受转；三曰凡特且是之题列，亦直然受转；四曰凡特且非之题列，绝不可受转也。①

这是在介绍推理中的命题的种类，即全称肯定判断、全称否定判断、特称肯定判断、特称否定判断，以及全称肯定判断的换位问题。

第三卷主要讲相转（换位）问题。第四卷主要讲了亚里士多德的三段论内容，对三段论的格和式做了说明。第五卷讲述了推理的构成和分类，也就是命题问题，讲述了实然命题、可然命题和或然命题。从这里我们看出，《穷理学》在《名理探》的基础上，第一次较为详细地介绍了西方逻辑学的推理演绎理论。

对于《穷理学》的研究，德国汉学家顾有信在德国埃尔兰根-纽伦堡大学所做的题为 The Discovery of Chinese Logic：Genealogy of A Twentieth-Century Discourse 的博士论文，对《名理探》和《穷理学》两书的概念做了研究。他将重点放在外来概念如何融入本土思想，同时强调译者的文化背景。他认为，建立合适的词汇体系是翻译的重要步骤，这一步骤可以通过不同的词汇创新方式实现。对于李之藻与傅汎际的翻译成果，顾有信是持肯定态度的。他认为在当时的情况下，二人基本完成了用汉语介绍中世纪亚氏逻辑学这一艰巨任务，明时期的古汉语和拉丁语或印欧语系之间的沟通是可以实现的。问题在于，经过天主教思想浸润的中世纪拉丁语亚氏逻辑学，如果没有经过如耶稣会士那样接受系统欧洲哲学教育，对于汉语读者来说，其难度等同于学习一门外语。②此外，传教士介绍逻辑学的目的也并非单纯向中国读者介绍欧洲科学，而是通过这些知识引起兴趣，

---

① 南怀仁集述：《穷理学存（外一种）》，第26页。
② 参阅 Joachim Kurtz, The Discovery of Chinese Logic: Genealogy of A Twentieth-Century Discourse, Brill, 2011, p. 70。

接着转入对知识背后的终极原因——天主——的膜拜。而在当时的情况下，儒家思想占据统治地位，用顾有信的话说，"只要这个权威（儒学的权威）一天不倒，以天主教信仰中'神学婢女'形象出现的逻辑学就不可能被接受，那些倔强顽固的信使们也无从立足"①。总体来看，顾有信的博士论文将明清之际的欧洲逻辑学传入当作研究对象之一，用以考察逻辑学在中国近代史上的发生、发展，以此证实中国逻辑学的突飞猛进是有一系列铺垫的。在这部分中，作者主要从词汇的翻译角度入手，对文献版本和翻译的历史背景也稍作介绍，从而得出两种语言的不同不是当时逻辑学未能流行的主要原因，拉丁文本本身的繁复与两种文化、教育背景的不同，以及中国士人对天主教传播亚氏哲学的反应，才是更为重要的原因。

因此本节只考察这一部分的逻辑学词汇。顾有信论文中关于这部分内容也列出了主要的词汇表，但同样不包括拉丁文原词。本节在顾表格基础上，加入拉丁文原词，加以补正，并增添表中遗漏词汇。

《理推之总论》中出现的主要逻辑学概念

古代汉语	拉丁语	英语	现代汉语
究先者	Analytica Priora，Priori Resolutione	prior analytics	前分析篇
究后者	Analytica Posteriora，Posteriori Resolutione	posterior analytics	后分析篇
理辩	Logica	logic	逻辑
推辩	Conjectura	inference	推理
理推	Raciocinati，Syllogismus	reasoning，syllogism	推理
指显之理推	Syllogismus Demonstrativus	demonstrative syllogism	证明推理
若之推理	Syllogismus Hypotheticus	hypothetical syllogism	假言三段论
非全成之理推	Syllogismus Imperfeetus	enthymeme	省略三段论
题列	Propositio	proposition	命题
限界，向界	Terminus	term，limit	词项

---

① Joachim Kurtz，*The Discovery of Chinese Logic: Genealogy of A Twentieth-Century Discourse*，p.78.

(续表)

古代汉语	拉丁语	英语	现代汉语
界义	Definitio	definition	定义
称	Praedicatus	predicate	谓词，谓项
底	Subiectis	subject	主词，主项
是	Verus，Affirmativus	true，affirmative	真，肯定
非	Falsus，Negativus	false，negative	假，否定
公	Universalis	universal	全称的
特	Particularis	particular	特称的
非限定	Indefinita	indefinite	不定的
相转	Conversio	conversion	换位
相似	Analogia	analogy	类推，类比
总理	Generalitas	generalization	概括
反置	Contrapositio	contraposition	换质位
规模	Forma	rule，standard	规则
形	Figura	figure	格
式	Modus	Mood，mode	式，形式
几何	Quantitas	quantity	量
何似	Qualitas	quality	质
合成之限界	Terminus de Complexis	complex term	合成词项
孑然之限界	Terminus de Singularis	singular term	单称词项
公且是之题列	Propositio Universalis Affirmativa	universal affirmative proposition	全称肯定命题
公且非之题列	Propositio Universalis Negativa	universal negative proposition	全称否定命题
特且是之题列	Propositio Particularis Affirmativa	particular affirmative proposition	特称肯定命题
特且非之题列	Propositio Particularis Negativa	particular negative proposition	特称否定命题
题列	Propositio	premise	前提
首列	Propositio Maior	major premise	大前提
次列	Propositio Minor	minor premise	小前提

（续表）

古代汉语	拉丁语	英语	现代汉语
收列	Consummatio	conclusion	结论
元始	Doctrina	principle	原则
固然之题	Propositio de Necesse	necessary proposition	必要前提
可然/可不然之题	Propositio de Contigenti	contigent propositon	偶然前提
直然之题	Propositio Absoluta	absolute proposition	定言命题，绝对前提

五、《穷理学》在汉语逻辑学概念上的创造

李之藻在《名理探》中对如何翻译西方逻辑概念做了创造性发挥：

> 名理之论，凡属两可者，西云第亚勒第加。凡属明确，不得不然者，西云络日伽。穷理者，兼用此名，以称推论之总艺云。依次释络日伽为名理探。即循所已明，推而通诸未明之辩也。①

在这里所说的，"第亚勒第加"属于两可者，也就是现在我们讲的辩证法，这是和逻辑不一样的；反之，"络日伽"是根据已知的掌握的资料推出未知的东西，在这里"名理探"被音译解释为络日伽，即逻辑。

徐宗泽在《名理探重刻序》中指出：

> 祛惑之法，惟名理探……名理探东译论理学，又译音逻辑，为哲学之一份。哲学为研究事物最终之理由，理由非明思慎辨不可，故哲学以名理探为入门。②

这里明确认同李之藻的翻译，名理探就是逻辑学，它属于哲学的一部分。

在中国传统文化思想中，在中国传统语言学中，"名理"其一的含义是表示名称与道理。马王堆汉墓帛书《经法·名理》："审察名理名冬（终）始……能与（举）冬（终）始，故能循名殹（究）理。"《鹖冠子·泰录》："泰一之

---

① 傅汎际译义，李之藻达辞：《名理探》，第15页。
② 同上书，第1页。

道,九皇之傅,请成于泰始之末,见不详事于名理之外。"清王士禛《池北偶谈·谈异六·罗汉》:"时癸丑会试举人题……米叹其难。罗汉为阐发传注,名理燦然。"郭沫若《释玄黄》:"焦的内含,可兼容黑、黄两色,而足下使焦字与黑字相等,这恐怕在名理上说不过去吧。""名理"的另一种含义是特指魏晋及其后清谈家辨析事物名和理的是非同异。《三国志·魏志·钟会传》:"及壮,有才数技艺,而博学精练名理。"《晋书·范汪传》:"博学多通,善谈名理。"

在这个意义上,李之藻用"名理"来表示逻辑学是一种创造,这个概念既表达了逻辑的概念,也比较切合中国历史中这一概念的原初含义。

在《穷理学》中,李之藻在《理推之总论》中继续用汉语创造了几个重要的逻辑学词汇。《理推之总论》中译介三段论的部分,也是现存《穷理学》中唯一有关亚里士多德逻辑学的部分。《理推之总论这》开卷即用几句话阐述了亚里士多德推理的内容:

> 究先、究后著,古论总有四卷。亚利名为究解之论,而此云究先、究后者,以别其中两论之各名也。然而亚利分别两论,名先二卷为理推之论,而后二卷为指显之理推,则夫究先、究后之名,非亚利所立,乃释亚利者所立耳。所谓究解者,元文曰:亚纳利细,译言物复归乎所由受成之元始也。①

"**亚纳利细**"。"亚纳利细"是拉丁文Analytica的音译,即物之所以成为物的根本原因以及其推理过程,也就是今天所说的演绎逻辑。

"**究**"。"究"在古籍中有穷、尽的意思,如《新唐书·韦渠牟传》:"贞元十二年,德宗诞日,诏给事中徐岱、兵部郎中赵需、礼部郎中许孟容与渠牟及佛老二师并对麟德殿,质问大趣。渠牟有口辩,虽于三家未究解,然答问锋生,帝听之意动。"此处的"究解"表示对于三家学说不能穷其道理并讲解得明白透彻。《全唐文》中也有类似例证②,都表示透彻清晰地理解知识。"究解之论"中的"究"采用的是推寻、探究之义,如司马迁《报任少卿书》:"亦欲以究天

---

① 南怀仁集述:《穷理学存(外一种)》,第1页。
② "仆有识以来,寡于嗜好,经术之外,略不婴心。幼年方小学时,受《论语》《尚书》,虽未能究解精微,而依说与今不异。"(《全唐文·赠韦司业书》)

人之际,通古今之变,成一家之言。""究解之论"就是推究物之理的学问。亚里士多德演绎逻辑的核心部分主要集中在《前分析篇》《后分析篇》中,《前分析篇》主要讨论三段论,《后分析篇》论述证明、定义、演绎方法等问题。"究先"者即为《前分析篇》,"究后"者即为《后分析篇》。

"**指显**"。前二卷所论"理推之论"即三段论,后二卷所论"指显之理推"即演绎推理、证明等。"指""显"二字在中国古籍中未见其合成为一个词,但这二字都有指出、显露的意思,如《韩非子·说难》:"引争而不罪,则明割利害以致其功,直指是非以饰其身。"又如柳宗元的《钴鉧潭西小丘记》:"嘉木立,美竹露,奇石显。"李之藻将"指""显"两个字合成一词,"指显"联合即通过演绎、证明等方法,让过程明晰,使结果显露。

"**理辩**"。"理辩"是《穷理学》中的核心词汇之一,"五公称"部分就以"理辩学"命名,中国古书中见使用。"理辩"一词在《名理探》的五公卷中未见使用,南怀仁在编著《穷理学》时加入。唐朝著名的《酉阳杂俎》中记载了京兆尹黎干与老翁的故事,老翁"夜深,语及养生之术,言约理辩"(《酉阳杂俎·盗侠》)。此处"言约理辩"是一个并列词组,"言约"与"理辩"为主谓结构,意为能言善辩、言辞漂亮,"辩"用来形容言辞的状态。在宋朝的文献中,"辩"开始被更多地当作动词使用,《续资治通鉴长编》中官员吴大忠分析北疆敌情时,提到蔚州、应州、朔州三地的敌情:"北人窥伺边疆,为日已久,始则圣佛谷,次则冷泉村,以致牧羊峰、瓦窑坞,共侵筑二十九铺。今所求地,又西起雪山,东接双泉,尽瓶形、梅回两寨,缭绕五百余里。蔚、应、朔三州侵地,已经理辩,更无可疑,惟瓦窑坞见与北界商量。"(卷二百六十《神宗熙宁八年》)"理辩"在这里是分析讨论的意思,经过分析讨论,蔚州、应州、朔州三地面临的危险已毋庸置疑。在《续资治通鉴长编》的另一篇里,"理辩"出现了不同的意义:"宜先令河东经略司检苏安静元与西人要约文字圆备,仍除所差折固,更选谙熟边事信实使臣一人,牒鄜延路令移报宥州,约日与已差定官于界首各出文字,理辩交会。其诺尔一户,如是未睦盟以前逃背,于誓诏当给还,即具以闻。"(卷二百九十五《神宗元丰元年》)不同于前一篇中的分析讨论,此处表示对立双方你来我往的辩论。同样的用法还出现在元朝俞希鲁的《至顺镇江志》:"公抗辞建诉,极言'厚敛病民,非所以利国。且润为郡,濒江带山,土壤疏瘠，民多下贫，非他郡富庶比。常赋不能充，里胥县吏往往揭闭称贷，若复增益，势不可弗听'。公侃侃理辩，益恳至，无挠辞。取所受宣命归纳之，愿免官罢去。"① 上述三例都将"理辩"视作动词，"理"与"辩"是并列关系。《穷理学》基本延续了宋代以来的这种用法，突出了对立与分析辩论的特性，"理辩学"就是一门与推理分析有关的学问，即逻辑学："理辩学之向界则亦可以为究先者之论之特向界也。"②

"题列"。"题列"是另一个《穷理学》三段论的核心词汇。"解释题列而云，乃是言论，或能是或能非何义于何物者也。"③将这句话用现代汉语表示出来，即为：命题，就是判断某个主谓形式是真是假的语言形式。"题列"还被用来表示前提，与此相同的是，在拉丁文中，这两个含义都用同一个词Propositio书写。用现代汉语表述的亚里士多德《前分析篇》这样写道：

> 前提是对某一事物肯定或否定另一事物的一个陈述。它或者是全称的，或者是特称的，或者是不定的。所谓全称前提，我是指一个事物属于或不属于另一事物的全体的陈述；所谓特称前提，我是指一个事物属于另一个事物的有些部分、不属于有些部分或不属于另一个事物全体的陈述；所谓不定前提，我指的是一个事物属于或不属于另一个事物，但没有表明是特称还是全称的陈述。④

在《穷理学》中，可以找到类似的表述。⑤前者是对前提的解释，后者是对命题的介绍。前提本身就是一个命题，是一个可以通过其推理出其他命题的命题。因此，《穷理学》对Propositio一词的翻译既尊重原文意义，又顾及词汇形

---

① 罗竹风主编：《汉语大词典》（第三卷），汉语大词典出版社1989年版，第677页。
② 南怀仁集述：《穷理学存（外一种）》，第2页。
③ 同上书，第4页。
④ 苗力田主编：《亚里士多德全集》（第一卷），中国人民大学出版社1990年版，第83页。
⑤ "亚利就几何析题列有三端：一公，二特，三非限定之题列也。未及论子一者，缘凡子一之诸有常变，不属可确知者数。解公之题列，云是有公且属公号之底者也，如云凡生觉者是自立之体也。解特之题列，是有公且属特号之底者也，如云或一人为穷理者。解非限定之题列，云是其底非属何一某号者也，故云非限定，即非属乎某一定之几何者也。"（南怀仁集述：《穷理学存（外一种）》，第10页。）

式，堪称典范。

"题列"一词乃傅、李二人新创词汇，因命题这一概念本身来自欧洲中世纪逻辑学，中文古籍中原本没有与之相对的概念。两字一起使用时，"题"常取书写义，"列"取陈列义，用作在某物上题写图画。① 拉丁文中Propositio一词，由pro-和positio组成，pro-意为在某物之前，positio表示放置、处所。"题"在古汉语中本义为额头，如"是黑牛也而白题"（《韩非子·解老》），若再取"列"之陈列义，并将额头引申为开头、起始，则"题列"合起来表示放置于起始，与前提的含义相符。"题"的一个最广泛使用的词义是题目、问题，"列"在古籍中还有陈述、说明的含义，如"顾惟效死之无门，杀身何益，更欲呼天而自列，尚口乃穷"②。若按此义，并将"列"之义稍加引申为申辩、辩论，则"题列"可解释为对某个题目的分析推辩，亦粗合命题之义。

限界。与"题列"紧密相连的"限界"，意为词项，包括主项与谓项，或主词与谓词，例如："若谓亚利解限界，但指凡留存界于题列受析之后者以为限界。……其义乃析题列之所归之称与底也。则非凡析题列之所归者皆为限界，惟所归而为题列之称、底者。"③亚里士多德《前分析篇》这样定义词项："所谓词项我是指一个前提分解后的成分，即谓项和主项，以及被加上或去掉的系词'是'或'不是'。"④这个定义可以被视作前面两句话的结合，"底"是主词或主项，"称"是谓词或谓项，而"限界"则是除了系词以外的二者的合称词项。"限界"一词在古书中常用作边界之义，如："凡得见闻，雅喜抄录，或搜之遗编断简，或采之往行前言，上至圣神帝王吟咏，下至阛阓闾里碎言，近而衽席晤谈，远而裔戎限界，岁积月盛，篇盈帙满，不觉琐屑涉乎繁芜？"（陈全之《蓬窗日录·后语》）这段话中的"远而裔戎限界"就是指远到外族边境之地。"限"还可限定讲，如："敕船官悉录锯木屑，不限多少。"（《世说新

---

① 例如："古旧相传，有《五时般若》，穷检经论，未见其说。唯有《仁王般若》，题列卷后，具有其文。"见释道宣：《广弘明集》卷十九，大正藏本。
② 苏轼：《苏轼集》卷六十七，明海虞程宗成化刻本。
③ 南怀仁集述：《穷理学存（外一种）》，第13页。
④ 苗力田主编：《亚里士多德全集》（第一卷），第84页。

语·陶公性检厉》）①而"界"在古籍中也可引申为范围讲，如白居易《游悟真寺》："野绿簇草树，眼界吞秦原。"《穷理学》中指出"释限界亦指所析之两端"，"惟在题列之两端可谓限界"②，这些解释清楚地反映出"限界"具有划出边界、范围、定义的作用。

"底"。作为具有边界、定义作用重要标志的"底"同样有其词义来源。"底"的最基本意义是最下面、尽头，宋玉的《高唐赋》中有"不见其底，虚闻松声"③。引申为底座，如"臣家居海隅，颇知海舟之便，舟行海洋不畏深而畏浅，不虑风而虑谯，故制海舟者必为尖底，首尾必俱置柁"④中，"底"即为船之底部、底座。进一步可引申为基础、基本，如："恽材朽行秽，文质无所底，幸赖先人余业得备宿卫，遭遇时变以获爵位，终非其任，卒与祸会。"⑤此句用来指在文采与质朴方面没有多少根基。用现代语言来解释主项，就是一个命题中被断定对象的词项。这个对象是一个命题中最重要、最核心的元素，因此可以将其理解为这个命题的根基所在。与此相对的拉丁词语Subiectis 的意思是某物或其题目、主题，是一个被诠释的对象，其词sub- 本身的意思则是在某事物下面，恰与"底"的基本义相符，亦可引申为根基。

"称"。与"底"成对出现的"称"，基本义为称量轻重，表示称述、述说之义时经常以"称谓"一词出现，如《宋书·武帝纪》："事遂永代，功高开辟，理微称谓，义感朕心。"⑥又如《史论》："使后人不通经而专史，则称谓不知所法，惩劝不知所沮。"⑦"称"一词译自拉丁语Praedicatus，prae-为在某物之前，dic-的意思是说、讲，表示对某事物的称说。谓项的含义恰恰是对主项的判断陈说，与"称谓"之义相合。照此推论，后世取其中的"谓"字合成"谓项"一词，应该是取"称谓"之"谓"一字而成。

面对完全异于中国传统文化的西方逻辑学，傅、李两人在如何用中文表达上

---

① 《古代汉语词典》，商务印书馆2003年版，第1703页。
② 南怀仁集述：《穷理学存（外一种）》，第12页。
③ 李善注：《文选》卷十九《赋癸》，胡克家重刊本。
④ 邱浚：《大学衍义补》卷三十四，四库全书本。
⑤ 班固：《汉书》卷六十六《公孙刘田王杨蔡陈郑传第三十六》，百衲本。
⑥ 沈约：《宋书》卷一《本纪第一》，武英殿本。
⑦ 苏洵：《嘉佑集》卷九《史论》，四部丛刊本。

真是费尽心思,他们对中国逻辑学之发展做出了重大贡献。温公颐先生说:

> 明末清初,是国家政权更迭的时期,却也是中国文化史上最灿烂的时期之一。在儒家独尊的局面下缓缓发展着的中国逻辑史,这时也开始出现新的转机。一方面,以利玛窦为代表的西方传教士从遥远的国度带来了西欧的科学文化;通过徐光启翻译《几何原本》和李之藻翻译《名理探》,古希腊的欧几里得几何学与亚里士多德的逻辑学被介绍到我国,随之一种全新的演绎思想展现在中国人的面前。……中国逻辑史发展到了一个新的高度。①

六、《名理探》与《穷理学》对近代中国思想之影响

李之藻之所以用力翻译《名理探》,与他崇尚实学有很大关系,他翻译此书就是为了纠正陆王心学盛行下士人"空谈心性"的弊端。李天经在《名理探》的序中说:

> 世乃侈谈虚无,诧为神奇;是致知不必格物,而法象都捐,识解尽扫,希顿悟为宗旨,而流于荒唐幽谬;其去真实之大道,不亦远乎!西儒傅先生既诠寰有,复衍名理探十余卷。大抵欲人明此真实之理,而于明悟为用,推论为梯;读之其旨似奥,而味之其理皆真,诚为格物穷理之大原本哉。②

应该说,《名理探》和《穷理学》在当时的命运都不是很好③,南怀仁将《穷理学》呈交给康熙后,士大夫们对这本书完全不理解,康熙也对此不感兴趣。"上曰:'此书内文辞甚悖谬不通。'明珠等奏曰:'其所云人之知识记忆皆系于头脑等语,于理实为舛谬。'上曰:'部复本不必发南怀仁,所撰书着发还。'"④到清末时国内已经找不到《名理探》这本书,可见其被冷落的程度。尽管《名理探》是李之藻呕心沥血之作,但当时读这本书的人并不多,能理解他

---

① 温公颐主编:《中国逻辑史教程》,上海人民出版社1988年版,第313页。
② 傅汛际译义、李之藻达辞:《名理探》,第3页。
③ 参阅陈洁、解启扬:《西方逻辑的输入与明末文化思潮》,《广西师院学报(哲学社会科学版)》2001年第1期,第34—39页。
④ 《康熙起居注》(第二册),中国第一历史档案馆整理,中华书局1984年版,第1104页,"康熙二十二年十一月十四日"。

思想的人也不多，所以也有学者指出："此书虽为中国思想史上第一部系统介绍西方逻辑学知识的专著，也是李之藻呕心沥血之最后译作，印行后却几无影响，在明代中晚期的士人阶层中竟未泛起半点涟漪——甚至也没有反驳、批判的回应。"①如郭湛波在《近五十年中国思想史》中所说："自明末李之藻译《名理探》，为论理学输入中国之始，到现在已经三百多年，不过没有什么发展，一道到了严几道先生译《穆勒名学》，《名学浅说》，形式论理学开始盛行于中国，各大学有论理学一课。"②

但从中西文化交流史的宏观视角来看，这两本书一时被冷落并不意味着其学术意义的减弱。在中国思想上，《名理探》和《穷理学》具有重要的思想意义。

首先，它们第一次系统地向中国介绍了西方逻辑学。我国虽然早在春秋时期就已有自己的逻辑学"墨辩"，但墨子的"辩学"并未发育成长起来，特别是当汉朝实行"罢黜百家，独尊儒术"以后，中国自己的逻辑学始终未得到发展。到明末清初时，耶稣会士来华，中西文化交流的渠道打通，以《名理探》为标志的著作出版后，西方逻辑学才进入中国，为中国知识分子所知。如李天经在序言中所说："古人尝以理寓形器，犹金藏土沙，求金者从淘之汰之，始不为土掩。研理者，非设法推之论之，能不为谬误所复乎？推论之法，名理探是也。"③

其次，它们为我国近代逻辑学的发展奠定了基础。明末清初耶稣会士所引进的西方逻辑，开阔了中国学者的视野，从而使不少中国学者认识到中西思维之别首在逻辑，逻辑为"百学之宗门"，"当务之急，莫先名理"④，从而刺激了中国近代逻辑学的发展。严复在后来翻译《穆勒名学》时就直接受启于李之藻的《名理探》，如他直接沿用了李之藻的"十论"，并把"五公"改为"五旌"。有的研究者认为，李之藻在翻译上也为中国近代逻辑学的发展提供了一些术语。事实上，《名理探》不仅不失本来面目地对亚里士多德逻辑学做了介绍，"而且对扩大我国逻辑学专门名词术语的领域做出了贡献，对后来我国逻辑专业名词术

---

① 曹杰生：《略论〈名理探〉的翻译及其影响》，《中国逻辑史研究》编辑小组编：《中国逻辑史研究》，第295页。
② 郭湛波：《近五十年中国思想史》，山东人民出版社1997年版，第183页。
③ 傅汎际译义，李文藻达辞：《名理探》，第4页。
④ 同上书，第14页。

语的发展有一定的影响"①。

最后，它们为传统思想的变革提供了契机。李之藻对亚里士多德逻辑学的介绍并不是仅仅把它作为一个西方学科、一种工具来介绍的，它明显地是在用西方逻辑学来纠正晚明士大夫空谈心性之弊端。李天经在《名理探》的序言中开宗明义地指出了这一点，他说："世乃侈谈虚无，诧为神奇；是致知不必格物，而法象都捐，识解尽扫，希顿悟为宗旨，而流于荒唐幽谬，其去真实之大道，不亦远乎！"②这是对晚明思想界流于谈禅、空疏无用的心性之学的尖锐批评，而纠正之良药就是采用西儒介绍来的"名理学"，因它能"大抵欲人明此真实之理，而于明悟为用，推理为梯；读之其旨似奥，而味之其理皆真，诚也格物穷理之大原本哉"③。

李天经的这个思想直接受启于《名理探》，说明了《穷理学》的价值在于把宋明理学中的"格物致知"从伦理学转向自然科学，将一种伦理的认识论导向科学的认识论，这一基础就是逻辑学。这个思想后来直接启发了严复。严复在译《穆勒名学》和《名学浅说》时就用"归纳论"来反对宋明理学的"良知论"。他在《救亡决论》中认为"良知论"的始作俑者是孟子的"良知不学、万物皆备之言"，而陆象山和王阳明的"谓格致无益事功，抑事功不俟格致"，"以为不出户可以知天下"，导致了以后学者的"惰窳傲慢之情"，造成了传统思想的僵化，其纠正方法就是从科学入手，从逻辑学入手，因为它是一切法之法，一切学之学。④

梁启超在《中国近代三百年学术史》中说：

> 明朝以八股取士，一般士子，除了永乐皇帝钦定的《理性大全》外，几乎一书不读。学界本身，本来就像贫血症的人，衰弱得可怜。
>
> ……
>
> 于是利玛窦、庞迪我、熊三拔、龙华民、邓玉函、阳玛诺、罗雅谷、艾

---

① 《中国逻辑史研究》编辑小组编：《中国逻辑史研究》，第299页。
② 傅汎际译义，李之藻达辞：《名理探》，第3页。
③ 同上。
④ 参阅严复：《救亡决论》，石峻主编：《中国近代思想史参考资料简编》，生活·读书·新知三联书店1957年版，第466页。

儒略、汤若望等，自万历末年至天启、崇祯年间，先后入中国。中国学者如徐文定（徐光启）、李凉庵（李之藻）等都和他们来往，对于各种学问有精深的研究。……在这种新环境之下，学界空气，当然变换，此后清朝一代学者，对于历算学都有兴味，而且最喜欢谈经世致用之学，大概受到利、徐诸人影响不小。①

晚清时严复翻译逻辑学尽管所用的底本完全不一样了，但多少是受到傅汎际、李之藻译本的影响。严复在《穆勒名学》一书中提到了《名理探》："逻辑最初译本为固陋所及见者，有明季之《名理探》，乃李之藻所译……"②这说明至少严复是看过《名理探》的，至于明清之际李之藻的翻译与晚清严复等人的翻译之间的具体联系，并不是本节研究的重点，这里不再展开，但《名理探》的影响是存在的③，这点当代著名逻辑学专家温公颐先生说得很清楚："一直到250年后，严复译述《穆勒名学》，才看出《名理探》达辞的影响。"④

严复翻译时，把李氏翻译的重要逻辑术语"推论"译为"推知""证悟"或"推证"等，把李氏所译"论证"逻辑语词用"难"来翻译，把推理之规式"首列""次列""收列"译为"演联珠"的"第一谓之例""第二谓之案""第三谓之判"等。

在这个意义上，傅汎际和李之藻所翻译的《名理探》与《穷理学》的部分内容在介绍西方逻辑学方面有中重要的学术贡献。

第二节　入华传教士对亚里士多德"四元素说"的介绍

"四元素说"是亚里士多德自然哲学的重要内容。这一学说一方面是他天体宇宙论的基础，另一方面又是他哲学的基本理论。关于前一方面，他在《论天》中提出，在月亮以下的东西都是生生不息的，而月亮以上的东西都是僵死不

---

① 梁启超：《中国近三百年学术史》，天津古籍出版社2003年版，第3、9—10页。
② 约翰·穆勒：《穆勒名学》，严复译，商务印书馆1981年版，第2页。
③ 参阅李天纲：《从〈名理探〉看明末的西书汉译》，《传统文化与现代化》1996年第6期，第42—47页。
④ 参阅温公颐：《中国近古逻辑史》，上海人民出版社1993年版，第115页。

变的;在月亮之下的领域里,万物皆是由四种元素,即土、水、气、火构成的,当然这四种元素也是相互作用的。关于后一方面,亚里士多德继承了古希腊哲学的传统,追寻世界的基本构成。泰勒斯把世界基始归于水,赫拉克利特把它归于火。恩培多克勒第一个提出"四根说",一切事物都有四种"根",即水、火、气、土这四种物质,因它们的结合而生成万物,世界万事万物生生不息,而这四根却永远不变。亚里士多德第一个将恩培多克勒的"四根说"说成是四种物质性元素。他在《形而上学》中说:

> 阿那克西米尼与第欧根尼论为气先于水,气实万物原始的基体;而梅大邦丁的希巴索和爱菲斯的赫拉克利特则以火为先。恩培多克勒主于四元素并为物始(以土加于上述三者),他说四元素或聚或散,或增或减,以成万物的形形色色,而它们本身则出于一,入于一,古今一如,常存不变。①

虽然恩培多克勒的"四根说"已综合了希腊时期各派思想,开始探讨物质内部结构,但这些认识毕竟是简单和粗糙的,是直观的,亚里士多德则将"四根说"向本体论的方向推进了。他认为"本性"这一概念就是指任何自然物所赖以组成的原始材料,人们对组成万物的自然元素也称为"本性"。同时,他又认为"本性"又是指"自然事物的本质","有些人说本性是万物的原始组合,有如恩培多克勒说:现存的万物无所谓本性,只是(四元素)一回儿聚一回儿散,本性就是人们所赐予这些混合物的名称"②。

因而,可以说"四元素说"乃亚里士多德哲学的主要内容之一。来华耶稣会士在他们的著作中介绍了亚里士多德的这一思想。利玛窦在《乾坤体义》中专门介绍了亚里士多德的四元素说,他称为"四行"。"天下凡有行者,俱从四行成其质,曰火、气、水、土是也,其数不可阙增也。"③这点明了四元素是构成世界最基本的元素。接着他又从神学的角度加以引申:

> 当初造物者,欲创作万物于寰宇,先混沌造四行,然后因其情势,布之

---

① 亚里士多德:《形而上学》,吴寿彭译,商务印书馆1959年版,第8页。
② 同上书,第88页。
③ 利玛窦:《乾坤体仪》,朱维铮主编:《利玛窦中文著译集》,第526页。

于本处矣。火情至轻，则跻于九重天之下而止；土情至重，则下凝而安于地之当中；水情比土而轻，则浮土之上而息；气情不轻不重，则乘水土而负火焉……按其各情，定是所居，指其所属，截然不混矣。①

在《天主实义》第四篇《辩释鬼神及人魂异论，而解天下万物不可谓之一体》中，他列出了一张《物宗类图》，基本介绍了中世纪的经院哲学的宇宙观，其中把火、气、水、土称为"四行"，并说这四行"为万物之形者也"②。

对"四元素说"介绍最为详细的是高一志（Alphonse Vagnoni，1566—1640）的《空际格致》这本书。全书分上、下两卷，有总论和分论。上卷《六行性论》从哲学和宇宙论上讲述了"四元素说"；下卷《元行性论》，从自然科学的角度讲述了由"四行"产生的现象。

在上卷的"引"中，他一开始就把"四行"的问题定义为一个自然哲学的问题，其宗旨在于控其万物的"所以然"，而"所以然"的一切变化之根，唯"四元行"，所谓火、气、水、土是也。为什么要称之为"行"呢？他说："行也者，纯体也，乃所分不成也品之物，惟能生成杂物之诸名品也。"③这样，他就从世界物质形态的基本结构上确定了"四元素"的地位。虽然这是对亚氏"四元素"说的转述，但却进一步明确了"四元素"的地位。

为什么"行"只有四种物质形态呢？高一志说："古有于四元行中，止立一行以为万物母者。其说各异而不相通。后名哲皆病之，定四为行之确数。"④这是对古希腊早期各哲学流派世界本质上的一个简要介绍。他又说：

> 亚里斯多性理总领文证之，曰：天体恒古旋动，即宜有不动之体以为其中心，是即地也。地性其甚重、甚浊，得其低之位，则宜有一甚轻、甚洁者对以敌之，必火也。两敌体以相反之性不能相适、相近以生成物，故复须气水二行人居两体之间，而调和之，则原行必须欲四，始为不多不寡。⑤

---

① 利玛窦：《乾坤体仪》，朱维铮主编：《利玛窦中文著译集》，第526、529页。
② 利玛窦：《天主实义》，同上书，第39页。
③ 高一志：《空际格致》，吴相湘主编：《天主教东传文献三编》，学生书局1972年版，第844页。
④ 同上书，第846页。
⑤ 同上书，第849页。

这里已直接把亚里士多德思想作为"四行论"的理论来源。

在谈到"四行"的序列不杂不乱的原因时，他讲了三条理由：

第一，轻重的原因。因为"重爱低，轻爱高，以分上下"①，这样，由于水轻于土，气重于火，从而水在土之上，气在火之下。

第二，合情的原因。"尽情相和则近，相背则远。"②这样如冷成土，湿成水，土水显以冷情相各，所以水和土是相近的。而湿热成气，湿冷又成水，水和气以湿情相和，所以气水是相近的。而干热成水，湿热成气，气和火以热情相和，所以火气又是相近的。高一志在这里实际上是将冷、热、干、湿作为四行构成的一个有机序列的原因，这显然是希腊的思想。恩培多克勒在他的"四根说"中也多次从选择的角度来论证四根的关系。

第三，见试的原因。他说："火发为焰，常有从下至上尖杀之形，西日火形尽不能安下而奋力以上，必向极高是也。气偶入土水之中，不能得安而欲上行。在土为地震、为山崩，在水为沤、为泡。"③为什么水多在下而土在上呢？高一志无力相答，他运用了神学加以补充："造物主初造天地，天地无谷，地面为水所蔽。"④为了解决这个问题，以适万物，造物主才劈山有谷，使水流之。

第三节 入华传教士对亚里士多德"四因说"的介绍

"四因说"是亚里士多德哲学的最重要内容之一，它是对希腊古代哲学的一总结和概括。哲学就是对世界本原的探求，那么这个本原是什么呢？亚里士多德把它概括为：质料、形式、动力、目的。例如一尊雕像，它的原因是：（1）质料，如铜；（2）形式，如某动物的形状；（3）动力，雕刻工；（4）目的，雕刻的技术过程是为了完串成这一座雕像。

亚里士多德又进一步把"四因说"中的后三种归于"形式因"，在他看来，"后三种原因常常合而为一：因为那个'是什么'（即形式因——引者注）

---

① 高一志：《空际格致》，吴湘相主编：《天主教东传文献三编》，第853页。
② 同上书，第854页。
③ 同上书，第855页。
④ 同上。

和'所追求的那个东西'乃是同一个东西,而运动的最初的源泉与这些东西也是同类的"[1]。这一概括有着重要的意义,由此,质料和形式成为他哲学的中心问题。

亚里士多德本身作为西方人,对早期的哲学探索自然有其不足。在研究目的因时,他把自然的过程和人的过程相混淆;在研究动力因时,他又引出"第一推动者";当他认为整个自然有一个最高意义上的、不动的第一推动者时,动力因就和目的因、形式因成为一个东西。

中世纪经院哲学正是利用了亚里士多德的这一点,把其定为一尊。但来华的耶稣会士在介绍中世纪经院哲学时对亚里士多德"四因说"的介绍,却给东方带来了希腊的哲学智慧,提供给中国士大夫们一种截然不同的世界理论。

利玛窦在《天主实义》的首篇《论天主始制天地万物,而主宰安养之》中,从多方面论证了天主的存在,"四因说"是他的一个重要论据。他说:"试论物之所以然,有四焉。四者维何?有作者,有模者,有质者,有为者。夫作者,造其物而施之为物也;模者,状其物置之于本伦,另之于他类也;质者,物之本来体质所以受模者也;为者,定物之所向所用也。"[2]然后他举例加以论证,如车,人创造了车;轨辙为模者,而木料则为质者,让人乘坐是为者。利玛窦还在"四因说"的基础上,按亚里士多德的质料和形式思想进行了进一步的抽象。他说:"天下无有一物,不具此四者。四之中,其模者、质者,此二者在物之内,为物之本分,或谓阴阳是也;作者、为者,此二者在物之外,超于物之先者也,不能为物之本分。"[3]亚里士多德的哲学思想已表述得十分清楚。

陆安德(Andre-Jean Lubelli,1610—1683)在《真福直指》一书中,从托马斯·阿奎那的经院哲学角度转述了"四因说"。他说:

> 天地参杂,万物材料,不过是物之元质,在各物内能受万模,无模不能存。譬如一所房屋,木料砖瓦,此是质者;前堂后堂,此是模样;必另外还

---

[1] 北京大学哲学系外国哲学史教研室编译:《古希腊罗马哲学》,商务印书馆1982年版,第253—254页。

[2] 利玛窦:《天主实义》,朱维铮主编:《利玛窦中文著译集》,第12页。

[3] 同上。

有工匠造成，所以天地万物具有元质，又各物有各物之本模，另外有造成之者。而元质模样等，亦皆由造成之者造来。①

在这里，天主成了鼓终的"推动者""创造者"，亚里士多德的形而上学与中世纪的神学有机地结合了起来。

从人类认识史的角度来看，亚里士多德的"四因说"有着重要的理论意义，尤其是当他把四因概括为"质料和形式"之后，哲学的问题更加鲜明了。通过自然物，抽象出形式，抽象出质料，从万物中概括出两个基本因素，这本身在人类认识史上就是一件很了不起的事情，形式和质料的关系以后便成了萦绕在西方哲学家头脑中的重要问题。实际上，亚里士多德的"四因说"是对希腊哲学的一个总结。从泰勒斯把世界的本质规定为"水"开始，赫拉克利特认为是"火"，毕达哥拉斯认为是"数"，苏格拉底提出"善"，这说明对本原的追求一直是古希腊哲学家们的目标，而亚里士多德在前人的基础上做了进一步的抽象和归纳。

固然，亚里士多德并未真正弄清质料和形式的关系，但正像一些学者所说：亚里士多德固然有重大错误，但却是必然会发生这样错误的。因为人类早年的哲学思考必然有其幼稚的一面，这是很自然的。

传教士们把亚里士多德的"四因说"介绍到中国，也同样具有意义。

首先，亚氏的"四因说"是纯希腊哲学，这种对质料与形式的分类和抽象完全是西方哲学的思维方式。在西方哲学中把本原问题提出，追索"万物之根"，这实际上就是把人排除在自然之外，对自然进行客观的研究。"四因说"就是这个思想发展的一个初期阶段。中世纪以后，即便是在基督教哲学中，这种理性精神发生了变化，但并未消失，因为灵魂问题的产生本身就是对人和人自身自然的区别。尤其在托马斯·阿奎那哲学中，理性在宗教的外壳下存在着，信仰是以知识论形态出现的。

中国哲学发展的方向和西方哲学很不同，重人伦是其思想的根本特征。孔子的哲学核心是"仁"，孟子则把这个思想提升到哲学的高度，他说："人之所以异于禽兽者几希？庶民去之，君子存之。舜明于庶物，察于人伦，由仁义行，非行，仁义也。"（《孟子·离娄下》）"人之有道也，饱食、暖衣、逸居而

---

① 陆安德：《真福直指》，土山湾印书馆1933年版，第15页。

无教，则近于禽兽。圣人有忧之，使契为司徒，教人以人伦，父子有亲，君臣有义，夫妇有别，长幼有序，朋友有信。"（《孟子·滕文公下》）

显然，人与人的关系是中国哲人思考的重点，社会是他们学说的全部领域，自然只是其学说的一个背景依托。而西方哲学则始终把人与自然的关系作为其学说的中轴，对人之外的自然的追问、悬思，对万物本质的探求，是其哲学的灵魂。来华传教士们在介绍"四因说"时就已经把西方哲学的这种根本特点介绍了进来，这对几千年以宗法人伦思想为基础的中国思想界来说是一个很大的冲击。"四因说"讨论的完全是自然本身，没有人的因素，人是被放在自然之外的，这种讨论内容在中国传统的儒家文化中是从来没有的。

其次，"四因说"的理性特点，其追求万物之本原的倾向，也完全异于中国文化主要在人伦方向抽象的特点。"四因说"是西方最早的本体论哲学，这种问题在儒家文化中不存在，这种讨论问题的方式在中国文化中也是没有的。在《尚书·洪范》中尚有"五行"思想，这与希腊的"四因说"有相似之处，但中国文化经过殷周之变到孔子完成其转型后，这种思想就退居于次要地位。

最后，由于耶稣会士精通中国文化，他们引进西方哲学时采取会通的方式，因而使中国学者易于接受。如南怀仁在向康熙帝进献《穷理学》时说，《穷理学》可"明历理，以广开百学之门，永垂万世之事"[①]。但他并不否认孔孟之学，反而说："孔孟之学万世不磨，理推之学亦然，盖理为人性之本分，永刻在人类心中……"[②]在这里，南怀仁已把"理"的概念做了转换。由于耶稣会士在传播方式上努力会通两种文化，从而使当时不少知识分子对西方哲学采取一种了解、学习的态度。

来华传教士对亚里士多德思想的介绍是多方面的，如对其灵魂学说的介绍、对其伦理思想的介绍、对其宇宙论的介绍[③]等，限于篇幅我们不在这里一一介绍，在以后的章节中还要不断对这一问题从各个侧面加以展开。

当然，入华传教士对希腊哲学的介绍不仅仅局限于亚里士多德，对柏拉图、

---

① 南怀仁：《进呈〈穷理学〉书奏》，徐宗泽：《明清间耶稣会士译著提要》，第146页。
② 同上书，第147页。
③ 费赖之说："《寰有诠》六卷……此书乃亚里士多德所撰《宇宙论》之译文。"费赖之：《在华耶稣会士列传及书目》（上册），第157页。

苏格拉底、恩培多克勒等希腊先哲的思想都有所介绍。如熊三拔的《泰西水》不仅介绍了西方各种汲水器械和水利方法,还介绍了希腊哲学家恩培多克勒。向达认为:"三拔此书所足称者,不在其记述之水法,而为希腊古哲人恩佩多里克斯四大元行之说,借以传其梗概于中土也。"[①]因本书篇幅所限,这些都无法一一介绍,只能局限于介绍传教士对亚里士多德思想的宣传。

---

① 向达:《书熊三拔泰西水法后》,国立北平图书馆馆刊,1930年第4卷第5期,第40页。

第四章　入华传教士对托马斯·阿奎那哲学的介绍

传播科学是来华耶稣会士的手段，传教则是他们的目的。利玛窦在复虞淳熙的信中所说：

> 象伟之学，特是少时偶所涉猎；献上方物，亦所携成器，以当羔雉，其以技巧见奖借者，果非知窦之深者也。若止尔尔，则此等事，于敝国库序中，是为微末，器物复是诸工人所造，八万里外，安知上国之无此？何用泛海三年，出万死而致之阙下哉？所以然者，为奉天主至道，欲相阐明，使人人为肖子，即于大父母得效涓埃之报，故弃家忘身不惜也。①

因此，来华耶稣会士在中国对西方文化的传播着力最多、介绍最细的并不是西方的科学技术，而是西方的宗教与哲学。但长期以来在对来华耶稣会士的研究中，恰恰对于他们介绍的西方宗教哲学内容研究最少。对他们在"西学东渐"中的贡献的评价，往往也只说到他们对西方科学技术的介绍，一些历史学家认为，"利玛窦在传播西方科学技术方面的贡献要比他传播西方伦理和价值方面的贡献

---

① 转引自方豪：《中西交通史》（下册），第675页。

大"①。因而，研究者对他们所最着力、最用心传播的西方宗教和哲学的工作批评得多，肯定得少，要么说他们的思想与当时欧洲的先进科学与思想是背道而驰的，从而加以完全否定，要么轻描淡写，认为他们的工作中最没有价值的就是对西方宗教哲学的介绍，从而几笔带过。

这种研究态度显然是不公正的，是非历史的。在历史研究中最忌的就是以研究者的思想观念来裁剪历史，而不尊重历史事实本身。对来华耶稣会士介绍西方宗教哲学的工作的研究应以历史事实为准，首先要客观地研究他们所做的工作，而不以研究者的价值标准作为取舍标准。事实和价值的评断是两个相分而又相连的问题。

在对西方宗教哲学的评断上，也有一个价值的重新确立问题。也就是说，应纠正长期以来所形成的具有强烈意识形态色彩的评价体系，而首先把这个问题的研究和评价回归成一个科学研究的问题，一个纯粹学术讨论的问题。这样，我们对这个问题的评判才能更客观、全面一些。

我们从下面的介绍中可以看到，来华耶稣会士所介绍的哲学主要是西方中世纪托马斯·阿奎那的经院哲学，也有一部分是奥古斯丁的宗教哲学。从西方哲学的发展来看，经院哲学是一种宗教哲学，因为它的论证是围绕着基督教神学的问题展开的，哲学并没有独立的意义。另外，《圣经》和教义又是经院哲学不可缺少的基础和前提。这样，经院哲学的论证被宗教的背景所深深制约，从而大大降低了哲学深度。但同时又必须看到，中世纪的经院哲学是西方认识史上的一个环节，它不仅发展了希腊哲学的思想，使整个西方哲学成为一个连贯的思路，而且在它们对希腊哲学的发展过程中，尤其是在对亚里士多德哲学的解释中，为近代哲学的兴起提供了知识和理论的材料。我们必须正视这个基本事实，即近代西方思想的产生与发展都是从中世纪经院哲学的母体中产生的。托马斯·阿奎那正是中世纪基督教哲学的集大成者，虽然在总的背景下哲学仍是神学的婢女，但为了回应各派的论争，为了回答各种思想的挑战，他的哲学体系中已融合了多种因素。思辨、理性、自然，这些以后孕育出各种学派，成为文艺复兴和英国经验

---

① John D. Young, *Confucianism and Christianity: The First Encounter*, Hongkong University Press, 1983, p. 27.

哲学、德国古典哲学重要思想的基本概念，在阿奎那里都已有了。①所以对于以托马斯·阿奎那为代表的经院哲学，"无论我们是否赞成他的理论，但我们都不能不承认托马斯·阿奎那的经院哲学对后来的各种宗教学说产生了巨大的影响"②。

第一节　对托马斯·阿奎那著作的翻译

托马斯·阿奎那被认为是集教父哲学之大成和十三世纪后最伟大的经院哲学家。来华耶稣会士中，虽利玛窦、庞迪我等人都讲到过阿奎那的思想，但正面介绍阿奎那思想并简述其体系的是艾儒略。艾儒略在《西学凡》中第一次正面介绍了托马斯·阿奎那的哲学。在《西学凡》中，他认为西方诸国共有六科，其中"道科"也就是我们现在理解的西方经院哲学。他说：

> 所谓道学者，西文曰陡禄日亚，乃超生出死之学，总括人学之精，加以天学之奥，将古今经典与诸圣人微论立为次第，节节相因，多方证析，以明其道。使天主教中义理无不立解……③

这说明，中世纪经院哲学的特点是以希腊圣人之言，证基督神学之理。"这种学问以解释《圣经》为目的，但采用了希腊哲学中的哲学原理来解释神学理论。"④

艾儒略认为这门学问是解决"万有之始终，人类之本向，生死之大事"的，所以在西方的地位极高，各门学问"无不以陡禄日亚为极为大"。⑤然后他点出了托马斯·阿奎那的名字，说明了他在经院哲学中的地位：

---

① 照按照舍勒（Max Scheler）的看法，不仅新教对资本主义精神的形成产生了影响，天主教，特别是托马斯·阿奎那的哲学，也对近代资本主义精神的形成产生了影响。参阅马克斯·舍勒：《资本主义的未来》，刘小枫编校，罗悌伦等译，生活·读书·新知三联书店1997年版，第31—62页。
② 叶秀山、傅乐安编：《西方著名哲学家评传》（第二卷），山东人民出版社1984年版，第426页。
③ 艾儒略：《西学凡》，李之藻编：《天学初函·理编》，第16—17页。
④ 尹大贻：《基督教哲学》，四川人民出版社1988年版，第87页。
⑤ 艾儒略：《西学凡》，李之藻编：《天学初函·理编》，第17页。

> 此种学问，古来圣圣所闻，其间有一大圣名为多玛斯，著书甚博，又取前圣之言括为陡禄日亚略，所言最明最简最确，而此后学天学者悉皆禀仰，不能更赞一辞。①

这是传教士中第一次明确提出托马斯·阿奎那的名字，此处还点出了他的学术地位。

那么，托马斯·阿奎那的经院哲学有哪些基本内容呢？艾儒略认为它主要有"三大支"。

第一支"先论徒禄曰亚之学，次论天主之本体"，主要内容有"天主之至一，至纯，至全至善，至无究变迁而无所不在，天时无终而无时不有，至灵无所不知，至真不容差谬"。这实际上讲的是天主论，论证天主的存在与特性。由天主的至一引出了"三位一体"和"天主造成天地万物之功"，揭示了天主的功能：它能观照万物，所有有形之物都受其保护。

第二支"论人究竟归向与人生前身后之真福"。如果说第一支讲主，那么第二支讲人，讲人以及善恶与祸福之关系，说明人的善恶得失。这部分包括对人的德性的分析，对四枢之德与向主三德等以及人的罪恶的等次和关系的解释，如"原罪与他诸罪，身前死后身神之害与是小过之容"，从而引出天主教的各种戒律。

第三支"盖前既论之诸罪，至是则论天主必宜降生救世论"。它要说明天主如何显灵以解众灵之苦，使善人升到天堂，使恶人得到审判。

应该说，艾儒略的这个介绍虽然很简略，但却是第一次纲要式地把托马斯·阿奎那的中世纪哲学介绍到中国。从哲学交流史来看，这个贡献还是要肯定的。

来华耶稣会士对托马斯·阿奎那的神哲学一直情有独钟。继艾儒略以后，利类思从拉丁文翻译了托马斯·阿奎那的神哲学著作《神学大全》，并定名为《超性学要》。利类思翻译了《神学大全》第一编中的《论天主性体》六卷，《论三位一体》三卷，《论万物原始》一卷，共编为十卷，于1654年出版；继后他又译了第一编的《论天神》五卷，《论形物令造》一卷，于康熙十五年（1676）刊

---

① 艾儒略：《西学凡》，李之藻编：《天学初函·理编》，第17页。

印:第一编中的《论人灵魂》六卷,《论人肉身》二卷,"论总治万物"二卷,于康熙十六年(1677)刊印;第二编没有翻译,第三编则有《天主降生》四卷,《复活论》二卷,由安文思于康熙十六年(1677)刊印。

《神学大全》(Summa Theologica)是阿奎那最重要的著作。第一部分写于1265年至1268年,第三部分写于1272年至1273年,前后历时8年,全书共计200万字。① 在《神学大全》中,他把亚里士多德的哲学思想与基督教神学思想做了深入而系统的结合。这部著作在基督教史上被称为是一部空前的巨著。利类思十分清楚阿奎那这一著作的地位与作用,他在中文序言中清楚地表明了自己的看法,说明了他为何着力翻译此书。

> 旅人九万里东来,仰承先哲正传,愿偕同志将此书遍译华言,以告当世,自惭才智庸陋,下笔维难,兼之文以地殊,言以数限,反复商求,加增新语,勉完第一大支数卷,然犹未敢必其尽当于原文也,续成大业尚假岁月焉。②

由于利类思所译的《超性学要》已十分难以读到,这里仅列出其第一大支第一段的目录,以使我们概略了解传教士对托马斯·阿奎那著作的翻译情况。

卷之一

 天学论第一

  性学外尚须有他学否　一章

  天学贵于他学否　二章

  天学为上知否　三章

  天主为天学之向界否　四章

  天学为辩驳之学否　五章

 天主有无论第二

  天主之有为自明否　一章

  天主之有可证否　二章

---

① 叶秀山、傅乐安编:《西方著名哲学家评传》(第二卷),第444页。
② 利类思:《〈超性学要〉自序》,徐宗泽:《明清间耶稣会士译著提要》,第145页。

天主诚有之否　三章
　　天主之纯论第三
　　　天主为形体否　一章
　　　天主有质模之合否　二章
　　　天主即其性否　三章
　　　天主性即其有否　四章
　　　天主居属宗者之伦否　五章
　　　天主体容依赖者否　六章
　　　天主为至纯者否　七章
　　　天主入他物之结合否　八章
　　天主之全论第四
　　　天主为备全否　一章
　　　天主统万物之美好否　二章
　　　受造之物有肖天主者否　三章

卷之二

　　统论善论第五
　　　善实异于有否　一章
　　　善率明悟之意在先于有否　二章
　　　凡有者为善否　三章
　　　善具为所以然之义否　四章
　　　善之义在于规模与品质与次序否　五章
　　天主之善论第六
　　　为善者宜天主否　一章
　　　天主为至善否　二章
　　　本然为善宜天主否　三章
　　天主之无穷论第七
　　　天主为无穷否　一章
　　　天主之外尚有他物本然为无穷否　二章

有何就其大现在为无穷否　三章

有何者就其多为无穷否　四章

天主之在物论第八

　　天主在凡有否　一章

　　天主在凡所否　二章

　　惟天主在凡所否　三章

天主之不变论第九

　　天主绝不变否　一章

　　惟天主不能易否　二章

卷之三

天主之常论第十

　　常者之义　一章

　　天主为常否　二章

　　惟天主为常否　三章

　　常异于时否　四章

　　悠之与时何异否　五章

天主之一者论第十一

　　一者有所加于有者否　一章

　　天主为一否　二章

　　天主为至一否　三章

见天主论第十二

　　受造之明司能见天主否　一章

　　受造之明司见天主体系于像否　二章

　　天主体肉目能见之否　三章

　　或有受造灵明系本性能见天主否　四章

　　受造明司欲见天主须何受造之光否　五章

　　诸凡见天主体者有此较精全于彼否　六章

　　凡就天主体见之者能尽括天主否　七章

见天主体者于天主见万物否　八章

　　凡于天主体见物由像而见之否　九章

　　凡于天主见物一并见物否　十章

　　人在世能见天主否　十一章

　　人在世能以本明认识天主否　十二章

卷之四

天主之名号论第十三

　　有何名号宜天主否　一章

　　有何名号就天主体加天主否　二章

　　有何名号正切天主者否　三章

　　称天主诸名为同指之名否　四章

　　称天主者之称与称物者之称为同名同义否　五章

　　有也者名号最为正切天主之名否　六章

天主之知论第十四

　　天主有知否　一章

　　天主自知否　二章

　　天主之知即其体否　三章

　　天主自尽括否　四章

　　天主知己外之他物否　五章

　　天主知己外之他物以各物之本知否　六章

　　天主知为推类否　七章

　　天主之知为物之所以然否　八章

　　天主有未有者之知否　九章

　　天主知恶否　十章

　　天主知特一否　十一章

　　凡由自主者诸未来天主知之否　十二章

　　天主之知为可易者否　十三章

天主所有万品之则论第十五

物则有之否　一章

　　则有多否　二章

　　天主凡所知之物有其物之则否　三章

天主之生活论第十六

　　属性之诸物本有生活否　一章

　　生活宜天主否　二章

卷之五

天主之欲德论第十七

　　天主有欲德否　一章

　　天主欲己外之他物否　二章

　　天主凡所欲出于固然否　三章

　　天主爱欲为诸物之所以然否　四章

　　天主凡所欲有其所以然否　五章

　　凡天主所欲成否　六章

　　天主所欲可变否　七章

　　天主之欲凡其所欲之事物令其为固然否　八章

　　天主欲凶恶否　九章

　　天主自专否　十章

天主之爱论第十八

　　天主有爱否　一章

　　天主爱万物否　二章

　　天主均爱否　三章

　　物愈美好天主愈爱之否　四章

天主之义之慈论第十九

　　天主有义否　一章

　　慈宜于天主否　二章

　　天主诸功用慈兼有义否　三章

卷之六
    天主之预图论第二十
        预图宜天主否　一章
        万有属天主之预图否　二章
        天主躬预图万有否　三章
        预图其所预图之物令为固然否　四章
    预录论第二十一
        天主预录人否　一章
        预录有所加于被录否　二章
        天主有弃掷人否　三章
        凡预录者为天主所取否　四章
        天主预知人有功者为欲录之故否　五章
        预录为断然否　六章
        预录之数定否　七章
        预录以圣人之祈能助之否　八章
    天主之能论第二十二
        天主有能否　一章
        天主之能为无限否　二章
        天主有全能否　三章
        天主能使已往者非往否　四章
        天主凡所不造者能造之否　五章
        天主所造之物更有增否　六章
    天主之福论第二十三
        福宜天主否　第一章
        谓天主有福就其明达否　二章
        天主为凡有福者之福否　三章
        天主之福包含万物之诸福否　四章

利类思在《超性学要》中开宗明义地讲述了天学在西方学术中的地位：

> 大西之学凡六科，惟道科为最贵且要，盖诸科人学而道科天学也，以彼较此，犹飞萤之于太阳，万不及矣。学者徒工人学，不精天学，则无明万有之始终与人类之本向、生死之大事。虽美文章、彻义理，谙度数、审事宜，其学总为无根……①

这里利类思并未否认"人学"，只是指出了"天学"的中心地位，二者之间是本末关系，天学为本，人学为末。

> 故非人学，天学无先资；非天学，人学无归宿，必也两学先后联贯乃为有成也。天学西文曰陡禄日亚，云陡指天主，本称陡斯，云禄日亚指究天主事理也。②

在谈到托马斯·阿奎那的历史作用时，他说：

> 其间杰出一大圣托马斯，后天主降生一千二百余年，产意大利亚国，乃更详考《圣经》暨古圣注撰，会其要领，参以独见，立为定论……③

托马斯的贡献在于彻底系统化了基督教的神学思想，将各种不同意见归纳在一个完整的逻辑系统之中。《超性学要》正是他的代表作，这本书的一个大特点是体系的完整。利类思说：

> 是书有三大支，支分为论，论凡数百，论分为章，章凡数千，章分为引、为疏、为驳、为正，而引、疏、驳、正中又各有始有终，此其数则更仆难终矣，然而由初迄末，层层相发，序若鳞次，累累交承，贯似珠连，望之浩瀚，拟河汉之无极……④

正因此，利类思说，《超性学要》为"诸理之正鹄、百学之领袖、万圣之师资"⑤。在明末清初的动乱年，代传教士能够将《超性要学》翻译出版，实为

---

① 利类思：《〈超性学要〉自序》，徐宗泽：《明清间耶稣会士译著提要》，第145页。
② 同上。
③ 同上。
④ 同上。
⑤ 同上。

不易。直到今天，我们所能读到的托马斯·阿奎那的原著仅有张全寿的译本、马清槐译的《阿奎那政治著作选》和周丽萍、薛汉喜根据托马斯·基尔比的《托马斯·阿奎那哲学文本》（英译本）所译出的《基督教箴言隽语录》。仅就此一点而言，利类思、安文思的成绩就很大。

第二节 对托马斯·阿奎那哲学思想的介绍

对上帝的证明是一切经院哲学的核心，无论是以新柏拉图主义为基础的安瑟伦的"本体论证明"，还是糅合了新柏拉图主义和亚里士多德哲学的托马斯·阿奎那的"宇宙论"和"目的论"的论证，其基本思路都是试图用理性来论证和证明上帝的存在和它的唯一性。

来华耶稣会士也向中国宣传了这套经院哲学。罗明坚的《天主圣教实录》是来华传教士的第一部中文著作，也是第一部宣传基督教教义的著作。在这里，他开篇就提出了天主的存在问题，第一章"真有一天主"明确提出："尽天地之先，本有一天主，制作乾坤人物，普世固当尊敬之。"[①]利玛窦在《天主实义》开篇中说："平治庸理，惟竟于一，故贤圣劝臣以忠。忠也者，无二之谓也。五伦甲乎君，君臣为三纲之首。夫正义之士，此明此行。"[②]既然国不能有二主，天地间也应如此。以此类推，便引出了天主问题。他说："邦国有主，天地独无主乎？国统于一，天地有二主乎？故乾坤之原，造化之宗，君子不可不识面仰思焉。"[③]这样，利玛窦就把中世纪神学的论证和中国传统政治伦理结合了起来。

耶稣会士在论证上帝的存在和唯一性时基本上采用了经院哲学的论证方法和原则。罗明坚在《天主圣教实录》中对天主存在作了三条论证，较为简单，也没有更深入地从中国文化的角度加以考虑。这反映了耶稣会士来华初期对中国文化尚不熟悉的特点。在此之后，随着对中国文化的了解，他们的论证更为周密，也更为中国化。来华传教士中对天主论证最为详细的是利玛窦，而正是在他的论证

---

① 罗明坚：《天主圣教实录》，吴相湘主编：《天主教东传文献续编》（第二册），学生书局1986年版，第766页。
② 利玛窦：《天主实义引》，朱维铮主编：《利玛窦中文著译集》，第6页。
③ 同上。

中介绍了托马斯·阿奎那的哲学。利玛窦在《天主实义》中从五个方面论证了上帝的唯一存在性。

第一，利玛窦论证说："物之无魂无知觉者，必不能于本处所自有所移动……则必借外灵才以助之。"① 利玛窦在这里是从动力论的角度加以论证的，证明风吹石动、日月星辰变换必有一个外部的力量加以推动。利玛窦的这个论证就是托马斯·阿奎那著名的证明上帝存在的五条论中的第一条。阿奎那的论证是：

> 第一较显的路是动力。我们确定知道，世上有被动的。凡被动的，定必从外界受动；被动就是从能动引到行动。施动的当是行动的；施动就是使物从能动引到行动，若没有行动的，不能领能动之物去行动；……甲受动于乙，乙当受动于丙，然而如此推上，不能至于无穷，因至于无穷，则无初动者，也就是等于无动者了；……所以应当推到一位不受动的初动者：这就是我们所说的天主。②

对比利玛窦和阿奎那的论证，可以看出，利玛窦的论证简单一些，少了一个"运动的链条推出必有一个最终的不动的推动者，即第一推动者：上帝"的论证过程。也就是说，利玛窦的论证不是像阿奎那那样以逻辑的形式推出上帝的。在托马斯·阿奎那的这个链条动力的论证中，宇宙被描绘成了一个机械被动的系列，这个宇宙的模式对近代西方思想有着重要的影响，我们从牛顿对第一推动力的追求中可以感觉到这一点。利玛窦的这种方法虽然使论证少了一种逻辑的力量，但他所提供的不是一种机械的宇宙观，而是一种有机的自然观，这样似乎更适合于中国的特点，这也正是他高明于罗明坚之处。

第二，利玛窦论证说：

> 物虽本有知觉，然无灵性，其或能行灵者之事，必有灵者为引动之。试观鸟兽之类，本冥顽不灵，然饥知求食，渴知求饮，畏矰而薄青冥，惊罟罜而潜山泽，或吐哺，或跪乳，俱以保身孳子以防害就利，与灵者无异。此必

---

① 利玛窦：《天主实义》，朱维铮主编：《利玛窦中文著译集》，第9页。
② 转引自吕大吉：《西方宗教学说史》，中国社会科学出版社1994年版，第103—104页。

有尊主者默教之，才能如此也。譬如观万千箭飞过于此，每每中鹄，我虽未见张弓，亦识必有良工发箭，乃可无失中云。①

利氏的这个分析类似于托马斯·阿奎那关于上帝论证的第五条论证，即从世界的秩序或目的性论证上帝的存在。托马斯·阿奎那在论证时说：

> 我们是一切缺思考的自然质体，都按目的工作。可以从它们不断的工作及同样的工作上看得出来，而且这样才算顶好。这也不是偶然的，是按一个意向趋向目的。然而无意识的事情，除非有一个指挥自然事物的智者来管制，不能走向自己的目的，如同箭受射人的节制一样。所以必须有一个智者来统制了物向其目的；这就是天主。②

比较来看，利玛窦和托马斯·阿奎那的论证基本没有什么区别，甚至连所用的例子也十分相似。神学目的论是通过事物的客观规律性或人活动的自觉性为例来证明这个世界是一个有目的的活动，而这目的的确定者和指导者自然是上帝。

第三，利玛窦论证说：

> 凡物不能自成，必须外为者以成之。楼台房屋不能自起，恒成于工匠之手。知此，则识天地不能自成，定有所为制作者，即吾所谓天主也。譬如铜铸小球，日月星宿山海万物备焉，非巧工铸之，铜能自成乎？况其天地之体之大，昼夜施行，日月扬光，辰宿布象，山生草木，海育鱼龙，潮水随月，其间员首方趾之民聪明出于万品，谁能自成？如有一物能自作己，必宜先有一己以为之作。无既已有己，何用自作？如先初未始有己，则作己才必非己也，故物不能自成也。③

利玛窦的这个证明来自阿奎那证明的第二条，即因果关系证明，从事物之间的因果联系推论出一个第一内因，即上帝。托马斯·阿奎那在证明中说：

> 在觉着的事物中，我们看出有一种成因律，总找不出，也不能有一件

---

① 利玛窦：《天主实义》，朱维铮主编：《利玛窦中文著译集》，第10页。
② 转引自吕大吉：《西方宗教学说史》，第104页。
③ 利玛窦：《天主实义》，朱维铮主编：《利玛窦中文著译集》，第10页。

事物是它自己的成因的；因为自己先于自己的有，是不可能的。论成因也不能推至无穷，因为在成因的顺序中，初因接中因，中因至末因，中因多寡，都无关系。若除去因，便无果。所以若不失有成因，也无末因，也无中因，若成因以至究，便等于无第一成因了；这样便无最后之果，也无中间之因了；这显然是一种错误。为此不得不有一个最初的成因，便是人们所说的天主。①

这里他们二人论证的区别在于：在论证中，利玛窦把阿奎那从因果系列的逻辑关系中推出第一内因的方法去掉了，这样在逻辑力量上少了一些，但却更符合中国人一般的有机自然观的思路，而且在论证方法上更多采取直观、感性的方法，以使中国文人理解；而托马斯·阿奎那则完全是一种逻辑本身的推演，完全没有自然、感性的论证方法。

第四，利玛窦论证说：

> 物本不灵，而有安排，莫不有安排者。如观宫室，前有门以通出入，后有院以种花果，庭在中间以接宾客，室在左右以便寝卧，楹柱居下以负栋梁，茅茨置上以蔽风雨，如此乎处置协宜，而后主人安居之以为快，则宫室必由巧匠营作，而后能成也。又观铜铸之字，本各为一字，而能接续成句，排成一篇文章，苟非明儒安置之，何得自然偶合乎？②

这种安排是有一定规则的，"有质有文，而不可增减焉者"③，上至日月，下至飞走麟介、植木花草，都按"安排布置，有次有常，非初有至灵之主赋予其质"④，这样上帝就被引了出来。

利氏的这个论证来自阿奎那关于上帝的第四个证明，即等级论证明。阿奎那说：

> 事物好、真、贵都有大小高低。然而大小都是按它与极好、极真、极贵

---

① 转引自吕大吉：《西方宗教学说史》，第103—104页。
② 利玛窦：《天主实义》，朱维铮主编：《利玛窦中文著译集》，第11页。
③ 同上。
④ 同上。

者的距离来分别的；如更热是距离热较近。为此若有一个极真、极好、极贵者，自然也是极有的：因为按形而上学说，极真便是极有。如果某类中有此极有，便是此类中的原因，如火为极热，则为诸热的原因。……所以在万有中，应有一个善性及一切完全的原因；便是天主。①

阿奎那通过说明事物是一个等级的系列，推论出必然有一个最高的等级，这个位于最高等级上的至善、至美、至真、至贵者便是天主。利玛窦对这个论证的转述比较全面。

第五，利玛窦称，"吾论众物所生形性，或受诸胎，或出诸卵，或发乎种，皆非由己制作也"②。如果这样推论，"则必须推及每类初宗，皆不在于本类能生，必有元始特异之类化生万物类者，即吾所称天主是也"③。那么万物都有所生，天主为何而生？他说，天主无始无终，"物有天主生，天主无所由生也"④。

利氏的这个论证来自阿奎那关于上帝的第三条论证，即可能性与必然性的论证。阿奎那说：

> 我们在事物中，看出许多能够有而未有的；因为有许多将灭的事物，自然他们也是能有、能不有的；……而此说若真，至到如今还是无物；因为无有的，除非从另一有，不能开始有。……所以不能一切都是能有，该有另一个实际的必有。而此必有或否而此必有的原因，也不能推至无穷；如上说的成因一样。所以当有一个本然必有的他不从外接受必有的原因，反而是众物的必要原因。这便是我们的天主。⑤

显然，阿奎那这个论证是区别于第三条原因结果论的论证的。他是从可能性与必然性、从一般的存在和必然的存在来论证的，揭示上帝存在的那种必然性。利氏对这个思想抓得很准，充分说明了上帝的自主性、必然性："天主生物，乃

---

① 转引自吕大吉：《西方宗教学说史》，第104页。
② 利玛窦：《天主实义》，朱维铮主编：《利玛窦中文著译集》，第11页。
③ 同上书，第11—12页。
④ 同上书，第12页。
⑤ 转引自吕大吉：《西方宗教学说史》，第104页。

始化生物类之诸宗。既有诸宗，诸宗自生。"①

从以上分析可以看出，利氏对天主论证的五条，基本采用了托马斯·阿奎那对上帝证明的五条论证。阿奎那的这五个证明可分为两类。前三个证明的推理方式大体相同，都是把事物作为被造物，由此推出整个世界的创造者，把世界作为事物的结果，推出了原因——上帝。所以，学术界称之为"因果律证明"，或像康德所说的"宇宙论证明"。后两个证明则是把上帝作为世界的最终目的，学术界称之为"目的论证明"，或康德所说的"自然神学的证明"。

从西方哲学史的演讲过程来看，托马斯·阿奎那的这五个证明对后世产生了重大的影响，这在霍布斯的哲学中、在牛顿的自然哲学中、在康德的《纯粹理性批判》中、在斯宾诺莎的哲学中，都可以清楚看出。中世纪的经院哲学并不是无意义的，而是整个西方哲学史发展中的一个环节。

第三节　阿奎那哲学的传入对中国思想界的意义

利玛窦对托马斯·阿奎那的这五大证明的介绍对中国思想界的意义在于：

第一，他通过介绍这五大证明，初步介绍了一些西方哲学宗教的思想。学者们已研究证明，托马斯·阿奎那对上帝的证明有着一种西方哲学的知识背景。

> 第一个证明出于亚里士多德"第一推动者"观，第二个证明同样来自亚里士多德的运动观，第三个证明首先由阿维森纳提出，第四个证明包含在柏拉图思想之中，由奥古斯丁和安瑟尔谟提出，第五个证明来自亚里士多德的"目的因"观念。②

这个说明使我们看到，托马斯的哲学是对他以前哲学的汲取和总结，利玛窦在介绍阿奎那的哲学时实际上已经把亚里士多德、柏拉图、奥古斯丁、安瑟伦的思想间接地介绍到了中国。从哲学交流史的角度来看，利玛窦的这个功劳是很大的。

第二，他在介绍阿奎那证明的同时，也介绍了西方哲学的思维方法。对本体

---

① 利玛窦：《天主实义》，朱维铮主编：《利玛窦中文著译集》，第12页。
② 赵敦华：《基督教哲学1500年》，人民出版社1994年版，第374页。

的追求一直是西方哲学的特点,阿奎那不过是通过对上帝存在的论证表现了这一特点。一旦你深入读利玛窦的这个介绍,就会感到西方哲学的这个特点,正像吕大吉先生所说的:"因果律的证明,或宇宙论的证明,正是人类这种具有普遍性的思维特征的反映。"①

---

① 吕大吉:《西方宗教学说史》,第106页。

第五章　入华传教士对中世纪经院哲学的介绍

托马斯·阿奎那是中世纪经院哲学集大成者，入华传教士在对西方宗教哲学的介绍中除了突出介绍他的著作和思想以外，也对整个经院哲学的基本理论做了介绍。这个介绍一方面是对阿奎那哲学介绍的一个进一步展开，另一方面也是他们力争将西方宗教哲学中国化的一个尝试。

第一节　上帝论

上帝论是经院哲学的核心。用理性去证明信仰，在信仰中展开理性的说明，构成了经院哲学上帝论的基本内容。面对中国文化，面对完全异于基督教的儒家文化，来华传教士一方面像利玛窦那样把儒家思想向前推，从三代典籍、从孔子思想的根源上证明，中国曾信仰过上帝，儒家文化从而与基督教有着共同性。这是一种历史解释学的方法，这种方法对历史意识发达、言必称三代的中国士大夫来说具有极大的说服力。①另一方面，他们并未停滞在这种历史考据学上，而是利用儒家思想对天存而不论、逻辑思维欠缺的特点，从正面在理论上直接展开他们的上帝论。

传教士的切入点抓得是很准的，对此李之藻在傅汎际的《译〈寰有诠〉序》中讲得十分清楚：

> 权舆天地，神人万物森焉，神佑人，万物养人，造物主之用恩固特厚于人矣。原夫人禀灵性，能推义理，故小天地，又谓能参赞天地，天地设位而人成其能。试观古人所不知，今人能知；今人所未知，后人又或能知。新知不穷，固验人能无尽，是故有天地不可无人类也。顾今试论天地何物，何所从有，何以繁生诸有，人不尽知，非不能知，能推不推、能论不论，奚从而知？如是而尚语参赞乎？不参赞尚谓虚生……②

由儒家的参赞天地引出必知天地，这是顺着儒家的理说的。同时他又一针见血地指出儒家思想对天存而不论，只注现实理性，忽视形而上思考的缺点。这是逆着儒家的理来说的。

> 昔吾孔子论修身，而以知人先事亲，盖人即"仁者人也"之人，欲人自识所以为人，以求无忝其亲，而又推本知天，此天非指天象，亦非大理，乃是人所以然处。学必知天，乃知造物之妙、乃知造物有主、乃知造物主之恩，而后乃知三达德、五达道，穷理尽性，以至于命，存吾可得而顺，殁吾可得而宁耳，故曰儒者本天。然而二千年来推论无征，谩云存而不论、论而不议，夫不议则论何以明，不论则存之奚据？……致灵心埋没而不肯还向本始……③

---

① 参阅Nicolas Standaert, *The Fascinating God: A Challenge to Modern Chinese Theology Presented by a Text on the Name of God Written by a 17th Century Chinese Student of Theology*, (Inculturation: Working Papers on Living Faith and Cultures XVII), Pontificia Universita Gregoriana, 1995。钟鸣旦教授在这本书中对中国典籍中的"上帝""天""天主"等相关概念进行了系统的分析，他所采用的统计学、社会学方法颇有新意。
② 李之藻：《译〈寰有诠〉序》，徐宗泽：《明清间耶稣会士译著提要》，第151页。
③ 同上书，第152页。

正是在这种背景下,传教士展开了经院哲学的上帝论。这方面代表性的著作除了上面提到的利玛窦的《天主实义》外,还有罗明坚的《天主圣教实录》、庞迪我的《天主实义续篇》、傅汎际的《寰有诠》、高一志的《寰宇始末》、孙璋(Alexandre de la Charme,1695—1767)的《性理真诠》、艾儒略的《万物真元》《三山论学记》、孟儒望(Jean Monteiro,1603—1648)的《天学略义》《天学四镜》、汤若望的《主制群征》、方济各会传教士利安当(Antonio de Santa Maria Caballero,1602—1669)的《正学镠石》,以及教内的中国儒家士大夫的护教性著作,如杨延筠的《代疑篇》、徐光启的《辩学章疏》、邵辅忠的《天学说》、严保禄的《天帝考》等著作。

概括起来,这些著作大体从三个方面展开对天主的论述:一是天主与万物之关系,二是天主与人之关系,三是天主本身的神性。

我们先看第一个方面天主与万物之关系。罗明坚在《天主圣教实录》中首次论述天主存在的理由时讲了三条,第一条是:

> 天地之中,真有一尊,为天地万物之主,吾西国人所奉之真主是也。吾且以理譬之。譬有外国一人,游至中华,见其各处州县府司三院,承事一位人君,撑持掌握,故能如是之安泰。……行政施权,使无天主焉能使四时而不乱哉。此乃第一之喻理也。①

这是一种类比推理法,由人世推到自然万物,引出天主。第二条是采用原因和结果的推论法,采取从结果追溯原因的后天证明方法:"人必生于父母,鸟必出于其卵,知此则知天地不能自成。必繇于天主之作可知矣。"第三条仍是类比法,从舟之中必有掌驾良工推出:"天地之间事物如此其至公也,苟无一主,亦何以撑持掌握此天地万物哉。此余所以深知其定有一尊之天主也。"

庞迪我在《天主实义续篇》中说:"圣弟阿泥削曰,人所由识天主有三路,一曰,由造作。……一曰,由物情。……一曰,由除去。"②这三条都是从天主与万物的关系上讲的,"造作"指万物源于上帝,"物情"指万物精美为上帝所作,"除去"指物有瑕疵靠上帝消除。

---

① 罗明坚:《天主圣教实录》,吴相湘主编:《天主教东传文献续编》(第二册),第766—767页。
② 庞迪我:《天主实义续篇》,同上书,第107页。

利玛窦在《天主实义》中指出万物必受制于天主的两条理由：

其一曰：凡物不能自成，必须外为者以成之。楼台房屋不能自起，恒成于工匠之手。知此，则识天地不能自成，定有所为制作者，即吾所谓天主也。

……

其二曰：物本不灵，而有安排，莫不有安排之者。……夫天高明上覆，地广厚下载，分之为两仪，合之为宇宙。辰宿之天，高乎日月之天；日月之天包乎火；火包乎气……吾试忖度，此世间物，安排布置，有次有常，非初有至灵之主赋予其质，岂能优游于宇下，各得其所哉？①

从这一角度展开论证的最典型的是高一志的《寰宇始末》和傅汎际的《寰有诠》。《寰宇始末》现藏于台湾辅仁大学，无法读到，徐宗泽提供了一个译目十分有价值，从中可看出他论证的角度与特点：

上卷寰宇造始，寰宇之有有时义第一，寰宇非自造始义第二，寰宇有非偶然义第三，寰宇非太极所生义第四，万有非天地所生义第五，寰宇之造一主义第六，天主以全无造寰宇义第七，他物弗能造全有义第八，天主自造成义第九，造成有序义第十，一之日义第十一，二之日义第十二，三之日义第十三，四之日义第十四，五之日义第十五，六之日义第十六，人类造始义第十七。

下卷乐撡意，寰宇成全义第一，寰宇可增否义第二，寰宇有几义第三，寰宇穹窿义第四，寰宇无所不备以存义第五，宇内万物之所以然有义第六，质所以然义第七，模所以然义第八，模由何生立义第九，模质相结义第十，作所以然义第十一，作者之能德何义第十二，为所以然义第十三，造化之功非为者不逐义第十四，寰宇何为而造成义第十五，四元行于所生物存否义第十六，宇内万物宗品义第十七，寰宇永存否义第十八。②

在《寰宇始末》和《寰有诠》中，他们转述和介绍了《圣经·旧约》中的

---

① 利玛窦：《天主实义》，朱维铮主编：《利玛窦中文著译集》，第10—11页。
② 徐宗泽：《明清间耶稣会士译著提要》，第160页。

《创世记》的基本内容。对于中国的基督教文人来说，接受这一套创世说是一件很困难的事。像杨廷筠这样台柱式的人物，在其著作中提到天主七天创世说也只有一处。在《代疑篇》中他说：

> 洪荒之初，未有天地，焉有万物？其造无为有，非天主之功谁功？古经云：天主化成天地，以七日而功完。时则物物各授之质，各赋之生理，予之生机，各异天神以保守之，引治之。此乃天主洪恩。自此，物物依其本模转相嗣续，完其生理，畅其生机。①

但他在《代疑篇》的另一处又说：

> 况原初处空无所有，既能以绝无为有，则建立以后，造有、适有、变有归无，又不过微尘未事，反掌可就。②

这里的矛盾是明显的，他一方面认为宇宙乃天主所创，而非理学所说的是由气生而成，但另一方面又似乎不赞同"七天创世之说，反而较接纳由无而有，又由有归无的观念"③。这说明要让中国文人接受七天创世说并非易事。关于这方面研究非本书主题④，我们仍回到耶稣会士所传播的经院哲学题目上来。

我们再看第二个方面天主与人文关系。神人关系是经院哲学的一个重要内容，上帝的功能、地位与作用在很多方面正是通过这一角度来展开的。

艾儒略在《万物真原》中首先驳斥了中国传统的天地生人说，为基督教的神人关系打下基础。他说：

> 或曰：……然既有天地，天为父，地为母，有氤氲之气，自能生人物矣。故人常感天地之恩，而以时祭谢之。曰：否！不然。⑤

---

① 杨廷筠：《代疑篇》，吴相湘主编：《天主教东传文献》，学生书局1966年版，第506页。
② 同上书，第500页。
③ 钟鸣旦：《杨廷筠——明末天主教儒者》，鲁汶大学中国欧洲研究中心1987年版，第135页。
④ 参阅陈卫平：《第一页与胚胎——明清之际的中西文化比较》，上海人民出版社1992年版；孙尚扬：《基督教与晚明儒学》，东方出版社1994年版；林金水：《利玛窦与中国》，中国社会科学出版社1996年版；张铠：《庞迪我与中国：耶稣会"适应"策略研究》，北京图书馆出版社1997年版；何俊：《西学与晚明思想的裂变》，上海人民出版社1998年版。
⑤ 艾儒略：《万物真原》，钟鸣旦等编：《徐家汇藏书楼明清天主教文献》（第一册），辅仁大学神学院1996年版，第210页。

这是为什么呢？他认为，因生于什么要靠其生者养，人并非生于大地。另外，所生之物的特性是由被其生者所传的，天地无灵无觉，它怎么可能生出万物之灵的人呢？

艾儒略在《三山论学记》中阐述了他的天主观。艾儒略被认为是利玛窦之后"适应路线"最成功的执行者①，被晚明大儒叶向高称为"西来孔子"。艾儒略熟悉儒家经典，因而他直指"新儒家"的"理"的本体论，并力图把这种"理"的本体论转化为或归属为人格神的本体论，他说：

> 试思夫苍苍之块然者，果能自立奠乎？凡天地间种种妙有岂其自然而生灭，自满自长乎？抑偶然而能并育并行不害不悖乎？观察公曰，谓二气之运旋者非乎，抑理也。曰二气不出变化之材料，成物之形质，理则物之准则，依于物而不能物物。诗曰有物有则，则即理也。必先有物然后有理，理非能生物者。……若云理在物之先，余以物先之理，归于天主灵明，为造物主。盖造物主未生万有，其无穷灵明必先包涵万物之理，然后依其包涵而造诸物也。②

在逻辑上艾儒略十分聪明，他首先将物与理相剥离。理在物中，显然理不能生物，肯定是先有物而后有理，但物又不能自生自绝，这样就先把物的本体论堵死了。他接着谈理，顺着新儒家的思路，承认理先，理是一个原则。但一种抽象的原则怎么能产生人与万物呢？这样只能把理的本体转化为人的本体，这个人非一般人，因他还要造人、造物，自然这只能是神人，只能是天主。艾儒略的高明之处在于，他并不直接反对理学，而是用其矛攻其盾，从逻辑上将理学置于死地。

庞迪我在《天主实义续篇》中则提出两个论据：

其一："夫天地间大小物无不有其性所趋向美好，而望得者也。幸得之，则祉福满圆，宜无复有愿望矣。众人生平，千计万谋所图，无休息，何也，愿望

---

① 参阅 Charles E. Ronan, S.J. and Bonie B.C.OH (eds.), *East Meets West: The Jesuits in China, 1582—1773*, Loyola University Press, 1988, p. 127; Tiziana Lippielo and Roman Malex (eds.), "*Scholar from the West": Giulio Aleni S.J. (1582—1649) and the Dialogue between Christianity and China*, Routledge, 1997.

② 艾儒略：《三山论学记》，吴相湘主编：《天主教东传文献续编》（第一册），学生书局1986年版，第440—441页。

无限际。"①人有无限的美好愿望，个人生命有限，怎样实现这个美好愿望呢？"则必然有一物，其性德及美好粹精皆无穷，皆不可加，能充满休息者，此即我所谓天地总主，万物大父母也。"②

其二："使一国无一首可率，无一法可遵，而人各若其私意溃害，安能绝止哉？天下人同具斯理，故随处立君长，从其令命。君臣之义，始为人间大伦，巨纲矣。"③而且天下芸芸众生，各有所图、各有所想。若没有天主的赏罚，惩其恶者，褒其善者，人间便会大乱，只有"赏善罚恶令人迁善"④。然善恶是人心所至，能明察善恶的唯天主。"直赏罚其内心之真善恶，令人寡心罪，迁心善，不亦至当。"⑤

这两条论证都隐含着哲学的推论。前者是以有限和无限的关系加以展开，从个体生命的有限推出上帝之无限。后者是从个体和类的关系来推出个体愿望与类的愿望之冲突，而要保持这种平衡非有天主不可。

中国的基督徒在理解神人关系时加进了中国伦理色彩，把天主称为"吾人大父母"。例如杨廷筠曾说过：

> 今人止视天主至尊至高，与己邈不相亲，不知在人世。则论名分，天主视人无非其子，无贵贱，无贤愚，皆一大父所出。故谓之大父母，尊而且亲，无人可得远之。子事父母惟力自视，善事父母者则谓之能竭其力，岂有父母之前，可一日不尽其分……⑥

将神人关系比喻成血缘关系，将对父母的亲孝之情比作对天主的崇敬之情，这是基督教中国化的典型表述。"这是典型的中国式的称呼，与西方传统只称呼天主为'父'形成了强烈的对比……"⑦

其实无论杨廷筠是否读过张载的《西铭》，这种将天人化的做法恰恰反映出

---

① 庞迪我：《天主实义续篇》，吴相湘主编：《天主教东传文献续编》（第一册），第140页。
② 同上书，第141页。
③ 同上书，第142页。
④ 同上书，第143页。
⑤ 同上书，第144页。
⑥ 杨廷筠：《代疑篇》，吴相湘主编：《天主教东传文献》，第567页。
⑦ 钟鸣旦：《杨廷筠——明末天主教儒者》，第316页。

了中国儒家天人观的本质特征。儒家所说的"事亲如天"是将人世亲情提高到了宇宙论的高度，使伦理学有了本体论的支撑；而孔子所说的"事天如事亲"则是将外在的宇宙论"内化"于人世亲情之中，从而达到在内在的伦理亲情中的一种形而上学的超越。这便是"天人合一"。① 所以，对明末清初所传入的西方宗教哲学，一定要看清是谁讲的，中国基督徒和传教士二者的理解有较大的差异。也正因为如此，本书的重点放在对传教士的介绍上，对于中国文人基督徒对西方宗教哲学理解的分析，我不久会有专门的著作进行分析和研究。

我们最后看第三个方面天主本身的神性。天主神性是基督教哲学的核心，上帝论的全部基础在于此。

利玛窦说：

> 今吾欲拟指天主何物，曰：非天也，非地也，而其高明博厚，较天地犹甚也；非鬼神也，而其神灵鬼神不啻也；非人也，而遐迈圣睿也；非所谓道德也，而为道德之源也。彼实无往无来，而吾欲言其以往者，但曰无始也；欲言其以来者，但曰无终也。又推而意其体也，无处可以容载之，而无所不盈充也。不动，而为诸动之宗。无手无口，而化生万森、教谕万生也。其能也，无毁无衰，而可以无之为有者。其知也，无昧无谬，而已往之万世以前，未来之万世以后，无事可逃其知，如对目也。其善纯备无淬，而为众善之归宿，不善者虽微，而不能为之累也。其恩惠广大，无壅然塞，无私无类，无所不及，小虫细介亦被其泽也。②

这里对天主的特性、本质做了极为清楚的表述，但这种界定对中国士大夫来说仍十分抽象，理解起来比较困难。因为在利玛窦的这种解释中，上帝这种神的形象和特质已经渗透了许多希腊思想的说明。故而有人就问传教士，如果上帝生万物，那上帝被谁生呢？显然，这完全是从感知论角度发问的。艾儒略在《万物真原》中就进一步点明天主其本原性、抽象性的物质：

> 天主为万有无原之原。胡询其所从生乎？天主有所从生，则非天主矣。

---

① 参阅刘述先：《儒家思想意涵之现代阐释论集》，"中央研究院"中国文哲研究所筹备处2000年版。
② 利玛窦：《天主实义》，朱维铮主编：《利玛窦中文著译集》，第14—15页。

盖有始者必出于无始。天地有始，始于天主之全能。则天主为万物未始有始之始矣，何更求之有哉？若必云天主有所从生，则将穷夫生天主者，又从何生耶？……而天主自超万物之上，自在万有之先，无所从生，而实为自有，且为万有之元有者也。①

无论是利玛窦所说的天主还是艾儒略所说的天主都是经院哲学的另一种表述，这里既有安瑟伦的思想，也有阿奎那的思想。他们在说天主是"万有无原之原"时用的是安瑟伦的"单一的论证"，这个论证：（1）自足而不需其他的论证；（2）足以证明神的存在，即一个至善至福无需其他辅佑的存在，但一切其他事物，为着他们自己的存在与福利都需要他；（3）又足以证明我们对神所信的一切。②上帝是自足的、最终的根据。

当利玛窦说天"无往无来""无始无终"而又"无所不及，小虫细介亦被其泽"时，他又采用的是阿奎那的哲学思想。"共相存在于个别事物之先，是上帝的心智。上帝据以创造世界，创造事物，这个共相实质上就是上帝。""共相作为事物的'形式'或'本质'存在于个别事物之中。"③此时上帝不仅是最高的实体，也是精神的实在和物质实体，"上帝实体没有存在与本质区分，精神实体含有存在与本质区分，物质实体含有存在与本质、形式与质料双重区分"④。

我们之所以下气力认真分析传教士们的"上帝论"的理论结构和理论来源，是基于以下两点考虑：

第一，我们应该清楚传教士们究竟介绍给了中国人哪些西方哲学思想。通过以上分析我们可以看出，天主是"万有无原之原"的观点在转述安瑟伦的说法时已把柏拉图的"理念论"的部分内容介绍了过来。柏拉图追求的是美本身、善本身，追求的是普通性的观念存在，"一切原因的终极原因"。按照他的理解，经验世界中的一切个别具体事物都是不完备的，这便导致我们去寻求那种最普遍、最一般的存在，这个存在在基督教神学中就是上帝。黑格尔说："包含这一崇高

---

① 艾儒略：《万物真原》，钟鸣旦等编：《徐家汇藏书楼明清天主教文献》（第一册），第213页。
② 参阅安瑟伦：《上帝存在论》，转引自尹大贻：《基督教哲学》，第100页。
③ 同上书，第114页。
④ 赵敦华：《基督教哲学1500年》，第383页。

原则于自身之中的基督教,曾凭借柏拉图早已作出的那个伟大的开端,进而成为这个理性的组织,成为这个超感性的国度。"①此言极对!

柏拉图的理念论影响了整个西方哲学思想的演进,亚里士多德的本体论、共相说虽对柏拉图有所匡正,但经过阿奎那的改造后已和柏拉图的学说有了契合。

传教士们所讲的天主"无所不及"而又"无始无终"、天主非天非地非神的观点基本上是阿奎那哲学的中国表述,而正是在这种表述中,亚里士多德的"共相说"思想已包含其中。

尽管经院哲学只是"把亚里士多德的哲学作为外在的东西接受过来"②,从根本上来讲,经院哲学如黑格尔所说"没有健康的常识"③。但对中国来讲,传教士们的这种论证的方式包含了柏拉图、亚里士多德哲学的基本内容。通过他们,一种完全异质于中国传统哲学的思维方式呈现在中国士大夫面前,一些从所未想到过的问题开始冲击他们的思想。通过宗教,通过中世纪经院哲学,在一种曲折的方式中,希腊思想正式在中国登场,在中国传播。从文化交流史来看,传教士们所做的工作是开创性的。弄清楚这个基本事实是很重要的。

第二,中国哲学的特点在于"它从来不是思辨理性"④。"以'实用理性''乐感文化'为特征的中国文化,没有去建立外在超越的人格神,来作为皈依归宿的真理符号。"⑤也就是说中国哲学没有"什么是""何为存在"的讨论,它关注的是"如何是""怎样存在"的问题。西方式的所谓本体论问题在中国从未有过。

利玛窦等人的价值在于他们朦胧地感到了这一点,所以他们一方面争取历史解释的方法,引证三代圣贤之言作为根据;另一方面在论证方法上争取自然神学的方法,向中国思想靠拢。

但在本质上,就理论本身而言,利玛窦及绝大多数传教士并未让步,他们仍坚持一套固有的西方理论,这点从上面的论证中可以清楚地看出。

---

① 黑格尔:《哲学史讲演录》(第二卷),贺麟、王太庆译,商务印书馆1960年版,第152页。
② 黑格尔:《哲学史讲演录》(第三卷),第328页。
③ 同上。
④ 李泽厚:《世纪新梦》,安徽文艺出版社1998年版,第9页。
⑤ 同上书,第9—10页。

这个理论一方面引起家徐光启、李之藻这样开放性儒家知识分子的震动、惊叹，另一方面大多数中国人在理解上较为困难。自然理性的说理方法一旦涉及问题的本质往往不起作用，因为对天主特性的理解需要了解西方哲学的基本路向，对一般中国人来讲这完全是另一种根本不同的思维方式。

这点利玛窦本人也深深感到，他说：

> 世有智愚，差等各别。中国虽大邦，谅有智，亦不免有愚焉。以目可视为有，以目不能视为无，故但知事有色之天地，不复知有天地之主也。①

> 嗟嗟，愚者以目所不睹之为无也，犹瞽者不见天，不信天有日也。然日光实在，目自不见，何患无日？天主道在人心，人自不觉，又不欲省。不知天之主宰，虽无其形，然全为目，则无所不见；全为耳，则无所不闻；全无足，则无所不到。在肖子，如父母之恩也；在不肖，如审判之威也。②

中国人思维的特点是"以目代理"，情感思维，利玛窦等人的高明之处在他已深切感受到这一点，但就如何处理这两种不同思维方式的冲突这一问题，实际上利玛窦和传教士们也是无奈的。明末清初中西文化交流的意义就在于它第一次真正说明了两种文化的同与异，揭示出了两种文化在哲学本质上的差别。这点谢和耐（Jacques Gernet）教授说的是有道理的："传教士们如同中国文人一样，无意中也成了一整套文明的代表者。如果他们如此经常地遇到传统的困难，那是由于不同的世界观和人生观而以不同的逻辑通过语言表达出来的。"③明了这一点，我们便会看到利玛窦"适应"策略的局限性，从而体会到两种异质文化求同之难。

第二节　基督论

基督论是基督教的核心理论，如果说上帝论是从本体论上揭示宇宙的创生、

---

① 利玛窦：《天主实义》，朱维铮主编：《利玛窦中文著译集》，第22页。也可参阅艾儒略《万物真原》和庞迪我《天主实义续篇》。
② 同上书，第7页。
③ 谢和耐：《中国和基督教：中国和欧洲文化之比较》，耿昇译，上海古籍出版社1991年版，第3页。

上帝的特性和本质及上帝与世界和人类的关系，那么只有通过"三一论"所引出的"基督论"才能证实并完成"上帝论"，基督教正是通过耶稣基督因圣神降孕，由童贞玛利亚诞生所完成的"道成肉身"，作为上帝的独生子下凡人间所经历的诞生、受难、复活的过程，显示了一种宗教的奥秘，从而确定了上帝对人世的安排和拯救。耶稣基督也正是在这一过程中作为救世主宣示了他在人世的地位与作用。基督教作为一种宗教全部都是基于对耶稣基督的信仰才使信徒得到救赎与精神的升华。

对于基督教的这种核心内容，入华耶稣会士并未回避。罗明坚在他的《天主圣教实录》中就正面讲述了"三位一体"，即"罢德肋"译言父也，"费略"译言子也，"斯彼利多三多"译言无形灵圣或圣神也。然后他接着就讲了圣母玛利亚：

> 不繇交感，童身而受天主第三位斯彼利多三多之降孕，圣母玛利亚孕九月而生耶稣……耶稣到三十三岁之时，自愿在于十字架上，被钉而死……耶稣身死，魂逃进于古圣寄所，名曰令薄，救出人类原祖亚当及往古诸圣人之灵魂，引而升于天堂……而复活于世……又在四十日与一切圣徒来往，详究教中奥理，命其传道于四方。一日午间，忽于众圣徒前升天，祥云拥护而去，居于天主罢德肋之右座。①

这里罗明坚已把基督论的内容介绍得非常清楚。

利玛窦在《天主实义》中也没有回避这个问题，他先从天主创世讲起，他说：

> 天主始制创天地，化生人物，汝想当初乃即如是乱苦者欤？殊不然也。天主之才最灵，其心至仁，亭育人群以迨天地万物，岂忍置之于不祥若乎哉！开辟初生，人无病夭，常是阳和，常甚快乐，令鸟兽万汇，顺听其命，毋敢侵害，惟令人循奉上帝，如是而已。夫乱，夫灾，皆由人以背理，犯天主命……世人之祖，已败人类性根，则其子孙者，沿其遗累，不得承性之全……非天主所出，亦不足为异也。②

---

① 罗明坚：《天主圣教实录》，吴相湘主编：《天主教东传文献续编》（第二册），第818—821页。
② 利玛窦：《天主实义》，朱维铮主编：《利玛窦中文著译集》，第94页。

他由此引出基督论的内容，说天主见此状况"于是大发慈悲，亲来救世，普觉群品。于一个六百年有三年前，岁次庚申，当汉朝哀帝元寿二年冬至后三日，择贞女为母，无所交感，托胎降生，名号为耶稣。（耶稣即谓救世也）躬自立训，弘化于西土三十三年后，复升归天 此天主实迹云"①。

利玛窦以后来华传教士始终把基督论作为传教的重要内容，如在汤若望的《进呈书像》、阳玛诺的《圣经直解》中，特别是在艾儒略的《天主降生出像经解》中，以图文并茂的形式向中国信徒展示了耶稣诞生、受难、复活、升天的全过程。对此，意大利汉学家柯毅霖（Gianni Criveller）做了十分详细的论证：

> 耶稣会士是否在隐瞒受难基督中的核心奥秘？他们是否对十字架上的基督感到羞耻？他们是否获得一个明确的基督徒身份了？他们是否意识到天主教的基督之特性了？是否意识到排他性？后来发现传教士的真实意图是否加剧了泛基督教的反应？反基督教作家是否因为耶稣会士隐瞒基督的真实本性而愤慨？②

他对这一系列问题做了明确回答，指出："尽管耶稣会士在公众场合是谨慎的，但他们毫不犹豫地向皈依者宣讲耶稣在十字架上的受难。"③柯毅霖的书实际上是对法国汉学家谢和耐《中国和基督教：中国和欧洲文化之比较》一书的回答和反驳，因为谢和耐主要依据反基督教的文献认为，"利玛窦的全部策略实际上是建立在中国古代的伦理格言与基督教教义之间的相似性和'上帝'与天主之间的类比关系上的"④。言外之意就是批评利玛窦等人有意忽略了对基督论的介绍。平心而论，柯毅霖的论证是充足的，在华的耶稣会士们并没有欺骗中国的信徒。晚明时基督教传入中国所引起的中国知识分子之间的争论、耶稣会士内部的争论，的确反映了一系列更为深刻的问题，对此无论是谢和耐还是柯毅霖也都做了较为深入的分析，我想沿着这个思路做进一步的展开。因为基督论在明清之际的传播所引起的争议涉及中国和欧洲两大文化的根本性问题，是中国和欧洲早期

---

① 利玛窦：《天主实义》，朱维铮主编：《利玛窦中文著译集》，第94页。
② 柯毅霖：《晚明基督论》，王志成、思竹、汪建达译，四川人民出版社1999年版，第100页。
③ 同上书，第98页。
④ 谢和耐：《中国和基督教：中国和欧洲文化之比较》，第47页。

哲学与宗教交流中的核心问题,实际上这些问题今天仍在困扰着我们。因此,尽管谢和耐的结论是需要讨论的,但他提出的问题是不可忽视的:基督教在中国传播的困难性,或者说利玛窦等人传教策略中的内在困境。

第一个贯彻范礼安"适应"政策的是罗明坚。他在《天主圣教实录》的"引言"中,开篇就从中国儒家的五伦入手讲全书的要旨,向中国文化靠拢的倾向十分明确。1993年陈绪纶在《华裔学志》(*Monumenta Serica*)所发表的罗明坚《中国诗集》更是一个令人吃惊的作品。到中国不过四五年的罗明坚竟能用中文写诗,这一作品本身就表现出了罗明坚对"适应"政策执行的积极性。这种积极性不仅仅是文体的形式,在诗的内容中"合儒"倾向也十分明确,我们从诗集中摘录几首加以分析。

罗明坚在《圣图三像说观者知》一诗中说,"中间圣母无交配,诞圣原前室女躬",这里已明确指出圣母因圣神而孕。在《感喻二首(其七)》中有:"天主至尊神,下来化肉身,将身钉十字,显度世间人。"这已讲明了耶稣受难、复活的事。这说明罗明坚并未回避基督论的内容。他对范礼安"适应"政策的贯彻在诗中已十分突出,如《偶怀》一诗写得很有中国味:"朝读四书暮诗编,优游那觉岁时迁,时人不识予心乐,将谓偷闲学少年。"①陈绪纶认为这首诗最后两句是引用了宋代哲学家程颢的《春日偶成》的最后两句:"云淡风轻近午天,傍花随柳过前川。时人不识余心乐,将谓偷闲学少年。"读儒家书,写文人诗,这正是"适应"政策的要求。

同样是贯彻范礼安的"适应"政策,利玛窦和罗明坚相比就要更加灵活。在时间上,利玛窦的第一部作品是《舆地山海全图》。这是一幅世界地图,介绍了大航海以后西方新的地理知识,对于当时封闭的中国来说它的影响是轰动性的。利玛窦的第一部中文著作是《交友论》,其主题涉及中西文化之间共同点最多的领域。利玛窦凭借优美的文笔和广博的学识得到了士大夫们的赞扬,一时声名鹊起。而公开介绍基督论的《天主实义》到他临终前七年,即1603年才在北京出版。显然这和罗明坚开篇就讲耶稣受难有很大的不同。在内容上,罗明坚对基

---

① 参阅 Albert Chan, S. J., "Michele Ruggieri, S. J. (1543-1607) and His Chinese Poems," *Monumenta Serica*, Vol. XLI, 1993, pp. 129-176.

督奥秘的宣讲更直接,他认为这样的方法效果更好。如他在返回意大利以后的一篇文章中所说的:"(我们必须向他们表明)死于十字架这一件事并非是一种耻辱,反而是一种大荣耀……经验告诉我们,能够适当地向中国人介绍基督降生、受难这些可敬佩奥秘的人……可容易地把中国人领向我们神圣的信仰。"①而利玛窦则采取迂回、渐进的方法:"无论在南京,或后来在北京,为使人相信我们的宗教,利神父用的最容易又最有效的方法,就是与重要人物闲谈时,讲述我们天主教地区的善良风俗。"②

一种是直接地宣讲耶稣基督的奥秘,一种是间接地宣传基督的奥秘。利玛窦在1596年的一封信中说:

> 为如何传教的事,决定了两种办法:第一种是如能获得自由传教的准许,在很短期内会有成千上万的人皈依基督;第二种是不顾上言的准许而公开去宣讲福音,其结果是将失去目前已受洗的少数教友,因为外国人在大明帝国无不遭受猜疑,尤其我们传教士们……因此我们一举一动必须谨小慎微,不敢造次。③

现在看来这两种传教方法中,利玛窦的"间接传教"方法更为成功,虽然这种方法更为漫长,受洗人数也不多,但对于以儒家文化为主流的社会来说,这是更为切实的方法。利玛窦较之罗明坚、龙华民等人对在中国传教的困难性和复杂性认识得更为深入。基督教三次传入中国,唯有利玛窦成功,正在于他对中国文化的深入认识。

但利玛窦这种"适应"政策和间接传教的方法也有着内在的困境。由于利玛窦将基督教的上帝观与中国原儒的上帝观相比附,强调二者的一致性,这样他传教的重点是天主论,基督论他并未回避,但正如谢和耐讲的:"我们在利玛窦的那部巨作中只能发现有一处简单地提到了耶稣。"④也就是说由于未将基督论放在宣教的重点,天主论和基督论之间的关系就容易弓引起中国士人的误解,在反

---

① 转引自柯毅霖:《晚明基督论》,第117页。
② 利玛窦:《利玛窦中国传教史》(下),第326页。
③ 利玛窦:《利玛窦书信集》(上),罗渔译,光启出版社、辅仁大学出版社1986年版,第230—231页。
④ 谢和耐:《中国和基督教:中国和欧洲文化之比较》,第35页。

基督教的文章中许多人抓的就是这一点。

如戴起凤在《天学剖疑》中说："或曰：天主降生，然乎？曰：此事狄夷传久，理未足信。天主者，主宰天地万物，化工无一息停。既降生三十三年，则百神无主，化工不久辍乎？天地万物不尽毁乎？甚不可解。"这是对创世论的不解。接着他又问："客曰：天主仍在天主宰造物，另一天主降生。曰：在天主主宰一天主，降生复一天主，是二天主矣，又不可解。"这是对三一论的不解。当讲到耶稣受难时，他又说："此理大不可解也。天主欲救世，讵不能生圣人行天道以救之，何必自受难钉死也？"①

谢和耐由此而得出两种文化有着不可逾越的鸿沟且相互之间无法融合的结论。谢和耐的整个结论是有违于历史事实的，因为戴起凤等人只代表反基督教的观点，接受基督教的中国士人同样存在。从现实来说，基督教自利玛窦以后已构成中国文化的一部分，这说明基督教的本色化是完全可能的，两种完全异质的文化在冲突和碰撞后是可以找到会通的途径的。②

但我们也应看到，谢和耐的问题的确揭示了基督论在中国传播的困难，正因此才造成了反基督教的思潮。对此柯毅霖做了深入分析③，说明了利玛窦适应政策所面临的困难，以及他在理论上展开的困境。也正因此如，钟鸣旦说他没有达到本土化阶段，也就是说在中国这种缺乏人格神的文化系统中，利玛窦那一代人并未解决好如何解释基督论的问题，即使在当代这种困境仍然存在。④当然，我们并不是去责备利玛窦等人，如钟鸣旦和柯毅霖所说："由于他远远地走在那个时代的前列，人们又如何能为此而指责他呢？"以利玛窦为代表的来华耶稣会士，"在不拒斥任何基督教教义的核心内容和中国文化的优秀成分条件下，为了拥有真正的中国基督教……尽力使基督教信息本土化，将文化冲突部分淡化，这

---

① 戴起凤：《天学剖疑》，夏瑰琦编：《圣朝破邪集》，建道神学院1996年版，第255页。
② 参阅王晓朝：《文化的互动和转型》，许志伟、赵敦华主编：《冲突与互补：基督教哲学在中国》，社会科学文献出版社2000年版，第311—327页。
③ 参阅柯毅霖：《晚明基督论》，第372—376页。
④ 张西平、卓新平编：《本色之探：20世纪中国基督教文化学术论集》，中国广播电视出版社1999年版；雷立柏：《论基督之大与小：1900—1950年华人知识分子眼中的基督教》，社会科学文献出版社2000年版。

仍是一种高明的文化策略。梵二会议进一步肯定其洞见"①。

其实在文化的交流和会通中，原文化的变异，两种文化的互动产生的新的形态，都不是人们仅仅从理论上去设计的，在四百年的中国基督教史中我们可找出许多这样典型的例子。

这说明了三点：

其一，不因中西两种文化在哲学、宗教上的基本和原则的差异就根本否认中西两种文化会通的可能性和现实性。中国基督教虽几百年来未成为中国主流文化，但仅它存在并发展着这一点就足够了。

其二，中国人，尤其是中国知识分子，几乎不可能原封不动地接受基督论，无论是明末的"三大台柱"，还是近代的知识分子，都是如此。因此那种想在中国原汁原味地传播基督教的想法，早已被历史的事实所打破。四百年的历史说明，基督教可以成为中国现存文化中的一支，或者说成为一种"亚文化"和"边缘文化"，但始终成不了主流文化，也不可能达到佛教在中国的历史地位。②其根本原因在于，无论如何从历史文化上阐释基督论，"道成肉身"这个主题仍未得到令人满意的解决。其实就是在徐光启、李之藻、杨廷筠那里，对基督论的理解也完全是中国式的，即便是近代许多亲近基督教的知识分子，对"道成肉身"的理解也极为多样化③。无论一些西方教内人士对中国人头脑中的基督观多么不满意，可也无可奈何。这就是"本色化"！这就是历史！这正说明了利玛窦理论的内在困境，揭示了基督教在中国传播中的矛盾与难题。

其三，努力对基督教"三一论"和"儒学内在超越论"做新的理论阐释，以打通中西文化。当代新神学泰斗巴特（Karl Barth）与天主教的拉纳（Karl Rahner）提出"救赎三一"和"内在三一"的关系，认为"救赎三一就是内在三一；内在三一就是救赎三一"④。虽然有的学者不同意这种观点，但也有学者认为，在这种新的解释中，"上帝是既内在亦超越，且因为内在而超越，从这种三

---

① 柯毅霖：《说明基督论》，第401页。
② 参阅唐逸：《中国基督教的发展》，《中国研究》1991年第2期。
③ 参阅王晓朝：《基督教与帝国文化》，东方出版社1997年版，第232—234页。
④ Karl Rahner, *The Trinity*, Herder & Herder, 1997, p. 22. 转引自许志伟：《基督教之三位一体教义：内在与超越》，许志伟、赵敦华主编：《冲突与互补：基督教哲学在中国》，第77页。

位一体的上帝观出发观照中国传统文化、新儒家的天道和人性的思想,将会有意想不到的收获……在此我们用西方三位一体的内在超越来初步比照当代儒家的内在超越的概念,并认为这组概念可成为中国哲学与基督教三位一体思想对话的切入点"①。通过重新说明基督教理论找到与儒家会通之路,这是一个很有新意的观点。

第三节 灵魂论

人的归宿是基督教的重要内容,讲到人的归宿就自然引出灵魂问题。中世纪经院哲学认为人兽之别就在灵魂。由于在中世纪没有独立于神学之外的哲学,"哲学是神学的婢女",这样在经院哲学的灵魂学说中就既有神学内容亦有哲学内容,而不像今天,在哲学里不讨论灵魂问题,灵魂问题被严格地限制在宗教学之中。正因为这样,入华传教士们在介绍灵魂论时,在其神学的内容中也包含了不少西方哲学的认识论思想。

一、讲灵魂之学以合晚明心学

灵魂论一直是入华传教士向中国介绍的重点内容,如利玛窦的《天主实义》、龙华民的《灵魂道体说》、利类思的《性灵说》、艾儒略的《性学觕述》等,孙璋专门论述灵魂的著作也有几部之多,特别是毕方济(Francois Sambiasi,1582—1649)口述、徐光启笔译的《灵言蠡勺》洋洋大观更有十几万字之多。

为什么传教士如此钟情灵魂论呢?这有着深刻的社会思想原因。明代是理学的天下,早在陆九渊时,他就开启了理学中的另一种思潮。朱熹赞同程颐所说的"性即理",但陆九渊却认为"心即理","两句话只有一字之差,可是其中存在着两个学派的根本分歧"②。这就是心学的兴起。虽心学仍在理学的框架之中,但解释的方法已大不相同。到王阳明时,心学已完理成了自己的体系建构,

---

① Karl Rahner, *The Trinity*, p. 22. 转引自许志伟:《基督教之三位一体教义:内在与超越》,许志伟、赵敦华主编:《冲突与互补:基督教哲学在中国》,第79页。
② 冯友兰:《中国哲学简史》,涂又光译,北京大学出版社2013年版,第192页。

心成为本体,成为他全部哲学的基础,成为解释世界万物的出发点和归宿点,"诚是心之本体","至善是心之本体","心之本体,即天理也"。他以此出发解释善恶、说明天地,"无善无恶心之本体","心无体,以天地万物感应之是非为体"。

心学兴,尤其到晚明时,崇心学的儒生遍及江南,来华传教士在同儒生们的接触中深深感到这一点。作为利玛窦"合儒"路线的一种表现,讲灵魂之学以合心学成为一个很好的契合点。这点孙璋讲得很清楚:

> 夫宇内究谈性理者虽多,然得其要旨者鲜矣……若夫一定之性理,乃吾人生死大道,形神切图,倘不知焉,则贸贸以生、昧昧以死,所关岂浅鲜哉?……凡欲究谈性理者,第一吃紧要道莫人性若也。盖万物非蠢则顽,惟人独灵,灵则非特能辨物理、别是非,彰往察未已耳,更能返观自己,识其灵体为何如……①

孙璋认为儒学中虽有关于心的论述,但不够精细,况且许多先贤的书被秦始皇烧去,这更需用灵魂论来加以补偿。

> 而真道实义载于中国五经,五经者,皆系古先明哲穷理尽性,躬行实践,有得之妙道精理,垂之千古以教万世者也。但五经之言至理渊邃,浅尝表不能究其义,且秦火而后又皆残缺失序……予忧灵之义,愈久而愈失其真也……②

这样,灵魂论的推出就既能合儒家之传统,附心学之势,又能补儒家论述之不足。因而,灵魂论的道理一时颇受士大夫的欢迎,有人甚至提出:"格物穷理之君子,推而至于齐家治国平天下,尊此学为正,不尊此为邪。"③

来华传教士介绍灵魂论的著作很多,但最全面、详细的是毕方济的《灵言蠡勺》。陈垣先生在《重刊〈灵言蠡勺〉序》中认为,《天学初函》中"《灵言蠡

---

① 孙璋:《〈性理真诠〉序》,徐宗泽:《明清间耶稣会士译著提要》,第167—168页。
② 同上书,第169页。
③ 孟儒望:《孟先生天学四镜序》,钟鸣旦等编:《徐家汇藏书楼明清天主教文献》(第二册),辅仁大学神学院1996年版,第870—871页。

勺》说理最精"①，解剖分析了《灵言蠡勺》就能把握灵魂论的基本内容。

毕方济在序言中点明了灵魂论在西方哲学中的地位和作用。

> 亚尼玛②（译言"灵魂"，亦言"灵性"）之学，于费禄苏非亚（译言"格物穷理之学"）中，为最益，为最尊。古有大学，榜其堂曰"认己"，谓识己者是世人百千万种学问根宗，人人所当先务也。……故亚吾斯丁曰："费禄苏非亚，总归两大端。其一论亚尼玛，其一论陡斯。亚尼玛者，令人认己；论陡斯者，令人认其源。论亚尼玛者，使人可受福；论陡斯者，使人享福。"③

一是上帝论，一是灵魂论，这是西方宗教哲学的两大部分，奥古斯丁这句话一笔点破灵魂论的重要性。

二、《灵言蠡勺》的基本内容

《灵言蠡勺》从四个方面展开了灵魂论：一论亚尼玛之体；二论亚尼玛之能；三论亚尼玛之尊；四论亚尼玛所向美好之情。我们分别加以介绍。

1. "论亚尼玛之体"

毕方济首先确定亚尼玛的概念、本质、特性：

> 亚尼玛，是自立之体。是本自在者，是神之类，是不能死。是由天主造成，是从无物而有……是为我体模，是终赖"额辣济亚"（译言"圣宠"）。赖人之善行，可享真福。④

这里的"自立"是指灵魂的总称，所谓"自在"是灵魂有别于生魂、觉魂之所在，它不像生魂和觉魂那样依赖于质体，灵魂"虽人死而不灭，故本自也"。亚尼玛是上帝所创造的，属于神类。在灵魂与肉体的关系上，并非上帝先造好了灵魂，然后在需要时赋给肉体，也非在肉体之外有一个灵魂，然后将二者合并，

---

① 陈垣：《重刊〈灵言蠡勺〉序》，徐宗泽：《明清间耶稣会士译著提要》，第156页。
② 亚尼玛是拉丁文Anima的译音。
③ 毕方济：《灵言蠡勺》，李之藻编：《天学初函·理编》，第509—510页。
④ 同上书，第511—512页。

而是只有当灵魂赋予时才有了肉体。灵魂和肉体虽有原先后之分，但并无时间先后之分，好像父与子有原先后之分，但无时间先后之分。因无子便不称其父，所以父子之称是同时俱有的。正如毕方济所说："即成时，便赋畀；即赋畀时，便成。成与赋但有原先后，无有时先后。"① 毕方济在这里所表达的意思是："灵魂虽然在与肉体结合之前或分离之后保持其实体的独立性，但在它与肉体结合的全过程中，它只是由此产生的人这一实体的实质性形式，而不是实体之中的另一实体。"②

所谓"体模"，是毕方济依据亚里士多德"四因素"理论，将物分为"作""模""质""为"四种因素，"模"为其中一种。他认为模又分为"体模"和"依模"二类。前者决定事物的性质，后者只决定物之外形，而灵魂是"人之体模"。

2. "论亚尼玛之能"

所谓"终赖额辣济亚，赖人之善行，可享真福"③，指灵魂最终要依靠圣宠，方能行善达到真福。他的逻辑是，要得真福须行善，而行善必要有主保佑，因而"终赖额辣济亚"，如毕方济所说：

> 亚尼玛在人，他无终向，惟赖圣宠可尽力向事陡斯，立功业以享天上真福也。亚吾斯丁曰："天主造人之亚尼玛，为通达至美好。通而爱之，爱而得之，得而享之。"曰"额辣济亚"者，以明天上真福，非人之志力。④

他认为天主的圣宠有三种，一为"初提醒特祐"，二为"次维持特祐"，三为"后恒终特祐"。只有自始至终得到天主提醒、指意的灵魂，才能至死为义，行大善，而后得受升天之真福。

在灵魂与人的关系上，他坚持亚里士多德的灵魂是"实质性形式"的理解，按照托马斯·阿奎那的"灵魂在肉体的每一部分，充满全部有机体"⑤，灵魂

---

① 毕方济：《灵言蠡勺》，李之藻编：《天学初函·理编》，第513页。
② 赵敦华：《基督教哲学1500年》，第389页。
③ 毕方济：《灵言蠡勺》，李之藻编：《天学初函·理编》，第514页。
④ 同上。
⑤ 转引自赵敦华：《基督教哲学1500年》，第390页。

"不只是整体的形式与现实性,而且是每一部分的形式与现实性"①的观点来说明,直接批评了柏拉图关于灵魂与肉体是主动与被动的关系,"灵魂在肉体之中犹如舵手在船只之中"的观点。毕方济说:

> 或言亚尼玛在人,如主人在家,舟师在船。此喻似之而非也。信如此喻,将疑亚尼玛不为人之内体模,不知人之为人,全凭此为内体模。……
> 或言人心为亚尼玛之所,但居中心而制百体。如国主居朝,宰制四境,此亦非也。亚尼玛全在全体,而活其体,模其体。②

这样毕方济将灵魂的性质、灵魂与天主的关系、灵魂与人的关系、灵魂对人的作用都作了界定。

这一部分是《灵言蠡勺》最为精细的部分,它向中国人展开了一个完全陌生的知识领域。毕方济分别从认识的感觉和思维两个大部分论述了亚尼玛之能。用他的话来说,前者是生魂、觉魂,后者是灵魂。下面分别说明。

关于亚尼玛之生魂、觉魂,毕方济认为,生魂"为人身万行万动、至近至切之所以然",生魂所以有能有三:一为育养之能,二为长大之能,三为传生之能。觉魂所以有能有二:一动能,一觉能。觉能又分为"外觉"和"内觉",外觉的外能表现为"五司",即"耳、目、口、鼻、体"。内觉的内能有"二司""四职"。"一公司:主受五司所收声色臭味等,受而能分别之。"二思司的功能主要在三方面:接受五司所得到的各种感受,如仓库一样;接受"觉物自然晓达之意",即本能性反应,如羊遇狼而害怕;接受"所收诸物之意"。在"外五司"和"内二司"之外还有一个"嗜司",凡外五司和内二司所收之物,根据嗜司的判断,既可嗜之,也可弃之。"嗜司"有"欲能"和"怒能"两能。前者是说凡相宜的则欲求之,不相宜的则欲去之;后者是说凡相宜的则敢求之,不相宜的则敢去之。③

生魂和觉魂用西方认识论的术语来说实际上是感性认识,外五司实际指的是观、听、嗅、尝、触五种感觉。内二司实际上是内感觉,仅对外感觉所接受的有

---

① 转引自赵敦华:《基督教哲学1500年》,第390页。
② 毕方济:《灵言蠡勺》,李之藻编:《天学初函·理编》,第516页。
③ 参阅上书,第517—518页。

关事物的印象进行初步的整理。

关于亚尼玛之灵能，人与兽共有感觉，但区别在于灵魂，这是人"超轶万类，卓然首出"的原因。灵魂亦内三司，即记含者、明悟者、爱欲者。

"记含者"是亚尼玛能的第一种功能，其功能主要是通过"记能"（能论）、"记功"（记住）、"习像"（已记）来确定认识对象的名实，确定指谓。这三种功能是灵魂有别于生魂和觉魂之所在，毕方济说：

> 凡外五司所收之物，皆有形质，不能入于内司，则取其像，入于公司。此像甚粗，既从思司，分别取细，入于记含之司。待致欲用，随时取之。若无形之物，不属外司，为内二司所收，亦入公司。本无粗像，不必取细。径从思司，藏于记含之司，以时取之。取之者，所藏之物，种种不一。若随时欲取一物，则记含之司，悉呈诸物，任所欲得……①

通过内感觉的思司的过滤，认识进入理性阶段，记含之司和思司的联系与区别一目了然。这种联系通过记含之司中的"司记含"来完成，因它的职能是"记有形之物"，这个功能具有觉魂的动物亦有。但记含之司的"灵记论含"，则可记"无形之物"，这是唯人所有的，从而和感觉阶段的认识相区别。记含司的功能有二种：其一，"忆记"即先前所知者，"今一念及，宛然如见，此谓如前所知"；其二，"推记"，即"从一物而记他物"。

这两个功能中以"推记"更为重要，它是禽兽所没有的功能。"推记"的具体内容为："一者须记他物，二者由他物而推寻此物，三者因而得遇此物，皆缘人灵能推论理，以致其然。"②这里实际指的是推理。

关于记司含的作用，毕方济说："记含者，百学之藏，诸业之母，智者之子。令人无记含，必不得称智者。"③

"明悟者"为亚尼玛灵能的第二种功能。毕方济认为明悟由两个环节相联结而完成，一个是"作明悟"，另一个是"受明悟"。前者"作万象以助受明悟"，后者则"遂加之光明，悟万物而得其理"。这里的"作万象"已是初步抽

---

① 毕方济：《灵言蠡勺》，李之藻编：《天学初函·理编》，第520页。
② 同上书，第522页。
③ 同上书，第523页。

象,用现代认识论术语表达类似于"表象",它完成对事物的初步归纳,但仍未完成最终抽象。后者的"加之光明"就是抽象,达到概念。

> 尽所然如是,何独明悟否乎? 今有一理于此,已得明悟,是所然也。其缘则先有作者为可明,次有受者明之,则遂明矣。试以有形易见者解之:凡明悟者非明悟其物之体、物之质,必将弃其体质,精识其微通者焉。体质者为专属,微通者为公共。如遇一有形之物,彼先出其像,入于我之目司。此时物去则像隐,其像全系物之体质。是为至粗,非可明之物,能被明悟者也。既而入于公司。公司者,五司之共所也。此像既离此物……既而归于作明悟者……但留物之精微,众物所公共者,则可得而明悟之矣。①

通过人的抽象力使概念形成,这一直是一个很神秘的过程。毕方济的这个描述已十分深入,尤其是对从可感事物到抽象概念的飞跃这个过程介绍得很细致。"作明悟"是先得"像",使其有初步抽象,脱离感性事物,但此时仍未完成抽象,经过"受明悟"后才真正得到事物的概念——"所以然"。

毕方济认为"明悟"可通过三种办法获得事物的"所以然",即"其一直通;其一合通;其一推通"②。"直通"是从一个事物中可抽象出概念;"合通"类似于"综合",从对两个以上的事物的分析中得到;"推通"则通过推论,由此及彼而获得概念。

总之,他认为"明悟"是人兽之别所在,"明悟可能达于至微至玄至深之所,可达于至高至明天上之上"③。正因此亚尼玛又被称为"神"。

一旦人们通过思维的抽象获得概念,就产生如何理解人们所认识的概念、如何理解概念和事物之间的关系的问题。这是中世纪经院哲学中的核心问题,即名和实关系问题,也就是"一般概念"(共相)还是"个别事物"(个别)是

---

① 毕方济:《灵言蠡勺》,李之藻编:《天学初函·理编》,第525页。
② 同上书,第529页。
③ 同上书,第530页。

实在的问题。最早提出这个问题的是公元3世纪的学者薄斐略。①以后经过贝伦加呈（Berengar，约999—1088）、洛色林（Racelinus，1050—1124）、安瑟伦（Anselmus，1033—1109）等经院哲学家的引申与发挥，它就从一般认识问题的争论演化成一个基督教神哲学的重大问题的争论，"共相"与"个别"的关系与上帝的存在、神的属性联系在了一起。

在这场争论中大体分为两派，认为共相是先于个别事物的独立存在的被称为"唯实论"，认为共相只是个别事物的名称的被称为"唯名论"，还有在两派之间略加调整的"温和唯实论"和"温和唯名论"。

毕方济在《灵言蠡勺》中并未回避这个问题。

首先，他指出有形之物和无形之物之关联，强调一般从个别事物中抽象而得。凡为"明悟"者都必须从事物中、从可感觉的原料中抽象出来，进入一般、普通的概念领域。任何个别中都有一般。"但物之有形无形，截然不类。其明诸有形者，不能脱其公质，而独脱其私质。"②反之，要达到一般概念，必须对个别事物进行抽象。"盖欲明此物，必令其物合于明悟之司。有形有质者，不可得入，即不可得合。故必脱去私质，取其公共者。"③概念与事物的关系犹如车的辐辏与车毂的关系一样，他引用亚里士多德的话说：

> 故亚利斯多曰："亚尼玛者是万物。"谓一切诸物，凡有形者，尽归五司。亚尼玛得用明悟者，取其像而通之。无形者尽归明悟，取其灵像而有之，而通之。则亚尼玛不化万物，而万物皆备。是得有万物也。如外五司所收之物，皆归公司。若辐辏于毂，为万物之总府，即公司亦可称为万物。内司所收之物，皆归于明悟，而承受之，通达之，亦万物之总府，可称为万物矣。④

---

① 薄斐略所提出的问题是："我现在不谈'种'和'属'的问题，不谈它们是否独立存在，是否仅仅寓于单纯的理智之中，如果存在，它们究竟是有形的还是无形的，以及它们究竟是与感性事物分离，还是寓于感性事物之中，与感性事物一致。这类问题是最高级的问题，需要下很大的工夫研究。"（北京大学哲学系外国哲学史教研室编译：《西方哲学原著选读》（上卷），商务印书馆1981年版，第227页。）

② 毕方济：《灵言蠡勺》，李之藻编：《天学初函·理编》，第526页。

③ 同上。

④ 同上书，第526—527页。

其次，概念一旦被抽象出来就可以脱离有形之物而存在，就可以脱离具体事物而存在。他认为既然概念是一种普遍的抽象，它就不可能局限于一个具体事物之中，要不然就称不上普遍性。这样必然引出具体事物有生有灭而概念不会随具体事物的消亡而消失的观点。他说：

> 惟明悟独在亚尼玛，不在有质之所。其在全不系于肉体，既不在有质之所，而独在亚尼玛，即与亚尼玛同是恒在。虽肉体灭，有质之所亦灭，而此为不灭，故不能死。其不受坏于所向者……①

最后，上帝作为最高的抽象先天而在事物之先。天主不像概念那样经过感性认识逐步到理性认识渐次抽象而得，它原本存在。

> ……亚尼玛，不系于形质之所，是以所向既去，犹抱而不脱也。其最上者，为天神所有万物之灵像也。人类所有明悟之灵像，虽属精微，不免渐次而得。天神于万物之灵像，自天主造成天神，即万物之灵像，同时俱得，不由渐次也。②

从以上介绍我们可以看出，毕方济基本坚持的是托马斯·阿奎那的温和唯实论派的观点。托马斯·阿奎那在这个问题上的基本理论倾向是柏拉图的，但加进了亚里士多德的理论。托马斯·阿奎那认为共相就是上帝，"共相存在于个别事物之先"，"共相作为人们头脑中的概念存在于个别事物之后"，这两条正是毕方济所说的后两条。但托马斯也强调共相"作为事物的、形式、或、本质、存在于个别事物之中"③。这里他吸取了亚里士多德的观点。

"爱欲者"为亚尼玛灵能的第三种功能。毕方济认为明悟讲的是知，即认识论，而爱欲讲的是义，即伦理学。"爱欲所得属诸义，明悟所得属于知也。"④虽明悟和爱欲都具有亚尼玛行的功能，但明悟之行在于内，而爱欲之行在于外，这是二者的区别，其联系在于"爱欲不能自行，必先明悟者照之识之，然后得行

---

① 毕方济：《灵言蠡勺》，李之藻编：《天学初函·理编》，第529页。
② 同上书，第528页。
③ 尹大贻：《基督教哲学》，第114页。
④ 毕方济：《灵言蠡勺》，李之藻编：《天学初函·理编》，第530页。

其爱也"①，先有认识，后有外在行动，有行为就引出爱欲。

毕方济认为爱欲分为三类，一是"性欲"，这是万物所共有的；二是"司欲"，生物不具有而"觉类"和"人类"则有，即动物和人共同所有；三是"灵欲"，唯人类所有。灵欲和司欲之别实为人兽之别，因灵欲为义理所规定，而且能够自制，但后者不论义理如何，只求快乐。爱欲这三种类型的共同点是都在追求美好，只是层次不同。"其曰总三归一者，为是三者，依其本情。虽有三向，如性欲本向者是利美好。司欲本向者，是乐美好。灵欲本向者，是义美好。然归于一总美好，故曰总之归一也。"②

毕方济对爱欲的论证更多是在与明悟的比较中展开的。在这种比较中，他介绍了西方伦理学的一些基本内容。他认为爱欲有三个基本特点：

其一，爱欲以明悟为基础。明悟是人在认识事物从感性到理性的这个过程中形成对事物的一个基本判断，爱欲是人在此基础上对事物表示自己的态度。"且爱欲者，凡物可爱、可恶，皆从明悟所明之灵像，呈于爱欲，爱欲者遂受而爱之、恶之。"③伦理行为不必去代替认识行为，而是要依赖于认识行为。"爱欲者，虽不能自明，亦不必自明。为其随明悟者之明，一切所呈可爱、可恶，已先为明之故也……"④这实际上是对托马斯·阿奎那关于实践德性和理论德性关系思想的介绍。阿奎那认为人的实践德性是受制于理性认识水平的，虽然他并不同意苏格拉底有了知识就能消除罪恶的观点，但对欲望与理智的关系、理智的决定作用的态度是很明确的。"因为意欲是和理性不同，实践德性亦和理智德性不同，意欲之所以为人类行动的一个原理，乃由它多少是理性的一个分享者……乃由于和理性之一致。"⑤

其二，爱欲的特点是意志自由。认识无所谓善恶，认识受制于其对象，在这个意义上"记含明悟皆可受强"。但唯实践的德行是人自主的行为，人的道德意志决定人的行为取舍，它不受制于其他。"惟爱欲者，操棅独持。显诸可爱，

---

① 毕方济：《灵言蠡勺》，李之藻编：《天学初函·理编》，第530页。
② 同上书，第533页。
③ 同上。
④ 同上书，第534页。
⑤ 周辅成编：《西方伦理学名著选辑》（上卷），商务印书馆1964年版，第375页。

莫能令我必爱。显诸可恶，莫能令我必恶……凡所向者，及诸邪魔，及诸万苦、万刑，皆不能强我所行……凡若此者，是名体行，不名意行。彼能按抑我体，不能按抑我意。"①外界的强行只能使肉体屈服，不能使灵魂的意志屈服。这个思想实际上是对奥古斯丁关于人类意志观点的转述，奥古斯丁说："人类意志的品性是重要的；因为意志如果错了，灵魂的活动，将跟着错了；意志如果对了，这些灵魂的活动，不只是没有过错，且是值得称许的。因为意志寓于一切灵魂的活动，如无意志，根本就没有活动。"②他对意志的强调和毕方济是一致的。

其三，爱欲高于明悟。在灵魂的三类活动中爱欲地位最高。毕方济认为灵魂有"三端"，即三种功能：一种是"所习之德"，一种是"所行之行"，一种是"所向之向"。在这三个方面，爱欲都高于明悟。首先，从所习之德来看，"爱欲所习者仁也，明悟所习者智也。以仁方智，则仁尊，则爱欲尊"③。其次，从所行之行来看，从爱欲所得的结果高于明悟所得的结果，明悟使人认识事物，而爱欲则使人在德性中得到幸福。"指我以为善之路，与令我即得成为善者，两相较，则得成者为尊。明悟者，开我迪我，使我知有真福，爱欲者，令我得有真福，则爱欲尊。"④最后，从所向之向来看，爱欲所追求的是全美。一方面，在人所求的"乐美""利美""义美"之中，"义美"最高，为君子所独有，是亚尼玛中的"超越"性部分，这正是爱欲的功能。另一方面，明悟所追求的"真"固然重要，但它只是"全美""至善"中的一部分，只有爱欲所达到的"至美""至善"才是最高的。"爱欲所向为全美好。明悟所向为分美好，盖明悟所务，惟在求真。真虽美好，特美好中之一端。美好中尚有多端，爱欲昔无不爱之，是为全也。以全较分，则爱欲又尊。"⑤

认识服从于德性，爱欲高于明悟，所追求的至善正是灵魂与天主相通之处，因为只有天主才是无穷的善、无穷的美、无穷的妙，这便引出了《灵言蠡勺》的第三大部分。

---

① 毕方济：《灵言蠡勺》，李之藻编：《天学初函·理编》，第535页。
② 周辅成编：《西方伦理学名著选辑》（上卷），第354页。
③ 毕方济：《灵言蠡勺》，李之藻编：《天学初函·理编》，第538页。
④ 同上。
⑤ 同上书，第538—539页。

3. "论亚尼玛之尊"

《灵言蠡勺》中的认识论和实践论是在天主论的基础上展开的，所以，对灵魂的论述最终又要回到天主上来。毕方济说灵魂与天主相似只是在一定意义上讲的，只是个"假借比喻"，这种相似不是为扬"世人莫大之傲"，而恰恰是为"显扬天主全能大智至善之性，又赞美其普施于人亚尼玛无穷之恩"①。

亚尼玛和天主有哪些相似之处呢？

毕方济分别从性、模、行三个方面加以了论述。

首先，"在性"，即属性，性质上灵魂与天主有八点相似处：

其一，天主是自足的，灵魂也是无形无坏自立之体。

其二，天主之性极纯，灵魂亦纯无质、无形无分。

其三，天主能灼见万事万物，灵魂也能明述万物万事之理，一切至幽至眇之事，皆能认识。

其四，天主至灵至义而为万理万义之准则，灵魂有灵有理有义为一切无灵无理无义之灵魂的超越。

其五，天主只有一个，但功能诸多，有一个灵魂，其功能也有许多。

其六，天主不死而无终，人之灵魂亦不死而无终。

其七，天主无所不在，灵魂在人体中无所不在。

其八，天主不是由它物所成，灵魂为天主所造，但在其发挥功能时，无论在人躯体内还是离开人的躯体，"其体其行，皆不由他物"②。

其次，"在模"，即在形式上，灵魂与天主的相似有七点：

其一，天主能全知、全善，人的灵魂对天主虽不能达到全知、全善，但亦可以认识，可以践行。天主是罢德助（圣父）、费略（圣子）、斯极利多（圣神）三位一体，而灵魂则是集记含、明悟、爱欲三者于一体。

其二，额辣济亚（宏恩）天主赏人，从而使人可以得救。天主所以给人宠恩，因为人有灵魂。"额辣济亚之性，其尊超越于亚尼玛"③，因为只有宠恩才使灵魂的超性动作有了基础。宠恩与灵魂的关系很似灵魂与天主的关系。

---

① 毕方济：《灵言蠡勺》，李之藻编：《天学初函·理编》，第540页。
② 同上书，第543页。
③ 同上。

其三，天主与万物的关系与灵魂与人的肉体的关系相似。

其四，天主将万物的"意得亚"置于人的灵魂之中，即掌握万物的本质，而灵魂通过明悟，也使人获得所认识之物的本质。

其五，天主与其所爱之物相连，灵魂亦是如此。

其六，天主充塞天地间犹如灵魂充满于人体。

其七，天主不仅在全宇宙而且在宇宙的各个部分，如同灵魂在人的全部肉体之中，同时又在肉体的各个部分。

最后，"在行"，即在功能、作用上，灵魂与天主之相似有十点：

其一，灵魂是人的感觉与认识（内外诸司）的基础，如同上帝是万物的基础一样。

其二，灵魂与人的躯体关系和天下万物之终，如同天主同万物的关系。

其三，灵魂能认识万物，如同天主能明达万物。

其四，灵魂通过认识能揭示事物的本质，如同天主掌握万物之本一样。

其五，人的躯体受制于灵魂，如同万物受制于天主。

其六，灵魂赋予肉体之灵又得惠于人认识之精华，这同天主相似。

其七，灵魂是人躯体万动之原，如同天主是万物之原。

其八，灵魂的各个组成部分都受惠于灵魂，如同万物无论大小都受教、受益于天主。

其九，灵魂是人肉体之主，如同天主是宇宙之主。

其十，人不能自识灵魂，如同灵魂不能自识天主一样。

通过从这三个方面与天主进行比较，毕方济进一步论证了灵魂的本质、特性、功能和作用。

4. "论亚尼玛所向美好之情"

这里论述的是灵魂的最终指向。从天主教的教义来说，"灵魂的生活是理性的生活，理性的生活在于理智和意志，理智为知，意志为爱。善人的灵魂，为能享福，在于满足知和爱的要求。知在于真理，爱在于美善"[①]。因而，灵魂最终直接面对无穷的真善美，而天主乃是真善美的本体。

---

① 罗光：《天主教教义》，辅仁大学出版社1985年版，第151页。

毕方济描述了灵魂的最终归向，说明"至美好"的属性、特点与价值。

"至美好"是天然的、非他人所造的纯美好，这种美好已将善与美统一于一体。这种美好是所有其他美好之根、之本，其他善好都是分有了它的内容。这点明了"至美好"的性质。

> 此美好为大美好，能包人万亿美好，为总美好。他美好由此而美好，此不因他美好而美好，为最美好。他美好不能如其美好，其胜于他美好，无倍数可论，为恒美好，定美好。无时不为美好，无物不为美好，无处不为美好。①

"至美好"的特点是广、大、精、深。

> 论至美好之性情，其尊贵也，为无穷际之大；论至美好之品位，其峻绝也，为无穷际之高；论至美好之包涵，其富有也，为无穷际之广博；论至美好之存驻，其无始无终也，为无穷际之久远；论至美好之精微，其难测量也，为无穷际之幽深。②

"至美好"的另一特点在于它不是知识而是信仰追求的目标，作为目标它"目不可见耳不可闻，唯当信之，唯当望之，唯当存想之"③。作为信仰它"非我所得"，没有天主的"额辣济亚"（即宠恩）个人无法获得，而一旦天主赋予宠恩人便成为天神。

"至美好"的价值在于灵魂有了最终的归向，是人最终的归向，唯有向此而努力人才能常生永存。

> ……所论至美好是亚尼玛之造者，是万物之造者，是亚尼玛之终向，是人之诸行、人之诸愿所当向之的。人幸而认此，凡百无有差谬，如海舟之得指南，定不适所往也。求此，则遇万福；为此而死，则得常生……④

---

① 毕方济：《灵言蠡勺》，李之藻编：《天学初函·理编》，第548页。
② 同上书，第548—549页。
③ 同上书，第549页。
④ 同上书，第559页。

这样，灵魂最终归于主，一切在造物主那里达到了最高的和谐。

三、灵魂论对中国思想的价值

入华传教士着力向中国介绍经院哲学的灵魂论是为附和儒家，那么从中国文化来看，灵魂论所带来的异质思想是什么呢？应该怎样看待他们所介绍来的这些希腊哲学思想呢？它对中国传统哲学思想的启迪与意义何在？对此我们再做深入的研究。

1. 灵魂论：世界的二重化

灵魂是西方哲学的一个根本性概念。最早将灵魂引向不死并使其脱离物质性因素的是毕达哥拉斯，到苏格拉底时灵魂问题已经成为他思想关注的最重要内容之一。① 追求事物的普遍性本质，将灵魂与思想赋予同样的意义，感性的与理性的分离，这些观念在苏格拉底那里已全部具有了。到柏拉图时，灵魂论已成为他整个理论的中枢性概念之一，在《斐多篇》中他对灵魂不朽的证明已表明了精神与肉体的彻底分离。② 这说明灵魂理论是同他的理念论紧密相连的，像黑格尔所说的："柏拉图完全把灵魂的本质认作是共相。"③

到柏拉图时，希腊哲学已完全摆脱了早期希腊哲学中将物质性元素定为世界始基或者在物质性因素和精神性因素之摇摆不定的倾向，而将追求精神与理念作为整个哲学发展的方向。正如黑格尔所说的：

> 在柏拉图这里，灵魂不死这一规定有着很大的重要性，即由于思维不是灵魂的特质，而是它的实质，所以灵魂也就是思维本身……柏拉图所谓灵魂不死是和思维的本性、思维的内在自由密切联系着的，是和构成柏拉图哲学出色之点的根据的性质和柏拉图所奠定的超感官的基础、意识密切联系着的。因此灵魂不死乃是首要之事。④

柏拉图创立了欧洲哲学史上第一个客观唯心主义的哲学体系。经过这种解释

---

① 参阅叶秀山：《前苏格拉底哲学研究》，生活·读书·新知三联书店1982年版，第77—79页。
② 参阅苗力田主编：《古希腊哲学》，中国人民大学出版社1989年版，第280—285页。
③ 黑格尔：《哲学史讲演录》（第二卷），第193页。
④ 同上书，第187页。

世界开始二重化：感性的和理性的、实在与现象、灵魂与肉体形成了一系列的对立，哲学家们的任务就是寻求现象背后的理念、感性背后的理性、肉体之中并可以与之分离的灵魂。①

柏拉图的影响是深远的，怀特海（A. N. Whitehead，1861—1947）甚至认为整个欧洲哲学"最稳定的一般特征，是由对柏拉图的一系列注释组成的"②。因而来自希伯来的基督教思想与希腊思想的最好切合点就是柏拉图思想，经斐罗、查士丁到奥古斯丁时，柏拉图的理念论已成为基督教哲学的基础，奥古斯丁甚至认为柏拉图和柏拉图学派只要稍稍改变一些词就可以成为基督徒。虽然在托马斯·阿奎那的神学中起主导作用的是亚里士多德哲学，但柏拉图思想的"灵魂不朽"这一核心观念他还是接受了。

来华传教士在介绍经院哲学的灵魂学说时已先通过经院哲学将希腊哲学中的最重要成果柏拉图的理念论和灵魂论介绍到了中国。

毕方济在"论亚尼玛之尊与天主相似"时说："天主所已造之物，与所未造而能造之物，尽有其物之意得亚（意得亚者，译言'物像'，制作规模也），具存于己人之亚尼玛。"③这里的"意得亚"即拉丁文Idea的译名，指明了理念是独立存在于物体之外的。上面我们在介绍毕方济对"明悟"的论述时，也看到了他对概念独立性、共相先于个别事物而存在的论述，表明了他的温和实在论的观点。

利玛窦在《天主实义》第六篇的"释解意不可灭，并论死后必有天堂地狱之赏罚，以报世人所为善恶"中强调"意"的重要性，说明"意非有体之类，乃心之用耳"④，这也是在讲柏拉图的这种"理念论"。他在第三篇"论人魂不灭大异禽兽"中强调，人有"有形之体"和"无形之体"之分，说明灵魂的功用在于能认识事物背后的"隐体"，能"反观诸己"时，表述了柏拉图的理念与存在、现象与本质这种精神与物质相分的世界二重性思想。

据有的学者研究柏拉图在《斐多篇》《国家篇》《斐罗篇》这三篇文献中对

---

① 参阅罗素：《西方哲学史》（上卷），何兆武、李约瑟译，商务印书馆1963年版，第178页。
② 转引自范明生：《柏拉图哲学述评》，上海人民出版社1984年版，第479页。
③ 毕方济：《灵言蠡勺》，李之藻编：《天学初函·理编》，第543页。
④ 利玛窦：《天主实义》，朱维铮主编：《利玛窦中文著译集》，第58页。

灵魂不朽的论证其提出了六条论据①：

（1）对立物只能来自对立物，灵魂无对立物故永恒；

（2）感觉无法获得普遍性的必然知识，这种知识只来自永恒的灵魂；

（3）灵魂是非复合的，它不会因人亡而夭，这正是灵魂的神性所在；

（4）灵魂不是肉体，故肉体亡而灵魂在；

（5）因灵魂不朽才能从论理上说清人的因果报应；

（6）凡具有自动性的都是不朽的，灵魂是自动的，是万物运动之源，故是不朽的。

利玛窦论证灵魂不灭时共提出了十余条证据，除柏拉图所讲的第六条证据以外基本上都讲到了。如他说凡物残灭皆因"相悖"，"两者相对相敌，自必相贼，既同在相结一物之内，其物岂得长久和平"②。只有没有对立物的物才是永恒的，即"物无相悖，决无相灭"③。灵魂在火气水土四行之外无物相悖，故必永存。这实际上就是柏拉图在《斐多篇》中提出的灵魂不朽的第一个证据。

当然，利玛窦、毕方济等人所介绍的"灵魂论"并不仅仅是柏拉图的观点，由于他们基本上采用的是托马斯·阿奎那的哲学体系，因而在其所介绍的内容中也包含着大量的亚里士多德的灵魂论思想。如他们把灵魂分为"生觉""魂觉""明悟"，这显然是亚里士多德的思想，又如他们对认识过程中感觉和思维两个阶段的划分，也体现了亚里士多德的思想。④

亚里士多德的灵魂论不像柏拉图那样统一，像他的全部思想一样，总是在抽象与对象、唯物主义与唯心主义之间摇摆。他一方面说"灵魂和躯体是不能分离的"⑤，另一方面又说"灵魂用以认识和思维的部分，它或是可分离的……认为它和躯体混合在一起不是合理的"⑥。托马斯·阿奎那有机地将柏拉图和亚里士多德两种学说糅合在了一起。利玛窦等人也将这种思想介绍到中国。

---

① 参阅范明生：《柏拉图哲学述评》，第462—467页。
② 利玛窦：《天主实义》，朱维铮主编：《利玛窦中文著译集》，第27页。
③ 同上。
④ 参阅苗力田主编：《古希腊哲学》，第470—486页。
⑤ 同上书，第474页。
⑥ 同上书，第485页。

从文化交流史的角度来看，弄清传教士所介绍的经院哲学的灵魂论的基本内容是十分重要的，因为只有弄清了他们所介绍的基本内容，我们才能评估这种介绍对中国哲学的意义，才能弄清利玛窦为适应中国文化在介绍灵魂论时所做的策略上的变化，并进而看到这种变化的文化意义及其困境。

就中国思想本身来说，上古时期灵魂的观念还是存在的。《礼记·祭法》言："大凡生于天地之间者皆曰命，其万物死皆曰折，人死曰鬼，此五代之所不变也。"《说文》认为"鬼"字可解释为"人所归为鬼"，也可解释为"鬼者魄也"。《礼记·祭义》云："宰我曰：'吾闻鬼神之名，不知其所谓。'子曰：'气也者，神之盛也；魄也者，鬼之盛也。合鬼与神，教之至也。众生必死，死必归土，此之谓鬼。骨肉毙于下，阴为野土。其气发扬于上，为昭明。君蒿凄怆，此百物之精也，神之着也。'"《左传》对子产关于鬼的说明注疏为"附形之灵为魄，附气之神为魂"。《易系辞》曰："原始反终，故知死生之说。精气为物，游魂为变，是故知鬼神之情状。"这里灵魂被称为"精气"或"游魂"。《礼记·礼运》言"体魄则降，知气在上"，这里肉体被称为"体魄"，灵魂被称为"知气"。《礼记·郊特》曰"魂气归于天，形魄归于地"，这里称灵魂为"魂气"。

无论是"气""鬼""魂气""精气"还是"游魂"，都说明上古时先人对灵魂有一个模模糊糊的认识，中国古代的祭祖已暗含着这样一种模糊认识。

利玛窦的高明之处在于，他十分清楚地知道这一点。一方面，他利用这一点来说明灵魂的存在：

> 彼孝子慈孙，中国之古礼，四季修其祖庙，设其裳衣，荐其时食，以说考妣。使其形神尽亡，不能听吾告哀，视吾稽颡，知吾事死如事生、事亡如事存之心，则固非自国君至于庶人大礼，乃童子空戏耳。①

另一方面，他又从此出发，用天主教的灵魂论取代中国文化中这种模糊的认识。在《天主实义》第四篇"辩释鬼神及人魂异论，而解天下万物不可谓之一体"中利玛窦说：

---

① 利玛窦：《天主实义》，朱维铮主编：《利玛窦中文著译集》，第30页。

夫谓人死者，非魂死之谓，惟谓人魄耳，人形耳。灵魂者，生时如拘缧绁中，既死，则如出暗狱而脱手足之拳，益达事物之理焉。其知能当益滋精，踰于俗人，不宜为怪。①

利玛窦、毕方济等来华传教士的困境在于：仅用自然性的方法附和儒家文化，就无法将这种基于希腊哲学的灵魂论讲清；而一旦用中世纪哲学的理论说明世界二重性，揭示出有形和无形之分，就会使儒生们感到十分困难，许多批评天主教的人也正是抓住了这一点。②

问题的实质在于，传教士所宣传的灵魂论及在此基础上的天堂地狱说的哲学基础——世界二重化理论"与中国人的全部哲学都是相矛盾的"③。也就是说，利玛窦等入华传教士并未从根本上把握中国精神的实质。

中国文化自殷周以后已发生变化④，到孔子时已形成了自己基本的理念和形态，其基本的特点是"一个世界"。孔子完全没有柏拉图那种理念论的思考方式，他倾注于生活的现实世界，在这种世俗生活中追求神圣、意义，在亲情伦常的仁爱、敬重之中提升人心，达到人道与天道之合，这也就是"天人合一"。⑤这种情况下孔子所关注的是生活世界而不是与人分离的鬼神世界（"敬鬼神而远之"），他思考的重点是"生"而不是"死"（"未知生焉知死"）。这样，儒家文化传统同重"死"的基督教传统有着根本的区别。

到宋明理学时，为回应释道在本体论上对儒家的挑战，儒学开始构建自己的宇宙论。从周敦颐的"圣人定之以中正仁义而主静，立人极焉"（《太极图说》），到张载的"性者，万物之一源，非有我之得私也"（《正蒙·诚明篇》），最后由朱熹集理学之大成："宇宙之间，一理而已，天得之而为天，地得之而为地，而凡生于天地之间者，又各得之以为性，其张之为三纲，其纪之为五常，盖此理之流行，无所适而不在。"（《读大纪》）平心而论，此时中国哲学已达到了很高的抽象程度，但应看到，这和西方哲学的本体论传统的抽

---

① 利玛窦：《天主实义》，朱维铮主编：《利玛窦中文著译集》，第35页。
② 参阅夏瑰琦编：《圣朝破邪集》，第137—186页。
③ 谢和耐：《中国和基督教：中国和欧洲文化之比较》，第217页。
④ 参阅陈来：《古代宗教与伦理：儒家思想的根源》，生活·读书·新知三联书店1996年版。
⑤ 参阅李泽厚：《论语今读》，安徽文艺出版社1998年版，第237页。

象有着重大差别。我认为,不能将朱熹的"理"与柏拉图的"理念"相等同;也不能说,古希腊哲学家讲的理主要是指事物的形式、共相,而朱熹讲的理主要指事物的法则、规律。"法则""规律"与"共相"有什么区别呢?理学讲的"理""心"的确具有很高的抽象性,但落脚点和出发点是伦理,因而虽朱熹讲"理一分殊",但在他那里终归不是"两个世界",而是"一个世界"。西方的本体论是二重化的传统、现象与本质的区分、自然与人伦的对立。在中世纪,这表现为天堂与世俗的分离,灵魂以摆脱世俗、归服天堂为主旨。近代康德哲学则把这种二重化表现得淋漓尽致。

宋明理学表面上似乎与强调自我道德、意志自律的康德学说十分相似,实际上有着原则上的不同,因为宋明理学这种伦理本体论不是以二重化世界为基础的,它是从人性本身推出外在的宇宙论的。"天命之谓性,率性之谓道,修道之谓教。"(《中庸》)这样的伦理学即是本体论,"它素来不去割断本体与现象,而是从现象中求本体,即世间而超世间,它一向强调'天人合一、万物同体';'体用一源''体用无间'"①。余敦康先生认为,宋明理学的"体系都以宗法伦理思想为主轴,虽然也广泛地涉及宇宙构成、事物变化以及认识规律等哲学问题,提出了许许多多的哲学范畴,但是所有这些都是为了更好地论证宗法伦理思想服务的"②。这个理解是很重要的,我们不能因朱熹讲过人心、道心之别,张载讲过气质之性和天命之性之分,就认为这和利玛窦等人所讲的灵魂与肉体之分相同。利氏等人讲灵魂当然含有道德涵养的内容,但灵魂之源、之归、之本都是完全不同于新儒家所讲的"道心"的。

以儒家文化为代表的中国文化在运思的角度、思维的方法、关注的重点上都同基于希腊文化的基督教文化有着根本性的差别。在这个意义上,法国汉学家谢和耐下述结论是有其合理性的:"中国人对于基督教中的那种认为存在着一种有理智的并能自由决定从事善恶行为的灵魂之基本观念是陌生的。完全相反,他们把思想和感情、性和理都结合进唯一的一种观念——心的观念中了。"③但这并不能说中西文化截然对立,无法会通。对这个问题牟宗三的解释有说服力,他

---

① 李泽厚:《中国古代思想史论》,人民出版社1985年版,第237页。
② 余敦康:《中国哲学论集》,辽宁大学出版社1998年版,第30页。
③ 谢和耐:《中国和基督教:中国和欧洲文化之比较》,第219页。

认为中国哲学从来就无上帝存在、灵魂不灭等问题。①康德哲学的价值在于通过"实践理性批判"想打通"两个世界",而牟宗三认为中西哲学之会通也正是在"实践理性"这个环节来完成的,在"实践理性"上二者是可打通的。②

入华传教士所介绍的灵魂论的难处和困境在于此,但这并不是说他们所介绍的这套中世纪哲学,这种在灵魂论背后隐藏的希腊的哲学观念,对中国文化是无意义的,并不是说中国人不需要了解和运用这种思维方式。

实际上传教士所带来的这一整套西方哲学方法不仅对当时的算学、历学产生了直接影响,在哲学上、在思维方法上对中国传统知识分子的冲击和影响亦不可低估。梁启超说:"清朝一代学者对于历算学都有兴味,而且最喜欢谈经世致用之学,大概受利、徐诸人影响不小。"心学衰而实学兴,从明清思想史来看,这中间的一个重要环节就是传教士所带来的西方哲学。

从另一个角度来说,中国在晚清以后向西方学习的历程中,在经历了洋务运动、百日维新失败之后,最终回到了学习西方哲学这个根本点,只有哲学精神的变革才会有新道德、新政治、新物器,然后有新国家、新世界。

这说明入华传教士在介绍中世纪哲学的灵魂论时所带来的柏拉图的理念论,所带来的探求事物本质的哲学方法,对于中国完全是异质的新思维、新哲学、新思想,利玛窦等人在传播这种哲学时所遇到的困难、中国哲学思想的独特性并不能证明中国文化不需要这种哲学,它只是说明在传播和接受西方哲学时应时时注意中国文化的特质,需要进行创造性转化。

那种认为晚明时中国哲学已无本体论、用利氏等人的理论取而代之的观点是肤浅的,这种看法在对中西哲学和晚明思想的理解上,还达不到利氏思想的高度。同样,因中西哲学思想的重大区别而否认利氏等人的努力,也是武断的。利玛窦等人所遇到的难题实际也是今天中国哲学所面临的难题,这需要一种理论的创新。利氏等人努力的价值与思想史意义正在于他们在中西哲学交流史上第一次揭示出了这个难题。说入华传教士在中西文化交流史上没做什么有意义的事,这种结论实在有违于历史的事实。

---

① 参阅牟宗三:《中国哲学十九讲》,上海古籍出版社1997年版,第80页。
② 牟宗三:《中西哲学之会通十四讲》,上海古籍出版社1997年版,第80、82—84页。

2. 灵魂论：认识的深化

灵魂论在经院哲学中不仅是天堂地狱存在的重要理论基础，而且还是哲学认识论的重要内容，哲学与信仰的融合正是经院哲学的重要特点。

利玛窦区分了认识过程的不同阶段，认为生魂、觉魂依赖于身体，身死而魂灭，而灵魂则不随身灭，而且还是身之主。毕方济的认识过程更为详尽、周密，利氏则将重点放在灵魂不死和人魂与鬼神之别的神学论证上。

现将毕方济的概念系统列表如下：

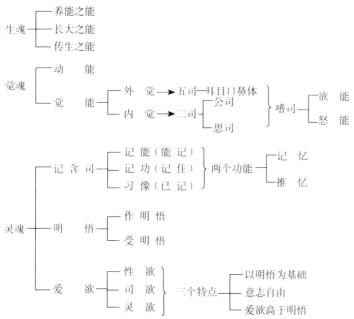

从这个认识图表我们可以看出毕方济所介绍的西方认识论的基本内容和认识的基本过程。这里对认识过程分析之细，概念之繁多，概念之间联系之紧密，是中国哲学所不可比的。陈垣说《灵言蠡勺》说理最精，言不为过。中国哲学在认识上的总体特点是直觉思维大于逻辑思维，老子的"静观""玄览"强调静观自身，庄子则根本排除感觉和认识，追求直觉无知之境。"道不可闻，闻而非也；道不可见，见而非也；道不可言，言而非也。知形形之不形乎！道不当名。"（《庄子·知北游》）佛教本有唯识宗，但到禅宗时已完全中国化，追求的已不是逻辑而是"体悟"。

在中国思想史上当然还有另一条线索，即注意了认识过程中的一些重要问题，如名和实、知和行等范畴，但总体来说研究得不够深入。如名实问题，在哲学上是概念与对象之间的关系问题，在希腊哲学中就是一般与个别的问题，这是希腊哲学的重点所在。先秦时这也曾是中国哲学的一个重要问题，尤其墨子在这方面有不少精彩论述，张岱年认为《墨子》中"小取篇所说之'效''推'二法，尤其是可以与西洋逻辑中的演绎与归纳相提并论的"①。但《墨子》失传，这一派始终在中国思想中不占主流。

又如格物致知是中国哲学的一个重要内容，涉及感性认识和理性认识的关系问题。如孔子所说的"举一隅不以三隅反，则不复也"《论语·述而》，强调对认识的加工。荀子是先秦对此讨论最为周密的人，提出"耳、目、鼻、口、形能（态）各有接而不相能也，夫是谓之天官"（《荀子·天论》）。这里是认识的感性阶段、思性阶段，他称之为"征知"："心有征知。征知，则缘耳而知声也，缘目而知形可也，然而征知必将待天官之当薄其类然后可也。"（《荀子·正名》）之后的宋明理学、嘉乾汉学对认识过程也都有一些精彩论述。但总的来说，有两点根本不足：

其一，由于在"中国哲学中，讲直觉的最多"②，对认识过程的范畴与阶段划分的理性分析不够，不能将感性认识和理性认识多个阶段上的认识环节像毕方济那样逐一界定，对认识有一个系统、连贯的分析。

其二，在中国思想中一切认识的问题，首先或者根本上是伦理的问题，"即注重致知与道德修养的关联，甚或认为两者不可分，乃是一事"③，从而始终未产生独立于伦理学之外的单独的认识论。正是在这个意义上，我们应充分肯定传教士灵魂论中所包含的认识论思想。

第四节　道德论

科学与伦理，这是入华传教士赢得儒家士大夫的两个主要手段，前者是为引起儒生们的新奇，后者则成为接近儒生的最好话题。利玛窦等人通过与儒生们的

---

① 张岱年：《中国哲学大纲：中国哲学问题史》，中国社会科学出版社1982年版，第576页。
② 同上书，第558页。
③ 同上书，第552页。

长期接触，已深切感到中国儒生的兴奋点在哪里。晚年，他在回忆初入中国时的活动时说：

> 在那时代，南京的学者们经常聚在一起，讨论道德问题，及修身养性的事情，大官显贵也常参加这类聚会。①

所以他认为，"在学理方面，他们对伦理学了解最深"②。讨论道德问题成为入华传教士传教策略的一个很重要的方面，在这个过程中，一整套的西方伦理学思想被介绍到了中国。

人性问题、生死问题、修身问题、齐家问题、交友问题这五个方面是他们所介绍的基督伦理学或西方伦理学的重点，我们逐一加以研究。

一、人性论

人性的善恶问题是中国思想史上长期争论的一个问题，是晚明儒家士大夫所关心的问题。利玛窦在南京期间就碰上了一次中国文人们对这一问题的讨论：

> 在吃饭时，学者们开始讨论在中国各学派间一直争论不休的问题，即人性原来是善的，是恶的，或者是不善不恶的。他们说，如果是善的，恶是怎样产生的呢？如果人性是恶的，人怎会做善事呢？如果不善也不恶，则人性自动做的善事或恶事又是谁教的呢？③

通过参与讨论，利玛窦谈了他对儒家伦理的看法：

> 因了中国人没有逻辑学，也不会区分道德上的恶与自然界的恶，以及人性中先天的与后天的因素，更不知道原罪腐化了人性，以及天主的助佑和恩宠，所以这问题至今仍然悬而未决，没有定论。④

正是针对对儒家人性的这一理解，他在《天主实义》里正面阐述了他的理

---

① 利玛窦：《利玛窦中国传教史》（下），第312页。
② 同上。
③ 同上书，第315页。
④ 同上。

论。他首先确定了"性"的概念：

> 夫性也者，非他，乃各物类之本体耳。……但物有自立者，而性亦为自立；有依赖者，而性兼为依赖。①

这里显然借用了亚里士多德的观点，所谓性即事物的本质，万物都由形式和资料构成。物不同，性亦不同，如人和物之不同，在于人能推理从而与金石草木有不同的性。由此便从"性"进到"人性"的概念。人性的根本特点在于理性，在于对事物的本质把握。他认为人性的问题首先是个理性问题，是个知识论问题。

> 人也者，以其前推明其后，以其显验其隐，以其既晓及其所未晓也，故曰能推论理者。立人于本类，而别其体于他物，乃所谓人性也。仁义礼智，在推理之后也。②

注意，这里是"推理"，而不是宋明理学的"理"。利玛窦也怕混淆二者，马上说："理也，乃依赖之品，不得为人性也。"③因为理无善、无恶，无法成为人性的基础。其实若论抽象性，宋明理学的"理"抽象程度并不低：

> 性即理也，何以不谓之理而谓之性，盖理是泛言天地间人物公共之理，性是在我之理。只这道理受于天而为我所有，故谓之性。性字从生从心，是人生来其是理于心，方名之曰性。其大目只是仁义礼智四者而已。（陈淳《北溪字义》）

二者的区别在于：朱子把仁义礼智直接提升到理的高度，使二者合一，伦理学即宇宙论，而利氏所讲的"推理"实际是理性，理性在先伦理在后，二者有着差别，不可混同。正如托马斯·阿奎那所说的："理性是一切人类动作的第一个原理，一切其他原理多少都得服从理性。"④理性高于道德性，本体论高于伦

---

① 利玛窦：《天主实义》，朱维铮主编：《利玛窦中文著译集》，第72—73页。
② 同上书，第73页。
③ 同上。
④ 周辅成编：《西方伦理学名著选辑》（上卷），第374页。

理学，这是西方思想的基本思路。利玛窦的这个论述是对晚明儒学思想的一个冲击。

当确定了"性""人性"概念之后，利玛窦才开始讨论"善"和"恶"的问题。

他认为："可爱可欲谓善，可恶可疾谓恶也。"①由于将理性作人性之本，这样必然推导出"性本善"。那么恶是从哪里来的呢？恶"不可谓性自本有恶矣"②。恶非人性本有，恶只是善的对应物，作为善的丧失而表现出来的。"恶非实物，乃无善之谓。"③正像死对生一样，生的终结便是死亡。

利玛窦这一思想来自奥古斯丁的伦理学，奥古斯丁认为上帝创造了万物，万物皆善。"任何事物丧失了所有的善，便不再存在。……因此，凡存在的事物，都是善的。"④那么恶是什么呢？他说："我发现恶并非实体，而是败坏的意志叛离了最高的本体，即叛离了你天主，而自趋于下流……"⑤在奥古斯丁看来，虽然恶是消极的，但没有它就无法显示出善，恶是作为善的对立物而存在的。显然，奥古斯丁有两个根本观点：其一，恶是实体；其二，恶是善的对立物。这两点都已被利玛窦吸收。

善的实质是什么？利玛窦又提出了"德"的概念，他认为："性本必有德，无德何为善？""唯有德之人，乃为善人。德加于善，其用也在本善性体之上焉。"⑥

有了德的概念，他就把善分成了两类：

> 性之善，为良善；德之善，为习善。夫良善者，天主原化性命之德，而我无功焉。我所谓功，止在自习积德之善也。⑦

所谓"良善"指的是人本性之善，所谓"德善"指的是人的后天养成之善。

---

① 利玛窦：《天主实义》，朱维铮主编：《利玛窦中文著译集》，第73页。
② 同上书，第75页。
③ 同上。
④ 奥古斯丁：《忏悔录》，周士良译，商务印书馆1963年版，第127—128页。
⑤ 同上书，第130页。
⑥ 利玛窦：《天主实义》，朱维铮主编：《利玛窦中文著译集》，第74页。
⑦ 同上。

像孟子所说的见孩子坠入井中有恻隐之心就属于良善，而非德善，正如一个女人艳丽可爱，这是父母遗传给她的，非她本人努力所得。而德善必须径长期学习，理解大义而生。

利玛窦对善的两种形式的区分，即"性之善"与"德之善"，来源于托马斯·阿奎那的伦理学。托马斯·阿奎那按照亚里士多德的理论，认为人的灵魂有意志和理性两种形式，将道德划分"理智德性"和"实践德性"。前者"只是理智的能力，并不会完善意欲的能力"①，这种德性是一种知识和理性。而"实践德性"则是一种有目的地取舍的行为，是要有意志在其中的。这种"实践德性"就是利玛窦所说的"德之善"，也就是汤若望所说的"意志自由"：

> 凡人自专自主，全由灵力，所以异于禽兽也。夫禽兽一生以存命佚身为务，有触即赴，不复审择。人则不然，能究是非，能辩可否，肯与不肯能决于己，足征自主之力矣。（汤若望《主制群征》）

这点在毕方济的"爱欲"理论中也有涉及。

> 凡世物既有其意，又有能纵止其意者，然后有德、有慝、有善、有恶焉。意者，心之发也。金石草木无心，则无意。……唯人不然。行事在外，理心在内，是非当否，尝能知觉，兼能纵止……故吾发意从理，即为德行君子，天主佑之。②

实践德行在于意志，在于心。这样修身养性，才能提高自己的德善，利玛窦顺理成章地将天主教的伦理学与中国儒家的"为己之学"联系了起来。"吾所论学唯内也，为己也，约之以一言，谓成己也。"③向儒家"为己之学"靠拢说明利玛窦对儒家的深刻了解。儒家学问本质上是一种人生的学问，它以道德自律与圣贤人格的追求为其根本。孔子说："为仁由己"（《论语·颜渊》），"君子求诸己"（《论语·卫灵公》）。到晚明时王阳明说得更清楚："人须有为己之心，才能克己，能克己；方能成己。"（《传习录·王文成公全书》）

---

① 周辅成编：《西方伦理学名著选辑》（上卷），第370页。
② 利玛窦：《天主实义》，朱维铮主编：《利玛窦中文著译集》，第59—60页。
③ 同上书，第76页。

平心而论，基督教的确也有这部分内容，教内称为"神修"。修己则重于人的本性方面，这是神修的一部分，被称为"克己神修"。但这种"克己神修"只是神修的一部分，更重要的一部分则是"神秘神修"，即通过修炼实现天主圣化人灵，最终的目标是同天主结合。所以，当利玛窦说"故神修即形修，神成即形无所不成矣"①时，他的理论就产生了矛盾，因为基督教本质上不是"为己"的内学，而是以外在天主为其原点、中心和归旨的"外在超越"之学。利玛窦将基督教的"外学"讲成儒家的"内学"，说明他努力想寻求结合之点，尽管这两种伦理学差异较大，但在对人性的修养上的确有共同之处。利玛窦的努力方向还是应加以肯定的。但这里已开始产生问题，将儒家"为己之学"的"内在超越"转化为基督教的"外在超越"，利玛窦并未解决理论上的矛盾。从"克己"如何导出"神修"，如何归旨于天主？利玛窦等人并未回答，但我们无需责备利玛窦等人没有给出一个满意的答案，他们能提出这些问题，能向一种文化会通的方向努力，就足够了，这点我们在下面介绍庞迪我的《七克》时还会讲到。②

伦理学研究的是"善"，认识论研究的是"真"。由真到善，由思想导出意志行为，这是西方伦理学的基本逻辑。在这个方面入华传教士也做了很好的介绍。利玛窦说：

> 司明者尚真，司爱者尚好。是以吾所达愈真，其真愈广阔，则司明者愈成充；吾所爱益好，其好益深厚，则司爱益成就也。若司明不得真者，司爱不得好者，则二司者俱失其养，而神乃病馁。③

真善之间的关系一目了然。为了附和儒家思想，利氏将"善"称为"仁"，将"真"称为"义"，真善之间善为本。

> 司明之大功在义，司爱之大本在仁，故君子以仁为重焉。二者相须，一不可废。然唯司明者，明仁之善，而后司爱者而存之；司爱者，爱义之德，

---

① 利玛窦：《天主实义》，朱维铮主编：《利玛窦中文著译集》，第76页。
② 有关中国士大夫对这种西学的接受可参阅孙尚杨：《基督教与明末儒学》。孙尚杨对利玛窦的这一伦理思想有很好的分析，在此不赘述。
③ 利玛窦：《天主实义》，朱维铮主编：《利玛窦中文著译集》，第76—77页。

而后司明者察而求之。但仁也者，又为义之至精。仁盛，则司明者滋明，故君子之学又以仁为主焉。①

这里又一次表现出利玛窦努力将西方思想与儒家思想结合的尝试，他突出伦理学，并将伦理归为儒家的术语"仁"。但困境仍是很大的，正像我们上面在介绍毕方济的《灵魂论》时所说的：中国从未有独立的认识论，所有"格物致知"的问题都是在伦理学的范围内发生的，但传教士所介绍的这种认识论虽然必然与伦理学发生关系并落脚在善上，但与中国伦理学框架中的那种认识论有着重大的区别。因为作为传教士思想根源的托马斯·阿奎那思想基本上坚持了亚里士多德的认识论思想，亚氏强调的是我们的知识开始于感觉，基本倾向是自然主义的。而无论是亚里士多德的伦理学还是托马斯·阿奎那的伦理学，都是其整个体系中的一部分，都是依托于其本体论基础的，无论这种本体论是唯物主义和唯心主义的混合，还是神学的本体论。这同中国儒学那种宇宙论与伦理学合二为一的"仁学"有着很大的不同。正因这样，我们才会在上面对毕方济所介绍的认识过程做详尽的分析。

尽管如此，利玛窦毕竟将西方伦理学与认识论的关系的理论介绍给了中国，正如毕方济所做的那样。这种对伦理学定位的路向在中国思想中是没有的，至少可以说在中国认识史上不是占主流的，其论述也不像利玛窦、毕方济这样明晰。

从传播学的角度来看，入华传教士在人性论上至少给当时的中国思想界提供了以下两种完全异质的思想。

第一，理性德性和实践德性之分。利玛窦说中国人不懂得这一点是完全对的。西方伦理学最初在苏格拉底里时并没有这种区分，"知识即德性"是他的名言。在这里，对自然的认识与内心的道德律是合而为一的，并以向外获取的知识作为道德的本质，这同孔子的"仁者爱人"的伦理思想完全不同。牟宗三认为这是两种不同的道德，一个是向外的，一个是向内的。此言极是。亚里士多德最早批评了苏格拉底的这种想法，他将道德化分为理性的和道德的两种类型，托马斯·阿奎那的伦理学基本上是在亚里士多德的轨道中前进的，因而他提出"理智德性"和"实践德性"是很自然的。

---

① 利玛窦：《天主实义》，朱维铮主编：《利玛窦中文著译集》，第77页。

但这种划分对中国思想家来说是完全陌生的。在儒家那里，伦理的依据和德性的规则完全是合一的，二者没有区分。在新儒家那里，"理"的本体化与伦理践行是一个统一的过程。朱熹说：

> 至于天下之物，则必各有其所以然之故与其所当然之则，所谓理也。……天道流行，造化发育，凡有声色貌象而盈于天地之向者，皆物也。既有是物，则其所以为物者，莫不各有当然之则，而自不容己，是皆得于天之所赋，而非人所能为也。（《大学或问》）

第二，善是意志。德性被分为两种形式，理智德性依赖于认识所提供的结论或神所赋予的结论，有了这个前提，实践德性实际上是一个选择问题，亚里士多德说："一切德性的活动，都涉及手段。"①选择总是出于自愿，做与不做、善与恶是由其意志决定的。利玛窦所说的善恶"俱由意之正耶"，毕方济说的"爱欲就是意志自由"，都是这个意思。

这是西方伦理学的很重要思想，之后在康德的哲学中表现得很清楚，实践理性是理性的意志功能，亦即目的活动的能力。世上万事万物都被自然规律所制约，唯人能根据理性按照一定的观念行动，也就是说它有意志。西方近代的主体性观念、自由观念实际上都是经康德以实践理性的这一根本特点而推演出来的。②

中国哲学以道德哲学为主干，对道德做过十分深入的研究，但从未把善作为意志活动去讲，究其原因在于，儒家认为德性不是对自然认识的结果。伦理践行的前提不是外在给予的而是人心固有的，行为的抉择不是在知识论背景下人的意志行动，而是发自内心的德性的自然推动。孟子说：

> 恻隐之心，仁之端也；盖恶之心，义之端也；辞让之心，礼之端也；是非之心，智之端也。……凡有四端于我者，知皆扩而充之矣，若火之始然，泉之始达。（《公孙丑上》）

善心早已于心，只要扩充就可有"仁、义、礼、智"四德。所以，德性不

---

① 周辅成编：《西方伦理学名著选辑》（上卷），第306页。
② 参阅李泽厚：《批判哲学的批判——康德述评》，人民出版社1979年版。

是由外在所得。"仁义礼智，非由外铄我也，我固有之也，弗思耳矣。"（《孟子·告子》）

这样，知识论就被道德论涵盖了，而道德的践行主体的选择和意志也就失去了意义。这倒不是说中国哲学不重视主体行为，恰恰相反，儒家的心性一派把人的道德主体提到了前所未有的高度，"所谓求放心之求，养浩然之气之养和扩充皆是强调道德主体的能动性、主导性"①。它与西方伦理学之区分正在于没有将本体论与道德论相分，没有把知识论作为道德论的前提，德性中没有理智德性与实践德性之别，一切都在"仁之端"，这就是熊十力说的"体用不二"，"主宰不是由人立意去作主之谓，主宰非外铄非后起，而确是汝之本心，是汝固有之良知或性智，亦即孟子所云仁义之心，程朱云天理之心……"②

正是在这个意义上，明末清初入华传教士所传入的这套伦理学才应引起我们重视。

二、生死论

死亡是基督教经院哲学的重要话题，因为它是同灵魂的永恒、天堂、地狱理论紧密联系在一起的。托马斯·阿奎那认为美德的酬报是使人幸福，虽然他也承认世俗的幸福，但这不是最高的幸福，不是人生最终的目的。真正的幸福，人生的终极目的，是死后在天堂中的生活。③因而经院哲学的幸福观是"轻生崇死"的幸福观，这样生死问题就成为基督教伦理学中的一个重要内容。

在利玛窦向中国文人传播宣传基督教哲学和文化时，生死问题是他的重点。在《天主实义》中，他针对儒家思想缺乏本体论的基础、不言超性之事的特点，采用逻辑追问的方法提出了来世的问题：

中士曰：尝闻之："何必劳神虑未来？唯管今日眼前事。"此是实语，何论后世？

西士曰：陋哉！使犬彘能言也，无异此矣。……夫无远虑，必有近患。

---

① 何怀宏：《良心论——传统良知的社会转化》，上海三联书店1994年版，第25页。
② 转引自《中国文化》，1989年12月创刊号，第182页。
③ 参阅章海山编著：《西方伦理史话》，辽宁人民出版社1987年版，第197页。

献之不远，诗人所刺。吾视人愈智，其思愈遐；人愈愚，其思愈迩。……吾曹在于兹世，虽百岁之久，较之后世万祀之无穷，焉足以当冬之一日乎？①

《畸人十篇》则是利玛窦专谈死亡的一部书，对基督教生死观的展开远比《天主实义》更为深入。利玛窦对此书也十分看重，他说："畸人十篇，是十章道理，也是十次同当时文人谈话的记录。"②

1608年8月22日在给总会长阿桂多瓦神父的信中，他详细介绍了这部书的内容。

第一篇劝诫人不可只追念过去的岁月，要强调善用光明，行善事不要等到明天，分寸光阴都是珍贵的。第二篇讲论人生痛苦无涯，举出许多西方圣贤对人生苦海的描述，天堂才是我们真正家乡。第三篇解释常思念死亡并非不吉，反之，为获得真福乃是最有力的帮助。而中国人最忌讳"死亡"两字，因此他们往往用其他字代替死亡二字。几年前，有一位知名的读书人把其父遗留给他的丰富图书，凡有"死亡"二字的书籍竟然一律除去。第四篇指出常常默想死亡的益处，要准备善死。第五篇谈静默，其困难、其利益与条件，这是中国儒家很少谈及的问题，我们的书籍中经常提到。本篇中举出很多西方作家名言为例。……第六篇谈天主教徒为何要守大斋，以圣多玛斯·阿奎那所举列的三个理由作为证明，并引教会众圣贤哲人反对吃喝享乐的名训。第七篇论省察，每人每日应当自省自责己过。第八篇指出今生既非天堂，亦非地狱，直至身后方见分晓。这篇道理为中国人士十分重要，因为他们否认上天赏善罚恶的教义。他们认为人行善而满足，作恶而心不安，这便是善恶之报。第九篇谈抽签、问卦、占卜吉凶有害无益，因为整日担心逆境到来。这一篇非常重要，因为在中国乡人无知识相信这一套，连读书有智慧之人也深信不疑。大街小巷都有算命测字者，在南京一地就有五千多人以此为生。第十篇，也是最后一篇谈财富遗留给子孙之害，指责吝啬的言论，是他们从未听过的。③

---

① 利玛窦：《天主实义》，朱维铮主编：《利玛窦中文著译集》，第63—64页。
② 利玛窦：《利玛窦中国传教史》（下），第431页。
③ 利玛窦：《利玛窦书信集》（下），第386—387页。

在利玛窦写给西方的信中，如此详细地介绍著作内容的只有《畸人十篇》，由此可见此书在他心中的地位。

那么，《畸人十篇》的中心是什么呢？他在写给西方人看的《利玛窦中国传教史》中点明了这一点："此书的大部分是评论，是一篇连续不断的对死亡的默想，使人维持生活的正常规则。"①

《畸人十篇》开篇的题目便是"人于今世唯侨寓耳"，点明世俗的世界不是人生真正的家园，揭示生之苦难。人一诞生于这个世界就充满苦难，"赤身出胎，开口便哭，似已自知生世之难"②。少年有苦，中年劳累，老年有疾，一生充满苦难，忧患无法尽述。环顾世间农夫四时躬耕于田地，劳其体力，商贾四处奔波累其心智，士人则正日穷思竭虑于文墨，劳其心。天下千百行业无不充满苦难、艰辛。个体生命和人类为何如此之苦呢？归根在于："爱恶忿惧四情所伐，譬树在高山，为四方之风所鼓。"③如此人生，如此世俗世界有什么可恋眷呢？利玛窦在《天主实义》中说现世人事如演戏，转瞬即逝。这种对现实世界的轻蔑和不满必然要以对来世的希望和寄托作为补充，这样就有逻辑地引出了基督教的"崇死的伦理观"。

利玛窦批评儒家文化对死亡避而不谈，他认为死亡是无法回避的，应该直面死亡，对死亡做彻底的准备与思考。

> 人有生死两端以行世，如天有南北二极以旋绕于宇内，吾不可忘焉。生死之主，不使人知命终之日，盖欲其日日备也，有备则无损矣。④

在利玛窦看来逻辑十分清楚：如果现世是苦难的，来世必将是幸福的，那么死亡就是从苦难走向幸福的转折点，死亡就是对苦难的告别和向幸福的迈进。

> 百年之中，非是度生，是渡苦海也，则死岂非行尽苦海，将届岸乎？苟岁月久长，岂非逆风阻我家归乎！

---

① 利玛窦：《利玛窦中国传教史》（下），第430页。
② 利玛窦：《畸人十篇》，朱维铮主编：《利玛窦中文著译集》，第446页。
③ 同上。
④ 同上书，第449页。

> 呜呼！世人以命之约者，省苦也，减咎也……①

因此，死亡并不可怕，死亡是人离开这个侨居的世尘返回自己真正家园的开始。这样看来，"生"倒是一件不幸之事，应该大悲，叹其苦难；"死"却是一件喜事，应该大贺，庆其走向真正的幸福。对人生来说死亡不仅是摆脱苦难、渡向幸福的转折点，它还有更为深刻的伦理学意义，对死亡的默想与沉思是生活在现世之人提高自己道德的必要条件。利玛窦列举出了常念死亡的"五大益处"：

> 其一，以敛心检身，而脱身后大凶也。盖知终乃能善始，知死乃能善生也。知家财乏，则用度有节；知寿数不长，则不敢虚费寸阴。不然者，如行雾中，前后不知，唯见目下耳。②

认清死亡，方能珍惜生命，类似于"置死地而后生"，它使人有了一个终极性思考。

> 其二，以治淫欲之害德行也。五欲之炎发于心，则德危，而受彼烧坏。此死候之念，则一大涌泉，灭彼炽焰，故于惩戒色欲，独为最上良药也。③

死亡是个体生命的底线，有了这个底线方能清醒，使人自省、自爱。

> 其三，以轻财货功名富贵也。夫物也，非我有也，非我随也，悉乃借耳，何足恋爱乎！身后，人所去所也，彼所无用财为，亦无重财为矣。④

逻辑同上一条一样，以死亡这个终极思考来重审财富观，从而使人打消追逐财富之心。

> 其四，以攻伐我倨傲心也。倨傲之气，诸德之毒液也。养傲者，其道心固败矣。夫傲之根柢本弱也，以虚为实，以无为有，以他为己也。故常念死

---

① 利玛窦：《畸人十篇》，朱维铮主编：《利玛窦中文著译集》，第451页。
② 同上书，第455页。
③ 同上书，第456页。
④ 同上书，第457页。

候，不俾自昧自爽己矣。①

人死如灯灭，傲心有何用呢？道德的提升与死亡就这样联系在了一起。

> 其五，以不妄畏而安受死也。造物主每造一物，即各赋以爱己之心，是者不论灵蠢，物物有之，则畏死欲生之性，人人均也。然而生死皆听天主之命。人自求死，即不可，人强求生，亦不可。②

生死由天主所定，贪生是不可能的。人一旦不畏死，不贪生，其个体的道德力量自然而生，贪生怕死者与不畏死者之间的道德行为迥然不同。

死亡的伦理学意义在这里得到了充分的论证。

由于传教士所介绍的生死观是在基督教神学背景下展开的，因此生死观同灵魂不死、天堂地狱是紧密相连的。逻辑的前提是灵魂不死，永生永存，这样不灭不死的灵魂就有两个结局：一是与基督同在，这是生命与爱的共融，基督教把这种境遇称为"天堂"。一是因其生前有罪过，灵魂永远受苦，这种境遇基督教称为"地狱"。当然，有些负有罪过但已忏悔而未补偿罪过的人，需要经过炼狱阶段，尔后方能升入天堂。由于天堂是人最后的归宿，也是人最深切的期盼，这样才引出基督教的生死观。

孟儒望在《熠迷镜》中说："我心非世上诸福百乐，克蒲死后得见尔，方全充足耳。"③罗明坚在《天主圣教实录》中则详细介绍了地狱的情况。

> 天主造有五所，以置人之灵魂。地心有四大穴。穴第一重最深之处，乃天主投置古之恶人，及魔鬼之狱也。其次深者，古今善人炼罪者居之。盖善人死时，或其罪未及赎竟，则置之此所受苦。迨其罪尽消除，即获升天堂矣。又次则未进教之孩童居之。孩童未尝为善，不直上天堂受福；亦尚未为恶，不宜下深狱受苦……又次则古时圣人居之。夫论圣人功德，死后即可升天。但亦因亚当之罪，天门闭而不开，以故凡古圣死，其灵魂姑居此处，以

---

① 利玛窦：《畸人十篇》，朱维铮主编：《利玛窦中文著译集》，第458—459页。
② 同上书，第459页。
③ 孟儒望：《熠迷镜》，钟鸣旦等编：《徐家汇藏书楼明清天主教文献》（第二册），第901页。

待耶稣受苦之后降临取出，引导之使升天堂也。①

从思想上来看，传教士所介绍的这套基督教的生死观是同中国的传统生死观相冲突的。作为中国文化主流代表的儒家文化就实质而言是一种生命哲学、人生哲学。"人者，其天地之德，阴阳之交，鬼神之会，五行之秀气也。"（《礼记·礼运》）它注重今生今世，颂扬生命是其重点"生生之大德"。孔子的"未知生，焉知死"一言道破实质。道家文化的讲修炼、求长生，表现了对人生的执着眷恋。庄子"外表上讲了许多超脱、冷酷的话，实际里却深深地透露出对人生、生命、感性的眷恋和爱护"②。佛教虽有轮回说，但以后逐步融进儒家文化，特别是到禅宗时，"否定生命厌弃世界的佛教最终变成了这种具有生意的禅果，并且通过诗歌、绘画等艺术王国给中国士大夫知识分子们增添了安慰、寄托和力量"③。

因此，入华传教士所介绍的这套与天堂、地狱、灵魂不死相连的生死观很自然会受到一些传统士大夫的批评和反对，许大受在《圣朝佐辟》、黄贞在《尊儒亟镜》、魏浚在《利说荒唐惑世》中对传教士的诘难、反驳的根据正是中国传统的生死观。

但同时，还有一批传统的士大夫接受了天主教的理论。黄贞说当时天主教的书籍"在漳州者百余种，纵横乱世，处处流通"④，这说明天主教在当时还颇有影响，较受欢迎。为什么利玛窦等人的这种生死伦理观念被一部分中国知识分子接受了呢？这里有着深刻的原因。

就理论而言，儒家讲人生，"究天人之际，谈古今之变"，但却回避对死亡的深入思考。这既是儒家的优点，亦是它的弱点。因为死亡是生命的结束，它揭示了生的有限性、暂时性。面临这个终结，探求有限生命、短暂人生以外的秘密，自然成为人们的愿望。儒家文化不能满足人们的这种愿望，基督教恰恰在这点上弥补了儒家之不足，补上了这个理论的空白。

---

① 罗明坚：《天主圣教实录》，吴相湘主编：《天主教东传文献续编》（第二册），第807—809页。
② 李泽厚：《中国古代思想史论》，第190页。
③ 同上书，第213页。
④ 黄贞：《请颜先生闻天主教书》，夏瑰琦编：《圣朝破邪集》，第152页。

伦理学上对死亡的论证，实际上是基督哲学对本体论论证的一个表现。求终极之源，探万物之本，就个体生命来说就必须回答什么是死亡，死亡后如何。利玛窦说：

> 人则超拔万类，内禀神灵，外睹物理，察其末而知其本，视其固然而知其所以然，故能不辞今世之苦劳，以专精修道，图身后万世之安乐也。①

将死亡悬搁起来，存而不论，在逻辑上说不通。没有论证死亡的人生理论是不完全的人生理论。基督教的伦理内容正是由于揭示论证了死亡，才能对生的各种问题有所说明。如利玛窦所说：

> 当死时，身之美貌，衣之鲜华，心之聪明，势之高峻，新之尊贵，财之丰盈，名之隆盛，种种皆安在乎？何不收汝轻妄之论乎哉！②

不论基督教的生死观和由此而衍出的天堂、地狱说多么不符合儒家思维特点，从人类文化史上来看，它仍不失为一个精密宏大的构想，对中国传统文化是一个很好的补充，这点中国教徒朱宗元说的好：

> 稍有明悟，便思身后事大。所以修仙坐禅，多属高明。
>
> 然二氏虽亦期彻生死，不过随人脚跟，总属冒昧，毫无把握，胥归论溺耳。……夫肉躯之苦乐，为暂苦乐；性灵之苦乐，为永苦乐。生前之荣辱，为伪荣辱；死后之荣辱，为真荣辱。苟使神灵上陟，此身虽刀锯鼎镬，未为无福；苟其神灵下坠，此身虽安富尊荣，不胜悲苦。然则生死一事，如何重大切要，可漠不寻讨，而误以耽空、服气为定论哉。总之生死一事，俗儒存而不论，二氏论而不确，存而不论，则理何由明？论而不确，则盖以滋惑。
>
> 今将求之六经，大旨虽有包蓄，而儒者不知所讲明；将求两藏，抑又渺茫无据，拂理悖情。若是，则将任吾性灵游移而无定。丧陷而不顾耶？抑将谓一死之后无知无觉，遂涣散而无所归着耶？过今不讲，将凭此隙驹之岁月

---

① 利玛窦：《天主实义》，朱维铮主编：《利玛窦中文著译集》，第9页。
② 利玛窦：《畸人十篇》，同上书，第459页。

而徐徐以图耶？嗟夫！①

朱宗元这个看法是有一定道理的，儒家文化在一定意义上是"精英文化"。能够将伦理提升为本体，实现所谓的"内在超越"的，只能是少数精英知识分子；将"内圣外王"作为理想的，也只能是少数人；对大多数普通民众来说，他们既难理解，也难做到。这样，其精神侧面就需要有宗教的依托，以解决信仰问题。这就是中国民间信仰如此丰富，不知中国的"小传统"就无法真正理解中国社会的原因所在。② 正是在这个意义上，利玛窦等传教士所介绍的生死观恰恰补充了中国人的精神追求，丰富了中国现有的多种生死观理论。文化交流的意义就在于展示不同的文化模型，引起不同文化类型的冲撞、摩擦，并在这种冲突、摩擦之中了解对方、吸收对方，从而达到文化的融合与会通。

三、修身论

对自身道德的要求，对教内戒律的遵守，是基督教伦理的一个重要方面。

> 修道士的全部活动都是围绕着树立高尚的基督教的品质和道德这一具体计划而组织起来的。……基督教传统还承认人在道德发展中的作用，并且表现出对高尚的道德发展的关心。③

入华传教士深感中国文化在这方面有着深厚的传统，为在中国站稳脚跟，他们努力将基督教的修身理论向儒家的修身理论靠拢。高一志④的《修身西学》和《齐家西学》是两部重要的代表性著作。《修身西学》1630年刻于绛州，共十

---

① 朱宗元：《拯世略说》，转引自郑安德博士论文《明末清初天主教和佛教的护教辩论》打印稿，在此感谢郑安德给我提供他的博士论文。

② 在工业化的今天，中国文化的危机不仅表现为对儒家文化如何进行创造性转化，还在于对"小传统"的创造性转化。几十年来民间信仰体系式微，其后果日益显示出来。关于民间信仰可参阅：马西沙、韩秉方：《中国民间宗教史》，上海人民出版社1994年版；高丙中撰：《中华文化通志·宗教与民俗典：民间风俗志》，上海人民出版社1998年版；侯杰、范丽珠：《中国民众宗教意识》，天津人民出版社1994版；李乔：《行业神崇拜：中国民众造神运动研究》，中国文联出版社2000年版。

③ 查尔斯·L. 坎默：《基督教伦理学》，王苏平译，中国社会科学出版社1994年版，第170—171页。

④ "一志精研中国语言文字，欧罗巴人鲜有能及之者；因是撰作甚多，颇为中国文士所叹赏。"费赖之：《在华耶稣会士列传及书目》，第88页。

卷。每卷目录如下：①

卷一
义礼之序
第一章　意光身修之本
第二章　人意定有所向
第三章　人所向者何
第四章　好美几类
第五章　人物向趋同否

卷二
第一章　人之所向有宗为
第二章　人之所向唯一
第三章　人之所向宗为何
第四章　人之所向福为何
第五章　人福不系外好美
第六章　人福不系于身好美
第七章　人福系于神好美

卷三
第一章　人之动行从何而知
第二章　司爱独为自主之司
第三章　司爱总督众司如何
第四章　明爱二司动行之序
第五章　血气司爱为何

---

① 此书1630年版藏于梵蒂冈图书馆，1998年我访问罗马时查阅此书，时间有限仅抄录了目录，因国内很难看到此书，现将目录抄出。在此感谢弥维礼博士对我的帮助。

卷四

第一章　血气二司之情何

第二章　诸情总目

第三章　爱情本末

第四章　欲情本末

第五章　乐情本末

第六章　恶情本末

第七章　避情本末

第八章　忧情本末

第九章　望情本末

第十章　惧情本末

第十一章　果敢本末

第十二章　忿怒本末

卷五

第一章　动行之善恶为何

第二章　动行之善恶繇何

第三章　人动行中有非善非恶者否

第四章　善恶相通相变否

第五章　外动行之恶繇何

卷六

第一章　德为何

第二章　德丽何质

第三章　德之中庸

第四章　德之生息

第五章　德之区品

第六章　宗德相须

卷七

第一章 智德为何
第二章 智属误否
第三章 智之务何
第四章 智之宗品
第五章 智之属德
第六章 智之生成
第七章 智之亡失

卷八

第一章 廉德为何
第二章 廉德之枝——一节食、二节欲、三节色、四节邪
第三章 廉德生存
第四章 廉德亡失
第五章 廉之属德
第六章 砥持
第七章 良善哀矜
第八章 敛戢
第九章 节制
第十章 敛化
第十一章 俭约

卷九

第一章 毅德为何
第二章 毅德敌损
第三章 毅之属德
第四章 宏德为何
第五章 宏德之敌
第六章 宏施何德

第七章　含忍何德
第八章　恒久何德

卷十
第一章　义德为何
第二章　宜者为何
第三章　义德宗枝
第四章　义德功务
第五章　非义者何
第六章　义之属德
第七章　钦崇何德
第八章　仁德
第九章　弟德
第十章　孝德
第十一章　感佩德
第十二章　真实为何
第十三章　和气
第十四章　好施
第十五章　权德

从这个目录中我们可以看出，高一志基本上把基督教哲学的道德论中有关个人道德修养的内容都介绍了过来。

卷一、卷二、卷三讲的是一般伦理问题、善恶、爱欲，这属于基督教伦理学的基础，上面我们已经介绍。卷四到卷十则展开了个人灵修理论的主要内容。

基督教神哲学在讨论个人道德时讲"四达德"，即有"智""义""勇""节"。卷六是一个总论，对"德"作了一个总的介绍。"智德"讲的是道德的选择是有理性的，合于规律的，这是卷七的内容。基督教伦理学讲的"义"是"'与人所应得的'称为义。每个人在社会里有多种的权利，旁人按照这种权利所该有的，完全给他，这就是义"①。这和儒家讲的"义"略有差异。孟子说"仁，人心也；义，人路也"（《告子上》），董仲舒说"义者，谓宜在我者"（《春秋繁露·仁义法》）。儒家的"义"侧重个人为社会所做的义务，而基督教的"义"侧重于按法律规定每人所具有的权利。②卷十讲的就是义德。"勇德"讲为善德做牺牲而在所不辞，表现了一种为道德理想而杀身成仁的气概。卷九的"毅德"即"勇德"。"节"指的是"节制"，对自己情欲的克制。人的自然本能无非"饮食男女"，基督教伦理认为对此都要加以节制。卷四、卷八的"廉德"就是这个内容。

利玛窦的《化人九要》和高一志的《修身西学》异曲同工，只是更明确、更简要。《化人九要》的内容是：

> 一要曰诚；二要曰智；三要曰廉；四要曰勇；五要曰实；六要曰和；七要曰恒；八要曰义；九要曰谦。③

正如上面高一志把"仁"作为修身范畴一样，利玛窦这里也是努力将这种西方神哲学的道德论中国化。如在谈到"诚"和"智"的关系时，他采用中国的"体""用"概念和儒家的"行""传"概念表述。

> 二要曰智。诚而不智是有体而无用，智德之本分，能分别孰先孰后之序，不致倒施而逆行。劝人之道，必先始于自身，化及一家，然后可以通行遐迩，经云：先行后传，仁人君子之言。④

入华传教士介绍西方修身理论的另一部重要著作是庞迪我的《七克》，所谓"七克"就是克服人性中的七种罪过，树立七种好的品德。庞迪我在卷首列出了这本书的大纲：

天主教要言罪宗七端

---

① 罗光：《天主教教义》，第226页。
② 参阅同上。
③ 利玛窦：《斋旨·附化人九要》，钟鸣旦等编：《徐家汇藏书楼明清天主教文献》（第一册），第9—22页。
④ 同上。

一谓骄傲

二谓嫉妒

三谓悭吝

四谓忿怒

五谓迷饮食

六谓迷色

七谓懈惰于善

又言克罪七端有七德

一谓谦让以克骄傲

二谓仁爱人以克嫉妒

三谓舍财以克悭吝

四谓含忍以克忿怒

五谓淡泊以克饮食迷

六谓绝欲以克色迷

七谓勤于天主之事以克懈惰于善①

从《七克》的内容来看，它并不像《天主实义》那样着重于学理的阐述，而主要是通过引证西方宗教、文化名人或《圣经》的格言，从道德实践的侧面展开基督教的修身理论的。他所讲的这种克己修德是在基督教伦理学的范围内展开的，托马斯·阿奎那在他的《神学大全》中也讲了七罪宗和相应的七种美德，有些研究者认为庞迪我的《七克》基本上是对托马斯·阿奎那伦理思想的转述，但在体例上更自由，语言更通欲。②《七克》与《天实主义》相比更易读，更易被人接受，除了没有基本理论的展开以外，文中通过大量介绍《圣经》和西方的各种故事、圣贤的格言，给人们展开了一个异国的丰富、生动的历史画面。有人统计：《七克》包括七章，在每一章中我们都可以见到摘引《圣经》5—13处之

---

① 庞迪我：《七克》，李之藻编：《天学初函·理编》，第308页。
② 参阅金胜惠：《对〈七克〉的研究——基督教修养观与新儒家修养观的早期交汇》，段琦译，《世界宗教文化》1993年第1期。

多，引证圣徒4—15处，引证西方圣贤4—16处。①

在这种通俗、自由的笔调中，庞迪我非常清晰地勾画出了西方中世纪修身理论的本体论基础、道德原则，为中国儒生提供了一种新的道德修养模式。庞迪我在序言中也讲明了这一点：

> 然而克欲修德，终日论之，毕世务之，而傲妒忿淫诸欲卒不见消，谦仁贞忍诸德卒不见积，其故云何？有三蔽焉，一曰不念本原，二曰不清志向，三曰不循节次。②

庞迪我所介绍的"有本原""有志向"的西方基督教修身理论可归结为以下四点：

第一，天主是修身之本原，人所以具有美德是上帝赋予，它是道德操守的源泉，由此人不可自喜，从而保持一颗谦和之心。

> 水之原，海而已，江湖皆流也。凡德之原，上帝而已。善念昌言美行，皆流也。江湖复归海，故能环转不穷。才德受而复归上帝，故能生成不毁。尔有才德，勿自特，生虚喜，而轻他人。须念非自我来，悉唯帝惠。③

上帝不仅是道德的依据，还是道德行为的标准，因为人心叵测，秘而不宣，只有上帝能知能判。另外，道德的准则公说公有理，婆说婆有理，没有至上的天主加以衡定就无法判定喜恶。

> 他人善恶，最为难断。盖事之善恶，原本心意，心意如目。目明，全身明。目暗，全身暗。不先照心意之邪正，安能正断事之善恶乎？夫人心秘藏，非天主无量之鉴，不能穷探之，故其真伪善恶独天主能悉审而正判焉。④

> 德犹珍珠，誉犹市衡。以市衡衡吾珍珠，平乎哉？德之能出于天，德之权悬于天。多寡之数，唯天主能判之。天主之衡，至定至平，是而多，实多

---

① 参阅金胜惠：《对〈七克〉的研究——基督教修养观与新儒家修养观的早期交汇》。
② 庞迪我：《七克》，李之藻编：《天学初函·理编》，第305页。
③ 同上书，第317页。
④ 同上书，第351页。

也。以我衡，或以人衡而多，未如多。①

由于天主是本、是源、是准、是衡，这样道德得以规范，修身又有依据，爱天主之所爱，恶天主之所恶。庞迪我所讲的七克、所树的七德都是从这个根基出发的。如讲克妒时，他说："天主所恶罪，莫过于妒，所喜德，亦莫过于仁爱也。"②这点《四库全书总目》的评判倒是一针见血，抓住了根本："其言出于儒墨之间。就所论之一事言之，不为无理。而皆归本敬事天主以求福，则其谬在宗旨，不在词说也。"③韩国学者金胜惠认为，庞迪我在《七克》中对中国传统伦理的最大挑战就在于，他引入的最重大变革是他以上帝为中心的伦理观。④他实际上介绍了本体论完全不同的另一种伦理学。

第二，灵魂肉体二分是修身的基础。灵肉二分是基督教修身理论的支点，若人死灵灭，所有的修身、所有的道德践行都失去了意义。利玛窦在《天主实义》中讲得很明白：

> 人心皆欲传播善名，而忌遗恶声，殆与还生不侔。是故行事期协公评，以邀人称赏。或立功业，或辑书册，或谋术艺，或致身命，凡以求令闻广誉，显名于世，虽捐生不惜。此心，人大概皆有之，而愚者则无，愈愚则愈无焉。试问死后，吾闻知所遗名否？如以形论，则骨归土，未免朽化，何为能闻？然灵魂常在不灭，所遗声名善恶，实与我生无异。若谓灵魂随死销灭……此名声何与于我，而人人求之，至死不休？⑤

庞迪我也很清楚这一点，他明确将神形分开，从而为修身提供理论基点。

> 夫人有神灵，有形躯，两相缔结，成为全体。惟神与形，体性既异，作用亦殊。所享福乐，各从其类。身以形用，不能觉知神物，其所福乐，皆形福乐，不必尽畅神灵也。神者神用，其所福乐，亦神福乐，亦不必尽适于形

---

① 庞迪我：《七克》，李之藻编：《天学初函·理编》，第324页。
② 同上书，第358页。
③ 永瑢等撰：《四库全书总目》（上册），中华书局1965年版，第1080页。
④ 参阅金胜惠：《对〈七克〉的研究——基督教修养观与新儒家修养观的早期交汇》。
⑤ 利玛窦：《天主实义》，朱维铮主编：《利玛窦中文著译集》，第30页。

矣。①

上面在介绍毕方济《灵言蠡勺》时已讲明了这一点，这里不再赘述。

第三，明悟是修身的前提。在上面介绍灵魂论时我们已知"明悟"与"爱欲"讲的是"认识"和"伦理"。善来源于真，真是善的前提，这两者相关联又相区别。但明悟并非纯是一种道德认知，这是基督教伦理学与儒家伦理学的一个重要区别，上面已提到。庞迪我对此讲得也明白：

> 夫灵神者，一身之宗主，其作用则有明悟、爱欲，此二能者，实为神灵之手足也。明悟者，审物理，辨事宜，别善恶之端，使人知所趋避，欣乐效动，以求实理……此为生人最要之能，最先之用，故人性所愿欲，无急于明悟实理矣……爱恶之用，恒居明悟之后。明悟者以为美好顺便，爱欲者遂眷恋慕悦，几欲获之……②

这里的"实理"显然是对自然之认识。当然这种自然认识论在基督教哲学中是受局限的，不像后来的西方认识论那样得以充分展开。不过托马斯·阿奎那的神哲学的最重大特点之一就是引进、发挥了亚里士多德的自然哲学，这个特点在理解《七克》时应注意。

第四，天堂、地狱是人修身的最后归宿。人在世修炼自己的道德为何？即修身的目的为何？基督教伦理学在其自身范围内有一个很严密的逻辑结构，有了手肉之分才会显示出生命的价值和意义，从而也提出了道德修养问题，而天堂地狱说则为这种修养理论提供了一个圆满的结局，有了一个逻辑的终点。如果没有这个最终归宿，所有的戒律都会失去意义，生命与道德就失去了目标。

> 灵神肉身，两者缔结成人也。一肉身既成就，天主从无中造有一灵神付与缔结之。人之性始全焉。此肉身之前，未尝有灵神也……人既死后，虽甚恶者，其灵神万世不能散灭，又不能转生轮回，乃随死候听就，或善或恶，遂入其报应之境耳。既入此境，永不能复出，所受苦与乐，甚大无极，非世

---

① 庞迪我：《七克》，李之藻编：《天学初函·理编》，第491页。
② 同上书，第491—492页。

间苦乐所能比其万一，且非人心所能思、世理所能论也。①

天堂地狱之存在就为人间伦理、个人修性做了最后的总结和判定，从而使人间之善恶得到最后的回应。一旦没了这个底线、这个终极的目的，人世间的全部活动都会失去准则，人的全部克己修道之努力就失去了意义。

> 世间有善恶之人，必有赏善罚恶之定法定所，即所谓天堂地狱是也。邪魔惧人笃信此实理，必能去恶归善……既不能信实有天堂地狱，则无所谓望于死后。去死后之畏与望，即世法之赏罚必不能称人之善恶，使人肆于恶，怠于善，岂不日深欤？②

实际上庞迪我在这里突破了儒家传统伦理中的不问伦理终极性的思想。"对基督徒而言，终极的时间具有终极的价值。很显然，庞迪我选择的是基督教的时间观，将终极时间视为人生的目的……很显然，庞迪我试图将基督教（来世的）和儒家（现世的）时间观结合起来，由此把自我修养的意义扩大到极点。"③

不可否认，《七克》是一部努力打通中西伦理的重要著作，它和利玛窦的《天主实义》一样，虽然在其理论的基点和框架上仍是西方的，但为了传播基督教，他已做了一些大胆的尝试，努力向儒家思想靠拢。例如，他在术语上尽量儒家化，把基督教修身理论用儒家的"仁"来表示；将对人性七种罪恶的克服用孔子的"克己"来表述，把基督教的宽容和爱人转换为儒家的"恕"的概念；而其理论框架的"灵肉"二分法在形式上则十分接近新儒家的"气质之性"与"天地之性"之分（二者实际上有着根本区别）；而在文体形式上，尽量与中国当时流行的劝善书（功过格）相贴近，从而在阅读上取得良好效果。④也正因此，《七克》受到了当时儒士的欢迎，陈亮采说："其书精实切近，多吾儒所雅称，至其语语字字刺骨透心，则儒门鼓吹也。"⑤

徐光启则把它看成纠正当时中国道德下滑的良药，他认为："凡除蔓草，务

---

① 庞迪我：《七克》，李之藻编：《天学初函·理编》，第444—445页。
② 同上书，第445页。
③ 金胜惠：《对〈七克〉的研究——基督教修养观与新儒家修养观的早期交汇》。
④ 参阅何俊：《西学与晚明思想的裂变》，第六章。此书对庞氏《七克》一书分析得十分深入。
⑤ 陈亮采：《七克篇序》，李之藻编：《天学初函·理编》，第303页。

锄其根。君子式之，用涤其心。人罪万端，厥宗惟七。七德克之，斯药斯疾。如讼必胜，如战必捷。"①对此，张铠先生说："《七克》一书可以说是'适应'策略的典型体现。由于庞迪我突出了儒家伦理道德与基督教伦理之间的共同点，遂使中国知识分子读到《七克》时，从感情上易于接受。"②

对于明清间《七克》在中国的传播情况，在张铠的《庞迪我与中国：耶稣会"适应"策略研究》一书中已有详细介绍。那么，若从中西思想交流史的角度来看，利玛窦、庞迪我所介绍的这一套基督教修身理论对于中国晚明思想史的价值是什么呢？或者说以庞迪我《七克》为代表的这种伦理观为中国社会带来了哪些新的价值观念呢？我们谈两点看法。

一个贡献是，传教士们介绍给了中国士大夫们一套完全异质的修身理论。中国传统的道德论主要是心性理论，"尽其心者，知其性也"（《孟子·尽心上》）。心性合二为一，这种心性便成为道德的根据。"君子所性，仁义礼智根于心。"（《孟子·尽心上》）经过佛教心性论的冲击，到宋明理学时，无论是朱熹的"心统性情"，"心有体用，未发之前是人心之体，已发之际乃心之用"（《朱子语类》卷五），还是王阳明的心学"心也，性也，天也，一也"（《传习录》，《王文成公全书》卷二），道德的形而上学基础都不是外在于人的一个超越性的神，中国修身理论的本体论基础就是其道德论本身。道德的本体即宇宙的本体。心学最为彻底，个人修身的根据就是自己存在的根据，人的心性便是万物之本、之源。良知既是本体，又是功夫，体用不二。

传教士所介绍的修身论最根本一条是上帝论。《七克》的论述已经十分清楚：上帝是万物之源，是人类道德的根据，是人伦理生活原则的确定者、评判者。这样，上帝的意志就是人间道德规范的源泉，是人道德行为的标准。人的全部道德践行都是为了符合上帝的意志。道德是什么？道德就是神的命令。

这是两种完全不同的道德论，两种有着重大差别的修身理论。这点谢和耐说得很对："基督徒的伦理涉及了一个超越一切的上帝，因而按照中国人的判断来看是起源于最遥远和最不可及的事物，也就是上帝的至德。"③如果把这种理论

---

① 徐光启：《克罪七德箴赞》，《增订徐文定公集》（卷一），徐顺兴印刷所1933年版，第4页。
② 张铠：《庞迪我与中国：耶稣会"适应"策略研究》，第284页。
③ 谢和耐：《中国和基督教：中国和欧洲文化之比较》，第235页。

放入晚明思想的背景之中，当心学流于空谈心性，与禅学合流时，中国儒家传统的心性论走到了头时，这种以上帝为其道德本原的学说可能对空疏的心学末流来说是一个纠正。这点山东按察司副使陈亮采在《七克序》中写得十分清楚：

> 其欲念念息息，皈依上帝，以冀享天报而永免沉沦，则儒门羽翼也。且夫克之为义，孔颜称之矣，一日克己，天下归仁，并育并行，圣神极事，而其工夫，惟曰非礼勿视听与言动而已，无高词，无侈说，真积既久，上与天通，是故孔门之教期于达天，颜子之说谓之乾道。故四勿也，七克也，其义一也。①

在这个意义上，传教士们所介绍的这套道德论具有新的伦理模式的意义，如同佛教的传入补充了传统儒家的本体论不足，从而激发出了以后的宋明理学一样。文化的接受从来都是在具体的历史情况下发生的。这种纯粹的外在道德论恰恰是纯粹的内在道德论的反题。陈亮采虽然仍是从传统儒学思想来理解《七克》的，但当他以期返回到孔颜的道德论时，在他的"上与天通""期于达天"的话语中已表达了新的内容。他将道德的本体、伦理的标准重新还给天，而不是主体自己的良知心性。这个思路显然是受启于《七克》中的天主论。

当然，理论上的困境也是十分明显的。从西方本身文化发展历程来看，近代社会以来的伦理学就是一个不断解体道德神意说的过程，因为它在理论上有着无法弥合的不足。"基督教道德神意说作为一种历史遗物最终被绝大多数哲学家们所否定、所摒弃……"②就此来看，传教士所宣传的这套修身理论并不具有近代西方精神。

但从文化交流史来看，对传教士所介绍的这套道德论无论是赞成的还是反对的意见，主要关注点都在于这种道德论所基于的哲学路向不同于中国传统的道德论。天主只是一个象征，它昭示着道德的本体论基础，揭示了修身的准则与目标，这样个人的伦理行为就有了一种外在的形而上学支撑。相对于心学末流的道德失禁、践行无所依托来说，这种理论恰恰是一个匡正，在哲学路向上是有启迪

---

① 陈亮采：《七克篇序》，李之藻编：《天学初函·理编》，第303—304页。
② 张志刚：《猫头鹰与上帝的对话：基督教哲学问题举要》，东方出版社1993年版，第286页。

作用的。拥护者中虽真正理解这个哲学路向的并不多，但出于对晚明道德现状的担忧，他们对这种理论表示欢迎，并从中受到启发，试图返回孔颜时代，突出其伦理本体的基础，以孔颜之天纠正心学的空疏。显然，传教士的这套修身之学对于晚明思想有其积极的意义。而反对者则对这种二分法的哲学路向完全不理解。许大受说："彼籍《七克》，首贵克傲，只《曲礼》'傲不可长一句'，足以尽之，安事彼不文不了之义，而多言繁称为？且傲之起也有先，则其克也亦有要……"①克傲就是克傲，《礼论》中的"傲不可长"一句就足矣，何必又说在克傲之本呢？一旦把这种个人修身同外在的本体（上帝）相关联，中国文人就很难理解。

利玛窦、庞迪我等人试图用原儒中的上帝说来弥合这种理论的分歧，但困难仍然很大。因为中国古书中的"敬天"与天主教的"上帝说"仍有着重大区别，实际上中国人对天只是敬，并未将其作为全部道德的基础，作为本体论。一种是对天"存而不论"，而突出人的力量，"天行健，君子以自强不息"，一种是将天作为整个人生的依托，道德的源泉，行为的准则，中西双方在这点的理解上差异很大。反基督教的陈侯光的一段话将此说得很清楚：

> 昭受上帝，《书》言之矣，而必曰"安汝止"。昭事上帝，《诗》言之矣，而必曰"小心翼翼"。学向精微，孰过于此！至下手枢机，更不求诸天，而求诸己。故《易》云，"天行健，君子以自强不息"。《书》云，"天作孽，犹可违，自作孽，不可逭"。《诗》云，"永言配命，自求多福"。确然《大学》归本之消息也。②

问题的复杂性已十分清楚，仅仅对中西双方的道德观做一种"元理论"的比较就根本否认传教士所介绍的修身理论在明代的意义，这种做法显然忽视了中西文化比较研究的一个基本原则：历史性。任何文化对异文化的接受都是在一定历史条件下发生的，其间对"元理论"的"误读"是很自然的。同样，仅仅从反对者或者赞成者的言论中就完全否定或肯定传教士们的努力，也都过于简单化；

---

① 许大受：《圣朝佐闻》，夏瑰琦编：《圣朝破邪集》，第221页。
② 陈侯光：《辩学刍言》，同上书，第251—252页。

那种以为可用基督教的本体论来完全取代儒家理论，为明代思想开出新路向的观点，更显幼稚。我们必须从多种角度对这个问题进行深入分析才行。

我们必须承认入华传教士实践着一项非常艰巨的事业，他们是人类文化交流史上第一批试图打通中西文化的文化先行者，他们的真正价值恐怕在于第一次如此深刻地触及中西双方文化的内核。他们留给我们的困境就是他们的贡献。

如果对整个世界近代历史进行系统考察，中西双方现在都仍处在一个困难的境地。当尼采喊出"上帝已死"以后，西方的道德本体已经根本动摇，基督教道德学说的基础在理论上已难以再找一个为大多数人认同的依据。[①]道德若无形而上学的保证将是不可靠的。反之，东方的新儒家又重走"心性"之路，牟宗三称：

> 良知不但是道德的主客观原则（只有既主观又是客观原则，道德法则之体现始有力），而且是形而上学的创生原则，是乾坤万有之基，不但是道德性的心性性体，而且是形而上的道体，而此两者是合一的，是同时圆融的，因此，良知就是上帝……[②]

这条路在晚明时已受到西方基督教伦理学的冲击，它有多大的有效性？在转型期的中国，这能否成为传统道德再生的良药，亦值得思考。道德的本体应该是什么？修身的基础何在？这些困惑明清时中西哲人们的问题，今天仍摆在我们的面前！

《七克》的另一贡献就是介绍了西方的一夫一妻制，批评了中国的一夫多妻制。尽管庞迪我仍主张男尊女卑，因"造物主初造一男，遂取男一肋骨造一女为配，是万民之宗祖也"，由此他推出男尊女卑，并且在《七克》中也多处批评女人易怒、易妒等缺点。但庞迪我明确地批评了一夫多妻制，主张一夫一妻制。他说："一妇不得二夫，一夫亦不得二妇。"[③]而且他认为寡妇应该重嫁再婚，他说："或向者偶再婚可乎！曰可。夫妇固主所立，生死相依，不失正节，则初

---

① 参阅何光沪：《多元化的上帝观：20世纪西方宗教哲学概览》，贵州人民出版社1991年版；卓新平：《当代西方天主教神学》《当代西方新教神学》，上海三联书店1998年版。
② 牟宗三：《康德的道德哲学》，学生书局1982年版，第453页。
③ 庞迪我：《七克》，钟鸣旦等编：《徐家汇藏书楼明清天主教文献》（第二册），第504页。

婚、两婚义也，礼也。"①当然，他认为能不再婚"节更高"。

相对于长期以来禁锢中国妇女的封建礼教，庞迪我的这种伦理观显然是新鲜的，对当时社会伦理是有冲击力的。这点韩国学者金胜惠的分析较为中肯：

> 庞迪我向某些中国习俗提出挑战，尤其是有关性道德方面的。他用很长的篇幅来论述为什么应该实施一夫一妻制……在中国，佛道传统中宗教界的独身并不新鲜，但庞迪我大加发挥的这种伦理标准却是十分新颖。人人平等，包括男女平等的思想一直是基督教向东亚人提出的最吸引人的挑战。②

四、齐家论

"亲亲"是中国这个以宗法血缘为基础社会的首条伦理，由此才能推行出"尊尊"等一套封建政治制度。传教士们清楚地看到了这一点，因而对西方基督教家庭伦理的介绍也是他们的一个着力之处。高一志的《齐家西学》是入华传教士的代表性著作，其目录如下：

卷一

第一章　定偶

第二章　择妇

第三章　正职

第四章　和睦

第五章　全和

第六章　夫箴

第七章　妇箴

第八章　偕老

第九章　再婚

---

① 庞迪我：《七克》，钟鸣旦等编：《徐家汇藏书楼明清天主教文献》（第二册），第495页。
② 金胜惠：《对〈七克〉的研究——基督教修养观与新儒家修养观的早期交汇》。

卷二

第一章　教育之原
第二章　育之功
第三章　教之主
第四章　教之助
第五章　教之法
第六章　教之翼
第七章　学之始
第八章　学之次
第九章　洁身
第十章　知耻

高一志用"齐家西学"作书名，充分表明了他对利玛窦"适应"路线的贯彻，顺应、附和儒家伦理是高一志这部书的一个重要特点。

讲到夫妻关系，虽男主外，女主内，内外有别，但家中主次不能颠倒，妇必随夫，一切仍由男人决定。这正和儒家的"男尊女卑"思想相一致。高一志说：

> 然外内虽各为主，而女阴男阳，妇必从夫，以为起居之表焉。古博学之士布路大尝曰，妇虽贵且尊，一室之权悉系于夫也。正如酒与水合，酒为主。①

对女人不可太软弱，只有强硬才能驾驭她们：

> 遇夫之懦必驾其上矣。厄知国有鳄鱼，值惧者怒而追之，敢者惧焉而退。妇性尽然，让之而悍，克之则驯矣。古言曰：女子值男之弱为豹为狼，值男之强为鸡为羊。②

中国儒家对妇女有"三从四德"的要求③，高一志认为西方对女人也有类似

---

① 高一志：《齐家西学》，钟鸣旦等编：《徐家汇藏书楼明清天主教文献》（第二册），第503页。
② 同上。
③ 《曲礼》云："妇有七去：不顺父母去；无子去，淫去；妒去；有恶疾去；多言去；窃盗去。"

的要求。他在第七章"妇箴"中说:"贤妇之第,古哲约之以五:一毋好饰,二毋好游,三毋好言,四毋好闻,五毋好奢。"中国的曹大家《女诫》中有所谓"妇德、妇言、妇客、妇功"之四德,二者十分接近。

"尊师"是儒家的重要传统"天地国师亲",按此排列,老师在中国人伦中的位置相当高。高一志认为西方亦是如此:

> 严亲虽望其子成立,然力或不能独教也,女有善七以助其功,是以智者称师为二父焉。所以补全父母之恩也,盖父母生我,使游于世,而贤师教我使执于道。……父母生我未能使我不死,而贤师教我乃使吾道德不败天也。①

他以罗马帝国国王将子亚历山大送往亚里士多德处学习为例,说明师教的重要性。

尽管高一志努力附和儒家思想,但他介绍的毕竟是"西学齐家",因而还是将西方的一些家庭伦理观念介绍到了中国。虽然这些观点并不是近代西方家庭伦理观点,但对当时的明代社会来说仍是一种异质的伦理观点,并引起很大的反响。入华传教士与当时一些儒生的冲突,很大一部分来自对家庭伦理的完全不同的埋解。这些引起争执的伦理问题主要是两个:

第一,关于孝。

基督教并不否认孝,十诫中有一条就是要孝敬父母。问题在于,他们的伦理观是在神学的框架中发生的,所有的问题都基于对天主的信仰之上。

> 动者既立仁学而本于事天主,其次孝于二亲,乃天理人情之至切者也。……孝敬父母系于奉敬天主之后,……唯是奉敬天主第一事,奉父母第二,盖曰:天主恩大,父母亦大。故施仁于天主者无不施仁于亲,不施仁于亲者,可谓施仁于天主乎。②

应该说高一志在这里已做了一种逻辑诡辩,把孝父母与敬天主作为互为前提

---

① 高一志:《齐家西学》,钟鸣旦等编:《徐家汇藏书楼明清天主教文献》(第二册),第553—554页。
② 同上书,第578页。

的论断，从而模糊敬天主在前的论断。这个问题利玛窦在《天主实义》中也讲得很明白：

> 吾今为子定孝之说。欲定孝之说，先定父子之说。凡人在宇内有三父，一谓天主，二谓国君，三谓家君也。逆三父之旨者，为不孝子矣。天下有道，三父之旨无相悖。盖下父者，命己子奉事上父者也，而为子者顺乎一，即兼三焉。天下无道，三父之令相反，则下父不顺其上父，而私子以奉己，弗顾其上；其为子之者，听其上命，虽犯其下者，不害其为孝也，若从下者逆其上者，固大为不孝者也。①

利玛窦讲得更为周全，把国君、家父、天主联系在一起，将基督教与儒家思想相同和不同之处放在一个逻辑系列中展开，从而把不同的问题放在了同一个命题下，这样使"敬天主第一"这个根本论断被冲淡了一些。

从基督教伦理来说，它本身是自融的，即它有一种逻辑的推论，使敬天主和敬父母能统一到"敬天主"上。这就是基督教的根本伦理原则：爱天主和爱人如己。他们认为这两条是一而二、二而一的。爱天主，必然爱所有人，因天主爱所有的人，既爱天主，必爱人如己。反之，如不爱人如己，怎样说明你爱天主呢？敬天主与孝父母的关系实际上是爱天主与爱人如己这一命题的转换。

利玛窦讲得最为清楚。他说：

> 夫仁之说，可约而二言穷之，曰爱天主，为天主无以尚；而为天主者，爱人如己也。行斯二者，百行全备矣。然二亦一而已。笃爱一人，则并爱其所爱者矣。天主爱人，吾真爱天主者，有不爱人者乎！此仁之德，所以为尊。其尊非他，乃因上帝。②

道德的全部内容可以归结为"爱天主，爱人如己"，而爱己也是由天主所推演出来的，这样全部道德的基础就是爱上帝。

作为信仰这没有什么可以讨论的，这里之所以将其作为道德论的一点列出，是因为了解这个基本点对于了解整个基督教伦理思想，尤其是对了解基督教关于

---

① 利玛窦：《天主实义》，朱维铮主编：《利玛窦中文著译集》，第91页。
② 同上书，第79页。

敬天主与孝天母之间关系的思想有着很大的帮助。

在基督教看来,所谓的善,其最终的结果有三,一是增加圣宠,二是升天堂,三是抵消过去的罪所带来的惩罚。归向天主,与天主相结合,享天堂之永福,这是人行善的终极目的。所谓的恶,正与此相反,丧失圣宠,断绝超性生命,失落已往的功绩,成为天主的仇敌,落入地狱之中。

所以利玛窦认为,人所有的活动都离不开这个轴心,更不要说伦理行为,若想提高德性,首要之事是认识天主。

> 人心之司爱,向于善,则其善弥大,司爱者亦弥充。天主之善无限界,则吾德可长无定界矣,则夫能充满我情性,唯天主者也。然于善有未通,则必不能爱。……是故爱之机在明达,而欲致力以广仁,先须竭心以通天主事理,乃识从其教也。①

利玛窦这个思想实质是对托马斯·阿奎那"神德"思想的介绍。托马斯·阿奎那认为人有三种德性:一为"理智德性",二为"实践德性",三为"神学德性"。人正是通过这三种德性的培养才最终获得幸福,前两种道德获得的是俗人的幸福,只有"神学德性"才使人达到最高的幸福,超越人性的幸福。

> 一个人因德性而完善了动作,于是他走上幸福之路了。而一个人是有两层幸福的:一层相当于人类的本性,即一个人能够由其本性的原理而达到幸福。另外一层,则是超越了人的本性,即一个人能达到那种幸福,只是由于分享了神性(the deity)的一种神怪的德性,恰如圣经上所说的,我们乃因基督而成为"神圣的本性的享有者"。②

正如利玛窦所说:"故昔大西有问于圣人者曰:'行何事则可以至善养与?'曰:'爱天主,而任汝行也。'"③利玛窦把"神德",即信天主,作为"仁之基也"④。由这个基点便引出基督教伦理的另一个重要原则"泛爱众"。

---

① 利玛窦:《天主实义》,朱维铮主编:《利玛窦中文著译集》,第79页。
② 周辅成编:《西方伦理学名著选辑》(上卷),第381页。
③ 利玛窦:《天主实义》,朱维铮主编:《利玛窦中文著译集》,第80页。
④ 同上。

他认为：

> 所谓"仁者爱人"，不爱人，何以验其诚敬上帝与？爱人非虚爱，必将渠饥则食之，渴则饮之，无衣则衣之，无屋则舍之，忧患则恤之、慰之，愚蒙则诲之，罪过则谏之，侮我则恕之，既死则葬之，而为代祈上帝，且死生不敢忘之。①

善人应爱，恶人亦有可爱之处，世人"则无绝不可爱人"②，基督教的博爱伦理跃然纸上。这种博爱的基础仍是"爱天主"。"仁者爱天主，故因为天主而爱己爱人，知为天主则知人人可爱。"③

这种泛爱思想是同儒家孝的思想相冲突的，儒家所讲的仁爱是基于血缘基础之上的。"君子务本，本立而道生，孝弟也者，其为仁之本与。"（《论语·学而》）孟子讲得更为明白："亲亲，仁也。"（《孟子·尽心上》）"仁之实，事亲是也。"（《孟子·离娄句上》）儒家当然也讲泛爱。"樊迟问仁，子曰：'爱人。'"（《论语·颜渊》）但这种泛爱是以"亲亲"为基础的，由"亲亲"而向外推出的，儒家的爱是"等差之爱"。中国传统中也有墨子的"兼爱"思想，但不居主流。

显然，爱主及爱人如己的伦理原则与中国儒家的忠孝思想有着直接的冲突。就"爱人"说，基督教讲泛爱，而儒家讲"等差之爱"。在儒家看来，首先是血缘之爱，而后才是泛爱。而传教士从"爱人"可导出"爱主"，反之亦然。高一志和利玛窦这里只是一种遁词，在逻辑上讲不通。因为"爱主"是一种信仰，它不是可以从爱人中反推而得来的，它具有唯一性和绝对性，因而实际上"敬天主"在逻辑上的先是不能被颠倒的。而一旦这个逻辑次序颠倒，忠孝的原则就可能动摇，"亲亲"在绝对的天主面前就显得无足轻重。④而利玛窦在论述上把敬

---

① 利玛窦：《天主实义》，朱维铮主编：《利玛窦中文著译集》，第80页。
② 同上书，第81页。
③ 同上。
④ 在《圣经·旧约》的"创世记"第二十二章中，上帝为考验亚伯拉罕，令其将儿子以撒带到摩利亚的一座山上作为大燔祭。当亚伯拉罕将儿子捆好，准备杀死他时，上帝的使者前来制止。长期以来，这个故事作为亚伯拉罕忠诚、坚定信仰的证明，但从这个故事可看出"爱主"与中国儒家讲的"亲亲"之向的极大冲突。它说明"爱主"的唯一性、至上性。

主、忠君、孝父母放在同一个层次上来论述，对儒家思想来说也是不合适的。

陈侯光对利玛窦、高一志的这种忠孝观进行了逐条反驳：

> 且余览玛窦诸书，语之谬者非一，姑摘其略以相正。玛窦之言曰："近爱所亲，禽兽亦能之；近爱本国，庸人亦能之；独至仁君子，能施远爱。"是谓忠臣孝子与禽兽庸人无殊也，谬一。又曰："仁也者，乃爱天主。"则与孔子"仁者人也，亲亲为大"之旨异，谬二。又曰："人之中虽亲若父母，比于天主犹为外焉。"是外孝而别求仁，求达一本之真性也，谬三。又曰："宇宙有三父，一谓天主，二谓国君，三谓家君。""下父不顺其上父，而私子以奉己。""若为子者，听其上命，虽犯其下者，不寓其为孝也。"嗟乎！斯言心亦忍矣。亲虽虐，必谕之于道，君虽暴，犹勉之至仁。如拂亲抗君，皆借口于孝天主，可乎？谬四。又曰："国主于我相为君臣，家君于我相为父子，若比天主之公父乎？"以余观之，至尊者莫若君亲。今一事天主，遂以子比肩于父，臣比肩于君，则悖伦莫大焉。复云比伦之不可不明者，何伦也？谬五。就五谬而反复玩味，谓余言苛耶？非苛耶？吾人居舜之世，诵孔孟之书，乃欲与忠孝纲常而紊之，而废之，以从于夷，恐有心者所大痛也。①

从思想来源来看，陈侯光的确表达了儒家关于孝的基本思想。《孝经》曰："夫孝，天之经也，地之义也，民之行也。"又云："天地之性，人为贵；人之行，莫大于孝。孝莫大于严父，严父莫大于配天。"应该说"孝"含有本体论的含义，具有强烈的宗教情怀。但它和基督教的根本之别在于，这个"天"、这个"地"都不是人格神。因此，基督教如何与儒家的忠孝观相结合，这是根本的问题。从明清间传教士的著作来看，他们尚未找到一种真正打通二者的方法。笔者并不认为基督教伦理与儒家的忠孝观决然对立，基督教入华已有千年历史，中国基督教历史已成为中国文化历史的一部分。利玛窦、高一志等人的价值在于他们

---

① 陈侯光：《辨学刍言》，夏瑰琦编：《圣朝破邪集》，第246—247页。

毕竟迈开了走向会通的第一步，尽管这一步是那么微小，那么表面化。①

第二，关于一夫一妻制。

传教士反对一夫多妻，不同意入教的中国人纳妾，李之藻、瞿太素等人久未入教的很大原因在于此。很多传教士都着力宣传一夫一妻制，批评中国传统的一夫多妻制，庞迪我在《七克》中已讲了这一点，高一志则沿着这个思路继续发挥基督教的一夫一妻制伦理思想。高一志说：

> ……初生人，止一男一女，配为夫妇，令传类为万民宗祖，伉俪实定于此。夫开辟之初，生人最急，胡不多妇而止配一，盖正则应如此尔。……一妇不得二夫，一夫亦不得二妇也审矣。后世不稽物主原旨，有妻复取妾，正则乘矣。夫妇和，则相慕、相信、相结、相成焉。多则和散、信衰而离矣。②

这个主张也遭到一些文人的反对。张广湉说：

> 据彼云：国中男女配偶，上自国君，下及黎元，止唯一夫一妇，无嫔妃姬妾之称，不重"无后为大"之说。所以我国之圣人，如尧、舜、禹、汤、文、武等，亦皆云不免于炼清之狱也。无论民庶，不得蓄姬娶妾，以犯彼二色之诫。……嗟夫！何物妖夷，敢以彼国一色之夷风，乱我国至尊之大典！③

张广湉这个话并非无道理，一妻多妾制是中国的传统，《礼记·昏义》云："古者天子后立六宫，三夫人，九嫔，二十七世妇，八十一御妻，以听天下之内治。"所以，若按基督教的标准，儒家所崇拜的先王贤圣都统统犯了戒律，这让儒士在心理上很难接受。中国的一妻多妾制有其历史与文化的原因，古时生存环境艰苦，农业生产需要劳动力，多生子是人们的普遍希望。孟子的"不孝有三，无后为大"又把生子多寡提到孝道的高度，这必然造成一妻多妾制。

---

① 何世明的《从基督教看中国孝道》（宗教文化出版社1999年版），对中国孝道的利弊分析较为深入。何世明多年着力于基督教与中国传统主义的融合，成绩颇大，但在会通点上仍缺少更深刻的理论分析。
② 高一志：《齐家西学》，钟鸣旦等编：《徐家汇藏书楼明清天主教文献》（第二册），第494—495页。
③ 张广湉：《辟邪摘要略议》，夏瑰琦编：《圣朝破邪集》，第276—277页。

今天看来，利玛窦等人提出的一夫一妻制、女人丧夫后可以再嫁的观点，对当时的中国社会和思想都是有着积极意义的。

五、交友论

入华传教士关于友道的论述的代表性著作是利玛窦的《交友论》《二十五言》及卫匡国的《逑友篇》。我们首先将这三部代表性著作的写作背景做一简要分析。

《交友论》是利玛窦的第一部中文著作，也是入华传教士在中国最有影响的著作之一。《交友论》刻于万历十七年（1589），在序中利氏讲明了该书的成因：

> 窦也，自最西航海入中华，仰大明天子之文德，古先王之遗教，卜室岭表，星霜亦屡易矣。今年春时，度岭浮江，抵于金陵，观上国之光，沾沾自喜，以为庶几不负此游也。远览未周，返棹至豫章，停舟南浦，纵目西山，玩奇挹秀，计此地为至人渊薮也。低回留之不能去，遂舍舟就舍，因而赴见建安王。荷不鄙，许之以长揖，宾序设礼欢甚。王乃移席握手而言曰："凡有德行之君子，辱临吾地，未尝不请而友且敬之。西邦为道义之邦，顾闻其论友道何如。"窦退而从述囊少所闻，辑成友道一轶，敬陈于左。①

利玛窦在1596年10月13日给罗马耶稣会总会长阿桂委瓦神父的信中则讲得更为明确，他说：

> 去年曾致力用中文试撰《交友论》一书，是从我们的书中挑最好的作为参考而编写的，其中引用许多欧洲名人的遗训或名言，因此引起中国学人们的惊奇，为使该书更具有权威性，我还请大官冯应京写一序言，后赠送给皇帝的亲属——建安王。②

这本书为利玛窦赢得了极大的声誉，他一时声名鹊起。《交友论》在读书人中广为传抄，利玛窦也十分高兴，他说这部书是为"适合中国人的心理而编

---

① 利玛窦：《交友论》，朱维铮主编：《利玛窦中文著译集》，第107页。
② 利玛窦：《利玛窦书信集》（上），第231页。

写的"：

> 这本《论友谊》（即《交友论》——引者注）为我与欧洲人争了不少光彩，比我所做的其他事件都要大；因为其他科学之类的书籍只介绍西方科学技术或艺术，而这本书则介绍了修养、智慧与文学，因此许多人非常喜欢这本书……①

《二十五言》是利玛窦的另一部伦理学著作，它的内容不仅仅限于友道，涉猎更为广泛些。该书1599年定稿，1604年由徐光启在北京刻印。徐光启认为此书虽言简意赅，但西方思想之"大义可睹矣"，冯应京认为此书"聊因言寄爱焉，故不厌谆谆也"。利玛窦在给友人的信中也点明了该书的主题：

> 他（冯应京）曾把我的一本小册子重新刻版印刷，由于共分二十五篇，故取名《二十五言》。在此小册子中我只谈修德养性，如何善用光阴，完全以自然哲学家的口吻论事，不攻击任何宗教，当然呈现天主教伦理的色彩。②

《述友篇》是明清之际入华的意大利传教士卫匡国的重要代表作之一，该书写于顺治十八年（1661），由卫匡国口述，中国儒生祝子坚笔录。其基本写法效法于利玛窦的《交友论》，以西方名贤、哲人、《圣经》的格言为基本内容，略加展述。全书分为上、下两卷：

上卷

得真友之难

真伪友之别

真友不相惧

当择何友

不善友之害

善友之益

---

① 利玛窦：《利玛窦书信集》（上），第258页。
② 同上书，第268页。

真爱之能力

真交之本

真友顺友之理不求非义者

自不善外真友无不当行

解友不可凭之疑

下卷

友之善恶易染

交友不可有怒惟宜和柔

交友不可生憎不可妒竞

交友毋谗

交友毋自誉

两舌者不可为友

交友为馈非交也

善用其馈之宜

罗马总王与其友书

《逑友篇》和《交友论》基本精神和写作方法、叙述特点都完全一致。①《逑友篇》之所以受到欢迎的一个重要原因在于晚明朋党之斗遍于朝野，如徐尔觉所说："然党锢兴而争杀，门户起而败亡，则友之为害也实甚。凡此皆失其逑友之道，故流患遗毒至是！"②《逑友篇》重申友为五论之一，对于当时的社会伦理是一个纠正。

从这三部著作来看，利玛窦等人大讲友道，突出在世俗伦理上中西文化的相同性，是一个很高明的政策。《交友论》《逑友篇》的广为流传、多次再版，充分证明了它被明清社会所接受。

---

① 何俊认为《逑友篇》和《交友论》有着较大差别，《逑友篇》多言天主教伦理。此结论值得商榷，通读《逑友篇》，此结论尚无可靠之根据。参阅何俊：《西学与晚明思想的裂变》，第62页。
② 徐尔觉：《逑友篇序》，吴相湘主编：《天主教东传文献三编》，第11页。

利玛窦说:"吾友非他,即我之半,乃第二我也,故当视友如己焉。"①卫匡国说:"贫贱相得,获志,则弃旧者,情乎,是非善友也。善友者,改福易位,不改我交,盖真友。改福不改友,否则,不为人友。"②当时社会的任何一个士大夫听到这样的议论都会有好感,因这些议论和中国儒家的传统友道十分接近。但不能由此就认为,"仅就友道而论,由利玛窦《交友论》所呈现出来的西方伦理思想,与中国儒家思想,绝无二致"③。应看到利玛窦、卫匡国等人的确努力迎合儒家伦理中的友道,很多儒生喜欢这些著作也因为此;但同时应看到,在《交友论》《逑友篇》和《二十五言》中仍有不少完全是西方的伦理思想,他们是以此来作为"补儒"的内容。这些著作所以受到欢迎,不仅仅是因为传教士们附和了儒家的伦理思想,还在于他们向中国知识界介绍了一个充满友情、理性的西方人文世界。他们所讲的一些友道是儒生前所未闻的,从而有了冲击力和吸引力。徐尔觉在谈到《逑友篇》时说,该书"中间条分缕析,反复辩难,皆中国古来圣贤未尝阐发者"④。

所以,对于这几本书介绍的西方伦理思想中不同于中国传统伦理的内容,我们应加以注意,这正是本书所关注的中心。

对此我们从以下几个方面加以论证。

1.《交友论》的内容来源

根据方豪的研究:

> 1599年(万历二十七年)阳历八月十四日,利氏致函各斯达神父(P. Girolamo Costa),谓已将《交友论》之中文本,再译为意大利文,时为1598年。此意大利文钞本亦同时由利氏寄往罗马,现保存于额我略大学(Pontificia Universita Gregoriana)文献馆七·292,ff·180-2000,并于1825年及1885年发表。意大文书名为:*Padre Matteo Ricci*,*Dell'Amicizia*

---

① 利玛窦:《交友论》,朱维铮主编:《利玛窦中文著译集》,第107页。
② 卫匡国:《逑友篇》,吴相湘主编:《天主教东传文献三编》,第89页。
③ 何俊:《西学与晚明思想的裂变》,第72页。何著对《交友论》"合儒"部分的论述十分深入,很成功,但对其"补儒"部分的分析不如前者。
④ 徐尔觉:《逑友篇序》,吴相湘主编:《天主教东传文献三编》,第12页。

（Macerata，1885）。①

由于有了这个意大利文版，中文版的《交友论》的版本来源就较易厘清。根据意大利汉学家德礼贤（Pasquale d'Elia, S.J., 1890—1963）的研究，利玛窦在写作《交友论》时，主要采用并参考了莱申特（Andreas de Resende Eborensis）所著的《格言与实例》（Sententiae et Exempla）一书。利氏从中摘录了76条，后又增加了24条，构成了《交友论》一书。②

方豪则逐一核对了《交友论》的每一条。经过考证，他认为《交友论》中共引用了二十余位西方哲人和名人的伦理名言，其中引用亚里士多德的有7条，圣奥古斯丁7条，西塞罗13条，苏格拉底2条，柏罗多亚尔各（Plutuarco）8条，塞涅卡（Seneca）6条，昆提利安（Quintilianus）2条，圣盎博罗削（S. Ambrosias）3条，德摩斯梯尼（Demosthenes）2条，第欧根尼（Diogenes）、普利尼乌斯（Plinius）、莱尔齐奥（Diogene Laerzio）、卡西奥多罗（Casiodoro）、伊拉斯谟（Erasmus）、格留斯（Gellius）、恩尼乌斯（Ennius）、奥维德（Ovidius）、卡西奥多罗斯（Cassiodorus）、额我略（Gregorius）、圣西彼廉（S. Cyprianus）、金口圣若望（S. Joannes Chrysostomus）、贺拉斯（Horatius）、芝诺（Zeno）等人各1条。③

方豪的这个考证可以使我们更清楚地看到，在《交友论》中利玛窦是如何广泛的向中国介绍西方文化的，尤其是希腊、罗马文化。《述友篇》《二十五言》也和《交友论》一样，广泛引用了西方哲人和贤人的名言，作为其论述的依据。

2. 友谊至上

友谊在人的伦理生活中的重要性、至上性是这三本书所共同着力的思想。《交友论》第一条便是："吾友非他，即我之半，乃第二我也，故当视友如己焉。"④这条格言可能出自奥古斯丁在《忏悔录》中所说的"友为灵魂之半"，或出自亚里士多德在《伦理学》所说的"应视友如己，盖友为第二我也"。《交

---

① 存萃学社编集：《利玛窦研究论集》，崇文书店1971年版，第160页。
② 参阅张奉箴：《福音流传中国史略》（卷二上编），辅仁大学出版社1971年版，第643页。
③ 参阅方豪：《方豪六十自定稿》（下册），学生书局1969年版，第1849—1871页。
④ 利玛窦：《交友论》，朱维铮主编：《利玛窦中文著译集》，第107页。

友论》第二条又引用了亚里士多德的"友之于我，虽有二身，二身之内，其心一而已"①，进一步突出这一思想。卫匡国则认为，"友为天地之上，至爱之和"②。

朋友如同日月，如同生命，它使弱者强，使患者幸，使病者愈，甚至可使死者犹生，友谊的作用被说到了极致。朋友犹如兄弟，那么在亲情和友谊之间如何选择呢？"友于亲，唯此长焉。亲能无相爱，亲友者否。盖亲无爱亲，亲伦犹在，除爱乎友其友，理焉存乎？"③此语出自西塞罗，原文是："因此，友谊胜过亲戚关系，因为亲戚可以是没有感情的，而友谊则决不能没有。亲戚没有感情依然是亲戚，而友谊没有感情就不成其为友谊了。"④朋友之友谊才是真正的、永恒的爱，它不依据其他条件，唯靠真爱来维持友谊。重友谊，这是一条普世性的伦理思想，中国传统文化也强调这一点。《论语》有言："有朋自远方来，不亦乐乎？"但友道在整个中国伦理关系中地位并不高，孟子说："人之有道也，饱食、暖衣、逸居而无教，则近于禽兽。圣人有忧之，使契为司徒，教以人伦：父子有亲，君臣有义，夫妇有别，长幼有序，朋友有信。"（《孟子·滕文公上》）《中庸》中说："天下之达道五，所以行之者三。曰：君臣也，父子也，夫妇也，昆弟也，朋友之交也。五者，天下之达道也。"

这就是中国儒家伦理的"五伦"，儒家伦理的核心是"等差之爱"，即"五伦"并不是平行的关系，而是等级的关系。"亲亲，仁也，敬长，义也。"（《孟子·尽心上》）"事，孰为大？事亲为大。"（《孟子·离娄上》）"亲亲"是伦理的基础，血缘宗法关系是最根本的关系，友处于五伦之末是很自然的。人们不可能把朋友置于天子、父母、兄弟之上，更不能将友视如自己生命的一部分。

在这个意义上，利玛窦等人所介绍的"友谊至上"的伦理思想无疑是一种新鲜的外来文化，这种伦理观至少有两点对中国传统伦理具有冲击性。

其一，它打破了儒家的"等差之爱"的观念，"友谊"地位的上提使原来的

---

① 利玛窦：《交友论》，朱维铮主编：《利玛窦中文著译集》，第108页。
② 卫匡国：《述友篇》，吴相湘主编：《天主教东传文献三编》，第85页。
③ 利玛窦：《交友论》，朱维铮主编：《利玛窦中文著译集》，第111页。
④ 西塞罗：《西塞罗三论：老年·友谊·责任》，徐奕春译，商务印书馆1998年版，第53页。

"五伦"等级荡然无存。一面是"亲亲为大",一面是"友于亲,唯此长焉",这正反映了中西文化的差异。虽都讲友道,但一个将其置于五伦之末,一个将其放在五伦之首,理解相差甚远。清末思想家谭嗣同曾激烈地批评儒家的"五伦"观念:

> ……数千年来,三纲五伦之惨祸烈毒,由是酷焉矣。君以名桎臣,官以名轭民,父以名压子,夫以名困妻,兄弟朋友各挟一名以相抗拒,而仁尚有少有焉者得乎?①

在谭嗣同看来,五伦中除朋友可留外,其余应全部废去。他说:

> 五伦中于人生最无弊而有益,无纤毫之苦,有淡水之乐,其惟朋友乎!顾择交何如耳,所以者何?一曰"平等";二曰"自由";三曰"节宣惟意"。总括其义,曰不失自主之权而已矣。兄弟于朋友之道差近,可为其次。余皆三纲所蒙蔀,如地狱矣。……君臣父子夫妇兄弟之伦,皆空诸所有,弃之如无,而独于朋友,则出定入定,无须臾离。②

谭氏深刻的分析、尖锐的批判,凸现了利玛窦、卫匡国所介绍的"友谊至上"伦理观念对于当时中国思想的意义。③

其二,个体观念的突出。友谊的实质是我与他的平等关系,将友道置于人伦之首,已包含着将个体置于伦理中心的思想。利玛窦所引用的塞纳加"不能友己,何以友人"④的格言充分表明了这个思想。而且在这种友道中,最高的境界不过是视友如己,将对象与个体融合,如利氏所引用的西塞罗所说"视友如己者,则遐者迩,弱者强,患者幸,病若愈"⑤卫匡国也指出了这一点:"先敬礼人,必发引其敬爱而大增己之荣光也。光荣如影,常随避之者,而避图之者,

---

① 谭嗣同:《仁学》,吴海兰评注,华夏出版社2002年版,第23页。
② 同上书,第127—128页。
③ 对此,孙尚杨的分析较为深入,而何俊显然忽视了这一层含义。参阅孙尚杨:《基督教与明末儒学》,第94页;何俊:《西学与晚明思想的裂变》,第60—78页。
④ 利玛窦:《交友论》,朱维铮主编:《利玛窦中文著译集》,第113页。
⑤ 同上书,第111页。

故我善和友，不但不妒，且誉我也。"①

这并不是说中国人伦思想不重视个体，从其实质来说儒家思想就是人生哲学，它对个体的修养、人格是十分重视的，人生最高目标是"内圣"。但这种个体的涵养与德行的培养是在一个总体伦理框架之中发生的，这种五伦的体系已严重束缚了个体的发展。这也不是说传教士们所介绍的基督教伦理学就是突出个体的，实际上自文艺复兴以来的西方文化运动都是批判神对个体的压抑。这里需要注意的是，利玛窦所介绍的友道基本上是希腊罗马时的思想，为了取得中国文人的信任，这里他们基本未讲基督教神学中友道。正是在这种希腊、罗马圣贤的格言中我们感到一种对个体的重视，一种不同于中国传统伦理的思想。

3. 以德报怨

利玛窦在《交友论》中引用了奥古斯丁一句格言："友者，相褒之礼易施也，夫相忍友乃难矣。然大都友之皆感称己之誉，而忘忍己者之德，何与？一显我长，一显我短故耳。"②这里强调了对朋友要忍，在《二十五言》中则将这种"忍"向更广泛领域扩展。"如遇恶事，君子必有善以应"③，强调以善待恶；如遇他人非议，也应"不矜容，不色庄，而卓然自立，俨如承上帝之令，列于行伍，而不敢有尺寸之失焉"④。通过自身的谨慎、反省来赢得对方的尊重，从而使其自悔到这种非议的不对。

卫匡国对中西伦理在这个问题的分歧讲得更为明确：

> 曰：汝不能忍人恶，故众恶及之。或曰：报仇不可，然以直报怨足矣，何必以德报怨邪？曰：以直报怨，匪罪亦匪功；以德报怨，甚感天主之心，而成大勋也。以直报怨，不为彼仇；以德报怨，不但解仇，且化为友，俾其改过矣。亲仇之爱必反深于亲友之爱，盖爱从为克己之至，不惟不怨其仇，且以我之真爱，化仇为德，如火然，且化物为火。⑤

---

① 卫匡国：《述友篇》，吴相湘主编：《天主教东传文献三编》，第68页。
② 利玛窦：《交友论》，朱维铮主编：《利玛窦中文著译集》，第113页。
③ 同上书，第130页。
④ 同上。
⑤ 卫匡国：《述友篇》，吴相湘主编：《天主教东传文献三编》，第64—65页。

"以德报怨"是基督教的伦理，在这种观念中体现了泛爱思想。

在中国文化传统中也有类似思想，如老子的"大小多少，报怨以德"（《道德经》），墨子的"视人之国，若视其国；视人之家，若视其家；视人之身，若视其身"（《墨子·兼爱中》），都是突出了一种泛爱的思想，视人如己，兼爱天下一切人。但儒家反对这种观念。有人问孔子："以德报怨，何如？"孔子答曰："何以报德？以直报怨，以德报德。"（《论语·宪问》）孟子则明确反对墨子的泛爱思想，认为"墨子兼爱，是无父也。无父无君，是禽兽也"（《孟子·滕文公章句下》），他认为一切爱都应以血缘宗法为基础。

"以直报怨"和"以德报怨"，这是中西伦理思想的一个重要差别。入华传教士开诚布公地批评"以直报怨"，认为它在道德上是无罪亦无功的，而只有"以德报怨"才是有功的，显然这为长期以来儒家思想居以统治地位的中国思想界注入了一种新的思想因素。

4. 人文主义精神[①]

明清间入华传教士所介绍的思想中有没有文艺复兴以后的人文精神是一个颇有争议的问题，因而需要在这里专门研究。

文艺复兴（Renaissance）是西方文明史的一个新时代。在这个时期，意大利的社会、经济、政治、文化都发生了深刻的变化，市民阶层力量壮大，通过对古典文化的弘扬和模仿，人们开始了对新的不同于以往中世纪生活的向往，文学艺术空前繁荣。文艺复兴运动则是在14—16世纪，在西欧，首先是在意大利，通过对古典文化的发掘而产生新思想、新文化的运动。这个运动认为人和人的价值具有重要意义。具体来说，这种人文主义有以下几个特点：

首先，复兴古典文化。随着大量古希腊、罗马时期的著作发现，人文主义者成为古希腊文的崇拜者。他们喜欢用柏拉图的对话体进行写作，崇拜西塞罗、彼特拉克（Francesco Pertrarca，1304—1374），认为西塞罗的文体给了他们享受。

其次，重视人。人文主义者热爱世俗生活，彼特拉克恢复了古希腊的"人是最宝贵的"思想，认为人是上帝所创造的无数奇妙东西中最为奇妙的。薄伽

[①] "人文主义这个词就来自人文主义者和人文学科这两个词，并且，这两个词是在文艺复兴时期实际上被使用的词。"保罗·奥斯卡·克利斯特勒：《意大利文艺复兴时期八个哲学家》，姚鹏、陶建平译，广西美术出版社2017年版，第3页。

丘则认为平等是人的天性，爱情是人的本能。曼内蒂的《论人的尊严与卓越》直接抨击了教皇英诺森三世的《论人的渺小和对尘世的蔑视》，强调追求是人的本性。

再次，宗教宽容。基督教对异教是敌视的，而人文主义者则将世界上其他宗教置于和基督教一样平等的地位。

最后，肯定财富。"不要为自己积攒财宝在地上"，《马太福音》的这句话表明了基督教的财富观。彼特拉克则认为，人不应该陷于对贫困的诉怨。当然这种对财富的认可也是一个缓慢的过程。

教会对文艺复兴的态度是复杂的。并不能说教会就是文艺复兴的反对者。因为文艺复兴的一个直接结果就是促进了对古代基督教文献和古代教父著作的考证与研究。尼古拉五世（Nicholas V，1447—1455在位）教皇就对文艺复兴较为认同，而且也正是在教会的认同下，文艺复兴时期的著名雕塑家米开朗琪罗在梵蒂冈的西斯廷小教堂天顶创作了不朽的壁画——《创世纪》。即使是为反对宗教改革而诞生的耶稣会，也由于时代的影响而开始重视教育和艺术。[①]生活在文艺复兴发源地的利玛窦等传教士不可能不受到时代的影响，他们在罗马学院所受的教育也使他们接触到了人主义者的著作和思想。[②]

正因为此，《交友论》《二十五言》《述友篇》较为集中地体现了利玛窦等人的人文主义精神。以下几点可以佐证：

其一，古典主义倾向。《交友论》全书100句格言，其中76条取自莱申特的《格言与实例》一书，24条是利玛窦自撰的。这76条中引自希腊、罗马和文艺复兴时期的经典作家的格言有70条，占九成多，其中引用西塞罗的格言多达13条。被他所引用的伊拉斯谟是荷兰著名的人文主义者，古典文学家，他的《愚人颂》曾被认为是北方文艺复兴运动的名著；而格留斯是著名的拉丁作家。这说明利玛窦有着一种和人文主义者相同的古典主义倾向。

其二，对财富的认可。利玛窦当然首先强调友谊应以德为基础，而不是以财富为基础，但对财富并不否认。"友之益世也，大乎财焉。无人爱财为财，而有

---

① 参阅埃德蒙·帕里斯：《耶稣会士秘史》，中国社会科学出版社1990年版，第69—74页。当然宗教的教育仍然是其主体。

② 参阅裴化行：《利玛窦评传》（上、下），管震湖译，商务印书馆1993年版。

爱友特为友耳。"①友大于财,但他并不否认财。"我先贫贱而后富贵,则旧交不可弃,而新者以势利相依;我先富贵而后贫贱,则旧交不可悖,而新者或以道义相合。"(《交友论》)显然,义、德仍是友谊的基础,但这里所表现出的当自己拥有财富时应怎样对待朋友,当朋友拥有财富时应怎样相处的观点,和人文主义者对财富的肯定是接近的。相对于《圣经》中的财富观,这里已有了不同。

利玛窦是一个神父,但这并不妨碍他是人文主义者,正像尼古拉·库萨(Nicholas Cusanus,1401—1464)既是一位主教又是德国文艺复兴的推者一样。②在文艺复兴时期有许多天主教的神圣人员是人文主义精神的宣传者、实践者。利玛窦所多次引用过的彼特拉克是文艺复兴的创始人,但同时也是一位神职人员。

实际上,人文主义"共同的特征则表现在一种在教育、学问和文体方面的理想上,表现在他们研究的问题和兴趣范围上,而不是表现在他们忠于任何一套特定的哲学或神学的观点上"③。

从这个角度来看,利玛窦可以被称为一个人文主义者。他喜欢用柏拉图对话体写作,《天主实义》《畸人十篇》都属这类文体;他喜欢西塞罗、亚里士多德,有一种古典主义倾向,《交友论》《二十五言》清楚表明了这一点;在宗教思想上他更多地用自然神学的方法来加以论证,对"异教"——儒家文化表现出了极大的兴趣和宽容,从而遭到了许多正统神学家的批评。孟德卫认为,在利玛窦的著作中文艺复兴的人文主义是十分明显的。④当然,利玛窦等人来华肯定不是为了宣传文艺复兴的人文主义精神,推动中国的近代化,而是为了传教,扩大耶稣会的影响。但历史的复杂性正表现在这里,我们不能因利玛窦是一个传教士就忽略了他文化背景中的另一种因素的作用,否认他的人文主义倾向。⑤

---

① 利玛窦:《交友论》,朱维铮主编:《利玛窦中文著译集》,第110页。
② 参阅李秋零:《上帝·宇宙·人》,中国人民大学出版社1992年版。该书是国内第一本研究尼古拉·库萨的专著。
③ 保罗·奥斯卡·克利斯特勒:《意大利文艺复兴时期八个哲学家》,第4页。
④ 参阅David E. Mungello, *Curious Land: Jesuit Accommodation And The Origins Of Sinology,* Franz Steiner Verlag, 1985, p. 28.
⑤ 当然,这是一个仍待进一步深入研究的问题,有许多耶稣会和文艺复兴的情况都尚未完全被中国学者掌握。

第六章　入华传教士所介绍的基督教神学

第一节　应重视入华传教士的译经活动

在对入华传教士所介绍的西方思想译述中，误解最多或者忽视最多的是对其译经活动的评价，对其神学著作的研究。这点在学术界表现得尤为明显，似乎传教士的这部分著作不应纳入研究视野。显然，这种认识需要得到匡正。

我们应看到，在西方中世纪哲学中，神学与哲学混在一起，哲学是神学的婢女。但这并不能说在当时全部的哲学问题就等于神学问题，或者反过来说所有的神学问题都是哲学问题。二者在当时紧密融合，但仍各有自己的轴心。[①]上一章我们侧重介绍了入华传教士向中国介绍的哲学问题，当然那是和神学连在一起的中世纪经院哲学。这一章我们介绍他们所介绍的神学，这两章结合起来我们才能看清传教士们所介绍的西方宗教哲学的全貌。

就明清间的传教士来说，传教是其目的，传播科学、文化只是其手段。利玛窦在致虞淳熙的信中说得最为清楚：

> 象伟之学，特是少时偶所涉猎；献上方物，亦所携成器，以当羔雉，其

---

① 参阅詹姆士·利奇蒙德：《神学与形而上学》，朱代强、孙善玲译，四川人民出版社1997年版。

以技巧见奖者，果非知窦之深者也。若止尔尔，则此等事，于敝国庠序中，是为徵末，器物复是诸工人所造，八万里外，安知上国之无此？何用泛海三年，出万死而致之阙下哉？所以然者，为奉天主至道，欲相阐明，使人人为肖子，即于大父母得效涓埃之报，故弃家忘身不惜也。①

这说明传教士着力最多、用心最多的是他们的神学著作。如果忽视这一部分著作，即使研究了他们的哲学著作，那也是本末倒置。少了这一部分，我们就无法把握传教士在华活动的全貌，甚至抓不住他们在华活动的心魂所在。实际上，无论是说入华耶稣会士"调和"（syncretize）中西文化，还是说他们"适应"（accomodate）中国文化，这种"调和"并不是将西方科学与儒家文化相调和，这种"适应"也不是使其西方科学适应于儒家伦理。他们是将西方哲学、神学与孔子的思想相结合，把孔子思想作为中国的神学来加以说明，使"托马斯·阿奎那对希腊哲学的运用，适应于孔子的思想与神学"②。

从纯文化交流本身来说，这部分神学著作是传教士所介绍的西方文化的核心内容。了解了经院哲学当然可以掌握部分神学的内容，但并不能完全等同于全部神学。因为哲学和神学即使在中世纪时期仍有着差别，托马斯·阿奎那的哲学只是将哲学神学化，或者说用哲学的思路来解决神学中的问题，但其根其源仍是对《圣经》的解读。贺清泰（Louis de Poirot，1735—1814）在其《圣经》中译本序中说：

> 《圣经》者，不是人说的平常话，乃是天主之意，天主之语。虽然自古以来，圣人们接踵将天主之意，将天主之语，记载书上……天主特意开明他，用圣宠光照，使他们知道过去、现在、未来的事，比亲眼见的更明白、更清楚……③

《圣经》是基督教的宝典，是西方文化的精髓所在，是全部经院哲学立论的

---

① 转引自方豪：《中西交通史》（下册），第675页。
② Paul A. Rule, *K'ung-Tzu or Confucius? The Jesuit Interpretation of Confucianism*, Allen and Unwin, 1986, p. 55.
③ 贺清泰：《〈圣经〉之序》，徐宗泽：《明清间耶稣会士译著提要》，第14页。

基础。如果我们忽略传教士们的译经活动，那么我们就无法从整体上把握入华传教士的活动，也会对他们所介绍的经院哲学在理解上产生偏差。

所以，无论从哪个角度来看，我们都应对入华传教士的神学著作给予重视，对他们的译经活动进行研究。

第二节 唐代景教的译经活动

在研究明清入华耶稣会士的译经活动以前，我们可先回顾一下唐朝时来华的景教的译经情况。因为对《圣经》的翻译最早可追溯到唐朝时首次入华的基督教的异端教派——聂思托里派（Nestorian Christianity，即景教）。《景教流行中国碑颂并序》中记载了景教译经的情况：

> 太宗文皇帝光华启运，明圣临人。大秦国有上德曰阿罗本，占青云而载真经，望风律以驰艰险，贞观九祀，至于长安。帝使宰臣房公玄龄，惣仗西郊，宾迎入内，翻经书殿，向道禁闱，深知正直，特令传授。[①]

根据《尊经》的记载，当时所译成汉文的景教经典已有三十余种[②]，即：

（1）《常明皇乐经》　　　（2）《宣元思（至）本经》
（3）《志玄安乐经》　　　（4）《天宝藏经》
（5）《多惠圣王（David）经》
（6）《阿思（恩）瞿利容（Evangelium）经》
（7）《浑元经》　　　　　（8）《通真经》
（9）《宝明经》　　　　　（10）《传化经》
（11）《馨遗经》（"馨遗"二字出景教碑"不聚货财，示馨遗于我"）
（12）《原灵经》　　　　　（13）《述略经》
（14）《三际经》　　　　　（15）《征诘经》
（16）《宁思（恩）经》　　（17）《宣义经》

[①] 朱谦之：《中国景教：中国古代基督教研究》，东方出版社1993年版，第223—224页。
[②] 参阅上书，第113页。

(18)《师利海经》　　　　　(19)《宝路法王（Paul）经》
(20)《删河律经》　　　　　(21)《艺利月思（Georges）经》
(22)《耶宁顿（迪）经》　　(23)《仪则律经》
(24)《毗遏启经》　　　　　(25)《三威赞经》
(26)《牟法王（Moses）经》 (27)《伊利耶（Elijah）经》
(28)《遏拂林（Ephraim）经》(29)《报信法王经》
(30)《弥施诃（Messiah）自在天地经》
(31)《四门经》
(32)《启真经》　　　　　　(33)《摩萨吉斯（Mārsargis）经》
(34)《慈利波经》　　　　　(35)《乌沙那（Hosanna）经》

1908年伯希和在敦煌千佛洞小石室中发现了景教的一小卷手稿，即《大秦景教三威蒙度赞》，以后陆德又从敦煌发现了景教的汉文经文《宣元思本经》《志玄安乐经》《一神论》和《序听迷诗所经》。根据朱谦之的研究，到1943年已发现的汉译景教文书有如下几种，其中可能有伪作一至两种①：

(1)《大秦景教流行中国碑》

(2)《序听迷诗所经》

(3)《一神论》（包括《一天论第一》《喻第二》《世尊布施论第三》）

(4)《大秦景教三威蒙度赞》

(5)《尊经》

(6)《志玄安乐经》

(7)《宣元思本经》

(8)《大秦景教大圣通真归法赞》

(9)《大秦景教宣元至本经》

---

① 参阅朱谦之：《中国景教：中国古代基督教研究》，第114—115页。

第三节　罗明坚的《祖传天主十诫》

明清间入华教士中，第一个用中文介绍基督教神学的是罗明坚。一般认为他写的第一篇神学著作是《天主圣教实录》，实际上不对，应为《祖传天主十诫》，这才是第一篇中文的基督教经文。

《祖传天主十诫》全文如下：

> 1. 要诚心奉敬一位天主，不可祭拜别等神像。
> 2. 勿呼请天主名字，而虚发誓愿。
> 3. 当礼拜之日，禁止工夫；谒寺诵经，礼拜天主。
> 4. 当孝亲敬长。
> 5. 莫乱法杀人。
> 6. 莫行淫邪秽等事。
> 7. 戒偷盗诸事。
> 8. 戒谗谤是非。
> 9. 戒恋慕他人之妻。
> 10. 莫贪非义财产。
>
> 右诚十条，系古时天主亲书，降令普世遵守。顺者则魂升天堂受福，逆者则堕地狱加刑。

罗明坚的《祖传天主十诫》之后被收入利玛窦所著的《天主教要》之中，成为中国天主教史最重要的中文文献之一。①

《祖传天主十诫》在中欧早期宗教、哲学交流史和中国基督教史上有两点重要的意义。第一，它是入华耶稣会士传教政策转变的标志。从上面讲到的早期以佛经形式所写的第一篇天主教经文到《祖传天主十诫》，经文形式的变化，说明罗明坚和利玛窦已开始摆脱佛教的影响，并向儒家思想靠拢。第二，它在文体形式上已达到较为成熟的程度，说明罗、利两人在对中国文化的理解上有了新的进步。

---

① 关于《祖传天主十诫》的详细论述及《天主教要》作者的归属问题，我已作专门考证，见笔者《〈天主教要〉考》一文（附于本章后）。

在第二点上，若把罗明坚的《祖传天主十诫》和在菲律宾传教的高母羡（Juan Cobo）在1593年所写的《天主十诫》相比，我们就可看出差异。高母羡的译文如下：

> 第一件。惜僚氏，胜过各众物。
> 第二件。不可乱咀誓。
> 第三件。尊敬礼拜好日，不可作工夫。
> 第四件。孝顺父母。
> 第五件。不可害死人。
> 第六件。不可奸淫等事。
> 第七件。不可偷提。
> 第八件。不可生事害人，亦不可说白贼。
> 第九件。不可思想别人妻。
> 第十件。不可贪图别人财物。
>
> 只有十件律法，合上那有二件事。一件惜僚氏胜过各众物。一件惜别人，亲像惜尔独自。哑民。西氏。①

从这里我们可以看到，罗明坚《祖传天主十诫》的文字，"很典雅通顺，要比菲律宾多明我会士，高母羡神父，于万历二十一年（1593），在马尼剌出版的《天主十诫》，更富文艺色彩"②。从罗明坚以后，撰写基督教神学著作一直是入华传教士的重头戏，按照徐宗泽在《明清间耶稣会士译著提要》的估计，从1583年到1644年明朝灭亡，60余年间传教士与中国文人合作共译出西文著作102种，其中神哲学的著作就有37种，占比超过1/3。

这一部分中文著作长期以来未经系统整理研究。若从西方宗教哲学传入的角度来看，这类神学著作作为一种文化形态仍是有意义的。一方面在这些神学著作中包含了西方文化的许多内容，另一方面这批著作对基督教的本土化有着重要的开启作用。经本的确立，仪式的引入，术语的界定……正是通过这批神学著作，

---

① "僚氏"即天主，是西班抄语Dios的译音；"哑民"即亚孟，是西班身语Amen的译音；"西氏"即耶稣，是西班牙语Jesus的译音。见张奉箴：《福音流传中国史略》（卷二上编），第610—611页。
② 同上书，第610页。

基督教在中国有了自己的初步发展和形态。限于本书的篇幅，我们不能详细展开这个问题，期待以后能有研究者能将这些中文著作进行系统的整理研究。①

第四节 利玛窦的《天主教要》

利玛窦继罗明坚后主持中国教务，除《天主实义》等为人所熟知的著作外，利玛窦是否还有其他神学著作？目前公开出版的利氏的最新文献是《斋旨》，此文后还附有《司铎化人九要》。但我1998年访问罗马时，曾在梵蒂冈档案馆发现名为《天主教要》的刻本。我认为此刻本十分接近利玛窦本人多次谈到的《天主教要》，它应是入华传教士早期的一篇重要经文。为此我已专门写文加以论证，现将我所写的《〈天主教要〉考》②附上，作为本节内容。

1996年梵蒂冈出版的余冬女士所编《梵蒂冈图书馆藏早期传教士中文文献目录（十六至十八世纪）》③是一本研究1500—1800年中西关系史和中国天主教史的重要目录，该目录是对原伯希和1922年所编的《梵蒂冈图书馆中文手稿和出版物简明目录》的重要补充。④

该目录在最后一部分有"无名氏"（XC. Opere anonime）一栏，收入了藏在该馆中的尚无法确定作者的中文和外文图书117种。其中编号378为《天主教要》（Tian Zhu Jiao Yao，Le Preghiere Principali El Sacramenti）。同样，伯希和目录中所载的《天主教要》数种刊本也都未注出作者姓名。考狄（M. Henri Cordier）在他的 L'imprimerie sino-européenne en Chine: bibliographie des ouvrages publiés en Chine par les européens au XVIIe et au XVIIIe siècle 中也将《天主教要》列为佚名著作之列。

---

① Yu Dong, *Catalogo Delle Opere Cinesi Missionarie Della Biblioteca Apostolica Vaticana* (XVI—XVIII secolo), Biblioteca Apostolica Vaticana, 1996.
② 此文发表于《世界宗教研究》1999年第4期。
③ Yu Dong, *Catalogo Delle Opere Cinesi Missionarie Della Biblioteca Apostolica Vaticana* (XVI—XVIII secolo). 在此感谢梵蒂冈档案馆中文部的余冬女士，谢谢她为我研究提供的帮助。
④ 关于梵蒂冈图书馆所藏汉籍，还可参看日本学者高田时雄1997年所编《梵蒂冈图书馆所藏汉籍目录补编》。

作者于1998年夏天在梵蒂冈图书馆访问期间查阅了此书，并对《天主教要》的作者、出版时间、出版地点和该书的内容做了初步的研究与考证。

明清间来华的耶稣会士中提到此书的有三人：罗明坚、利玛窦和傅汎际。

我们先看罗明坚。徐宗泽在谈到罗明坚的中文著作时只列出一本，即《天主圣教实录》。①方豪先生在讲到罗明坚时也只提到《天主圣教实录》这本书，并认为这"是首先以汉字汉文撰写天主教教义的书"②。费赖之在《在华耶稣会士列传及书目》书中说："索默尔沃热尔《书目》，卷七，三〇七栏以下，著录有书二部，一名《教要》，一名《天主圣教》，殆为《圣教实录》之别名，非别有二书也。"③这里费赖之认为《教要》和《天主圣教》是一本书，只不过书名不同而已。

罗明坚在澳门写给麦尔古里亚神父的信中说："我希望不久对中国话能够运用自如，而后用中文撰写要理等书，这是为归化他们必须有的步骤。"④以后他在肇庆写给总长阿桂委瓦神父的信中说："目前我已撰写了几本要理书籍，其中有《天主圣教实录》（*Doctrina*）、《圣贤花絮》（*Flos Sanctorum*）、《告解指南》或《信条》（*Confessionario*）与《要理问答》（*Catechismo*）等……"⑤显然，这里的《要理问答》和《天主圣教实录》是两本书，而不是一本书的两个名字。如今，罗明坚这几本书除《天主圣教实录》流传下来以外，其余的书都可能已经遗失。但他撰写了《要理问答》，这是确定无疑的，《要理问答》和《天主教要》是什么关系尚不得而知，估计《要理问答》作为《天主圣教实录》的早期版本的可能性很大，这点在罗明坚的《天主圣教实录》一书中可得到佐证。

罗明坚在其第一本中文著作《天主圣教实录》中附有单页的《祖传天主十诫》《拜告》，这说明早在1584年8月时，《天主教要》的部分内容已被罗明坚译出。实际上，罗明坚一面在写《天主圣教实录》，另一方面已经写出了《祖传天主十诫》。"1582年，在广州，罗神父曾把《天主十诫》译成华文，向我国人

---

① 徐宗泽：《明清间耶稣会士译著提要》，第275页。
② 方豪：《中国天主教史人物传》第49页。
③ 费赖之：《在华耶稣会士列传及书目》，第29—30页。
④ 利玛窦：《利玛窦书信集》（下），第427页。
⑤ 同上书，第446—447页。

士乘机宣传,这取名《祖传天主十诫》的经文于万历十一年(1583)在肇庆出版。"①以后《祖传天主十诫》成为《天主教要》的重要内容。

因此,罗明坚是《天主教要》最早的作者之一,应是毫无疑问的。《天主教要》被称为"是第一篇在华天主教中文经文"是完全有根据的。②

再看利玛窦,他在《利玛窦中国传教史》的第五章"开始讲道"中,曾首次讲道:"天主十诫以中文印妥,免费分赠给问道的人。"③这一点在利玛窦到肇庆后的第一封信中可以得到证实,在这封信中他说:"我们已印刷了中文的《天主经》、《圣母经》和《天主十诫》……"④这封信写于1584年9月13日,是利玛窦到中国的第二年。利氏这时的中文能力还不强,直到1594年时,他在给别人的通信中还说:"我仍致力研究中国文学,因为不易学习,所以迄今很多书尚不能读。"⑤从这个时间上判断,这三本著作出自罗明坚之手的可能性更大些,利氏最多是以合作者的身份出现。因彼时利玛窦学习中文毕竟才两年,而罗明坚到中国已经五年,早在1581年就已经认识了1.2万个中国字,在澳门时就开始与高玫兹神父合作将他们自己写的一本要理问答译为中文。⑥

在罗明坚返回欧洲以后,利玛窦独撑局面。在这几十年中,他用中文写了一系列的著作,其中一本便是《天主教要》。1605年他在给罗马马塞利神父的信中说:

> 今年我们做了一件非常重要的事,即把日常经文、信经、天主十诫以及其他有关天主教信仰的种种问答,依视察员的指示,在北京印刷,而后分发全中国各教会使用……这册较以前使用的与原文更符合。假使可能,有意编写《要理问答详解》,这为教友与望教者非常重要。⑦

三个月以后,利玛窦在给德·法比神父的信中已十分肯定地说:"我将把目

---

① 张奉箴:《福音流传中国史略》(卷二上编),第609页。
② 参阅上书,第610页。
③ 利玛窦:《利玛窦中国传教史》(上),第136页。
④ 利玛窦:《利玛窦书信集》(上),第57页。
⑤ 同上书,第108页。
⑥ 参阅上书,第43页。
⑦ 利玛窦:《利玛窦书信集》(下),第269页。

前正在印刷的第一本《要理问答》寄给您一本，由此可以看出我们的确为把它翻译为中文曾辛苦了一番。"①

从这两封信可以看出，早在1605年利玛窦已初步把《天主经》《十诫》《信经》等基本文献汇编成一册出版，1605年6月，他又重新整理和翻译这本书，以《天主教要》为书名出版。利玛窦晚年所写的《利玛窦中国传教史》的第十九章"南京教务"，记载了徐光启入教的具体过程。他说：徐光启1603年路经南京时见到了罗如望神父，两人谈得十分投机，徐光启决定正式入教，而后他把《天主教要》及《天主实义》带回住所，这两书尚未付印。他整夜研读这两本书，《天主教要》里的祈祷经文也会背了。第二天他来到教堂，请神父开始给他讲解。②

李之藻在万历十三年（1585）在北京加入天主教时，在自己的祷词中也讲到这一点："利玛窦与庞迪我二位大师，学问道德出众，教我以《天主教要》，使我信仰基督教圣像，顶礼膜拜。"③

这说明，在利玛窦1605年版的《天主教要》付梓以前，各教区已有了利玛窦和罗明坚译的《天主教要》的手抄本或刻印本。

最后看一下傅汎际。他是中国天主教史上的重要人物之一，尤其是他与李之藻合译的《名理探》一书，在中国近代思想史上有重要地位。费赖之在列举傅汎际的著述时说："（六）《天主教要》一卷，阙撰人名。"④

这说明，傅汎际也曾参与《天主教要》的审核出版工作，不过是在利玛窦逝世以后多年做的。

由此我们可以看出：《天主教要》最初部分内容由罗明坚完成，利玛窦协助，至少在1585年《天主教要》就有了它的最早刻本，这应是由罗明坚和利玛窦共同完成的。以后《天主教要》不断再版。统一的修定稿出版时间应是1605年，地点是北京，这项工作是由利玛窦主持完成的。《天主教要》从内容上有别于罗明坚的《天主圣教实录》和利玛窦的《天主实义》，它在写作形式上不是对话体而是叙述体，内容上简洁明了，易懂易背；从其成书过程和书的性质来看，它虽

---

① 利玛窦：《利玛窦书信集》（下），第278页。
② 参阅上书，第409页。
③ 同上书，第417页。
④ 费赖之：《在华耶稣会士列传及书目》，第158页。

不能算来华传教士的第一本中文著作（罗明坚的《天主圣教实录》堪当此称），但可以称得上是来华传教士的第一本中文经书，在耶稣会早期的传教活动中产生过重要作用。

目前保存下来的《天主教要》至少有三种版本，三种版本在作者、内容上都有所不同，需要仔细甄别。

第一个版本是梵蒂冈图书馆藏本，编号为Barb Oriente 132.30。全书共11页，双面，版式为每面6格，每格单双行字不等。上下左右单栏，上黑口，无刻工名。书宽14厘米，长25.5厘米。出版者标为"曰旦堂梓"。书的内容有：天主经、圣号经、天神朝拜圣母经、尔胎子、信经、天主十诫、圣教定规其要有四、悔罪规文。

梵蒂冈图书馆除这一刻本外，还有另外14个刻本编号分别是：R.G.Oriente.III.221（5）；Barb Oriente 133（1—9）（Qdupl）。这些版本大都内容相同，其中221号有5本，133号有9本，在版本价值上都不如132号，故不列入讨论之列。

第二个版本为耶稣会档案馆藏本，编号为Jap Sin I 109。全书共10页，20面，每面6行，每行单双行不等，上下左右双栏，上黑口，无刻工名。首页有耶稣会会徽图案，在图案中有"耶稣"两字，首页内封有"耶稣会士共译，直今傅汎际准"。书的内容有：圣号经、天主经、天神朝拜圣母经、信经、天主十诫、圣教定规其要有四、万日略之劝谕有三、圣教撒格辣孟多有七、赎罪三功、哀之行十有四、向天主之德有三、枢德有四、罪宗有七、克罪七端、有七德、悖反圣神之罪有六、于主天降罚之罪有四、圣神之恩有七、真神有八、身有五司、神有之司、人雠有三、人未有四、圣母玫瑰经十五端、朝拜经。

第三个版本也是耶稣会档案馆藏本，编号为Jap Sin I, 57a。全书共32页，64面，每面6行，每行单双不等。书宽14.2厘米，长23.3厘米。版式为上下左右单栏，上黑口。无出版时间和地点，无作者，出版者标为"曰旦堂梓"。书的内容有：圣号经、天主经、尔胎子、信经、天主十诫、要理六端、悔罪现文、圣教定远见有四、申尔福经、罪宗有七、真罪七德、圣教撒格辣孟多有七、悖反圣神之罪有六、呈天主降罚之罪有四、赎罪三功、哀之行有十四、形行七端、神行七端、真福有人、人髅有三、人未有四、解罪经、将领圣水问答、向天主之德有三、向天主行五拜礼、谢天主行五拜礼。

从三个版本的情况来看，第二个版本，即由傅汎际准印的版本，时间最晚，因傅汎际1621年入华，这个本子最早可能是1624年以后出现，因而这个本子显然只是利玛窦本子的修订本。第一个版本和第三个版本都无出版时间、出版地点和著作人，但出版者都注有"曰旦堂梓"，这说明这两个版本同出一家。这两个本子是由利玛窦编译的可能性很大。

我们可从三个方面证明。

第一，版式相同。

利玛窦在1605年5月9日的信中讲得十分清楚，他说："我把此书仔细翻译，又增加了不少材料才付梓，并下令为统一起见，今后四座会院只能用此译本，其他本作废。必须使用许多教会术语，并应创造新词方能在中国使用；又首次采用较小字体排印序言与说明。"①

这两个本子是每面6行，但每行中单双字不等，凡有需解释之处都用双行，凡不需解释时都用单行。这种版式正是利玛窦所说的"首次采用较小字体排印序言与说明"②。另外，利玛窦说为了表示其重要性，在这些词后"往往空一格或两格"③，如在"天主、耶稣、圣父、圣子、圣神之名下空两格，对圣母玛利亚之名则空一格"④。而这两个版本恰恰都是这种排印方式。

第二，内容大体相同。

利玛窦在谈到新版《天主教要》的内容时说，这本书"首先为天主经，其次依序为圣母经、天主十诫、信经、十字圣号、神形善功、真福八端、七罪宗、七个补救办法或七德、人体五官、灵魂三能、三神学之德或向天主之德，最后为七件圣事"⑤。

如果将利玛窦所说的这个内容同上面讲的第一个版本（即梵蒂冈藏本）和第

---

① 利玛窦：《利玛窦书信集》（下），第278—279页。
② 同上书，第279页。
③ 同上。
④ 同上。
⑤ 同上。

三个版本（即耶稣会档案馆藏本）相对照，就会发现内容大体相同。梵蒂冈的版本略少于利玛窦所说的1605年本，而耶稣会档案馆藏本内容则略多于1605年本。

第三，书的页码大体接近。

《天主教要》是一本小册子，在书的页码上无法同《天主圣教实录》和《天主实义》相比。利玛窦自己也说："因了《天主教要》是个小册子，他们就说，泰西之宗教的经典只有几页……"① 目前，梵蒂冈的版本只有11页，耶稣会的版本也只有32页。

从这三点可以判定，这两个版本都应是利玛窦在世时所刻印的。

由于利玛窦所讲的1605年刻本并未流传下来，我们必须对目前这两个版本做进一步的分析，以确定哪一个本子更早，哪一个本子更接近利玛窦所讲的1605年本。根据我在两个档案馆的研究、考证，我认为耶稣会档案馆的版本（Jap Sin I, 57a）在时间上可能略早于1605年的版本，而梵蒂冈图书馆的版本（Barb Oriente 132.30）在内容上更接近于1605年的版本。

利玛窦1605年版本的重要特征是统一"教会术语"，因此，我们根据这些术语的译名大体可以判断出哪一个版本早些，哪一个版本在内容上更符合1605年本。

耶稣会档案馆的《天主教要》藏本中很多重要的译名仍是直译，采用的是老的译法，如Sacramentum（圣事）译为"撒格辣孟多"；Baptismus（圣洗）译为"拔弟斯摩"；Confirmation（圣振）译为"共斐儿玛藏"；Communion（领圣体）译为"共蒙仰"；Paenitentiae（告解）译为"帕尼登济亚"；Extrema Unctio（终傅）译为"厄斯得肋麻翁藏"。

而梵蒂冈图书馆的《天主教要》藏本虽然仍有旧译名，但已注了新的译名，如：God The Father（天主圣父）译为"德肋"，但在括号注为"译言父也，乃天主三位第一位之称"；God The Son（天主圣子）译为"费略"，括号中注为"译言子也，乃天主第二位之称"；God The Holy Ghost（天主圣神）译为"斯彼利多三多"，括号中注为"译言圣神也，乃天主第三位之称。天主虽有三位，实共一性一体，故第称一天主而已"。

---

① 利玛窦：《利玛窦中国传教史》（下），第396页。

由此，我们得出结论，梵蒂冈图书馆的《天主教要》藏本（Barb Oriente 132.30）是目前保存下来的由利玛窦编译的版本，并且在内容和译文上较之耶稣会档案馆的藏本更为接近和符合利玛窦1605年最后的统一本，虽然耶稣会档案馆藏本更早一些。因而梵蒂冈的这个藏本也是目前保存下来的内容最可信、译文最好的《天主教要》版本。

长期以来对《天主教要》究竟是否属于利玛窦的著作一直没有定论，费赖之在其著作中就未将《天主教要》列入利玛窦的著作。前辈学者对此已有疑问，德礼贤就认为此书可能属于利玛窦，近来也有一些研究者对此做了探讨。柯毅霖博士在《晚明基督论》一书中介绍了近期西方学者对《天主教要》的研究：Jennes在其 *Four Centeries* 一书中，Josepe Ship在其 "The Religious Writings of Father Ferdinand Verbiest" 一文中，都初步探讨了有关《天主教要》的问题。柯毅霖博士也认为"1604年利玛窦发表了《天主实义》和《天主教要》二本书"[①]。但《天主教要》究竟是否属于利玛窦的著作，仍需深入的论证。以上作者较少从版本上加以考证，也没有比较现存两个版本，证据略显不足。根据我的考证与研究，我认为《天主教要》应属于利玛窦的著作，尽管有部分内容是他和罗明坚共译的，或者是由罗明坚先译的，但到1605年时，利玛窦为统一译本做了大量的工作，形成了最后的定稿，因而将《天主教要》归属于利玛窦名下是符合历史事实的。

鉴于在目前的藏本中，梵蒂冈图书馆的《天主教要》藏本（Barb Oriente 132.30）更接近于利玛窦1605年的最后定稿本，而这个版本长期藏于梵蒂冈图书馆中，鲜为人知，现正式抄录如下，供学术界研究、鉴定。

天主教要

天主者，乃天地万物之一大主也。是乃至神无形之体，无始无终，永活永王，无所不知，无所不在，无所不能，备有万善万福，而无他善他福可以尚之。未有天地之先，独有一天主，以其全能全德，化成天地人物，而常

---

① Gianni Criveller, *Preaching Christ in Late Ming China*, Taipei Ricci Institute, 1997, p. 115.

为之宰制，保护开引，令万汇各得其所。且有至义至公，赏善罚恶，毫发不爽。或于人生前，或于人死后，总无一人或遗者。所以，宇内万民皆当认生我御我之大原大主，而虔奉之，万不容缓也。

圣号经

以十字架号。（十）天主我等主，（十）救我等于我雠。（十）因罢德肋（译言父也，乃天主三位第一位之称），及费略（译言子也，乃天主第二位之称），及斯彼利多三多（译言圣神也，乃天主第三位之称）。天主虽有三位，实共一性一体，故第称一天主而已。名者，（十）亚孟，真是之语词也。

天主经

在天我父者，我等愿尔名见圣。尔国监格，尔旨承行于地，如于天焉。我等望尔今日与我，我日用粮，而免我债，如我亦免负我债者。又久我许陷于诱惑，乃救我于凶恶。亚孟。

天神朝拜圣母经

亚物（祝愿之语，乃拜见时所称者）。

玛利亚（译言海星，圣母名号也）。

满被额辣济亚者（额辣济亚，译言天主圣宠），主与尔皆为女中尔为赞美。（此段乃天神奉主命，朝见圣母之词）

尔胎子

耶稣（译言救世者，天主降生后之名号）并为赞美。（此段乃圣妇依撒伯尔，称圣母之词）

天主、圣母玛利亚，为我等罪人，今祈天主，我等死侯。（此段乃主教视圣母之词）

亚孟。

信经

（原文曰性薄罗，译言共具也，盖耶稣在世择十二宗徒，使之走四方布教。宗徒未散时，公同具录天主事情十二要端，俾凡从圣教者，知而诚信之。）

我信唯一天主。全能者罢德肋，化成天地（天主造成天地及万物，不借他物之资，唯用其全能化成之）。

我信其子费略。耶稣契利斯督（契利斯督译言受油付也。古礼新立国王，乃圣教宗主俱以至油付于其顶，乃吾主既为万物之主，又为古今圣教之一大主，身兼二贵，故以是为号）。

我信主。我信其因斯彼利多三多降孕，生于玛利亚之童身。

我信其受难于爵比辣多（时官姓名）居官时被钉十字架，死而瘗。

我信其降地狱。（地心有四大穴，穴第一重最深之处，乃天主投置古今恶人，乃魔鬼之狱也。其次深者，古今善人炼罪者居之，善人死时，或其罪未及赎竟，则置之此狱受苦。迨其罪尽销除，即获升天堂矣。又次，则未进教之孩童居之，孩童未尝为善，不宜上天堂受福，亦未尝为恶，不宜下深狱受苦。第以元祖亚当遗有原罪，故处之此狱，虽无福乐，亦无苦刑。又次，则古时圣人居之，夫论圣人功德，死后即可升天，但因亚当之罪，天门闭而不开。以故凡古圣死，其灵魂姑居此狱，以待耶稣受苦之后，降狱取出，引导之使升天堂也。经所谓降地狱者，即降此第四重之地狱也。第三日自死中复活。）

我信其升天，坐于全能者天主罢德肋之右。

我信其日后彼而来审判生死者。

我信斯彼利多三多。

我信有圣而公厄格勒西来（厄格勒西亚，译言天主教会也）诸圣相通功。

我信罪之赦。

我信肉身之复活。

我信常生。亚孟。

天主十诫

一、钦崇一天主万有之；

二、毋呼天主圣名以发虚誓；

三、守瞻礼之日；

四、孝敬父母；

五、毋杀人；

六、毋行邪淫；

七、毋偷盗；

八、毋妄语；

九、毋恋他人妻；

十、毋贪他人财。

十诫总归二者，受天主万有之上，乃爱人如己（此诫在昔天主降谕，令普世遵守。顺者，升天堂受福，逆者，堕地狱加刑）。

圣教定规其要有四

一、凡主日，暨诸瞻礼之日，宜于弥撒；

二、遵守圣教所定斋期；

三、解罪至少每年一次；

四、领圣体至少每年一次，即于复活瞻礼前后。

有四诫乃天主降生之后，圣教皇代天主神权而定以盖人神功也。

凡教中人无大故而弗遵此四诫者，其罪非轻，然欲知其故必堂求神师，指教庶几无误耳。

悔罪规文

天主耶稣契利斯督，我重罪人，得罪于天主，我如今为天主，又为爱天主万物之上，一心痛悔我的罪过，定心再不敢犯天主的命，望天主赦我的罪。

日旦堂梓

第七章　天主教哲学与理学、佛学的理论争辩

第一节　天学与理学

作为传教士，对利玛窦来说，"最重要和最中悦天主的事，是教友能日渐增加"①，他的所有工作都是"希望这个伟大的计划能早日实现"②。

但利玛窦所到达的不是非洲和美洲，而是一个在西方文化之外完全自主、独立发展起来的具有悠久历史文化的中国，是"唯一的一种也保留了精确的哲学反思之重要证据和未曾使用一种印欧类语言的文明即中国文明"③。利玛窦初到中国时，完全被中国的这种高度发展的文明和悠久的文化所震撼。在他初到肇庆后写回西方的第一封信中，字里行间流露出对中国的赞美。他说：中国有广阔的国土，"它整个看起来像一座大花园，并有无可形容的宁静与安详"④。中国人勤劳，智慧，创造了辉煌的文化成就，而这些都是在没有同西欧人交往的情况下，

---

① 利玛窦：《利玛窦书信集》（上），第42页。
② 同上。
③ 谢和耐：《中国和基督教：中国和欧洲文化之比较》，第347页。
④ 利玛窦：《利玛窦书信集》（上），第48页。

完全由自己的经验获得如此的成就。中国有良好的秩序、有效的管理、无穷的财富。

面对着这样一个完全成熟的异质的文化，采取天主教以往那种直接面向下层群众的布教方法显然不行，必须从文化入手，从上层入手。范礼安所规定的耶稣会在中国的传教策略直到利玛窦时才逐步变成了现实。

利玛窦对中国文化的认识有一个从浅到深的过程，这从他由着僧服改为着儒服就可以充分表现出来。通过他的学习与观察，他认识到儒家文化在整个中国文化中的主导地位，他说："儒教是中国古代原有的宗教，故此过去和现在，这些人一直握有政权，也是最盛行，最受重视，经典最多的宗教。"①中国最伟大的哲学家是孔子，孔子在中国具有极高的地位，因为"虽然不能说在中国哲学家就是国王，但可以说国王是受哲学家牵制"②。

利玛窦已经清楚地看到了中国的政治文化特点是政教合一，皇帝就是天的代表，而只有"皇帝给上帝奉献祭祀，若有别的人妄想行此仪式，则认为是侵犯皇帝之权利，而加以惩罚"③。这自然与西方的政权和教权机构相分的体制不同。

面对着这样一个神权与政权完全融为一体的社会结构，天主教要想进入中国，利玛窦要想完成其肩负的使命，几乎可以说没有其他的选择。他只能与当时作为国家意识形态的儒学结合，即走"合儒"的路线。当然，这个方法对于天主教的传统传教方法来说也是很危险的，有些离经叛道的感觉，这也是后来造成耶稣会与其他后进入中国的天主教会，如方济各会、多明我会、遣使会、奥斯丁会等发生分歧并引起内部不同意见的根本原因之一。所谓的"礼仪之争"从这时就埋下了导火索。

但若从中西文化交流史来看，从西方思想文化与中国文化的碰撞与融合来看，利玛窦毕竟迈出了历史性的第一步。正是这一步，西方文明才开始了与东方文明的真正相逢，因为西方文明的核心——哲学与宗教——开始同东方哲学和宗教展开一种实质性的对话与比较，这是前所未有的。与马可·波罗那种威尼斯商人的眼光相比，利玛窦看得要深刻得多。一场对中西文化日后的发展都起到重要作用的哲学、宗教对话由利玛窦拉开了序幕。

---

① 利玛窦：《利玛窦中国传教史》（上），第83页。
② 同上书，第21页。
③ 同上书，第84—85页。

实际上，在利玛窦将西方的科学传入中国和把基督教传入中国这两件事上，后一件事更具有挑战性，也更有深刻的理论意义。应该说，利玛窦的历史地位和贡献从根本上在于"他成功地确立了耶稣会士在中国的活动，并开始把基督教纳入了整个中国文明的整体之中"①。

通过研究利玛窦对中国文化的理解与解释，分析他的"合儒""补儒"尝试的得失，我们不仅可以理清明清思想上的一段公案，对利玛窦为代表的传教士的这种历史性努力在中国思想史上的地位得出一个结论，而且可以加深对中西文化各自价值特点的认识和反思。尤其是在今天，当中西双方重新平等地坐在一起时，中西双方都又回到了这个原点上来。

中西文化如何会通？这成为我们今天必须重新思考的问题。利玛窦研究的价值正在于此。下面，我们从对利玛窦思想的研究入手，重新分析一下400年前中西哲学与宗教的冲突与融合。

一、耶稣会士的"合儒"策略

当利玛窦在瞿太素的劝告下脱下僧服披上儒袍时，他就迈出了重要的一步，即采取了与中国主流文化——儒家文化——亲合的办法。来华耶稣会士的"合儒"工作大体是从三个方面入手的。

首先，突出原儒文化的宗教性质。中国文化的发展经历了一个漫长的过程，在这期间，殷周时期是个关键，正是在这一时期，中国文化形成了它的基本特点。如果同西方文化"轴心期"的文化转型相比，中国文化"并不是因为认识到自身的局限而转向超越的无限存在，理性的发展不是向神话的诸神进行伦理的反抗，更未导致唯一神论的信仰。在中国的这一过程里，更多的似乎是认识到神与神性的局限性，而更多地趋向此世和'人间性'，对于它来说，与其说是'超越的'突破，毋宁说是'人文的'转向"②。

利玛窦的过人之处在于，他敏锐地察觉到儒家文化的这种伦理性和一神教的天主教的宗教性差别，于是采取了将儒家一分为二的方法。对于原儒，他肯定其

---

① John D. Young, *Confucianism and Christianity: The First Encounter*, p. 28.
② 陈来：《古代宗教与伦理：儒家思想的根源》，第4页。

宗教性的一面，以表示他对当下儒家理论的不满；对于后儒，他采取批评态度，从而达到"以耶补儒"的目的。关于他对后儒的批判，下面我们还要具体展开，这里暂且不议；而他所谓的"合儒"，实际上又是为他批宋儒所做的一种理论准备。我们只有首先弄清其"合儒"的内涵，才能理解他批儒的实质。

对于原儒的宗教性的肯定，他主要是通过文献考据学方法来完成的，通过考证证明中国古代存在上帝，说明儒耶本为一家。①

利玛窦在《天主实义》中说，"吾国天主，即华言上帝"②。于是他做了一系列的引证来证明这一观点。《中庸》曰："郊社之礼，所以事上帝也。"《周颂》曰："执竞武王，无竞维烈。不显成康，上帝是皇"；"于皇来牟，将受厥明。明昭上帝"。《商颂》曰："圣敬日跻，昭假迟迟，上帝是祗。"《雅》云：维此文王，小心翼翼，昭事上帝。"《易》曰："帝出乎震。"《礼》曰："五者备当，上帝其飨"；"天子亲耕，粢盛秬鬯，以事上帝"。《汤誓》曰："夏氏有罪，予畏上帝，不敢不正"；"惟皇上帝，降衷于下民，若有恒性，克绥厥猷惟后。"所以，结论是"历观古书，而知上帝与天主，特异以名也"③。

利玛窦这个思路为大多数来华传教士所承袭。方济各会的利安当在《天儒印》中采取的就是利玛窦的这种方法。他分别列举出儒家经典的部分论述，尔后从天主教方面加以解释，以证实天儒本为一家。如他对《大学》中的"在明明德"的解释为："明德者，人之所得乎天"，"人之灵明，不能自有，而为天主所畀也"。在白晋（Joachim Bouvet，1656—1730）的《古今敬天鉴》、孟儒望的《天学略义》和中士严保禄的《天帝考》中所采用的论证方法，大体都是如此。

入华传教士的这种文献学方法对于言必称三代的儒家知识分子有很大的说服力。他们一方面感到这些传教士学富五车，满腹经纶，与自己是同道人；另外一方面，传教士以古人之言为证，使后人十分信服。利玛窦所开创的这种文献解释学的方法是成功的。

---

① John D. Yong, *Confucianism and Christianity: The First Encounter*, Chap. 1 "The Policy of Accommodation" and Chap. 2 "Matteo Ricci's Original Confucianism."
② 利玛窦：《天主实义》，朱维铮主编：《利玛窦中文著译集》，第21页。
③ 同上。

就理论本身来说,中国文化在殷周时期的确经历了一个从自然宗教信仰到人文伦理信仰的转变过程,这个过程保存着自然宗教的痕迹。我们用"原儒"这个词仍不太准确,因在殷周时代尚没有儒家,或许用"前儒"更合适。但中心思想是要说明在殷周之转变中自然宗教的痕迹仍大量存在。

作为自然宗教中崇拜的"上帝",和已经成熟的基督教的一神论中"上帝"二者之间有着原则性的差别。利玛窦等人混淆了这种差别,而只突出其一致性的方面,应该说利玛窦的方法是很高明的。

他早已认识到中国文化本身的这种形态的转变。今天我们仍在讨论这个问题,从"巫"到"士"再到"教"("儒教",姑且称之),每个阶段所表现的特点是不同的。作为一个外来的传教士,他能敏锐察觉到这一点,不能不令人敬佩。

其次,强调耶儒在伦理上的一致性。"孔子贵仁"(《吕氏春秋·不二》),"仁爱"是儒家伦理的根本特征,这种"仁爱"的原则既有基于宗法血缘关系的"亲亲"的含义,如孔子所说"君子务本,本立而道生,孝弟也者,其为仁之本与"(《论语·学而》);但同时也包含有泛爱的含义,如"樊迟问仁,子曰:爱人"(《论语·八佾》),这种泛爱实际是对人道德的提升,表明人的伦理之进化,以区别于动物。

基督教伦理学也强调爱:"亲爱的朋友,让我们彼此相爱吧,因为爱是从上帝来的,凡是实行爱的人,都是上帝的儿子,来自上帝。任何人如不实行爱,就不会认识上帝。因为上帝就是爱。"(《圣经·约翰书》第四章)基督教的爱有二层含义:一是"爱上帝",二是"爱人如己"。显然,基督教与儒家既有共性,也有差别。但来华传教士在"合儒"中只强调其共性的一面,或者把基督教的爱的伦理套用到儒家的"仁"的伦理上。如利玛窦说:"天德之品众矣,不能具论,吾今为子惟揭其纲,则仁其要焉。得其纲,则余者随之,故《易》云:'元者,善之长','君子体仁,足以长人'。"[1]然后他概括说,儒家的仁学主要有二条:"爱天主,为天主无以尚;而为天主者,爱人如己也。行斯二者,

---

[1] 利玛窦:《天主实义》,朱维铮主编:《利玛窦中文著译集》,第78—79页。

百行全备矣。"①

利玛窦对这两层含义与儒家"仁"的对应并未做区分。

利安当在《天儒印》中解释孔子的"己所不欲，勿施于人"时也说："吾主圣训，曾有是语，此即'爱人如己'之大旨也。"他认为："天主既为天地大君，不爱天主可谓忠乎？欲爱天主，而不爱天主所爱之人，可谓恕乎？"利安当的思路略有变动，因为从逻辑上讲，爱天主和爱人是不能互证的，爱天主是没有逻辑前提的，它是信仰在伦理上的体现。所以，当利安光提出"爱主爱人，如南北西东不容缺一。不爱主，断不能爱人；不爱人，称不得爱主"时，已经向儒家思想做了一定的妥协和让步。

最后，对儒家礼仪的宽容性。利玛窦对于中国传统的祭祖和祭孔采取了一种宽容态度，樊国梁在《燕京开教略》中说："溯自利玛窦开教中华，中国之仪礼，不免有碍圣教正道之条，新奉教者遽难一一断绝。传教士等初尚一二，以为此等仪礼，不尽涉于异谓……"如果利玛窦要想得到儒家的支持，非如此不可，这种做法显然赢得了大多数儒士们的支持。尽管这种做法为以后的礼仪之争埋下了种子，在耶稣会内部也产生了分歧，但利玛窦所确定的这个路线为当时天主教在中国站稳脚跟起了十分重要的作用。

有一点应再强调一下。有些学者认为利玛窦等人所从事的中西文化交流的贡献在于他将"西方科学与孔子伦理相结合"，这是一个误解。利玛窦等人的"合儒"是用什么合？绝不是用科学去"合儒"，而是用西方的"人文主义"、欧洲文化的宗教性、欧洲哲学的理性与孔子思想相融合。②将中世纪神学、希腊哲学介绍到中国并使其与儒家思想相结合，这正是入华传教士在中西文化交流史上的重要建树。

艾儒略在《大西利先生行迹》中说："大西利子，奉天主真教，航海东来，其言多与孔、孟合。""合儒"对来华耶稣会来说，主要是策略性的，当然也有被中华悠久文明所打动的部分，把利氏等人的做法完全归为策略也不妥。因按严格的天主教理论，利玛窦的做法已有不少偏离，他允许信教的中国人祭祖、祭

---

① 利玛窦：《天主实义》，朱维铮主编：《利玛窦中文著译集》，第79页。
② Paul A. Rule，*K'ung-tzu or Confucius?*: *The Jesuit Interpretation of Confucianism*，p. 52.

孔，甚至默认中国儒生对基督和圣母信仰的某种功利性。这里表现了利玛窦极大的宗教宽容的态度和对非基督教文化的尊重，而这正是以后在礼仪之争中利玛窦的路线受到批评的原因。

但大公会议以后，罗马教会充分认识到利玛窦传教方法的价值，并给予了充分的肯定。①利玛窦在促进文化融合上，在对基督教理论的理解上，都有着开创性的建树，他作为中西文化交流第一人是当之无愧的。

对传教士们来说，传教是宗旨，但如果耶儒完全相同，那何苦要引进天主教呢？因而他们必然要同中国文化划出界线，以彰明天主教来华之必要。这样对理学的批评就是题中应有之义。

二、耶稣会对理学的批判

宋明理学是中国思想发展史上的一个重要阶段，它是经东汉经学、魏晋玄学之后，中国哲学思想向其理性化发展的最高表现。它以儒家伦理为核心，以道家的宇宙论为基础，在大量吸收佛教思辨特点的情况下，将儒家的思想向本体的方向提升，使其抽象化、理论化。正如张岱年先生所说的，"理气论之大成者是朱晦庵（熹）。朱子根据伊川之学说，加以扩大、充实，予以丰富的内容，形成中国哲学中最缜密最有条理的本根论系统"②。张先生所说的"本根论"即理性化的伦理本体论。

理性化的儒家哲学体系同天主教一神论的分歧是十分明显的。正因此，来华耶稣会士对宋明理学展开了多次批判。

第一，理不具有本体功能。利玛窦在《天主实义》中首次展开对理学的批判，其入手之处就是哲学本体论上的判定。宋明理学以《易学》作为其宇宙论的框架，周敦颐在《太极图》中最早提出了一种宇宙生成发展的图式：

> 无极而太极。……太极动而生阳，动极而静，静而生阴。静极复动。一

---

① 教皇若望保禄二世在纪念利玛窦逝世四百周年时说："他们应该以谦敬仁爱，和别人联合在一起，应该承认自己是共同相处的人群的一分子，应该借着人类生活的各种事业与关系，参加文化与社会活动，应该熟悉地方的风俗及宗教传统，应以欣然起敬的态度，去发掘蕴藏在这些事物中的圣道的种子。……他的宣传福音方法却用多种高尚的及宝贵的成分充实教会。"

② 张岱年：《中国哲学大纲：中国哲学问题史》，第58页。

动一静，互为其根；分阴分阳，两仪立焉。

……

阳变阴合，而生水、火、金、木、土。五气布顺，四时行焉。（《周子全书》卷一）

利玛窦说：

呜呼！他物之体态，不归于理，可复将理以归正义，若理之本体定，而不以其理，又将何以理之哉？吾今先判物之宗品，以置理于本品，然后明其太极之说，不能为万物本原也。①

这里他首先提出了一个原则：万物分为两类，一类是自立者，一类是依赖者，只有自立者才能成为本体。他说：

夫物之宗品有二：有自立者，有依赖者。物之不待别体以为物，而自能成立，如天地、鬼神、人、鸟兽、草木、金石、四行等，是也。斯属自立之品者。物之不能立，而托他体以为其物，如五常、五色、五音、五味、七情等，是也。斯属依赖之品者。②

由这个原则来看理，那么，"若太极者，止解之所谓理，则不能为天地万物之原矣。盖理亦依赖之类，自不能立，曷立他物哉？"③由于理不是自立者，它无法成万物之本原。

艾儒略在《万物真原》中也遵循着利玛窦这一思路，以"自立者"和"依赖者"之区别为其依据，来判定"理"的性质。他说：

凡物共有二种：有自立者，有依赖者。自立者又有二种：有有形而属四行者，如天地、金石、人物之类；有无形而不属四行者，如天神、人魂之类。依赖者亦有二种：有有形而赖有形者，如冷热、燥湿、刚柔、方圆、五色、五味、五音之类；有无形而赖无形者，如五德、七情类。夫此自立与依

---

① 利玛窦：《天主实义》，朱维铮主编：《利玛窦中文著译集》，第18页。
② 同上。
③ 同上。

赖两种，虽相配而行，然必先有自立者，而后有依赖者。设无其物，则无其理，是理犹物之依赖者也。无有形之体质，则冷热、燥湿、刚柔、方圆、五色、五味，俱无所着。无无形之灵，则五德、七情亦俱泯于空虚，而谓理能生物乎？即云天地人之理，神鬼有神鬼之理，亦从有生之后，推论其然；若无天地、人物、神鬼，理尚无从依附，又何能生生物乎？①

他的思路和利玛窦的一样，用亚里士多德的自立和依赖方法来批评理的抽象性，说明理不能自立，从而无法担起本体之基的角色。

在《万物真原》中他专列出一节批评理学，其标题是"论理不能造物"。他说：

或曰：气不能自分天地万物，固矣。然气中有理，理能分气。造天地万物之功，理之功也。曰：不然，此乃非理之说也。理者、道者，皆虚字耳，何以能生物也？②

第二，理不具有灵觉功能。如果上面是正面论述，那么这一条是反证。理既然虚空无灵觉，它怎能派生出有灵觉万物呢？

理者灵觉否？明义者否？如灵觉、明义，则属鬼神之类，曷谓之太极，谓之理也？如否，则上帝、鬼神、夫人之灵觉，由谁得之乎？彼理者，以己之所无，不得施之于物以为之有也。理无灵无觉，则不能生灵生觉。请子察乾坤之内，惟是灵者生灵，觉者生觉耳。自灵觉而出不灵觉者，则有之矣，未闻有自不灵觉而生有灵觉者也……③

艾儒略也是这个思路，认为："凡因其物当然，推其所以然，皆理也。子云理能生物，吾云理不能生物。必由造物主所生。"④

这里传教士对"理"的理解基本上是对的。理的出发点尽管讲的是伦理，但实质是万物的本质，是抽象的。传教士的反驳是从神学出发的，在理论上对不

---

① 艾儒略：《万物真原》，钟鸣旦等编：《徐家汇藏书楼明清天主教文献》（第一册），第187页。
② 同上书，第186页。
③ 利玛窦：《天主实义》，朱维铮主编：《利玛窦中文著译集》，第19页。
④ 艾儒略：《万物真原》，钟鸣旦等编：《徐家汇藏书楼明清天主教文献》（第一册），第187页。

上。一个讲的是哲学，一个是讲的是神学、宗教。用神学来反驳理的本体地位，似乎不着边际，这说明明清中西初识时的对话实属不易。

龙华民在《灵魂道体说》中引出宋明理学的"道体"同基督教的神学本体的十大区别，其中第七个区别在于"道体"即理无明悟，而灵魂是有明悟的。"道体冥冥，块然物耳，无有明悟，不能通达。灵魂则有明悟，而能通达天下之理，追究吾人自何处来，向何处去，并能识我性命根本之根本。"①

在做这一批判时，他把原儒与宋儒区别开来，因为在孔子那里，"太极"并不是他的根本性概念，而在宋儒那里；太极是本体的，太极生两仪，两仪生四象，四象生八卦，由此推演万物产生。利玛窦在《天主实义》中就提出这样的问题：西士说他来华多年，读遍经书，只听到过"古先君子敬恭于天地之上帝，未闻有尊奉太极者"②。

第三，理不具有人格功能。龙华民认为："道体无意无为，听其使然而然，又不得不然，是谓有受造之能，而无创造之能。灵魂者自有主张，行止由己，不受强制于物。"③这点明了理是被动的，而灵魂是主动的。另外，"道体本为自如，无德无恩，亦无功罪。灵魂能行德恩，亦能负功罪焉"④，这说明理是无德性的，德性是人格的表现。最后，"道体自无福，自无祸，不赏不罚。灵魂则能行善恶，能受赏罚"⑤。宋儒中的理是一种哲学的抽象，朱熹把其规定为"无形迹""无情意"的精神本体，这和具有人格特点的上帝是完全不同的。就此，龙华民点明的这个区别是对的。

龙华民等人心中的本体是圣父、圣子、圣灵的三位体，是一个人格神，它具有创世之功能，有行善恶之德心。正如利玛窦所说："如尔曰'理含万物之灵，化生万物'，此乃天主也，何独谓之'理'，谓之'太极'哉！"⑥

---

① 转引自朱谦之：《中国哲学对欧洲的影响》，第151页。
② 利玛窦：《天主实义》，朱维铮主编：《利玛窦中文著译集》，第17页。
③ 朱谦之：《中国哲学对欧洲的影响》，第151页。
④ 同上。
⑤ 同上。
⑥ 利玛窦：《天主实义》，朱维铮主编：《利玛窦中文著译集》，第20页。

三、中西哲学之比较

今天我们来重新反思这场中西哲学之争，可以看出，来华耶稣会士尽管广交儒友，读遍经书，但对宋明理学的理解仍有很大的问题。一方面，他们的确看出了中西哲学之不同且差别很大；另一方面，他们的许多批评是隔靴抓痒，文不对题。

从前者来说，他们强调"理"不具有人格神的特点是十分准确的。基督教作为一神教，其重要特点在于神通过耶稣这个形象显示出来，这就是所谓的"道成肉身"，上帝以基督的肉体显示了自己。正因为这样，人格神是基督教的根本原则。耶稣是一个有其生活历程的可感受的形象。上帝这种本体被人格化了，神被人格化了。凡是读过《新约》的人，便能感知到基督的精神。他一降于世界就受苦，直到被钉在十字架上。他以自己的精神感召人们，正因为这样，人格神是基督教的根本所在。基督教与希腊哲学相融合以后，在中世纪的经院哲学中，上帝的存在通过理性化的论证而开始显示出它的哲学色彩，但人格神的特点始终是基督教的根本特征。

中国文化自春秋以后已摆脱了原始宗教色彩，经过汉代经学、魏晋玄学的一系列演化后，到宋明理学时已发展到它的最高阶段。到朱熹那里，他在二程的基础上，把儒家的道德伦理、心性之学与道家的本体论和佛家的思辨结构融为一体，创造了儒家思想发展史上的最完备的哲学体系。在这个体系中，"理"成为天地万物的最高实体，"宇宙间，一理而已"（《朱子文集》卷七）。宋学与汉学之别，就在于宋学把汉学那种粗糙的神学目的论进一步向理性化推进。

董仲舒提出了天人感应的理论，认为"天亦人之曾祖父也"（《春秋繁露》卷十一）。他还说："天之任阳不任阴，好德不好刑。"（《春秋繁露》卷十二）这表明："天亦有喜怒之气，哀乐之心，与人相副，以类合之，天人一也。"（《春秋繁露》卷十二）董仲舒采取了阴阳家的思想，从天与人的关系中为当时的社会发展提供了一套理论说明。他的学说一方面是原儒学说的发展，使儒家向宇宙论方向推进，尤其是奠定了儒家作为国家学说的地位。但另一方面，他的学说不精致，天人关系仍未讲透，天仍有人格神的一面。天究竟是"主宰之天"的"天"（heaven）还是"自然之天"的"天"（nature），他讲得不太清楚。

冯友兰先生曾引用过金岳霖的一段话，十分精彩。他说："我们若将'天'既解为自然之天，又解为主宰自然的上帝之天，时而强调这个解释，时而强调另一个解释，这样我们也许就接近了这个中国名词的几分真谛。"①

理学在一定意义上是汉学的改造，理是一种精神的实体，世界万物存在的根据。理的根本点是其抽象性，"理无形也，故假象以显义"（程颐《乾卦和九下》）。"若理，则只是个净洁空阔的世界，无形迹，他却不会造作。"（《朱子语类》卷一）所以，在宋学中，人格神的因素已经完全被排除了。

利玛窦等人在中国几十年，熟读经书，但一讲到哲学，讲到形而上学，仍是用西方的概念来理解，可见文化理解决非易事。中国文化的这种"伦理本体论"，从利玛窦开始直到黑格尔都无法理解，黑格尔干脆认为中国无哲学。而不理解中国哲学这一特点，便无法抓住其本质。这是中西哲学之重大差异，如何对待这个差异，在中西哲学交流史上可总结的经验教训不少。

因此，利玛窦等认为理不具有人格神的特点是正确的，在这种批判中表现出他们对中国文化的非宗教特征和对理学的理性特征的深入认识。

至于后者，传教士批评的不足可以从两方面表现出来。

其一，不理解"理"的理性本体论特征。在对"理"的这一类批评中，他们所使用的所谓"自立者"和"依赖者"的理论，实际上是中世纪经院哲学的唯名论的观点。中世纪的"唯实论"和"唯名论"之争是从柏拉图的理论和亚里士多德的实体学说中引申出来的。"唯实论"赞同柏拉图的观点，认为一般先于事物的存在，理念在先，存在在后；而"唯名论"认为一般概念仅仅是个别事物的名称，它不先于事物，也不在事物之中，而是在事物之后。当传教士们认为理不是"自立者"而只是"依赖者"时，他们完全没有认识到，"理"在抽象形态上是和他们所赞同的柏拉图的"理念说"有着相通之处的，同时也是和亚里士多德理论中的"质料"与"形式"两个基本要素中的"形式"十分近似的。既然"目的因"可以作为最终的原因，既然"灵魂"可以作精神实体，为什么"理"为万物之本就不行呢？"理"在中国哲学中就是"自立者"。"要之，理之一字，不可

---

① 冯友兰：《中国哲学简史》，第125—126页。

以有无论，未有天地之时，便已如此了也。"（朱熹《答杨志仁》）因而，传教士们用"自立者"和"依赖者"的理论来批"理"，有些文不对题。所以，他们仍未真正理解"理学"。

其二，忽略了"理"的伦理功能。传教士认为天主具有扬善惩恶之功能，而理不具有，它只是"虚"。这很明显地暴露了传教士并未从根本上理解宋明理学。"理学"本是伦理思想的本体论化，把中国的传统儒家伦理思想提高到宇宙论的高度，如朱熹所说："宇宙之间，一理而已！天得之而为天，地得之而为地，而凡生于天地之间者，又各得之而为性。其张之如三纲，其纪之如五常，盖皆此理之流行，无所适而不在。"（《朱子文集》卷七）这说明以理为根，天人相通，对此二程讲得也很明白，二程说："天人本无二，不必言合。"（《二程遗书》卷六）"道未始有天人之别，但在天则为天道，在地则为地道，在人则为人道。"（《二程遗书》卷二十二上）这说明"理"虽不是人，但其本体功能和伦理功能不可分，"理"没有人格神的特征，但却发挥着扬善惩恶之功能。这是传教士们所不能理解的，他们尚未理解"这一思想具有深刻的意义"[①]。

因此，有的学者提出疑问：利玛窦等人用"上帝"来代替"理"，这样的上帝观念能否成为"沟通中西双方的桥梁"[②]？这样的质疑是有道理的。

第二节 天学与佛学

利玛窦和罗明坚初来华时不了解中国实情，以西"僧"为名，张尔岐在《蒿庵闲话》中说："玛窦初至广，下舶，髡首袒肩，人以为西僧，引至佛寺。"他们在肇庆的教堂被王泮题名为"花迁寺"，王泮称他们为"西来净士"。

尽管这种传教方式是他们由于初到中国、不了解中国的国情所做的选择，"但这也是很自然的，至少从外观上来看，佛教与基督教有更多的相似性，而不

[①] 姜广辉：《理学与中国文化》，上海人民出版社1994年版，第129页。
[②] Thaddus Tui-Chieh Hang, "Ricci's Criticism of The Concept of Tai-chi," *International Symposium on Chinese-Western Cultural Interchange in Commemoration of The 400th Anniversary of The Arrival of Matteo Ricci, S.J. in China*, Taipei, 1983, p. 275.

像儒家那样"①。

当利玛窦采取合儒、补儒的策略以后,他们同时也就采取了排佛、批佛的政策。在南京居住时,利玛窦两次和人论争佛教问题。第一次是同李汝祯,讨论的结果是:"利神父使对方承认了,佛教像似一个苹果,一部分是好的,一部分是坏的;好的部分可以接受,坏的部分就该丢弃。"②第二次是李汝祯专门请来了当时的禅学大师三准与利氏辩论,结果是三准大败,大部分参加者都赞同利玛窦的观点。在北京居住时,利玛窦又同吏部稽勋司郎中虞淳熙讨论佛学问题,写下了著名的《辨学遗牍》。

在利玛窦之后,同佛教的论争始终是在华耶稣会士和士大夫基督徒们的重要工作。艾儒略在《三山论学记》中,陆安德在《真福直指》中,徐光启在《辟释氏诸妄》中,都对佛教、道教展开了批判。

从理论本身来看,利玛窦等人对佛教的批评集中在以下几个方面。

其一,从常识上批判佛教。

耶稣会士来自文艺复兴后的欧洲,他们个个又都是饱学之士,精通西方科学,这一点成了他们批判佛教的有力的武器。如佛教说"日轮夜藏须弥山之背",这样才有白昼之分,又说"天下有四大部洲,皆浮海中,半见半浸",显然这与已完成了地理大发现后的地理学知识不符;又如对日月蚀,佛教解释为"阿函以左右手掩日月,为日月之蚀",利玛窦则说:"此乃天文地理之事,身毒国原所述未达,吾西儒笑之而不屑辩焉。"③

佛教主张出家,尤其是小乘佛教认为,苦难来源于人生的本质,要追求断业灭惑;只有远离社会,出家过禁欲的生活,才能摆脱苦难。利玛窦在《天主实义》中运用逻辑,从一种常识的角度加以批评。他说,如果不许结婚,"佛从何生乎?禁杀生复禁人娶,意惟灭人类,而让天下于畜类耳"④。

在谈到佛教的修行方法时,利玛窦也加以批评。在大乘佛教的《妙法莲花经》中有能通此经者得到天堂受福的说法。利玛窦认为,如果照此执行,"使有

---

① Julia Ching, *Confucianism and Christianity: A Compartive Study*, Kodansha, 1977, p. 14.
② 利玛窦:《利玛窦中国传教史》(下),第312页。
③ 利玛窦:《天主实义》,朱维铮主编:《利玛窦中文著译集》,第83页。
④ 同上。

罪大恶极之徒，力能置经诵读，则得升天受福；若夫修德行道之人，贫穷困苦买经不便，亦将坠于地狱与？"①

耶稣会士王一元在《谂周偶编》中也以此理批译佛教。"请向释氏云任人百千罪过，只须念佛，悉皆消灭。信斯言也，将圣贤或慎不睹恐惧，不闻存天理之本然。遇人欲于将明者，不皆属多事耶。"②

这是一种逻辑的推论，批评佛教修法的简易、不合理。显然，这也看出利玛窦等人对佛教，尤其是中国佛教，并不是十分了解。佛教自传入中国以后就不断和中国传统思想磨合，从而形成中国自己的佛教思想，这在禅宗那里表现得最为突出。禅宗由于自慧能起注重净性，强调自悟，提倡顿悟，即"见性成佛""顿悟成佛"，从而成为中国各佛教教派中流传时间最长、影响最大的宗派。禅宗修行方法的简洁，正是它流传广远的重要原因。

利玛窦等人对此并不十分清楚，所以才说："呼诵'南无阿弥陀佛'，不知几声，则免前罪，而死后平吉，了无凶祸。如此其易，即可自地狱而登天堂乎？岂不亦不益于德，而反导世欲以为恶乎？"③这说明他对中国化的佛教——禅宗的特点知之甚少。

其二，从历史上批评佛教。

这方面主要是他从佛教史上发现问题并加以批评。当中士说"佛老之书，所载能记者甚多，则固有记之者"④时，利玛窦从根本上否认佛教作为一种宗教学说的独创性：

> 古者吾西域有士，名曰闭他卧剌。其豪杰过人，而质朴有未尽，常痛细民为恶无忌……为言曰：行不善者，必来世复生有报，或产艰难贫贱之家，或变禽兽之类，暴虐者变为虎豹，骄傲者变为狮子，淫色者变为犬豕，贪得者变为牛驴……⑤

---

① 利玛窦：《天主实义》，朱维铮主编：《利玛窦中文著译集》，第83页。
② 王一元：《谂周偶编》，钟鸣旦等编：《徐家汇藏书楼明清天主教文献》（第一册），第481页。
③ 利玛窦：《天主实义》，朱维铮主编：《利玛窦中文著译集》，第83页。
④ 同上书，第49页。
⑤ 同上书，第48页。

在利氏看来，最早提出这种来世惩罚理论的是古希腊的哲学家闭他卧刺，即毕达哥拉斯（Pythagoras），佛教不过是间接地学到了这种学说，加以演绎而成，并非佛教的独创。

利玛窦说："彼时此语忽漏国外，以及身毒，释氏图立新门，承此轮回，加之六道，百端诳言，辑书谓经。"[1] 利玛窦从根本上否认了佛教理论是完全独立于基督教和其他宗教理论的一个独立的宗教理论。

另外，他还从历史年代上说明天主教早于佛教，进而证明佛教可能是借用了天主教的理论。"天主教，古教也。释氏西民，必窃闻其说矣"[2]，天主教可能启迪了佛教，"释氏借天主天堂地狱之义，以传已私意邪道"[3]。这样解释后，天主教远比佛教久远，"释氏未生，天主教人已有其说"[4]。

佛教传入中国历来有几种说法：有西汉末年说，即认为西汉哀帝元寿元年（前2）有博士弟子景卢受大月氏使伊存口授《浮属经》的说法；也有东汉明帝夜梦神人以为佛，遣使而行，在西域抄回佛教42章，在洛阳建白马寺的说法。

利玛窦并未直接批评后者这个传说，而杨廷筠则表示怀疑，他说：

> 中国始缘帝王托梦，宰相贡谀，差去使臣，奉君相意旨，何事不可崇饰？取至番文，谁人识之？以意翻演，谁人证之？盖自蔡愔、秦景用白马驮回，虚恢谲诈，而百端伪妄，已潜伏可究诘矣。[5]

这可谓釜府抽薪，从根本上动摇了佛教在中国的基础。当代汉学家钟鸣旦认为，从史学上来看，"杨廷筠也许是第一位向这段故事的真实性提出质问的史学家"[6]。他认为杨廷筠对这一说法的质疑要比近代史学家汤用彤更早。

利玛窦等人对佛氏之攻击，对孔学之赞扬，显然是有策略上的考虑的。从理论上说，由于儒家不是严格的宗教，只能说其有宗教功能，没有宗教外形，有

---

[1] 利玛窦：《天主实义》，朱维铮主编：《利玛窦中文著译集》，第48—49页。
[2] 同上书，第26页。
[3] 同上。
[4] 同上。
[5] 杨廷筠：《代疑篇》，吴相湘主编：《天主教东传文献》，第532页。
[6] 钟鸣旦：《杨廷筠——明末天主教儒者》，第198页。

的学者称为"半宗教",这对天主教来说便于通融。而佛教作为一种宗教,其理论已十分成熟、完备,它同基督教的冲突甚多,不易调节。这种理论上的不同构成了利玛窦等人批判佛教的主要内容。利玛窦在答虞淳熙的信中说得十分清楚:"区区远人,何德于孔,何仇于佛哉!"①如果信儒是为了讨好士大夫,那么当时的知识分子中信佛的并不比信儒的少,所以他说:"何不并佞佛,以尽谄士大夫,而徐伸其说也?实是坚于奉戒,真心一意。"②正是出于这种"真心一意",利玛窦等人在理论上从以下几个方面展开了对佛教的批判。

第一,关于天主和佛之辩。在莲池大师对利玛窦的批评中,第一条就是他的天主论。在莲池大师看来,天主不过是"忉利天主",即佛教讲的四天下三十三天之主。按照佛教宇宙论的解说,世界分为佛国世界和世俗世界,后又分为欲界、色界和六色界三界。在欲的六天之中,第二是忉利天,又名三十三天。根据莲池大师的这个解释,天主教所说的天主只不过是忉利天之主,他在佛教中处于很低的地位。

利玛窦认为这种说法是站不住的。

首先,他认为四天下之说法是不合乎历史事实的。"今西国地理家,分大地为五大洲。其中一洲,近弘治年间始得之,以前无有,止于四洲"③,这指的是大洋洲的发现使西方人有了五大洲的观念,以此证明佛的四天下观念是陈旧的。这里,利氏又运用了西方最新的地理学知识作为论据。

其次,佛经所记载的事实自相矛盾。"四天下之最中处,一经言昆仑山在地,一经言妙高山在水,孰是乎?昆仑山,一经言高一万五千里,一经言二万一千里……"④利玛窦以其矛攻其盾,揭露佛教文献本身的矛盾。

最后,三十三天之说来自西方。利玛窦根据中世纪的宇宙论认为有九重天之说,而每一重天又"少者三重,多者五重,总而计之,约三十余重……此三十三天之所自始也"⑤。利玛窦认为,由于印度靠近西方,西方人早已与印度有往

---

① 利玛窦:《利先生复虞铨部书》,朱维铮主编:《利玛窦中文著译集》,第660页。
② 同上。
③ 利玛窦:《复莲池大和尚〈竹窗天说〉四端》,同上书,第666页。
④ 同上书,第668页。
⑤ 同上书,第666页。

来，源于西方的宇宙理论首先传入了印度佛教之中，尔后又从印度传入了中国。

这样，从事实上，从典籍上，从根源上，利玛窦不同意莲池大师把天主说成"忉利天主"的观点，他从自己的文化立场确立了天主教"天主"的独特地位。

在确立了天主的地位后，利玛窦对佛教的神展开批评。莲池大师说天主教的天主类似于理，是虚空的东西；利玛窦认为，谓"天主为理，不可也"①，因为理是虚空，而天主能化生万物。接着利玛窦反攻为守，他说："且佛经言佛菩萨不多有神通灵应乎？佛则曾有报身，涅槃后已无之；诸菩萨并报身无之。试问今佛菩萨，为有形色声乎？为无神通灵通应耶？"②菩萨一方面是有形的，另一方面又是无形的，这样，佛教自身就产生了矛盾。逻辑始终是利玛窦论辩的重要手段。

第二，关于佛心之辩。宋代以后，中国佛教和理学相得益彰，在理学向本体论演进的同时，佛教对心性也日益重视。众心是妙心，是佛性，心成众生之本原。禅宗也是如此，慧能强调佛理以及万物都在自心，即真如本性中。"一切万法，尽在自心中，何不从于自心顿现真如本性。"（《坛经》）

在《天主实义》中，利玛窦以"中士"的话转述了佛教的这种思想，中士说：

> 佛氏无逊于上帝也。其贵人身，尊人德，有可取也。……世不达己心之妙，而曰心局身界之内。佛氏见其大，不肯自屈，则谓是身也，与天地万物咸蕴乎心。是心无远不逮，无高不升，无广不括，无细不入，无坚不度，故具识根者，宜知方寸间俨居天主。非天主，宁如是耶？③

对这种观点，利玛窦从两方面进行了批判。

其一，将本体论化为伦理学。他将佛教所说的本体的心，说成伦理的心。"傲者，诸德之敌也。一养傲于心，百行皆败焉。"④他引用西方一哲人的话来

---

① 利玛窦：《复莲池大和尚〈竹窗天说〉四端》，朱维铮主编：《利玛窦中文著译集》，第669页。
② 同上。
③ 利玛窦：《天主实义》，同上书，第40—41页。
④ 同上书，第41页。

加以解释:"心无谦而积德,如对风堆沙。"①说明佛教讲心的作用只是一种自傲的表现。无德何以成圣?一个自傲的人怎能说"贵人身,尊人德"呢?

其二,从虚实角度加以反驳。他认为,天主造万物并不是像佛教那样凭空而生,而是须材以成之。正如对人性的教化,也是"循其性而教之,非人本无性,而能使之有性也"②。而佛教仅从心出发,从空出发,创造了万物,这当然是不可能的。

进一步讲,人们平时所说的"含天地,具万物",也并非真的心创造出天地、万物,而是由于人们在生活中接触天地万物,形成了天地万物的观念,将其存于心而已。"惟仰观俯察,鉴其形而达其理,求其本而遂其用耳,故目所未睹,则心不得有其像。"③

这样就从根本上瓦解了心的功能,揭示了其本质,动摇了它的本体论功能,从而使佛教的"心性论"不攻自破。

第三,关于轮回之说。佛教的全部理论都是在论证人如何从痛苦中解脱出来,所谓"四圣谛",其核心是现世的苦难,"业"与"惑"导致生死轮回的产生。灭天谛就是要人们相信,造成世俗诸苦难的一切原因都可以断灭,从而脱生死轮回,达到无苦的涅槃的理想境界。

利玛窦在《天主实义》第五篇中专门批评了这种轮回说。因为这种轮回说在某些地方与天主教的理论有近似之处,所以,利玛窦第一步就指出这个理论是印度人从毕达哥拉斯那里得到的,但只是得到片言只语。从道理上讲,利玛窦说:"夫轮回之说,其逆理不胜数也。"④

其一,若灵魂可以轮回,"迁往他身,复生世界"⑤,那么,我们一定可以记得转到我们身上的前人灵魂的有关事,但我们并不知道此事。

其二,若是前世的有罪之人的灵魂转到禽兽身上,那么动物就有两类,一类是附了前罪人之魂的动物,一类是只有动物魂的动物。但我们没有发现动物有这

---

① 利玛窦:《天主实义》,朱维铮主编:《利玛窦中文著译集》,第41页。
② 同上。
③ 同上。
④ 同上书,第49页。
⑤ 同上。

种区别。

其三，如果前世罪人的灵魂附于动物、植物上，那么动物、植物岂不与人一样都有了同样的人的灵魂？利氏运用儒家的"三品说"，证明人与动物、植物魂所不同，从而说明，"佛氏云禽兽魂与人魂同灵，伤理甚矣"①。从这里看出，利氏那种"合儒排佛"的策略。

其四，人与兽体态各异，人之灵兽所没有，如此之差别，人怎能与兽有一样的灵魂呢？这是对上一论点的进一步展开。

其五，将前世罪人的魂置于今世的野兽身上，并未起到惩治作用，反而顺其欲。如前世是暴虐者常杀人，后世转为虎狼，这不是"非但不以变兽为刑，乃反以为恩矣"②。

其六，如果我们所杀的牛马是父母的前身，那么我们怎忍心去杀？如所驱的耕牛是父母的前身，我们怎敢驱牛耕田或驭之车？但农事又不可费，这怎么办？结论是：故知释氏所谓之人的灵魂，或托于别人之身，或入于禽兽之体，而回生于世间，"诚诳语矣"③。

杨廷筠在《代疑篇》中也批评了佛教的轮回说，并指出佛教的轮回说是从基督教中窃取来的。"至六道轮回，其说亦不始佛。大西洋上古一士，曰闭他卧剌者，悯世沉迷，倡为此说，以诱导愚俗，谓之权法，而大西古贤人，已直斥其妄矣。"④杨廷筠认为，尽管佛耶都有天堂地狱说，其实区别很大，佛教的学说"极租浅"，因佛教的"天堂地狱"是人带肉身而进入的，而基督教的"天堂地狱"是不带肉身，只是灵魂升入天堂。⑤

佛教和信佛的儒生对传教士和信教儒生的批佛言论进行了激烈的反击，释袾宏对利玛窦批佛教戒杀生的观点进行了反驳：

> 彼云：梵网言：一切有生皆宿生父母，杀而食之，即杀吾父母。如是，则人亦不得行婚娶，是妻妾吾父母也；人亦不得置婢仆，是役使吾父母也；

---

① 利玛窦：《天主实义》，朱维铮主编：《利玛窦中文著译集》，第50页。
② 同上书，第51页。
③ 同上。
④ 杨廷筠：《代疑篇》，吴相湘主编：《天主教东传文献》，第515页。
⑤ 同上书，第514页。

人亦不得乘骡马，是陵跨吾父母也。士人、僧人不能，如之何？

予曰：梵网止是深戒杀生，故发此论。意谓恒沙劫来生生受生，生生必有父母，安知彼非宿世父母乎？盖恐其或己父母，非决其必己父母也。表以辞害意，举一例百，则儒亦有之……①

《圣朝破邪集》卷七有释袾宏的《天说》、释圆悟的《辩天说》等都系统反映了佛教对基督教的回应。关于明末佛教与基督教的关系是一个需专门研究的内容，这里无法全面展开，待以后我将会对此做专门研究。

作为一种宗教派别，佛教在许多方面和基督教有着共同之处，但利玛窦却并未采取一种同佛教调和的态度。有的学者认为，利玛窦既然在"儒教的'自然神学'中找到了与基督福音的共同点，理应也能在佛教中发现自己信仰所关切的良好或更为良好的方向"②，那么，为什么利玛窦等人对佛教要采取这种强硬的态度呢？瑞士哲学家耿宁指出，这根本在于利氏认为，在佛教中有一种傲慢态度。③如上所述，佛教在一些根本问题上与基督教有着分歧；在佛儒二者之中，儒教的可融性更大，而佛教作为一种较儒教更为严格的宗教，可融性较小。正因此，利玛窦采取了这条路线。

---

① 释袾宏：《天说》，夏瑰琦编：《圣朝破邪集》，第321页。
② 弥维礼：《利玛窦在认识中国诸宗教方面之作为》，《中国文化》1990年12月，第35页。
③ Iso Kern, *Buddhistische Kritik am Christentum im China des 17. Jahrhunderts*, Peter Lang, 1992.

第八章　利玛窦儒学观的困境与张力

历史上基督教曾三度入华：唐代景教、元代基督教[1]和明末入华的基督教[2]。三次入华中最为成功地处理了中国文化和基督宗教文化关系的是以利玛窦为代表的耶稣会入华。利玛窦所开启的合儒路线不仅在明清之际产生了重大的影响[3]，而且也对晚清乃至今天的基督宗教在中国的发展都有着重要的影响。同时，利玛窦的合儒适应政策也是西方文化中重要的文化遗产。特别是在今天中国重新回到世界舞台中心的时刻，如何认识一个文明的中国，汲取利玛窦儒学观的合理性，总结其理论上的内在困境，对西方思想文化界来说是十分重要的。

---

[1] 参阅唐晓峰：《元代基督教研究》，社会科学文献出版社2015年版。
[2] 参阅冯尔康：《尝新集：康雍乾三帝与天主教在中国》，天津古籍出版社2017年版；金国平、吴志良：《镜海飘缈》，澳门成人教育学会2001年版；金国平、吴志良：《过十字门》，澳门成人教育学会2004年版。
[3] 参阅林金水：《利玛窦与中国》；张错：《利玛窦入华及其他》，香港城市大学出版社2002年版；宋黎明：《神父的新装：利玛窦在中国》，南京大学出版社2011年版；夏伯嘉：《利玛窦：紫禁城里的耶稣会士》，上海古籍出版社2012年版；张西平：《欧洲早期汉学史：中西文化交流与西方汉学的兴起》，中华书局2009年版；张西平：《交错的文化史：早期传教士汉学研究史稿》，学苑出版社2017年版；柏理安：《东方之旅》，毛瑞方译，江苏人民出版社2017年版。

第一节 利玛窦关于儒家非宗教性的论述及其评判

一、利玛窦关于儒家非宗教性的论述

首先，利玛窦从自身宗教的体会出发，把儒家列为中国的三种宗教之一，并列举出儒家作为一个宗教的宗教特征。

偶像崇拜是宗教的基本特征。利玛窦认为，儒家虽然没有偶像崇拜，但有自己敬拜的神灵。

> 儒家不设偶像，只拜天和地，或皇天上帝，如上所述，他似乎掌管和维持着世间万物。他们也敬拜其他神明，但他们未赋予这些神明如天帝那样的大能。①

世界的来源和宗教的惩戒是任何一个严格的宗教都要面对的问题，不同的答案体现了不同宗教所代表的不同文明早期对世界的认识。利玛窦说儒家虽然不讲创世，虽然也讲报应和惩戒，但重点是现世。

> 真正的儒家从来不提及世界是何时创造的，也不提是由谁创造的，更不谈世界的起源是什么样。我之所以强调真正的儒家，是因为一些无名儒者极尽妄想之能事，牵强附会，但毕竟其影响微不足道。
>
> 在儒家的教义中讲到，好人和坏人都会得到上天相应的奖惩，但他们最多考虑的还是现世，相信这些报应会应验在行善或作恶者本人身上，或是体现在他们后代的身上。②

来世与灵魂是基督教神学的基本内容，利玛窦看到中国的确讲灵魂，但又没

---

① 利玛窦：《耶稣会与天主教进入中国史》，文铮译，商务印书馆2014年版，第69页。目前国内利玛窦的这部著作有两个译本，一个是何高济等从英文版翻译过来的《利玛窦中国札记》（中华书局1983年版），一个是文铮翻译的《耶稣会与天主教进入中国史》（商务印书馆2014年版）。利玛窦原书是用意大利文写的，后被他的同僚金尼阁译为拉丁文首先出版，中华书局的中文版是依据从拉丁文转译的英译版翻译的，商务的中文版是直接从意大利文版翻译的。因此，这两个本子差异很大。在这里我将引用商务印书馆版的文字。

② 利玛窦：《耶稣会与天主教进入中国史》，第69页。

有讲天堂、地狱的来世。

> 对于灵魂不灭的说法，中国的古人似乎不抱任何怀疑态度，甚至认为人死后仍能在天上存活许多年，但他们却未提及什么人该下地狱。现在的人都认为，人死后灵魂将彻底消灭，不相信在另一个世界中会有什么天堂和地狱。[1]

祭祀是基督教的重要宗教活动，而教堂与神父则是支撑信徒进行信仰活动的基本保证。利玛窦看到，儒家既无教堂也无专职的神职人员。

> 虽然儒家承认天帝之名，但却不为其修建庙宇，也没有一个祭拜的地方，所以也就没有祭司，没有神职人员，更没有供大家观看的庄严仪式以及需要遵守的清规戒律，甚至他们都没有一位高级教士负责宣布、解释其教义，惩治与宗教作对的人。故此，儒家无论是集体还是个人都从不念诵经文。[2]

在利玛窦看来，儒家自己特色鲜明的活动是祭祖和祭孔。儒家的这两项祭祀活动很隆重，表达了他们对祖先和圣贤的敬意和敬重，但同时在这种活动中又包含了现世的关怀。所以，他更认为这是风俗，属于一种民间世俗性活动。

> 上至皇帝，下至平民百姓，儒家最隆重的活动是每年在一些固定的时间里祭奉逝去的祖先，为他们供奉肉食、水果、香烛、绸绢（穷人们则用纸代替）。他们认为这是对祖先的敬意，所谓"事死如事生"。他们并不认为死者会享用或需要上述这些东西，但他们说这是因为不知道还有什么别的方法能表达他们对祖先的热爱和感激。还有些人告诉我们，举行这种仪式与其说是为死者，不如说是为了生者，也就是说，教导他们的子孙和那些无知的人尊敬、赡养他们在世的父母，让世人看到那些大人物们侍奉他们去世的祖先，仍像祖先们在世的时候一样。但不管怎样，中国人并不认为这些逝去的人就是神，不向逝者们祈求什么，也不指望先人们为他们做什么，这完全不

---

[1] 利玛窦：《耶稣会与天主教进入中国史》，第69页。
[2] 同上书，第70页。

同于任何的偶像崇拜，或许还可以说这根本不是迷信。……

儒家自己的庙宇是孔庙，依照法律，在每座城市里都要设立，地点就在学官内，其建筑非常华丽，掌管秀才的官员的衙门与其毗邻。在孔庙中最显著的位置设有孔子的塑像，或者是一块精制的牌位，上面用金字写着他的名字，两侧是他的七十二位弟子的塑像或牌位，这些弟子也被视为圣贤。在孔庙，每月的初一和十五，全城的官员和秀才都要来行跪拜大礼，点燃蜡烛，在祭坛前的大香炉中焚香。同样，在孔子的诞辰和一年中的某些节气，要极为隆重地向他祭奉牺牲和其他食物，感谢他在其著作中为后人留下的训诫，而通过对这些训诫的学习，人们可以获得官职与功名。他们既不念诵经文，也不向孔子祈求什么，就像祭祖时一样。①

任何宗教都要有自己的教义，教义体现了一个宗教信仰的核心。利玛窦在儒家的教义中看到了它与基督教在伦理上的相似性。

儒家教义的宗旨是国泰民安，家庭和睦，人人安分守己。在这些方面他们的主张相当正确，完全符合自然的理性和天主教的真理。他们相当重视"五伦"，他们说这是人类所共有的，即父子、夫妻、君臣、兄弟以及朋友之间的关系。他们认为外国人都不重视这些关系。……在儒家所有的著作中，都非常明确地指出关于"仁"的理论，即"无论何事，凡你们愿意别人为你们做的，你们也该为别人做"。他们还尤为重视子女对父母的尊重和臣民对上级的忠诚。②

利玛窦不仅仅是从基督教教义立场来审视儒家是否是宗教，同时，他也在儒家与佛教、道教的对比中发现了儒家的特质与佛教和道教是完全不同的。对于儒教对待佛、道二教的关系，利玛窦写道：

他们既不提倡也不反对人们相信关于来生的事，他们中的许多人除信奉儒学外，还同时相信另外两种宗教，因此我们可以说，儒家并非一个固定的

---

① 利玛窦：《耶稣会与天主教进入中国史》，第70—71页。

② 同上书，第71页。

宗教，只是一种独立的学派，是为良好地治理国家而开创的。①

利玛窦按照宗教的基本特征逐一考察了儒学后，发现儒学一方面具有某些宗教的特征，有其宗教性，但另一方面又和他所理解的宗教有着很大的不同，有着自己的特点。他清楚地认识到儒家在中国的社会地位，也看到孔子在中国的崇高地位。

> 儒家是在中国固有的，因此，无论是过去还是如今，政权一直掌握在儒家手中，而儒家也是最兴盛、典籍最多、最受青睐的宗教。……其经典的作者或创始人和教主是孔夫子……②

虽然从他的宗教立场上看，孔子好像是个教主，但同时，利玛窦也很清楚地看到，孔子和所谓宗教领袖完全不是一回事。

> 中国最大的哲学家莫过于孔子，他生于公元前551年，享年七十余岁，一生授人以言行与文辞，人们都把他视为世间至圣至贤的人，旷古未有，因此非常受人尊敬。说实话，他所立之言与他合乎自然的生活方式绝不逊色于我们的先贤古哲，甚至还超过了我们很多古人。故此，没有一个读书人不把他的言行和著作视为金科玉律。直至今日，所有的帝王依然尊崇孔子并感激他留给后人的治世学说。在以往的几个世纪里，他的后代子孙一直受人尊重，帝王赐予其族长高官厚禄和世袭的爵位。除此之外，在每个城市和学宫里都有一座规模宏大的孔庙，庙内立有孔子塑像和牌位，以供读书人依古法举行祭孔仪式。……但他们并不把孔子视为神祇，也不向他乞求什么。所以祭不能被视为真正的祭祀活动。③

关于如何认识中国社会，利玛窦也经历了一个很长的摸索时间。大约经过了十三年时间，他才脱下佛教的僧袍，戴上了儒冠。经过了在中国的实际生活，他认识到儒家在中国社会中的地位，认识到中国是一个信奉儒家的国家以及儒家

---

① 利玛窦：《耶稣会与天主教进入中国史》，第71页。
② 同上书，第69页。
③ 同上书，第22页。

具有复杂性和多元性。他得出的最终结论是:"中国人并不认为这些逝去的人就是神,不向逝者们祈求什么,也不指望先人们为他们做什么,这完全不同于任何的偶像崇拜,或许还可以说这根本不是迷信。"①中国人的祭祀活动只是一种习俗。儒家的精神领袖孔夫子并不是一位宗教领袖,而只是一位哲学家。在利玛窦看来,祭孔并不是一种宗教活动,而只是中国的一种文化习俗。这样,结论就很清楚:"儒家并非一个固定的宗教,只是一种独立的学派,是为良好地治理国家而开创的。"②

二、对利玛窦关于儒家非宗教性的论述的评论

我们可以看到,利玛窦对儒家的判断是站在他自己的宗教立场做出的。他的结论是:儒家非宗教。

如何看待利玛窦对儒家的定性呢?

第一,这是利玛窦站在基督教立场上对儒家的一种定性。这一点我们可以从上面利玛窦的论述中看到。③因为基督教是一神论崇拜的宗教④,而儒学中的圣人显然不是神,世界上有多种宗教形态,基督教只是其中一种。因此,他是从基督宗教的角度做出了这个判断。这个判断在来华传教士中引起了重大的争论,特别是在耶稣会以外的方济各会(Ordo Fratrum Minorum)、道明会(Ordo

---

① 利玛窦:《耶稣会与天主教进入中国史》,第70—71页。
② 同上书,第71页。
③ 利玛窦在对中国宗教展开讨论以前有一段论述,这个论述大量涉及基督教神哲学概念,像"天主""崇拜""灵魂""堕落""无神论"等,这说明了他论述中国宗教的出发点和宗教立场。"在我们欧洲所知道的所有异教民族中,我不知道还有哪个民族在宗教问题上出现的错误比上古的中国更少。因为我在他们书中发现,他们一直崇拜一个最高的神,他们称之为'天帝'或'天地',大概他们认为天与地是灵性之物,作为最高之神的灵魂,一同构成一个有机体。他们也崇拜山川河流及四方世界的保护神。""但由于人性的堕落,若他们得不到上天的助佑,则有每况愈下的危险,久而久之,这些可怜的人们便会一点一点地丧失往昔的光明,变得放浪不羁,为所欲为,无法无天,从而使那些现在摆脱偶像崇拜的人几乎全部进入了无神论的误区。"同上书,第67、68页。
④ 参阅奥尔森:《基督教神学思想史》,吴瑞诚、徐成德译,北京大学出版社2003年版;约翰·德雷恩:《旧约概论》,许一新译,北京大学出版社2004年版;约翰·德雷恩:《新约概论》,胡青译,北京大学出版社2005年版;汉斯·昆:《世界宗教寻踪》,杨熙生、李雪涛等译,生活·读书·新知三联书店2007年版。

Dominicanorum）那里引起了争论，这就是著名的礼仪之争。① 在判断儒学的性质上，不同的教会产生了完全不同的认识：以利玛窦为代表的耶稣会认为儒家不是宗教，而以道明会为代表的托钵修会认为儒家是宗教。因此，关于儒家是宗教还是非宗教，首先是在西方基督教阵营中的一种讨论，是西方文明遭遇东方文明时所产生的一种内部争论。利玛窦这样认识的出发点是为了更好地传教。他是站在基督教立场上来判断儒家文明的：

> 其出发点暨根本观念在于，笃信"天主"或"上帝"乃是创世主、主宰者和救世主，并用西方中世纪经院哲学所形成的一神论思想体系来全面论证"天主"或"上帝"的神圣属性，诸如"天主""帝"的唯一性、至高性、全能性、全知性和至善性，等等。②

第二，利玛窦的儒家观忽略了儒家的宗教性特征。从孔子来说，他的学说主体是以世间生活伦理为主的学说，但孔子思想的宗教性仍是其重要的组成部分。这是儒家宗教观的特点。

在天人关系上，孔子承认主宰天的存在。"君子有三畏：畏天命，畏大人，畏圣人之言。"（《论语·季氏》）"获罪于天，无所祷也。"（《论语·八佾》）"商闻之矣：'死生有命，富贵在天。'"（《论语·颜渊》）这说明孔子并未和宗教思想完全决裂。有时，孔子的天是："自然之天，天何言哉？四时行焉，百物生焉，天何言哉？"（《论语·阳货》）在这里，天被视为"自然之神，是人类尚无法认识、控制的各种异己力量的总和。孔子不强调天的意志性、情感性和神秘性，而是突出了'天命'的强制性、决定性色彩"③。"道之将行也与，命也；道之将废也与，命也。"（《论语·宪问》）"不知命，无以为君子也。"（《论语·尧曰》）尽管这样，孔子不是一个无神论者。"季路问事鬼

---

① 苏尔·诺尔编：《中国礼仪之争：西文文献一百篇（1645—1941）》，沈保义、顾卫民、朱静译，上海古籍出版社2001年版；李天纲：《中国礼仪之争：历史·文献和意义》，上海古籍出版社1998年版。

② 张志刚：《"宗教概念"的观念史考察——以利玛窦的中西宗教观为例》，金泽、赵广明主编：《宗教与哲学》（第二辑），社会科学文献出版社2013年版，第370页。

③ 牟钟鉴、张践：《中国宗教通史》（上），中国社会科学出版社2000年版，第171页。

神。子曰：'未能事人，焉能事鬼？'曰：'敢问死？'曰：'未知生，焉知死？'"（《论语·先进》）"子不语怪、力、乱、神。"（《论语·述而》）"敬鬼神，而远之。"（《论语·雍也》）这体现了孔子的宗教的双重性，即承认鬼神的存在，但不将命运寄托于鬼神。在儒家后期的发展中，宗教性的色彩一直保存着，它时强时弱，但一直是儒家思想的一个维度。①

就此而言，利玛窦的确没有说清楚儒家的宗教性这一方面。②

第三，利玛窦的判断只是揭示了中国社会的主导方面，而没有把握中国社会的整体。

中国社会是一个复杂的多元体，儒家代表着中国文化的大传统，但在儒家之外还有底层社会的小传统，这就是民间宗教信仰等传统形式。余英时借用了美国人类学家雷德菲尔德（Robert Redfield，1897—1958）在其1956年出版的《农民社会和文化》（*Peasant Society and Culture*）一书中提出的大传统和小传统的概念来解释中国社会："由于中国古代的大、小传统是一种双行道的关系，因此大传统一方面固然超越了小传统，另一方面则又包括了小传统。"③余英时所说的"大传统"主要是儒家所代表的精英文化，"小传统"就是民间文化。

利玛窦在中国生活期间，明显地感受到儒家在中国社会生活中的地位：

> 正如我前面提到的那样，整个国家都由文人治理，他们掌握着真实而神圣的权力，连将领和士兵也由他们支配。④

在这里，利玛窦看到了儒家在中国社会生活中的地位，加上上面提到的他对儒家非宗教性的判断，应该说他的认识大体接近中国社会的重要特征，但他没有看到中国社会的民间文化在社会生活中的作用。与利玛窦相反，道明会的传教士们主要看到了中国社会的民间文化，而忽略了儒家在中国社会中的主导型作用。

---

① 参阅单纯：《儒家的思想魅力》，中国社会出版社2011年版。
② 参阅李申选编、标点：《儒家敬天说》，国家图书馆出版社2009年版；詹鄞鑫：《神灵与祭祀：中国传统宗教综论》，江苏古籍出版社1992年版；梁景之：《清代民间宗教与乡土社会》，社会科学文献出版社2004年版。
③ 余英时：《士与中国文化》，上海人民出版社1987年版，第137页。
④ 利玛窦：《耶稣会与天主教进入中国史》，第38页。

道明会从福建登陆中国,在福建所看到的大量的民间信仰使他们无法理解以利玛窦为代表的耶稣会的判断。①

三、利玛窦关于儒家非宗教性的论述的影响

利玛窦这个论断所引起的争论在西方社会产生了重要的影响,但在中国并无太大的反应,利玛窦的著作也并没有被翻译成中文。但他是站在基督教的立场上来评判儒家的,这一点是明确的。从一个长时段来看,利玛窦对儒家的定性在历史上产生了影响。

美国汉学的奠基人卫三畏在他在《中国总论》中写道:

> 中国没有通常意义上的"宗教"一词。"教"字的意义是"教导"或"教义",适用于所有具备信条、信念或仪式的派别和会社;祖先崇拜从来不称为"教",因为每个人在家里都要遵行,就像服从双亲一样;这是义务,不是"教"。②

显然,卫三畏和利玛窦所持的看法大体相同。

关于儒家是否是宗教的问题引起中国思想文化界的关注,已经是在晚清的时候。

首先,从语言学上来讲,"宗教"这个词是外来词。尽管在《史记·游侠列传》中就有"鲁人皆以儒教"的说法,但这里的"儒教"之"教"只是指教化之教,和宗教的"教"完全不同。汉语的"宗教"这个双语词来表达西方宗教学上的Religion概念,起源于日本。从语言学上这属于"借词"。正像中国近代有大量的西方词汇是从日本转译而来的一样,"宗教"这个词经过黄遵宪的《日本国志》而进入中国。③

Religion的拉丁文词根意为"联系",是指人与神的沟通及因此形成的人与人之间的关系。黄遵宪所用的"宗教"概念,在国内相当长时间并未产生影响。

---

① 参阅张先清:《官府、宗族与天主教:17—19世纪福安乡村教会的历史叙事》,中华书局2009年版。
② 卫三畏:《中国总论》,陈俱译,陈绛校,上海古籍出版社2005年版,第717页。
③ 关于"宗教"这一概念在中国的翻译,可以参阅曾传辉:《宗教概念之迻译与格义》,《世界宗教研究》2015年第5期。

真正把儒家是否是宗教的问题作为重大理论问题讨论起来的是康有为，他把西方含义的这个"宗教"概念直接套入中国。康有为遍访欧美各国，深感到基督教在这些国家发展的重大作用。"然政令徒范其外，教化则入其中，故凡天下国之盛衰，必视其教之隆否。教隆，则风俗人心美，而君坐收其治；不隆，则风俗人心坏，而国亦从之。"①他看到基督教在教化民族、振兴国家方面的作用。"视彼教堂遍地，七日之中，君臣男女咸膜拜、诵经，则彼教虽浅，而行之条理密，吾教虽精，而行之条理疏矣。"②他的《孔子改制考》最为详细地表达了他将儒家变为孔教的思想。从康有为的孔教论可以看出，尽管他的出发点是为中国之富强，但在研究儒家思想时是以基督教为其理想的参照物，来展开自己的思想。康有为努力把孔教变为"国教"，其目的则如梁启超所说："惧耶教之侵入，而思所以抵制之也。"③

新儒家在重新阐发儒家之当代意义时，也面临着这个问题。唐君毅说得很清楚：

> 此儒家之教包含宗教精神于其内，即承天道以极高明，而归极于立人道，以致广大，道中庸之人文精神所自生。故谓儒家是宗教者固非，而谓儒家反宗教、非宗教，无天无神无帝者尤非。儒家骨髓，实惟是上所谓"融宗教于人文，合天人之道而知其同为仁道，乃以人承天，而使人知人德可同于天德，人性即天命，而皆至善，于人之仁心与善性，见天心神性之所存，人至诚而皆可成圣如神如帝"之人文宗教也。④

在一定意义上，唐君毅所说的"人文宗教"也就是现在一些人至所说"儒家"具有"宗教性"（religiousness或religiosity），而非"宗教"。他说的"人文宗教"，实际上也就是一种"精神"（spirituality）。牟宗三则从正面论述了

---

① 黄明同、吴熙钊主编：《康有为早期遗稿述评》，中山大学出版社1988年版，第291页。
② 同上书，第290页。
③ 梁启超：《保教非所以尊孔论》，《新民丛报》第2号，1902年2月22日。
④ 唐君毅：《中国文化之精神价值》，正中书局1981年版，第53页。

儒家的宗教性。①李泽厚将儒家称为"一半哲学，一半宗教"，也是从宗教性上讲的。

近年来，儒教再次兴起，从学理角度展开研究的李申认为，"儒教乃是中国夏商周三代已有的宗教经过儒家重新解释的产物"②。从思想文化角度加以阐述儒教并直接介入当代中国文化建设的代表人物蒋庆说：

> 10年前我也不认为儒教是宗教，当时只提儒学的宗教化而不提儒教。我与其他学者一样，也很忧虑提儒教有没有精神专制的问题。
>
> 但是后来我慢慢发现，我们泛泛地提儒家文化，儒学不能涵盖，儒家不能涵盖，因为它是一种文明，要概括的话，只有儒教这个词。人类的所有文明形态都是以宗教来体现的，从这点来说，中华文明的形态肯定就是儒教。③

蒋庆提出儒教时，仍是以当代基督教在中国的发展为背景来展开的，认为当代中国基督徒已近一亿人。

> 如果对这一趋势不能加以有效阻断而任其自然发展，今后中国的基督徒将超过中国人口的一半，中国就可能变为一个基督教国家，那时基督教文明就会取代中华文明入主中国。只有儒教重建的工作才能抗拒基督教在中国的扩张性传播，才能保住中国的文明自主性，才能使中国永远是体现中华文明的"儒教中国"，避免民族文明沦落的悲哀。④

---

① 郭齐勇将牟宗三的儒教观概括为："儒教之所以为教，与其他宗教一样，还为民众开辟了'精神生活的途径'。它一方面指导人生，成就人格，调节个人内心世界，另一方面在客观层面担负着创造历史文化的责任，此与一切宗教无异。……儒教的特点，其注意力没有使客观的天道转为上帝，使其形式地站立起来，由之而展开其教义，也没有把主观呼求之情形式化为宗教仪式的祈祷；其重心与中心落在'人"如何"体现天道'上。因此，道德实践成为中心，视人生为成德过程，终极目的在成圣成贤。因此，就宗教之'事'方面看，儒学将宗教仪事转化为日常生活之礼乐，就宗教之'理'方面看，儒学有高度的宗教性，有极圆成的宗教精神。"郭齐勇：《当代新儒家对儒学宗教性问题的反思》，《中国哲学史》1999年第1期，第45—46页。
② 李申：《儒教简史》，广西师范大学出版社2013年版，第1页。
③ 蒋庆：《以儒教文明回应西方文明》，《新京报》2005年12月21日c10版。
④ 周红：《儒学宗教性问题研究》，黑龙江大学博士学位论文，2010年。

如果我们从这样一个长时段的历史发展来看，利玛窦首次提出儒家不是宗教，这是一个直到今天仍在讨论的问题。可以说在利玛窦之前，中国自身没有这个问题，这是一个外来者对中国文明特质的判断。当代中国关于儒教的争论也是从利玛窦的这一论断出发，按照不同思路展开的。尽管，利玛窦这种儒家观的问题在于他是站在一种宗教的立场，或者说他是站在基督宗教的立场来看待儒家的，而且他对儒家非宗教的理解的局限性也很明显。这点我们在下面研究中会展开。但他所得出的这个论断确开启了中西文化中对儒家学说宗教性的讨论，就此而言，利玛窦的这个论述在中外学术史上是具有重要的学术史价值的。一旦把利玛窦的这一论断放入一个长时段的思想文化史考察，就会看出利玛窦这一论断所存在的内在张力。①

第二节 利玛窦对中国儒学发展分期的论述及其评判

一、利玛窦关于儒家发展分期的论述

利玛窦在确定了儒家的宗教性质后，又从学理上对儒学展开了较为深入的研究，从而得出了一个非常重要的结论：儒家在其漫长的发展历史中发生了很大的变化，先秦上古的儒家是真正的儒家，而后儒，尤其是利玛窦生活时代的宋明理学，背离了儒家的精神。由此，他提出了"崇先儒而批后儒"的儒家政策。

在《天主实义》中，利玛窦在谈到儒家时说：

> ……中国尧舜之氓，周公仲尼之徒，天理天学，必不能移而染焉。②

> 中士曰：吾儒言太极者，是乎？

> 西士曰：……但闻古先君子敬恭于天地之上帝，未闻尊奉太极者。如太极为上帝万物之祖，古圣何隐其说乎？

> ……

---

① 参阅牟钟鉴、张践：《中国宗教通史》；张践：《中国古代政教关系史》，中国社会科学出版社2012年版。

② 利玛窦：《天主实义》，朱维铮主编：《利玛窦中文著译集》，第6页。

> 吾视夫无极而太极之图，不过取奇偶之象言，而其象何在？太极非生天地之实，可知已。天主之理，从古实传至今，全备无遗……①

中士问，太极并非事物，只是理，如果没有理，哪来的物呢？利玛窦从以下几个方面回答了中士的提问批评了宋明理学。

首先，他用"自立者"和"依赖者"的理论来批评理学。他认为世间万物总的看起来不过是自立者和依赖者两类。例如，马是自立者，而白色是依赖者，因为有马这个自立者，白色这个依赖者可以有着落，说"白马"。由此，他说理"不能为天地万物之原矣"②。因为，理不能成为自立者，它只是依赖者，所谓理总是一定事物之理，没有具体事物何来之理？这里利玛窦运用了亚里士多德的理论。

宋明理学认为，万物一理也。理学家们所提出的"月映万川"就是说，理在万物之中，万物离不开理。利玛窦反驳理为万物之本的说法，例如："今有车理，岂不动而生一乘车乎？"③理是什么呢？如果理是灵，是思想，那么它属于精神，鬼神之类的东西。在世界上，灵者生灵者，即非灵者生非灵者，从未听说过，灵者生了非灵者。有了车的理，如何能产生一个物的车呢？

所以，利玛窦说：

> 理也者，则大异焉。是乃依赖之类，自不能立，何能包含灵觉为自立之类乎？理卑于人。理为物，而非物为理也。故仲尼曰"人能弘道，非道弘人"也。如尔曰"理含万物之灵，化生万物"，此乃天主也，何独谓之"理"，谓之"太极"哉！④

其次，利玛窦在批判后儒的同时又明确指出先儒的合法性和正确性，并从比较宗教学的角度，对古代中国经典的思想和西方基督教的思想加以比较，认为西方基督教的"上帝"与中国古代的"上帝"是一样的。

---

① 利玛窦：《天主实义》，朱维铮主编：《利玛窦中文著译集》，第17页。
② 同上书，第18页。
③ 同上书，第19页。
④ 同上书，第20页。

吾国天主，即华言上帝。……

吾天主，乃古经书所称上帝也。《中庸》引孔子曰："郊社之礼，以事上帝也。"朱注曰："不言后土者，省文也。"窃意仲尼明一之不可为二，何独省文乎？《周颂》曰"执竞武王，无竞维烈，不显成康，上帝是皇"；又曰"于皇来牟，将受厥明，明昭上帝"。《商颂》云"圣敬日跻，昭假迟迟，上帝是祇"。《雅》云"维此文王，小心翼翼，昭事上帝"。《易》曰"帝出乎震"。①

在《天主实义》中，利玛窦显示出了自己的博学和对儒家经典的熟悉。他先后引用《易经》6次，《尚书》18次，《诗经》11次，《礼记》2次，《左传》2次，《大学》3次，《中庸》7次，《论语》13次，《孟子》23次，《老子》和《庄子》各1次。②

他说："吾遍察大邦之古经书，无不祭祀鬼神为天子诸侯重事。"③然后，他引出《盘庚》《金縢》《召诰》等经典，来说明后儒所理解的儒家经典是不符合先儒的。他在《天主实义》中多次以"中士"的提问，介绍朱子、二程的话，然后在"西士曰"中加以驳斥。他对宋儒的态度十分明显，采取批判的态度，多次用"今儒""腐儒"来加以称呼。④

二、对利玛窦儒学发展阶段论的评价

我们应该如何看待利玛窦对儒家发展的论断呢？笔者认为以下几点需要加以注意。

第一，利玛窦敏锐地认识到了儒家思想发展的断裂性。

利玛窦引证中国古代典籍来证明中国早期的上帝崇拜，从这个方面来看他是正确的。《尚书》等中国古代典籍记载了中国早期宗教信仰的事实：

---

① 利玛窦：《天主实义》，朱维铮主编：《利玛窦中文著译集》，第21页。
② 参阅马爱德（Edward Malatesta）等编的《天主实义》中英文对照本后的"附录"。Matteo Ricci, *The True Meaning of the Lord of Heaven*, trans. by Douglas Lancashire and Peter Hu Kuo-chen, The Institute of Jesuit Sources with the Ricci Institute Taipei, 1985.
③ 利玛窦：《天主实义》，朱维铮主编：《利玛窦中文著译集》，第33页。
④ 参阅李天纲：《跨文化的诠释：经学与神学的相遇》，新星出版社2007年版。

> 予惟小子，不敢替上帝命。天休于宁王，兴我小邦周。宁王惟卜用，克绥受兹命。今天其相民，矧亦惟卜用。呜呼！天明畏，弼我丕丕基！（《尚书·大诰》）
>
> 皇天无亲，惟德是辅。民心无常，惟惠之怀。为善不同，同归于治。为恶不同，同归于乱。（《尚书·蔡仲之命》）

利玛窦只是从历史文献中来证明中国早期社会的宗教崇拜，所引用的都是周朝的文献。而1898年安阳小屯甲骨文的发现，进一步确定了商朝的宗教信仰。在殷人的信仰中，至高无上的神就是上帝。

> 帝令雨足年——帝令雨弗其足年（《前》1.50.1）
>
> 今二月帝不令雨（《铁》123.1）
>
> 帝其降我堇——帝不降我堇（《乙》7793）
>
> 帝其乍王祸——帝弗乍王祸（《乙》1707.4861）①

这说明在殷人那里，上帝作为最高的神，主宰一切，不仅管天管地，也管人的福祸生死。

在安阳甲骨文出土以前，中国学术界对商朝的材料掌握不多，对殷周之变后中国社会发展的论述并不清晰。据我所知，最早提出中国文化在殷周发生变化的是王国维，他在《殷周制度论》中说：

> 周人之制度大异于商者，一曰立子立嫡之制，由是而生宗法及丧服之制，并由是而有封建子弟之制、君天子臣诸侯之制；二曰庙数之制；三曰同姓不婚之制。②
>
> 中国政治与文化之变革，莫剧于殷、周之际。③

王国维所说的"旧文化灭，新文化生"，就是指中国文化在殷周之际发生重大的转折。虽然在周人那里天仍具有神一样的意志，尚达不到后来的"然命定

---

① 以上引用的甲骨文出自陈梦家：《殷虚卜辞综述》，中华书局1988年版，第562—565页。
② 王国维：《观堂集林（外二种）》，河北教育出版社2003年版，第232页。
③ 同上书，第231页。

论"或者"宇宙命运论",但正如学者所说:

> 在从殷商文化到周代文化的发展中,从思想上看,殷人的自然宗教信仰虽然通过祭祀制度仍容纳于周代文化中,但是周人的总体信仰已超越自然宗教阶段,而进入一个新的阶段。这个新的阶段,与宗教学上所说的伦理宗教相当,即把伦理性格赋予"天"而成为"天意"或"天命"的确定内涵。同时,天与帝的不同在于,它既可以是超越的神格,又总是同时代表一种无所不在的自然存在和覆盖万物的宇宙秩序,随着神格信仰的淡化,天的理解就有可能向自然和秩序方面偏移。①

所有这些认识都是在王国维以后,在安阳小屯甲骨文发现后,中国学术界才逐步明晰起来的。利玛窦在四百年前,为了使基督宗教在中国取得合法性,通过自己研读中国书籍,明确提出中国文化发展有一个断裂性,区分出"先儒"与"后儒"。从今日的眼光来看,他对中国古代文化性质的判断大体是正确的。尽管他所阅读的文献主要是周以后的文献,但他仍能从这些文献中推测出中国上古的原始上帝的宗教信仰,明确看到后期儒家思想与中国早期思想的区别。就此而论,利玛窦对中国文化特质的洞察力是相当深刻的,不管他是站在学术研究的立场还是站在自身宗教的立场,我们对这个洞察力还是应该给予肯定的。

第二,利玛窦没有认识到中国思想发展的连续性。

凡事的优和劣都是相向而生的。利玛窦认为,中国思想发展史上有一个文化的断裂,从而出现两种不同形态的儒学:一种是"先儒",具有宗教的正当性;一种是后儒,背离了早期儒家的思想,即他口中的"腐儒"。利玛窦这样的论断犯了一个大的错误,即他没有看到中国思想发展的连续性,没有看到中国早期宗教思想和后期儒家伦理思想之间的连接。②

在周朝时,占卜活动仍然十分流行,是国家的重要活动。"占卜的问题及灵验与否,都载之于国家的正式史书。龟卜、筮占、梦占都很流行,有学者统计,《左传》一书中共记录龟卜七十余次,内容包括战争、迁都、立嗣、任官、

---

① 陈来:《古代宗教与伦理:儒家思想的根源》,第197页。
② 参阅冯友兰:《中国哲学简史》;余英时:《中国文化史通释》,生活·读书·新知三联书店2011年版。

婚姻、疾病等诸多方面。"①古代宗教的动摇和瓦解经历了一个长期的过程，这里表现出一种连续性的断裂和宗教形态发展中的断裂与连续性。在周代，宗教的官员地位要高于政务官员："《礼记·曲礼》考察了周代的职官表，指出：'天子建天官，先六大'，即太宰、太宗、太史、太卜、太祝、太士要高于司徒、司马、司空、司寇。"②这说明在周代，即便到了东周时期，宗教的力量仍是很强大的。只是到春秋时，随着王室的衰落，国家的宗教阶层开始逐步瓦解，以"巫"为业的"儒"才逐步转变为以学术为业的"儒"。李泽厚先生指出，中国宗教思想的发展经历了两个阶段：

> 第一步是"由巫到礼"，周公将传统巫术活动转化性地创造为人际世间一整套的宗教—政治—伦理体制，使礼制下的社会生活具有神圣性。第二步是"释礼归仁"，孔子把这套礼制转化性地创造出内在人性根源，开创了"一切皆以修身为本"的修齐治平的"内圣外王之道"。③

因此，利玛窦没有认识到中国思想发展的断裂性和连续性之间的关系，只将"先儒"与"后儒"对立起来是不对的。

第三节 利玛窦儒学观的文化意义

上面我们已经揭示出利玛窦的儒学观的内在矛盾和张力，这些分析都是在纯粹的文本分析基础上展开的。在全球化的今天，我们如果将利玛窦的儒学观放在历史与现实的维度，放在中国和世界的维度来审视，就会发现利玛窦的儒学观的世界性意义。

利玛窦在华传教时所提出的"合儒易佛"路线在实际的传教中获得了重大的胜利。正是在他这条路线的指引下，耶稣会进入中国，并在中国扎下根，基督宗教从利玛窦时代才真正传入中国并生存下来。特别是他的后继者南怀仁，在康熙在位时期使基督教进入在华发展的黄金时期，而这个黄金时期的发展原因就是康

---

① 牟钟鉴、张践：《中国宗教通史》（上），第157—158页。
② 同上书，第162页。
③ 李泽厚：《由巫到礼 释礼归仁》，生活·读书·新知三联书店2015年版，第141—142页。

熙帝所说的"利玛窦规矩"。我们如果将利玛窦的儒学观放到世界历史中考察，就会发现其巨大的文化价值和意义。

第一，利玛窦的儒学观受到了明清之际中国士大夫的认可，从而开启了中西文化交流的新时代。中国文化有两次与外部文化相遇而得到发展，一次是佛教的传入，一次就是利玛窦所代表的来华传教士所开启的基督教的传入。一方面基督教的传入带来西方的宗教文化思想，引起中国士大夫的思想变迁，丰富了中国思想文化。[1]另一方面，传教士将科学技术也传入中国，如清初王宏翰所说："泰西修士利玛窦格物穷理，精于中华。"[2]利玛窦所做出的这个贡献，中外学者都承认，不必赘述。

第二，利玛窦的儒学观大大突破了欧洲的宗教观。如果将利玛窦的儒教观放入当时的欧洲思想文化历史中，就更加能够彰显其历史性的价值。利玛窦来到中国的时代是欧洲经历了文艺复兴后的时代，是基督新教开启了宗教改革的时代。这样，利玛窦给中国也带来了文艺复兴后的人文主义精神。"自从14世纪以来，在西欧出现了一个新的思想潮流，它很坚定地转向世俗的世界，因此与全盛时期中世纪的思想和感受有明确的差别；这个潮流在15世纪已经影响了很多有修养的人或社会上的领导者和精英。"[3]基督教的人文主义"源自于一种做学问的方法，始于14世纪的意大利，并且和意大利文艺复兴联系在一起。人文主义是一种新的治学方法，一种新的思考与书写方式，而不单纯是一种特定哲学或神学"[4]。

学术界已经研究证明了利玛窦所带来的欧洲人文主义，例如他在《交友论》一书中大量引用了文艺复兴时期人文主义的名句。正是这种人文主义精神，奠基了利玛窦的儒家观。[5]因为，在当时的欧洲，新教兴起所引起的宗教争执和战争

---

[1] 参阅王徵：《畏天爱人极论：王徵天主教文献集》，台湾橄榄出版有限公司2014年版；王徵：《王徵集》，林乐昌编校，西北大学出版社2015年版。

[2] 王宏翰：《乾象坤图格镜》，转引自汤开建汇释、校注：《利玛窦明清中文文献资料汇释》，上海古籍出版社2017年版，第504页。

[3] 毕尔麦尔等编著：《中世纪教会史》，雷立柏译，宗教文化出版社2010年版，第394页。

[4] 孟德卫：《17世纪中国对西方人文主义文化的儒家回应》，张西平：《交错的文化史：早期传教士汉学研究史稿》，第224页。

[5] 参阅大卫·瑙尔斯：《中世纪思想的演化》，杨选译，商务印书馆2012年版。

也不断发生。从"礼仪之争"中也可以看出①，在如何对待非基督教文化上，在如何处理信仰和世俗生活之间，欧洲正处在激烈的思想变动中。将利玛窦的"合儒路线"放到欧洲的思想文化背景下，我们就可以看出，他已经突破了传统的欧洲教会的宗教观，继承并发扬了文艺复兴以来的人文主义精神。

第三，利玛窦的儒学观是西方殖民扩张时期唯一可以继承的重要文化遗产。伊比利亚半岛上的西班牙和葡萄牙开启了大航海时代，地理大发现对人类社会产生了重要的影响。但同时，也正是葡萄牙和西班牙开启了欧洲对外殖民的历史。"两国在征服中都举起了相同的'传播基督文明'的旗帜，争相取得教皇的支持而进行。'卡斯蒂利亚和葡萄牙都依赖于教皇承认他们对大西洋的征服，使之合法化。'"②葡萄牙和西班牙在征服殖民地的过程中都采用了暴力征服的方法，用刀和火耕种了新占领的土地。他们对印第安文明、印加文明、玛雅文明进行了毁灭性的摧毁。③在葡萄牙和西班牙对全球的扩张和殖民中，唯独中国抵御了葡萄牙早期对中国南海的侵犯，显示出当时明朝强大的军事力量。

利玛窦为代表的耶稣会采取适应政策是迫不得已的办法，但即便这样，以利玛窦为代表的耶稣会士的确开启了人类历史上少有的两大文明相互对话的历史。利玛窦的儒学观体现了他对不同文明的尊重，他的适应政策的核心就是"和而不同"。所以，利玛窦不仅仅是架起中西方文化交流的桥梁的伟大先行者，同时也提供了地理大发现时代西方对待不同文明的最珍贵的历史经验。在今天这个全球化的时代，他的作品和思想成为欧洲文化的重要学术遗产。

---

① 参阅苏尔·诺尔编：《中国礼仪之争：西文文献一百篇（1645—1941）》。
② 黄邦和、萨娜、林被甸主编：《通向现代世界的500年：哥伦布以来东西两半球汇合的世界影响》，北京大学出版社1994年版，第174页。
③ 参阅普雷斯科特：《秘鲁征服史》，周叶谦等译，商务印书馆1996年版。

下　编　中国思想文化在欧洲的早期传播

第九章　明清间中国文化在西方的传播

自1492年哥伦布发现新大陆，1498年达·迦马绕过好望角进入印度洋，1522年麦哲伦的船队环地球一周返回西班牙，大航海的时代到来了。此间西班牙人和葡萄牙人分别从菲律宾方向和马来西亚方向到达中国南部海域，此时"整个世界第一次具备了一个完整的交通网络"[①]。其间到达东方的西方人，或早或晚地开始进入中国并向西方发回了关于中国的报道。[②]但真正深入中国腹地并长期在中国扎下根的是入华耶稣会士。"明季，利玛窦之入中国，实开中西交通史之新纪元。"[③]

利玛窦所确立的"合儒"政策，要求入华耶稣会士必须了解中国文化，熟悉中国历史，掌握儒家经典。"礼仪之争"之后，耶稣会和多明我会、方济各会在中国礼仪问题上产生分歧，双方为申辩自己的文化立场，纷纷著书写文介绍中

---

① 史景迁讲演：《文化类同与文化利用》，北京大学出版社1997年版，第19页。
② 参阅桑贾伊·苏拉马尼亚姆：《葡萄牙帝国在亚洲1500—1700：政治和经济史》，何吉贤译，纪念葡萄牙发现事业澳门地区委员会1997年版；张增信：《明季东南中国的海上活动》，东吴大学中国学术著作资助委员会1988年版。
③ 方豪：《中西交通史》（下），第487页。

国的宗教与哲学情况,一时间在欧洲闹得沸沸扬扬[①],中国文化由此在欧洲得到更广泛的传播,并在欧洲思想文化中产生了广泛的影响。甚至可以说,"在18世纪,遥远的中华帝国成为许多法国改革家心目中的典范"[②]。中国哲学和宗教正是在这个过程中传入欧洲的,因此,在介绍中国哲学和宗教在欧洲的传播与接受以前,我们有必要对中国文化在16—18世纪在欧洲的传播情况做一个总的介绍。

第一节　中国器物的西传

葡萄牙人占据澳门后,澳门成为中国和西方经济贸易的窗口,中国传统的出口商品丝绸、瓷器、茶叶开始源源不断地输出到欧洲。

一、丝绸

丝绸素有盛名,它不仅在中古时期通过陆上丝绸之路传向西方,近代以来也通过"海上丝绸之路"传向西方。

据记载,"每年由葡人输出之绢,约计五千三百箱之谱(每箱装缛缎百卷薄织物一百五十卷)"[③]。卫匡国在其《中国新地图志》中说:"葡人每年由中国贩运至欧洲者,为绢一千三百箱,金块二千二百枚(每枚重十两),麝香八百斤,以及真珠、宝玉、瓷器、砂糖等品。"[④]大宗的丝绸贸易使葡人获得丰厚的利润。"仅生丝一项,自公元1580—1590年间每年运往果阿的生丝约3000担,价值白银24万两,利润竟达36万两。到公元1636年这一年的出口量增到6000担,利润达72万两。"[⑤]

西班牙人则以吕宋为基点展开对中国的丝绸、瓷器等商品的贸易。由于获利大,西班牙人对华兴趣极大。"在1620年以1艘200吨的大帆船载运生丝从菲律

---

① 参阅林金水:《明清之际士大夫与中西礼仪之争》,《历史研究》1993年第2期;李天纲:《中国礼仪之争:历史·文献和意义》。
② 弗朗斯瓦·魁奈:《中华帝国的专制制度》,谈敏译,商务印书馆1992年版,第11页。
③ 周景濂编著:《中葡外交史》,商务印书馆1936年版,第102页。
④ 转引自同上。
⑤ 陈炎:《海上丝绸之路与中外文化交流》,北京大学出版社1996年版,第191页。

宾到新西班牙，每年可赢利200万比索。"①由于中国生丝和纺织物大量涌进拉美市场，西班牙的纺织业和白银的收入直接受到影响，仅此可见当时的贸易数额之大。

与此同时，法国的里昂也开始了自己的丝织业，并成为欧洲的中心。里昂的丝织品虽产于法国，但其风格和图案受到中国的影响，"甚至印花绸缎上的各种图像，如人物鸟兽等，都是仿自中国。由于把多种颜色混合起来，深浅匀称，能引起人们非常愉快的感觉，所以欧洲人对它特别喜爱"②。

二、瓷器

瓷器历来受到欧洲人的青睐，它是中国同欧洲和中亚贸易的主要产品，门多萨（Juan González de Mendoza，1545—1618）较早地向西方指导了瓷器制作的方法："他们把坚硬的泥土粉碎，碾磨它，放进用石灰和石头制成的水池中，在水里充分搅拌后，上层的浆他们用来制作精细的陶器……"③但这种介绍仍是似是而非的，于是有人认为它是用蛋壳制作的，但要埋在地下八十年；又有人认为并不需要埋在地下，只是要风吹日晒四十年；有的则认为它需要埋入土中一百年。总之门多萨的介绍引起欧洲无数猜想。④实际上，直到法国传教士殷弘绪（Francois-Xavier d'Entrecolles，1664—1741）的《瓷器制作新释》寄回法国后，西方才掌握了制瓷器的秘密。

17世纪时中国的瓷器在欧洲还是十分新奇的东西，只有在少数宫廷中才有。随着茶叶输入欧洲，茶具的需求造成瓷器使用的普及。最初的欧洲茶具大都是在中国定做的，荷兰当时是中国瓷器远销欧洲的一个重要中介国。"荷兰商人在福建和更远的江西景德镇订购大量瓷器。为了订购荷兰市场畅销的瓷器，荷商在荷兰制作多种样品、木模、图案送到中国，再在中国依样制造。其实，带有中国图案的瓷器在欧洲更受欢迎。"⑤

---

① 李金明、廖大珂：《中国古代海外贸易史》，广西人民出版社1995年版，第338页。
② 马肇椿：《中欧文化交流史略》，辽宁教育出版社1993年版，第94页。
③ 门多萨：《中华大帝国史》，何高济译，中华书局1998年版，第32页。
④ 参阅张弘：《中国文学在英国》，花城出版社1992年版，第18页。
⑤ 包乐史：《中荷交往史》，庄国土、程绍刚译，路口店出版社1989年版，第90页。

1540年威尼斯人已有了自己的瓷厂,荷兰和德国也分别在1628年和1637年有了自己的瓷厂。"这个时候,欧人制造品大量采用中国的饰纹,又进而仿效中国的款式。瓷器本是被认为中国所独创,其仿效中国画法,也是很自然的。"①当时欧洲"中国热"的一个主要方面就是瓷器绘画上的中国风格,拥有这种中国风格的瓷器成为一种荣耀。甚至有人作诗赞美这种中国风格的瓷器:

> 中华土产有佳瓷,
> 尤物移人众所思。
> 艺苑能辟新世界,
> 倾城无处亦如斯。②

三、茶叶

茶叶最早由荷兰人引入欧洲。早在1596年,荷兰人就看到茶叶在亚洲备受欢迎,于是开始从福建进口茶叶到欧洲。

1728年荷兰商船"科斯霍恩号"(Coxhorn)直航广州,1730年返航时带回有268479磅茶叶,利润很高。1685年,荷兰的医生戴克尔(C. Decker)出版了《奇妙的草药——茶叶》一书,极力推荐茶叶的神奇作用,但当时喝茶的人大都为贵族,因为"一磅茶叶价格高达50—70荷盾,一磅所谓的宫廷用茶,价格甚至高达100荷盾左右"③。大约二十年后随着进口茶叶的增加,茶叶价格大跌,从此茶叶才进入寻常百姓家,茶成为大众所喜爱的可口饮料。

喝茶成为一种时尚,成为修养、博学和典雅的象征。在1742年出版的一本《膳食学·茶·茶颂》中,有这样的诗句:

> 只在巴黎人们喜欢品茗,
> 就会满怀荣耀到处咏唱我的美名。④

由此可见当时欧洲人对茶叶的顶礼膜拜。

---

① 利奇温:《十八世纪中国与欧洲文化的接触》,朱杰勤译,商务印书馆1962年版,第23页。
② 同上书,第27页。
③ 包乐史:《中荷交往史》,第98页。
④ 艾田蒲:《中国之欧洲》(下),许钧、钱林森等译,河南人民出版社1992年版,第53页。

四、漆器

17世纪时中国的漆器已开始大量输入欧洲,法国人第一次仿制华漆并获成功。在路易十四时代,漆器还是一种非常珍贵罕见的用品。"1703年,法国商船'昂菲特里特'号从中国运回了整整一船漆器,引起全国性的轰动。此后,法国成了欧洲漆器的生产大国,法国匠人马丁兄弟制作的中国式家具饮誉全欧洲。"①

以后的英国、德国、意大利、荷兰等地也有了效仿中国漆器的制造厂,各地所生产的漆器普遍受到欢迎。

传入欧洲的还有中国桥、中国扇和家庭养的中国金鱼、孔雀等,这些东西当时在欧洲成为一种时尚,成为欧洲"中国热"的重要方面。

第二节 中国园林建筑艺术的西传

在欧洲的"中国热"中,英国人对中国的园林产生了兴趣。威廉·坦普尔爵士(Sir William Temple)在他的《论园林》一书中第一次将中国园林的不规则性与欧洲园林的规则性做了对比。在他的倡导下,英国开始建造一种有中国趣味的庭园。

正在这时,远在北京的耶稣会士、乾隆的宫廷画师、圆明园的设计者之一王致诚的一篇介绍圆明园的信在欧洲发表了,信中详细介绍了中国园林的特点,描绘了圆明园的建筑特色。小桥流水、灰砖琉璃瓦、绿荫中的假山、小溪旁的庭院、九曲回廊、亭榭楼阁、水湖山色融为一体,一派恬然的自然风光,其建筑风格和特点完全不同于西方。

> 这是人间的天堂。水池的砌法完全是自然的,不像我们那样,要在四周砌上用墨线切割成的整齐石块,它们错落有致地排放着,其艺术造诣之高,使人误以为那就是大自然的杰作。河流或宽或窄,迂回曲折,如同被天然的

---

① 许明龙:《欧洲18世纪"中国热"》,山西教育出版社1999年版,第123页。

丘石所萦绕。两岸种植着鲜花，花枝从石缝中挣扎出来，就像天生如此。①

王致诚批评欧洲人在建筑上既形式贫乏又缺乏生气，一切都要整齐划一和对称，使建筑呆板而不能贴近自然。人们从王致诚这封信中感受到了完全不同于西方的另一种建筑风格。这封信向欧洲人展示了中国皇帝御花园的几个显著特点：

> 一是广大：它的面积和那居住十来万人的法国城市第戎（Dijon）不相上下。二是繁复：那里有多少宫殿、多少假山、多少河道、多少桥梁、多少游廊，一个接着一个。三是多样化：布置虽多，但是没有两个是同一个式样的，真是千变万化，目不暇接。四（也是最引人注目的）是不对称美。欧洲建筑总要讲究对称，北京城内的宫殿差不多也是这样。但是，御花园情况不同。在那里风物之美，不是在于对称，而是恰恰在于不对称。②

王致诚的信在西方引起了很大的反响。首先是在英国，多家期刊转载发表了这篇文章，许多著名建筑设计师把眼光投向东方，开始注意这种建筑形式和风格，一系列关于中国建筑的书开始出版。英国的皇家建筑师威廉·钱伯斯（William Chambers）不仅撰写了《论东方园林》《中国建筑、家具、服饰、机械和家庭用具设计图册》等著作，而且在英王室的支持下，于1762年在伦敦西郊建造了著名的丘园（Kew Garden）。园内"垒石为假山，小涧曲折绕其下，茂林浓荫；湖畔矗立十六丈高之塔，凡九层，塔檐有龙为饰。塔侧有类似小亭之孔子庙，杂以其他国家及其宗教之装饰，惟雕栏与窗棂为中国式"③。丘园建成后一时轰动英国，在欧洲产生了很大影响，参观者络绎不绝。④

在此前后，德国人在波茨坦建起了无忧宫，它有着中国式的屋顶，屋檐外各类中国人的雕塑栩栩如生。腓特烈大帝的威廉夏因花园更是把中国园林推向极致，亭楼榭台，溪水拱桥，一派中国风光。慕尼黑公园中的中国塔保存至今，

---

① 王致诚：《中国皇帝的游宫写照》，转引自罗芃、冯棠、孟华：《法国文化史》，北京大学出版社1997年版，第447页。
② 范存忠：《中国文化在启蒙时期的英国》，译林出版社2010年版，第103—104页。
③ 方豪：《中西交通史》（下），第739页。
④ 参阅安田朴、谢和耐等：《明清间入华耶稣会士和中西文化交流》，耿昇译，巴蜀书社1993年版，第291—309页。

今天仍为慕尼黑一景。瑞典国王阿道夫·弗雷德里克（Adolf Fredrik，1710—1771）送给王后露维莎·尤瑞卡（Lovisa Ulrika，1720—1782）的生日礼物就是一座"中国宫"。① 在法国路易十四按照荷兰人纽霍夫游记中所附的南京报恩寺的素描，为其情妇蒙特斯庞夫人修建了凡尔赛的特里亚农宫。

中国建筑艺术在欧洲的流行体现了风靡欧洲的罗可可（Rococo）风格的特点。罗可可追求一种优雅、精巧、玲珑的建筑风格，以同过去的古典风格相区别，在园林设计中以自然的田园风光取代对称的几何图形式。

> 罗可可风的绘画，注重表现上流社会轻松愉快的享乐生活，表现精美典雅的装饰环境，画风十分纤细和女性化。
>
> ……巴罗克时代强烈的明暗对比，被一种平面的轻快所代替；浓艳的色彩也让位于典雅、优美的浅色，白、粉和金黄色格外得宠；同时线条也失去往日的夸张，变得更加柔和动人。②

罗可可时代的建筑师在中国的建筑中找到了他们的灵感和新的表达方式。高耸的中国塔，宽大的中国屋顶，自然般的中国庭院，多种形状的窗棂，自然、轻巧、多样、非对称性，所有这些都成为一种建筑的时尚，一种情趣。

第三节　中国历史的西传

大航海以后陆续进入中国又返回欧洲的一些西方人出版了关于中国的书，如柏来拉（Galeote Pereira）的《中国报道》③、克路士（Gaspar da Cruz）的《中国志》④等，但最早对中国历史进行系统报道的是西班牙奥古斯丁会的传教士马

---

① 参阅李明：《瑞典"中国宫"的形成及其建筑艺术风格的形成》，《艺术百家》2011年第2期，第133页。
② 罗芃、冯棠、孟华：《法国文化史》，第115页。
③ 原稿藏于耶稣会档案馆，首次发表于意大利。Nuovi Avisi Delle Indie Di Portogallo, *Venuti nuovamente dalli R. padri della compagnia di Giesu, et tradotti dalla lingua Spagnuola nella Italiana*, Venezia, Michele Tramezzino, 1565.
④ Gaspar da Cruz, *Tractado em que se côtam muito por estêso as cousas da China cõ suas particularidades e assi do Reyno Dormuz*, Évora, 1570.

丁·德·拉达（Martín de Rada）的《出使福建记》和《记大明的中国事情》这两本书。

在拉达以前，西方人对中国的报道大都停留在个人所见所闻的基础上，尚未完全摆脱游记的框架。拉达的书则首次突破了这一点，他在书中直接采用了中国典籍文献。正如他在序言中所说：

> 我们这里谈的这个国家的事情，部分系我们亲眼所见，部分系采自他们自己的书籍和对国家的论述，因为他们自我感到兴趣，他们不仅有总的和个别的对国家的论述，还出版有书籍，其中详尽地描绘了所有的省、城、镇及边哨和戍军，一切细目均有，乃至家族、藩属、贡赋以至皇帝向各处征收的物品。其中有七部书落到我手里，有不同时期不同作家的不同版本，因此可以通过相互比较了解到一些真相。①

达拉所以能读懂这批中文书，主要是因为一名叫"常来"（Sangleg）的人将其译成了西班牙文。

如果没有这些中国历史文献，没有华裔菲律宾人的翻译，在中国仅待了三个月的拉达绝不可能掌握如此丰富、具体的材料。正是在这个意义上，拉达的书是第一次向西方提供关于中国历史具体数字和内容的书。比如他说："大明有15省，390城，其中155是府；有1155县。"②这样确凿、具体的数字只能来源于中国的史书。

拉达以后在西方最有影响的关于中国历史的书是西班牙奥古斯丁会士胡安·冈萨雷斯·门多萨的《中华大帝国史》。门多萨虽未到过中国，但他阅读到了大航海以后到过中国的传教士的多种报道和西方出版的各种游记，这部书实际上是对16世纪西方报道中国的一个总结。《中华大帝国史》是第一本系统地介绍中国历史的书籍，在叙述方式上完全摆脱了以前个人游记的写作方法，全书按照特定的逻辑加以展开。全书分两大部分，第一部分"中华大帝国史"，从正面介绍了中国；第二部分则由三卷游记组成。第二部分虽是游记，但门多萨已把它们

---

① C.R.博克舍编注：《十六世纪中国南部行纪》，何高济译，中华书局1990年版，第185页。
② 同上书，第190页。

置于对中国的总体论述之后,从而使两部分形成一个整体。

门多萨的书在西方获得了空前的成功。在不到十年的时间里,该书就被译为7种文字,共发行了46版。赫德逊说:"门多萨的著作触及了古老中国生活的实质,它的出版标志着一个时代的开始,从此关于中国及其制度的知识的一部适用的纲要就可以为欧洲的学术界所利用了。"①

耶稣会士入华后,西方对中国历史的认识进一步加深,其中在欧洲产生较大影响的有曾德昭的《大中国志》、安文思的《中国新史》、卫匡国的《中国上古史》《鞑靼战记》和冯秉正(Joseph-Anne-Marie de Moyriac de Mailla,1669—1748)的《中国通史》。

曾德昭的《大中国志》的一个特点是,与以前传教士的著作相比,更为详细、具体地介绍了中国的社会历史状况。例如,利玛窦的《耶稣会与天主教进入中国史》中对中国省份的介绍只是一笔带过,而曾德昭则专设两章,分别具体地介绍了中国的南方各省份和北方各省份,对各省的特点、物产也做了介绍,这在以前是没有的。

曾德昭书的另一个特点是向西方披露了一些明代的重要事件。如在介绍"中国的军队和武器"时,他说:

> 1621年澳门城送给皇帝三尊大炮作礼物,还有随行的炮手,向他介绍使用的方法,因此在北京作表演,使许多必须到场参观发射的曼达林大为惊恐。当时,发生了一次不幸的意外,其中一尊炮猛烈反撞,打死一名葡人及三四名中国人,还有多人受惊。②

另外,他首次向西方报道南京教案的全过程,使西方对基督教在中国的发展有了一个更为深入的认识。这些报道都使当时的欧洲人有一种现实感,对中国的历史与事件认识更为深刻。

安文思的《中国新志史》(*Nouvelle Relation de la Chine*)是他在中国期间用葡文写成的,1682年托柏应理(Philippe Couplet,1623—1692)带回欧洲,后

---

① 赫德逊:《欧洲与中国》,王遵仲、李申、张毅译,中华书局1995年版,第219—220页。
② 曾德昭:《大中国志》,第119页。

由克罗德·巴尔班印刷社（Claude Barbin）在1688年以法文出版。这部书在西方出版后产生了较大的影响，原因有二。一是安文思第一次较为详细地介绍了北京和皇宫内的一些情况。因为安文思长期生活在北京，经常进入皇宫，了解许多具体情况和细节。这些内容大都是首次向西方披露，引起当时人们的兴趣。二是他对中国历史纪年的介绍。关于中国的纪年，柏应理在《中国哲学家孔子》（*Confucius Sinarum Philosophus*）一书中已附了一个中国历史的年表，但就其影响来说，安文思书中所附年表的影响更大一些。因为正是在安文思的纪年中，中国历史的年代与《圣经》所记载的历史年代的冲突才更为突出地显示出来。尽管安文思仍坚持以《圣经》为依据的纪年法，但这种冲突在当时欧洲知识界和思想界却产生了较大的影响。

卫匡国的《中国上古史》（*Sinicae Historiae Decas Prima*）是传教士写作的关于中国历史的著作中唯一一部关于中国早期历史的著作。所谓上古史，实质上写的是基督诞生以前的中国历史。全书413页，另有索引，从盘古开天地写到西汉哀帝元寿二年（前1）。全书共十章，内容分别是：第一章讲中国远古的神话传说，提到了伏羲、神农、黄帝、少昊、颛顼、禹、尧、舜八位先帝；第二章讲夏代，从禹到桀；第三章讲商自汤至纣；第四章讲周代，自迅武王至考王（前426）；第五章仍为周代，自威烈王（前425）至公元前255年；第六章为秦代，自昭王五十三年（前254）至子婴泯灭亡止；第七章以下皆为汉代；第八章为汉惠帝至武帝；第九章自昭帝至宣帝；第十章自元帝至哀帝。

这部书在西方的影响很大，尤其是在思想上对基督教的历史观是一个极大的冲击，有力地证明了在基督教文明以外的中华文明的悠久历史，说明了基督教史学观的错误。

《鞑靼战记》（*De Bello Tartarico Historia*）是卫匡国的另一部著作。他根据自己的亲身经历描述了明亡清兴的王朝变更史，从1616年满人在辽东攻下原城开始，到1650年11月24日攻下广州，不久又攻下永历南明王朝，将当时中国六十多年的"现代史"展现在西方人面前，所以此书被称为西方第一部关于中国现代史著作。①

---

① 参阅杜文凯编：《清代西人见闻录》，中国人民大学出版社1985年版，第1—69页。

冯秉正的《中国通史》(Histoire Générale de la Chine)1777年至1778年在法国出版，全书十二卷，洋洋大观，从先秦史一直写到清代乾隆皇帝。书的内容主要取材于朱熹的《通鉴纲目》，"此外他还采用了明代商辂的《续通鉴纲目》，以补《通鉴纲目》之不足。至于明、清史部分，由于当时尚无书可译，冯秉正只得自己动手撰写，不过，他只写到康熙皇帝，雍正和乾隆两朝是由格罗齐埃添入的"①。此书代表着入华耶稣会士史学的最高成就，有人认为这本书"是编虽不无缺漏讹误，尚不失为今日中国史最完备之本"②。

第四节　中国语言文字的西传

大航海以后，早期来华的传教士曾在其游记中介绍过中国的语言文字，如克路士曾说："中国人的书写没有字母，他们写的都是字，用字组成词，因此他们有大量的字，以一个字表示一件事物，以致只用一个字表示'天'，另一个表示'地'，另一个'人'，以此类推。"③这已经说明了中国文字的象形特点。拉达也曾说中国人的字是迄今所知最原始、最难学的字，因为它们是字不是字母。每个词、每件事都有不同的字，因此，"一个人哪怕识得一万个字，仍不能什么都读懂。所以谁识得最多，谁就是他们当中最聪明的人"④。

有的学者认为："第一部中外合璧的字典是一五七六年到达福建沿海的西班牙奥斯丁会地理学家拉达，根据泉州土音（闽南话）用西班牙文编著的《华语韵编》。"⑤但拉达的这部辞典，以及后来罗明坚和利玛窦合编的《葡汉辞典》、利玛窦与郭居静合编的《中西文字典》都只是稿本，并未出版，在欧洲也未产生影响。

西方人见到的首批汉字有三个，这就是在《中华大帝国史》中门多萨写的"城""皇""窍"，实际上指的是"天"，字体看不太清楚。⑥以后曾德昭在

---

① 许明龙：《欧洲18世纪"中国热"》，第117页。
② 费赖之：《在华耶稣会士列传及书目》，第611页。
③ C.R.博克舍编注：《十六世纪中国南部行纪》，第112页。
④ 同上书，第210页。
⑤ 沈福伟：《中西文化交流史》，第425页。
⑥ 参阅门多萨：《中华大帝国史》，第112页。

《大中国志》、安文思在《中国新史》、卫匡国在《中国上古史》中都对中国语言做过介绍。但在欧洲介绍中国文字并产生影响的教士乃是基歇尔，他在1667年出版了《中国图说》（China Illustrata）。他全文刊登《大秦景教碑》的碑文，将每一个汉字对应注上拼音，并用拉丁文注明含义。这样，西方人可以从字形、字音、字义三个方面来认识汉字。基歇尔实际上把《大秦景教碑》的注音、注义作为了词典，每个字上都有标号，随时可以查阅。当然他的注音和解释都有不少错误。两年以后，约翰·韦伯（John Webb，1611—1672）的《关于证明中华帝国之语言有可能为人类最初语言的历史评说》（An Historical Essay Endeavoring a Probability that the Language of the Empire of China is the Primitive Language）一书在英国问世，并获得了极大的成功。德国学者米勒（Andreas Müller，1630—1694）也编了一本《汉语入门》（Clavis Sinica）。他是当时有名的东方学家，并在书中称自己已完全掌握了识别中文的秘密，因而这本书引起了很多人的关注。德国另一个学者巴耶（Gottlieb Theophilus Siegfried Bayer，1694—1738）对汉语也十分感兴趣，独自编写了《汉语语法》（Museum Sinicum）。尤其是在他和入华传教士产生联系以后，他对汉语的研究得到了进一步加强。他不仅翻译了《字汇》，后来还"撰写了论述《字汇》的文章，还编写了拉丁文—汉语辞典，从《海篇》中选用了汉字6万余，写成手稿23卷，每卷100页到300余页不等，至今仍存彼得堡科学院图书馆"[①]。

当时欧洲知识界对中国语言、文字的关心与热情是和当时欧洲文化的发展紧密相关的。大航海以后，欧洲人走出了地中海，驶出了大西洋，多种民族的文字与语言呈现在他们的面前。两个问题就被提到他们文化的议程上来：一是如何处理多种异族语言文字与欧洲语言文字的关系，实质上是怎样理解为何世界上存在着如此众多的语言的问题；二是面对众多语言，如何达到人类的文化沟通，能否找到一种普遍性的人类语言的问题。

因而，这一时期欧洲对中国语言文字的讨论已不仅仅是一个针对中国语言本身的问题，实际上是由语言而起的对他们自身文化的重新理解和建构的问题。

对于第一个问题，韦伯的回答很典型。因为《圣经》中记载，人类最初是使

---

① 许明龙：《欧洲18世纪中国热》，第75页。

用同一种语言的，在建造了巴比伦塔以后，耶和华让人们走散四方，从而产生了各种语言。

那么，人类最初的统一语言是什么呢？当时的欧洲人有各种猜想和假想，如拉丁文、荷兰语等。英国当时正处在与荷兰的激烈的贸易竞争之中，荷兰人处于强势地位。当韦伯提出世界最初的语言是中国方块字时，那就证明亚当在伊甸园中讲的肯定不是荷兰语，英国人非常高兴。所以，韦伯的那本书是献给英国查理一世国王的。

对于第二个问题，莱布尼茨最为关注。当他听说米勒发现了解读汉字的钥匙时，他十分激动，一口气给米勒提出了14个问题：

我试图得知：第一，这部词典是否准确无误，人们是否能够像读我们的a、b、c字母或数字一样去读它，或者是否有必要偶尔加一点解释，就像有时加示意图的情况那样。第二，如所周知，由于中国的文字不是表示话语，而是表示"东西""事物"的，因此我想知道，"汉字"是否总是按照事物的性质创造的。第三，是否所有文字都可以回溯到一些确定的元素或基本的字母，是否从组合中还能形成其他的汉字。第四，人们是否把不可见的事物借助于同有形的、可见的事物的比较带到某种确定的形式之中。第五，中国文字是否全部通过人造生成的，且随着时间的演进不断增长，甚至是不断改变的。第六，中国人的语言是否像一些人认为的那样，也是通过人创造的，以致人们可以找到理解这种语言的某种确定的秘诀。第七，米勒先生是否认为中国人自己不知道他们文字的秘诀。第八，米勒先生是否认为这种文字可以顺利地、有用地引入欧洲。第九，创造出这种文字的那些人是否理解了事物的性质，并且从理性上精通。第十，表示如动物、野草、岩石这些天然事物的汉字，是否同这些事物的特性有关，以便某个字同其他字能有所区别。第十一，人们是否能够以及在多大程度上从汉字学习到它的含义。第十二，拥有解释中国文字的词典并借助它工作的人是否可以懂得用汉字写成的关于某些主题内容的全部文字。第十三，拥有这部词典的人是否也能用中国文字写点什么，并且使有文化的中国人能够读懂和理解。第十四，如果人们想根据这本词典向不同的中国人告诉一些用我们的语言写成，用汉字逐字注音的事情（例如，一桩祈祷的"主祷文"），那么，人们是否可以充分了解所涉及的相同内容。①

从这里我们可以看到，莱布尼茨对汉字关心的一个重要原因，是想从汉字中找出人类文字的普遍性特征，或者说他设想，汉字是否可以作为人类的一种普遍性文字。根据汉字的书写特点，"汉语的书写的本质意味着这门语言作为世界性语言"②。

第五节　中国科学技术的西传

16世纪的传教士东进以来对中国的科学技术一直都比较关注，门多萨虽未到过中国，但他依据柏来拉和拉达等人所提供的材料，在《中华大帝国史》中还是用了较多的笔墨介绍中国的科学。他介绍了中国的制炮技术，认为中国人使用炮远早于西方国家。他介绍了中国的书籍和印刷术，明确指出中国印刷术的发明要远远早于德国的古登堡（Johann Gutenberg）。他说："现在他们那里还有很多书，印刷日期早于德国开始发明之前五百年，我有一本中文书，同时我在西班牙和意大利，也在印度群岛看见其他一些。"③

门多萨还介绍了中国的造船和修船技术：

> 他们用来修理船只的沥青在该国十分丰富；用他们的话叫做漆，是由石灰、鱼油及他们称为油麻的膏制成；它很坚固，防蛀，因此他们的船比我们的耐用两倍，但却大大妨碍行动。他们船内的泵和我们的大不相同，要好得多；它由很多片组成，有一个抽水的轮子，安在船内侧，他们用它轻易地把船内的水抽干……④

如果说门多萨主要依靠他人的间接材料来向西方介绍中国的科技，那么耶稣会入华以后这种介绍就大大深入了。

---

① 安文铸、关珠、张文珍编译：《莱布尼茨和中国》，福建人民出版社1993年版，第126—127页。
② 艾田蒲：《中国之欧洲》（上），第396页。
③ 门多萨：《中华大帝国史》，第121页。
④ 同上书，第136页。

利玛窦在谈到中国的印刷术时就要比门多萨具体得多,他说:

> 他们的印刷比我们的历史悠久,因为在五百年前已经发明了印刷术,但与西方的有所不同。中国字的数目极多,不能用西方的方法,不过现在也采用一种拼凑法。他们最流行的办法,是取一梨木或苹果树木板,或枣树木板,因为平滑无节,把要刻的字或画反贴在上面。然后细心把纸拿开,留在木板上的只有字迹。最后用刻刀把字里和字外的地方挖深,只让字迹或画迹凸出。用这样的木板想印多少张就印多少张。这种办法为中国字相当容易,因为常比我们的字大;西方文字用这种办法就不易了。

> 至论速度,我觉得,西方印刷工人排版与校对一张所用的时间,与中国工人刻一块版的时间不相上下,也许中国工人用的时间还少一点。所以印一本中国书比一本西文书的费用较低。中国人的办法还有一个优点,即木板常是完整的,何时想印就印;三四年后,也能随便修改;改一个字易如反掌,改几行字也不甚难,只要把木板加以裁接。①

之后,曾德昭在《大中国志》、卫匡国在《中国上古史》中也分别介绍过中国科技的情况。尤其是基歇尔的《中国图说》,更是用大量篇幅介绍中国的植物、地理、环境和工艺方面的情况,引起了欧洲人对中国的极大兴趣。

但中国科技向西方传播的最重要阶段始于法国耶稣会士1688年的来华,因为这批传教士入华前就是法国的科学家,许多人都有一技之长,洪若翰(Jean de Fontaney,1643—1710)、白晋、刘应(Claude de Visdelou,1656—1737)、张诚(Jean-Francois Gerbillon,1654—1707)在1684年就已被法国皇家科学院任命为通讯院士。除传教以外,受皇家科学院之托了解、调查中国的科学技术,是他们的另一项重要任务。洪若翰曾写信给皇家科学院,说明了每一个人的分工与任务:

> 洪若翰负责中国天文学史和地理学史、天体观测,以与巴黎天文台所做的天文观测相比较;刘应负责中国通史,汉字与汉语的起源;白晋负责动植物的自然史和中国医学的研究;李明负责艺术史和工艺史;张诚负责中国的

---

① 利玛窦:《利玛窦中国传教史》(上),第17—18页。

现状、警察、官府和当地风俗，矿物和物理学（指医学）的其他部分，即指白晋研究以外的部分。①

正因为这种有组织、有计划的调查、研究，加上他们受到康熙皇帝的支持，中国科学技术向西方的传播进入高潮。

这种科技交流的繁荣首先表现为中国科技典籍的西译上。

宋君荣是法国入华耶稣会士中最博学的传教士之一，其汉学成就也最为突出。他除撰写出《元史与成吉思汗本纪》《元史与成吉思汗本纪》（Histoire de Gentchiscan Et de Toute La Dynastie Des Mongous, Ses Successeurs Conqu rans de la Chine）、《大唐史纲》（Abrégé de l'histoire chinoise de la grande dynastie des Tang）、《西辽史略》等专门史以外，对天文学的研究达到很高的水平。他的《中国天文史略》（Histoire abrégée de L'astronomie Chinoise）记录了《书经》《诗经》《春秋》中的日蚀及干支。他的《中国天文纲要》（Traite de L'aseronomie Chinoise）分为上、下两篇：

> 上篇述古代迄汉初之天文；下篇述始汉初迄十五世纪之天文。其列举者有：1.中国分度与吾人分度之对照表；中国星宿表，四至表，求每年诸日太阳所在之赤道与十二宫图；2.中国测算日蚀月蚀之方法，中国各地日月蚀之测算；3.中国测算金、木、水、火、土五行星运行之方法；4.中国日蚀表，中国月蚀表。②

以后宋君荣的这些手稿正式出版，这些"手稿影响了18、19世纪欧洲天文学家"③。另外，他在《中国天文史略》一书中还将《周髀算经》的一个片段译成了法文，"《周髀算经》摘译成西方之始"④。

宋君荣的书不仅对欧洲的天文学家产生了影响，对伏尔泰这样的大思想家也产生了影响。伏尔泰在《风俗论》中专门提到了他：

---

① 韩琦：《中国科学技术的西传及其影响（1582—1793）》，河北人民出版社1999年版，第20页。
② 费赖之：《在华耶稣会士列传及书目》，第695页。
③ 潘吉星：《中外科学之交流》，香港中文大学出版社1993年版，第490页。
④ 同上书，第478页。

中国的历史,就其总的方面来说是无可争议的,是唯一建立在天象观察的基础之上的。根据最确凿的年表,远在公元前2155年,中国就已有观测日蚀的记载。……宋君荣神甫核对了孔子的书中记载的36次日蚀,他只发现其中两次有误,两次存疑。①

实际上伏尔泰从宋君荣的著作中找到了推翻基督教历史观的证据,这点我下面还要专门论述。

卜弥格是波兰来华传教士,奉南明永历王朝之命前往罗马。他返回中国时,南明王朝已被清所灭,他后来病逝广西。他虽是法国耶稣会士入华前来中国的传教士,但在中国科技西译上卓有贡献,因而不能不提到他。他所写的《中国植物志》(*Flora Sinensis*)是第一部向西方系统介绍中国植物的书籍,书中列举了中国植物二十种和奇异动物数种,并配有插图。《中医脉诀》(*Clavis medica ad Chinarum doctrinum de pulsibus*)是《图注脉诀辨真》的译本,原作者为明代中国名医张世贤。该书在德国法兰克福首次以拉丁文出版,题为《中医范本或中医小品》(*Specimen Medicinae sinicae*, *sive Opuscula Medica ad Mentem Sinensium*),被称为"中国医书被翻译成西方之始"。

韩国英(Pierre-Martial Cibot,1727—1780)有多种译稿被收入《中国杂纂》(又称《中国纪要》或《中国论丛》)。该书原名为《北京耶稣会士关于中国历史、科技、风俗、习惯等的论考》(*Mémoires concernant L'Histoire, Les Sciences, Les Arts, Les Moeurs, Les Usages... Des Chinois Par Missionaires de Pekin*),收录了许多关于中国科技文献的译文。韩国英有以下著作:

《野蚕说与养蚕法》(*Sur les vers à soie sauvages et sur lamanièrede les èlever*)

《说香椿》(*Notice du frêne de Chine, nommé hiang-tchun*)

《说竹之种植与功用》(*Sur le bambou. Culture et utilité du Bambou*)

《说若干种中国植物》(*Notices de quelques plantes et arbrisseaux de la Chine*)

---

① 伏尔泰:《风俗论》(上册),梁守锵译,商务印书馆1994年版,第239页。

《记痘症》(De la petite vérole)

尤其令人惊讶的是，他把中国宋代法医学家宋慈的《洗冤录》也译成了法文，发表在《中国杂纂》第4卷上，题目为《宋慈于1247年所著洗冤录概要》(Notice du livre Si-Yuen-Lou, ourrage velaitif à La police et à la justice criminelle, composée par Song Ts'evers 1247)。由此可见韩国英对中国科技介绍的广泛。

另外，韩国英还译了的《康熙几暇格物论》[1]，这是康熙在政务之余研究各门科学问题的心得之作。此书的内容涉及天文学、物理学、生物学、医学、农学和地学等方面，有不少创见。

此外，钱德明（Jean-Joseph-Marie Amiot，1718—1793）、汤执中（Pierre d'Incarville，1706—1757）、殷弘绪也分别译介了中国科技的文献，由于篇幅有限我们不再一一列举。

入华传教士不仅著书、译书，还直接与法国皇家科学院的科学家通信，将他们在中国的科学研究与欧洲的科学研究直接联系起来。这种联系在邓玉函时已经开始，到法国传教士入华后就变得更为直接、频繁。这些从洪若翰、宋君荣的通信中可以得到证实。

中国科技在欧洲的传播引起了欧洲科学家的关注，他们开始把中国的科技理论、历史记载纳入他们的科学研究视野[2]，中国科技成就启发了近代的欧洲科学家，甚至像李约瑟所说的，在天文学方面，中国的天文学理论直接导致了欧洲中世纪天文学理论的解体[3]。而且从古代科学的总体情况来说，李约瑟也认为："世界受惠于东亚，特别是受惠于中国的整个情况已经非常清楚地显现出来。"[4]

第六节　17—18世纪的欧洲"中国热"

随着中国文化在欧洲的传播，随着"礼仪之争"在欧洲社会文化层面的展

---

[1] 参阅陈受颐：《康熙几暇格物论的法文节译本》，《中欧文化交流史论丛》，台湾商务印书馆1970年版，第95—111页。
[2] 参阅韩琦：《中国科学技术的西传及其影响》，第82—92页。
[3] 参阅李约瑟：《中国科学技术史》（第四卷天学第二分册），第643—656页。
[4] 参阅潘吉星主编：《李约瑟文集》，辽宁科学技术出版社1986年版，第263页。

开，从17世纪中叶开始，欧洲逐渐兴起了一股被称为"汉风"（Chinoiserie）的"中国热"。遥远的东方犹如神奇的土地，深深地吸引着欧洲，到18世纪时这种热潮达到高潮。

当时的欧洲人在社会生活中以使用中国的器物为荣：使用中国家具，贴中国墙纸，用中国瓷器，喝中国茶。社交场所中以中国命名的各类休闲场所让人目不暇接，如"中国咖啡会""中国茶社""中国舞场"等。

各国的王侯贵族、皇亲国舅、国王大臣是"中国热"的积极参与者：

> 就以路易十五的情妇蓬巴杜夫人为例，她经常光顾巴黎专营中国物品的拉扎尔·杜沃商店，仅1752年12月27日一次，就从该店购进了价值五千利弗尔的五个形状各异的青瓷花瓶；路易十五的国务秘书贝尔丹（Bertin）也是一位"中国迷"，他家中设有一间"中国室"，专门陈列中国的珍宝及标本。据说他曾一次就得到两木箱运自中国的泥人和纸人，共计31个。[①]

在1667年的盛大宴会上，路易十四为引起人们的新奇，化装成中国人出场，轰动一时。18世纪的第一个新年，法国王宫是以中国的方式庆祝的，从而拉开了18世纪上半叶"中国热"的高潮。到1756年时，在重农学派核心成员魁奈的说服下，路易十五模仿中国皇帝举行"籍田大礼"，以示对农业的重视。

在文学领域中，当时以中国为题材的小说竟达45部之多，《中国间谍在欧洲》《北京宫廷秘史》等一部部带有东方情趣的书畅销书市，伏尔泰的《中国孤儿》更是轰动巴黎，一时间模仿者不少。

法国当时是欧洲的文化中心，法国的中国热很快就传遍了欧洲。英国国王查理二世和王后都爱喝茶，经常举行茶会，一时之间品茶成为上流社会的时髦之举。1700年，桂冠诗人纳厄姆·泰特（Nahum Tate）专门发表了《论茶颂》，说女王陛下常在肯辛顿公园闲坐饮茶。当时时髦的女子们在上午十点到十一点之间要喝武夷茶一盏，晚上十点到十一点又要坐在茶桌旁边。因为人们认为饮茶使社交活动更有生气了，"年老的变得年轻，年轻的更年轻了"[②]。

---

① 罗芃、冯棠、孟华：《法国文化史》，第445页。
② 范存忠：《中国文化在启蒙时期的英国》，第90页。

关于中国的五幕悲剧《鞑靼征服中国》在伦敦上演，复仇加爱情的情节，异国的情调，引人入胜。"一场尸体横陈、鲜血四溅的舞台大悲剧，以出人意料的喜剧性团圆告终。"①东方学家海德写文介绍中国的围棋游戏，坦普尔爵士介绍中国的园林，哥尔德斯密斯则以中国哲学家的名义发表书信体的小说。

在德国，文化巨人莱布尼茨如饥似渴地读着当时能收集到的中国材料，并与多名入华传教士通信，发表了历史上第一部关于中国的学术著作《中国近事》。大文学家歌德在魏玛王宫中给王宫大臣们演示中国书法，看中国的皮影戏成为魏玛王宫中一件最受欢迎的事。卫匡国的《鞑靼战记》被改编成了《埃及——或伟大的蒙古人》，而顺治皇帝则成为哈佩尔（Eberhard W. Happel，1647—1690）笔下骑士小说的人物。这部小说名为《亚洲的俄诺干布》，副标题是"描述中国当今伟大的执政皇帝顺治———一位地地道道的骑士，并简短地介绍他以及其他亚洲王子的风流韵事、他们的骑士业绩、所有地处亚洲的王国和地区的特性以及它们君主的等级制度和主要功绩"②。

"中国热"是18世纪欧洲文化史上的一段重要历史。对于这股热潮，当时的法国著名作家格利姆有一段描述，十分生动：

> 在我们的时代里，中国帝国已译成为特殊注意和特殊研究的对象。传教士的报告，以一味推美的文笔，描写远方的中国，首先使公众为之神往；远道迢迢，人们也无从反证这些报告的虚谬。接着，哲学家从中利用所有对他们有用的材料，用来攻击和改造他们看到的本国的各种弊害。因此，在短期内，这个国家就成为智慧、道德及纯正宗教的产生地，它的政体是最悠久而最可能完善的；它的道德是世界上最高尚而完美的；它的法律、政治，它的艺术实业，都同样可以作为世界各国的模范。③

格利姆是这种热潮中的反对派，但他的话说明了那个时代的特征。

本书的上、下两编虽分开论述，但在逻辑和历史上却是一个完全统一的实际

---

① 张弘：《中国文学在英国》，第25页。
② 卫茂平：《中国对德国文学影响史述》，上海外语教育出版社1996年版，第9页。参阅陈铨：《中德文学研究》，辽宁教育出版社1997年版。
③ 转引自利奇温：《十八世纪中国与欧洲文化的接触》，第86页。

历史过程,这两部分实际上是相互呼应的。中国虽然当时没有派一名"传教士"到欧洲去宣传中国宗教和哲学,但实际上通过入华耶稣会士的著作和通信在欧洲产生了巨大的影响。"因为十八世纪欧洲在思想上受到的压力和传统信念的崩溃,使得天主教传教士带回的某些中国思想在欧洲具有的影响,超过了天主教士在中国宣传的宗教。"[①]

---

① 赫德逊:《欧洲与中国》,第267页。

第十章 罗明坚与中国宗教和哲学的西传

汉学（Sinology）作为一个学科在西方得以确立并在今天以前所未有的速度得到发展，从而对西方学术界和中国学术界同时产生广泛影响，是有一个漫长的形成和发展过程的。这个过程就是中西文化交流的历史，就是近代以来西方文化与学术演变和发展的一个侧影。

在我来看，西方汉学经历了"游记汉学时期""传教士汉学时期"和"专业汉学时期"三个不同的发展阶段。

"游记汉学时期"可追溯到元代的马可·波罗，更早甚至可以推到希腊的历史学家希罗多德（Herodotus，约前484—前424），其间有从亚美尼亚乞剌可思·刚扎克赛（Kirakos Ganjakeci）的《海屯行记》、意大利人约翰·柏朗嘉宾（Jean de Plan Carpin）的《柏朗嘉宾行记》，到大航海以后葡萄牙人托梅·皮列士的《东方志》、柏来拉的《中国报道》等一系列报道中国的著作。这一时期的最高学术成就当属西班牙人门多萨的《中华大帝国史》。"游记汉学时期"是西方汉学的萌芽期，西方对中国的认识仅停留在通过到中国旅游和短暂经历所获得的表面认识上。

汉学作为一个学科得以创立，其基本条件应是在西方各国有一些掌握汉语、熟悉中国文献、了解中国文化的汉学家。"传教士汉学时期"已具备了这些基本条件，原因就在于明清之际来华的耶稣会士。正是在这种条件下,西方汉学进入了它的创立时期。长期以来谈到西方汉学的创立时，人们更多地讲到的是利玛窦，而对意大利来华传教士罗明坚在西方汉学创立时期的贡献有所忽略。本章旨在揭示并论证罗明坚的汉学成就，以重新确立他作为西方汉学奠基人的地位。

第一节 罗明坚的汉学生涯

罗明坚，字复初，意大利人，1543年出生于意大利的斯皮纳佐拉城。他入耶稣会前已获得两个法学博士学位，并在市府"任显职"①。他29岁辞官入修道院，30岁时从里斯本出发到达印度的果阿，31岁时抵达澳门，开始了他在中国传播基督教的事业，同时也开始了他的汉学生涯。

刚到澳门时，他遵循范礼安的进入中国的天主教神父"立刻学习中国话及中文"②的要求，开始学习汉语，了解中国的风俗习惯。由于当时大多数在澳门的传教士并不理解范礼安的用意，没有意识到学习汉语的必要性，罗明坚的做法引起了不小的反响。"诸友识辈以其虚耗有用之光阴，从事于永难成功之研究，有劝阻者，有揶揄者……"③有人认为："一位神父可以从事会中其他事业，为什么浪费大好光阴学习什么中国语言，从事一个毫无希望的工作？"④

但罗明坚不为所动，坚持学习中国语言。对于初学汉语时的困难，罗明坚在一封信中做过描述：

> 视察教务的司铎写信通知我，令我学习中国的语言文字，在"念""写""说"三方面平行进展。我接到命令以后立即尽力奉行。但是中国的语言文字不单和我国的不一样，和世界任何国的语言文字都不一样，没有字母，没有一定的字数，并且一字有一字的意义。就是对于中国人，为能念他们的书籍也必须费尽十五年的苦工夫。我第一起念头的时候，实在觉得

---

① 费赖之：《在华耶稣会士列传及书目》，第23页。
② 利玛窦：《利玛窦中国传教史》，第113页。
③ 费赖之：《在华耶稣会士列传及书目》，第23页。
④ 1580年11月8日《罗明坚致罗马麦尔古里亚诺神父书》，利玛窦：《利玛窦书信集》（下），第426页。

失望，但是由于听命的意旨，我要尽力遵行这件命令，并且用我所能有的毅力作后盾。①

罗明坚最初学习中文的方法就是幼儿学习时的看图识字法。1583年，他在给耶稣会总会长的信中说：

> 起初为找一位能教我中国官话的老师非常困难，但我为传教非学官话不可；可是老师如只会中国官话，而不会讲我们的话也是枉然，因为我听不懂啊！因此后来找到一位老师，只能借图画学习中文语言了，如画一匹马，告诉我这个动物中国话叫"马"，其他类推……②

罗明坚是一位很有毅力并有极高天赋的传教士。他到达澳门后刚刚几个月便能认识许多个中国字，初步可以读中国的书籍，三年多以后便开始用中文来写作了。罗明坚学习中文的目的是传教，他认为"这是为归化他们必须有的步骤"③，以便日后用中文著书，驳斥中文书中（有关宗教方面）的谬误。他"希望将来能为天主服务，使真理之光照耀这个庞大的民族"④。

罗明坚中文能力的提高大大推动了他的传教事业。他在澳门建立了一座传道所，并开始用中文宣教。罗明坚把这个传道所起名为"经言学校"，以后利玛窦把它称为"圣玛尔定经言学校"⑤。从传教史上看这是中国的第一个用汉语来传教的机构，从汉学史上看这也是晚明时期中国第一所外国人学习汉语的学校。正如罗明坚自己所说："目前我正在这里学习中国语文……这些教友无疑将是我最佳的翻译，对传教工作将有很大的助益。"⑥

罗明坚之所以成为晚明时天主教进入中国内地居住的第一人，也与他娴熟的中文能力有直接的关系。在1581年，罗明坚就曾三次随葡萄牙商人进入广州，

---

① 裴化行：《天主教十六世纪在华传教志》，萧濬华译，商务印书馆1936年版，第183页。
② 利玛窦：《利玛窦书信集》（下），第446页。这也就是后来人们所传说的，罗明坚找了一位中国画家当老师。参阅利玛窦：《利玛窦中国传教史》（上），第114页；龙思泰：《早期澳门史》，东方出版社1997年版，第193页；费赖之：《在华耶也会士列传及书目》，第24页。
③ 利玛窦：《利玛窦书信集》（下），第413页。
④ 同上书，第427页。
⑤ 同上书，第431页。
⑥ 同上书，第432页。

并很快取得了广州海道的信任，允许他在岸上过夜，因为广州海道认为罗明坚是一个文质彬彬的君子，"是一有中国文学修养的神父及老师"①。后来，罗明坚又先后同巴范济（Francesco Pasio，1551—1612）、利玛窦三次进入广州，并通过与两广总督陈瑞、香山知县、肇庆知府王泮等中国地方官员的交涉，最终于1582年12月27日进入肇庆②，在中国内地立足。在这期间，罗明坚写给陈瑞的中文信件和陈瑞的回信以及罗明坚流利的中国官话起到了关键性的作用。③ 在中国期间，罗明坚先后到过浙江、广西传教，为天主教在中国站稳脚跟立下了汗马功劳。与此同时作为一名汉学家他也取得了非常显著的成绩。他编写《葡汉辞典》，以帮助入华传教士学习汉语。他用中文写出了第一篇天主教教义《祖传天主十诫》，使天主教本地化迈出了关键的一步。到1586年11月时，他对中国文化已有了较深入的了解，自称"我们已被视为中国人了"④。

1586年，罗明坚为请罗马教宗"正式遣使于北京"⑤而返回欧洲。由于当时教廷正逢频繁更换时期，四易教宗，加之欧洲自身的问题，西班牙国王对出使中国也不再感兴趣。罗明坚最终未办成此事，"遂归萨勒诺，并于一六〇七年殁于此城"⑥。在欧期间，罗明坚又将中国典籍《大学》译成拉丁文在罗马公开发表，完成了他作为一名汉学家的另一件大事。

西方汉学在其"传教士时期"虽然在外在形式上尚未作为一个正式学科列入大学教育，在这一时期"汉学研究"和"传教事业"尚未有明显的分离，但在实

---

① 利玛窦：《利玛窦中国传教史》（上），第116页。
② 对于这个时间利玛窦和罗明坚记载得不同。利玛窦记的是1583年9月10日，见《利玛窦中国传教史》（上）第128页；罗明坚认为是1582年圣诞节后两日，即1582年12月27日，见《利玛窦书信集》（下），第450页。罗明坚是在1583年2月7日的信中提到这个日子，而利玛窦则是到晚年写《利玛窦中国传教史》时讲到的，因而罗明坚的记载应更可信些。
③ 参阅任继愈主编：《国际汉学》（第二辑），大象出版社1998年版，第259—265页。罗明坚的两封信，见利玛窦：《利玛窦书信集》（下），第425—461页。
④ 罗明坚1586年11月8日《致总会长阿桂委瓦神父书》，见利玛窦：《利玛窦书信集》（下），第494页。
⑤ 费赖之：《在华耶稣会士列传及书目》，第28页。利玛窦和一名中国秀才在肇庆为罗明坚草拟了一份《教宗致大明中国皇帝书》，参阅Pietro Tacchi Venturi, S.J., *Opere Storiche Del P.Matteo Ricci.S.J.*, p.494。
⑥ 费赖之：《在华耶稣会士列传及书目》，第29页。

质上西方汉学已经创立。入华传教士和欧洲一些教会内的学者已开始对中国语言和文化展开较为系统的研究,德国基歇尔的《中国图说》就是一个代表。罗明坚则在以下几个方面对汉学做出了自己的贡献。

第二节 编写第一部汉外辞典《葡汉辞典》

关于来华耶稣会士对中国语言学研究的贡献,罗常培先生在其著名的论文《耶稣会士在音韵学上的贡献》中给予了充分的研究。[①]罗常培先生所依据的文献主要是利玛窦的在《程氏墨苑》写下的四篇罗马拉丁文注音的文章[②]和金尼阁的《西儒耳目资》。他把这一套拼音系统称为"利—金方案"。

一、德礼贤的研究

1934年,耶稣会史专家德礼贤在罗马耶稣会档案馆发现一组未署名的手稿,编号Jap.Sin., I, 198。手稿共189页,长23厘米,宽16.5厘米,其中手稿第32页至第165页是葡萄牙语和汉语对照的辞典。德礼贤认为这就是利玛窦第一次进京失败后在返回南方途中与郭居静合编的辞典。

二、杨福绵的研究

1986年,美国乔治城大学杨福绵先生在第二届国际汉学会议上,用英文发表了《利玛窦的葡汉辞典:一个历史和语言学的介绍》(The Portuguese-Chinese Dictionary of Matteo Ricci: A Historical and Linguistic Introduction)。1989年夏,他又再赴罗马耶稣会档案馆对该手稿原件进行了研究,并于1995年在《中国语言学报》第五期发表了长篇研究文章《罗明坚、利玛窦〈葡汉辞典〉所记录的明代官话》。杨福绵先生在这篇文章中提出了如下几个观点:

第一,《葡汉辞典》是罗明坚和利玛窦的共同作品。

这部手稿的第32页至第165页是《葡汉辞典》,这个辞典共分三栏:第一栏

[①] 参阅罗常培:《耶稣会士在音韵学上的贡献》,第267—344页。
[②] 参阅尹斌庸:《利玛窦等创制汉语拼写方案考证》,王元化主编:《学术集林》(卷四),上海远东出版社1995年版,第341—353页。

是葡语单词和词组、短句,大体按字母顺序排列;第二栏是罗马字注音;第三栏是汉语词条,里面既有单音节词、双音节词,也有词组知短句。例如:

葡语词	罗马字	汉语词
Aguoa	scioj	水
Aguoa de frol	zen sciã scioj	甑香水
Bom parecer	piau ci	嫖致,美貌,嘉 ("嫖"为"标"之别字—— 杨注)
Escarnar	co gio	割肉,切肉,剖肉
Fallar	chiã cua,sciuo cua	讲话,说话

杨福绵先生认为,根据手迹来看,罗马字注音为罗明坚手迹,汉语词条"大概是罗利二氏的汉语教师或其他文人书写的"[1],但手稿从第32a页至第34a页的第三栏,汉语词后加上了意大利词条,"从笔迹上看似乎是利玛窦加的"[2]。

手稿第3a页至第7a页《宾主问答辞义》内有这样的问话:"客曰:客父到这里已几年了?答曰:才有两年。"[3]根据字典末尾的一个拉丁文附记,杨福绵认为手稿形成于1585—1588年间,而后"很可能是罗氏亲自带回罗马去的"[4]。根据杨福绵的统计,手稿中收入葡语词汇6000余条,汉语字词5460条,其中有540多条葡语词汇未填汉语对应词。例如Aguoa benta是"圣水"(Holy Water),但当时在中文中找不到相应的词汇,只好缺暂。

第二,《葡汉辞典》是汉语拼音的早期方案。

按照时间推断,《葡汉辞典》中的罗马字拼音系统是中国最早的一套汉语拼音方案,以后才有了利玛窦在《程氏墨苑》中提出的方案。罗马注音系统的真正完成应是在1598年,即利玛窦第一次进京失败后。在坐船返回南京的途中,利玛窦说:

---

[1] 杨福绵:《罗明坚、利玛窦〈葡汉辞典〉所记录的明代官话》,《中国语文学报》1995年第5期。
[2] 同上。
[3] 同上。
[4] 同上。

神父们利用这段时间编了一部中文字典。他们也编了一套中文发音表，这对后来传教士们学习中文有很大帮助。他们发现，中国话全部是由单音字组织起来的；中国人利用多种不同的音调来区分各字的不同意义。若不懂这些音调，说出话来就不知所云，无法与人交谈，因为别人不知他说的是什么，他也听不懂别人说的是什么。神父们选定了五个音标，使学生一看就知道该是哪个音。中国字共有五音。郭居静神父在这方面贡献很大。……神父们决定，以后用罗马拼音时，大家都一律采用这五种符号，为了一致。利玛窦下令，以后大家都要遵守，不可像过去那样，每个人一种写法，造成混乱。用这种拼音法现在编的字典，及以后要编的其他字典，可以送给每位传教士，都能一目了然。①

正因《葡汉辞典》提供的罗马拼音的早期方案，是按照16世纪的意大利或葡萄牙拼写的习惯来拼写的，故显得较为粗糙和不太完善。杨福绵对此做了详细的分析，如书中没有送气音符号，声母中的送气音和不送气音没有区别，一律标成了送气音，例如"怕"和"罢"都拼成"pa"，"他"和"大"都拼成"ta"，而以后的利玛窦方案在辅音后上端都标出/'/以表示送气音，如罢/p'a/，大/t'a/。又如，同一韵母拼法不同，如"悲"拼成Pi，Py，"起"拼成Chi，chij，chiy等，这是因为当时意大利语中的i，j，y三个字母是可以通用的。②

所以杨福绵先生认为这套拼音系统"属于初创，在声母和韵母的拼写法上，尚未完全定型，甚至有些模棱混淆的地方"③。

第三，《葡汉辞典》证明了明代官话的方言基础是南京话。

杨福绵通过对《葡汉辞典》中音韵、词汇和语法三个方面的深入分析，认为《葡汉辞典》中的许多语言特点是北京话中所没有的：

　　音韵方面，如"班、搬"和"关、官"的韵母不同；……词汇方面，如

---

① 利玛窦：《利玛窦中国传教史》（下），第286—287页。但这部字典至今下落不明，而以后金尼阁的《西儒耳目资》只是这样方案的一个应用。参阅尹斌庸：《利玛窦等创制、汉语拼音拼写方案考证》。
② 参阅杨福绵：《罗明坚、利玛窦〈葡汉辞典〉所记录的明代官话》。
③ 同上。

四脚蛇、水鸡、桃子、枣子、斧头……如今、不曾等；语法方面，如背得、讲得等，都和现代的北京话不同，而和现代的江淮方言相同。这证明它属于南方（江淮）官话，而不属于北方官话。①

这个结论可以被两个历史事实所证明。一是南京曾为明都，迁都北京时曾带了大批南京人及江淮一带的人士北上，南京话在明代一直占据重要的地位。二是利玛窦记录了他在临清与马堂等太监的交往，讲了一位太监赠送给他们书童一事："刘婆惜非常高兴，在分手之前，把他在南京买的一个童送给了神父，为教庞迪我神父学中文。这书童讲一口很好的官话。"②后金尼阁在他的拉丁文版中改为："他说他送给他们这个男孩是因为他口齿清楚，可以教庞迪我神父纯粹的南京话。"③金尼阁把"官话"改为"南京话"，说明南京官话是当时中国的官话。④

杨福绵先生的这篇文章是继罗常培先生1930年的文章之后的近六十年间关于来华耶稣会士在语言学贡献方面的研究中最重要的文章之一，他对罗明坚和利玛窦的《葡汉辞典》给予了如实的评价：

> 《辞典》中的罗马字注汉字音，是汉语最早的拉丁字母拼音方案，是利氏及《西儒耳目资》拼音系统的前身，也是后世一切汉语拼音方案的鼻祖。编写这部辞典时，罗明坚因为到中国时间不久，初学汉语，记音时，有些汉字拼写法尚不一致，甚至有模棱含混的地方。不过从拼音资料整体来说，已可使我们归纳出一个大致的官话的音韵系统。⑤

三、两点补充意见

1998年夏，笔者访问了罗马的耶稣会档案馆，也详细查阅了编号为Jap.Sin.,

---

① 杨福绵：《罗明坚、利玛窦〈葡汉辞典〉所记录的明代官话》。
② 利玛窦：《利玛窦中国传教史》（下），第337页。
③ 利玛窦、金尼阁：《利玛窦中国札记》，第391页。
④ 参阅鲁国尧：《明代官话及其基础方言问题——读〈利玛窦中国札记〉》，《南京大学学报》1985年第4期，第47—52页。
⑤ 杨福绵：《罗明坚、利玛窦〈葡汉辞典〉所记录的明代官话》。

I, 198. 的手稿，除了对第32页至第165页的《葡汉辞典》做了初步研究以外，还认真分析了手稿中的其他内容，从而进一步证实这是罗明坚的手稿。有些内容杨福绵先生尚未讲到，我在这里加以补充。

第一，在这组手稿的第15页有一段书写的手迹，其内容如下：

> 中华大邦与本国辽绝，素不相通。故不知天主，不见经文。僧自天竺国，心慕华教，不远万里航海，三年前到广东肇庆府。蒙督抚军门郭（此处原稿空二格——笔者）俯赐柔远，施地一所，创建一寺，名曰仙花。请师教习儒书，幸承仕宦诸公往来教益，第审之不识天主并其经文，僧敬将经本译成华语并撰实录……①

这里的"经本"即罗明坚的《祖传天主十诫》，以后演化成《天主教要》；这里的"实录"，即罗明坚的《天主圣教实录》；"三年前到广东肇庆"，即1586年，这和手稿第3a页至第7a页的《宾主问答辞义》中所说的时间一致。这进一步证实《葡汉辞典》是罗明坚和利玛窦在肇庆所编，而不是像德礼贤所说的是利玛窦第一次进京失败后同郭居静在返回南京的船上所作，时间是1598年。②

第二，在这组手稿中有一段关于罗明坚和蔡一龙案的手稿，其部分内容如下：

> 审得蔡一龙，于九月二十五日哄骗番僧宝石到省，意面重价勒赎，且因借陆于充本艮（应为"银"）八两，欲将宝石私当低（应为"抵"）偿。随充往省寻见，问论前情，是充执回宝石，送道验明，发还本僧。此一龙解到本府，暂收仓监，唤僧面贤究惩。乃捏罗洪告词，称僧明坚与妻通奸……罗洪与明坚素无来往，何故将妻自污，告害番僧？况南门去当本寺颇远，以异言异服之僧私往通奸，一路地方邻佑岂不窥见……应将一龙问罪，仍追还陆于充本士艮（应为"银"）八两，将一龙取问罪纪。③

---

① 罗明坚、利玛窦：《葡汉辞典》，罗马耶稣会档案馆Jap.Sin., I, 198., 第15页。
② 参阅林金水：《利玛窦与中国》，第56页。
③ 罗明坚、利玛窦：《葡汉辞典》，第183、187页。参阅宋黎明：《神父的新装：利玛窦在中国》；夏伯嘉：《利玛窦：紫禁城里的耶稣会士》。

这段手稿所记载的就是利玛窦在其书的第二卷第十章"孟三德返澳门，罗明坚遭诬告"中所讲之事。手稿中的"蔡一龙"就是利玛窦所说的"玛尔定"。这段文字使我们更确信，这组手稿的作者是罗明坚，而且我认为这段中文手迹很可能是罗明坚亲笔所写。因文中缺字、错字颇多，不像中国文人所写，进而我们推测《葡汉辞典》也主要是罗明坚所编，利玛窦只是作为助手出现的，《葡汉辞典》中的中文语词部分也可能是罗明坚亲自撰写，而不是中国文人所代笔。

第三节 第一次将儒家经典译成西方语言

罗明坚是来华传教士中最早从事中国古典文献西译的人。他在1583年2月7日的一封信中明确地说："去年我曾寄去一本中文书，并附有拉丁文翻译……"① 他告诉耶稣会总会长，由于"时间仓促，拉丁文译文也很不通顺"②。根据这段话，寄书的时间推测应是1582年。

罗明坚返回欧洲所做的一件重要事情就是把《四书》中的《大学》部分内容译成了拉丁文。首次将罗明坚的这个译文在欧洲正式发表的是波赛维诺（Antonio Possevino，1533—1611）。他1559年加入耶稣会，之后成了耶稣会会长麦古里安（Mercurian，1573—1581在任）的秘书，就是麦古里安把范礼安派到了东方传教。波赛维诺作为罗马教皇的外交官被派到德国、匈牙利、葡萄牙、俄国等地工作，晚年从事文学和神学研究，其中最重要的成果便是百科全书式的《历史、科学、救世研讨丛书选编》（Bibliotheca Selecta: Qua agitur de Ratione studiorum in historia, in disciplinis, in Salute omniun procuranda）。这部书1593年在罗马出版。③

罗明坚返回罗马以后常常去波赛维诺那里，向他讲述自己在中国传教时所看到和听到的事，这样波赛维诺就在该书的第九章里介绍了罗明坚在中国的一些情况，并将罗明坚的译文一同发表。这本书以后又分别于1603年和1608年在

---

① 利玛窦：《利玛窦书信集》（下），第446页。
② 裴化行：《天主教十六世纪在华传教志》，第191页。
③ 书中所标明的当时耶稣会会长阿桂委瓦（Aquaviva）的出版许可日期为1592年4月16日。参阅朱雁冰：《从西方关于儒家思想的最早传说到利玛窦的儒学评价》，《神学论集》第96期，1993年号。

威尼斯和科隆再版。罗明坚在波塞维诺的书中只发表了其译稿的一小部分，其《四书》的全部拉丁文原稿现仍保存于罗马的意大利国家图书馆中。① 费赖之提到了这个手稿，用的书名是《中国，或人的教育……》（China, Seu Humanae Institutio），龙伯格（Knud Lundbaek）认为这个书名只是用了罗明坚"大学"的译名。以后德礼贤在他所编辑出版的《利玛窦全集》（Fonti Ricciani I—Ⅲ, Roma, 1942—1949）的第一卷第43页的注释中，详细描写了这部原稿的尺寸等情况。费赖之在谈到罗明坚这本书时说它"现藏罗马维托利奥-伊曼纽尔图书馆〔耶稣会士手稿，1185号（3314），标题作《中国的人事机构》〕"②。

罗明坚的这部重要译著之所以没有全部出版，按照鲁尔（Rule）先生的考证，和范礼安的态度有关。当时范礼安所以让罗明坚返回欧洲，一方面是让他办理晋见西班牙国王腓力二世（Philipp Ⅱ, of Spain, 1527—1598）和教皇，希望他们派使节来中国，以便和中国建立正式的关系；另一方面则是因为他认为，罗明坚那时已经45岁，已不可能很好地学习中文，从而不可能很好地执行他所制定的"适应"政策。范礼安在给耶稣会会长的信中很清楚地说明了这一点：

> 罗明坚神父在这里传教十分辛苦，现在派他回欧洲，有足够的理由使他得以休息。在他这样大的年龄，担子已经十分沉重，他在外旅行已很久了，所以，应该让他回去休息。此外，他的中文发音并不很好，当然，当他重返欧洲时，年轻的神父们会谅解他。但在东亚的传教活动中并不需要太老的人，……他在这次传教中已经做得很好了。③

实际上当罗明坚译《四书》时，利玛窦按照范利安的要求在中国的肇庆也做着同样的工作。④ 所以，鲁尔先生认为罗明坚的《四书》译本之所以未能在欧洲

---

① 参阅 Knud Lundbaek, "The First Translation From a Confucian Classic in Europe," *China Mission Studies*（1500—1800）*Bulletin* 1, 1977, p. 9.

② 费赖之：《在华耶稣会士列传及书目》，第30页。

③ Paul A. Rule, *Kung-tzu or Confucius?: The Jesuit Interpretation of Confucianism*, p. 7.

④ 利玛窦1593年12月10日给总会长阿桂委瓦神父的信，参阅利玛窦：《利玛窦书信集》（上），第135页。他听说罗明坚也在欧洲翻译《四书》时，在1596年12月写信给总会长的信中明确地说："罗明坚的译文并不是好的，因为他只认识很少的中国字。"参阅"Letter to Aquaviva 1596," *Fonti Ricciani I*, p. 250。

全部出版,"主要是来自传教士内部的意见",部分是利玛窦的反对,从深层来说罗明坚被召回欧洲主要是他和利玛窦在传教策略上有分歧。[1]尽管罗明坚的译文未能全部发表,但《大学》的部分译文的发表仍是西方汉学发展史上的一件大事。仅此一点,他就功不可没。

《大学》原是《礼记》中的一篇,后被宋儒所重视。朱熹说:

> 《大学》是为学纲目。先通《大学》,立定纲领,其他经皆杂说在里许。通得《大学》了,去看他经,方见得此是格物、致知事;此是正心、诚意事;此是修身事;此是齐家、治国、平天下事。(《朱子语类》卷一)

被波赛维诺所发表的罗明坚的译文是《大学》的第一段:

> 大学之道,在明明德,在亲民,在止于至善。知止而后有定,定而后能静,静而后能安,安而后能虑,虑而后能得。物有本末,事有终始。知所先后,则近道矣。古之欲明明德于天下者,先治其国。欲治其国者,先齐其家。欲齐其家者,先修其身。欲修其身者,先正其心。欲正其心者,先诚其意。欲诚其意者,先致其知。致知在格物。(《朱子语类》卷一)

丹麦学者龙伯格对罗明坚的译文进行了对比性分析,即将罗明坚的译文和后来的来华耶稣会会士对《大学》的译文进行对照,以确定罗明坚翻译的水平和他对中国文化的理解。

首先,如何译《大学》这个标题。罗明坚将《大学》这个标题译为"Humanae institutionis ratio",即"教育人的正确道路"。1662年郭纳爵(Ignace da Costa,1599—1666)的《大学》译本,将其译为"Magnorum virorum sciendi institutum",即"大人的正确教育"。而1687年柏应理等人在《中国哲学家孔子》中收入了郭纳爵的稍加改动的译文,将《大学》译为"magnum adeoque virorum principum, sciendi institutum",即"大人,或者确切地说为君子的正确教育"。安文思在他的《中国新史》(*A New History of China Containing A Description of the Most Considerable Particulars of That Vast Empire*,

---

[1] 参阅Paul A. Rule, *K'ung-tzu or Confucius?: The Jesuit Interpretation of Confucianism*, p. 7.

London，1688）（原手稿题目为《中国十二优点》，此书是《大学》的中文第一次在欧洲公开发表）中将"大学"译为"La méthode des grands hommes pour apprendre"，即"伟大人的理解方法"。对比一下这几种译法，我们会觉得罗明坚的译文更接近原意。①

其次，如何译"明明德"。罗明坚将"在明明德"译为"Lumen naturale"（自然之光），他用这种译法以表示区别于"超自然之光"（Lumen Supranaturale），这是一个很重要的理解。正是从罗明坚开始，来华传教士大都采用这种观点，以"自然神学"来解释中国的思想。1662年，殷铎泽（Prospero Intorcetta，1625/1626—1666）在译本中回避了这个译法，而改为"Spiritualis potentia a coelo inditam"（由天所赋予的精神力量）。柏应理则在这个概念中引入了基督教的含义，译为"rationalis natura a coelo inditam"（天赋的理性本质）。②

在"明明德"中，第一个"明"字是动词，是彰明的意思。而"明德"是指人原具有的善良德性，因后受物质利益的遮蒙，个人褊狭气质的拘束，这种善性受到压制。教育的目的在于使人这种"明德"得以恢复。朱子说："明，明之也。明德者，人之所得乎天，而虚灵不昧，以具众理而应万事者也。但为气禀所拘，人欲所蔽，则有时而昏。然其本体之明，则有未尝息者。故学者当因其所发而遂明之，以复其初也。"（《大学章句》）朱熹对"明德"之源做了提升。人这种原初的善"得乎于天"。这个天既不是物质的天，也不是神的天，而是理之天，"合天地万物而言，只是一个理"，"未有天地之先，毕竟也只有理。有此理，便有此天地。若无此理，便亦无天地"（《朱子语类》卷一）。

罗明坚从自然神学的角度加以解释，殷铎泽则表面上是参用朱熹的思想，实际上是向有神论倾斜，将"天"讲成人格神的天，而柏应理的解释则已完全是从基督教的立场来理解的。相比较而言，罗明坚的解释倒更符合"明明德"的本意。

罗明坚把"亲民"与"明明德"合在一起译为"in lumine naturae cognoscendo，

---

① 参阅朱雁冰：《从西方关于儒家思想的最早传说到利玛窦的儒学评价》。
② 参阅Knud Lundaek，"The First Translation From a Confucian Classic in Europe"。

et sequendo, in aliorum hominum conformatione",即"在于认识和遵循自然之光,在于成全他人"。这里他实际上翻译了朱熹注的后半句,朱熹说:"新者,革其旧之谓也。言既自明其明德,又当推以及人,使之亦有以去其旧染之污也。"(《大学章句》)殷铎泽在译文中把"新民"译为"renew the people"(此为龙伯格的英译),但他随后又加上了一句"in amore erga alios",此拉丁文翻为中文为"为他人之爱"。① 柏应理则译为"in renovando seu reparando populum",即"在于恢复或修整"。从这个比较中可以看出,罗明坚的译文还算贴近朱熹的注释。②

"格物致知"是朱熹所注《大学》的另一个重要思想,罗明坚译为"Absolution scientiae posita est in causis et rationibus rerum cognoscendis",即"知识的圆满在于认识事物的根源和规律"。在波赛维诺出版《历史、科学、救世研讨丛书选编》时,罗明坚又将译文做了修改,将"欲成其意,先致其知,致知在物"连在一起翻译为"Qui cor quaesiverunt ab omni labefacere alienum eius cupidatatum, & tudium aliquod vel amplactendi, vel fugiendi ordinarunt; hoc vero ut praestarent, cuiusque rei causas, et naturas noscere studerunt",即"凡是试图从众人的沉沦之中拯救出心灵者,他便需端正欲望,而要端正自己的欲望,就要为自己准备知识,而知识的圆满则在学会和认识事物的根源和规律"③。

这段译文说明,罗明坚尚不能很好理解中国哲学的伦理特征。在宋明理学中,从来没有伦理本体论以外的认识论,一切认识都立足于"修德"。因为宋儒中的"格物致知","不在乎求科学之真,而在乎明道德之善,这是朱熹格物致知论的本质"④。

为使读者更能全面了解罗明坚的这段译文,我们抄出他的拉丁文原文:

> Humanae institutionis ratio posita est in lumine naturae cognscendo, et sequendo, in aliorum hominum confirmatione, et in suscepta probitate retinenda.

---

① 参阅Knud Lundaek,"The First Translation From a Confucian Classic in Europe"。
② 同上。
③ 朱雁冰:《从西方关于儒家思想的最早传说到利玛窦的儒学评价》,第255页。
④ 侯外庐、邱汉生、张岂之主编:《宋明理学史》,人民出版社1997年版,第399页。

Quando compertum fuerit ubi sistendum, tunc homo consistit, consistens quiscit, quietus securus est, securus potest ratiocinari, et dijudicare, demom potest fieri voti compos.

Res habent ordinem, ut aliae antecedent, aliae sequantur. Qui scit hunc ordinem tenere, non procul abest a ratione quam natura praescribit. Inde qui voluerunt indagare insitum natura lumen datum ad mundi regimen prius regni administrationes sibi proposuerunt. At qui volebant regnum suum recte administrare prius domum suam disciplina recte constituebant. Qui recte volebant domum suam disciplina constituere prius vitan suam instituerunt. Qui vero voluerunt vitam suam instituere prius animam suum instituerunt. Qui animum voluerunt instituere mentis intentionem et actiones rectificarunt. Qui Suae mentis intentionem et actiones volebant dirigere scientiam sibi comparabant. Absolutio scientiae posita est in causis et retionibus rerum cognoscendits.[①]

中文译文为：

人类制度的理性在于认识与遵循自然之光（lumine），在于成全（confirmatione）他人，而且还在于能正确地行和止。当人明白在哪里要停止时，他就停止，而停止时他便平静，且平静后他就感到安全（quietus securus est），而安全后方能推理（ratiocinari）与判断（dijudicare），就能实现他的愿望（voti compos）。

事物本有秩序（ordinem），有的事物是前提，有的事物是后果。能够掌握住事物秩序的人离自然所规定的原理（ratione quam natura praescribit）不远，因此，愿意探究自然的固有、先天光明（insitum natura lumen datum），为了治理世界的人们，首先要管理好自己的王国，而要恰当地管理好自己的王国，则应先以正确的规则来建立自己的家庭。那些要以正确的规则建立自己家庭的人，则应先建造（instituerunt）自己的生活（vitam suam）。要建造自己生活的人们，应先改正（rectificarunt）心灵的意向与行

---

① 此段拉丁文原文转引自 Knud Lundbaek, "The First Translation From a Confucian Classic in Eurape," p. 11.

动（mentis intentionem et actiones），要确定（dirigere）自己心灵的意向与行动的人们，要为自己准备知识（scientiam）。知识的圆满在于认识事物的根源与规律（in causis et rationibus rerum cognoscendis）。①

龙伯格认为罗明坚的这段译文有三个特点：第一，它说明在中国的教育内容中包含着政治—伦理的内容，或者说这二者是不能分开的；第二，罗明坚的译文同简洁而又丰富的原文相比，是很零乱的；第三，这段译文影响最深的在于这样一种政治—伦理的思想，劝告人们要研究"事物的性质和原因"。②

应该说龙伯格评价的前两条是对的，第三条则反映了他对宋明理学认识论的伦理特点理解不足。按照他的思路，儒家学说在修身、齐家、治国、平天下这个思想中，最终要落实到"修身"，而修身在于"格物致知"，最终落到了认识自然、探求事物的原因和本质上。显然，这是从西方认识论的角度来理解的。在理学中，"格物致知"是在伦理的框架中发生的，朱熹的"格物致知"主要在"穷天理，明人论，讲圣言，通世故"，而不是求自然之因，科学之真。同样，罗明坚在这点的理解上也是有不足的。

罗明坚的译文发表后在当时并未引起多少人注意，龙伯格说17世纪西方最著名的伦理学和政治学著作都未提到他的这个译文。③直到1615年随着利玛窦等人的著作出版，中国逐步被欧洲人所重视时，以往关于中国的报道才重新被人所注意。因此，罗明坚首次将中国典籍传向西方，功不可没。

第四节　写出西方人的第一部中文著作《天主圣教实录》

《天主圣教实录》是罗明坚的第一部汉学著作，它不仅在"西学东渐"中有着重要地位，在西方汉学史上也具有重要地位，因为它是欧洲人用中文所写的第一部中文著作。

---

① 在此感谢奥地利汉学家雷立柏先生对我的帮助，他帮助我译出了这段拉丁文初稿。同时我要感谢我的拉丁文老师，北堂的贾西成神父。没有他们，我无法完整地理解这段译文。
② 参阅Knud Lundbaek,"The First Translation From a Confucian Classic in Eurape"。
③ 关于对罗明坚儒学翻译研究的最新成果参阅笔者的《儒学西传欧洲研究导论：16—18世纪中学西传的轨迹与影响》，北京大学出版社2016年版。

罗明坚的《天元圣教实录》书影

罗明坚第一次提到这本书是在1584年1月25日所写的信中,他说:"我已经完成于4年前开始用中文写的《天主圣教实录》。这本书使那些中国官员感到非常满意,他们已经同意我去出版。"①德礼贤认为此书的初稿完成时间约在1581年10月25日至11月12日之间。②罗明坚信中说的应该是定稿时间,因为从初刻本的落款时间看是"万历甲申岁秋八月望后三日"③,即1584年9月21日。张奉箴说:

> 万历十一年(1583)年底,罗明坚神父便已把自己撰写的《天主圣教实录》重校毕。以后又请利玛窦和在肇庆府住的一位福建儒士郢鄞润饰。④至万历十二年(1584)旧历八月十八日,序文方才写好,同年十一月抄全书方

---

① 霍·林斯特拉:《1583—1584年在华耶稣会士的8封信》,万明译,任继愈主编:《国际汉学》(第二辑)。
② 参阅 Fonti Ricciane I, p. 197。
③ 方豪:《中国天主教史人物传》,第69页。
④ 裴化行说:"他(利玛窦——引注)就同一位秀才(福建人,住在居留地)合作,审定罗明坚神父初步编的教理问答:把它从口语改成文言文。"裴化行:《利玛窦评传》(上册),第90页。按此说法,利玛窦也参与了《天主圣教实录》的编写和修改工作。

才印刷完毕。这本书共计刻印一千二百册。①

该书有多种刻本，现罗马耶稣会档案馆就藏有四种刻本：第一个刻本是Jap. Sin.,I,189号，书名为《新编西竺国天主实录》，扉页为耶稣会会徽，会徽内有拉丁文"A SOLIS OR TV VSQVE AD OCCASVM LAVDABILE NOMEN DOMINIX PS：CX II"，会徽上刻有"解此番字周围真经"，左右分别写有"天主之名当中"和"益扬乾坤明教"。②书的内容有"天主实录引"，落款由"万历甲申岁秋八月望后三日天竺国僧书""新编西竺国天主实录目录""新编天主实录"三部分组成。书后有附页：（1）祖传天主十诫；（2）祖传天主十诫；（3）拜告。第二个刻本编号为Jap.Sin.,I,189a，这个本子完全是上一版本的影印件。第三个刻本编号为Jap.Sin.,I,190，书名为《天主实录》。这个本子的内容有：（1）"天主实录引"，落款为"万历甲申岁秋八月望后三日天竺国僧明坚书"；（2）"新编西竺国天主实录目录"；（3）"新编天主实录"。最后落款为"天竺国僧明坚撰"。与上两本不同是正文后没有附页，没有"祖传天主十诫"等内容。第四个刻本编号为Jap.Sin.,I,55，书名为《天主圣教实录》，扉页有耶稣会徽，但会徽周围无刻字。书的内容有：（1）"天主圣教实录引"；（2）"天主圣教实录总目"；（3）"天主圣教实录"。落款为："耶稣会后学罗明坚述"。③

从耶稣会档案馆的几个藏本看，它们在内容上无大的差别，只是书名、落款和附页略有不同，现收入《天主东传文献续编》的《天主圣教实录》在时间上要晚于以上几个版本，在内容上尤其是在一些重要概念上都有较大变化，对此方豪已专门做过论证④，在此不再赘述。

从中西哲学宗教交流史来看，罗明坚的《天主圣教实录》有着不可取代的地位。

首先，它是欧洲人首次用中文表述西方宗教观念的著作。按裴化行神父的研

---

① 张奉箴：《福音流传中国史略》（卷二上编），第613页。这里在出版时间上有差异，需进一步考证。
② 方豪：《影印天主圣教实录序》，吴相湘主编：《天主教东传文献续编》，第25—26页。
③ 以上内容是1998年笔者在罗马耶稣会档案馆抄录的。
④ 方豪：《中国天主教史人物传》，第48—52页。

究,《天主圣教实录》在内容上并非是罗明坚所独创,他中文本的写作摹本是他过去读书时使用过的一个教理讲义,拉丁文书名为Vera et brevis divinarum rerum expositio。① 虽然在内容上罗明坚的中文版和拉丁文版差不多完全一样,但并不能说《天主圣教实录》就是一个译稿,罗明坚还是努力用自己的语言来表述天主教思想的。如他在序中说:"僧虽生外国,均人类也。……今蒙给地柔远,是即罔极之思也。然欲报之金玉,报之以犬马,僧居困乏,而中华亦不少金玉宝马矣。然将何以报以之战?惟天主行实。"② 由于罗明坚对原拉丁文本做了不少改动,以致裴化行抱怨说:"拉丁文所有美妙清高的意趣,在中文内渺然无存。"③ 但正是这本书在晚明时期向中国人首次介绍了天主教的基本观念:第一章证明天主存在,第二、三章说明天主的本质与属性,第四章揭示天主是万有的创造者与主宰,第五章讲天使和人的创造者与主宰,第六、七章讲灵魂与主宰,第八章说天主是立法者,第九章说基督徒法律是由降生成人的天主所颁布的,以下几章讲教义、规诫及成圣之途径。

其次,《天主圣教实录》是大航海以后西方人会通中西文化的最早尝试。罗明坚在介绍天主教时,努力使它适应中国文化,首次尝试会通中西方哲学与宗教。他是第一个把Deus译为"天主"的西方人,这是一个很大的创造。罗明坚曾讲述了他采用"天主"这一概念的原因:"中国民族不认识上主,以及原始的和最高的主,因他们把一切的一切都归之于天,在他们的心意中,这是一种最高的表现。他们把天看作父,一切的需要都是由天所赐与的。"④ 罗明坚的这个认识虽不像以后的利玛窦那样通过引经据典来说明天主的概念,但他的基本理解是完全正确的。

另外,在论证的方法上他也尽力贴近中国人的思想和习惯。如在讲天主存在时他说:"如此,乾坤之内,星高乎日,日高乎月,月高乎气,气浮于水,水行

---

① 裴化行:《天主教十六世纪在华传教志》,第263页。注意:燕鼐思(Joseph Jennea,Ciecm)认为,罗明坚是自己先用对话体写了拉丁文本,然后再同中国秀才一起将其译为中文,这个讲法完全不同于裴化行。裴化行:《天主教十六世纪在华传教志》,第191页。参阅燕鼐思:《天主教中国教理讲授史》,田永正译,河北信德室,1999年版,第28页。
② 罗明坚:《新编天主圣教实录序》,罗马耶稣会档案馆藏本。
③ 裴化行:《天主教十六世纪在华传教志》,第266页。
④ 同上书,第191页。

于地，地随四时而生花果草木，水养鱼虾，气育禽兽，月随潮水，日施光明。予忖度之，诚知天地之中必有一至尊无对之天主，行政施权使。"①这完全采取的是自然神学的论证方法，这种方法非常符合中国人的思维方式，利玛窦在《天主实义》里将这种方法大大地完善和丰富了。在《天主圣教实录》中已具有了"补儒易佛"的倾向，如在序言中他说："尝谓五常之序，仁义最先。故五伦之内，君亲至重。"②他首先从肯定儒家处入手，尔后再讲天主教神学。又如在讲到天主教戒规时，他尽量向儒家伦理靠拢，寻找共同点。他说人死后升天堂有两个前提，一是要信天主，二是"使人存一推己及人之心，如不欲人以无礼加诸我，则亦不敢以此加之于人之类。人若能遵此诫，则升天堂受福而与天主同乐矣"③。从这里我们看出，他不仅熟悉儒家的"推己及人"的伦理思想，而且还把这种"内在超越"的道德思想同"外在超越"的天主教思想并列相提，作为升天堂共同的条件，显然这是对天主教思想的改造。

同时，罗明坚在书中也多次批评了佛教，如在第三章中他说："问释迦勤苦劳心，著作经文四千余卷，果无可诵读与？曰释迦经文虚谬，皆非正理，故不可诵。"④

他还点名批评佛教的《妙法莲花经》，认为经上所说的只要读此经就可升天是荒谬的，他反问说："若修德行道之人，贫穷困苦，买经不得，亦将坠于地狱与？"他的结论是："此释迦之言，诚不可信。"⑤

正因为罗明坚贯彻了范礼安的"适应"方针，《天主圣教实录》刻印后还是受到中国士大夫们的欢迎，罗明坚在一封信中曾说："现在广州的官吏凡是和我交往的都称我师傅，他们都肯定我写成的《教义览要》。"⑥罗明坚这里并无夸大之词，肇庆知府王泮赠给他的诗就充分说明当时他们之间融洽的感情：

---

① 参阅罗明坚：《天主圣教实录》，吴相湘主编：《天主教东传文献续编》（第二册），第767页。
② 同上书，第759页。
③ 同上书，第810页。
④ 同上书，第777页。
⑤ 同上书，第778页。
⑥ 裴化行：《天主教十六世纪在华传教志》，第193页。

谨献俚句于西国天人

万里之遥,乘扁舟横渡重洋,

只为修成爱人之德,

深慕中国民情纯净,

为能在此养性存心。

春雷振荡,万物生,

景色明媚,此人能又忆及故国风光?

一心向义敬主读书之外,

别无他事。

来至中国为引大家走入天乡。

如此勇敢有恒,怎能不四方向化?

万历十一年(1583)春日,务义山人书。①

从中西哲学和宗教交流史的角度来看,罗明坚的《天主圣教实录》具有重要价值,他开启了欧洲人以汉文写作之先河。据初步统计,明清之际来华耶稣会士用中文译书、著书估计有七百多部之多,但这些著作一直未被译为西方语言,翻译工作是近二十几年才开始的,如马爱德、蓝克实、胡国祯诸先生对利玛窦《天主实义》的翻译 The True Meaning of The Lord of Heaven(T'ien-chu Shih-i),柯毅霖先生对晚明时期来华传教士中文神学著作的介绍和翻译 Preaching Christ in Late Ming China(《晚明基督论》)。这一工作是十分有意义的,这是西方汉学创立期的重要文献,没有这批中文文献,西方汉学的历史就是一个不完整的历史。但目前这批文献仍未被大多数西方汉学家所重视。这种忽略中隐藏着一个判断:西方汉学仅指的是以西方语言为载体的著作,而传教士的中文著作只能被纳入中国天主教史的范围而不能纳入西方汉学的范围。显然这种看法是不对的。

首先,尽管罗明坚、利玛窦等人的这些著作是以中文形式在中国出版的,但它仍是西方人的著作,是西方人对中国宗教和文化的一种阐释,只是表现思想的

---

① 裴化行:《天主教十六世纪在华传教志》第259页。此诗写于1584年5月30日罗明坚致友人信中,万明亦有一个译文,参阅任继愈主编:《国际汉学》(第二辑),第263页。英文可参阅 M. Howard Rienstra ed./trans, *Jesuit Letters From China 1583—84*, University of Minnesota Press, 1986, p. 23.

语言形式不同。在我看来近四百年来只要是西方人研究中国历史文化的著作，无论以什么文字发表，都应属于西方汉学的范围。

其次，这些著作在内容上不少是译著，这些译著的价值和来华耶稣会士以后将中文译成西方语言的译作是同等的，应视为西方汉学历史的一个重要方面。我们还可以从这种翻译中，感受到文化的差异，了解跨文化交流中的"误读"，从而把握西方汉学创立时期的思想方向。

明清间来华耶稣会士在汉学上的成就是相当高的，其一个重要的标志就是能以汉文写作（当然，这里有明清士人的帮助、润笔）。就是在今天，能直接用汉文写作、在中国出版发表著作的汉学家仍很少见。现在不少汉学家对中国文化的研究仍是通过西方文字的一些翻译著作来完成的，这说明他们和这些传教士的语言水平相比，差距太大。在这个意义上，来华耶稣会士所开创的这种以汉文写作的形式所达的成就，除晚清时有些新教传教士做出突出成就外，以后的西方汉学从未达到过。因而，从西方汉学发展的角度来看，重新研究、评估这七百多部中文著作是一个重要的研究课题。

第五节　在西方绘编出第一幅中国地图集

绘制中国地图一直是西方早期汉学的一个重要方面。16世纪以前，西方没有一幅中国完整的地图，那时的西方地图绘制学还建立在托勒密宇宙观的基础上，而对东方和中国的认识，中世纪以后大多还停留在《马可·波罗游记》的影响之中。14世纪保利诺·米诺里塔的《分成三个部分的世界地图》（De Mapa Mundi Cum Trifaria Orbis Divisione）中，"第一次出现了关于契丹或大汗的描述：契丹王国和它的大汗（Incipit Regnum Cathay e Hie Stat Magnus Canis）"[①]。

奥特柳斯（Abraham Ortelius）1567年在安特卫普出版了第一本《新亚洲地图集》（Asiae Orbis Partium Maximae Nova Descriptio）。三年以后，他绘制的《世界概略》（Theatrum Orbis Terrarum）收入了66幅地图，包括世界图、分海图和分区或分国图。这些地图原藏北堂图书馆，现藏于中国国家图书馆，它是最

[①] 本卡尔迪诺：《15—17世纪欧洲地图学对中国的介绍》，《文化杂志》1998年春季号，第11页。

早传入中国的由欧洲人绘制的世界地图。

1635年在阿姆斯特丹出版了两卷署名为Apud Guiljielmum lansonium et Johannem Blaeu的《新世界地图集》(*Theatrum Orbis Terrarum Sive Atlas Novuas*),这部作品包括9幅亚洲地图,其中之一便是《古代中国人和现在中华帝国的居民》(*China Veteribus Sinarum Regio Nunc Incolis Tame Dicta*)。① "虽然地图制造出版业非常兴旺,比起中世纪的作品已经有所改进,但是直到17世纪对中国的介绍仍不令人满意,譬如,整个西方制图学对契丹的介绍仍有别于中国的实际。"②

第一次在西方出版详细的中国地图集的是罗明坚。罗明坚的《中国地图集》于1987年才被人发现的,它原深藏在罗马国家图书馆之中,1993年经过欧金尼奥·洛·萨尔多的整理编辑正式出版。③

"这本地图集共有37页地理说明和28幅地图,其中有些是草图,有些绘制得很精细。"④这个地图集有以下几个特点:

第一,它第一次较为详细地列出了中国的省份。罗明坚对15个省份进行了分析性的介绍,从该省的农业生产、粮食产量、矿产到河流及其流向,从各省之间的距离及各省边界、方位到"皇家成员居住的地点诸如茶叶等特殊作物、学校和医科大学以及宗教方面的情况"⑤,都有较为详细的介绍。

第二,它在文字说明中首次向西方介绍了中国的行政建构。当时欧洲人十分关心中华帝国的情况,国家的组织结构正是"当时欧洲感兴趣"的问题。从"省"到"府",从"府"到"州"和"县",他按照这个等级顺序逐一介绍每个省的主要城市、名称,甚至连各地驻军的场所"卫"和"所"都有介绍。所以这个地图集的编辑者说:"这部作品最突出之点也是作者试图准确地说明中国大陆的行政机器在形式上的完善性。"⑥

---

① 本卡尔迪诺:《15—17世纪欧洲地图学对中国的介绍》,《文化杂志》1998年春季号,第17页。
② 同上书,第6页。
③ Michele Ruggeri, *Atlante della Cina*, E. Lo Sardo ed., Instituto Poligrafico dello Stato, 1993.
④ 本卡尔迪诺:《15—17世纪欧洲地图学对中国的介绍》,第17页。
⑤ 洛佩斯:《罗明坚的〈中国地图集〉》,《文化杂志》1998年春季号,第6页。
⑥ 同上书,第5页。

第三，它突出了南方的重要性。萨尔多认为，罗明坚的中国地图肯定受到了中国地图学家罗洪先《广舆图》的影响。①罗明坚所使用的许多基本数字来源于《广舆图》，但在对中国的介绍上，罗明坚却表现了西方人的观点。他不是首先从北京或南京这两个帝国的首都和中心开始他的介绍，而是从南方，从南方沿海省份逐步展开了他的介绍。"这种看中国的方式与那个时代葡萄牙人的方式完全相同"②，因为对当时的欧洲人来说，他们更关心的是与他们贸易相关的中国南部省份。

尽管在西方实际影响较大的是卫匡国1655年在阿姆斯特丹出版的《中国新地图志》（*Novus Atlas Sinensis*），但罗明坚地图的价值也不可忽视。因为卫匡国返回欧洲以后，还是通过卡瓦莱蒂的地图集参考了"罗明坚的绘图作品"③。如果说利玛窦第一次将西方地图介绍到中国，推动了东方制图学的话，那么罗明坚则是第一次将东方地图介绍到欧洲，推动了西方的制图学。而中国地图在西方的传播是同中国哲学和宗教的传播紧紧连在一起的。④

罗明坚是"传教士汉学时期"的真正奠基人之一。他在对中国语言文字的研究方面，在中国典籍的西译方面，在以中文形式从事写作方面，在向西方介绍中国制图学方面，都开创了来华耶稣会士之先，为以后的西方汉学发展做出了重大贡献。他应与利玛窦齐名，同时被称为"西方汉学之父"。

---

① 参阅卢西亚诺·佩特奇：《罗明坚地图中的中国资料》，《文化杂志》1997年春季号，第5页。
② 洛佩斯：《罗明坚的〈中国地图集〉》，第5页。
③ 本卡尔迪诺：《15—17世纪欧洲地图学对中国的介绍》，第22页。
④ 罗明坚还是明代第一个用中文作诗的传教士，其诗作藏于罗马耶稣会档案馆编号Jap.Sin., II, 159。陈绪论神父（Albert Chan, S.J.）已在 *Monumenta Serica* 41（1993）上发表了研究论文 "Michele Ruggieri, S.J.（1543—1607）And His Chinese Poems"。因篇幅有限，本章对罗明坚的诗文不再做专门研究，研究成果日后另行发表。最后，我诚挚地感谢Wilhelm K. Müller先生和Jerome Heyndrickx先生，本章在写作过程中曾得到他们的帮助。

第十一章　利玛窦与中国宗教和哲学的西传

《马可·波罗游记》虽然在西方产生了广泛影响，但它只表现了一个威尼斯商人的眼光，他对中国文化的内核——儒家哲学、宗教思想从来未加注意；鄂多立克、拉达等人对中国的报道和研究大多是浮光掠影；门多萨的《中华大帝国史》也不过是对过去的材料加以系统整理，他本人更谈不上对中国哲学和宗教有研究，只是做了一个一般性的介绍。

中国哲学的西传始于耶稣会士来华以后，而其奠基性人物就是罗明坚、利玛窦。如日本学者石田干之助在《欧人之汉学研究》中所说：

一五八〇年有罗明坚，一五八三年有利玛窦，各自来澳门，在中国印上第一步的足迹。

西人的中国研究，实始于那时；从来欧人于中国所记，如前述，大多不过载录旅中见闻，以及事业成绩报告之类，至于研究中国，还是很隔膜的；略近具体研究，正是这时期的事情；而这便是以新来的传教师们作先锋的。耶稣会教士等来中国，于中国宗教史、学艺史上，有极重要意义，早为人所周知。又，这以欧西的中国知识的发展，划分空前的一时期而论，必得认为最重要事件。①

上一章我们研究了罗明坚，这一章将系统研究利玛窦。利玛窦不仅是将西方宗教、哲学、科学技术介绍到中国的奠基人之一，也是将中国哲学介绍到西方的先驱性人物。中国学界对利玛窦的研究大多重于前者而弱于后者，但从历史角度来看，利玛窦在"西学东渐"和"中学西传"这两个方向上的贡献几乎是旗鼓相当的。正如有的学者所说："唯就利氏本人而言，除重新在华建立天主教传教事业外，其最大贡献仍在有选择地将中学西传，使欧人因他的媒介而对中国产生新的认识……"②

作为汉学家的利玛窦，其著作包括中文和西文两种著作，不应把他的中文著作排除在外。物换星移，岁月变迁，今天的西方汉学家中能用中文写作的仍少之又少，仅此便可看出利玛窦作为西方汉学奠基人的不可动摇的地位。

利玛窦之所以成为中国哲学、宗教西传的奠基人之一，与他在中国所确立的"适应"路线分不开。正是这条路线，不仅使耶稣会在中国站住了脚，从而开辟了一条完全不同于西班牙在菲律宾的传教路线③，而且造就了罗明坚、利玛窦等一批欧洲最早的汉学家。

但鉴于我们这里讨论的是中国文化的西传，所以我们就侧重介绍利玛窦的西文著作。

利玛窦晚年所著的《利玛窦中国传教史》是他汉学著作的代表作之一，这部著作的出版历经艰辛。当年利玛窦是用意大利文写的，完稿后托同会传教士金尼阁带回欧洲。金尼阁在返欧途中把全书从意大利文译成了拉丁文，并对原文做了一些改动，增添了一些史事。1615年，他返回欧洲后以自己的名义发表，该作品一时成为最有影响的关于中国的著作之一。1909年，耶稣会著名历史学家达基·宛林里（Tacchi Venturi）发现了利氏的原文。原作于1911年和1942年先后两次出版，其中德礼贤的1942年整理本注释甚详。1983年，中华书局出版了从英译

---

① 石田干之助：《欧人之汉学研究》，朱滋萃译，山西人民出版社2015年版，第147—148页。
② 王漪：《明清之际中学之西渐》，台湾商务印书馆1979年版，第21页。
③ J.S. Cummins, *Jesuit and Friar in the Spanish Expansion to the East*, Variorum, 1986, Chapter 5 "Two Missionary Methods in China: Mendicants and Jesuits." 参阅张铠：《庞迪我与中国：耶稣会适应策略研究》。

本转译的《利玛窦中国札记》,1986年光启出版社和辅仁大学出版社联合出版了德礼贤的整理本《利玛窦中国传教史》,但也只是译了意大利原文,注释大多未译。我们这里采用的是后一个版本。①

利玛窦说这部著作主要是给欧洲人看的,它虽然有护教的意味,以使欧洲人更加支持耶稣会在华的传教工作,但也基本上反映了利玛窦的中国观。我们所依据的主要材料是《利玛窦中国传教史》和《利玛窦书信集》,因为这两部著作是以西方文字写成的,尤其是前者,在西方产生了重大的影响。

第一节 利玛窦对儒家学说的介绍

在《利玛窦中国传教史》的第五章中,利玛窦说:"虽然不能说在中国哲学家就是国王,但可以说国王是受哲学家牵制。"②这显然指的是儒家。在对中国哲学派别的介绍中,利玛窦对儒家着笔最多,介绍最为详细。他说:

> 中国最大的哲学家是孔夫子,生于公元前五五一年,活了七十余岁,一生以言以行以文字,诲人不倦。大家都把他看为世界上最大的圣人尊敬。实际上,他所说的,和他的生活态度,绝不逊于我们古代的哲学家;许多西方哲学家无法与他相提并论。故此他所说的或所写的,没有一个中国人不奉为金科玉律;直到现在,所有的帝王都尊敬孔子,并感激他留下的道学遗产。他的后代子孙一直受人尊重;他的后嗣族长享有帝王赐的官衔厚禄及各种特权。除此之外,在每一城市和学官,都有一座极为壮观的孔子庙,庙中置孔子像及封号;每月初及月圆,及一年的四个节日,文人学子都向他献一种祭祀,向他献香,献太牢,但他们并不认为孔子是神,也不向他求什么恩惠。所以不能说是正式的祭祀。③

---

① 近年大陆学术界在西方汉学经典文献的翻译上取得长足进步,利玛窦的代表性著作均从意大利语翻译出版,其学术质量高于台湾光启出版社、辅仁大学出版社版,但本书仍得保留最初出版引文出处,不做变更。另可参阅文铮译、梅欧金校,商务印书馆2018年版。

② 利玛窦:《利玛窦中国传教史》(上),第21页。

③ 同上书,第23—24页。

这是西方学术著作中对孔子的一次较为详细的介绍。在这里，利玛窦不仅介绍了孔子本人的生平，而且介绍了孔子在中国的地位，说明了儒学作为官学的特点。尤其值得注意的是他对儒学礼仪形式的介绍，文中指明"他们并不认为孔子是神"，肯定儒家礼仪是非宗教式的礼仪。这个介绍和定性在以后的礼仪之争中有着决定性的作用。反耶稣会的人认为儒家是搞偶像崇拜，由此攻击耶稣会的儒家观；而进步的启蒙思想家们则从中受到启示，将儒家作为无神论或自然神论来理解，以此来批判基督教的范例，这点我们下面还要展开。

虽然利玛窦这里说儒家的祭祀不是宗教仪式，但他有时还是把儒家作为宗教看待。如他在第十章中所说的，"儒教是中国古代原有的宗教，故此过去和现在，这些人一直握有政权，也是最盛行，最受重视，经典最多的宗教"①。他在这里确定儒家的宗教性，目的在于说明它和天主教相通的一面，这和耶稣会在华的传教策略有关。

为了在中国传播天主教，利玛窦采取了"合儒排佛"的政策，这主要是一种策略上的考虑：

> 从开始我们的信仰就受到了儒家的保护，原来儒家的道理没有任何与天主教相冲突的地方。否则，如果神父他们必须应付所有的教派，那么四面八方都是敌人，将难以对付。②

为了说明耶稣会这种"合儒"政策的正确性，利玛窦在向西方人介绍儒家时又将儒家一分为二，以孔子为代表的"原儒"是可取的，以"理学"为代表的"后儒"则是不可取的。鉴于这个区分，利玛窦对中国的原始宗教，尤其是早期儒家学说给予了很高的评价："在欧洲所知道的外教民族中，关于宗教问题，我不知道有什么民族比古代中国人纯正，错误观念更少。"③为什么错误观念会更少呢？因为"儒教没有偶像，只敬拜天地，或皇天上帝，他似乎是掌管和维持世界上一切东西的"④。他说，他在中国的古书中发现了中国人一直崇拜"皇天上

---

① 利玛窦：《利玛窦中国传教史》（上），第83页。
② 同上书，第23—24页。
③ 同上书，第80页。
④ 同上书，第83页。

帝"或叫"天地",这是中国的"最高神明"。

这一点,利玛窦在《天主实义》中做过详尽的论证。他说:"吾天主乃古经书所称上帝也。"然后他引用一系列的中国典籍来证明自己的这个观点。所以他的结论是:"历观古书,而知上帝与天主,特异以名也。"①

《天主实义》作为利氏的中文著作,主要是为取得儒家的信任,与儒家采取统一战线,以便和佛教斗争,使天主教在中国立住脚。而《利玛窦中国传教史》作为西文著作,主要是告诉西方人,中国人原本也是信上帝的,耶稣会采取的"合儒"政策是站在护教的立场上的,肯定原儒以说明在华传教事业之必需,这样方能得到西方社会对在中国传教的支持。利玛窦在这两个方面的侧重和目的各有不同,但通过我们的综合研究可以看出,他对儒家信仰的评价大体是一致的。

在揭示了耶儒相通、儒家的原始信仰和天主教没有差别以后,利玛窦还分别从儒家的伦理特征和政治实践两个方面对儒家学说作了进一步的介绍。

利玛窦对儒家的伦理思想一直给予较高的评价,他认为"在学理方面,他们对伦理学了解最深"②。这种伦理的重要表现是对先祖父辈的孝。利玛窦对此做了介绍:

> 从皇帝到平民,儒教最降重的事,是在每年的某些季节,给逝去的祖先献供,有肉、有水果、焚香及丝布,穷人则以纸代替丝布。他们认为这是尽孝道,所谓"事死如事生,事亡如事存,孝之致也"(中庸,第十九章),他们并非认为死人会来吃上述的东西,或需要那些东西;他们说是因为他们不知道有什么别的方法,来表示对祖先的爱情及感恩之情。③

由于怕引起西方人误会,把中国的祭祖当作一种宗教仪式来看,利玛窦还特别解释说:

> 有些人曾对我们说,订立这些礼法主要是为活着的人,而非为死人;即是说,那是为了教导子孙和无知的人敬孝仍然在世的父母。看到有地位的

---

① 利玛窦:《天主实义》,朱维铮主编:《利玛窦中文著译集》,第21页。
② 利玛窦:《利玛窦中国传教史》(上),第23页。
③ 同上书,第85页。

人，事奉过世的偶像在世的，自然是一种教训。无论如何，他们并不想逝去的人是神，不向他们祈求什么，祝望什么，与偶像崇拜无关，或许也能说那不是迷信，虽然最好在成为基督徒后，把这份孝心，改为对穷人施舍，以助亡者之灵。①

从这里可以看出利玛窦对异教文化风俗、伦理的宽容和理解，虽然这种说法不乏护教的策略考虑，但他对中国儒家的伦理还是流露出了赞同之情。

利玛窦对儒家的五伦也给予了很高的评价，他说：

> 儒教的目的是国家之和平安宁，及家庭与个人良好关系；在这方面，儒家的主张很好，合于自然理性，也合于天主教的真理。他们非常重视五伦，认为是人类所共有的，即父子关系，夫妻关系，君臣关系，兄弟关系，及朋友关系。他们以为外国人都不重视这些关系。②

利玛窦对儒家伦理的这些介绍，表现出他头脑中已有的西方概念在发生作用，也就是说，他还是从一个西方人的角度来解释这一切的，原有的文化背景对他的解释产生了影响，因为"自然理性"是一个纯西方的概念。利玛窦这样做，一方面是为了让西方人更好地了解儒家、理解儒家，另一方面也说明在文化交流中，任何对异族文化的解释和接受都是从自己原有的文化背景和知识结构出发的，全盘的、不走样的接受几乎是不可能的。从利玛窦开始到今天的西方汉学都始终保持着这个基本特点。在研究哲学交流史时，我们必须注意到这个基本特点。

他对儒家伦理的介绍不仅仅局限于学理上的分析，对人们日常生活中的伦理准则、礼法风俗也给予了注意。在《利玛窦中国传教史》一书的第七章中，他专门介绍了"中国之礼法"。在这一章的开头，利玛窦就说：

> 在古代，中国给自己取的名称是"文华国"。中国书里经常讲论的五常之一，即是"礼"；所谓五常，就是五个达德。礼在于彼此敬重，做事有规有矩。中国的礼法历代相传，有增无减，结果弄得人整天在外奔走，没有

---

① 利玛窦：《利玛窦中国传教史》（上），第85页。
② 同上书，第86页。

时间做别的事……因为大家太注重外表的繁文缛节，反而忽略了内心……因此，野蛮的民族固然不必说了，就连我们欧洲人，好似礼貌已很周到了，但与中国人相比，无异是不讲礼貌的纯朴人。①

我们不能不敬佩利玛窦的文笔，在平白的叙述中藏着悬念，让人随着他的叙述而进入情景。在我们今天看来，利玛窦对中国礼俗的描写似乎过于琐碎，但在当时对西方人来说，这无疑如"一千零一夜"的神奇故事一样，给欧洲人打开了一个远方神奇国家的大门。这些细节的介绍才能使他们感受到中国为何是"文华国""礼仪之邦"。同时，在这种细节的介绍中，儒家学说的伦理特点也跃然纸上，从而使西方认识到孔子所讲的"礼"究竟是什么。

由于利玛窦久居中国，《利玛窦中国传教史》又是他晚年的著作，因此，他对中国礼节的介绍，对这种礼节中所浸透的儒家文化的分析，都是以前关于中国的书籍所不及的，如门多萨的《中华大帝国史》缺少的正是这种细节。

自汉儒以后，儒家学说就与社会政治制度联系在一起，自董仲舒提出"罢黜百家，独尊儒术"以后，儒家思想就上升为一种国家意识形态。儒家伦理道德同封建的政治制度融为一体，儒家学说此时成了"社会组织的哲学"。

利玛窦在对儒家学说的介绍中注意到了这一侧面。

首先，他注意到中国政治与其哲学、宗教的关联。他说：

> 由于中国面积庞大，中国学者们对其他国家所知又少，所以中国人一直以为他们的皇帝，就是全世界的君主，称他为"天子"。因为"天"是指他们最高的神明，故所谓"天子"，就等于西方所说的"上帝之子"。但通常用的名称是"皇帝"，即等于说"最高的君主"。②

利玛窦的这个解释是建立在他对儒家哲学的理解之上的。上面我们已看到，他认为原儒中是有对"上帝""天主"的崇拜的。但在这里已触及儒家政治理论的一个根本性原则，即在天人合一思想的指导下政权与神权的合一，皇帝是最高的统治者，又是天的代表。这是中西方政治思想的根本区别，应该说利玛窦注意

---

① 利玛窦：《利玛窦中国传教史》（上），第48页。
② 同上书，第34页。

到了这一点。

其次,他指出了儒家学说对教育制度、政治制度的影响。他认为,中国的考试内容完全是根据儒家学说制定的,文人们只有熟读儒家经典才能进入政治体制之中。他说:"最隆重的学位,是关于伦理学的,考中的人,能进身仕途……"① 这个考试内容就是"孔子曾修订四部古书,又自己写了一部,合经五经"②。这是指《周易》《诗经》《尚书》《礼记》《春秋》。这里,利玛窦显然有误,孔子从未自己动手写一部经,只是根据鲁国史而编了《春秋》。

利玛窦介绍说,五经的内容"或是古代君主的德政,或是有关德政的诗歌,或是中国的礼法,或其他处世为人的教训。除了五经外,又有三位或四位作家的各种道德劝言,收集在一起,称为四书"③。这个介绍不太准确,《大学》《中庸》为《礼记》一书的篇章,《论语》则是孔子本人的言论,《孟子》是关于孟子言行的著作。四部书写于不同的时代,只是到了宋代经二程、朱熹的几番解释后,"四书"方成为官学的集中代表。

但在这里,利玛窦不仅仅是在介绍儒家的基本著作,而且也介绍了当时中国教育的基本情况,说明了儒家在国家教育中的统治地位。

> 因为这些书里的言论颇为高明,古代的君王便订立了法律,学者都应以这九部书为其学问之基础;只能理解还不够……而须练习把其中的每一句话,发挥成各式各样的文章。因了每人不可能把这九部书全部读过,以致能以其中任何一句话为题,立刻写成典雅的文章,就像在考试时所要求的;故此每人都须精通四书,至于五经,每人可任选一部,以应考试。④

接着,利玛窦介绍了中国的书塾制度、考试制度,对考试制度的介绍更为详细。表面上看,这似乎和儒家思想无关,其实利玛窦正抓住了儒家思想的根本之特点。儒家学说自汉代以后已成为国家意识形态,它的主要功能之一就是控制着全部教育制度和教育内容。整个国家的官吏都是通过考试选拔的,朝野上下都以

---

① 利玛窦:《利玛窦中国传教史》(上),第25页。
② 同上。
③ 同上书,第26页。
④ 同上。

儒家伦理为其行为标准。就这点来说，利玛窦认为"国王是受哲学家牵制"①，"中国人认为文人能判断一切事情"②。这说明他抓住了儒家文化的一大特征。

以儒家学说为内容的考试制度既反映了儒学作为"儒教"之一的特点，也反映了中国社会的根本政治特点，利玛窦对此的认识是深刻的。从这里我们可看到，利玛窦对儒家的评价既有策略性的考虑，也有他受儒家思想影响的一面。"在利玛窦的眼中，中国古代的道德与哲学并不比希腊时期和罗马时期的哲学差"③，这表现了他对东方文化的欣赏，对异教习俗的宽容。仅从他向西方介绍儒家思想这一点来说，那种认为入华传教士在中西文化交流中没起什么好作用的观点实在是有失公允的。

第二节 利玛窦对佛教的介绍

利玛窦介绍了佛教传入中国的历史，对佛教在中国的来龙去脉做了交代。他说：

> 中国第二个教派是释迦或阿弥陀佛的宗教，即佛教。这个宗教是由西方的"天竺"或"身毒"传入中国的；天竺位于印度河及恒河之间。佛教在公元六十五年传入中国；据说后汉明帝（公元五十八至七十五年）在梦中见一金人，身高十六尺，全身发光，醒后乃派人去西方取经。佛经取来后，译成了中文，释迦牟尼并未亲身来到中国，因为那时已经去世。④

利玛窦在佛教传入中国的问题上采取了传统的"东汉明帝感梦遣使求法说"，这个说法虽历来得到承认，但实际上并不准确。"汉明帝求法说从基本情节来说是比较可信的，但它只是说明印度佛教进一步向中国传播，而不能说

---

① 利玛窦：《利玛窦中国传教史》（上），第21页。
② 同上书，第32页。
③ Adrian Dudink, "Matteo Ricci in the Footsteps of Chen Liang?", in F. D'Arelli (ed.), *Le Marche e l'Oriente: Una tradizione ininterrotta da Matteo Ricci a Giuseppe Tucci*, Instituto Italiano per l'Africa e l'Oriente, 1998, p. 92.
④ 利玛窦：《利玛窦中国传教史》（上），第87页。

这是佛教传入中国的开始。"① 根据《三国志·魏志·东夷传》的记载，西汉末季，哀帝元寿元年（前2），有"博士弟子景卢受大月氏王使伊存口受《浮屠经》"，这说明在两汉时佛教已传入中国内地。

利玛窦作为外国人所了解的也就是一般性说法，并无大错，但不够准确。应引起我们注意的是，他认为中国人接受佛教是未找到真正福音的结果。他说：

> ……佛教传到中国的时代，正是福音开始传播的时代，圣巴尔多禄茂是在印度北部传教，是印度本境或其相邻地区；而圣多默是在印度南部传教。因此可以想到，中国人听到了福音之消息，故此派人到西方求道；但是派去的人或是因了错误，或是受了当地人的欺骗，带回来的是佛典，而不是福音。②

显然，这是利玛窦护教的一个说法。两汉时期中国人从未听到福音的消息，又谈何寻错了经？从这里我们看出这个理由的牵强之处。之后来华的耶稣会内部产生的"索隐派"在利氏这里已有端倪。

对于佛教的教义，利玛窦并未做深入的介绍。从利氏的全部著作来看，他本人也并未深入研究佛教的经典，正如他自己说的，佛教学说传入中国以后，"错综复杂，没有一个人能懂清楚，能说明白"③。他只是简单地说，佛教主张灵魂不朽，死后升天堂。

对佛教的建构和现状，利玛窦做了较为详细的介绍。他说：

> 现在能看到的古代遗物，有许多寺庙，有些建造得巍峨壮观，供着许多高大的雕像，有着铜的、木质的、大理石的、石膏的；在寺院旁，多次有用石头或砖造的高塔，并有许多青铜或铁铸的大钟……④

利玛窦和罗明坚自从着儒服、戴儒冠后，对佛教的态度日益轻蔑。这种情绪流露在他的字里行间：

---

① 任继愈主编：《中国佛教史》（第一卷），中国社会科学出版社1981年版，第97页。
② 利玛窦：《利玛窦中国传教史》（上），第87页。
③ 同上书，第89页。
④ 同上。

佛教的僧侣通常称为和尚。他们剃光头发及胡须，与中国的习惯相反。一部分和尚各处化缘云游，一部分在山上修行。但是绝大部分和尚，可能有两三百万，是分住在各地的寺院里，生活是靠古代官家赐的地产收入，信徒们的布施，或自己工作所得的酬劳。①

在谈到这些和尚的素质时，利玛窦说：

和尚们都是，或大家认为是全中国最低级和最没有教养的人。一是由于他们的家世；因为都是来自低级的贫穷家庭，在儿童时被父母卖给老和尚的，为将来继承其衣钵。一是由于他们的无知和缺乏教育。所以他们不识字，也不懂怎样处世为人；除非是有点才气的，才会读书，有点知识。②

他们不仅文化上差，行为上也很糟糕：

他们虽然没有妻室，但并不谨守清规。不过他们与女人有染时，尽量在暗中进行，以免受到官方的制裁。他们犯了罪，若有真凭实据，官方会罚他们坐监，加以殴打，甚而杀死，对他们没有一点敬意。③

利氏这里对佛教和尚生活细节的介绍，倾向性十分明显。通过阅读他的描述，人们不会对和尚留下好的印象。这里可以看出，利氏在这方面既有传教策略上的考虑，也有他自己的亲身经历和感受。因为利氏在中国期间多次拜访各大名寺，与僧徒们有着广泛的联系，像对和尚私生活的介绍，若非亲身生活在中国是不可能知道的。

佛教传入以后，在中国得到较大的发展，尤其在隋唐时期。但中国佛教派别林立，各教派之间并无像西方宗教那样的统一的组织形式。像天台宗、华严宗、唯识宗以及后期的禅宗，都是自立门户，自行发展。利玛窦对这一点介绍得较为准确：

这些庙宇，或更好说是这些庙宇的寺院，按其大小分为许多院落，每一

---

① 利玛窦：《利玛窦中国传教史》（上），第89页。
② 同上书，第89—90页。
③ 同上书，第90页。

院落有一个主持,为终身职。主持各收买自己的徒弟,当其继承人;看其财力及收入多寡,要收多少徒弟就收多少。在各寺院之间,没有统一之组织,没有人能过问其他寺院的事。①

他又简单地介绍了寺院经济,说各寺院都建了许多客房,然后把这些客房租给过路的旅客,从而获得一大笔收入。他还介绍了佛教的一些佛事活动。

利氏的这些介绍对于西方读者了解中国佛教的特点,认识中国佛教徒的宗教生活内容,还是很有益的。对欧洲和广大读者来说,或许正是这种细致入微的介绍,才会引起他们的兴趣。对中国社会生活的细节介绍,这应是利玛窦《利玛窦中国传教史》的特点和成功之处。

在对佛教的介绍中,特别引起我们注意的是他在《利玛窦中国传教史》中对佛教理论的介绍与他在《天主实义》等著作中对佛教理论的批判二者之间的差异性。这种差异性主要表现在,他在《利玛窦中国传教史》中公开承认了基督教与佛教的共同性方面。利氏从以下几个方面说明了这种共同性。

首先,在世界构成上的相似性。他说:"佛教之创始人似乎对西方的哲学家有所认识;因此他们讲'四大',说下界的一切东西,人和动物、植物和矿物,都是由四大合成的,这是中国人从来没有听说过的学说。"②而在《天主实义》中,他对佛教在世界构成上的"空无论"进行了批判。他说:"二氏之谓,曰无曰空,于天主理大相刺谬,其不可崇尚,明矣。夫儒之谓,曰有曰诚,虽未尽闻其释,因庶几乎!"③虽然"四大说"和"空无说"都是佛教本体论的重要内容,但利氏在二处突出的重点则不同。

其次,轮回说上的相同性。他在《利玛窦中国传教史》中说:"……佛教特别是把轮回学说传遍了中国;为使这学说更易使人接受,佛教在毕达哥拉斯的学说中附加了许多故事。"④这点和《天主实义》上讲的基本上相同:"古者吾西域有士,名曰闭他卧剌。其豪杰过人,而质朴有所未尽,常痛细民为恶无忌,则

---

① 利玛窦:《利玛窦中国传教史》(上),第90页。
② 同上书,第87页。
③ 利玛窦:《天主实义》,朱维铮主编:《利玛窦中文著译集》,第15页。
④ 利玛窦:《利玛窦中国传教史》(上),第87页。

乘已闻名，为奇论以禁之。为言曰：行不善者，必来世复生有报……"①佛教所以讲轮回就是因为"彼时此语忽漏国外，以及身毒，释氏图立新门，承此轮回，加之六道，百端诳言，辑书谓经；数年之后，汉人至其国，而传之中国"②。经利氏这一解说，佛教轮回之说不过是步了毕达哥拉斯学说之后尘，并无任何新意。但这也说明了佛教和耶教在轮回说上是同出一源。

最后，教义与行为的相似性。他在《利玛窦中国传教史》中说：

> 佛教似乎对基督教教义也有相当清楚的认识，因为他们也讲一种三位一体的道理。他们说善人升天堂，坏人下地狱；他们教人忍耐痛苦，行苦功；他们推崇独身生活，而且似乎禁止婚姻；他们离开家庭，到各处朝圣，路上只靠乞求维持生活。在许多情形，他们举行仪式与我们的相似……在他们的庙里，有雕像，有灯烛。和尚们穿的长衣很像我们神父的衣服。在佛教的经典中，经常提到一个叫"达摩"的人物，好似是想利用圣多默宗徒的权威，使人相信他们的学说。③

对于着僧服多年的利玛窦来说，这种耶佛之间的共同性是他深有感触的。但他认为的这种共同性是建立在佛教学说是从基督教那儿窃来的这一认识的基础上的，正如他把"达摩"也说成西方的人物一样。

在《天主实义》中，利玛窦没有探讨"三位一体"学说。对天堂地狱说，他从儒家思想的角度做了论证。"《诗》曰，'文王在上，于昭于天'；'文王陟降，在帝左右'。……《召诰》曰，'天既遐终大邦殷之命，兹殷我先哲王在天'。夫在上，在天，在帝左右，非天堂之谓，其何与？"④这里，利玛窦不但没有直接批评佛教的天堂地狱说，还借佛教有此说作为说服儒家相信这一学说的根据。"且夫天堂地狱之报，中华佛老二氏信之，儒者之智亦从之。"⑤但后来徐光启在《辟妄》中对佛教的地狱说直接提出了批评，他说："夫地狱以为有

---

① 利玛窦：《天主实义》，朱维铮主编：《利玛窦中文著译集》，第48页。
② 同上书，第48—49页。
③ 利玛窦：《利玛窦中国传教史》（上），第88页。
④ 利玛窦：《天主实义》，朱维铮主编：《利玛窦中文著译集》，第68页。
⑤ 同上书，第70页。

耶，无耶？无则罪人原自不入，可以不破；有则为天主所设，坚于铁围，乃困苦冥魂者。竟为无赖凡流，念数番言，狱破魂走，有是理乎？"①

这说明，关于佛耶之间的关系、理论上的区别，利玛窦并未彻底弄清楚。虽然他一直在批佛，但他也承认这种相似性，这种理论上的矛盾是一直存在的。徐光启在这个问题上显然与利玛窦理解不同。

从宗教角度来看，佛教的确和基督教有许多近似之处，但利玛窦只是在《利玛窦中国传教史》中公开承认了这一点，在《天主实义》中则对这种相似性从来未公开承认，而多以批判为主，或以佛教窃取基督教学说、西方思想传播到印度为由来解释这种相似性。

从这里，我们看到利玛窦在"西学东渐"和"中学西传"两个方面的角度差异。《利玛窦中国传教史》主要是写给欧洲人看的，《天主实义》等书是写给中国人看的。前者是要说服欧洲人支持传教事业，因而对异教的介绍多以取其同为基点，即便是佛教有许多错误，也只是因为原来从西方"窃取的真理之光被淹没了"②，耶稣会入华就是要恢复这些真理。而后者则是要巩固基督教的势力，排斥其他宗教力量，因而除儒家以外，多以取其异为基点，划清基督教与其他教派的界限。

实际上，"西学东渐"和"中学西传"是来华耶稣会士同时完成的两件事，这两个方面是紧密联系的。但目前这两个方面的研究大都是分开的，从而造成"西学东渐"和"中学西传"两方面研究中的片面性。从这个角度来讲，还有许多基础性工作要做，我们在本书所展开的研究实在是挂一漏万、微不足道的。

第三节 利玛窦对道教的介绍

利玛窦在谈到道教时说：

> 第三个教派是道教，其创始人是老子。老子是与孔子同时代的哲学家，传说他在出生前在母亲胎中活了八十年，因此才有老子之称。道教的经典不

---

① 郑安德编辑：《明末清初耶稣会思想文献汇编》（第三卷），北京大学出版社2003年版，第509页。
② 楼宇烈、张志刚主编：《中外宗教交流史》，湖南教育出版社1998年版，第261页。

是他留下来的，他似乎也未想创立新的教派。在他死后，一些道士尊他为教主，编写了与其他教派不同的经典，其中载有许多传奇故事。①

利玛窦关于老子的说法虽然来源于传说，但他对老子与道教区别的理解还是准确的。刘勰曾说过："案道家立法，厥品有三：上标老子，次述神仙，下袭张陵。"（《灭惑论》）王明先生说："'老子'由传说中人变为神仙变为教祖，受秦汉时的神仙思想影响甚大，与东汉晚期三张（张陵、张衡、张鲁）的宗教活动不可分。"②

利玛窦也看到了老子与道教的联系，因为老子已成为道教的偶像，"除了其他偶像，他们也敬拜元始天尊太上老君；他不是无形的，而是有形体"③。"在天尊的上面还有三位大神，其中之一是老子，信徒们认为他就是道教的创始人……"④显然，这里他转述的是一般道教徒的看法，因为上面他已讲过老子不是道教的创始人。

关于道教的理论，他说：

> 道教也讲天堂，是教徒们受赏的地方；坏人则到地狱里去。但是道教的天堂与佛教的不一样：道教说人死后，肉体与灵魂一起升天；在他们的道观里，就有活人升天的图画。为了能够得道升天，道士们教人练各种功夫，怎样打坐，念什么经文，也喝某些药物；他们说在神仙的帮助下，如此能到天上永远生存，或至少能在世上延年益寿。虽然很容易看出，这都是荒诞不经之谈，是骗人的，但因中国人极欲长久享受现世的幸福，许多人便想那是可能的，一直到死，执迷不悟；练了各种功夫后，有的比常人死得还早。⑤

这段话对道教理论的概括并不十分准确，但也大体上描绘出了道教的特征。长生是道家的根本目标，这样才衍生出内丹和外丹等修炼的方术。《老子想尔注》中就说："归志于道，唯愿长生。"从形式看，利玛窦说的是对的，因为佛

---

① 利玛窦：《利玛窦中国传教史》（上），第91页。
② 王明：《道家和道教思想研究》，中国社会科学出版社1984年版，第19页。
③ 利玛窦：《利玛窦中国传教史》（上），第91页。
④ 同上书，第92页。
⑤ 同上。

教把"有生"作为痛苦之源,这种痛苦就在于精神和肉体联在一起,人只有神形相离,精神才能得以超脱;而道教主张肉体成仙,精神和肉体一起长生不死,从而摆脱苦难。道主生,佛主死,这是佛道两家的重要区别之一。这一点利玛窦并未明确点出。汤一介先生讲得十分精彩:"盖从道教而言,解决生死问题,以求解脱成仙,是以永生为特征的……佛教主'不生',盖有生必有死;道教主'不死',盖不死则永生。"①

利玛窦对道教的经典十分轻视,在《利玛窦中国传教史》中还专门讲了道教典籍中的一段故事,以说明道教理论的肤浅。从利玛窦的中文著作和西文著作来看,中国三大宗教中他了解得最少的是道教。从目前的文字来看,他并未深入研究过道教的基本理论,所以他讲的都是极为一般的东西。

实际上,自道教在东汉末年产生以后,信徒们在历代编了大量的经书。加之他们也将先秦诸子百家中的不少数术方技的书也收入其中,从而形成了数量浩大的经书,内容涉及哲学、历史、文学、医学、科技、养生学等多方面。流传至今的《道藏》是明代修成的,初名为《正统道藏》,凡5305卷,后又修《续道藏》180卷,共计5485卷,仅此可见道教典籍的丰富。不仅如此,《道藏》中所保存的若干思想资料在中国思想史上占有重要的地位。利玛窦与儒家交往过多,从而使他未能深入了解道教。这一任务直到刘应、韩国英入华后才逐步完成,后面我们还会专门介绍。

第四节 利玛窦对明代哲学的介绍

利玛窦对中国哲学的介绍有别于他以前的传教士的有关著作的一个重要方面是他的实践活动。他并不仅仅停留在书本上转述的中国哲学,而是亲身生活于中国,与明代的哲学家有过实际的接触和交往,因而他对中国哲学的介绍具有更强的可信度。同时,他的介绍也给我们提供了一些晚明时期中国哲学的实际情况。

利玛窦着儒服以后,在肇庆、南昌、南京、北京等地与明代的士大夫阶层进行了广泛的接触。他在给朋友的书信中多次抱怨,拜访他的人太多,使他应接不暇,尤其在北京的最后几年更是如此。在他会见的这些人中,有不少是晚明时著

---

① 汤一介:《中国传统文化中的儒道释》,中国和平出版社1988年版,第173页。

名的理学家或思想家。

而对利玛窦在南京传教贡献最大的祝世禄则是晚明心学泰州学派的重要人物。《明儒学案》卷三五《给事祝无功先生世禄》中说：

> 祝世禄，字延之，号无功，鄱阳人。由进士万历乙未考选为南科给事中，当绪山、龙溪进学江右，先生与其群从祝以直惟敬、祝介卿屠寿为文麓之会……天台以不容已为宗，先生从此得力。"身在心中"一语，实发先儒所未发。至谓"主在道义，即蹈策士之机权，亦为妙用"，此非儒者气象，乃释氏作用见性之说也。古今功业，如天空鸟影，以机权而干当功业，所谓以道殉人，遍地皆粪土矣。

这点正如利玛窦在《利玛窦中国传教史》所说的：

> 对这事出力最多的是科吏；大家叫他祝石林，是江西人。通常在南京有八位或十位科吏，管理南京的大事，现在只有他一位，独揽大权，没有人不怕他，不尊重他。
>
> 他也是一位大文学家，及名书法家……他写了几本劝人修德行善的书，文人社团也常请他演讲。①

国内学者林金水将利氏在中国所交往的人物一一列出，从中可以看出利玛窦活动范围之广。如林金水所说的："这些人当中有王公贵族，朝廷宰臣，六部各卿，地方名臣、学者、僧侣、商贾，直至黎民庶人，几乎包括了当时各界的知名人物。"②

学术思想界与利玛窦有过交往的有李贽、章潢、祝世禄、袁宏道、袁中道、李日华、焦竑、徐光启、李之藻等人。其中，以与明代著名思想家李贽的交往最引人注意。

利玛窦第一次见到李贽是在焦竑家中。焦竑，字弱侯，号澹园，江宁人，1589年举进士廷试第一名，"博极群书，自经史至稗官、杂说，无不淹贯。善为古文，典正驯雅，卓然名家"（《明史·焦竑传》）。就思想来说，他主张儒、

---

① 利玛窦：《利玛窦中国传教史》（下），第295页。
② 林金水：《利玛窦与中国》，"附录一 利玛窦与中国士大夫交游一览表"，第286页。

释、道三教合一,这引起了利玛窦的注意。他写道:"这时在南京有位状元……对中国的三个宗教极有研究,这时致力宣传三教归一之学说。"①

而李贽与焦竑交往甚密,当利玛窦前往焦竑家拜访时,二人不期而遇。利玛窦说:

> 当时有中国另一位名人李卓吾在焦竑家中做客。他做过大官,曾任姚州或姚安知州,却弃了官职和家庭,削发为僧。因了他博学能文,又年已古稀,声望极高,有许多弟子信了他创立的宗派。②

这两位大文人对利神父非常敬重。特别是李贽,本来非常孤傲,大官拜访他时,他不接见,也不拜访高官大员;而他竟先主动造访利玛窦,使利玛窦的朋友感到意外。

利玛窦按中国习惯回拜时,有许多学术界的朋友在场,大家谈论的是宗教问题。李贽不愿与利神父争论,也不反驳他的主张,反而说天主教是真的。

利玛窦的这个记叙较为真实。虽然李贽对天主教的信仰缄口不言,不与利氏争论,但他对利玛窦还是很赞赏的。他专门赠送了利玛窦两把扇子,并题上自己的诗,目前仅《焚书》中存有一首,题为《赠利西泰》:

> 逍遥下北溟,迤遥向南征。
> 刹利标名姓,仙山纪水程。
> 回头十万里,举目九重城。
> 观国之光未?中天日正明。

他还在《续焚书》卷一《与友人书》中对利玛窦给予了很高的评价:

> 承公问及利西泰,西泰大西域人也。到中国十万余里,初航海至天竺始知有佛,已走四万余里矣。及抵广州南海,然后知我大明国土先有尧舜,后有周孔。住南海肇庆几二十载,凡我国书籍无不读,请先辈与订音释,请明于《四书》性理者解其大义,又请明于《六经》疏义者通其解说,今尽能言

---

① 利玛窦:《利玛窦中国传教史》(下),第306页。

② 同上书,第307页。

> 我此间之言，作此间之文字，行此间之礼仪，是一极标致人也。中极玲珑，外极朴实，数十人群聚喧杂，雒对各得，傍不得以其间斗之使乱。我所见人未有其比，非过亢则过诇，非露聪明则太闷闷瞆瞆者，皆让之矣。但不知到此何为，我已经三度相会，毕竟不知到此何干也。意其欲以所学易吾周孔之学，则又太愚，恐非是尔。

李贽虽三度和利玛窦相会，但终猜不出他为何来华。这一方面说明李贽之深刻、敏锐，另一方面也说明利玛窦在与中国文人交往的过程中以合儒为策略，对其真实目的藏而不露。

利玛窦也感到了李贽的热情："李卓吾在湖广有许多弟子。他得到了利玛窦的《交友论》之后，便抄写了几份，分送给湖广的弟子们。因了这位大文人对《交友论》的推重，神父们的名声便也在湖广一带传开了。"①

以后，在利玛窦北上途中路经济宁时，李贽又专门请利玛窦到总督府共叙友情。李势对他不仅热情接待，而且具体帮他修改进贡表章。利氏说：

> 总督与李卓吾想看一眼神父带的进贡表章；那是在南京采用了许多人的意见写的。总督与李卓吾感到写得不妥，要易写一张，又令衙署内善书法者为之誊清。除此之外，总督与李卓吾又各写了几封介绍信，结果比南京官员的介绍信更有用。②

虽然利氏与李贽关于哲学的讨论并未留下书面材料，但两人之间的交往和友谊在中西哲学交流史上是一件十分重要的事情，它是中西之间哲学家们的第一次直接对话和交往。利玛窦则通过《利玛窦中国传教史》把李贽这个晚明思想家介绍给了西方。

此外，利玛窦在《利玛窦中国传教史》中还提到右江王学的重要人物，如白鹿书院院长章本清、晚明大儒李日华、晚明儒臣叶向高等，正是通过对这些人的介绍，明代儒学的一些具体人物与形象才生动地呈现在西方读者面前。

---

① 利玛窦：《利玛窦中国传教史》（下），第307页。
② 同上书，第322页。

第十二章　礼仪之争与中国哲学的西传

利玛窦逝世以后，对中国哲学和宗教西传产生重大影响的事件就是礼仪之争。礼仪之争是中西文化关系史上最重大的事件，这一事件的发生和结果，不仅对西学东渐产生了重大的影响，同时对中学西传也起到了意想不到的作用。研究中国哲学西传之历史，不能不对礼仪之争加以考察。

第一节　礼仪之争的始末

礼仪之争最初仅是一个译名之争。基督教中的造物主Deus应意译为"天主"还是音译为"徒斯"，在来华传教士内发生分歧。自罗明坚起译为"天主"，之后利玛窦也采用这种译法，或译为"上帝"，因中国古典文献中原有这两个概念。利玛窦为了坚持"多与孔、孟合"的路线，从这个译名入手，强调耶儒相通，以便基督教能在中国得以传播。但耶稣会内部有人主张译为"徒斯"，这种分歧后扩大到整个来华传教上，争议由此开始。

除了Deus的译名以外，还有祭孔和祭祖问题：这两种仪式算不算宗教仪式？利玛窦认为祭孔和祭祖只是中国的风俗习惯，并非宗教仪式：

> 每月之月初及月圆，当地官员与秀才们都到孔庙行礼，叩叩头，燃蜡

烛，在祭坛前面的大香炉中焚香。在孔子诞辰，及一年的某些季节，则以极隆重的礼节，向他献死动物及其他食物，为感谢他在书中传下来的崇高学说，使这些人能得到功名和官职；他们并不念什么祈祷文，也不向孔子求什么，就像祭祖一样。

……

关于来生的事，他们不命令也不禁止人相信什么，许多人除了儒教外，同时也相信另外那两种宗教，所以我们可以说，儒教不是一个正式的宗教，只是一种学派，是为了齐家治国而设立的。因此他们可以属于这种这派，又成为基督徒，因为在原则上，没有违反天主教之基本道理的地方……①

正像一些学者所指出的："从利玛窦的思考方式来看，中国人在对孔子的崇敬礼仪之中不包含任何严格的宗教涵义，也并未表现出任何神秘的迷信。"②这表现出利玛窦的一种宗教上的宽容、文化上的理解以及策略上的灵活性。利玛窦确定的这个规矩使得中国人，尤其是文人士大夫可以参加基督教而又不和原有的文化传统相矛盾。

利玛窦刚一去世，在耶稣会内部首先就发生了争执。③对于耶稣会内部的这个争论过程，罗光先生有详细介绍：

> 利子去世于1610年，次年，利子的继任管理中国教务人龙华民，便发起反对利子所用"天"和"上帝"两称呼的运动。发起这种运动的理由，说是当时耶稣会远东视察员巴范济（Francesco Pasio）得到日本耶稣会士的报告，利子所著的《天主实义》，因日本人用理学家朱熹的思想去解释，"天"和"上帝"不能代表创造万物的尊神。龙华民命在中国的耶稣会士，对这个问题加以研究，并且征求奉教的中国学者对这个问题的意见。徐光启和李之藻都赞成利子的主张，龙华民便不能向巴范济提出任何具体

---

① 利玛窦：《利玛窦中国传教史》（上），第86—87页。
② George Minamiki, S.J.: *The Chinese Rites Controversy: From Its Beginning to Modern Times*, Loyola University Press, 1985, p. 20.
③ See D. E. Mungello (ed.), *The Chinese Rites Controversy: Its History and Meaning*, Steyler Verlag, 1994, pp. 3–12.

的建议。巴范济于1621年去世，继任视察员为卫方济（译音）（Francisco Vieira）。龙华民这时联合熊三拔（Sabbatino de Ursis）向耶稣会中国日本区区长Valentim Carvalho上书，请禁止使用"天"和"上帝"两个名词。视察员卫方济于1614年命庞迪我（Diego Pantoja）和高一志（Alfonso Vagnoni）对于"天""上帝""灵魂"等名词表示意见。熊三拔见到他们的意见，乃书为长文一篇，题名"Tractatus de Verbo Xam-ti"（论上帝一名）作为对辩。熊氏之文，由澳门转到罗马，由教会中心的神学家予以研究。著名神学家Lessio, Lorino, Gabriel, Vasquez等，都赞成利玛窦所用的名词。日本的耶稣会士Juan Rodriguez反对天与上帝。龙华民于1617年寄所写的Res memorabiles pro dirigenda re Christiana与视察员，三拔在龙华民的文后加有注释。卫方济、熊三拔等再详细研究，熊氏于1618年印刻"De Vera Cognitione Dei Apud Litteratos Sinenses"。龙华民更进而主张根本废除"天""上帝""天主""灵魂"等名词，一律采用拉丁文译音。耶稣会视察员与耶稣会总长不接受龙华民的主张。于1612年耶稣会视察员Jerónimo Ruiz在澳门召开会议，会议结果赞成利子主张的一派得胜，视察员出令批准。龙华民不服，于1623年写成"Responsio brevis super controversias de Xam-ti"。耶稣会视察员李玛诺（Manuel Dias, Senior）函复龙华民，予以申斥。同时罗雅各（Giacomo Rho）也写一书，书名"Tractatus in Civitate Kiamcheu anno 1623 conscriptus ad Comprobandam Partem Oppositam P. Ricci partem et totam Societatis in Sinis Praxim Cofirmandam"。次年，龙华民又把利子的《天主实义》，详加批评，写成"Annotationes super librum Xe-y P. Ricci, anno 1624 Pekini conscriptae"。骆入禄（Jerónimo Rodriguez）继任视察员一年（1625—1626）。高一志上书视察员，反对龙华民的主张……但是同年，史惟贞（Petrus Van Spire）则又出书攻击利子"Tractatus Contra Usum Sinensium Vocabulorum in rebus Sacris apud christianos, Nankini conscriptus, Anno 1627"。视察员Audreas Palmleiro乃于1628年在嘉定召开会议，讨论一种解决的办法。来嘉定开会的耶稣会士共有九人或十人；会中讨论的问题，共三十项，大半关于中国敬礼敬祖以及译名问题。讨论的结果，对于敬孔敬祖等问题，沿用利玛窦的方案，不以这种敬礼为宗教上的迷信；对于译名，则采用龙华民一派人的意见。视察员为谨慎起见，自己把嘉定的方案携住北京，向在钦天监任职的会士询问意见，汤若望遂写"Responsio ad Casus Controversos, 8 Novembris 1628"。另一会士邓玉函（Johann Schreck）于次年写一小册"Tractatus super undecim punctis a decem Patribus S.J.decisis circa usum vocabuloam Sinensim in rebus sacris pekini decisis 1629"。视察员Palmeiro在1629年出命：以后耶稣会士不许用"天"和"上帝"。①

一波未平又起一波，来华传教的方济各会和道明会对耶稣会的做法不满，重提礼仪之争。这样礼仪之争便从耶稣会内部发展到会外，成了入华传教士各修会之间的争论。道明会士黎玉范（Juan Bautista de Morales）把自己关于祭孔祭祖的看法写成了十七条意见，并于1643年到罗马呈给教皇乌尔班八世（Urban Ⅷ），因乌尔班八世很快去世，关于禁止中国教徒参加祭祖祭孔的文件是由英诺森十世（Innocent Ⅹ）在1645年9月12日下达的。

在这个文件的第八条中专门讲了关于祭孔问题：

> 中国人有一个道德哲学的至圣先师，他已经死了很长时间，他的名字叫孔子。他的教导、他的律规、他的著作在中国家喻户晓。中国的皇帝和臣民，无论他们的社会地位如何，都把他视作应该仿效的典范，至少把他当作一位先哲来尊奉。他们把他奉为圣人。在中国，每一个大小城市都建有孔庙。

> 地方官员每年两次要到孔庙去举行庄严的祭孔仪式，他们自己担负着类似司祭的职务。年中，每个月两次他们要去祭孔，但不举行隆重仪式，一些读书人竟相以孔子的旗号来管理他们地方的政务。他们祭供的东西有：整猪、整羊、蜡烛、醇酒、鲜花、乳香等。所有的读书人考中以后都要到孔庙去跪拜孔子，在其台前献上香烛。

> 所有这些礼仪——祭供、磕头行礼……——按其用意都是中国人感谢孔子在他的著作中留给他们的好的教导，祈求他以他的功绩赐福他们，赐予他们聪明才智。②

---

① 罗光：《教廷与中国使节史》，台湾光启出版社1961年版，第88—91页。
② 苏尔·诺尔编：《中国礼仪之争：西文文献一百篇（1645—1941）》，第3页。

对于基督教内的中国文人和官员能否祭孔的问题,文件答复得十分明确:"不能允许这么做。由于如上描写的情况,基督徒们不能假装参加这种供祭活动。"① 教皇的禁令引起了来华耶稣会士的不安,于是耶稣会又派卫匡国和卜弥格一同前往罗马教廷重提此事,请求教皇收回命令。

根据卫匡国的报告,教皇亚历山大七世(Alexander Ⅶ)在1656年3月23日又批准了中国教徒可以参加祭祖祭孔礼仪:

> 问题:基督徒文人考得学位后是否能在尊孔堂内举行接受各级学位的仪式?尊孔堂里没有有关偶像崇拜的司祭人员,尊孔堂里的一切都不是为偶像崇拜者而安排的,只有儒生们和文人们来对孔子行拜师礼。他们的礼仪,自始至终都是公认为民俗性和政治性的,仅仅是为了表示民间世俗的尊敬。
>
> 所有考中的儒生们一起进入尊孔堂里。学官们,翰林们和考官们等在那里。他们在孔子的牌位前一起按照中国人的习俗鞠躬行礼。他们不供献任何东西。他们所做的和所有的学生得到荣升后对他们的还活着的老师所做的是一样的事。因而,对孔子行了拜师礼后,学官们授予他们各级学位,然后他们就退了出去。除此以外,尊孔堂是一个健身房(应为"文科学校"(Gymnasium)——引者注),严格地说不是所谓的庙宇。除了儒生,谁也不能进去。②

根据这个解释,教宗明确指出"允许中国基督徒参加上述的仪式"③。

针对前后两个内容不同的命令,道明会士包朗高(Juan Polanco)向罗马提出疑问:两个训令究竟执行哪个。而罗马教会的圣职部于1669年11月20日颁布部令,"答复道明会的疑问,声明上述两项命令同时有效,后者并不废除前者"④。这更使在中国的传教士处于两难之中。

此时中国正值杨光先历狱教案之时,来华的大部分传教士都被集中于广州。在这期间,他们举行了40天的会议,并形成决议,要执行亚历山大七世所批准的

---

① 苏尔·诺尔编:《中国礼仪之争:西文文献一百篇(1645—1941)》,第4页。
② 同上书,第8—9页。
③ 同上书,第9页。
④ 罗光:《教廷与中国使节史》,第94页。

命令。

但1693年由教廷直接委派的福建主教阎当（Charles Maigrot，1652—1730）"发出了划时代的命令，要求在他的教区内严禁中国礼仪。当时各地教堂都有仿制的康熙皇帝赐给汤若望的'敬天'大匾，挂在堂内显要位置。阎当主教命令统统摘去"①。他还亲自给教宗写信，认为在中国不能再使用"上帝""天主"两个名词，不能挂"敬天"大匾，不允许儒生祭孔。②阎当的信使罗马方面又产生了动摇。

经过多次讨论和研究以后，1704年11月20日，教皇克来孟十一世（Clememt XI）发表命令，禁止中国教徒参加祭祖祭孔仪式，并明确在该文件的第八条否认了卫匡国的辩护，认为卫匡国的辩护"在许多方面与事实不符"③。之后，教皇派多罗主教（Carlo Tommaso Maillard de Tournon）前往中国，作为教皇特使来执行决议。

多罗特使来华以后，康熙皇帝以礼相待，两次召见，并明确告诉他："中国两千年来，奉行孔学之道，西洋人来中国者，自利玛窦以后，常受皇帝保护，彼等也奉公守法。将来若是有人主张反对敬孔敬祖，西洋人就很难再留在中国。"④

与此同时，康熙令所有在中国的传教士，均要向朝廷领票，声明遵守利玛窦规则。凡不愿领票者，一律不准留在中国境内。

由于来华传教士在敬孔敬祖问题上意见不一致，此时阵营大乱。多罗及多名不愿在中国领票的传教士被送往澳门。

此时，礼仪之争已由一个纯粹的宗教礼仪问题发展到中国清政府与教廷之间的冲突。利玛窦的规则被打破，基督教在华传教事业陷入了混乱当中。

礼仪之争引起的混乱不仅如此，它在中国基督教徒中也引起了不安。不少士

---

① 李天纲：《中国礼仪之争：历史·文献和意义》，第47页。
② 苏尔·诺尔编：《中国礼仪之争：西文文献一百篇（1645—1941）》，第16页。
③ George Minamiki, S.J.: *The Chinese Rites Controversy: From Its Beginning to Modern Times*, p. 37.
④ 罗光：《教廷与中国使节史》，第124页。

大夫基督徒要么单独著书写文，要么联合起来给教宗写信，一时天下大乱。①

多罗后死于澳门，罗马教皇克来孟十一世于1715年公布了有名的《自登基之日》(Ex illa die)的教谕，严禁中国教徒祭孔祀祖。为了贯彻这个禁令，教皇又任命亚历山大城主嘉乐（Carlo Ambrogio Mezzabarba，Patriarch of Alexandria）为特使，再次来中国。

嘉乐来华后，曾先后十一次受到康熙接见。但康熙看到教皇禁止祭孔祀祖的通谕后十分生气，在这篇通谕的译文后面亲批谕旨：

> 览此告示，只可说得西洋人等小人，如何言得中国人之大理。况西洋人等，无一人同（通）汉书者，说言议论，令人可笑者多。今见来臣告示，竟是和尚道士，异端小教相同。比（彼）此乱言者莫过如此。以后不必西洋人在中国行教，禁止可也，免得多事。②

到雍正年间，中国已开始禁教。这样，在中国的传教士已少之又少，除可数的有一技之长的传教士仍留在宫中外，其他大多数人要么被驱逐，要么隐于山村。1742年7月1日教宗本笃十四发表了《自上主圣意》(Ex quo singulari)的通谕。"因它是对以往一系列教皇通谕的最终总结，史家把它视为礼仪之争结束的标志。"③这个通谕指出："基督徒也不准主持、服务或参加按照中国风俗习惯每年春分或秋分时节举行的隆重的祭孔敬祖时的献祭和敬奉礼仪。这些仪式带有迷信的色彩。"④同时，这个通谕还规定了中国基督徒不准在自己祖宗的牌位前

---

① 参阅严谟：《帝天考》，收入《天主教东传文献续编》（第一册）。另有两份重要文献《赣州堂夏相公圣名玛弟亚回方老爷书》《草稿》均藏于耶稣会档案馆，这两篇文献均被李天纲全文引证，参阅李天纲：《中国礼仪之争：历史·文献和意义》，第158—169页。藏于巴黎国家图书馆的《礼记祭礼泡制》《上教皇书》亦是礼仪之争中的重要文献，参阅黄一农：《被忽略的声音——介绍中国天主教徒对"礼仪问题"态度的文献》，台湾《清华学报》1995年第25卷第2期；《明末清初天主教的"帝天说"及其所引发的论争》，《故宫学术季刊》1997年第14卷第2期。在此，对黄一农先生提供给我的有关研究文献表示感谢。另学者林金水最早开启了这一研究方向，其论文为《明清之际士大夫与中西礼仪之争》，此文亦收入 D. E. Mungello 编的 *The Chinese Rites Controversy: Its History and Meaning* 一书，第65—82页。
② 陈垣编印：《康熙与罗马使节关系文书》，文海出版社1974年版，第96页。
③ 林金水：《明清之际士大夫与中西礼仪之争》，第25页。
④ 苏尔·诺尔编：《中国礼仪之争：西文文献一百篇（1645—1941）》，第95—96页。

奉献供品，举行追悼先祖的各种礼仪活动。通谕里对入华传教士也提出了更为严格的要求，如：

> 此外，据此宪章，本教宗宣布并命令任何一个现在或预定居住在中国或其他国家或省份的教士，应该而且有职责宣誓他将踏实地、完整地、不容亵渎地遵守本教宗的命令和训令。①

因此，到1742年7月1日教宗发布通谕之后，礼仪之争在中国实际上已经结束。但是直到1939年12月8日，教皇庇护十二世（Pius XII）才颁布了收回以往有关"祭孔祀祖"的禁令。至此，礼仪之争才最终得到解决。

第二节 礼仪之争与西方早期汉学的兴起

礼仪之争对中国和西方产生了完全不同的两种结果。在中国，由于教廷不再遵守"利玛窦规矩"，从康熙到雍正、乾隆的历任皇帝逐步冷淡传教士，甚至全面禁教，从而使已经取得显著成就的中西文化交流中断，在宗教形式下的西方科技、文化的实际传播受到了直接的影响。虽然在清宫中始终有耶稣会士供职，但清政府对待传教士和西方科技文化的态度，已发生了很大的变化。康熙皇帝的那种宽阔的视野和大度的胸怀，在乾隆身上已看不见。对乾隆来说，西方科技的成果只是玩赏的玲珑精品。许多传教士介绍进来的西方最新的科技成果长期置于"冷宫"中，不再产生广泛的社会影响和作用。

这里当然有中国社会、经济、文化方面更深层次的原因，但礼仪之争的发生和教廷对中国传统习俗的蛮横无理的要求也是一个重要的外因。

然而，礼仪之争却产生了一个意想不到的结果，即欧洲中国热的持续和汉学的兴起，中国哲学和宗教传入西方。正如当时法国史学家圣西门公爵在《人类科学概论》中所说的："有关中国的争论在尊孔和祭祖等问题上开始喧嚣起来了，因为耶稣会会士们允许其新归化的教徒们信仰之，而外方传教会则禁止其信徒们实施之，这场争执产生了严重的后果。"②

---

① 苏尔·诺尔编：《中国礼仪之争：西文文献一百篇（1645—1941）》，第100页。
② 安田朴、谢和耐等：《明清间入华耶稣会士和中西文化交流》，第178页。

正是在礼仪之争中，来华的各修会传教士为维护自己的传教路线多次派人返回欧洲，向罗马教廷和欧洲社会申诉自己的观点。他们著书立说，广泛活动，将自己所了解的中国介绍给欧洲，以争取同情和支持。在考狄的书目中关于礼仪之争的著作就有260余部。这样，一个有辽阔国土、悠久历史、灿烂文化的东方大国的形象一下子就出现在了欧洲读者面前。"十七世纪欧洲关于中国的消息数量十分迅速地增长。"①一时间，中国成为最热门的话题。中国对欧洲而言有了"一种特殊的魅力"②。欧洲在礼仪之争之中了解了东方，了解了中国。"在几乎所有的科学部门中，中国变成论战的基础。"③它为欧洲的启蒙运动直接提供了思想的材料。所以，欧洲是礼仪之争中受惠的一方。

金尼阁是较早被派回欧洲的传教士。利玛窦托他带回《利玛窦中国传教史》，他在途中将其从意大利文译为拉丁文，并于1615年在欧洲公开出版，书名为De Christiana expeditione apud Sinas suscepta ab Societate Jesu）。这部书在欧洲产生了轰动性效果，被誉为"欧洲人叙述中国比较完备无讹之第一部书"④。它是自门多萨的《中华大帝国史》以来在西方影响最大并产生持续影响的书。

之后被来华耶稣会派回欧洲"陈述传教会之需要"的是曾德昭。他"于一六三七年在澳门登舟出发，一六三八年在果阿完成其《中国通史》，旋于一六四〇年安抵葡萄牙，一六四二年至罗马。"⑤《中国通史》又称《中华大帝国志》，是来华耶稣会士第一部关于中国历史的著作。第一部分介绍了中国历史、地理各方面情况，第二部分介绍了中国的思想。

受同样使命返回欧洲的卫匡国也是来华耶稣会士中的汉学家，他的《中国新地图志》《中国上古史》《鞑靼战记》更为详细地介绍了中国的情况。

柏应理1680年返回欧洲。留居期间，"诸国研究华事之学者若克莱耶（Andre Cleyer）、蒙采尔（Mentsell）、穆勒（Muller）、泰沃奈

---

① E. J. Van Kley, "Chinese History in Seventeenth-Century European Reports," *Actes Du IIIe Cxolloques Internatinal de Sinologie VI*, Les Belles Lettres, 1983, p.195.
② 帕尔默、科尔顿：《近现代世界史》（上），孙福生、陈敦全译，商务印书馆1988年版，第189页。
③ 利奇温：《十八世纪中国与欧洲文化的接触》，第79页。
④ 费赖之：《在华耶稣会士列传及书目》，第118页。
⑤ 同上书，第150页。

（Thevenet）、皮克特（Louis Picquet）等应理皆与缔交",因"刊布其著述，留居欧洲甚久，影响人心实深"。①

他在欧洲刊布的著作中影响最大的当属《中国哲学家孔子》，此书实际上是来华耶稣会士在教难期间汇聚在广州共同完成的，参与此事的人有殷铎泽、恩理格（Christian Herdtricht）、鲁日满（François de Rougemont）等。这部书在欧洲产生了持久的影响，被誉为来华耶稣会士适应中国文化的最高成就。它对欧洲人了解孔子和儒家思想产生了重要的影响。

葡萄牙传教士安文思所写的《中国新史》由柏应理带回欧洲，托人译成法文出版。这本书详细地向西方报道了中国各方面的情况，尤其是对北京和清宫的介绍，细致入微，引人入胜。

李明（Louis le Comte，1655—1728）也是法国来华耶稣会士中奉命重新返回欧洲的人。返回欧洲以后，他直接参与了礼仪之争，著有《中国近事报道》（*Nouveaux Memoires Sur L'etat Présent de la Chine*）。此书站在护教的立场上，致力于对中国的宗教的介绍。李明虽然在华时间不长，对中国的了解有限，但由于当时正值礼仪之争，所以该书一出版立即产生强烈反响。反对者有，赞同者有，告状者有，该书一时成为争论的焦点。

白晋是来华法国耶稣会的重要人物，来华后深受康熙器重。他1693年被康熙派回欧洲，先后两度招收新人来华。白晋在欧期间也直接参与了礼仪之争，著有"《中国语言中之天与上帝》，是编证明中国古今书籍称真主曰天曰上帝，并引古代载籍，士夫情绪与俗谚以证之"②。但他影响最大的书当属《康熙皇帝》。白晋将康熙帝与路易十四比较，书中对康熙帝充满敬重之情。这是欧洲第一本关于中国皇帝的传记，在欧洲产生了广泛的影响。莱布尼茨将此书收入自己所编的《中国近事》一书中。白晋也是与莱布尼茨保持通讯的人之一，对莱氏的思想曾产生影响，这点我们下面再具体介绍。

这些被派回欧洲的传教士，在中国居住的时间少则几年多则十几年。他们返回欧洲以后，有的重返中国，有的后来因各种原因再未返回中国。他们著书立

---

① 费赖之：《在华耶稣会士列传及书目》，第314页。

② 同上书，第438页。

说，介绍中国文化；他们广交社会名流，与当时欧洲思想界的许多重要人物，如莱布尼茨、孟德斯鸠等，都产生过各种联系。他们的这些著作和活动大大促进了当时欧洲对中国的了解。

随着礼仪之争的不断深入，除了这些直接返回欧洲的传教士之外，"各派的宣教师，都为着拥护自派之故，而详细研究中国的礼俗，他（们）的报告、论著等等，大大地刺激了欧洲的教界，在此西人对于中国文物的知识，得到一大进展……"①除了对中国的风俗、物产、自然环境、政治制度的介绍以外，"中国哲学文献最重要的作品的还不错的翻译"②也都在欧洲陆续出版。

白晋《康熙皇帝》
一书中的康熙像

这方面的著作很多，不可能一一列举，仅举几本可略见一斑。

道明会士闵明我（Domingo Navarrete）在1667年所有在华的传教士讨论礼仪之争时站在耶稣会的对面，拒绝在全体传教会士讨论的决议上签字。1669年12月12日，他潜离澳门，乘船到欧洲，1673年到达罗马，"到处演讲反对广州二十三人的结论书。1676年，他在马德里出版他的《中华帝国历史、政治、伦理与宗教论集》（Tratados historicos, politicos, eticos y religiosos de la monarchia de China, Madrid, 1676—1679），这本书一出版，全欧骚然，天下从此多事了"③。

宋君荣著有《中国天文史略》《元史与成吉思汗本记》《大唐史纲》。

钱德明著有《乾隆御制盛京赋》（Éloge de la ville de Moukden et de ses environs）、《满汉字典》（Dictionnaire mandchou-français）、《中国古史实证》（L'Antiquité des Chinois prouvée par les monuments）、《中国兵法考》（Art Militaire des Chinois）、《中国古今乐记》（mémoire sur la musique des Chinois tant anciens que modernes）。

传教士有关中国的著作寄回欧洲后，大大激发了欧洲人对中国的兴趣。在欧

---

① 石田干之助：《中西文化之交流》，张宏英译，商务印书馆1941年版，第92页。
② 赫德逊：《欧洲与中国》，第301页。
③ 罗光：《教廷与中国使节史》，第95页。

洲先后出现了三种有关中国的期刊或集刊，专门收集发表在华耶稣会教士们的通信和著作，从而进一步推动了中国文化的西传。

第一种是《耶稣会士通信集》（Lettres édclifiantes et curieuses, écrites des missions étrangerès narquelques missionnaires dela compagnie de jesus），由巴黎耶稣会总书记雷里主编，1702年到1776年共出版34册。此刊所载的通讯包括南北美洲和印度的报道，但最引人注意的是有关中国的报道。《耶稣会士通信集》不同于《中华帝国全志》之处在于它保持了史料的原来面貌，不像杜赫德在书中对材料做了精心的修改和编辑。

第二种是1735年在巴黎出版的由杜赫德（Jean Baptiste Du Halde）主编的《中华帝国全志》，准确讲应是《中华帝国并领鞑靼之地理的历史的年代的政治记述》（Description géographigue, historique, chronologiqre, politique et physique de l'empire de la Chine et de la Tartarie chinoise）。这部集刊是经过杜赫德精心选编而成的，收集了大量耶稣会士的通信、著作、研究报告等。据日本学者石田幸之助说，这本书所以被重视，有两个原因，一是因为其中的内容，二是因为此书第一次将中国的详细地图公布于欧洲。杜赫德之四大本《中华帝国全志》"在西欧的中国研究史上，成为一种创期的可以大书特书的工作"[①]。

第三种是1776—1841年间出版的《中国杂纂》，准确讲应是《北京传教士所写的关于国人之历史、科学、艺术、风俗习性的论考》（Mémoires concernant l'histoire, les sciences, les arts, les moeurs, les usages, &. c. des Chinois; Par les missionnaires de Pékin），书背上简称为Mémoires concernant des Chinois，故译为《中国杂纂》。此书是接续着《耶稣会士通信集》的，因1773年教皇克来孟十四世宣布解散耶稣会，在这种情况下《耶稣会士通信集》无法出版，那些在法国的耶稣会士们便另外编纂起了这一套书。

这三种期刊或集刊反映了16—18世纪欧洲对中国认识的最高水平，在中国文化西传中起到了非常重要的作用。也正如法国当代学者伊莎贝尔·席微叶（Isabelle et Jean-Louis Vissiere）所说的：

  这些书简是如同一种真正的、客观的和几乎天真的编年史而出现的，它

---

① 石田幸之助：《中西文化之交流》，第114页。

使大众们产生了一种阅读他们所喜欢的文献的感觉。这批书简分散于四分之三的世纪中,它们使我们目击了传教区胜利的开端,其充满喜剧性或悲剧性事件的历程及其末日。它们清楚地说明了传教区的宗教、外交和科学等三种志向。[1]

正是在礼仪之争的这几百年间,在中国文化西传的过程中,中国的宗教和哲学作为中国文化的重要内容传入西方。

第三节 礼仪之争与中国宗教习俗的西传

礼仪之争的一个根本问题就是如何看待中国人的祭祖祭孔。这时的祭孔主要是从宗教的角度来理解的,而不是从哲学的角度来理解的。在中国,对自己祖先的崇拜是中国民众宗教意识和社会生活的核心,正如孔子所说:"生,事之以礼,死,葬之以礼,祭之以礼。"

如何理解中国人的祭祖祭礼,实质上就是如何看待中国宗教的性质。为此,来华的传教士分为两派意见,一种意见认为祭祖不是迷信,另一种认为祭祖是迷信,有碍于天主教的一神教原则。

道明会赴罗马代表黎玉范1639年在澳门向耶稣会的巡按使李玛诺(Manuel Dias,1559—1639)提交了一份礼仪问题的提问,希望他能给予解释。这些问题是:

(1)耶稣会士有什么理由允许他们的基督徒参与祭祀偶像呢?

(2)为什么允许基督教徒官吏们每月两次前往先皇的偶像寺庙跪拜表示敬仰,甚至头触地并敬献神香呢?

(3)为什么允许官吏和文人前往孔庙去崇拜他,向他进献祭品并为他举行各种祭祀仪式呢?

(4)为什么允许基督教教徒接受和食用这些祭品的剩余物呢?据中国文人的共同感情来看,这些供品只能对偶像和哲学家孔夫子表示崇拜时才能

---

[1] 安田朴、谢和耐等:《明清间入华耶稣会士和中西文化交流》,第15页。

接受和食用，因为他们坚信参加这类祭祀的人会得到大量财富。

（5）耶稣会士神父们有什么理由声称，无论是在府邸、墓地还是寺庙中都允许与文人一起祭祀他们先祖，向先祖奉献供品，献祭馒头、肉、鱼，点燃蜡烛和神香呢？他们声称这一切可以由三种条件来完成：其一是绝不允许使用纸钱，其二是不相信死者的灵魂能参加这些仪式，其三是不向死者祈求佑保和恩典。

（6）耶稣会士们有什么理由参加不信基督教者们的吊丧或葬礼活动呢？因为其中可能会犯迷信和偶像崇拜的错误。

（7）为什么允许在祭坛上供奉已死去的不信基督的文人之灵牌并以跪拜、点燃蜡烛和焚香而崇拜之呢？

（8）为什么当别人询问他们孔夫子是否"地狱的人"时，他们回答得非常含糊呢？

（9）为什么耶稣会士神父可以说他们在这些事情上所受的苦难微不足道呢？因为他们赦免了这样做的人之罪行。①

黎玉范1643年2月抵罗马后，上书传信部，他又提出了十七个问题：守斋、女人领洗和终传、放债得利、捐资修庙、敬城隍、敬孔子、敬祖先、事死如事生、祖宗、牌位、向望教者应解释中国礼仪为迷信、圣宗的称呼、敬礼皇帝、参加外教亲戚丧礼、宣讲耶稣受难。②

黎玉范的信无疑从一个角度揭示了中国宗教礼仪的一些内容和特点。特别是当耶稣会士曾德昭1643年在罗马出版了《大中国志》一书，介绍了中国民间的各种祭祀的仪式及庙宇的布局和特点以后，道明会充分利用了曾德昭的材料，说明中国的祭祖祭孔为宗教礼仪。

上面我们提到的道明会的闵明我③返回欧洲以后所写的《中华帝国历史、政治、伦理与宗教论集》在欧洲引起大哗，中国人祭祖、祭孔的具体细节为欧洲人

---

① 转引自安田朴、谢和耐等：《明清间入华耶稣会士和中西文化交流》，第15页。
② 参阅上书，第40—41页。
③ 在华传教士中有两个闵明我，一个是耶稣会传教士（Philippe Marie Grimaldi, 1639—1712），一个是道明会传教士（Fernandez Navarrete, 1639—1712）。

所知。

耶稣会内的反对意见的代表人物是龙华民,上面我们已经提到他。他实质上是引起中国礼仪问题的第一人。利玛窦在世时,他因"尊敬道长,不便批评"。利玛窦死后,他主持中国教务,很快就表明了自己的态度,批评利玛窦的传教路线。对于中国宗教的西传产生影响的是他的《论中国宗教的若干问题》。这本书在欧洲影响较大。他在这本书中说,自己经过研究中国儒家原始文献,得出了与利玛窦完全不同的结论。他认为:"中国之习惯礼典只崇拜偶像,与基督教神圣的性质不同,所以应该绝对加以禁止。"①

龙华民的著作原文为西班牙文,载于闵明我神父所写的《中华帝国历史、政治、伦理与宗教论集》一书中,后被译为法文。由于龙华民很清楚当时流行于中国的哲学论争,所以,他从自己的立场对中国宗教、对宋明理学十分明确地讲了自己的观点,从而在当时欧洲产生了重要影响。著名哲学家如马勒伯朗士和莱布尼茨都对这本书产生了浓厚的兴趣。

来华耶稣会士李明返回法国以后,从坚持利玛窦的路线出发,1696年在法国发表了《中国近事报道》。费赖之先生在《在华耶稣会士列传及书目》中对这部书的基本内容作了较详细的介绍:

> 此书饶有兴味,足广异闻,惟关于华人不无溢美之词。全书信札而分子目,第一册信札八件,第二册信札六件,皆致当时显贵者。第一书致庞特夏特兰(de Pontchartrain),言暹罗、北京行程事;第二书致内慕尔(de Nemours)公爵夫人,言皇帝之召见与京师之内容;第三书致枢机员佛斯登堡(de Furstenberg),言中国之城市房屋建筑;第四书致克雷西(de Crecy)伯爵,言气候,土地,运河,水道出产;第五书致托尔西(de Torcy)侯爵,言国民特性、古迹、贵族、习惯及优劣点;第六书致布荣(de Bouillon)公爵夫人,言华人之清洁华丽;第七书致兰斯城大主教,言语言,性格,书籍,道德;第八书致大臣菲利波(de Philipeaux),言华人之才智;第九书致枢机员埃特雷(d'Estrées),言政治与政府;第十书致枢机员布荣,言华人之古今教;第十一书致参政布耶(Bouille),言基督教在

---

① 参阅罗光:《教廷与中国使节史》,第93页。

中国之成立与发展；第十二书致国王告解人夏斯神甫，言传教方法与新入教者之虔诚；第十三书致枢机员让松（de Janson），言上谕公认基督教；第十四书致比尼翁道院长，将在印度与中国所为之测验作概括之说明。①

李明这本书当然是护教的，"辩护耶稣会方面的主张"，结果引起了反对派激烈的反对。李明又专门就此书向教皇写信，加以辩解，并又写了《中国礼仪论》（Sur les ceremonies de la Chine）。但反对派并不罢休，巴黎神学院又对李明的这本书"加以审查，开会三十次，于1701年10月18日判决两书（另一本书是le Gobien——引者注）内所说耶稣会士的主张，有背于神学原则"②。

于是，李明1720年又写了《外国传教会关于中国礼仪问题上教皇之答辩》一书。李明深深卷入了欧洲的礼仪之争之中，但他的书从一个侧面介绍了中国宗教礼仪的特点，说明了它的性质。

礼仪之争表面上是有关中国习俗性质的一个判定问题，但实质上是对中国宗教特点与性质的认识问题，是对中国哲学、儒家性质的认识问题。我们重视礼仪之争的原因在于，正是通过礼仪之争，中国宗教与哲学的内容才全面传到西方。

在礼仪之争中，问题越闹越大，最后涉及了清朝和教廷关系的问题，而教廷的圣谕和康熙的态度正反映了中西哲学宗教交流中两种文化和宗教的冲突。从中国哲学宗教西传角度来看，罗马教廷的圣谕扩大了中国宗教在欧洲的影响，反映了中国宗教已成为当时欧洲普遍关注的一个问题。

在罗马教廷有关中国礼仪的文件中，克来孟十一世公布的《自登基之日》诏谕当时虽未在欧洲公开发表，但却很有代表性。这个文告表示了西方基督教这种一神论宗教的强烈普世性要求。它从自己本身宗教的原则出发来理解中国宗教，根本无法理解中国社会的宗教特点，尤其是儒家这种以伦理代宗教的特点。同时，这也反映了基督教的排他性和文化至尊主义。康熙帝对此事有多次御批。

从这些材料中，我们可以看出以下几点：

第一，来华耶稣会士的护教一派，即坚持利玛窦路线一派，在对中国宗教的

---

① 费赖之：《在华耶稣会士列传及书目》，第442—443页。李明此书已被译为中文，参阅李明：《中国近事报道：1687—1692》，郭强、龙云、李伟译，大象出版社2004年版。
② 罗光：《教廷与中国使节史》，第97页。

理解上只看到了儒教的自然理性一面。利玛窦就是用一种"自然理性"的方法与儒家相接近，认为宋儒即当代儒家丧失了原儒的上帝崇拜，失去了神性一面，但仍具有"自然理性"一面，这样才需要以耶教来补儒教。

利玛窦、李明、曾德昭等人由于生活于中国，并熟悉中国文化，从而亲身感受到了儒家文化在宗教方面与基督教的不同之处，提出祭祖祭孔并不是一种宗教仪式，而只是一种习俗。他们从文献与现实生活的对比中察觉到一种历史的变化。现在看来，他们这两点理解是正确的：一是看到了"古今不同"，发现了儒家本身发生了变化；二是"今不如昔"，现实的中国礼俗已和文献中记载的原儒的宗教性不可同日而语。

但他们对中国宗教的理解仍存着严重的偏差。

他们没有理解中国文化变迁的实质。中国文化奠基于殷周之际，在孔子处完成了从原始宗教向世俗伦理的过渡，以其高度理性主义精神形成了自身的特点。"子不悟怪力乱神"，在这个意义上来说，儒教是哲人之教，儒教之教，乃教育之教，非宗教之教，或者像梁任公所说的，"孔子者，哲学家、经世家、教育家、而非宗教家也"。

中国文化走出原始巫教，走向成熟，与西方不同。在实行了"哲学的突破"以后，它并未出现神人相分，而仍是天人合一，用一种人文精神和理性主义旗帜把天的大部分内化了。尤其当孟子的"尽其心者，知其性也。知其性，则知天矣。存其心，养其性，所以事天也"的思想被宋学所发挥以后，这条路线显得更加明朗。

在儒家思想中，"没有核心权威，没有专门的僧侣，没有言简意赅的信条，没有至高无上的仪礼，也没有要求所有人遵奉的原则"[1]。但中国人中仍有天的信仰，有精神的超越。不过这种对天的敬畏更多不是表现在宗教礼仪上，而是体现在世俗政权上，忠君即敬天。这种精神的超越不是通过外在神灵的崇拜来实现的，而更多是体现在一种道德的内化上，这便是儒家的"内圣外王"[2]。伦理是神圣的。这是中国宗教有别于其他宗教之处。[3]

---

[1] 克里斯蒂安·乔基姆：《中国的宗教精神》，王平等译，中国华侨出版公司1991年版，第37页。
[2] 余敦康：《内圣外王的贯通：北宋易学的现代阐释》，学林出版社1997年版。
[3] 参阅张世英：《天人之际：中西哲学的困惑与选择》，人民出版社1995年版。

所以，利玛窦等人的"今不如昔"的观点，以原儒批今儒的做法，说明他们虽然看到了中国宗教思想的变迁，但并未真正理解中国文化变迁后的实质，仍是以西方的宗教观来看问题的。

第二，中国文化在走出巫术期后没有像西方那样发生一种文明的断裂。张光直和余英时先生说过，中国文明保持了自己的连续，巫教的表面形式虽不断变化，但其核心观念和模式却没有变化。①

正因为这种继承性，中国宗教并没有完全地理性化。这样，中国宗教实际上是处于冷静的哲理思考和荒唐的巫教信仰之间的形态，我们姑且名之为"哲人—巫教型宗教"。这种特点决定了中国宗教内含着一种强大的张力："一方面是反对过分的迷狂和淫乱，试图把宗教信仰尽力纳入礼制和理性的范围；另一方面又体现了原始宗教所具有的狂热性，对神的祭祀和崇拜毫无节制……"②

正因为如此，中国文化又表现出强烈的宗教意识，"全体人民，莫不崇信天鬼；而且儒教的孔庙，佛教的庵院，道教的寺观，几乎无处不有"③。

耶稣会的传教士们一方面是出于传教的策略上的考虑，为争取欧洲方面的支持，从而轻描淡写了中国的宗教性这一方面；但更重要的是他们没有从根本上了解中国文化的形式和变迁，从而也无法解开民间宗教之谜。耶稣会的这些理解深刻影响了欧洲思想文化对中国的理解和接受。

---

① 参阅张光直：《美术、神话与祭祀》，郭净译，辽宁教育出版社1988年版，第118页；余英时：《士与中国文化》，第26—51页。
② 高寿仙：《中国宗教礼俗：传统中国人的信仰系统及其实态》，天津人民出版社1992年版，第4—5页。
③ 王治心：《中国宗教思想史大纲》，东方出版社1996年版，第7页。

第十三章　儒、释、道在西方的早期传播

第一节　儒家思想的西传

儒家思想何时传入欧洲？这是一个颇有趣味的问题，近年来有些学者对此已做了努力。①前面几章我们也多次涉及这一问题，但未能系统论述，在此做初步梳理和研究。

"欧洲在大发现以前的年代里对中国的认识基本上是从陆地的旅行家、探险家的各种描述性的游记中得到的。"②著名的《马可·波罗游记》虽对中国的宗教生活有所报道，但对中国文化的主流——儒家思想几乎一字未提，难怪有人说马可·波罗只是以一个威尼斯商人的眼光来看中国的。③

---

① 参阅杨焕英编著：《孔子思想在国外的传播与影响》，教育科学出版社1987年版；张立文、李甦平主编：《中外儒学比较研究》，东方出版社1998年版。这两部著作对儒学在东亚的传播研究较好。近年来关于这一方面有一系列较为深入的著作，如严绍璗的《日本中国学史》（江西人民出版社1991年版）、《中国文化在日本》（新华出版社1993年版）等，但儒家思想在西方的传播史仍待梳理与研究。

② Donald F. Lach, *Asia in the Making of Europe*, University of Chicago Press, 1977, I, p. 730.

③ 参阅杨志玖：《马可波罗在中国》。

对中国的深入认识是从大航海以后开始的。在耶稣会到达东方以前，已有葡萄牙人关于中国的一系列报道，还有葡萄牙首任赴华特使皮列士在马六甲所写的《东方志》（The Suma Oriental）等，都是大航海以后西方认识中国的重要文献。16世上半叶，三个人的三部重要著作把西方对中国的认识推向了一个新阶段：巴洛斯（João de Barros，1496—1570）的《亚洲三十年》（Decadas da Asia），贝尔纳尔迪诺·德·埃斯术兰悌（Bernadino de Escalante）的《葡萄牙人远航东方王国和省份之过程及有关中国之消息》（Dis curso de la navegacion que potugueses hazen a los Reinos y Provincias del Oriente，y de la notica q se tiene da las grandezas del Reino de la china），及上面讲到的门多萨的《中华大帝国史》。对西方认识中国的历史及西方汉学的兴起的研究非本书的任务，读者或许能在不久的将来读到我的另一部著作《西方早期汉学的兴起》，在那里我会对这个问题做深入的分析。我们回到中国宗教、哲学思想的西传这个主题上来。

最早向西方报道了中国人的精神生活特点的应是耶稣会的创始人之一沙勿略。他是第一个来到东方的耶稣会士，于1542年5月6日到达印度果阿，后经日本商人介绍辗转到日本。在日期间，日本人对中国文化的敬仰使其震惊，而且日本人反驳基督教时总是以"汝教如独为真教，缘何中国不知有之"①而对。为此，沙勿略认为，"要使日人信服基督教，莫若先传福音于中国"②。他在中国大门口徘徊数年，终不能入内，最后于1552年12月3日死于中国的上川岛。

虽然沙勿略没能进入中国腹地，但他在日本及中国附近居留多年，并时常与中国人接触，对中国文化有所体悟。这正是他和商人出身的马可·波罗的不同之处。他在写给欧洲的六封信中，对中国文化的特点做了概括。如他在1552年1月29日的信中说：

> 据曾往中国的葡人报告，中国为正义之邦，一切均讲正义，故以正义卓越著称，为信仰基督的任何地区所不及。就我在日本所目睹，中国人智慧极高，远胜日本人；且擅于思考，重视学术。③

---

① 杨森富编著：《中国基督教史》，台湾商务印书馆1984年版，第57页。
② 同上。
③ 转引自方豪：《中国天主教史人物传》，第44页。

在另一封信中说：

> 中国面积至为广阔，奉公守法，政治清明，全国统于一尊，人民无不服从，国家富强。凡国计民生所需者，无不具备，且极充裕。中国人聪明好学，尚仁义，重伦常，长于政治，孜孜求知，不息不倦。①

沙勿略在这几封信中虽未提到孔子和儒家，但对中国文化特点的概括还算准确。这是16世纪西方人对中国文化最早的评断之一。

中国哲学著作的第一个西传译本是范立本所编的《明心宝鉴》，书中有孔子、孟子、荀子、老子、庄子、朱熹等哲学家的论述和格言。翻译此书的是西班牙道明会士高母羨，该书西班牙文书名为 *Beng Sim Po Cam o Espejo Rico del Claro Corazón: Primer libro China traducido en lengua Castellana*。②他16世纪在菲律宾的华侨区传教，后于1592年赴日，途中遇台风漂至中国台湾，高母羨及其随行都被当地人所杀。

关于这个译本的出版年代，有1592年、1593年、1595年三种说法，出版地为马尼拉。这个译本一开始不广为人所知，后"此译本经F. Navarrete附于其名著Tractados之后，在欧洲流传因而渐广"③。此书1959年被Carlos Sanz配上中文后重新发表。高母羨虽不如利玛窦那样深入研究了中国文化，但他"毕竟是16世纪第一个把中国文献译成欧洲语言的人"④，因此在欧洲汉学史上有特殊的地位。

高母羨的书是在马尼拉出版的，而第一本在西方出版的儒家著作应是罗明坚所译的《四书》。罗明坚1589年返回里斯本后，本想请教皇正式派遣特使来北京，后因事拖了下来。罗明坚返回意大利以后，就开始潜心翻译"四书"。这点在第二章中我们已做了详尽论证，在此不再重复。

耶稣会来华以后，用两种方法向西方介绍孔子和儒家学说：一种是直接将

---

① 转引自方豪：《中国天主教史人物传》，第45页。
② 在此感谢姚宁为我提供了高母羨所作的《明心宝鉴》西班牙文译本。
③ 王漪：《明清之际中学之西渐》，第50页。从我目前掌握的这个西班牙文版来看，出版时间应为1592年。高母羨另有《无极天主正教真传实录》，这是16世纪天主教东传的重要文献，方豪对此已有论述，另可参阅汪雁秋译：《"无极天主正教真传之正辨"考》，《大陆杂志》1963年第26卷第8期，第252页。在此，对台湾清华大学黄一农教授所提供的文献表示感谢。
④ Donald F. Lach, *Asia in the Making of Europe*, I, p. 806.

孔子及儒家的著作翻译成西文，或用西文写出研究性著作；另一种是在礼仪之争中，争论双方为申辩其立场，对中国礼仪风俗进行介绍，这中间自然会涉及祭孔问题，孔子及儒家学说的内容也间接被介绍到了西方。

在中国本土第一个对儒家经典著作"四书"进行翻译的是利玛窦。他在1594年11月15日致德·法比神父的信中说："几年前（1591年——引者注）我着手移译著名的中国'四书'为拉丁文，它是一本值得一读的书，是伦理格言集，充满卓越的智慧之书。待明年整理妥后，再寄给总会长神父，届时您就可阅读欣赏了。"① 但不知为何，这本重要的译著至今下落不明。利氏之后是金尼阁以拉丁文翻译了"五经"，并在杭州刊印，不过这个译本至今也未见到，不知落于何处。

曾德昭也是早期向西方介绍孔子和儒家的传教士。他的《大中国志》（又称《中国通史》，*Relatio de miagna monarchia sinarum, ou Hiseoire universelle de la Chine*），共两卷，"上卷述中国之政治、风俗、语言、衣服、迷信、战争、商业。欧罗巴人详述茶叶之制法及用法之书，当首数是编。下卷述基督教输入中国之起源，南京仇教之经过，李之藻之传纪"②。

曾德昭在这本书中谈到中国的教育制度时讲到了孔子。他认为孔子作为一个四处奔走的教育家和哲学家，总希望各国君主采纳他的哲学。尽管屡遭挫折，但孔子不屈不挠。曾德昭对孔子这种人格给予了很高的评价：

> 孔夫子这位伟人受到中国人极大的崇敬，他撰写的书及他身后留下的格言教导，也极受重视，以致人们不仅把他当作圣人，同时也把他当作先师和博士，他的话被视为是神谕圣言，而且在全国所有城镇修建了纪念他的庙宇，定期在那里举行隆重仪式以表示对他的尊崇。考试的那一年，有一项主要的典礼是：所有生员都要一同去礼敬他，宣称他是他们的先师。③

曾德昭认为，孔子的主要贡献就是他写了"五经"，对于"四书"，他没有谈更多，但提到"四书"一部分来自孔子，一部分来自孟子。他认为"四书"是

---

① 利玛窦：《利玛窦书信集》（上），第143页。
② 费赖之：《在华耶稣会士列传及书目》，第151—152页。
③ 曾德昭：《大中国志》，第59页。

在强调一个圣人政府应建立在家庭和个人的道德之上。他说：

> 这9部书是全国都要学习的自然和道德哲学，而且学位考试时要从这些书中抽出供阅读或撰写的题目。①

在对孔子及其儒家世界观的介绍上，他基本遵循了利玛窦的路线。他介绍了儒家所强调的五种道德——仁、义、礼、智、信，介绍了儒家处理父子、夫妻、君臣、兄弟、朋友之间关系的原则，这就是孟子在《孟子·滕文公上》中所说的"父子有亲，君臣有义，夫妇有别，长幼有序，朋友有信"。虽然曾德昭注意到儒家的世界观表现为天、地、人三个方面，但他对儒家所强调的天人合一、人天相通的基本立场并不太感兴趣。

他和利玛窦一样，关注的是早期儒家的崇拜上帝和敬天的传统：

> ……他们以孔夫子为宗师。他们不崇信浮屠即偶像，但承认有一个能奖惩的上天，即神祇。不过他们没有礼拜神祇的教堂，也没有他们作礼拜的神职，或者念唱的祈祷，没有牧师、教士为神祇服务。他们在书籍里很崇敬地记述和谈到他们的先师，把他当作神人，对他不可以有丝毫不敬的事，如我们的祖辈之对待他们的神灵。但因他们并不完全清楚地认识真实的上帝，他们礼拜世界上三样最著名的强有力的东西，他们称之为三才（San, Cai），即天、地、人。只有在北京和南京的宫廷才有祭天、祭地的壮丽庙宇，但这只属于皇帝，也只有皇帝本人才能献祭。……
>
> ……
>
> 至于来世的灵魂，他们既不期望，也不祈求，他们仍然要求今世的现实利益、财富，并能取得佳绩和成就。
>
> 他们以此去激发人们的信仰，因为他们把天地当作自然父母去礼拜，他们同样可以尊敬自己亲生父母；同时因为前代著名的圣贤得到崇敬，他们由此极力去仿效他们，又因他们去世的前辈备受祭享，他们可以学习如何孝敬活着的父辈。总之，在可能导致家庭内的治理、和谐、安宁、和平时，他们

---

① 曾德昭：《大中国志》，第60页。

把一切都安排妥善，并实行德行。①

曾德昭对儒家宗教信仰特点的介绍基本属实，尤其是对敬天以及如何祭祀的介绍较为具体，这些在西方产生了较大的影响。从社会伦理方面来看，他认为儒教的敬主要在于教导人们产生对家庭中父亲的崇拜、对圣人政府的尊敬，从而演化成一种社会生活层面上的伦理实践。在这点上，曾德昭倒是看得比较准确。

曾德昭这本书的另一个特点是对中国基督教史，尤其是对明末南京教案的介绍。这个报道可使人们感受到在东方传教的困难与特点，使西方人进一步了解到儒家对基督教的态度以及它的宗教观念。同时这也是对中国明代社会的一个实际报道，使欧洲人进一步加深了对中国的认识。

曾德昭以后是卫匡国。卫匡国在《中国上古史》一书中也对孔子及其儒家思想做了介绍。他说孔子出生于周灵王二十一年，19岁结婚。父亲在宋国为官，孔子的父亲为追求自己的哲学和过更加自由、悠闲的生活离开了家庭。23岁时孔子向老子求教，之后他离开鲁国是因为自己的政治主张在鲁国无法实现。为了自己的政治理想，孔子开始周游列国，但各国诸侯都未采纳他的主张。孔子退而著书。卫匡国说，孔子在中国享有很高的地位，所有的帝王都尊重他，人们把孔子的话当作圣言，中国的每座城市都建有孔庙。

另外，他还介绍了儒家的经典著作"五经"和"四书"。他说《大学》是中国全部哲学的基础，同时也把《大学》的第一段译成了拉丁文。这是继罗明坚后《大学》部分片段译文第二次在西方公开出版。因在出版时间上早于柏应理等人的《中国哲学家孔子》，故在中国哲学在欧洲早期传播的历史中，《中国上古史》仍占有一定的地位。

《中国上古史》的另一引人注意之处是他对孟子的介绍。他说孟子是一位非常高尚和极有雄辩能力的哲学家，在儒家中的地位仅次于孔子，具有十分显赫的地位。他还简略地将孟子与梁惠王的谈话转译成了拉丁文。相较于孔子，卫匡国认为孟子的有些学说是有碍于基督教的。②

---

① 曾德昭：《大中国志》，第104—105页。
② 参阅Giogio Melis, "Chinese Phlosophy and Classics in the Works of Martino Martini S.J. (1614-1661)," *International Symposium on Chinese-Western Cultural Interchange in Commemoration of the 400th Anniversary of the Arrival of Matteo Ricci S.J. in China*, Taipei, 1983, p. 483.

第十三章 儒、释、道在西方的早期传播　341

由此看来，卫匡国的《中国上古史》是儒学西传史中的一部重要文献。虽然在一些介绍上有明显的错误，如关于孔子的家世，但这本书至少在以下两方面有特殊的地位：

第一，卫匡国较之以前更多地介绍了孔子和儒家思想，翻译了儒家思想的重要文献《大学》的片段。他的这个努力"对于欧洲了解关于中国的消息产生了重要的影响"①。

第二，他第一次将孟子及其著作和思想介绍到了西方。如果对比一下在其后出版的柏应理等人的《中国哲学家孔子》就更显示出他的价值，因后者所谓的"四书直解"恰恰遗漏了《孟子》这篇重要文献。

继续卫匡国的工作、直接从事儒家经典著作翻译的是比利时来华耶稣会士柏应理。费赖之在《在华耶稣会士列传及书目》中将《中国哲学家孔子》视为其主要代表作之一。其实《中国哲学家孔子》并非一蹴而就，也并非柏应理一人之作，而是经历了一个过程。实际上它是来华耶稣会士的集体之作。

柏应理1659年来华，后在江西省建昌府传教三年。在这期间，他于1662年和同伴共同用拉丁文翻译了《大学》和《论语》的前五章，将书命名为《中国箴言》（Sapientia Sinica）。

这里有几点需要说明。有的学者认为，利玛窦最初的"四书"译稿已经丢失，有的学者认为利玛窦的"四书"译稿不是丢了，而是传了下来，作为一切来华传教士的语言教科书，因而利氏的这个译本成为柏应理《中国箴言》，及至以后《中国哲学家孔子》的蓝本。这说明柏应理最初的这两篇译稿很可能是在利氏的译稿上发展起来的。②

《大学》的译文出自葡萄牙传教士郭纳爵。他1634年来华，完全有这样的能力。费赖之在《在华耶稣会士列传及书目》中说："拉丁文《大学》译本。雷慕沙云：《四书》译书首经欧罗巴人刊行者即为是本。"③

---

① David E. Mungello, *Curious Land*: *Jesuit Accommodation and the Origins of Sinology*, p. 110.
② 参阅David E. Mungello, "Aus den Anfangen der Chinakunde in Europa 1687-1770", Hartmut Walravens (Hrsg.), *China illustrata: Das europaische Chinaverständnis im Spiegel des 16. bis 18. Jahrhunderts*, Acta Hummaniora, 1987, S. 68。
③ 费赖之：《在华耶稣会士列传及书目》，第226页。

《论语》第一章的前五部分，即"学而第一"的前五章的译文出自何人之手，此事至今没有定论。

我认为，《论语》这篇译文的译者很可能是柏应理。因为书的封面"注有殷铎泽郭纳爵同述的汉字"①。而殷铎泽1659年才到中国，语言能力尚未达到这一程度。孟德卫教授也认为，书的署名是柏应理，他不可能无功而名。所以，《论语》这篇的译文很可能出自他的手。

这本书是"木雕整板，用纸、体裁都是沿革中国风格，一方面用阿拉伯字注明页数，另一方面并用汉字注明"②。书内有2页儒学书目、14页《大学》译稿和几页《论语》译稿。

柏应理之后，殷铎泽在1671年返回罗旅途中翻译了《中庸》，书名为《中国的政治道德学》（*Sinarum Scientia Politico-Moralis*）。书中除《中庸》译文外，还附有《孔子传》。这本书共有三个版本，即1667年广州版、1669年果阿版和1672年巴黎版。这部书包括一个前言、54页《中庸》拉丁文译稿和8页儒学书目。③

经过这两个阶段，《中国哲学家孔子》一书才诞生。这部书实际上是来华耶稣会士集体创作的产物。当时正值杨光先教案期间，来华的耶稣会士除汤若望以外，大都被集中于广州。正是在这期间，他们共同商榷，完成这本书的工作。

共有17名传教士参加此项工作，除了上面提到的柏应理、殷铎泽、郭纳爵以外，还有：聂伯多（Pierre Cunevari，1594—1675），热那亚人；何大化（Antoine de Gouvea，1592—1677），葡萄牙人；潘国光（Francesco Brancati，1607—1671），意大利人；李方西（Jean-Francois Ronusi de Ferraris，1608—1662），意大利人；成际理（Felicien Pacheco，1622—1686），葡萄牙人；利

---

① 费赖之：《在华耶稣会士列传及书目》，第331页。
② 石田干干之助：《中西文化之交流》，第96页。
③ 费赖之在介绍殷铎泽的这本书时说："有一部书，二开本，上题殷铎泽、郭纳爵、刘迪我、利玛弟、成际理、何大化、聂伯多、潘国光、李方西、洪度贞、聂仲迁、穆迪我、毕嘉、张玛诺、柏应理、鲁日满、恩理格神甫十七人名，是皆参加本书翻译工作者也。此书分三编：第一编《大学》译本，一六六二年刻于建昌，郭纳爵神父译；第二编《中庸》译本，一六六七年铎泽先刻一部分于广州，后二年续刻于果阿，故亦称为果阿本，后附《孔子传》；第三编《论语》译本，亦铎泽译，刻于果阿未题刻年。"（费赖之：《在华耶稣会士列传及书目》，第331页。）

玛弟（Mathias de Maya，1616—1670），葡萄牙人；聂仲迁（Adrien Greslon，1614—1695），法国人；穆迪我（Jacques Motel，1618—1692），法国人；刘迪我（Jacques Le Favue，1610—1676），法国人；洪度贞（Humbert Augery，1616—1673），法国人；鲁日满，比利时人；恩理格，奥地利人。但该书在巴黎出版时，直接署名的只有殷铎泽、恩理格、鲁日满、柏应理，书的副标题是用汉字形式出现的"四书直解"。

对这部书贡献最大的是柏应理，书稿是由他带回欧洲出版的。柏应理为此书写了一篇很长的序言，对全书的重要内容做了介绍，并附了一份8页长的儒家书目和一张孔子的肖像。在这篇序言中，柏应理开宗明义地说明，这本书并不是为欧洲读者写的，而是为了传播福音所作的，供来华的传教士们使用的。为了这个目的，他们从中国文献中挑选出这些内容，以便使到中国的传教士对中国文化有所了解。如果一些外行人看这部书，也应从传播福音的角度来加以理解。柯蓝妮（Claudia von Collani）认为柏应理的这篇序言"不仅是一个历史性的报告，同时它对传教学的理论也有贡献。柏应理试图从写实主义的立场，毫无偏见地探讨中国传统活动中的问题"①。在这个序言中，他继承了利玛窦的思路，对新儒家展开了批评。他提到了朱熹、二程（程颢、程颐）、周敦颐、张载，认为新儒家的根本问题在于脱离了孔子的传统，在本质上是一种唯物主义的哲学。因为在他们看来，孔子是敬天的，在孔子以前人们更是崇拜上帝的。而在理学那里，中枢性的概念是"太极"和"理"。柏应理引用了《易经》中的"易有太极，是生两仪，两仪生四象，四象生八卦"，说明在孔子那里"太极"并不是一个根本性的概念，而在新儒家那里"太极"成了一个根本性的范畴。就新儒家的解释来看，太极就是万物之根，是原初的物体。

凡熟悉中国哲学的人都知道，"新儒学的正式成立在北宋。新儒家以古代儒家思想为本，而融合老庄思想、佛教思想及道教思想，更有所创造，以建成新的系统"②。新儒家是儒家思想在中国古代发展的高峰，它将原儒的伦理化向一

---

① Claudia von Collani, "Philippe Couplets Missionery Attitude Towards the Chinese in *Confucius Sinarum Philosophus*," Jerome Heyndrickx (ed.), *Philippe Couplet, S.J.* (*1623-1693*): *The Man Who Brought China to Europe*, Steyler Verlag, 1990, p. 54.

② 张岱年：《中国哲学大纲：中国哲学问题史》，"序论"第20页。

种抽象化、本体化方向发展。在朱熹那里，"太极"和"理"并不是一种物质性的东西，他说："自下推而上去，五行只是二气，二气又只是一理；自上推而下来，只是此一个理，万物分之以为体。万物之中又各具一理，所谓'乾道变化，各正性命'，然总又只是一理。"（《朱子语类》卷九四）

实际上朱熹的"理""太极"，类似于柏拉图的理念和黑格尔的"绝对理念"。但传教士们则把他理解成了德谟克利特或伊壁鸠鲁的学说。把孔子的思想解释成为一种自然理性，把新儒家判定为一种唯物主义学说，传教士的这两个基本点直接影响了17—18世纪的欧洲思想家，从而产生了完全意想不到的解释和结果。

柏应理的《中国哲学家孔子》书影

在《中国哲学家孔子》一书中，柏应理除这篇长篇序言以外，还写了三篇历史年表："第一表始纪元前二九五二年迄纪元初；第二表始纪元元年迄一六八三年；第三表三皇世系表，载二千四百五十七年间黄帝以下八十六帝王世系。"①

书中另有殷铎泽的《孔子传》和《大学》《中庸》《论语》的译文。据孟德卫研究，他们在翻译《中庸》《大学》《论语》时并没有忠于原文的含义，而是从基督教的角度做了重新说明。但首次全译《中庸》，殷铎泽功不可没，而他的《孔子传》亦是西方第一本关于孔子的专题研究。

孟德卫认为《中国哲学家孔子》是耶稣会士在中国适应的最高成就。这本书在欧洲产生了广泛的影响。柏应理在扉页上写的是"献给法王路易十四"，从而就得到了路易十四的支持。著名哲学家莱布尼茨也看到了这本书，并受到了它的影响。

柏应理等人的《中国哲学家孔子》一书1688年由Pierre Savouret出版了法文改编版，名为 *La morale de Confucius: philosophe de la Chine*。1691年，Randal Taylor在伦敦又出版了英译改写版 *The Morals of Confucius: A Chinese Philosopher*。在这个英译版中，孔子被描绘成自然理性的代表、传统文化的守护者。书中是这样介绍孔子的：

> 在孔子的祖父去世以后，孔子自己专心于Tcem-se（不知何人——引者注）理论，他是孔子时代一位很有声望的学者。在这样一位博学大师的指导下孔子对中国古代风俗习惯进行了系统的整理和研究，并取得了长足的进步。孔子为了获取这些知识耗尽了一生的精力。
>
> 有一天孔子同一个有权力的人谈话，这位贵族对中国的古书并不清楚，他对孔子说没有必要费时间去研究这些书。孔子说人们总是很草率地看待这些书籍，实际上一个人如果不认识这些书，就无法获得完善的知识。……孔子的批评很有效，那位贵族哑然无声……②

英译本中的这个介绍虽然错误不少，但孔子的形象还是生动的。孔子的思想也对英国产生了影响，下面我们还要专章论述。

柏应理等人的《中国哲学家孔子》出版几十年后，奥地利传教士白乃心

---

① 费赖之：《在华耶稣会士列传及书目》，第317页。
② Edmund Leites, "Confucianism in Eighteenth-Century England: Natural Moraltiy and Social Reform," *Philosophy East and West*, Vol.28, No.2, p. 144.

(Johann Grueber, 1623—1680)于1679年在佛罗伦萨出版了他的《中华帝国杂记》一书,书后附《孔子传》及《中庸》译文。这个《孔子传》以及《中庸》译文都采用了《中国哲学家孔子》一书中的内容。

基歇尔在他的《中国图说》中也简要介绍了孔子的思想,他说:

> 中国人中最古老和固有的一个部分是儒家知识分子,他们博览群书,受人崇敬,治理着这个国家。他们尊孔子为孔圣人,认为他是最重要的哲学家,正像埃及人对待图伊特那样。埃及的指着崇拜一个被称作赫梅夫特的神,同样,中国儒家不崇拜偶像,但正像孔子教导他们的,只尊崇称之为"天"也就是上帝的神。①

当时对中国宗教、哲学思想的介绍中引起最大争议的是李明的《中国近事报道》。这本书1696年在巴黎出版,深深地卷入礼仪之争之中。巴黎神学院花了整整两个月时间开了三十多次会议对李明这部书进行了审查,有160个神学家发表意见,在后来的投票表决中有114人赞成出版,有46人反对,一时间这本书成为耶稣会护教的代表著作。

在这部书中,他用了六页纸的篇幅介绍宋代儒学。他向欧洲介绍了三个人,即周敦颐、邵雍、朱熹。李明并没有采用新儒家的概念,而是说他们是一个"哲学学派"。

在介绍他们的哲学观点时,他认为宋代哲学家主张自然以外不存在任何东西,而"理"则是自然中最根本的原则。李明说,中国人把宇宙比喻成一个大的建筑,在这个建筑中,"理"处于顶端,也就是说,这个理作为基本原则联结和支撑着构成这个结构的所有部分,维持着自然的整体。

李明还专门介绍了朱熹的《太极解义》。我们知道,《太极解义》是朱熹的重要著作,是朱熹对周敦颐《太极图》及《太极图说》的解释。在这里,朱熹确定了"太极"的本体论基础,他说:"盖太极者,本然之妙也。动静者,所乘之机也。太极,形而上之道也;阴阳,形而下之器也。"这里朱熹说明了本体是太

---

① 阿塔纳修斯·基歇尔:《中国图说》,张西平、杨慧玲、孟宪谟译,大象出版社2010年版,第249页。

极，动静阴阳是理（太极）借以表现的外在过程。①

李明认为，朱熹过分强调了这个原则，太极在周敦颐那里虽然是一个不依赖于其他原则的原则，但朱熹扩展了这个含义，使太极成为第一原则。显然，李明并不明白宋明理学从周敦颐经张载到二程最后到朱熹的演化过程。值得注意的是，李明介绍理学时采取的是一种同情式的描述，并没有像龙华民那样对理学采取了批判的态度。

龙华民的《论中国宗教的若干问题》一书是来华耶稣会士向西方介绍中国哲学和宗教的重要代表著作之一。如果说利玛窦突出的是原儒，强调原儒与基督教的一致性，以阐明传教的必要，那么龙华民突出的是新儒家，强调新儒家中的"唯物主义成分"，以说明祭孔是不应该的。龙华民一书原文是葡萄牙文，后译为西班牙文，载于闵明我所撰的《中华帝国历史、政治、伦理与宗教论集》一书中，由西塞主教译为法文。龙华民对理学的介绍引起了德国哲学家莱布尼茨的极大注意。之后莱布尼茨及其弟子沃尔夫专门深入地研究了理学和西方哲学的关系，开创了中西比较哲学之先河。

继柏应理等人之后，对孔子和儒家的介绍一直是来华耶稣会士的主要工作之一，从他们的下列著作中就可以看出他们的这种不懈努力。

安文思：《中国新史》，对中国的介绍更为系统和全面，对从中国的名称、地理位置、历史、语言、风俗到中国的物质生活、矿产、航运、船舶及政治制度、国家结构等一一做了介绍；《孔子书注》，用汉文写的著作，以备新莅此国者之需。

殷铎泽：《孔子遗作全解》。

卫方济：《中国哲学》四开本，1711年在布拉格出版；《中国哲学简评》；《中国六部古典文献：大学、中庸、论语、孟子、孝经、小学》。

刘应：《孔子第六十五代孙Cam-san-mei传》；《中国〈四书〉之年代》；《中国七子赞》。

巴多明（Dominique Parrenin，1665—1741）：《自然法典》，此书是翻译孔子的诗篇（朱谦之先生认为此书是伪书）。

---

① 参阅陈来：《宋明理学》，辽宁教育出版社1991年版，第166—167页。

钱德明：《孔子传》；《孔传大事略志》；《孔门诸大弟子传》。

钱德明是在中国的最后一名耶稣会士。从利玛窦到钱德明，他们对孔子及儒家的研究日益加深。钱德明已经成为一个研究孔子的历史学家。

第二节 《易经》在西方的早期传播

《易经》本属儒家经典之一，欧阳修曾说："孔子生于周末，文王之志不见于后世，而易专为古筮用也，乃作象象，发明卦义……所以推原本主，而矫世失，然后文王之志大明，而易始列于六经矣。"（《欧阳修文集》卷十八）这说明从孔子起，《易》就是儒家的基本文献。由于《易》为五经之首，意义重大，传教士多次讲到它，故需专门加以研究。

门多萨在《中华大帝国史》中提到伏羲，但并未讲到《周易》，讲到占卜和各类迷信，但并未讲到以《周易》来占卜凶恶，预测未来。林金水先生认为，西方传教士中最早学习《易经》的，可能正是利玛窦。甚至当时的理学家邹元标专给其写信，谈学《易》一事：

> 门下二三兄弟，欲以天主学行中国，此其意良厚。仆尝窥其奥，与吾国圣人语不异。吾国圣人及诸儒发挥更详尽无余，门下肯信其无异乎？中微有不同者，则习尚之不同耳。门下取《易经》读之，乾即日统天，彼邦人未始不知天。不知门下以为然否？（《愿学集·答西国利玛窦》）

那么，最早向西方介绍《易经》的是谁呢？据目前读到的文献，笔者认为应是曾德昭。曾德昭在《大中国志》中介绍儒家思想及其经典著作时，讲到了《易经》：

> 这些书的第一部叫做《易经》，论述自然哲学，及事物的盛衰，也谈到命运，即从这样或那样的事情作出的预测，还有自然法则；用数字、图像、符号表示哲理，把这些用于德行和善政。①

---

① 曾德昭：《大中国志》，第59页。

有一点应该注意，即曾德昭最早注意到北宋的新儒家们对《易经》的研究，他说：新儒家正是通过对《易经》的解释，来恢复他们所谓的"道统"。

卫匡国也是较早介绍《易经》的人物。卫匡国对《易经》十分重视，在《中国上古史》中指出这是中国最古老的书，并且依据中国上古史的年表和事实提出，《易经》是中国第一部科学数学著作。他像后来的许多欧洲汉学家一样，被《易经》中的六十四卦的变化深深吸引。在他看来，周易与数学知识的高度一致，表明了他从一种一般的普遍性提升为一种更为抽象的普遍性。通过对《易经》的研究，他得出结论：中国古代的哲学家大都认为，"所有的事物都是从混沌开始的，精神的现象是从属于物质的东西的。《易经》就是这一过程的典型化"①。

卫匡国在易学西传中有两个重要贡献：

第一，他第一次向西方指出了伏羲是《易经》最早的作者。他说，伏羲作为最早使用易的人，并不像现在人那样把《易经》看成数学模式，而是把它视为星占学。关于《易经》的作者是谁，历代有不同说法。《汉书·艺文志》提出"人更三圣"说，认为伏羲氏通八卦，周文王演为六十四卦，并作卦辞和爻辞，而孔子则作传以解经。虽然近人对文王演易之事提出质疑，但"伏羲画卦"说还是被大多数学者接受的。卫匡国基本接受了中国的传统说法。对西方读者来说，确定《易经》的作者也是一件十分重要的事，卫匡国的价值恰在于此。

第二，他初步介绍了《易经》的基本内容。他向西方读者介绍说："阴"代表着隐蔽和不完全，"阳"代表着公开和完全，"阴"和"阳"两种符号相结合构成了八个"三重符号"（trigram），这八个由"阴"和"阳"构成的"三重符号"分别代表着天、地、雷、风、水、火、山、泽。这八个符号反复相变又产生六十四种"六线形"（hexagram），它们分别象征和预示着自然和社会的各种变化和发展。尤其值得注意的是，卫匡国在这本书中第一次向欧洲公布了六十四卦图，从而使西方人对《易经》有了直观的理解。这个图要比1687年柏应理等人在《中国哲学家孔子》一书中所发表的六十四卦图要早27年。有所不同的是，柏应理书中的六十四卦对每一卦都标出了卦名。

---

① Davide E. Mungello, *Curious Land: Jesuit Accommodation and the Origins of Sinology*, pp. 128-129.

在中国学者看来，卫匡国的用语似乎不太准确，但实际上，"阴爻"和"阳爻"的"爻"，八卦的"卦"及八卦的卦名"乾""坤""震""巽""坎""离""艮""兑"在当时西方语言中还找不到相应的词汇，西方人对《易经》真正的好的译本是在200多年以后由德国人卫礼贤所完成的。但卫匡国是第一个把八卦、六十四卦等《易经》基本内容及六十四卦图介绍到西方的人。在这一方面，他功不可没。

对《易经》研究最为深入的是白晋和他的索隐派（Figurism）。白晋是法国神父，是路易十四派往中国的六位神父之一。入华以后，他很快取得了康熙帝的信任，在宫中为康熙讲授几何学。白晋在宫中熟读中国典籍，这在当时的传教士中是少见的。

索隐派又被称为形象派，有的干脆称之为易经派。白晋是这一派的创始人，其基本倾向在于从中国古籍之中，尤其是在《易经》之中寻找《圣经》的遗迹，从中国传统文化中寻求基督教的遗迹。这一派的产生本身是礼仪之争的产物，白晋等人不同意反对利玛窦路线的观点。要想在中国生存下去，只能遵循中国祭祖祭孔这一习俗，尊重中国文化，但同时又不能违背基督教的教义，这是一个两难的选择。白晋采取了西方神学历史上早有的索隐派的做法，从中国文化本身寻求与基督教的共同点，将中国文化说成是基督教文化的派生物，这样就可化解这一矛盾。他一方面承认中国文化的合理性，从而使自己能在中国立足，能被清政府接受。因为他很清楚康熙帝的态度，一个完全否认中国文化、不承中国祭祖祭孔习俗合法性的外国传教士是根本无法在中国待下去的，更谈不上进入宫中。另一方面，他通过索隐考据的方法，将中国文化归因于基督教文化，从而弥合了自身理论上的冲突，也能取得教廷的支持和欧洲社会对在中国传教的支持。

白晋的这一主张得到了来华耶稣会士中部分传教士的赞成或同情，从而形成了一定的力量。赞成这一观点的有纪理安（Kilian Stumpf）、马若瑟（Joseph-Henri Marie de Prémare）、郭中传（Jean-Alexis de Gollet）、傅圣泽（Jean-François Foucquet）；同情这一观点的有樊西元（Jean-Joseph-Simon Bayard）、聂若望（João Duarte）、卫方济等。

白晋等人认为，中国文化是基督教文化的一支，是由诺亚的一个儿子闪的后代所创立的。这样一来，在中国远古文化中就有西方文化的遗痕，而《易经》则更多地表现出同《旧约》的许多沟通之处。①

白晋和傅圣泽最初读《易经》是应了康熙的要求。康熙曾十分关心白晋、傅圣泽研究《易经》的情况，在梵蒂冈图书馆中还留有康熙有关白晋读《易经》的圣谕。虽然只是只言片语，但却很反映问题。现抄录如下：

> 上谕，七月初五日上问白晋所译易经如何了……
>
> 奏稿，初六日奉旨问白晋，尔所学易经如何了……臣系外国愚儒，不通中国文化……臣白晋同付圣泽详加研究。
>
> 奏稿，有旨问白晋，你的易经如何。臣叩首谨奏：臣先所备易稿粗疏浅陋，冒渎皇上御鉴……
>
> 奏稿，臣白晋前进呈御鉴，易学总旨即易经之内意与天教大有相同……
>
> 旨，四月初九日，李玉传旨与张常注，据白晋说：江西有一个西洋人曾读过中国的书，可以帮我；尔等传与众西洋人着带信去将此人叫来。
>
> 奏稿，臣傅圣泽在江西叩聆圣旨命臣进京相助臣白晋同草易经稿。②

目前索隐派的大量文献和手稿仍藏在西方各个图书馆中，对于该派的详细理论我们尚不能深入介绍。但仅从下面藏于梵蒂冈图书馆的白晋关于《易经》的书目就可略知一二：

《读易记》

《易引易考》二卷

《太极略说》

《释先天未变始终之数由天尊地卑图而生》

《易学外篇原稿》十三节

《易学外篇》八节

《易学总说》

《易经总说集》

---

① 参阅Claudia von Collani, *P. Joachim Bouvet S.J.: Sein Leben und Sein Werk*, Steyler Verlag, 1985, S. 54-59。

② *Yu Dong, Catalogo Delle Opera Cinesi Missionarie Della Biblioteca Apostolica Vaticana(XVI-XVIII secolo)*, p. 11.

《易稿》（古传遗迹论）

《易钥》

《易钥自序》

《周易原羲内篇》

《周易旨探目录理数内外二篇》①

来华传教士在《易经》研究方面始终投入了很大的热情。这种热情表现在两个方面：一方面是对《易经》的翻译，一方面是介绍中国经典中对《易经》的研究。

直接着手翻译介绍《易经》有的法国传教士刘应，他被称为"昔日居留中国耶稣会士中之最完备的汉学家"②。他著有《易经说》，此文附在宋君荣的《书经》译文之后，发表于波蒂埃的《东方圣经》中。

法国传教士雷孝思（Jean-Baptiste Régis）于1834年和1839年先后在斯图加特出版了两卷本《易经》的拉丁文译本，书名为《〈易经〉：中国最古之书》（Y-King: Antiguissimus Sinarum Liber Quem Ex Latina Interpretation P. Regis Aliorumque Ex Soc. I，II）。实际上，这个译本是在耶稣会士冯秉正和汤尚贤（Pierre-Vincent de Tartre）翻译的基础上完成的。据方豪先生介绍，该书分三卷，第一卷以十一章讨论《易经》之作者、《易经》之价值及其内容、伏羲所创之卦与五经之价值。第二卷则为《易经》原文及注疏之翻译。第三卷为《易经》之批评。③丹麦汉学家伯格龙说，这本书除了译文以外，包括大量注释、考证和各种长篇论述，其中掺杂有引征其他拉丁经典作家的内容。该书讨论了《理性大全》，以及周敦颐的《太极图说》和《通书》、张载的《西铭》和《正蒙》、邵雍的《皇极经世》等。④此书的价值在于它是《易经》的第一个西文全译本。

---

① Yu Dong, Catalogo Delle Opera Cinesi Missionarie Della Biblioteca Apostolica Vaticana(XVI-XVIII secolo.)，p. 11.

② 费赖之：《在华耶稣会士列传及书目》，第455页。

③ 参阅方豪：《中西交通史》（下），第727—728页。

④ 参阅Kund Lundbaek, "The First European Translation of Chinese Historical and Philosophical Work,"Hongqi Li and Thomas H. C. Lee (ed.), China and Europe, Chinese University Press, 1991, pp. 40-41.

在雷孝思之后翻译《易经》的还有宋君荣。宋氏也属于来华传教士中的佼佼者。他在1752年8月10日致奥特拉耶的信中说：

> 余在此处所见《易经》译文，似有一主要部分未寄达欧洲，即孔子撰文王、周公两篇之注释。此注甚为重要；如巴黎有译文，余不知其出于何人手；如无译文，我有译本可以补其阙。[①]

翻译和研究中国古典文献是来华耶稣会士的重要任务。他们向欧洲介绍翻译了五经的内容，而《易经》为五经之首，成为他们翻译介绍的重点。这方面的作品较多，我们不一一加以介绍，仅列出以下书目，来说明耶稣会士在这方面的工作，同时也表明《易经》在西方流传的一般情况。

巴多明：《六经说》，法文本，共6卷。

马若瑟：《六书析义》，法文译本；《经书理解绪论》，手稿，二开写本，共98页，藏巴黎国家图书馆，法文编号12209号（书凡三篇，此手稿仅有一篇）；《中国经书古说遗迹选录》，拉丁本；《怎样应用（五经）和解决其中的问题》。

雷孝思：《诸经说》。

傅圣泽：《诸经研究绪说》。

以上传教士的著作大部分被收入杜赫德所编的《中华帝国全志》中。

以上只是介绍了《易经》在西方早期的传播。关于《易经》在西方传播的全部情况，林金水先生的论文《〈易经〉传入西方考略》已做了很好的研究。另外，以上仅从传播学的角度展开，关于《易经》在西方的接受史，我将在适当的地方另加研究。

第三节　道教及佛教的西传

根据拉赫的研究，最早向西方报道中国老子、庄子以及佛教、道教的是1590年在澳门出版的一本拉丁文著作，该书作者不详。它收录了进入内地的耶稣会传

---

① 转引自费赖之：《在华耶稣会士列传及书目》，第705页。

教士的一些报告，介绍了老子、庄子、佛教、道教的一些情况。这本书之后被收入 Principal Navigation 一书中。①

继金尼阁1615年把《利玛窦中国传教史》以自己的名义用拉丁文发表以后，曾德昭1643在罗马出版的《大中国志》是耶稣会来华以后又一部以西方语言介绍道教和佛教的著作。

他在书中说，中国有三个宗教派别，除了儒教以外，还有基于哲学家老子思想的道教和释迦牟尼追随者的佛教。但他实际上对道教并不太了解，最明显的表现是，他竟把道家的奠基人"老子"说成"道士"（Tausi，英文译本是"其教主是一个叫老子的哲人"②）。他实际上也未弄清道家和道教之别，而这两点是不能混淆的。曾德昭还介绍了道教的道士们的服饰和特点，说他们都留着长发和长须，修炼特点也不同于其他两派。他说：

> 他们把他们最终的幸福寄托在肉体上，以求得安宁、平静的生活而无辛劳、烦恼。
>
> 这一教派相信一位大神及别的小神都是肉身的。他们相信荣光和地狱；荣光不仅在来世，也在今世和肉体相结合。③

他认为道教的特点在于通过个人的修炼实现长生不老，并在修炼中使自己产生奇异的功能。

他还介绍了道教在中国社会中的角色，说他们擅长音乐，常常参加皇帝或官员们的祭典活动。他还有声有色地介绍了1622年北京大旱，道士搭台求雨不成反降冰雹的事，向西方展现了中国社会宗教生活的一些细节。

在说到佛教时，曾德昭说中国的佛教是从印度传过来的。他采用了和利玛窦相同的态度，沿用中国民间广为流行的传说，认为佛教是在东汉年间由汉帝感梦遣使去求法而进入中国的。他认为佛教是三教中唯一有偶像崇拜的宗教，对此他持一种批判态度。

在介绍佛教的信仰特点时，他说：

---

① 参阅 Donald F. Lach, *Asia in the Making of Europe*, I, p. 809。
② 曾德昭：《大中国志》，第105页。
③ 同上。

和尚的教派都指望在今世做忏悔，以求得来世的好报应。他们相信毕达哥拉斯的转世说，而且灵魂要堕入地狱。他们认为，地狱共有9层，在经历所有这些的地狱后，那些行善的人再转世为人，而另一些德行一般的人，则投胎为类似人的动物。但那些转生为禽鸟的情况最坏，没有希望在来世投生为人，而是立刻转为另一类生物，首先要经历另一生物之劫。①

相对于利玛窦对中国佛教的介绍，曾德昭更进了一步，这表现在以下几点：

其一，曾德昭对佛教的态度并不像利氏那样刻薄。他认为佛教在许多方面并不完全是可恶可耻的，相反它具有忍性，是温顺的和顺人的。

其二，他讲到了尼姑。他说："中国也有尼姑，生活方式相同，她们剃光头，但人数不很多，也没有道院。"②显然曾德昭这里有误，中国的尼姑是有道院的，但他毕竟提到了尼姑。

其三，在佛教修炼理论上介绍得更为详细。他甚至还提到了明代的三教合一运动，并在介绍这个运动的过程中对儒道释三派又做了进一步的概括。他说儒教的特点在于通过政府和家庭来控制人民；而道教与政府和家庭却没有关系，它关心的只是自己的身体和生命的长寿；佛教则否认身体而去追求灵魂。儒教提出了国家，道教提供了身体，佛教提供了灵魂，三教合一运动则试图把三者统一起来。

此外，他还介绍了中国的穆斯林、基督徒和犹太人，甚至还讲到了民间宗教白莲教。

基歇尔在《中国图说》中也介绍了中国的宗教情况。他坚持的是基督教一神论的观点，完全否认中国所谓的"自然宗教"，不同意利玛窦所说的中国古代有敬上帝之说。他认为，在中国最有影响的应是埃及和希腊的宗教，显然这表现了一种封闭的基督教宗教观。

他也讨论了中国的三种宗教，即儒教、佛教和道教。基歇尔并没有到过中国，只是对中国有着极大的兴趣。加之他本人又是卫匡国的老师，因而他和来华的耶稣会士保持着密切的联系。但他对中国的认识是很肤浅的，这一点在对中国

---

① 曾德昭：《大中国志》，第108—109页。

② 同上书，第108页。

宗教的论述上表现得十分明显。

他认为，中国的这三种宗教和埃及历史上的三种等级十分相似，即祭司和圣人—法律家—普通人。他说儒教是由类似埃及的祭司和圣人那样的人所构成的，道教则与埃及的普通人相类似，而佛教则和埃及的法律家相似。

《中国图说》的基本材料来源于《利玛窦中国传教史》和卫匡国的《中国上古史》以及卜弥格等传教士的文献，但在观点上，他对中国本土的道教和佛教更多地持批判态度。在讲到佛教时他说：

> ……它相信灵魂转世。这个教派包含了两个方面，既有内在的教旨，也有外在的教旨。外在的教旨教人们崇拜偶像，死后灵魂转世为动物是对生前罪恶的惩罚。它禁止吃任何活物，这是个荒谬的教派，甚至连它的僧侣也不遵守教规。①

他认为它们属于偶像崇拜。他说，中国佛教的所有错误，所有偶像崇拜都是从印度传到中国的。而佛教本身则受到了基督教的影响。他以西班牙在华传教士在北京见到"三怪兽"为例来说明这是基督教"三位一体"的证明。

显然，他对佛教的态度更多是受到利玛窦对佛教批判态度的影响。

基尔歇尔完全不知道教和道家之别，他在说到道教的是一般人的宗教时把老子的哲学也包括在其中，这显然是有误的。他在讲到道教时说：

> 它（道教）起源于和孔子同时代的一位哲学家。他们说这位哲学家在母亲的子宫中过了八年才出生到人世，因此他被称作"老哲学家"。这一教派的教旨是向有精神与肉体的人们许诺一个天堂。他们在道观中放置一些人的塑像，并且说这些人已到了天国。他们遵循一些特定的仪式和练习，通过坐姿、符表，甚至药物，使人们相信：他们在所崇拜的神的帮助下将获得长寿。这一派教士的特殊任务是用他们罪恶的祈祷来驱逐恶魔。他们用两种办法来达到目的，一种是用黑墨水在黄纸上画出可怕的魔鬼的形象，把这些魔鬼像贴在房屋的墙上，然后在屋内发出刺耳的叫喊声，以致他们自己似乎也

---

① 阿塔纳修斯·基歇尔：《中国国说》，第250页。

成了魔鬼。第二种办法是以符咒使干旱的天气降下雨来。①

无论是儒教还是道教、佛教，基歇尔都认为，"中国的宗教来源于埃及是毫无疑义的"②。

曾德昭和卫匡国的著作在欧洲发表以后，关于中国历史与《圣经》历史关系的问题引起了西方极大的震动。中国的历史纪年大大早于《圣经》的纪年，这对坚持《圣经》历史观的西方人来说，简直是不可思议的。曾德昭和卫匡国为此做了许多解释，由于篇幅问题，加上这一问题离本书主题太远，我们在这儿不再展开。

为了解决中国编年史、宗教史早于《圣经》的问题，西方早期有的汉学家把中国人说成是埃及的后代，这样便可以协调这个矛盾。基歇尔便是这样一种观点的代表人物之一，他认为中国是一个充满偶像崇拜的国度，偶像处处皆是，而这正表现出中国是埃及的真正追随者和真实的模仿者。为此，他提出三个理由支持自己的观点：第一，中国文字和埃及文字十分相似，都属于象形系列；第二，中国的宗教仪式和埃及相似，因而中国的宗教很可能源于埃及，因为来华的西班牙传教士告诉他，在中国的庙宇中有希腊的维纳斯神、命运女神等（这显然是误传）；第三，在一般习俗上，中国和埃及也十分近似。

柏应理在《中国哲学家孔子》一书的长篇序言中也讲到了佛教和道教。他说，中国在近三千年的历史中没有受到偶像崇拜和无神论的影响，从佛教进入中国开始，中国的情况发生了变化，至此，"中国才有了偶像崇拜和神像"③。他认为佛教是未受过教育的人的宗教。在谈到道教时他说：

> 中国还有另一个极为重要的宗教——道教。它在中国的历史比佛教更早，普通纯朴的中国人，甚至受过教育的人也都是它的信徒。道教充满迷信，它的信徒们宣讲人活在世可以长生不老的道理。④

---

① 阿塔纳修斯·基歇尔：《中国图说》，第251页。
② 同上书，第252页。
③ Claudia von Collani, "Philippe Couplet's Missionary Attitude Towards the Chinese in *Confucius Sinarum Philosophus*," p. 49.
④ Ibid.

在卫匡国之后，来华传教士中对道教和佛教最为关注的应是刘应。他是来华传教士中对中国文化有较深入研究的人："应天资高而用力勤，尚有余暇研究中国书籍文字，且造诣甚深。"① 他被称为"昔日居留中国耶稣会士中之最完备的汉学家"②。他还写了两本介绍佛教的书，即《婆罗门教简介》《论中国婆罗门教派》，写了一部四卷本的《中国哲学家之教史》。

刘应的这些著作国内至今未能有人系统研究，但法国研究中国基督教史的专家荣振华（Toseph Dehergre）向我们提供了一部分由刘应口授给他人的关于对中国佛教的评论，十分珍贵。现抄录如下：

> 我提到的第二个教派是中国婆罗门僧门的教派。他们自己就是这样称呼的，因为"婆罗门"是经过用汉文伪装之后的印度的Brachman（婆罗门）教徒。
>
> 我于其中提到的第三个教派是道士们的教派，因为该派起源于中国，一般自称为道士宗教。他们的伦理与伊壁鸠鲁派非常吻合。他们把一切都归咎于懒散，更确切地说是一种温和的冷漠，因为他们远没有和尚（佛教徒）们那样严格。他们似乎在灵魂也会死亡这一观点上与哲学家们相吻合。道士们由此而得出结论，认为大家只应该支持无声无息和无忧无虑地度过一生。为了实现这一目的，则必须摆脱俗世的喧哗，而这种喧哗始终伴有厌烦和乏味。但他们认为结婚的好处比坏处要多，婚姻并不与他们的誓愿相矛盾。道士们的极乐在于变成神仙，也就是长生不老的人。因为他们认为技巧可以弥补天生的不足。他们为此而制订了成百种不同的炼丹术秘诀以及多种饮食制度。这些人在这一方面特别吹嘘他们所说的运气术，主要在于使身体处于某种姿态并使其思想和视力集中于某一目标。他们的身体似乎与另外两个教派的人并没有多大迥异，除非是一些名称问题。他们也承认人世间产品的流动。由此而使这些人自立为第四教派，企图吞并其他教派，其座右铭是"三教归一"，这三派仅在表面上互相斗争。在身体方面，我自信他们是有道理的，因为其他三派同样也都同意"万物归一"的第一本源。这就是说，因为

---

① 费赖之：《在华耶稣会士列传及书目》，第453—454页。
② 同上书，第455页。

每种生灵的实质或内容都是最早物质的一部分，完全如同其形式或其实质也是这种最早的普遍实质或形式的组成部分一样。按照他们的原则来看，这种被视为是物质的实质或形式者，实际上与他本为同一物。在伦理方面，他们的教理在多方面肯定会遭反对。

……

中国共有三种道士。第一种不婚娶并仅仅从事炼丹术，他们认为使用仙丹就会长生不老。第二类也娶妻室。第三类是那些前往各家各户中进行祈祷的人。第一类是一批在欧洲非常多见的以蔷薇十字会之名而著称的宗教狂。第二类则与普通人没有任何区别。第三类都是一些最善于耍花招的人，他们在耍手腕方面可以与我们那些最内行的街头卖艺人相匹敌。[1]

刘应最后以小结的形式写道：

最后两个派别（佛教徒和道教徒）招引了大批其他人。这两种毒恶之源分成了无数恶臭的小溪，它们以一种甚至比大禹从前把中国从中解放出来的那种有害的洪水更大的水灾淹没了这一辽阔的帝国。它们除了淹没整个大地（我是说是肉体的腐化）之外再没有其他原则了。这两类令人生畏的祸患每天还在制造很多能够使偶像崇拜骗人信仰构成新错误的骗子。除此之外，还应增加一系列的术士、巫师和职业骗子。他们在这里是依靠民众的轻信而生活，这些人都有权创建附属于两个主要派别的新教派。你们由此可以得出结论，认为中国已陷入了恐怖的深渊，唯有耶稣—基督无限的恩惠才可以把他们从中挽救出来。一点智慧的火花便会使哲学家一派看到这一大堆荒谬的观点在民众中的混乱。哲学家派别徒劳地用其教理的全部诱人之处来对抗这种思潮以阻止发展。自命不凡的无神论没有相当强大的武器以破坏偶像崇拜，它自己也被牵涉进去了。由于上帝的正确判决，它也往往发展到崇拜所有的神，而它过去却以不崇拜任何神而感到自豪。[2]

从这些文字中，我们可以得出如下两点结论：

---

[1] 转引自安田朴、谢和耐等：《明清间入华耶稣会士和中西文化交流》，第151—153页。
[2] 同上书，第153页。

第一，刘应基本接受了利玛窦的合儒排佛、排道的方针，对佛、道两种宗教更多地采取批判态度。

第二，他也介绍了佛、道及三教合一等宗教教派，尤其是介绍了道教的一些基本情况，对道教的外丹术和内丹术都有所揭示。他对道教内丹的气功也有所介绍，这在当时都是很可贵的。之后的韩国英在这个方向上更有进展。

真正将老子的《道德经》译成西文寄往欧洲的应是比利时传教士卫方济和傅圣泽。在费赖之列出的卫方济著作表中，第十二本就是他所译的《道德经》："宋君荣神甫所译《唐书》注有云：'老子所撰《道德经》，卫方济神甫曾有译文，当时曾将译文寄送法国。'"①在费赖之所列的傅圣泽书目中，第四条是"《道德经译注》，附有拉丁文及法文译注"②。这两部译稿至今仍未公开发表，根据魏若望博士考证，傅圣泽在《〈道德经〉的十二篇文献》中仅转载和诠释了卫方济交给他的著作之第一部分。③

不过傅圣泽本人也对《道德经》投入了很大的热情。据魏若望博士考证，现在至少保存有两部傅圣泽关于《道德经》的著作：一本是他学习研究《道德经》的笔记，上面写满了汉文著作引文，以及他在阅读如《道德经》那样的汉文典籍时摘录的笔记；一本是现藏于大英博物馆的用拉丁文写成的《可以证明中国人从前就懂得化身的〈道德经〉文献》。

我们应该注意到，对《道德经》投入热情的人大部分属于索隐派。白晋在其《天主三论》中试图从《道德经》中寻找到证明基督教三位一体意义的预言。马若瑟则试图在《道德经》中证明有耶和华的存在，这更是达到走火入魔的程度。

傅圣泽则认为，在"上帝""天""道"三个汉文术语中，"道"是最能表达上帝概念的。"道字系指我们基督徒最高的神——造物主上帝。"④索隐派的解释在今天看似很肤浅，当年正是在这种思想支配下，他们把《道德经》传入了西

---

① 费赖之：《在华耶稣会士列传及书目》，第421—422页。
② 同上书，第559页。
③ 参阅John W. Witek, S.J., *Controversial Ideas in China and Europe*: *A Biography of Jean Francois Foucquet, S.J.* (1665-1741), Institutum Historicum S.I., 1982, pp. 214-221。另可参阅中译本魏若望：《耶稣会士傅圣泽神甫传：索隐派思想在中国及欧洲》，吴莉苇译，大象出版社2006年版。
④ 安田朴、谢和耐等：《明清间入华耶稣会士和中西文化交流》，第154页。

方,这正是"无心插柳柳成荫"。索隐派的思想方法类似于中国历史上的"西学中源说",这二者之间有很大的相似性。在接受一种文化的过程中,"误读"是正常的,但像索隐派这样的做法则反映了他们对异族文化的无奈和一种保守的文化心态。这是中西文化交流史上很有理论意义的一个问题,希望有同仁以后能就此专做一个研究。

韩国英和钱德明是来华耶稣会士中最后两名对道教进行专门研究的人。

韩国英的贡献在于他对道教内丹术的介绍。由于他本身体质较弱,因而对道教的气功十分感兴趣,他写的《说"功夫"》,发表于《中国杂纂》第四卷第441—452页,文后附图5幅。这是中国气功图第一次传入西方。近人在对韩国英的研究中认为,他所发表的5幅图代表了20种体态和呼吸方式。他们甚至认为,西方体操、催眠术的发明都与韩国英所介绍的道教"功夫"有一定的关联。他们在评价道教的内丹术时说:

> 最大的艺术在于与被催眠者的灵魂建立联系。如果可以这样的话,那么也可以认为是使灵魂神化。道士们声称,当功夫师让那些练习催眠术者面对面排成队列时,道士于是便念念有词地观察接受催眠术者的鼻根。这种做法可以使如潮水般的思想停止,使灵魂处于最深沉的安静之中,并为达到精神错乱的状态作准备,而这种状态正是与思想沟通的先兆和表现形式。①

气功和催眠术在历史实践和理论上有什么关系,笔者未研究。但气功传入西方并产生影响,这是无可怀疑的。

钱德明是最后一名耶稣会士。他对道教的印象并不很好。他说:"这曾是一个很出色的教派,可与儒生们的教派相比美。但该派今天已名誉扫地,最终受到了所有高雅之士的鄙视。因为自数世纪以来,该派的信徒中仅包括中华民族中最为卑劣之徒。"②他把道看成一种神秘学、一种巫术的理论和一种招魂术。

---

① 安田朴、谢和耐等:《明清间入华耶稣会士和中西文化交流》,第157页。
② 同上书,第188页。

第十四章　中国哲学对法国文化的影响

以上几章我们论述了中国典籍和思想传入欧洲的情况，其重点是传播史，即传播的内容、过程、人物。现在我们进而看一下中国哲学典籍和思想在欧洲传播后所产生的影响，这实际上是一个文化接受史，即西欧思想文化界对中国文化的认同或批评的历史。

在中西文化交流史的研究中，传播史和接受史是两个相互联结而又区别的不同方面。只有弄清传播史，才能摸清文化交流基本脉络。但仅仅停留于此也是不够的，因为文化交流，尤其是哲学思想的交流，也是同交流双方国家的思想史联系在一起的。接受史实际是从思想史的角度来看文化交流，从而把文化交流史从一般性的历史描述深入到思想史的对比研究和哲学的比较研究中。当然，若不以传播史为基础，这种接受史的研究也无从谈起，没有历史便没有思想，历史是思想的摇篮。在这个意义上，离开文化交流史、哲学交流史去搞所谓的比较文化研究和比较哲学研究，只具有纯粹抽象的意义，而不具有任何实际思想史的意义。因为两种文化、两种哲学的相互接受的实际历史过程与书面意义上的、纯理论的哲学比较相比，几乎是完全不同的。这一点，在以下我们关于欧洲几国对中国哲学接受的具体分析中便可以看出。

文化接受史研究的根本原则是历史性，即必须把这种接受的过程放回到具体的历史空间之中，从接受国本身的思想变迁来看这个接受过程，这样，这种对文化接受史的研究实际已属于该国精神文化史研究的一部分。理解这一点是十分重要的，例如西方汉学，它虽然是西方各国对中国文化的研究，但就其实质而言，决不能简单说它是中国文化的域外部分。尤其是西方早期汉学史，它实际上应属于西方学术史、文化史和思想史。

就启蒙时期的法国来说，在对中国文化的接受和理解上分为"颂华派"（Sinophiles）和"贬华派"（Sinophobes）。前者以伏尔泰为代表，后者以孟德斯鸠为代表，下面我们将他们的观点展开具体分析。对伏尔泰和孟德斯鸠这两个最主要代表人物对中国解释的分析，不仅可以说明当时中国和欧洲在启蒙时期双方关系的问题所在，也可以从更一般的意义上看到不同文化间这种文化相互解释的问题，以及说明这种文化间相互解释的哲学原则的作用。①

第一节 18世纪法国的"中国热"

在介绍中国哲学在法国的影响以前，我们需要简要介绍一下当时法国乃至整个欧洲文化思想的一般情况，了解一下当时的"中国热"及思想政治变化的社会背景，这将为读者具体了解中国哲学在法国的接受过程打下基础。

1600—1789年是欧洲资本主义工业革命的准备时期。虽然整个欧洲大陆在政治结构上仍处于封建制度之下，但此时封建的专制制度已经无法阻挡经济本身发展的步伐，资本主义性质的手工工场在欧洲各国有不同程度的发展。

社会的经济生活的变动必然引起政治与思想上的变化。就政治上来说，社会政治制度的变革成为中心的话题，对政教合一体制的批判成为主要内容。当时的法国在社会改革方面形成了两个派别：一派是自由主义者，赞成英国式的君王立宪制；另一派是新君主主义者，也反对贵族和教会的特权，但对议会和民主不太信任，希望出现一个开明的国君。

这样，新君主主义者在寻找自己改革的理论根据时就找到了中国，中国成了他们的范例和根据。他们的理由很简单："在远东有一个与罗马同样古老的帝国，

---

① 参阅 W. Watson, "Interpretation of China in Enlightenment: Montesquieu and Voltaire," *Actes du IIe colloque international de Sinologie*, IV, Les Belles-Lettres, 1980, p.17。

现在依然存在，人口和整个欧洲一样多，没有世袭贵族及教会特权，由天赐的皇权通过官僚机构来统治。"①尤其是中国的教育制度和官吏选拔制度，备受当时欧洲许多人的欣赏，因为官吏没有世袭的特权，官吏的主要成员是通过考试从下层选拔出来的优秀读书人。这对于官位世袭、贵族拥有极大特权的欧洲来说，完全是另一种局面。

很自然，中国的政治制度成为理想的制度，正像波维尔在1769年所说的："只要中华帝国的法律成为各国的法律，中国就可以为世界可能变成什么样子提供一幅迷人的景象。到北京去！瞻仰世上最伟大的人，他是上天真正完美的形象。"②

就思想来说，自我意识的觉醒，理性的觉醒，成为时代的主要特征。正像黑格尔在描述西欧近代哲学的特点时所说的：

> 在这以前，精神的发展一直走着躇步，进而复退，迂回曲折，到这时才宛如穿上七里神靴，大步迈进。人获得了自信，信任自己的那种作为思维的思维，信任自己的感觉，信任自身以外的感性自然和自身以内的感性本性；人在技术中、自然中发现了从事发明的兴趣和乐趣。理智在现世的事物中发芽滋长；人意识到了自己的意志和成就，在自己栖身的地上、自己从事的行业中得到了乐趣，因为其中有道理、有意义。③

崇尚理性必然引起对宗教的怀疑和动摇。自然神论或者说"自然宗教"成为一种时尚，正像斯宾诺莎的上帝那样，神已化解在自然万物之中，"道成肉身"的基督那种人格神被淡化了。

而恰于此时，由耶稣会士从遥远的东方所介绍来的孔子和儒家学说的自然神论表明在孔子的学说中充满了一种理性的精神，准确地说是孔子及儒家学说具有一种世俗理性特点。其充满理性精神和道德实践精神而独没有基督教式的宗教形式和仪式的这个特点深深打动了欧洲的思想界。

正像在政治上把中国的文官制同欧洲的贵族世袭制相对立一样，在思想上他们也把孔子及儒家的自然理性同基督教的宗教信仰相对立。正因此，当时欧洲发

---

① 赫德逊：《欧洲与中国》，第292页。
② 同上书，第292—293页。
③ 黑格尔：《哲学史讲演录》（第四卷），贺麟、王太庆译，商务印书馆1978年版，第4页。

表了有关孔子和中国哲学的多部著作,这说明了当时欧洲对儒学的热情。伏尔泰歌颂孔子,魁奈歌颂孔子,"孔子学说成为时髦的东西,引起了欧洲一般知识界人士对于孔子著书的兴趣,大大耸动了人心"[1]。

来华耶稣会处于一种奇妙的境地。他们介绍给欧洲的中国思想,本为加强宗教的力量,推动在中国的传教事业,结果事与愿违:

> 在十八世纪,法国知识界很熟悉中国社会制度的大概;甚至有人说法国对中国的了解超过了欧洲本身某些地区的了解。传教会则是信息的主要渠道。……他们获得任何单纯的旅行者或商人所不可能得到的中国及其文化的知识。他们把所有这些知识写成书籍传播给欧洲公众,这些书籍被人们广泛阅读。[2]

这种思想上、政治上对中国文化的认同,逐渐形成了法国的"中国热"。首先是社会风尚、学术上的变化,这种变化或许是纯形式上的,但却为思想上的变化提供了一种社会氛围。所以,我们也应了解18世纪的欧洲"中国热",这样才能深入理解思想家们为何在思想理论上选择了以中国文化为武器。在当时的欧洲文化中心的是法国,对中国的崇拜成为一个新的时尚。

这种"中国热"向欧洲各国扩散,"十八世纪第一个新年法国宫廷采用中国人节日庆祝形式一事,具有某种象征的意义。罗柯柯(Rococo)(即罗可可,下同——引者注)快来临了"[3]。

罗可可作为一种艺术风格,显然受到中国工艺美术的影响,它们的纤巧与繁复,卷涡、水草般的曲线,淡淡而没有强烈对比的色彩,都大大开拓了欧洲人的视觉。"罗柯柯时代对于中国的概念,主要不是通过文字而来的。以淡色的瓷器,色彩飘逸的闪光丝绸的美化的表现形式,在温文尔雅的十八世纪欧洲社会之前,揭露了一个他们乐观地早已在梦寐以求的幸福生活的前景。"[4]

罗可可风格在建筑上的特点是:"它的设计以复杂和繁富为最佳,但仍保留

---

[1] 朱谦之:《中国哲学对欧洲的影响》,第196页。
[2] 赫德逊:《欧洲与中国》,第287页。
[3] 利奇温:《十八世纪中国与欧洲文化的接触》,第19页。
[4] 同上书,第20—21页。

有一种巧妙的统一平衡，它最喜欢用中国的自由曲线，用浓郁装饰起来的曲线运动突破直线，或者是用中国方格那样不规则的韵律的直线构图。"① 罗可可的风格不仅成为一种艺术的追求，也成为社会生活的时尚。

市中心有许多以中国命名的社交场所。"有一家'中国咖啡室'，有两位穿中国衣服的女服务员，另有一个真正的中国仆人，招待接送顾客。"② 有中国服装的化装舞会，有中国舞场，有中国娱乐剧院，还有各种以中国题材为内容的笑剧、闹剧，例如《中国人》《小丑》《水狗、医士与塔》《中国公主》等。

罗可可是法国"中国热"的一个象征，正如利奇温所说：

> 提起罗柯柯，在我们的心目中，构成为一个幽美动人的可笑的世界；恍如听见诗歌剧中的旋律，而且杂以丝袍绰缛的声音，又如嗅到扑了香粉的头发所透出的香气，又如观看辉煌的交际场，规矩的而又活泼的人物，步伐配合着莫扎特音乐的节拍；华贵客厅中的壁镜及漆橱，互相辉映，令人目眩。这一个充满丝瓷的世界的难以描摹的丰富多彩，使人神往心醉。我们明白地感觉到，一种独特的生活的观感在所有这一切中，获得了它的独特的表现形式……③

18世纪的法国是启蒙的时代，理性是他们的旗帜，正如卡西尔所说："当18世纪想用一个词来表述这种力量的特征时，就称之为'理性'。'理性'成了18世纪的汇聚点和中心，它表达了该世纪所追求并为之奋斗的一切，表达了该世纪所取得的一切成就。"④ "怀疑"则是他们手中的武器，从笛卡儿开始的法国思想革命，把怀疑一切作为思想的武器。

以理性来抗拒宗教的愚昧，以怀疑来化解皇权的神圣——在这种新旧时代与文化交替的时刻，法国的思想家们需要新的理解、新的视野、新的历史、新的事实来证明自己的理性，来完善自己的理想。

---

① 赫德逊：《欧洲与中国》，第256—257页。
② 利奇温：《十八世纪中国与欧洲文化的接触》，第57—58页。
③ 同上书，第66页。
④ E.卡西勒：《启蒙哲学》，顾伟铭等译，山东人民出版社1988年版，第3—4页。

在这种"旧文化废而新文化兴"的转型期，法国人确实感到一种莫大的精神焦虑。正当他们从旧的神人关系向新的人人关系过渡，而急切需要寻找新的心理平衡时，中国文化恰被传教士们介绍了过来，这就为法国接受远东这种古老的文化创造了契机。[1]

中国哲学和文化正是在这种背景下被传教士介绍到了法国。在认识和理解法国启蒙思想家眼中的中国哲学时，我们也必须首先要弄清这一点。按照当代解释学的观点，对解释者自身情况的研究正是伽达默尔解释学区别于施莱马赫解释学的关键之处。解释学的方法对于我们理解中西哲学交流史的研究是十分重要的，只有借助于这个方法我们才能理解两种文化视野融合后所产生的一切。

第二节 培尔与中国

培尔是法国启蒙运动的直接先驱，笛卡儿哲学思想的重要继承者。众所周知，笛卡儿是西方近代哲学的始祖。"我思故我在"这一命题表明了"必须抛开一切假设，思想应当从它自己开始；以往的一切哲学理论，特别是从教会权威出发的理论，都被他抛开了"[2]。黑格尔说，笛卡儿哲学的第一原则是必须怀疑一切。培尔正是坚持了笛卡儿哲学的这一原则，以怀疑论为武器，对基督教思想展开了激烈的批评。培尔生活于17和18世纪之交，是一个承前启后式的人物。

他出身于法国南部弗克森省利拉城的一个牧师家庭，就学于柏克昂的新教学院。1669年，他到图卢兹学习哲学，并在那里皈依了天主教，但第二年又重新信仰新教。学习结束以后，他在法国的色当担任新教学院哲学教授。后因路易十四迫害新教，他只好侨居荷兰，在鹿特丹大学讲授哲学和哲学史。

他的代表性著作是《历史批判辞典》。这是一本有关历史和《圣经》人物的辞书，但培尔的着力处在于纠正前人的错误，于是这本书实际成了他与天主教论战的工具，直接对中世纪的神哲学思想提出了挑战。所以，这本书1697年出版以后，风行法国和欧洲，一时洛阳纸贵，到1760年竟再版了10次之多。它对18世纪

---

[1] 罗芃、冯棠、冯孟华：《法国文化史》，第453页。
[2] 黑格尔：《哲学史讲演录》（第四卷），第66页。

的法国思想产生了深远的影响。

培尔的哲学在法国思想史上的贡献主要在于以怀疑论批判宗教，倡导无神论思想。当时，天主教的教义成为不可动摇、不可怀疑的信条。培尔却反其道而行之，主张怀疑论。他说："怀疑论对于那门神圣的学问是危险的，可是对于自然科学和国家似乎并不如此。"[1] 他认为，在思想上持怀疑论态度并不是在实际生活中拒绝遵守国家的法则，并不是不坚持道德原则，所以，所有的哲学实际上都是像古希腊时的学院派和皮罗派一样，支持怀疑主义。谁害怕怀疑主义呢？只有宗教才对皮罗主义有所畏惧。宗教是应当以确实性为基础的。只要人们对它的真理失去坚定的信心，它的目的、效果、用途就都没有了。

正是在这样的思想背景下，培尔开始逐渐对中国哲学感兴趣。培尔从中国文化中汲取思想：一是无神论思想，一是宽容精神。

培尔一开始并未对中国问题特别关注，他对中国的知识主要是从塔查尔神父和拉鲁贝尔的游记中获得的。在《历史批判辞典》一书中的"Spinoza"条目下，他写道：

> 古代的中国人承认万物之灵中，以天为最灵，天能支配自然，即自然界中其他之灵非顺天不可。然诸灵亦有相当之力，能以自力活动，形成和他灵不同的自相。此无数的小小非创造物为大哲学家德谟克利特、伊壁鸠鲁所认为真理者，在东方这种思想却极其普遍发达。[2]

在"Sommona-Codon"的词条下，他写道：

> 儒学尊重古说，认苍天之灵，而其他万物之灵，均为缺乏智力之一种动的物质，而将人类行动之唯一判断者归于盲目的运命，运命有如全智全能的法官，天网恢恢，福祸自召，而其结果自然合于天理天则。由此可见儒者毕竟和伊壁鸠鲁的思想不同，伊壁鸠鲁否认摄理，肯定神的存在，儒者则肯定一种摄理，而否定神的存在。[3]

---

[1] 转引自北京大学哲学系外国哲学史教研室编译：《西方哲学原著选读》（下卷），商务印书馆1982年版，第3页。

[2] 朱谦之：《中国哲学对欧洲的影响》，第212页。

[3] 同上书，第212—213页。

培尔对中国无神论思想的肯定是同他对宗教怀疑的态度连在一起的。在《历史批判辞典》中，他对《圣经》进行了批评。在培尔眼中，《圣经》不再是一种天条，他"以一种直率和生动的文笔，把《圣经》贬成了轻佻轶事的汇集"①。而中国的思想材料有力地支持了培尔的这个观点。

宗教宽容精神是培尔思想的另一个重要特点。有的学者认为，这一思想在其整个理论中占据着核心地位，甚至可以说，培尔所有的理论都是围绕这一中心思想展开的。在当时天主教一统天下、对其他教派残酷迫害的情况下，培尔能提出这个思想是很了不起的。从历史角度看，它具有极大的进步意义。正因为如此，他对耶稣会士所提供的有关中国对待各种宗教的宽容的材料十分感兴趣。

当时不仅是在中国，在暹罗也一样，国王都是热情地欢迎法国国王派人来到当地传教，东方的这种宽容态度与西方基督教的那种宗教仇视形成鲜明的对比。培尔在他反对路易十四废除南特敕令的著作中提出了一个重要的原则，即必须承认新教教徒的信仰自由和良心自由。在他看来，这种对宗教信仰自由的要求并不是为了一个什么特殊的信仰，而是为建立一个普通的纯粹哲学的原则，一个对任何信仰都有效的原则。这个原则就是宗教宽容，反对强暴，任何出于宗教目的而进行的暴力都是不对的。正是这个意义上，"对培尔来说，这确实是整个事件中最有说服力的一句话：中国人给我们上了一堂'宽容'课"②。从反对基督教的宗教迫害出发，培尔对中国和东方国家所表现出的宽容精神给予了肯定。

培尔从中国所汲取的这种宽容精神，深深地影响了他以后的启蒙思想家，在这个意义上来说，培尔的"《历史批判辞典》成了整个启蒙哲学的真正武库"③。

培尔真正开始对中国的深入研究和关注是在礼仪之争爆发以后。在1695—1697年前后，培尔几乎只知道《暹罗游记》（*Du Royaume de Siam*，1691）。同时，他通过柏应理的《中国哲学家孔子》一书的序言对中国的宗教略知一二。

不久，两派传教士的争论很快吸引了他。他在1692年的一封信中说，他读《入华耶稣会士们的实用伦理学》的第六卷时，觉得这一卷"比前两卷更为引人注目，

---

① 钟宇人、余丽嫦编：《西方著名哲学家评传》（第四卷），山东人民出版社1984年版，第274—275页。
② 艾田蒲：《中国之欧洲》（上），第315页。
③ E.卡西勒：《启蒙哲学》，第162页。

因为它论述了中国对孔夫子的崇拜礼仪以及多明我会士向耶稣会士挑起的争论，以他们的敏锐精神明智态度而主张和坚持认为这种礼仪绝不是宗教，而是非宗教性的，大家可以以某些方式参与这种仪式而又不会导致偶像崇拜"①。

培尔对礼仪之争的关注并不是只取有利于自己的材料，而是认真阅读争论双方的材料，从中鉴别材料的真伪和可靠性。他说："与耶稣会士结怨甚深的传教士们对他们是毫不宽容的，既然对耶稣会士们所说的有关中国的一件事没有提出异议，那它肯定是事实。"②

中国哲学思想对培尔的影响表现在两个方面，一是无神论，一是伦理学。

礼仪之争爆发时，他正面临着他的《论有关彗星的不同思想》一书所引起的争论，因他在这本书中试图证明无神论要胜过偶像崇拜。这自然引起了宗教方面的反对。

培尔此时思想的中心就是：由无神论者所构成的社会可能吗？它能存在吗？中国的存在支持了培尔这一观点："最有说服力的例证就是中国的例证，这一例证所以令人信服，是由于中国是一个非常古老的民族，实施最纯洁的伦理。中国的无神论没有阻止中华民族的形成和生存，这种无神论似乎帮助它维持生存和繁荣昌盛。"③中国不是一个小国，而是一个大国，她有悠久的历史；无神论思想不是被少数人所决定的，而是中国的文人和哲人都同意的，这些人不是一小批人，而是处于支配地位的派别。如果中国的事实成立，无疑就动摇了天主教的理论。培尔用中国之大火烧掉了天主教的权威。

培尔从中国哲学中汲取的还有伦理学思想。在基督教的理论中，伦理学是受神哲学支配的，人们的伦理道德是在天主教的范围内得以确立的。根据基督教的"原罪说"，人是天生有罪的，人类祖先的"原罪"使人一生下来就有罪，唯有在上帝面前不断忏悔，记住上帝的教诲，人类才能过上善良、道德的生活。这样就产生了问题：离开基督教，人们能否保持好的伦理道德？伦理与宗教是否像基督教神学所说的那样是不可分的？

---

① 转引自维吉尔·毕诺：《中国文化对十八世纪法国哲学家的影响》，耿昇译，《国际汉学》编委会编：《国际汉学》（第一期），商务印书馆1995年版，第141页。
② 转引自艾田蒲：《中国之欧洲》（上），第313页。
③ 维吉尔·毕诺：《中国文化对十八世纪法国哲学家的影响》，第143页。

培尔对此提出了批判。他认为,从西方历史上来看,一些无神论者和伊壁鸠鲁主义者在道德行为上胜过大多数偶像者。从现实生活来看,人们所以遵循一定的道德规范,并不是因为对上帝的畏惧和爱慕构成了人们行动的唯一动力,"还有一些别的原动力促使人们行动。对赞美的爱慕,对恶名的畏惧,多种气质上的倾向,官府规定的赏和罚,都对人心有很大影响"[1]。正因为如此,一些不信天主的人,或信其他异教的人也做好事,反而倒有那么多的人深信宗教的真理,却还是无恶不作。

培尔的这个思想在中国哲学和文化中得到了印证,或者说中国文化所提供的例证更加使其坚信这一观点。

培尔认为,伦理与宗教相分是完全可能的,其根据就是中国。他提出了三个理由:

第一,一位耶稣会士证明,中国人的纯实际的道德行为,即"习惯",对风俗的影响力往往胜于最为严厉的道德。

第二,道德丝毫不从属于宗教,更不仅仅从属于基督教。孔夫子留下了不少优秀的道德训诫,可他是个无神论者。

第三,康熙皇帝是个英明的君主。"有这么一位皇帝,他坚信基督教是虚假的,与他和他的居民所信仰的宗教是截然不同的,不过,他并不让传教士们受苦,而是十分仁慈地对待他们。"[2]

从这里可以看到,培尔对中国文化中的伦理特点把握还是可以的。中国文化一大特点是以伦理代宗教,伦理学发达,宗教观念淡薄,没有严格的宗教信仰,这正印证了培尔的宗教与伦理可以相分的观点。

培尔对中国的研究,扩展了他的视野,使他认识到无神论与伦理之间没有事实上的矛盾。他以中国在无基督教信仰下的高尚伦理生活来说明,人们完全可以脱离基督教而过一种完善的伦理的生活,人的崇高与卑下并不是由上帝决定的。

---

[1] 转引自北京大学哲学系外国哲学史教研室编译:《西方哲学原著选读》(下卷),第10页。
[2] 转引自艾田蒲:《中国之欧洲》(上),第314页。

第三节　马勒伯朗士与中国

马勒伯朗士（Nicolas Malebranche，1638—1715），天主教教士，神学家，笛卡儿主义的主要哲学家。他1638年生于巴黎，是国王路易十三秘书的幼子。他曾在拉·玛什学院和索邦神学院学习哲学和神学，1660年毕业，1664年被任命为教士。他1715年死于巴黎，享年77岁。他的主要代表著作有：《真理的探索》（三卷本，1647—1678）、《论自然和恩赐》（1680）、《论道德》（1684）、《关于宗教和形而上学的探讨》（1688）、《论对上帝的爱》（1697）、《一个基督教哲学家与一个中国哲学家的对话——论上帝的存在与本性》（1708）等。

一、马勒伯朗士的哲学

他是在偶然读到笛卡儿的《论人》以后，才决心转向对物理学、数学和笛卡儿哲学的系统研究的。他和培尔一样，都是在笛卡儿哲学的基础上开始自己的哲学运思的。因此，要摸清马勒伯朗士的哲学思路，不能不再讲一下他的思想导师笛卡儿。

笛卡儿在《方法论》中说："当我要把一切事物都想成是虚假的时候，这个进行思维的'我'必然非是某种东西不可；我认识到'我思故我在'这条真理十分牢靠、十分确实……"①

正像罗素所说的："近代哲学对问题的提法有极多是从笛卡儿接受过来的，只是不接受他的解答罢了。"②

当笛卡儿提出"我思故我在"时，西方哲学发生了一个重要的转向，旧有的存在的问题被置于了第二位，而主体及思维的问题凸现了出来，这就是学者们所说的"认识论转向"。"笛卡儿以后的哲学家大多都注重认识论，其所以如此，主要由于笛卡儿。"③

但笛卡儿在宇宙观上是个二元论者，他说："我只承认两类事物，即：一类是思维的东西，另一类是与广延相联系的东西。"这样，精神的实体以其思维为

---

① 转引自罗素：《西方哲学史》（下卷），马元德译，商务印书馆1976年版，第87页。
② 同上。
③ 同上。

唯一的本质属性，结果就是世界被二元化了。"思想是没有广延、不占空间的，广延的东西则不能思想，它们彼此是完全独立，不能互相产生，也不能互相作用的。"① 正如罗素所说："笛卡儿体系提出来精神界和物质界两个平等而彼此独立的世界，研究其中之一能够不牵涉另一个。"②

当然，笛卡儿并非无奈地看着他演绎出的两个实体对峙，他还是想把它们统一起来，于是他想到了神。

科学的启蒙与经院哲学的桎梏构成了笛卡儿思想的两个来源。想要迈出经院哲学大门，笛卡儿不能不受到中世纪教父哲学的影响。

笛卡儿认为："在真实的天赋观念中，第一个主要的观念就是上帝的观念。因为事实上我以许多种方式认识到，这个观念不是什么虚构出来或捏造出来的东西，仅仅依赖我的思想，而是一个真实不变的本性的映像。"③ 笛卡儿不但不否认神，他还要借助神之手，完成两个世界的统一。正像黑格尔在分析笛卡儿的哲学思路时所说的：

> （甲）从自身的确定性进到真理性，在思维的概念中认识存在。在"我思维"的那个思维中，我是个人；思维作为一种主观的东西浮现出来，在思维这一概念本身中并未显示出存在，进而并达到的是一般的二者分离。（乙）存在这一否定面也同样在自我意识面前浮现出来，这个与肯定的"我"结合一起否定面，被设定在自在地结合在一个第三者神里面。在神里面思维与存在是统一的。④

神成了一个"绝对的纽带"，绝对的认识和被绝对认识所揭示的实在性之间产生了联系。这点正是笛卡儿和马勒伯朗士之间的联系，我们在这里讲清笛卡儿的这个思路是十分重要的。如黑格尔所说：

> 有一个马勒伯朗士，如果可以的话，我们也把他称为笛卡儿主义者……

---

① 陈修斋主编：《欧洲哲学史上的经验主义和理性主义》，人民出版社1986年版，第73页。
② 罗素：《西方哲学史》（下卷），第91页。
③ 笛卡儿：《形而上学的沉思》，北京大学哲学系外国哲学史教研室编译：《十六—十八世纪西欧各国哲学》，生活·读书·新知三联书店1958年版，第141—142页。
④ 黑格尔：《哲学史讲演录》（第四卷），第83页。

我们将会看到，他在他的 Recherche ode la vérité（《真理的探索》）中，更加确定地表明了神的这个第一种属性是清楚明白的主观思维与客观性之间的纽带，讲得更加紧凑集中。①

顺便说一句，希伯来思想与希腊思想的结合使西方思想史进入了宗教哲学或哲学的宗教阶段，它的伟大成果就是中世纪的经院哲学，但这个伟大的"神"也给哲学思辨带来了不少困难和困惑。从近代以来，自笛卡儿始，经斯宾诺莎、康德、谢林，到黑格尔，所有这些智慧的头脑都在为如何安置这个"神"而绞尽脑汁。我们今天在进行西方哲学史研究时，对哲学理性的进程如何摆脱"神性"的纠缠这一问题的研究不够。一部西方近代哲学史似乎成了理性自身演进的历史，宗教、神的重要背景被忽略了。在笛卡儿这里，在马勒伯朗士那里，我们将看到当时的哲学家要想摆脱上帝是多么困难。

现在我们回到马勒伯朗士的哲学上来。

马勒伯朗士是跟随着笛卡儿的思想进入哲学领域的。一开始，他是一个笛卡儿主义者，这在他的第一部著作《真理的探索》中表现得十分清楚。他承认物质实体的存在，认为"除非是疯了，才会怀疑物体的存在"②。这里，他认为有两个实体存在，即特质的实体和精神的实体。

马勒伯朗士和笛卡儿一样强调思维的作用，认为"灵魂不能从外界的事物得到它的各种表象和概念"，"形体是不可入的"。③那么，思维怎样才能同有广延的东西结合到一起呢？他发挥了笛卡儿"神"这个枢纽性的概念。他说："我们在神中看一切事物。"④

这样，神成了人与事物之间的联系，神就是事物与思维的统一。"神对一切具有观念，因为他创造了一切。神通过他的全在与众多的精神极其紧密地结合在一起。所以神是众多精神的所在地。"⑤

如果说在笛卡儿那里神的出场是一种无奈，是在两个世界都已生成的情况下

---

① 黑格尔：《哲学史讲演录》（第四卷），第83页。
② 转引自钟宇人、余丽嫦编：《西方著名哲学家评传》（第四卷），第231页。
③ 黑格尔：《哲学史讲演录》（第四卷），第133页。
④ 同上。
⑤ 同上。

为沟通它们而搭起的一座桥,那么在马勒伯朗士这里,神具有普遍性、根本性,它不是事后才出场的,而是一开始就被设定的。他认为,只有在上帝里面才能看见万物,这样上帝不是在世界里,反而是世界在上帝里。只因为有了本质才能先于表象,"除了通过神的照临,我们是不能说明精神如何认识抽象的、一般的真理的;神能够以无限的方式照亮精神"①。

马勒伯朗士极大地扩展了笛卡儿哲学中神的观念和作用,上帝成了真正的中枢性概念,思维的世界和广延的世界都是由上帝决定的。

研究马勒伯朗士哲学的专家庞景仁先生认为,马勒伯朗士的哲学所以从笛卡儿的二元论退到宗教唯心论的一元论,这主要是受到奥古斯丁神学的影响。

但这里需要注意的是,马勒伯朗士是经过笛卡儿哲学洗礼后的哲学家,因而他的上帝观已和中世纪的上帝观有所不同:

> 马勒布朗士(即马勒伯朗士——引者注)虽然也谈上帝,但他的上帝是抽掉了拟人观的上帝。正如康德所说,拟人观是唯一使上帝成为有神论即宗教神学的上帝的,抽掉了拟人观,同时也就抽掉了带有人格性的有神论。……他的上帝不是有神论的上帝,而是理神论即自然神论的上帝……②

对马勒伯朗士的这个哲学思想特点的介绍是十分重要的,只有在这个基础上我们才能理解他对中国哲学的态度。

二、马勒伯朗士了解中国的途径

马勒伯朗士关于中国哲学的著作只有一部,即《一个基督教哲学家与一个中国哲学家的对话——论上帝的存在与本性》。那么,他在写作这部书时,从哪里了解中国哲学的材料呢?据目前掌握的材料来看有三个渠道:

其一,他读到了龙华民的《论中国宗教的若干问题》一书。我们曾提到龙华民这部著作,这是最早传回欧洲的由传教士所写的有关中国宗教、哲学问题的著作之一。龙华民在礼仪之争中站到了大多数耶稣会士的对立面,间接反对了他的前任利玛窦所确定的传教路线。

---

① 黑格尔:《哲学史讲演录》(第四卷),第134页。
② 钟宇人、余丽常编:《西方著名哲学家评传》(第四卷),第256—257页。

龙华民在这部著作中对中国哲学作了如下的介绍：

第一，原儒和宋儒是有区别的。他说，在原儒那里，"好像说，有一个至高无上的君王，叫上帝"，他"统治着大千世界，奖善惩恶。可是，诠释者们却把这一切都归于天，或归于普遍的物质和天理，他们称之为'理'"。在孔子那里，承认"有各种神灵，他称之为鬼或神，或鬼神，它们主司山岳河流和尘世世界的其他东西；但是诠释者们却将之解释成为自然原因"。①

第二，中国哲学缺少形而上学的抽象。从哲学角度说，中国哲学"从不了解有独立于物质的精神实体，只知道有一种分为不同层次的物质实体"。就宗教而言，则"中国人不仅毫不了解是由无限存在创造了世界，而且也不知道什么叫世界的真正形成"。②

第三，基督教的"天主"的概念与"理"的概念不能混淆。在他看来，宋儒所讲的"理"类似于西方讲的"本原"，而且理是通过气而生万物的。由此，他得出结论说："'理'不可能是一种精神实体，也不能等同于我们基督徒的神。"从这个角度来看，"最富有才智的中国人都为无神论者"。③

第四，中国人没有西方基督教式的灵魂概念。他说，在孔子那里似乎还有近似于西方的灵魂概念，但"诠释者们则普遍认为，灵魂不过是一种类似气或火的物质"④。"所有文人都坚信不疑，世界是偶然生成的，命运控制着世间的一切；人死后又回到本原之中，好人没有好报，恶人也得不到恶报"。因此，他的结论是中国人"很少有不陷入无神论"的。⑤

其二，他结识了梁弘仁（Artus de Lionne）。马勒伯朗士在他的书中说：

> 一位非常受人尊敬、真正值得信赖的人告诉我，由于他曾和中国儒家们交往，他知道了他们关于神的看法就像我阐述的那样，而且多次恳求我对这些看法予以驳斥，以便使真理让他们接受，以纠正他们关于上帝本性的错误观念，因此我不得不遵命，希望我们的道理也许对于那些为了使这些人民皈

---

① 转引自艾田蒲：《中国之欧洲》（上），第349页。
② 同上书，第350页。
③ 同上书，第351页。
④ 同上书，第349页。
⑤ 同上书，第351页。

依而工作的传教士们之用。①

这位"非常受人尊敬、真正值得信赖的人"就是梁弘仁。梁弘仁是法国巴黎外方传教会会士，在四川做代主教。在礼仪之争中，教皇克来孟为了了解来华传教士两派的意见，让两派各派代表来罗马申述其理由。耶稣会派了卫方济和庞嘉宾（Kaspar Castmer）两人为代表。巴黎外方传教会则派四川代主教梁弘仁为他们的代表。

显然，梁弘仁在对中国哲学和宗教的理解上与来华耶稣会士的理解相差很远。艾田蒲先生说他是耶稣会的死敌。这种派别、门户之见，使他们采取完全不同的传教路线。巴黎外方传教会、多明我会、遣使会大都采取直接面向社会底层传教的路线，不像耶稣会那样把重点放在上层知识分子上面。但直接结果是，除耶稣会以外，其他来华修会的传教士大多数对中国文化不甚了了。

例如，礼仪之争时，阎当陪同教皇特使多罗觐见康熙帝。康熙问其御座背后的四个字，他只认识一个，而且只会说福建话，不会说官话。康熙大怒，斥责阎当"愚不识字，擅敢妄论中国之道"②。几天后又下御批喻示多罗："阎当既不识字，又不善中国语言，对话须用翻译。这等人敢谈中国经书之道，像站在门外，从未进屋的人，讨论屋中之事，说话没有一点根据。"③阎当这个被多罗特使认为精通中国文化的主教且如此，梁弘仁对中国文化的理解决不会高于阎当多少。

其三，他结识了傅圣泽。傅圣泽是来华耶稣会士中的索隐派成员之一。傅圣泽虽然精通中国文化，但是其理论主旨是要把中国文化纳入基督教文化之中。在这点上，索隐派和龙华民的观点相差无异，所不同的只是他们采取一种比附的方法、解释的手段，论证出"中国古籍中之某山，即是耶稣被钉于十字架之山。誉文王周公之词，即是誉救世主之词；中国之古帝，即是圣经中之族长"④。由此可见，索隐派是在不动摇基督教文化的前提下肯定中国文化，在这种意义上他们似乎是中间派。

---

① 焦树安：《比较哲学》，中国文化书院1987年版，第381页。
② 转引自罗光：《教廷与中国使节史》，第126页。
③ 同上。
④ 费赖之：《在华耶稣会士列传及书目》，第556页。

毕诺说马勒伯朗士曾接受过傅圣泽的来访,两人还建立起了友谊。正是傅圣泽要求马勒伯朗士写一部批评中国文化的书。

这就是马勒伯朗士了解中国知识的渠道。他后来在解释这本书时,自己概括了一下他对中国哲学的了解。这可以使我们进一步来掌握这个情况。他说:

> 中国文人,至少把中国人的见解告诉我的那位人士曾与之交谈的那些中国文人,认为:一、有两种存在,即"理"(即至尊理智、准则、智慧、正义)和物(质)。二、"理"和物都是永恒的。三、"理"不存于自身,也不独存于物之外。显然,他们把"理"看作散见于物中的一种形式或一种品质。四、"理"既不是圣者,也不是智者,虽然它即是智慧和至上才智。五、"理"绝不是自由的,它只依自然的必然性而动;对它所做的,既无所知,也无所欲,六、"理"使人聪明、明智、正确;物质的所有部分随时可以吸收聪明、智慧、正义。因为,根据我所提到的(中国)文人们的见解,人的精神只属于被净化的或者能被"理"感悟的物质,因此它可以是聪慧的或者是能够思维的。显然正是由此,他们才认为"理"是照临所有人的光明,我们是在"理"中见到一切物的。①

只有在了解马勒伯朗士本人的哲学态度和他所认识、接触到的有关中国哲学的情况以后,我们才能对他的《一个基督教哲学家与一个中国哲学家的对话——论上帝的存在和本性》一书做出准确的判断。

三、马勒伯朗士论中国哲学

马勒伯朗士对中国哲学的理解大部分是通过对话中的"中国人"之口说的,但也有部分是通过"基督教徒"之口来说的。归纳起来有以下几点:

第一,关于"理"的概念。他通过"中国人"之口说:

> 有人会对您说,我们正是在"理"当中看到一切事物的。因为是它(即"理")照亮了我们。它就是至极真理,就是秩序和准则。我正是在它那里

---

① 尼古拉·马勒伯朗士等:《有关神的存在和性质的对话》,陈乐民试译并序,生活·读书·新知三联书店1998年版,第92页。

看到上天、感觉到在苍穹之上的无限空间。①

在另一处,"中国人"还说:

> 我们在"理"当中发现了许多我们还不能了然的东西……但是我们可以肯定,有一种智慧和一种至高无上的准则使我们洞明一切和规范一切。②

在对话中,"中国人"总处于弱势,而"基督教徒"却滔滔不绝,实际上,这个基督教徒不仅在论证着基督教的哲学,也同时在转述着中国的哲学思想。关于"理",基督教徒说:

> 如果"理"不包括所有存在物,如果它不是无限圆满的"存在",即我们所崇奉的神,人们便不能在"理"当中感觉所有事物。③

第二,关于"理"与"气"的关系。理气关系是宋明理学中的重要内容,马勒伯朗士对此也做了解释。开篇他就以"中国人"的口吻说:

> 您刚才从遥远的地方向我们提到的这位"天主",究竟指的是哪一位呵?我们这里从来不了解他,我们宁可只相信那些确凿有据的事物。这就是为什么我们只承认物即"理"这个至极真理(亦即智慧和正义)的原因所在;因为它永远潜存于物中,是"理"才形成了物,并把物安排妥帖,于是,才有我们眼前的良好秩序;也唯有这个"理"能够照亮我们之所构成的这一纯净而有序的物质本身。所有的人都与这个至极真理发生关联,有的人多些,有的人少些;所有的人都必然是在这个至极真理中发现把所有社会联结起来的恒久实相和法式。④

这里他强调了三点:其一,理在气中,理只能存在于气(物质)中;其二,气是物质的,在此意义上,气(物质)是实体中最末的也是最可怜的东西;其三,理对气有着净化的功能。但他在这点上也自相矛盾,又说如果理只是作为形状与

---

① 尼古拉·马勒伯朗士等:《有关神的存在和性质的对话》,第43—44页。
② 同上书,第50页。
③ 同上书,第44页。
④ 同上书,第36—37页。

形状之间的秩序的话，理也没有什么了不起，甚至理还不如气，因为气作为实体比作为"形状"的理要有价值得多。

第三，中国哲学的实在性特征。在谈到上帝观念时，马勒伯朗士采用的是笛卡儿的论证法，从思维的无限性证明上帝的无限性，而"中国人"则认为："但是我们却不认为这种无穷大是存在的。那不过是一种虚构，一种没有现实依据的假想。"①

当马勒伯朗士反复论证了上帝作为无限完满的存在以后，"中国人"仍然百思不得其解。这位"中国人"说：

> 我老实向您承认，对于您说明的无限"存在"的存在问题，我无话可说。然而，我并不信服。我总是觉得，当我想到无穷大的时候，其实我什么都没有想到。②

第四，中国哲学的灵魂认识论。我们的感觉、知觉来源于何处？如何解释我们所经常获得的各种感觉？马勒伯朗士一开始就把中国哲学归于唯物论。"中国人"在对话中说：

> 但是，必定是这样的：我们的知觉只是物质的变相。因为，譬如说，一根针刺了我们的手指，我们就立刻觉得疼痛；我们是因手指被刺而有痛感的。所以显然，既然痛感来自针刺，则痛感只能是在手指上。③

"中国人"的这个观点很快被"基督教徒"驳倒了，"中国人"只好承认气（物质）能思维的问题是立不住的，但问题在于：是什么引起了我们的思维呢？是什么使我们获得各类不同的知觉呢？马勒伯朗士认为，中国哲学的答案是"我们的心灵是一切感知的真正原因"④。这就是说，是灵魂发生了作用，从而使我们获得了各种感觉。

稍有中国哲学常识的人都会感到马勒伯朗士对中国哲学、对宋明理学的理解

---

① 尼古拉·马勒伯朗士等：《有关神的存在和性质的对话》，第39页。
② 同上书，第44页。
③ 同上书，第54页。
④ 同上书，第55页。

相差太远，他从龙华民那里获得的间接性的材料使他无法把握中国哲学和理学的基本内容与特征。就"理"的概念来说，它是自先秦以来中国哲学就有的概念。孟子曾在《告子篇》中说："心之所同然者，何也？谓理也，义也。"中国哲学发展到宋明理学时达到了它理论思维的高峰，"理"成了一个中枢性的概念，这在朱熹那里表现得最为明显：

> 宇宙之间一理而已。天得之而为天，地得之而为地，而凡生于天地之间者，又各得之以为性；其张之为三纲，其纪之为五常，盖皆此理之流行，无所适而不在。若其消息盈虚，循环不已。则自未始有物之前，以至人消物尽之后，终则复始，始复有终，又未尝有顷刻之或停也。（《朱文公集》卷七十《读大纪》）

理是万物之根。从本体论上看，理绝不是一种实有的东西，朱熹谈到理的本质规定性时就说："无极而太极，只是说无形而有理。"（《朱子语类》卷九四）但理也不是无，不是空，不像佛道哲学所说的那样，实际上，"以理言之，则不可谓之有；以物言之，则不可谓之无"。（《朱子语类》卷九四）理作为万物发展的内在规律，则"虽草木，亦有理存焉"（《朱子语类》卷八）。"阴阳五行错综不失条绪，便是理。"（《朱子语类》卷一）作为社会的内容，理则表现为伦理道德、仁义礼智。这就是朱熹所说的"五常是理"（《朱子语类》卷九四），"理便是仁义礼智"（《朱子语类》卷三）。

马勒伯朗士在对"理"的理解上唯一猜对的一点便是对理的功能的强调，说理是至高无上的真理，这个说法有些接近朱熹作为本体论的理的概念。但他马上就表现出了两个错误：其一，理并不是脱离实物而存在的，在他那里，理似乎是一种分离于有限时空之外的一种东西，这是不对的。朱熹说："天下之理，至虚之中，有至实者存，至无之中，有至有者存。夫理者，寓于至有之中，而不可以目击而指数也。"（《朱子语类》卷十三）马勒伯朗士所杜撰的这个理仍实际上保留有他自己哲学的痕迹。

其二，他根本没有看到理的伦理内容。中国哲学的一大特点是伦理学发达而本体论不足。到宋明理学时，受佛教抽象思维特点的影响，哲学家开始把儒家伦理向理性化方向推进，把伦理学提升到本体论的高度，使其哲学化、思辨化。而马勒伯朗士对理学的这一特点，对中国哲学发展的这一脉络，显然一无所知。所以，他对理几乎没有任何确切的了解。

对于理和气的关系，马勒伯朗士更是不甚理解。理气论是宋明理学的主要内容，几乎所有主要理学家都要讲理气关系，但强调的重点不同。张横渠在理气关系中强调气，而二程则强调理，朱熹则一方面主张理气相依不分离，另一方面又发挥二程的思想，提出气依附于理的思想。他认为理气不分，但二者并不能相提并论，在理气关系中，理是更根本的。在这个意义上他又提出理在先气在后的观点。

朱熹的思想看起来似乎有些矛盾，实际上是针对不同问题而讲的。前者是从构成论方面来讲的，强调理气不分；后者是从本源论上讲的，强调理先于气。而他在提出理先于气时，并不是从历时性角度来讲的，而是一种"逻辑在先"的先，类似于黑格尔《逻辑学》中"绝对观念"的地位。

通过以上对理学的理气关系的简单介绍，我们可以看出，马勒伯朗士没有讲出任何新的东西。他从根本上来说完全没有理解新儒家们所讲的理气关系论。这表现在两个方面：

其一，理作为观念的、逻辑的这种本体论地位，马勒伯朗士完全没有认识到。因为理气相依，他就把理向气的方向推进，强调它受制于气的一面，强调它由于与气在一起所表现的物质性即广延性的一面。他根本不知道朱熹那种作为本体的理的永恒性的思想：理气相依，但理是永恒的，气有生有灭，而理则不生不灭。因为他受梁弘仁、龙华民的影响，从总体上认为中国哲学是无神论，因而他不可能理解到理学的这种观念本体论的特征，反之却从气论和唯物论的角度来理解理气关系。

其二，马勒伯朗士贬低了气的概念。尽管在理气关系的理解上，马勒伯朗士用气来削弱、减低理的本体地位，但他对气的评价并不高，也不对。他说气是最可怜的东西，显然是没有看到理气关系中的那种互动性，没看到气在朱熹理学中的积极意义。朱熹说："有理而无气，则理无所立，有气而后理方有所立。"（《朱子语类》卷九四）但即使在这时，朱熹的气也并不能完全归于、等同于笛卡儿的广延性，或西方哲学的物质概念。在宋明理学中，尤其在朱熹的哲学中，理与气绝不是二元构架。因此，仅从广延性上去理解气是不对的。

马勒伯朗士把理学的认识论说成是灵魂的认识论，表明他对中国哲学独有的认识论特点一窍不通。中国哲学最注重人生，认识论的问题非中国哲学之长。但在论天人关系、伦理关系、道德涵养时，必然涉及"闻道之方""致知之方"，所以那种认为中国哲学完全没有知识论与方法论的观点，是错误的。中国哲学的认识论的最大特征在于：知识论是在伦理学的范围中发生的，即这里讲的知识的获得、认识的发展，并不像西方哲学那样是在对自然的认识中形成的，而是以道德的修养为基础的。如新儒家的张载把"德性"作为知识的重要来源，在朱熹那里，"格物穷理"主要也是一种道德践履。朱熹所说的"穷理"也就是封建纲常伦理的道理，如他说："顺要穷个根源来处。如为人如何便止于慈，为人子如何便止于孝，为人君为人臣如何便止于仁止于敬。"（《朱子语类》卷一一七）

因此，在中国传统哲学中，知识论是从属于道德论的，或者说它是一种道德认识论。因而拿西方认识论的范畴、框架套用在中国的道德认识论是很肤浅的做法。

当然，在这种道德的修养、践履之中，必涉及认识问题，如朱熹所说："知者，吾心之知；理者，事物之理，以此知彼，自有主宾之辨。"（《朱子语类》卷十五）

"格物致知"是这种道德认识论的最简洁表达。朱熹在《大学》的《补传》中写道：

> 所谓致知在格物者，言欲致吾之知，在即物而穷其理也。盖人心之灵，莫不有知，而天下之物，莫不有理。惟于其理有未穷，故其知有不尽也。是以大学始教，必使学者即凡天下之物，莫不因其已知之理而益穷之，以求致乎其极。至于用力之久，而一旦豁然贯通焉，则众物之表里精粗无不到，而吾心之全体大用无不明矣。

理学的道德认识论的主要原则在这段话中基本都包含了，尽管人"心"中包含有"万理"，但"心"并不能直接认知自己，必须首先要"格物"，"穷极"万物之理，这样最后方能达到"豁然贯通"。

马勒伯朗士对中国哲学的认识论囿于伦理学这一基本特点全然不知。他通过"中国人"之口，把中国哲学的认识论说成是"灵魂的认识论"，这纯属凭空想象，而他根据这个设定所展开的批判当然也成了堂吉诃德与风车的大战，毫无任何意义。

在中国哲学的基本特征方面,马勒伯朗士完全是个门外汉。一个深受西方文化传统熏陶的人很难理解和把握中国哲学的形而上学特征,马勒伯朗士如此,在中国生活了几十年的龙华民也是如此,即便是对中国文化表示同情和有一定理解的利玛窦也不完全清楚。

哲学在西方,最初由一种宇宙本体论模式占主导地位,近代以后主客相分,认识和主体凸现。对世界终极问题的把握与理解在中国思想史上同样存在,哲学这种人类精神追求的最高学问在中国同样存在。

《易传·系辞》中的"形而上者谓之道,形而下者谓之器",明确揭示了哲学的形而上学特点。《老子》五千字,一言九鼎,"道"的本体论跃然纸上,其抽象性、终极性都与古希腊大哲们的思想丝毫不相上下。

但自董仲舒以后,在中国思想史上占主流地位的是儒家。儒家的形而上学特征有别于道家,它所关心的是人与社会的关系问题,因而其哲学的思考向道德方向发展。这个思想奠基于孔子,发轫于《中庸》《孟子》。《中庸》中说:

> 唯天下至诚为能尽其性。能尽其性,则能尽人之性,能尽人之性,则能尽物之性,能尽物之性,则可以赞天地之化育。可以赞天地之化育,则可以与天地参矣。

气势之大,探究之远,追索之深,足以显示出这种伦理本体论的特征。

经魏晋玄学之中转,儒家学说到宋明时,对伦理形而上学的探讨上已十分精细。朱熹明确提出,"凡有形有象者,即器也;所以为是器之理者,则道也"。(《朱子文集·与陆子静书》)朱子的理就是本根,就是无限,"理也者,形而上之道也,生物之本也"(《朱子文集·答黄道夫书》)。

仅此就可以看出中国哲学同样具有形而上学,同样具有对无限的终极关怀,只是这个无限的终极关怀有别于西方罢了。马勒伯朗士以后,西方许多哲学家都在重复他的观点,认为中国哲学不具备哲学的特征,没有思辨性。这在黑格尔那里表现得尤为明显,他在谈到中国时说:"我们在这里尚找不到哲学知识","所以这种东方的思想必须排除在哲学史以外"。① 在谈到孔子学说时，黑格尔讲得更为刻薄：

> 我们看到孔子和他的弟子们的谈话（即《论语》——译者），里面所讲的是一种常识道德，这种常识道德我们在哪里都找得到，在哪一个民族里都找得到，可能还要好些，这是毫无出色之点的东西。孔子只是一个实际的世间智者，在他那里思辨的哲学是一点也没有的……②

直到今天，"中国没有哲学"仍是一些西方汉学家的观点。这个论点在西方学术界仍有一定的影响，而这个论点的源头之一就是马勒伯朗士。

四、马勒伯朗士对中西哲学的比较

马勒伯朗士是最早自觉地进行中西哲学比较的人。他在"对话"中以"基督教徒"的口气说："那么请不要先入为主地比较您的和我们的道理吧。您的永恒幸福取决于这种研究，所以您义不容辞地该这样做。"③

显然，他这篇对话的目的不在于论述中国哲学本身，"对话"就是交流，就是比较，而他比较的目的在于论证上帝的存在和本性。他从三个方面比较了"上帝"和中国哲学"理"的概念。

上帝的无限性与理的有限性，这是马勒伯朗士比较的第一个方面。

上帝是什么？他认为，上帝是"铭刻在您心中和每个人心中的那个神"④。它的本性或者说根本特征"把一切存在物之中的至真和至善都寓于其自身实体之中的'存在'。神是无所不在的无限'存在'，总之，神就是'存在'。"⑤

马勒伯朗士在这里揭示了上帝两个特点：其一，上帝是一个存在；其二，这个存在是无限完满的。正因为上帝具有这种无限完满性，我们才能感觉到不能究尽的无限空间。

---

① 黑格尔：《哲学史讲演录》（第一卷），贺麟、王太庆译，商务印书馆1959年版，第97—98页。
② 同上书，第119页。
③ 尼古拉·马勒伯朗士等：《有关神的存在和性质的对话》，第62页。
④ 同上书，第37页。
⑤ 同上。

而理呢？理永恒地存在于气中。虽然他承认"理"的概念比起"皇帝"的概念"更加近似我们的神"①，但由于理囿于气中，而气是一种物质，一种可怜的东西，因而理不具有无限完满性。逻辑是这样展开的：气总是一个特殊的东西，有限的东西，在这种有限的、特殊的东西之中，怎能得到无限性呢？如他所说："无论您何等偏爱精微的物质，难道它能够把它所没有的东西呈现给您吗？那些特殊的感觉器官，常为种种变化所左右，怎么能够反映或复现为所有人共有的永恒不变的真理和法则呢？"②

这样，虽然理是"至极真理"③，但由于它在气中，它的无限性便丧失了。正因此，中国人总是理解不了无限性，像"对话"中的"中国人"所说的，"当我想到无穷大的时候，其实我什么都没有想到"④。

在与万物的关系上，上帝和理也是完全不同的。这是他比较的第二点。

马勒伯朗士认为，由于上帝是一个无限完满的存在，是一个唯一的存在体，这样，它与万物之间的关系是："他的本质具有简明性，包含了寓于一切存在物之中的全部实在性或圆满性；任何存在物都只是极其有局限性的参与者（我不称之为部分），或者只是某些极不完善的模仿品。"⑤

这就是说，上帝是一个无限的存在，这个无限的存在不是说它是由许多有限的实体组成的，恰恰相反，上帝同时就是这些个别的实体，这些实体只不过是分有了上帝。这样，上帝既是"一"，又是"多"，只不过"多"是对"一"的模仿和分有罢了。

而中国哲学在理与事物的关系上的观点在马勒伯朗士看来是很糟糕的。由于理只能存在于气中，它与气的区别在于，理构成了世界的物体的各式各样的形状。实际上，理不过是形状与形状之间的秩序或安排。这样，理似乎成为形式而气成为质料。但这个形式和秩序并不独立，它只能永恒地存在于气中。

在马勒伯朗士看来，在中国哲学中，由于理离不开气，即物质，这样一来理

---

① 尼古拉·马勒伯朗士等：《有关神的存在和性质的对话》，第37页。
② 同上书，第42页。
③ 同上书，第44页。
④ 同上。
⑤ 同上书，第49页。

与物的关系就远不如上帝与万物关系那么自由自如。因为如果理只不过是物体的形状和安排，那它就根本离不开物体，因为物体的形状怎么能离开物体本身而存在呢？他以实例来反驳"中国人"。他说："例如说某物是圆形的，则肯定地说那物以其是圆形而存在，但是圆并不知其所为圆。"①

马勒伯朗士在讨论中常常从他自己的哲学来解释"理"，而这时这个"理"实际上就是上帝。他反对中国哲学的"理存气（物质）之中"的观点：

> "理"并不存于构成这件作品的任何部分；同一道理，也不存于工匠大脑的任何部分。"理"对大家来说是共有的一种光照；物质无论怎样组合都只是种种特殊的变相。组合可以消失或变化，但是"理"是永恒的和不可变易的。②

这里的"理"实际就是"上帝"，这里"物质"是中国哲学的"理"。他把理学作为无神论和唯物论来看，"理"和"上帝"的区别在于：理只存在于具体的气（物质）之中，从而是可以改变，可以灭亡的；而上帝则是永恒的智慧，它是一，又是大全，它创造了万物，它永不灭亡，不改变自己。

理的抽象性和上帝的实在性，这是马勒伯朗士做出的第三点比较。

"中国人"认为理是一种形式，这种形式和品质是与本体不同的。也就是说理只是一种原则、品质，用现代语言解说是"规律""本质"。这种形式和它在其中所呈现出的实体是不同的，正如桌子中的理只是理，而不能把这个"理"和"桌子"等同起来。正像马勒伯朗士通过"中国人"之口所说的："一种圣贤的智慧！这是什么话？是智慧使人成为圣贤，但是智慧自身不是圣贤。"③

马勒伯朗士认为，中国哲学的"理"只是一些抽象的形式和品质。"……有一些抽象的形式和性质，它们不是任何主体的形式和性质；……有一种抽象的智慧、正义、仁爱，它并不是"存在"所具有的智慧。"④

相反，上帝是一个主体形式的存在，是一个存在体。一方面，上帝也是一个

---

① 尼古拉·马勒伯朗士等：《有关神的存在和性质的对话》，第65页。
② 同上书，第65—66页。
③ 同上书，第68页。
④ 同上。

明智，一种形式，一种品质；但另一方面，上帝本身就是这个明智本身，就是这个形式的表现，这种品质的载体。马勒伯朗士认为，在基督教神学中，上帝的这两个方面是统一的，上帝既是无限的完满性，无限的本质，同时又是主体的存在，这种完满性、无限的本质不是空洞的。上帝"从其无限本质中看到一切有限存在物的本质"，因为上帝是全能的完满性，"所以它能够创造这些存在物"。①

上帝创造了万物的实体，这些实体本身就是上帝的表现。因而无限的本质和实体性的主体存在在上帝那里是一而二、二而一的事：

> 于是，神，无限圆满的"存在"，由于完美地包蕴着一切存在物中的至真和至善，所以能以其实体触动我们的神经而把它们（指一切存在物）展现在我们面前，不是绝对地展现实体，而是相对于这些存在物，因为他的无限实体包含了一切有限存在物中的真正的实在性。②

他从这个角度批评中国哲学，批评抽象的理的概念。

马勒伯朗士在这里把他所认为的中西哲学和宗教之别讲得一清二楚。

我们怎样看待马勒伯朗士所做的这个中西哲学比较呢？总体来说，马勒伯朗士对中国哲学的了解有限，在这个基础上所做的比较肯定不得要领。

例如，他认为上帝具有无限的完满性，而理因囿于气中，呈现出一种有限性，这完全表现出了他对中国哲学的无知。理在中国思想上有一个不断发展的过程：春秋时期，理的概念主要指玉的"纹理"或人的行为活动的"治理"；战国时，理则已演化为"义理"和"天理"，如《周易·说卦传》中的"和顺于道德而理于义，穷理尽性以至于命"；秦汉时，理则是"名理"，所谓"审察名理"，"循名究理"；魏晋南北朝时，理则指"玄理"；隋唐时，理则与佛教相融演化成"圆融""相涵"；到两宋时，理才变为"天理"。③

从马勒伯朗士掌握的材料来看，他所说的理主要是指宋明理学所讲的理。就理学来看，程颢、程颐为宋代道学之创立人，他们吸收了佛教华严宗的思想，首次提出了"天者理也"。在此，理已具有了宇宙本体论的意义："上天之载，无

---

① 尼古拉·马勒伯朗士等：《有关神的存在和性质的对话》，第69页。

② 同上书，第71页。

③ 参阅张立文主编：《理》，中国人民大学出版社1991年版，第6—9页。

声无臭之可闻。其体则谓之易，其理则谓之道。"（《二程粹言》卷九《心性篇》）南宋的朱熹则在二程思想的基础上，把理的范畴进一步抽象化，提出"理无形体"："形而上者，无形无影是此理；形而下者，有情有状是此器。"（《朱子语类》卷九十五）在这里，朱熹已把理作为哲学本体的范畴。

尽管朱熹前后的思想有所差异，对理气关系论述的重点侧重不同，但他把理置于形而上的地位则是无疑的，理具有一种高度的抽象性和无限性则是肯定的。因而，马勒伯朗士认为上帝的存在是无限的而理则是具体的、有限的这一看法和比较显然是不对的。

又如，在与万物的关系上，他认为上帝与万物之间是"分有"的关系，万物"分有"了上帝的完满性和模式，或者说上帝既是"一"又是"多"。而理则只在气中，它与万物的关系远不像上帝那样。

马勒伯朗士显然根本不知理学中的"理一分殊"思想。在理与万物的关系上，朱熹继承了二程和佛教的理论，提出"理一分殊"的命题。所谓"理一分殊"即天理只有一个，但它通过分殊万物表现出来，这就是朱熹所说的"万物皆有此理，理皆同出一原"（《朱子语类》卷十八），"见天下事无大无小，无一名一件不是此理之发见"（《朱子语类》卷一二一）。理存在于万物之中，成为每一事物之根据，而理作为源、作为本仍然存在。

从理论上说，朱熹的"理一分殊"理论和马勒伯朗士的"分有说"有近似之处，他们所要解决的问题都是一种存在论上的问题，要回答本与末、源与流之间的关系，从而使本体得以论证和巩固。从这点看，中西哲学尽管在思考的内容上完全不同，差别极大，但所面临的理论难点却极为相近。因为任何哲学理论都要回答这个问题，如何从本源衍生出万物，如何说明万物与本源的关系，在古希腊是"一"与"多"的关系，发展到中世纪成为"上帝"与"万物"的关系问题。

在中国，朱熹的"理一分殊"理论主要受益于佛教思想。他自己说过："然虽又自有一理，又却同出于一个理尔……释氏云：'一月普现一切水，一切水月一月摄。'这是那释氏也窥见得这些道理。"（《朱子语类》卷一八）万物之理同出一理就借用了佛教的这一观点，他所谓的"月印万川"就是要解决"一理"与"万物"之间的关系问题。

马勒伯朗士由于不了解中国哲学，他强调的是中西哲学之别，抬高西方哲学，批评中国哲学。而实际上在这点上双方是有着共同性、相似性的，这说明中西哲学宗教之间并非只存在着差别和对立，同样二者之间也存在着相似性，此乃天下同理也。

马勒伯朗士对中西哲学比较提出的三个观点并非完全没有意义，他在无意有意中还是看到了中西哲学之间的差别。作为最早自觉进行中西哲学比较的哲学家，他还是留下了一些启迪后人的地方。那就是他提出的第三条观点，即上帝存在的实在性和"理"存在的抽象性。

上帝是整个基督教信仰的核心，在基督教神学看来，上帝是整个宇宙和世界的创造者，它具有无限的智慧、完善的道德，是永恒的存在，无论过去还是现在。《圣经》中多次肯定了上帝的全面能力，他被称为"雅各的大能者"，是"万军之军的上主"。

耶稣按希伯来语解说"天主拯救"。天主要拯救人类，他要借自己降生成人的永远圣子耶稣。这样，在耶稣身上，天主总结了他的整个救恩史，以造福人类。在福音书中，耶稣是在公元元年诞生于耶路撒冷以南约9公里的小城伯利恒。父亲约瑟是一木匠，母亲玛利亚感圣灵而孕育了耶稣。他30岁开始自己的传教生活，接受约翰施洗以后，在山野中禁食40天，战胜了魔鬼的诱惑。耶稣让人们相信他是上帝的儿子，为救赎世人的"原罪"而"道成肉身"。耶稣的名字，表示了天主自己的名字临现在他降生成人的圣子身上，以致"在天下人间，没有赐下别的名，我们可以靠着得救"。

在基督教哲学中，尤其在中世纪托马斯·阿奎那的神哲学中，对上帝存在的论证是其理论的最重要内容。他们运用亚里士多德的哲学来论证上帝的实体性、唯一性、完满性、无限性、永恒性。

他在《神学大全》中提出上帝存在的"五种后天证明方法"：运动的证明；作用因的证明；可能性和必然性的证明；事物存在等级的证明；事物治理的证明。上帝的存在是整个中世纪不断努力想要解决的核心问题，这个过程正是希腊哲学的理性主义融入希伯来神学精神的过程，它的结果就是中世纪的哲学。

自笛卡儿始，西方哲学进入了一个新的阶段。它绝不是一般意义上的认识论转向，它同样具有本体论的价值和意义。在"我思故我在"中，主体显现出来了，哲学理性和启示理性开始分道扬镳。如黑格尔说的："从笛卡儿起，哲学一下转入了一个完全不同的范围，一个完全不同的观点，也就是转入主观性的领域，转入确定的东西。宗教所假定的东西被抛弃了，人们寻求的只是证明，不是内容。"①

实际上，在笛卡儿哲学中，他一方面承认上帝的存在，另一方面又用机械的自然观降低了上帝的地位，甚至包含了部分无神论的内容，如他所说的"地和天是由同一物质做的"。在笛卡儿那里，上帝仍然存在着，但在它完成了创世并推动物质运动以后，上帝就听任大自然运转。"世界作为一部机器，它的一切运动都是机械性的，没有任何目的性。上帝作为造物主，在笛卡儿体系中保留了下来，但既不是最高的善，也不是最终的目的。"②

马勒伯朗士作为笛卡儿学派的右翼，不像培尔那样直接举起无神论的大旗，而是在笛卡儿哲学的基础上向纯理性方向发展。所以，当马勒伯朗士在"对话"中反复论证上帝作为实体存在时，这个"上帝"并不是托马斯·阿奎那理论中的上帝，更不是"道成肉身"后人格化的上帝之子——耶稣的存在。这个上帝实际上是理性本身，是"无限的抽象主观性"③。在他那里，神是事物与思维的统一。"神对一切具有观念，因为他创造了一切。神通过他的全在与众多的精神极其紧密地结合在一起。所以神是众多精神的所在地。"④

我们通过以上对西方宗教哲学思想史的简要梳理，可以看出对上帝存在的论证，对实在性的证明，一直是西方哲学、宗教思想的重要内容。到马勒伯朗士时，他的哲学虽沿着笛卡儿思想发展，但由于笛卡儿本人的哲学仍为上帝保存位置，加之马勒伯朗士自己向右翼发展了笛卡儿主义，因而他的这个"理性的上帝"仍带有启示理性的部分色彩。

在这个理论背景下，他无论如何也理解不了中国哲学中毫无信仰色彩的理的概念。理学中的理在抽象性上已达到相当程度，贺麟先生早年就认为朱子的理和黑格尔的绝对观念有不少相同之处，并想借用黑格尔的哲学对理加以改造。以西洋哲学来发挥儒家之理学，是贺先生"新心学"的重要内容之一。张世英先生也认为朱子的理的概念近似于黑格尔和柏拉图的观念，鉴于黑格尔哲学是西方近

---

① 黑格尔：《哲学史讲演录》（第四卷），第69页。
② 吕大吉：《西方宗教学说史》，第223页。
③ 黑格尔：《哲学史讲演录》（第四卷），第69页。
④ 同上书，第133页。

代哲学的代表,有主客之分理论,张先生更倾向于将朱子哲学与柏拉图哲学相比较。①

在一点上贺麟先生和张世英先生是有共识的,即尽管朱子的理具有相当的抽象性,但这种抽象性主要是以伦理的形式表现出来的,它是一种伦理的本体论,而不是一种理性和观念的本体论。除此之外,还有一点是不能忽视的,即理的概念毫无神的色彩,更没有人格神的任何痕迹,这一点恰恰是中国哲学和西方哲学的最重要区别。由于中国人本身宗教观念淡薄,因而我们在对西方哲学思想的梳理中,往往只注重观念、理性的发展线索,对于宗教和哲学的交织过程,尤其是对于神学和宗教对其哲学思想的影响注意不够。全部西方思想若简言述之,则可以说是从理性走向神而后又走出神的过程,或者说是由众神走向一神,又走出神的过程。前者形成了中世纪哲学,后者形成了近代哲学。

这样,我们才能理解笛卡儿哲学中的上帝和马勒伯朗士哲学中的上帝。只有把宗教与哲学一同考察,我们才能理解为什么马勒伯朗士不断批评中国哲学中理的概念是空洞的抽象,激烈地反对理的"抽象形式"。正是在这个意义上,我们才认为,虽然马勒伯朗士对中国哲学一窍不通,但他还是能通过有限材料得出了"中国哲学不是宗教神学,中国哲学的'理'并不具有'上帝'的性质,而是具有像欧洲哲学史上称之为第一物质的'那种性质'"②的结论。就此而言,他提出的中西哲学的第三点不同,即上帝的实在性和理的抽象性还是具有启发意义的。我们在比较中西哲学的时候,宗教上的差异所带来的哲学上的不同必须给予考察,而不能仅把西方哲学视为一个纯理性系统,把中国哲学视为一个纯伦理系统来比较。

五、影响与反应

马勒伯朗士的观点在当时的法国引起了反响。耶稣会士们在马勒伯朗士的《一位基督教哲学家与一位中国哲学家的对话——论上帝的存在和本性》出版以后,在其所主持的《特雷武论坛》上立即进行了反驳,而马勒伯朗士则又发表了

---

① 参阅张世英:《天人之际:中西哲学的困惑与选择》。
② 姜林祥编著:《儒学在国外的传播与影响》,齐鲁书社2004年版,第260页。

《奥拉托会神父马勒伯朗士神父就〈一位基督教哲学家与一位中国哲学家的对话〉告读者》，对耶稣会士的批评进行了反批评。而耶稣会士则又对这个声明进行了反驳。一时，关于马勒伯朗士的讨论沸沸扬扬。

为什么马勒伯朗士的书会引起如此大的轰动呢？这涉及欧洲思想内部的变迁与争论，即基督教思想与斯宾诺莎哲学思想的斗争。对此，我们必须进一步深入研究，才能真正弄懂这个问题。

斯宾诺莎是荷兰著名哲学家，以其"自然神论"的理论奠定了他在欧洲哲学史上的地位。斯宾诺莎不同意笛卡儿的二元论的观点，在他看来，实体只有一个，广延和思想不过是这一实体的两个属性而已。这个实体是什么？神或自然。这个实体是无须借助于别的事物的概念。所以实体的另一称谓是"神"。"神，我理解为绝对无限的东西，亦即具有无限多的属性的实体，其中每一个属性都各自表现永恒无限的本质。"①

这个被称为"神"的实体与以往基督教犹太教所讲的"神"已完全不同，如洪汉鼎先生所说的，这个"神具有特质的性质，神属于世界，不离开世界，或者说神就是世界，神既没有人格，又没有意志的理智，它既不会另创一个宇宙，使自然秩序改观，也不会秉行公正，奖善罚恶，它只是按照自己本性的绝对必然性而存在和动作"②。显然，这个"神"不是别的，它就是"自然"。如斯宾诺莎所说的，"所有的自然现象，就其精妙与完善的程度来说，实包含并表明神这个概念"③。

斯宾诺莎的这种观点在当时的欧洲受到了批判，许多人把他作为无神论的代表，而无神论在当时被认为是卑鄙无耻的学说，因为它强调肉欲、享乐，与一系列不道德行为联系在一起。这显然是宗教势力对无神论的污蔑。由于斯宾诺莎的学说动摇了中世纪的神学观念，他遭到了教会的迫害。

正当欧洲思想界展开教会理论与斯宾诺莎哲学的斗争时，耶稣会士们带来了中国宗教的消息。就耶稣会来说，它自然是中世纪神学的坚决维护者，耶稣会士必然把中国说成是有神论的国度，采取利玛窦的说法，即中国人早期所信仰的就

---

① 北京大学哲学系外国哲学史教研室编译：《十六—十八世纪西欧各国哲学》，第165页。
② 洪汉鼎：《斯宾诺莎哲学研究》，人民出版社1997年版，第228页。
③ 斯宾诺莎：《神学政治论》，温锡增译，商务印书馆1963年版，第68页。

是西方的天主，只不过之后忘记了这个根源或者被佛教和理学破坏了。耶稣会的使命就是使中国回到原来的信仰上来。这种说法一方面可以加强欧洲对传教的支持，另一方面也打击了欧洲日益兴起的反宗教力量，如斯宾诺莎学说。

但是说者无意，听者有心。来华耶稣会士向欧洲所介绍的中国宗教和哲学的情况被人们做出了不同的理解。艾田蒲说得好："皮埃尔·培尔从中得到的是有利于斯宾诺莎主义与'哲学'思想的论据，而马勒伯朗士却利用了那些材料，以更好地谴责《伦理学》与《神学政治学》的危害。"① 这就是说，培尔从中国宗教中得出证实斯宾诺莎哲学的东西，而马勒伯郎士则利用中国宗教的材料来反驳斯宾诺莎。

马勒伯朗士在《一位基督教哲学家与一位中国哲学家的对话》中多次把中国哲学和斯宾诺莎哲学称为"无神论"。正是在这里，我们再一次看出马勒伯朗士从右翼发展解释笛卡儿学说的特点。

实际上，马勒伯朗士在该文中对中国哲学的批评即对斯宾诺莎哲学的批评。这点艾田蒲先生讲得极妙："连马勒伯朗士自己也承认，不应把《对话》当作一部探讨中国的'理'之概念的论著，而应把它视为驳斥不信教的斯宾诺莎的檄文。"②

从这里，我们得出一个很重要的结论：16—18世纪，欧洲对中国的理解、解释完全是服从、从属于欧洲思想发展的本身进程的。也就是说，我们对中国文化西传的理解首先要立足于西方文化的变迁。中国哲学和宗教作为异族的文化极大地刺激了西欧文化的变化，它起到了一种外因的作用。正因此，他们对中国宗教和哲学的解释、理解一方面从局外的角度一下子抓住了其根本特点，如无宗教性。这对于他们反思自己的文化是一面很好的镜子，可谓"不识庐山真面目，只缘身在此山中"。另一方面，出于自身的考虑，他们必然产生一种"误读"。他们对中国文化的批评或颂扬都十分激烈，我们必须冷静地将其还原到原来西方文化的语境之中去理解才能更好把握。培尔如此，马勒伯朗士也是如此，下面我们将要研究的伏尔泰、莱布尼茨等人也是如此。

---

① 艾田浦：《中国之欧洲》（上），第354页。

② 同上书，第355页。

还有两点要补充一下。

其一，马勒伯朗士与斯宾诺莎哲学的关系。尽管马勒伯朗士借批中国哲学来指责斯宾诺莎，但他与斯宾诺莎哲学的联系、共同之处也是世人共知的。黑格尔认为，在对"神"的理解上似乎他与斯宾诺莎主义并没有区别。"斯宾诺莎主义是笛卡儿主义的完成。马勒伯朗士介绍笛卡儿哲学时所采取的形式，是一种与斯宾诺莎主义站在一边的形式……这是另外一种虔诚的神学形式的斯宾诺莎主义。"① 也就是说，二人的共同点在于他和斯宾诺莎走向了自然，而马勒伯朗士则背道而驰，走向宗教唯心主义。所以，结果斯宾诺莎被批评为无神论，而马勒伯朗士则"没有被斥为无神论"②。

其二，斯宾诺莎与中国哲学的关系。斯宾诺莎在创立自己的哲学时是否受到中国哲学的影响呢？有的西方学者认为，斯宾诺莎哲学是受中国哲学影响的。因为1639年金尼阁的著作已在莱顿出版，斯宾诺莎在荷兰肯定可以很容易看到这些书。更有趣的在于，斯宾诺莎的家庭教师也深深卷入了中国的礼仪之争中。

不过，在我看来，斯宾诺莎的哲学与中国哲学在自然主义上有共同之处，但这两种自然主义的区别仍是很大的。③

第四节　伏尔泰与中国

伏尔泰（Voltaire，1694—1778），法国启蒙运动的旗手和统帅，18世纪法国的精神领袖。

伏尔泰原名弗朗索瓦·马利·阿鲁埃特（François-Marie Arouet），出生于巴黎一个殷实的资产阶级家庭。伏尔泰所处的时代，是文艺复兴运动以后科学和思想在欧洲都取得重大进步的时代。在这种背景下，一批哲学家开始重新审视过去的一切，重新确定新的价值标准。他们著书立说，大声疾呼，直接向旧有的宗

---

① 黑格尔：《哲学史讲演录》（第四卷），第132页。
② 同上。
③ 参阅庞景仁：《马勒伯朗士的"神"的观念和朱熹的"理"的观念》，冯俊译，商务印书馆2005年版；焦树安：《谈马勒伯朗士论中国哲学》，《焦树安文集》，北京图书馆出版社2002年版，第160—167页。

教势力宣战。正如黑格尔所说的:"法国哲学著作在启蒙思想中占重要地位,这些著作中值得佩服的是那种反对现状、反对信仰、反对数千年来的一切权威势力的惊人魄力。"①

伏尔泰就是这批"启蒙思想家"的杰出代表,年轻时期他因写了《我曾看见》和《幼主》两首讽刺诗而得罪了法国摄政王奥尔良公爵,被投入巴士底狱。在狱中,他写下了他的成名剧作《俄狄浦斯》,影射摄政王的荒淫无耻。为此,伏尔泰成为"法兰西最优秀的诗人"。1718年,当《俄狄浦斯》出版时,"伏尔泰"作为他的笔名第一次出现在法国文坛上。

1726—1729年在英国期间,他考察了君主立宪制英国的社会政治制度,学习和研究了牛顿的最新自然科学,并受到了洛克经验论哲学的影响。"光荣革命"后的英国社会给予了伏尔泰一次思想的洗礼,正如莫利所说,当伏尔泰返回法国时,"他在自己的诗力已经成熟的同时,品尝到科学理性之树的果实;他已经注意到一切艺术和一切知识的社会差别的实质。一句话,他从一个作家转变成一位将军或战士"②。在他以后的《奥尔良少女》《查理十二世》《路易十四时代》《哲学词典》等一系列著作中,伏尔泰都高举着理性与启蒙的大旗,同封建制度和宗教迷信展开了不懈的斗争。

美洲新大陆和好望角新航线的发现是世界史上划时代的事件,它是世界进入近代时期的重要标志。这种新的发现不仅带来了新的商业机会,更重要的是极大地拓展了人们的视野,极大地冲击了欧洲传统的观念。当时关于中国、印度、北美等地的游记和报道不断发表,犹如一阵春风吹拂着古老的欧洲,给人们打开一个崭新的天地,一个个完全不同于欧洲文化传统的文化世界展现在人们的面前。"在事实面前,僵化的、被传统严格设限的思想渐渐向外打开了。在好奇心的驱使下,人们增加了对文化普遍性和相对性的认识,这无疑等于在基督教文化的绝对统治中注入了多元化的概念,使得欧洲人不得不重新审视人类的历史。"③

在各类异国文化之中,中国文化是最富有特点并且对欧洲文化冲击最大的。"在法国文化史上,自贝尔(即培尔——引者注)以降的'自由思想家',几乎

---

① 黑格尔:《哲学史讲演录》(第四卷),第218—219页。
② 转引自谢应瑞主编:《法国启蒙时代的无神论》,厦门大学出版社1994年版,第56页。
③ 罗芃、冯棠、孟华:《法国文化史》,第101—102页。

都从中国的历史存在中，在理论和事实两个方面，找到了支持'文化普遍性'的依据。"① 伏尔泰是这些启蒙思想家中对中国文化历史介绍得最多的一位。

一、对中国历史的介绍

《风俗论》是伏尔泰的一部重要著作。在这部著作中，伏尔泰第一次把整个人类文明史纳入世界文化史之中，从而不仅打破了以欧洲历史代替世界史的"欧洲中心主义"的史学观，而且也开创了人类文明史或者说世界文化史研究的先河。他说东方的民族早在西方民族形成之前就有了自己的历史，欧洲人有什么理由不重视东方呢？"当您以哲学家身份去了解这个世界时，您首先把目光朝向东方，东方是一切艺术的摇篮，东方给了西方一切。"② 正由于东方的历史早于西方的历史，所以他的人类文明史研究首先是从东方开始的，从中国开始的。在这部书中，伏尔泰对中国的历史给予了详细介绍。

伏尔泰认为中国人的历史是最确实可靠的：

> 中国人把天上的历史同地上的历史结合起来了。在所有民族中，只有他们始终以日蚀月蚀、行星会合来标志年代……其他民族虚构寓意神话，而中国人则手中拿着毛笔和测天仪撰写他们的历史，其朴实无华，在亚洲其他地方尚无先例。③

伏尔泰的这个结论是有根据的。因为他读到了来华耶稣会士宋君荣的书。宋君荣是法国来华耶稣会士，他的研究重点是中国天文学史，写了《中国天文史略》（1729年巴黎刻印）。这本书有五个附录："1.中国干支；2.《书经》中之日蚀；3.《诗经》中之日蚀；4.《春秋》首见之日蚀；5.纪元三十一年之日蚀。"④

伏尔泰在《风俗论》中提到宋君荣核对孔子书中记载的36次日蚀，显然这是他在读到了宋君荣的书后得出的结论。"中国的历史，就其总方面来说是无可争议的，是唯一建立在天象观察的基础之上的。根据最确凿的年表，远在公元前

---

① 罗芃、冯棠、孟华：《法国文化史》，第454页。
② 伏尔泰：《风俗论》（上册），第231页。
③ 同上书，第85页。
④ 费赖之：《在华耶稣会士列传及书目》，第694页。

2155年,中国就已有观测日蚀的记载。"①

伏尔泰还提到中国上古史上的伏羲氏、尧。他说,尧在位约80年,"帝尧亲自改革天文学……力求使民智开通,民生安乐"②。在尧之前还有六个帝王,其中第一个就是伏羲氏。"他于公元前2500多年,即巴比伦已有一系列天文观测时在位;从此中国人服从于一个君主。中国境内有15个王国,均处于一个人统治之下……"③

伏尔泰所依据的史料是耶稣会士的著作,在史实上并不完全准确,但我们从中看到的是他开阔的学术眼光和对异族文化的平等态度。正如他说的,"不该由我们这些远处西方一隅的人来对这样一个在我们还是野蛮人时便已完全开化的民族的古典文献表示怀疑"④。

令我们感兴趣的是,伏尔泰不仅一般性地介绍了中国的历史,而且还提供了中国历史的不少数据,从而大大增强了西方人对中国历史的可信程度。

他说,根据中国最后一次人口统计的结果,能打仗的男人多达6000万人,而这个数字自然不包括60岁以上的老人、20岁以下的年轻人和官员及出家人。根据这一基本数字,他推算中国的人口似乎不会少于1.5亿。伏尔泰还从另一个侧面证实这个推算。他说,在公元1725年雍正皇帝册封皇后时,依照传统,要由皇后赐赈给全国70岁以上的穷苦妇女,结果当时仅广州一省受赐的70岁妇女就有98220人,80岁以上的有40893人,近100岁的3453人。伏尔泰感叹地说:"在这些已不算有用的女人当中,仅一个省便有142000余人受到赏赐。那么全国人口应有多少!"⑤

伏尔泰对中国历史的介绍并不仅仅是一个知识性的问题,它更是一个重大的现实问题。

因为当时的西方社会以基督教历史作为整个人类史,以西方的历史作为整个世界史。这种历史观是中世纪基督教神学观的必然产物。随着1500年以后殖民

---

① 伏尔泰:《风俗论》(上册),第239页。
② 同上书,第240页。
③ 同上书,第240—241页。
④ 同上书,第241页。
⑤ 同上书,第243—244页。

主义的扩张，大量异国历史的消息反馈回欧洲，但最引起欧洲震动的是来华耶稣会士对中国历史和文化的报道。因为按照中国历史的纪年，早在《圣经》所记载的大洪水时期以前，中国的历史就已经存在了。按照《圣经》的说法，亚当诞生于公元前4004年，而大洪水时期在公元前2349年，可是按照当时的文字记载，伏羲在公元前2952年就已经存在了。

显然，中国的历史纪年对西方的《圣经》历史观是一个严峻的挑战，中国历史成为一个极敏感的政治、宗教问题。

来华的耶稣会士同样被这一问题困扰。但他们都仍然抱守着《圣经》的历史观，为了做到既符合《圣经》的历史观，又坚持利玛窦的传教路线，承认中国文化和历史，以便在中国扎下根，他们大体采取两种办法。

一种办法是从西方文献中找解决的办法，他们发现了希腊本《圣经》的大洪水时期是公元前2957年，比拉丁本《圣经》记载的公元2349年早了500多年，希腊本的《圣经》的历史纪年大体能和中国的历史纪年相融。中国历史上也有大洪水时期的记载，如大禹时期，这样可以把中国人看作诺亚的后代。但这样做也是前后矛盾的。因为中国的大禹时期约为公元前2357年，这个时间和拉丁本《圣经》中记载的洪水期在公元前2349年大体接近，而如果采用希腊本《圣经》的历史，人类的洪水期发生在公元前2957年，这点无法和中国历史相协调。用希腊本《圣经》的历史纪年可以和中国历史上的伏羲纪年相一致，但与中国的洪水期不一致；反之，用拉丁本的《圣经》的历史纪年可以和中国大禹时期相对应，但又无法说明伏羲为何早500多年而存在。

来华耶稣会士的这种理论矛盾在卫匡国的《中国上古史》、曾德昭的《大中国志》等一系列关于中国历史的著作中都存在。

另一种办法是索隐派的方法。他们试图把中国历史说成《圣经》历史的一部分，于是从中国古书中考证，说明中国人是诺亚的后代，中国的文字是埃及楔形文字的变种，而埃及的文字是可以和《圣经》相联系的。他们通过这种牵强附会的考证来解决他们所面临的这个矛盾。

伏尔泰在介绍中国历史时，对《圣经》的历史观和索隐派的观点进行了尖锐的批评。

伏尔泰说，中国的历史是有文字记载所证明的，中国古代的"这些古籍之所以值得尊重,被公认为优于所有记述其他民族起源的书,就是因为这些书中没有任何神迹、预言,甚至丝毫没有别的国家缔造者所采取的政治诈术"①。显然这是批评以《圣经》为代表的历史,因为神迹是《圣经》历史的重要特征。伏尔泰认为,即便中国历史文献有不足之处例如伏羲氏自称看到他的法律写在有翼的蛇的背上,也"不该由我们这些远处西方一隅的人来对这样一个在我们还是野蛮人时便已完全开化的民族的古典文献表示怀疑"②。这里,伏尔泰表现出了博大的胸襟和对待东方民族历史的敬仰态度。

他明确指出,虽然中国历史的纪年不同于《圣经》历史的纪年,虽然中国历史在《圣经》上所说的大洪水时期以前已经存在,但中国的历史是可靠的。他说:"中国这个民族,以它真实可靠的历史,以它所经历的、根据推算相继出现过三十六次日蚀这样漫长的岁月,其根源可以上溯到我们通常认为发生过普世洪水的时代以前。"③

他认为,不能以西方自己的历史来度量、纠正东方民族的历史中国人的历史是无可怀疑的,在西方人还处在野蛮的偶像崇拜之中时,中国这个古老的国家早已培养良俗美德,制定法律,成为礼仪之邦。

对于索隐派的奇谈怪论,伏尔泰嗤之以鼻。他在《论中国》一文中,对索隐派的这种历史观做了介绍:

> 在西方的一个省,过去叫克尔赫(即法兰西——译者注)的那里,人们的奇谈怪论竟然发展到说中国人仅仅是埃及的殖民地人,或者说是腓尼基的殖民地人。人们竟然还认为,就像证实许多事物一样,证实了一位埃及国王被希腊人称做米那(传说中的埃及第一国王——译者注)的就是中国国王大禹,亚托埃斯(埃及传说中的第二国王,译者注)就是中国国王启,不过是更换了几个字母罢了。而且人们更进一步竟然这样推论:埃及人有时候在夜间点燃火炬,中国人也点灯笼,所以中国显然是埃及的一块殖民地。④

---

① 伏尔泰:《风俗论》(上册),第241页。
② 同上。
③ 伏尔泰:《路易十四时代》,吴模信、沈怀洁、梁宇锴译,商务印书馆1996年版,第597页。
④ 伏尔泰:《哲学辞典》(上册),王燕生译,商务印书馆1997年版,第321页。

对于这种言论，伏尔泰一方面是依据来华耶稣会士的亲身经历来加以反驳。他以来华耶稣会巴多明的话作为证据。伏尔泰说，每当巴多明听到这种比附时，都付之一笑，因为巴多明认为这种说法不合符常识，因为埃及人若去中国必经过印度：

> 当时印度是否有人？要是有的话，又怎么能让一支外国军队过境呢？要是印度当时还没有人的话，埃及人岂不就会留在印度了吗？那么他们本来也就可以在印度河和恒河肥沃的两岸开辟殖民地，还会穿越荒无人烟的沙漠和难以通行的山岳到中国去拓殖吗？①

巴多明的观点显然是十分有利于伏尔泰的，因巴多明在华25年，精通汉语，受中国皇帝器重。另外，巴多明熟悉中国历史，他以法文翻译了司马光《资治通鉴》的部分内容。

另一方面，伏尔泰从当时所能看到的有关中国的书籍中寻找证明，从中国古书记载的日蚀中发现中国现存的古迹，如用长城来说明中国历史的悠久。

耶稣会用希腊本《圣经》代替拉丁本《圣经》的做法，伏尔泰也认为是可笑的。他借用康熙皇帝的话，讽刺了他们："当他们（指在华耶稣会士——引者注）与贤明的康熙皇帝谈及《拉丁文本圣经》《希腊文本圣经》和撒马利亚人的史书彼此有很大出入时，康熙说：'汝等所笃信之书，竟至自相矛盾？'"②

伏尔泰的结论是，西方所编写的否认中国上古史的书都是错误的。

二、伏尔泰对中国伦理的介绍

伏尔泰对中国的道德伦理给予了高度的评价。他认为，在中国，"他们完善了伦理学，伦理学是首要的科学"③。

伏尔泰敏锐地看到了中国伦理与政治法律之间的关系，他说：

> 中国人最深刻了解、最精心培育、最致力完善的东西是道德和法律。儿

---

① 伏尔泰：《哲学辞典》（上册），第321页。
② 伏尔泰：《风俗论》（上册），第85页。
③ 同上书，第87页。

女孝敬父亲是国家的基础。在中国，父权从来没有削弱。儿子要取得所有亲属、朋友和官府的同意才能控告父亲。一省一县的文官被称为父母官，而帝王则是一国的君父。这种思想在人们心中根深蒂固，把这个幅员广大的国家组成一个大家庭。①

在伏尔泰看来，中国的伦理是与法律分不开的，法律不仅仅是"用以治罪，而在中国，其作用之大，用以褒奖善行。若是出现一桩罕见的高尚行为，那便会有口皆碑，传及全省。官员必须奏报皇帝，皇帝便给应受褒奖者立碑挂匾"②。

尽管伏尔泰从来华耶稣会士获得的材料有片面性，但他对中国伦理思想的理解还是大体准确的。泛伦理化是中国古代社会的一大特点，正如蔡元培先生说过的，在儒家看来，一切精神科学都属于伦理学范围："为政以德，曰孝治天下，是政治学囿于伦理也；曰国民修其孝弟忠信，可使制梃以挞坚甲利兵，是军学范围于伦理也……我国伦理学之范围，其广如此，则伦理学宜为我国唯一发达之学术矣。"③

由于来华耶稣会士大都奉行利玛窦的"合儒"路线，因而他们介绍到西方的基本是儒家伦理思想，伏尔泰上面表述的就是儒家政治伦理学的基本特点。

儒家伦理学有两个基本点：其一，伦理原则与政治浑然一体。孔子所强调的四种人际关系中，首要的就是君臣关系，而父子、兄弟、朋友关系不过是君臣关系的延伸。其二，在政治与道德关系上，道德位于首位，这就是孔子说的"道之以政，齐之以刑，民免而无耻；道之以德，齐之以礼，有耻且格"（《论语·为政》）。

这两个根本点，伏尔泰都谈到了。他说：

这种道德，这种守法精神，加上对玉皇大帝的崇拜，形成了中国的宗教——帝王和士人的宗教。皇帝自古以来便是首席大祭司，由他来祭天，祭祀天上的神和地上的神。他可能是全国首屈一指的哲学家，最有权威的预言者；皇帝的御旨几乎从来都是关于道德的指示和圣训。④

---

① 伏尔泰：《风俗论》（上册），第249页。
② 同上书，第250页。
③ 蔡元培：《中国伦理学史》，东方出版社1996年版，第2页。
④ 伏尔泰：《风俗论》（上册），第251页。

这里，他点明了中国文化的另一个特点：伦理与宗教的合一，这点我们在下面关于他对中国宗教的介绍中再做深入研究。这里所强调的是，伏尔泰准确看到了中国伦理的政治化特点，指出了统治者以礼、忠、信的道德体系维持统治的特点，显然这是儒家伦理学的根本特征。"君使臣以礼，臣事君以忠"（《论语·八佾》），伏尔泰对这点的理解还是正确的。

伏尔泰对中国传统伦理总的来说赞扬得多。在《哲学辞典》中，他曾写过一篇《中国教理问答》。他假设孔子的弟子縠馓和鲁公子虢为对话双方。这篇对话十分有趣，其中多次谈到中国伦理、他认为，"慎以修身"，"和以养体"，这是中国伦理的重要原则，这种原则要求的"真正的品德是那些有益于社会的，像忠诚老实、宽宏大量、乐善好施、仁恕之道等等"①。

他和孟德斯鸠相反，认为中国可以作为欧洲的榜样，孔子可以作为欧洲的思想导师。"对伏尔泰来说，孔子的传统表明了人类从过去迷信和虚假中摆脱出来的一个特殊的阶段，一个由简单的自然原则决定的确定性的阶段。"② 在伏尔泰眼中，中华民族的道德风尚是高于西方人的道德的，像热情好客、谦虚这些美德都很值得赞扬。

显然，伏尔泰对中国伦理的赞扬是同他对欧洲基督教神学伦理的批判联系在一起的，他要借中国之"火"来煮欧洲自己的"肉"。正因为伏尔泰的理论关注点是在欧洲、在法国，中国伦理只是他借用的一个批判武器，这样他在对中国伦理的介绍中不自觉地注入了自己的观点。也就是说他笔下所介绍的中国伦理学的内容并非完全是中国的，实际上不少是欧洲的，是当时欧洲启蒙思想家们的一些重要观念。

例如，他对友谊的介绍就很典型。他通过虢的口说："友谊是生活中的止痛香膏，比化学家埃尔危的还好，也甚至比大拉奴的香囊还香。"縠馓在回答虢时说："友谊本身是相当神圣的；永远不要用命令来规定；要心里觉着自由才行；而您若把友谊定为规则，不可泄漏的奥秘、教仪、礼节，就会有成千的和尚在宣讲和写作他们的鬼话时把友谊弄成庸俗可笑的东西了；不要让友谊遭受亵渎。"③

---

① 伏尔泰：《哲学辞典》（上册），第281页。
② W. Watson, "Interpretation of China in Enlightenment: Montesquieu and Voltaire," p. 34.
③ 伏尔泰：《哲学辞典》（上册），第279—280页。

显然，伏尔泰这里讲的友谊，名为中国伦理，实为西方启蒙思想之内容。因为友谊在中国的伦理关系中并不十分重要，以自然宗法关系为基础的中国伦理，强调的是血缘关系。所谓"亲亲为大"，所谓"君子笃于亲，则民兴于仁"，都说明了儒家的伦理首先是"亲亲"之爱和"君臣"之义。孔子讲的"爱人"，讲的"仁"，都是建立在这个基础之上的。友情是末，亲情是本，这正是："君子务本，本立而道生，孝悌也者，其为仁之本与！"（《论语·学而》）

西方基督教神学讲"天主就是爱"，天主之爱不但相通于圣人之间，而且通过每个人爱天主而达到彼此相爱。伏尔泰以批判基督教神学为使命，显然他在这里讲的友谊不是基督教的友谊观。他已经明确提出，不能把友谊规定为"规则""教仪"和"礼节"，这显然是批评基督教的友谊观。他突出的是"要心里得自由才行"。

因而，伏尔泰这里讲的友谊，实际上既不是儒家的友谊，也不是基督教神学的友谊，而是启蒙精神的友谊。

既然把中国伦理当作自己的旗帜，他就必然要为之而奋斗。对于一切攻击、贬低中国伦理思想的，他都给予回击。他以毂傲的话表达了自己的这个坚定信念：

> 我希望各国都懂得您的意思：因为有人跟我说真有些相当狂妄的民族竟敢说我们不懂真正的德行，说我们的善良行为都出于沽名钓誉，说我们需要他们的达拉般的教训来为我们制定善良的规范。这些可怜虫！他们只不过昨天才学会念书和写定，现在就要来教他们的老师啦！①

总之，伏尔泰认为伦理学是中国值得骄傲的学科，"由于它是世界上最古老的民族，它在伦理道德和治国理政方面，堪称首屈一指"②。

三、伏尔泰对中国科学的介绍

作为启蒙运动的精神领袖，伏尔泰对理性、对科学倾注了自己全部的热情，他对中国历史文化的介绍自然也涉及了科学。

他认为中国的金币和银币是"亚洲人工艺历史悠久的另一个证据"③。他还

---

① 伏尔泰：《哲学辞典》（上册），第280页。
② 伏尔泰：《路易十四时代》，第594页。
③ 伏尔泰：《风俗论》（上册），第246页。

介绍了中国的养蚕和织造丝绸、造纸和制作漆器的技术。

对中国印刷术的历史地位，他也给予了十分明确的肯定。很多西方人认为印刷术是由德国人古登堡发明的，直到今天，这个声音在西方还能听到。伏尔泰明确地说："我们知道，这种印刷术是在木板上刻字，就像古登堡15世纪在美因茨首先采用的方法。在中国，在木板上刻方块字的工艺更为完善。"①

经过文艺复兴运动以后，西方的科学技术得到了发展。中国科学技术在许多方面的优势开始逐步被西方所取代。所以，伏尔泰以一种理性的眼光来看待中国科学的发展，他认为中国的科学技术虽然有着十分悠久的历史，但却未结出近代新的科学成果。如中国在上古时期就会使用大钟，早于西方几百年，但中国却未产生出优秀的物理学家；中国发明了火药，但却只把它用来制造烟火，用于节日，没有生产出热兵器；中国人早就发明了罗盘，但这对他们来说，只是纯粹的玩物。相比之下，西方的科学技术虽然起步晚，"但却迅速使一切臻于完善"②。

是什么原因造成中国科技的停滞不前呢？伏尔泰给自己提出了这个尖锐的问题。

伏尔泰找到了两个原因："一是中国人对祖先留传下来的东西有一种不可思议的崇敬心，认为一切古老的东西都尽善尽美；另一原因在于他们的语言性质——语言是一切知识的第一要素。"③从前者来说，他指的是孔子所代表的儒家所崇尚的复古精神。这个批评有一定道理，孔子言必称三代，以周礼为定国之本。虽然孔子的本意并不是要退回三代，而是要为转型期的社会确立一种理想的制度与观念，但以前世为楷模来批评今世的做法及观念不可能不对科学的发展产生影响。伏尔泰找的第二个原因基本上不能成立。自中国文化传入西方以后，中国文字对于以字母文字为传统的西欧来说始终是一个神秘的东西。

伏尔泰的答案并不重要，他的问题却是有价值的。有着悠久文化历史传统的中国为什么没有开出近代科技之果呢？李约瑟为解开这个谜，倾注了一生的心血。应该说，"李约瑟难题"的源头在伏尔泰这里。

---

① 伏尔泰：《风俗论》（上册），第246页。
② 同上书，第248页。
③ 同上。

四、评伏尔泰的中国观

伏尔泰对中国文化的认同，对儒教的赞扬，对孔子的肯定，在18世纪欧洲思想史上都是极为突出的。一个资产阶级思想革命的领袖为什么会对一位封建意识形态的奠基人如此钟情呢？一个18世纪的人物为什么会对一千多年前的古人如此感兴趣呢？一个西方启蒙思想的旗手为什么将东方圣人的思想作为旗帜？

知识社会学和阶级论的历史观都无法解释这一问题。这个问题包含着很深刻的道理，需要我们从理论上加以深入探讨。

1. 文化的超意识形态性

伏尔泰对孔子学说的接受，无论从社会意识的继承性，还是从社会意识发展的不平衡性的角度来看，都不能有一个圆满的解释。

如果从单纯的意识形态角度来看，伏尔泰对孔子学说的接受是不可理解的，他们分别是两个完全不同时代的精神代表。这个事实表明，任何时代的文化，除受制于该时代的生产方式和意识形态这个特点以外，每个文化内核中都有超越其意识形态性、超越当代性的一面。所谓的文化继承，其基础就在于这种文化的超越性。

这种超越性使我们不仅可以理解伏尔泰为何接受孔子，也可以理解在21世纪的今天，我们为何仍不可能完全脱离本土文化而全盘接受外来文化。儒家文化毫无疑问是封建意识形态的文化，对其封建性一面的批判仍是一项重要任务，"五四"精英们提出的任务并未完成。但另一方面，儒家文化还有超越意识形态的一面。因为人类在面临自然的挑战、社会的进步时，有些思考是具有永恒性的，这些永恒性的内容就构成这一学说超越性的基础。儒家文化中的超越意识形态性为我们今天重新审视中国文化、从中吸取智慧与营养提供了基础。在这个基础上，我们就能创造性地把儒家文化中永恒性的一面与现代社会的发展相结合，为确立工业时代的新的价值体系提供一份答案。

同时，从这种超越时代的永恒性中，我们方可理解伏尔泰与孔子沟通的契机。雅斯贝尔斯在其"轴心说"理论中已经提出这点，从伏尔泰对孔子学说的接受中我们也可证明这点。当然，雅斯贝尔斯讲的是一种历史的"纵向"，即寻求一种人类文化的原点。我们这里讲的永恒性，并不仅仅是历时性的原点，更强调的是一种横向的、各文化中共时性的内容。

2. 解释的自足性

在文化交流中，任何一种文化对于外来文化的接受都有一个重新理解和重新解释的问题。任何外来文化与本土文化的融合都有一个变异、适应的问题。重新解释后的异族文化已经经过了解释者的加工，解释者依据自身的文化结构对外来文化进行了过滤。这种过滤、解释后的异族文化与原本的异族文化已有较大的不同，在比较文学中，有些学者将其称为"误读"；从哲学角度来说，这是一种正常的形象，它有其合理的根据。这种"误读"，这种"变异"，是有其自足性的。

这一点，当代解释学大师伽达默尔已讲得十分清楚：我们在解释和接受任何历史知识时，我们本身的知识和境遇发挥着重要的作用，他将这种现象称为"偏见"。他说："构成我们存在的过程中，偏见的作用要比判断的作用大。"[①] 这个观点是很有启发性的。在人们对任何文化、历史的理解中，已具有的"前见"起着十分重要的作用，正是这种"前见"决定着我们对新东西的接受。"我们是被某种东西所支配，而且正是借助于它我们才会向新的、不同的、真实的东西开放。"[②] 所以，如伽达默尔所说："偏见并非必然是不正确的或错误的，并非不可避免地会歪曲真理。"[③]

伏尔泰对中国文化的接受，对孔子的解释，正是在他的"偏见"的支配下进行的。这种"偏见"是不可避免的。他在法国高举起启蒙的旗帜，反对宗教迫害，反对非理性的宗教狂热。此时耶稣会介绍到欧洲的，正巧是宗教宽容的"儒教"，是一种道德理性高于非理性崇拜的学说。这自然会引起伏尔泰的关注。这样，孔子成了伏尔泰眼中的孔子，中国宗教成了伏尔泰阐说后的中国宗教。所以"误读"几乎是不可避免的。对人类历史意识的认识，对人类精神变迁过程的解释，采用近代科学的认识论方法追求一种"无我"的认识主体，这几乎是不可能的。解释学正是由此而产生的，只有这样，我们才能对人文科学的历史过程有一个合理的解释。这种方法也能使我们对伏尔泰的"孔子崇拜"有新的理解和说明。

从解释学的这种观点出发，以伏尔泰为例证，我认为，西方汉学决不能简单

---

① 汉斯—格奥尔格·加达默尔：《哲学解释学》，上海译文出版社1994年版，第8页。
② 同上书，第9页。
③ 同上。

地被归为中国文化的域外部分。西方汉学史应是西方精神史的一部分，也就是说，我们不能完全忽略西方学者和思想家对中国文化和历史研究解释中的"前见"。其实，正是他们这种"前见"，或者说解释学中的"偏见"，才呈现出西方汉学不同于中国本土学术的特点，才能凸显西方汉学在其本身精神变迁的不同阶段所呈现出的不同特点。

正像伏尔泰对孔子的"崇拜"和黑格尔对孔子的"批判"都具有历史的合理性一样，西方汉学家是一些"变色龙"，他们在各个时期对中国文化理解非常不同。即便是在21世纪的今天，西方已出现一些很专门的汉学家，他们似乎已和中国本土的学问家们"完全一样"，但笔者认为，我们仍不能说西方汉学是中国文化的域外部分，西方汉学的这种所谓"完全一样"实际上是不存在的。西方汉学作为一门学科，有益于中国学术界。除其掌握一些国人没有的少数材料以外，西方汉学的主要优势在于其同中国本土汉学的"不一样"。这种"不一样"中蕴藏着他们的方法和文化，这种"不一样"和西方的整个文化精神史有着内在的联系。

因此，对西方汉学的解读，仅仅从中国本土的学术角度去看是远远不够的。解读西方汉学的人必须同时是一位西方文化的研究者，只有这样，解读才能更全面。

从另一个角度来说，在对近代以来西方文化精神史的研究中，我们必须注意西方思想家和中国文化的关系。因为自耶稣会来华以后，中国文化已成为西方近代文化得以重构的重要因素之一。这一点恐怕大多数从事西方近代思想研究的中国学者还尚未认识到，伏尔泰的思想历程恰好告诉了我们这一点。

3. 理论上的一致性

有了前两个论点，我们就可以为伏尔泰与儒家文化的一致性寻找到一种理论的根据，这种根据使我们对"一致性"有了理论上的说明。这种"一致性"是"还原"后的一致性，是将中西两种文化的意识形态特点抛去，从其根源上来说的。因为只有从这种根源上去讲，中国文化"永恒性"的一面才能显示出来。这种"一致性"是从解释者"偏见"的合理性出发的，只有承认这一点，我们才能看到这种"一致性"是如何被纳入解释者本身的文化处境之中的。

对伏尔泰与孔子关系做过深入研究的孟华先生曾对二人理论上的一致性概括了三点。第一，孔子的现实主义契合伏尔泰的宗教观；第二，儒家的"仁"是伏尔泰人际关系的准则;第三,"仁政德治"为伏尔泰提供了开明君主制模式。这三点分别从宗教观、伦理观、政治观三个方面揭示了伏尔泰与孔子在理论上的一致性。

笔者认为,这个分析是十分深入的。尤其值得注意的是,她通过对伏尔泰与孔子关系的分析反观中国文化,对中国文化的转型期谈了自己的观点,很有见地:

> 事实上,我们已经看到,十八世纪的法国面临的许多重大问题都与殷周之际的中国相类似。其中最主要的,就是由于神、人地位的变化而带来了一系列的转型问题:宗教的、道德的、政治的等等。孔子继承、总结和发扬了中国古代文化传统,以"仁"为纲,先于法国两千多年,较完美地回答了这些问题,这是十八世纪的欧洲和伏尔泰需要孔子的先决条件。[1]

这就是说,中国文化早在殷周之际就完成了从宗教向世俗的转变,而欧洲自马丁·路德新教改革以后,从天国向人间的转变才开始。中国文化的早熟性带来了它的一系列优点和不足,同时也使我们找到了当时欧洲接受中国理论的原因。

这个结论使我们重新考虑、反思中国文化本身的特点。殷周之际完成的神人转变,孔子所代表的世俗理性、理论的形成,儒家学说的价值——我们不仅要从中国文化本身演进的角度来看这些问题,还要重新从世界文化史演进的角度来看。在一种宏观的视角中,在一种比较文化的研究中,我们才能认清自己的文化。

第五节 魁奈与中国

魁奈(François Quesnay,1694—1774)是法国重农学派的创始人。他成长在18世纪法国的"中国热"之中。他1749年以御医的身份进入皇宫,很快受到宫中"中国热"的感染。尤其是蓬巴杜夫人对中国的迷恋,对他产生了很大的影响。他以《农业、商业、财政杂志》和《公民日志》作为阵地,以中国为榜样,形成了西方经济学史上的第一个经济学派:重农学派。

---

[1] 孟华:《伏尔泰与孔子》,新华出版社1993年版,第146页。

一、重农学派的基本观点

重农主义的基本思路是：自然法则是人类一切活动必须遵循的规律，它支配着人们的经济活动，人们只有遵循自然秩序才能获得最大的利益。农业最能体现自然秩序、自然法则，所以人们必须重视农业。人们说魁奈是"以一个最重视自然法的学者，而主张农学为人世最重要的学问，农业为社会最重要的职业"[1]。

在重农学派看来，农业的重要性还表现在它是社会一切财富的根源，只有农业产品才是真正的"纯产品"，其他商业、运输等行业等并未创造财富，因而租用土地的农场主以及一切农产品的加工者都不应被征税，除了土地单一税。农业产品作为唯一的"纯产品"成为税收的唯一来源，这种税收就表现为地租。由于农业是依靠自然秩序的行业，因而这种税收也并非是君王所任意制定的。

据说法国皇太子曾问魁奈："如果你是国王，你会干什么呢？"魁奈说："什么也不干（Nothing）。"皇太子又问："那么谁来统治呢？"魁奈则说："法则（The law）。"[2] 这段对话引出了或者说表达了重农学派的重要经济原则：自由放任，贸易自由。其实在理论上重农主义本身是前后一致的，既然自然秩序是人类社会所应遵守的基本原则，那管理经济的最好办法就应是遵循经济本身的规律，顺其自然。所以，"自由放任作为重农学派的口号，其主要涵义包括：经济生活受自然规律的调节，国家不得对经济事务进行干涉；国家应当实行自由主义的经济政策，让社会成员在追逐个人利益的过程中实现社会利益的最大化。"[3] 显然，这种顺其自然、使经济活动摆脱政府干预的自由主义经济学说赢得了资产阶级的支持，魁奈也成为资产阶级经济学说史上"第一个系统地阐述了自由贸易学说"的人，而他的这套理论"在思想方面是为法国大革命开路的最有力的因素之一"。[4]

谁来保证这一套理论的实行呢？或者说，人类社会如何才能在自然秩序的基础上展开它的运转呢？魁奈和重农学派的理论家认为只有"开明专制的制度"，只有"开明专制的君王"，才能保证做到这一点。所谓"专制"，是承认君王的

---

[1] 谈敏：《法国重农学派学说的中国渊源》，上海人民出版社1992年版，第274页。
[2] 参阅上书，第234页。"魁奈与中国哲学"一部分受启于谈敏此书颇多，在此表之谢意。
[3] 同上书，第236页。
[4] 赫德逊：《欧洲与中国》，第297页。

存在，而不是采取共和制；所谓"开明"，在于这种君王并不是独断专行的暴君。在魁奈心中，理想的政治制度是开明君主制。他既反对民主选举制，也反对贵族政治的统治。重农主义的理论家们认为："政权应当是统一的，……它应当集中在一个统治者的手里，他一个人拥有执行权。"①

但这个握有大权的君王并不能随心所欲，因为整个社会的运转是自然法则所控制的；如果君王横征暴敛，自然秩序会最终发挥作用，推翻他的统治。其实君王的任务就是"无为而治"，保证社会按照自然本身的规律运转。

保证这种"开明君主制"的另一个方面便是社会的教育。只有通过对民众持续不断的教育，人们才能认识到这种自然法则的意义，才能拥有一个正确的行为准则。君王的一个重要任务就是推动教育："教育主要是国家的一种利益，为了国家的福祉它要求它的臣民应当接受得到肯定的社会学说的教育。"②

所有这一切都说明农业的重要性，重农学派的理想就是农业社会。"如果没有农业，各种社会团体只能组成不完善的民族。只有从事农业的民族，才能够在一个综合的和稳定的政府统治之下，建立起稳固和持久的国家，直接服从于自然法则的不变秩序。"③

魁奈为法国设计的这一套理论是崭新的，而且他和他的同伴们认为这套理论并不是一种空洞的、毫无根据的臆想："有这么一个国家，看来似乎具备着这些以及许多其他种因素的，就是中国。"④ 中国成了重农主义的典型例证，或者说，他们从中国汲取了智慧和灵感，创立了自己的经济学说。实际上这是两个互为前提的判断。

我们只有揭示出魁奈的重农主义与中国的关系才能看出重农学派的全部秘密和思想渊源。

二、魁奈论中国

魁奈的《中华帝国的专制制度》首先以连载的形式从1767年春季起发表于《公

---

① 谈敏：《法国重农学派学说的中国渊源》，第239页。
② 赫德逊：《欧洲与中国》，第299—300页。
③ 弗朗斯瓦·魁奈：《中华帝国的专制制度》，第122—123页。
④ 利奇温：《十八世纪中国与欧洲文化的接触》，第91页。

民日志》上，之后被后人收入《魁奈的经济与哲学著作》之中。这是魁奈唯一专论中国的著作，被后人称为中国对西方经济学思想影响达到其顶点的著作。①

这里我们首先将他对中国的一般性论述做一介绍，然后专门研究他对中国哲学和思想的论述。《中华帝国的专制制度》全书共分八章，分别从总体、实在法、租税、权力、行政管理、政治统治的缺点、中国的法律和作为繁荣政府的基础的自然原则等方面进行了全面的研究。在 18 世纪欧洲的"中国热"中，它和伏尔泰的《风俗论》一样，是较为系统的向西方介绍中国的著作。

中国的历史是对 17 世纪欧洲思想界影响最大的问题之一。

早在门多萨的《中华大帝国史》、曾德昭的《大中国志》和利玛窦的《利玛窦中国传教史》中，都已经先后几次提到在公元前 2500 年甚至公元前 3000 年前中国就有了文字记载的历史。但这些作品只是提到一两句，在欧洲并未产生大的影响。柏应理最早将中国的历史年表译成拉丁文在欧洲发表。继后卫匡国又专门写了《中国上古史》，介绍中国先秦直到基督诞生的历史。从公元前 2952 年到公元元年，中国历代君王有名有姓，代代相传，这些信息进一步证实了中国历史的可靠性。柏应理的"中国历史年表"和卫匡国的《中国上古史》发表以后，欧洲关于中国的争论越来越激烈了。争论的焦点在于：《圣经》的历史观是否还有效？如果中国的历史记载是真实的，那么欧洲人长期确信无疑的《圣经》的历史记载就不能代表世界的历史。一旦这样，基督教的普世性就受到怀疑，上帝创世说就会发生动摇。

面对中国历史的挑战，欧洲的一些历史学家采取了两种手法来反击中国的历史观。一种办法是彻底否认它。其理由是：如果中国的历史真的那么久远，为什么欧洲人闻所未闻呢？为什么我们的先祖从未听说过中国人呢？这点下如魁奈所转述的：

> 如果远古时代的中国真像它在若干世纪以后那样，是一个伟大而强盛的帝国，那么无论中国人多么沉默寡言，我们总会得到一些关于他们那时就很富有、强大和具有创造力的材料。波斯人在他们的帝国崩溃以前，应当知道有关中国的某些事情；同样，如果远古时代的中国人在世界上一直具有相当

---

① 参阅谈敏：《法国重农学派学说的中国渊源》，第77页。

重要的地位,则艾罗多斯时代的希腊人也就不会对他们的存在茫然无所知了。但是在亚历山大远征印度以前的史籍中从未提到过中国人,甚至连最起码的重要性也未曾提及。①

第二种办法是把中国人说成诺亚子孙们的后代。其办法是采用非正统的希腊本《圣经》,因为那里记载的大洪水发生于公元前2957年,②这样就可以说明中国人不过是大洪水以后诺亚的后裔而已。与这个论点大体相近的是中国人是埃及人后代的观点。埃及人与西方人又有着历史关系,这样也可以说明中国历史。魁奈也引述了这一种观点:

> 吉尼侯爵重新提出于埃先生的假设,认为中国人源出于埃及人。这位院士根据旁证材料来阐述他的观点,宣称中国古代文字与埃及的象形文字相似,实际上是一种按照埃及文字和腓尼基文字而构成的组合字体;他还进一步论证,中国最早的几位帝王就是底比斯和埃及的古代帝王。在吉尼侯爵看来,这种简单的推测似乎就证实了中华民族源出于埃及人的理论。③

对这两种否认中国历史纪年的观点,魁奈都明确地表明了自己的观点,对这两种观点提出了质疑和批评。

针对第一种"观点"魁奈说:

> 根据以上论述,似乎存在着这种可能性:近代中国人也许篡改了他们的编年史,他们把那些来自他们祖先、根据传说而留传下来的有关宇宙观、人类创世、洪水故事等资料,后人都纳入中国的古代王朝纪事;他们还把六十甲子循环之法发明以前很久所发生的各种事件,编成甲子纪年。不过,我们的史学家最终认为,应当在这两种截然相反的极端意见之间折衷一下,并且承认中国的古代历史肯定是有部分的真实性。④

---

① 弗朗斯瓦·魁奈:《中华帝国的专制制度》,第31页。
② 拉丁本《圣经》关于人类大洪水的纪年是公元前2349年,柏应理所标出的中国历史纪年是从公元前2952年开始的,若是按此推论,中国历史早于西方近600年。
③ 弗朗斯瓦·魁奈:《中华帝国的专制制度》,第32—33页。
④ 同上书,第32页。

他认为，虽然中国的历史纪年因久远可能有些失实，但"这些均不足以否定那些已为历代所证实、而且又为极其重要和非常可靠的遗迹所进一步印证的确凿事实"①。

对于第二种观点，魁奈反问他们："即使中国人与埃及人相同之说可以成立，那么为什么不能假定后者源出于中国呢？或者假定前后二者均出于同一渊源呢？"②他认为这种比附的说法是牵强附会的，"所有这些纯粹的历史讨论，其成果都是微乎其微的"③。

对于中国的自然资源和中国人的勤劳，魁奈给予了很高的评价：

> 不论在哪一个时代，都没有人能够否认这是世界上最美丽的国家，是已知的人口最稠密而又最繁荣的王国。像中国这样一个帝国，其大小与整个欧洲相同，宛如整个欧洲联合起来，置于一个君主的统治之下。④

来华耶稣会士的书信、著作是魁奈了解中国情况的主要来源，甚至可以说是唯一的来源，耶稣会士们的态度显然对魁奈产生了影响。李明在《中国近事报道》中说：他到过的中国七、八个城市，其中每一个都比巴黎大；中国又分15个省，即使最小的省份也十分富饶。一个广阔、富饶的中国形象呈现在魁奈的面前。在他的笔下，中国有着肥沃的土地，无数的河流和湖泊，每条河流上都有着漂亮的、半圆形的拱桥。

中国的人口众多给魁奈留下了深刻的印象，因为耶稣会士在通信中常提到在中国路边有弃婴。富饶的国度因人口众多而使不少人处于贫困之中，中国的这一现状成为他重农主义理论的一个佐证。因为从重农主义的理论来看，人口与自然资源必须是协调的，一旦人口超过了财富，仅靠救济是无济于事的。

> 中国的人口情况就是这样的，中国虽然地大物博，但只能保证居民大米和某些充作粮食的谷物。中国人是管理得很好的，没有战争，也不侵犯别的

---

① 弗朗斯瓦·魁奈：《中华帝国的专制制度》，第34页。
② 同上书，第33页。
③ 同上书，第34页。
④ 同上书，第39页。

国家，他们的人口增长超过了耕种得很好的广大国土所能供给的生活资料，不过促使人口过分增长的这一情况，在别的国家是没有的。①

人口与资源的矛盾使中国人十分勤劳、节俭。魁奈说，他们终日劳作于田间，但生活十分简单，晚上吃上米饭、蔬菜，喝上茶就十分满足。他们确信只要努力工作，辛勤劳动都可以有收入。因而不仅农人们年复一年的伏犁于土地上，各种手工业者也走街串巷招揽活计，甚至连盲人也在从事力所能及的工作：

> 于是世界上便产生一个很勤劳的国家，一个很俭朴和勤奋的民族！
> ……
> 在这个帝国内没有一寸可以耕作的土地未被利用，在那里也没有任何人，无论是男女、老少或聋哑之人，不设法谋生。②

中国的教育也引起了魁奈的注意，他在第二章的第五、第六节专门介绍了中国的教育与科举制度。他说，中国的小孩从小学就接受严格的教育，在学校里学习读写，培养正确的思维方法；他们一开始时读《三字经》，尔后读四书五经。特别引起他注意的是中国政府对教育的重视：

> 教育人民是官吏们的一项主要职责。每月的初一和十五，所有地方官吏都聚集在一起举行仪式，由其中一人向百姓发表演说，演说的内容总不外乎是父慈子孝，服从地方官吏，以及一切有利于维持安宁与和谐的事项。③

魁奈非常欣赏中国的科举制度。他详细介绍了这种考试用人制度的基本内容，包括从秀才、举人到进士的每一阶段的考试形式及其结果和效用。"魁奈也和他当时所有的喜爱中国的人一样，非常欣赏这种制度，希望欧洲也有某种类似的东西。"④ 其实当时整个欧洲对中国的科学制度大都很赞赏。从英国到法国，欧洲的学术考试制度是到18世纪和19世纪才发展起来的，它受到中国科学制度的影响。⑤

---

① 转引自谈敏：《法国重农学派学说的中国渊源》，第338页。
② 弗朗斯瓦·魁奈：《中华帝国的专制制度》，第43页。
③ 同上书，第60—61页。
④ 赫德逊：《欧洲与中国》，第301页。
⑤ 参阅利奇温：《十八世纪中国与欧洲文化的接触》，第96页。

对魁奈来说，中国的教育制度，尤其是政府对教育的管理，是他自然秩序理论的一个体现。

传教士笔下的中国是一个历史悠久、幅员广阔、政治开明、教育普及的国家，一个以农业为本的国家，一个有着勤劳的人民和富足的财富的国家。传教士们从遥远的东方寄回的书信展示了中国一派繁荣美丽的景象。传教士们的书信和著作证实了魁奈及重农学派的理论，这块神奇的土地成为他们理论的见证。他们以中国为榜样，希望法国像中国一样。在魁奈的影响下，通过蓬巴杜夫人的劝说，路易十五决定模仿中国古代帝王的"籍田大礼"。1768 年 6 月 15 日，在凡尔赛王宫举行典礼，皇太子"亲自拿着用丝带装饰的耕犁模型在众人面前炫示"，这被后人称为"对'重农主义'的流行性疯狂的一个贡献"。①

三、魁奈与中国哲学

有些学者认为，魁奈在他的《中国的专制制度》中浸透着中国文明，使人产生这样一个印象：重农学派的全部理论均是中国哲学的产物。这涉及了魁奈及重农学派的思想根源。考察魁奈及重农学派就必须揭示出他们与中国哲学的关系。

对中国哲学的汲取，对孔子学说的崇拜，是魁奈及重农学派重要的，甚至根本的特征。利奇温说，魁奈"对中国哲学的估价高于希腊哲学。……魁奈很少引用希腊罗马哲学家的言论"②。魁奈思想的独特性正在于他对中国哲学思想的汲取。对此重农学派的重要成员米拉波讲得最为明确：

> 孔子的整个教义，在于恢复人受之于天，而为无知和私欲所掩蔽的本性的光辉和美丽。因此他劝国人信事上帝，存敬奉戒观之心；爱邻如己，克己复礼，以理制欲。非理勿为，非理不念，非理勿言。对这种宗教道德的伟大教言，似乎不可能再有所增补；但最主要的部分还未做到，即行之于大地；这就是我们老师的工作，他以特别聪睿的耳朵，亲从我们共同的大自然母亲的口中，听到了"纯产品"的秘理。③

---

① 转引自谈敏：《法国重农学派学说的中国渊源》，第68页。
② 利奇温：《十八世纪中国与欧洲文化的接触》，第94页。
③ 同上书，第92—93页。

我们从以下四个方面来说明魁奈与中国哲学的关系。

1. 关于孔子及儒家的自然主义

魁奈首先介绍了儒家的基本著作即"五经"和"四书",他把"五经"称为"第一级圣书或正经",认为《周易》"神秘莫测",直到孔子解释后,才引申出许多重要的政治、伦理的思想,使其成为"中国人的学问的基础"。[①]《尚书》是关于上古的传说,主要记载了尧、舜、禹的历史,魁奈说它所记载的历史真实性,"已为孔子以来的所有中国学者所公认"[②]。《诗经》为"各种颂词、歌谣和典雅诗作",魁奈将《春秋》说成是《书经》的续篇则是错的。《礼记》主要是礼仪之书,涉及家庭及"各种社会关系的一切礼仪习俗"[③]。

魁奈把"四书"等书称为"第二经书",这里他讲到了《大学》《中庸》《论语》《孟子》《孝经》。他认为"第二经书"的最后一部是朱熹1150年编的《小学》。这在成书时间上显然有误,朱熹出于1130年,24岁时才入李侗门下。朱熹和刘子澄所编的《小学》成书于1187年,书中精选了古人嘉言懿行,注重以"洒扫应对进退之节,爱亲敬长隆师亲友之道"教育儿童,也就是魁奈所说的"作者打算以此来造就年轻人的性格,鼓励他们实行善德"[④]。

自罗明坚、利玛窦入华以后,来华耶稣会士,如曾德昭、卫匡国、柏应理、利玛窦、安文思等人,都在自己的著作中介绍过儒家的经典之作。魁奈的介绍大体是转述他们的内容,并没有什么太新的内容。但整个介绍充满了钦佩之情,他对中国文化的认可态度流露于字里行间。

这种对中国文化的崇敬之情在他介绍孔子时表现得最为明显:

> 中国人把孔子看作是所有学者中最伟大的人物,是他们国家从其光辉的古代所留传下来的各种法律、道德和宗教的最伟大的革新者。这位著名哲学家坚贞不渝,忍受着各种非难和压制,而这些非难和压制有时在哲人们的著述似乎旨在重新建立他们自己国家的秩序时,也会遭遇到。……

---

① 弗朗斯瓦·魁奈:《中华帝国的专制制度》,第54—55页。
② 同上书,第55页。
③ 同上。
④ 同上,第56页。

这位贤明大师具有崇高声望，曾被推选出任鲁国大夫。他以明智的立法，使全国面貌为之一新。他革除积累，重新确立商业信誉。他教育青年人尊重老年人，敬奉父母，即使在父母死后，仍旧敬奉如常；他劝导女子要端正淑贤，保持贞操；他要求在人民中间树立起公正、坦诚和一切文明的风尚。①

在谈到孔子死后在中国所获得的声誉时，魁奈说：

他死时享年73岁，对于这位哲学家，中国人表述了最崇高的敬意。他被尊为该帝国的第一位教育家和学者；他的著作如此权威，以致有人曾经建议对这些著作稍加修改，竟被视作犯罪而受到惩罚。一经引用他的学说中的一段话，便可消弥一切争论，连最固执的学者也不得不放弃他自己的见解。②

魁奈为什么崇儒？这和他的宗教观和经济学理论相关。"自然神学"是17、18世纪欧洲进步思想家和主要思想武器，其核心是把宗教信仰建立在自然理性的基础上，它并不否认上帝，但否认一切违反自然理性的启示神学。L.赫尔伯特（1583—1648）所提出的"自然真理"的五条很有代表性：

1. 信仰一个至高无上的上帝；上帝是宇宙中一切存在物的第一因；是整个自然界一切事物没有个性的基础；上帝通过自然秩序的和谐与美妙显示了自己的存在；
2. 人们应该崇拜上帝；
3. 人们崇拜上帝的最好方式是过一种虔信的、合乎美德的生活；
4. 人们对于自己违背道德的罪恶，必须忏悔改正；
5. 人们相信上帝的赏罚。人的美德和罪过将在末日审判中得到应有的奖赏和惩罚。③

魁奈在论述"中国的基本法"和宗教问题时已明确表明了自己的自然神论立场，承认上帝的存在，反对其他的偶像崇拜，提倡道德生活，反对无神论。魁奈

---

① 弗朗斯瓦·魁奈：《中华帝国的专制制度》，第37—38页。
② 同上书，第38页。
③ 吕大吉：《西方宗教学说史》，第252页。

的经济理论的核心是"自然秩序",强调一切经济活动都就遵守自然法则。

无论是宗教的立场还是理论的取向,魁奈都在孔子的学说中得到了回应。他认为,"中国人的宗教主要关心的是至高无上的上帝(supreme being);他们崇拜上帝为万物的本源,赋予他以'上帝'(Shangti)的名义,那意味着君主或皇帝"①。这个被叫作"上帝"的天有什么属性和功能呢?它既是特质的天,又是万物之主,人类之父。天是统辖苍穹的灵魂,而苍穹的完美无瑕"使人们看到自然秩序的美妙和卓绝"②。天与人间是什么关系呢?他说:"在他们的经书中,据说皇帝是唯一一个被允许朝拜上帝的人;上帝接受皇帝作为他的儿子;皇帝是上帝的威严在人间的主要继承人。上帝赋予皇帝以他的权威,委托皇帝来行使他的指挥权,并且将各种恩惠都集中在皇帝一人身上。"③

从中我们看到,来华耶稣会士所介绍给欧洲的儒家思想和宗教信仰特点是经过他们改造的。因为经过殷周文化之变,尤其到孔子时,中国已完成了从"神"到"人"的转变,其文化重心已是世俗世界而不是天国的世界。④此时在孔子那里"神"仍在,但已被"悬阁"起来,孔子是以一种更加理性的态度来看待"神"的。孔子是中国文化转变的完成者,此时的孔子思想和17世纪的欧洲"自然神论"异曲同工,在理论上十分接近。

入华耶稣会士已感到了这一点,但他们抓住儒家"崇古"心态,努力附和原儒的思想,即殷周之变之前中国三代时的宗教观念,这在利玛窦的《天主实义》中表现得最为清楚。他们向欧洲介绍中国宗教信仰和儒家思想时,实际上不少是中国上古三代时的思想,并不完全是孔子的思想,更谈不上是宋明理学的思想。我们在魁奈的转述中可以感受到这一点:"据说上帝具有无穷的智慧;他借助于我们的祖先,将我们肉体中的血液与物质原料加以混合,由此造就成我们的躯体;而他自己则赋予我们以具备思想能力的理智灵魂。"⑤ 关于灵魂的论述也是这样。当然有些介绍也是符合中国情况的,如中国实行政教合一,皇帝代表天行施世俗

---

① 弗朗斯瓦·魁奈:《中华帝国的专制制度》,第49页。
② 同上。
③ 同上书,第50页。
④ 参阅牟宗三:《中国哲学的特质》,上海古籍出版社1997年版;李泽厚:《论语今读》。
⑤ 弗朗斯瓦·魁奈:《中华帝国的专制制度》,第50页。

的权力。

魁奈的高明之处在于，他并未受来华耶稣会士著作的影响。他直接从自然神论的立场来理解儒家思想，解释孔子的言论。他在《孔子简史》中认为，"孔子的思想是以宗教人性为中心"，"孔子不像希腊人，他从不沉迷于枯燥乏味的推理，孔子考虑的只是活生生的人，并且从中认识到人的本性"。① 这说明魁奈并未从人格神的角度来理解中国的上帝观，而更多接受的是孔子的宗教观。所以，利奇温认为，"孔子的《论语》，它对魁奈具有特别的重要性"②。

2. 关于儒家的伦理思想

魁奈认为，人们只有依靠区别于禽兽的理性之光，才能掌握自然法则。这个理性之光就是伦理道德。在他看来：

> 社会的基本法则是对人类最有利的自然秩序的法则。这些法则可能是物质的，也可能是道德上的。……作为整个国家管理工作的基础的基本道德法则，其含意被理解为显然是对人类最有利的自然秩序中的一切道德行为的正常趋向。③

将道德与自然法则联系在一起，这是魁奈的独创。正如谈敏所说："他把道德秩序纳入自然规律的范畴，便是突破传统界限的一个显著标志。这意味着人类在道德领域也和其他一切自然领域一样，存在着完全独立于人们意愿的客观规律，如果违反道德规律，同样将受到自然的惩罚。"④

有些研究者认为魁奈这一思想受启于中国，受启于儒家伦理。也正因此，他在《中华帝国的专制制度》一书中对于儒家的伦理思想给予了特别的关注。他认为中国人热衷的学问不是思辨科学，而是政治、法律和社会伦理，伦理在中国具有至高的地位。诚实、信用、正直，"这是孔子伦理学的主要论题之一，而在这个帝国内，伦理就是法律"⑤。基于此，他不同意有些到过中国南方的旅行者把

---

① 谈敏：《法国重农学派学说的中国渊源》，第71页。
② 利奇温：《18世纪中国与欧洲文化的接触》，第95页。
③ 谈敏：《法国重农学派学说的中国渊源》，第110页。
④ 同上。
⑤ 弗朗斯瓦·魁奈：《中华帝国的专制制度》，第70页。

中国人描绘成奸诈形象的说法,他认为那只是沿海个别人的行为。

从总体上看,他认为"中国的法律完全建立在伦理原则的基础上"①。由此,他实际上赞成孟德斯鸠在《论法的精神》一书中对中国道德特点的描述②,并在《中华帝国的专制制度》一书的第三章第一节中对孟德斯鸠的论述做了大段的转述。

应该说,魁奈看到了伦理在中国社会中的重要地位,以伦理代宗教、代法律和道德的泛化的确是中国古代社会的特点。这种道德的泛化与中国自然经济、宗法社会的基本特点是联系在一起的,是中国哲学"天人合一"的根本特点所决定的。

魁奈要追求一种以"自然秩序"为基础的社会,"天人相分"的观念对他的理论来说是不合适的。他对儒家这种天性一贯、天道与人道一体的伦理思想给予高度评价,是很自然的。

3. 关于中国的政治哲学

对中国政治制度的研究是魁奈《中华帝国的专制制度》一书的重点,仅从书名上我们就可以看出这一点。魁奈这样做的直接原因是为了反对孟德斯鸠关于中国政体的一些观点,从深层原因来说是由他自己的理论体系所决定的。

孟德斯鸠是18世纪法国思想家,是在法国出现"中国热"时率先批评中国的"贬华派"的代表人物。③随着孟德斯鸠的出现,"在他之前的那股无保留地仰慕中国的主潮流不复存在了。虽然还不至于因此转向排斥中国,但他确实为此打开了道路"④。

孟德斯鸠认为,政体可分为三种:共和政体、君主政体和专制政体。三种政体有三种不同的原则和性质。共政体的原则是品德,性质是人民掌握政权;君主政体的原则是荣誉,君主一人按照法律掌权;专制政体的原则是恐怖,一人掌权而不遵守法律。

---

① 弗朗斯瓦·魁奈:《中华帝国的专制制度》,第72页。
② "他们把宗教、法律、风俗、礼仪都混在一起。所有这些东西都是道德。所有这些东西都是品德。这四者的箴规,就是所谓礼教。"孟德斯鸠:《论法的精神》(上册),张雁深译,商务印书馆1995年版,第313页。
③ 参阅许明龙:《孟德斯鸠与中国》,国际文化出版公司1989年版;许明龙:《欧洲18世纪"中国热"》。在此对许明龙先生所赠之书表示感谢。
④ 艾田蒲:《中国之欧洲》(下),第48页。

按照他的这个理论，他认为中国是专政体。在《论法的精神》中他明确地说："中国是一个专制的国家，它的原则是恐怖。"①魁奈虽然把中国也称为"专制制度"，但理解却不同，他说：

> 用专制一词来称呼中国政府，是因为中国的君主独掌国家大权。专制君主意指主管者或当权者，因此这个称呼可以用于执行法定绝对权力的统治者，也可以用于篡夺专制权力的统治者，而后者执政不论好坏，其政府都不受其本法则的保护。这样就有合法的专制君主与为所欲为的或不合法的专制君主之分。②

那么，中国属于哪一类呢？魁奈认为："中国的制度系建立于明智和确定不移的法律之上，皇帝执行这些法律，而他自己也审慎地遵守这些法律。"③

魁奈实际上认为，中国是君主政体。他认为中国的皇帝并不是为所欲为、完全不为法律所约束的；中国有法律，有劝谏制度，"世界上恐怕没有别的国家能像在中国那样更自由地对君主实行劝谏"④；中国历史上也有残暴的皇帝，但魁奈认为是非常少的，因为"中国的基本法完全不受皇帝的支配"⑤。

魁奈还具体反驳了孟德斯鸠的一些证据，如关于雍正皇帝迫害苏努一家的事⑥。他认为这并不能证明中国是专制主义，因为在世界范围内宗教上的惩办都是得到法律认可的，事件原因实际上是耶稣会卷入了宫廷政治之中，所以，"这桩案件实际上与中国的专制主义无关，甚至不能认为这个帝国的统治者是不容异己，因为在那里几乎未曾发生过出于宗教原因的残酷迫害"⑦。

魁奈对中国政体的这种评价根源在于他自己的一套经济理论。他认为中国的制度是建立在"认识自然法则"基础上的，他理想中的君主不应是暴君，也不应

---

① 孟德斯鸠：《论法的精神》（上册），第129页。
② 弗朗斯瓦·魁奈：《中华帝国的专制制度》，第24页。
③ 同上。
④ 同上书，第75页。
⑤ 同上书，第74页。
⑥ 参阅陈垣：《雍乾间奉天主教之宗室》，陈垣等：《民元以来天主教史论集》，辅仁大学出版社1985年版，第33—75页；《雍正朝苏努亲王一家受难记》，朱静编译：《洋教士看中国朝廷》，上海人民出版社1995年版，第108—130页。
⑦ 弗朗斯瓦·魁奈：《中华帝国的专制制度》，第95页。

将权力给予贵族或民主,而只能是这样的:

> 它(权力——引者注)应当集中在一个统治者的手里,他一个人拥有执行权,并且有权执行以下的工作:使公民遵守法律;保障每一个公民的权利,使不受其他公民的侵犯;保护弱者,使不受强者的欺凌;防止和消除国内外敌人的各种侵占、掠夺和压迫行为。①

这样的政体不是独裁式的,其根本原因在于,人类社会的一切法则都是依自然秩序而定的,这种法则是客观的,人只有遵循这种自然法则才会获得财富。因此,国家的实在法的目的在于确定政府的管理方式,以保证遵守自然法。

如果国家的实在法遵守自然法,君主遵守法律、保护农民、促进生产,那么社会就会增加财富;反之,如果实在法不遵守自然法,君主独裁专政、横征暴敛,农民就无法承受,国家就会大乱,结果是两败俱伤。因此,魁奈认为中国不是那种独裁专制的国家,这是由其自然法则决定的。他说:

> 社会的自然法则,同时也就是那个为人们的生活、繁衍和安适所必须的支配财富不断再生产的物质法则。因此,人根本不是这些法则的创造者,这些法则确定自然的运行所遵循的规则,以及人类劳动所遵循的规则,而人类劳动必须与自然的力是相互配合,才能再生产他们所需的财富。这整个安排都是一种物质的构造,这种构造形成物质的秩序,迫使组成社会的人们服从它的法则,而人们只有依靠自己的智慧和相互协作,同时遵守这些自然法则,才能够获得他们所必需的丰富的财富。②

4. 关于中国的宗教

魁奈讲到了宋代的理学,他说:"朱熹的学派根据万物本原的道理,坚持唯一的形而上学学说。"③ 从利玛窦时开始,入华耶稣会士对于理学大都采取批判态度,认为它是无神论。魁奈对理学的态度接近于莱布尼茨。他不同意把理学完全归为唯物论:"这些真正的学者一直信奉古老的原则,而且完全与无神论无

---

① 弗朗斯瓦·魁奈:《中华帝国的专制制度》,第113—114页。
② 同上书,第117页。
③ 同上书,第106页。

关。"① 他认为,理学所崇拜的天和上帝不是"物质的天",而是一种道德原则的抽象,理学家以这样一种抽象的原则来表示对天的敬仰。

魁奈所接触的材料只能是传教士的书信,但他对耶稣会士所提供的材料并没有全部接受,仍保留着一些自己的认识。他坚持把理学视为"唯一的形而上学",视为"学者的宗教",就说明了这一点。在这个认识上,魁奈比入华耶稣会士还更接近于真理。

魁奈对道教评价不高。他说:"这些邪教中的一个,就是老子学派所建立的宗教。"② 显然他把道家和道教混为一谈。从魁奈的介绍中,我们也可以看出入华耶稣会士和杜赫德等编纂入华耶稣会士著作的人对道教的态度。按照魁奈的理论,中国应是一个遵守自然法则的理性国家,所以他对道教在中国有如此大的影响疑惑不解。他自己的态度则是十分清楚:"我们却完全不能赞成这种观点。"③

他对佛教同样持一种批评的态度,这很可能也是受耶稣会士著作的影响。他认为,从表面上看,佛教的戒律是无可指责的,而且和尚们也天天告诫人们积德行善,但实际上并不是这样。他认为佛教的教义"只是纯粹的功利主义学说"④,并且说:

> 实际上它所包含的仅仅是欺诈和诡计,以此来利用人们的轻信盲从。和尚们除了积聚钱财以外,根本没有其他的目的,尽管他们能够获得崇高的声誉,但他们只是这个帝国内一群最卑鄙无耻的人。⑤

魁奈的这些态度表明,在中国儒道释三家中,他更钟情于儒家,无论是孔子的儒家学派还是朱熹的理学学派,并把佛道都归为"邪教"之列。

第六节 孟德斯鸠与中国

孟德斯鸠是法国启蒙时期最有影响的作家、思想家,他以《波斯人信札》而

---

① 弗朗斯瓦·魁奈:《中华帝国的专制制度》,第106页。
② 同上书,第104页。
③ 同上。
④ 同上书,第105页。
⑤ 同上。

一举成名，1748年出版的《论法的精神》则奠定了他在法国思想史上的地位。

一、孟德斯鸠了解中国的途径

同18世纪法国的其他文化名人一样，孟德斯鸠对于中国也特别关注。他了解中国的主要途径是阅读来华耶稣会士及一些到过中国的商人、游客所写的著作。他读过柏应理等人编译的《中国哲学家孔子》、德国基歇尔神父的《中国图说》，当然还有《耶稣会士通信集》《中华帝国全志》这样产生广泛影响的书籍。孟德斯鸠死后，在他的私人藏书中还有门多萨的《中华大帝国史》、曾德昭的《大中国志》、卫匡国的《中国上古史》、西鲁哀特的《中国政制和道德概述》，以及纽霍夫的《荷使初访中国记》等有关中国的书籍。[①]

除了书籍以外，还有两个人对孟德斯鸠的中国观产生过重要影响，一个是中国人黄嘉略，一个是返回欧洲的来华耶稣会士傅圣泽。黄嘉略在礼仪之争中随传教士到了欧洲，之后留了下来并定居于巴黎。[②] 孟德斯鸠曾几次与他长谈，并留了《我与黄先生的谈话摘录》这样的手稿。与黄嘉略的谈话对孟氏产生了一定的影响。[③] 傅圣泽则是入华耶稣会士中索隐派的重要人物，因坚持其观点被耶稣会召回欧洲。艾田蒲认为，孟德斯鸠的中国观以结识傅圣泽为转折点分成两个阶段，形成了他对中国认识的前后矛盾。[④]

当然孟德斯鸠还结识过一些到过中国或对中国感兴趣的人，如马国贤、弗雪莱（Nicolas Fréret）等，但论影响不及黄、傅二人。

二、孟德斯鸠论中国政治法律

孟德斯鸠认为，"中国是一个专制国家，它的原则是恐怖"[⑤]。在他看来，这种专制主义主要表现为皇帝一个统治着国家。他对入华传教士听命于中国皇帝的专制感到很奇怪：他们怎么会如此安然地接受一个意志的统治呢？

---

① 参阅许明龙：《孟德斯鸠与中国》，第55—56页。
② 参阅许明龙：《中法文化交流的先驱黄嘉略——一位被埋没二百多年的文化使者》，《社会科学战线》1986年第3期。
③ 参阅许明龙：《孟德斯鸠与中国》，第56—63页。
④ 参阅艾田蒲：《中国之欧洲》（下），第41页。
⑤ 孟德斯鸠：《论法的精神》（上册），第129页。

在中国，皇帝处于最高的地位，握有生杀大权：

> 中国的法律规定，任何人对皇帝不敬就要处死刑。因为法律没有明确规定什么叫不敬，所以任何事情都可拿来作借口剥夺任何人的生命，去灭绝任何家族。

> 有两个编辑邸报的人，因为关于某一事件所述情况失实，人们便说在朝廷的邸报上撒谎就是对朝廷的不敬，二人就被处死。有一个亲王由于疏忽，在有朱批的上谕上面记上几个字，人们便断定这是对皇帝不敬，这就使他的家族受到史无前例的可怖的迫害。①

这里指的就是巴多明在信中所写的关于雍正王朝时期苏努家受害的事。

但孟德斯鸠的论述有时并不统一。他认为，在一个大的帝国中，由于疆土辽阔，若使政令通达、国家统一，那非有一个专制的机构不可，皇帝必须有权威。"在亚洲，权力就不能不老是专制的了。因为如果奴役的统治不是极端严酷的话，便要形成一种割据的局面，这和地理的性质是不能相容的。"② 中国是一个大国，按此逻辑中国有专制制度是合理的。他又说："因此，虽然由于中国的气候，人们自然地倾向于奴隶性的服从，虽然由于帝国幅员辽阔而会发生各种恐怖，但是中国最初的立法者们不能不制定良好的法律，而政府往往不能不遵守这些法律。"③ 于是，在孟德斯鸠笔下，"中国的皇帝时而像个暴君，时而又像个模范君主"④。这种矛盾的原因在于，他实际上"只是从他自己的国家学说的观点出发去讨论中国"⑤。他认为：

> 共和政体的性质是：人民全体或某些家族，在那里握有最高的权力；君主政体的性质是：君主在那里握有最高的权力，但是他依据既成的法律行使这一权力；专制政体的性质是：一个单独的个人根据他的意志和反复无常的

---

① 孟德斯鸠：《论法的精神》（上册），第194页。
② 同上书，第278页。
③ 同上书，第283页。
④ 艾田蒲：《中国之欧洲》（下），第34页。
⑤ 利奇温：《十八世纪中国与欧洲文化的接触》，第85页。

爱好在那里治国。①

若按此标准去简单衡量中国的体制是很困难的。他把中国归为专制政体，而在专制政体中是没有监督制度的，但中国却有监察体系存在。所以孟德斯鸠在定义中国政体时感到很困难：

> 我们的传教士们告诉我们，那个幅员广漠的中华帝国的政体是可称赞的，它的政体的原则是畏惧、荣誉和品德兼而有之。那么，我所建立的三种政体的原则的区别便毫无意义了。②

在孟德斯鸠看来，"中国并不是欧洲的榜样，在一般意义上它对任何国家都不应是榜样"③。

三、孟德斯鸠论中国宗教

孟德斯鸠认为，"孔教否认灵魂不死"，但却从这一原则中引申出对社会有益的结论；反之，"道教和佛教相信灵魂不死"，但却从这个信仰中得出了一些可怕的结论。④他对中国的宗教认识是肤浅的，有时还表现出了西方人的那种偏见与傲慢。例如在讲到中国的礼教时，他说："礼教里面没有什么精神性的东西，而只是一些通常实行的规则而已，所以比智力上的东西容易理解，容易打动人心。"⑤

这实际上讲的是儒教，这个看法和黑格尔后来对孔子的评价相差无几。文化的差异性在这里表现出来：西方人总是从他们自身文化来看东方文化，以希腊的理性和思辨来评判一切，他们很难理解儒家文化中的这种平凡之中所包含的宗教精神，这种内心涵泳中的超越性理想。⑥

---

① 孟德斯鸠：《论法的精神》（上册），第19页。
② 同上书，第127页。
③ W. Watson, "Interpretation of China in Enlightenment: Montesquieu and Voltaire," p. 30.
④ 孟德斯鸠：《论法的精神》（下册），张雁深译，商务印书馆1995年版，第152页。
⑤ 孟德斯鸠：《论法的精神》（上册），第313页。
⑥ "世俗中有高远，平凡中具伟大，这就是以孔子为代表的中国文化精神。这种文化精神以'既世间又超世间'的情感为根源、为基础、为实在、为本体。"参阅李泽厚：《论语今读》，第29页。

儒家文化的"内在超越性"和"实用理性"是紧密相连的两个方面，孟德斯鸠（包括黑格尔以及当代一些西方哲学家）很难理解第一个方面，无法把握孔子思想这种道德之中的哲学提升。但他对第二个方面的理解还较为实际：

> 中国的立法者是比较明智的；他们不是从人类将来可能享受的和平状态去考虑人类，而是从适宜于履行生活义务的行动去考虑人类，所以他们使他们的宗教、哲学和法律全部都合乎实际。①

这里所说的中国立法者不考虑将来是不对的，但认为所有的宗教、哲学都合乎实际是对的。另外，他对中国礼教特征的分析也表现出一个思想家的敏锐与深刻：

> 他们把宗教、法律、风俗、礼仪都混在一起。所有这些东西都是道德。所有这些东西都是品德。这四者的箴规，就是所谓礼教。中国统治者就是因为严格遵守这种礼教而获得了成功。中国人把整个青年时代用在学习这种礼教上，并把整个一生用在实践这种礼教上。文人用之以施教，官吏用之以宣传；生活上的一切细微的行动都包罗在这些礼教之内，所以当人们找到使它们获得严格遵守的方法的时候，中国便治理得很好了。②

这个判断符合中国文化的特点。"卫之君子多以礼教自持，固未足以得此人之心也。"（《列子·杨朱》）礼作为儒家的社会道德规范和生活准则，发挥着宗教的功能，北宋李觏认为，礼是"人道之准，世教之主"（《礼记·第一》）。同时它又是德治，"道之以德，齐之以礼"《论语·为政》。荀子又赋予了礼法的内容，"礼者，法之大分，类之纲纪也"（《荀子·劝学》）。礼始终是风俗的内核，所谓"夫礼者，所以定亲疏，决嫌疑，别同异，明是非也"（《礼记·曲礼》）。中国文化所以宗教、法律、道德、风俗四者联为一体，而不像西方的宗教、科学、伦理有着清楚的界限，关键在于上古时期已确定的这个基础。③

当局者迷，旁观者清。孟德斯鸠的议论对我们认识儒家哲学的性质与特点仍

---

① 孟德斯鸠：《论法的精神》（上册），第232页。
② 同上书，第313页。
③ 参阅李泽厚：《说巫史传统》，《己卯五说》，中国电影出版社1999年版，第32—70页。

有很大的启示意义。

鉴于对中国文化的这种理解，他认为基督教在中国传播几乎是不可能的事。因为中国是政教合一的国家，如果让中国改变信仰，那实际上就是否认了王权，让人去推翻政府，去"推翻这个国家的风俗和习惯，同时也触犯它的宗教和法律"[①]。基督教想在中国生存唯有一条路，那就是彻底的本土化，使其成为"东方的基督教"。

孟德斯鸠观点鲜明，用语尖刻，点出了问题的实质。

四、孟德斯鸠论中国伦理

上面已指出，孟德斯鸠认为中国的伦理与法律风俗是混淆在一起的："他们的风俗代表他们的法律，而他们的礼仪代表他们的风俗。"[②] 礼便是教，教亦是法。孟德斯鸠认为：中国的立法者们主要的目标，是要使他们的人民能够平静地生活。他们要人们互相尊重，要每个人时时刻刻都感到对他人负有许多义务；要每个公民在某个方面都依赖其他公民。因此，他们制定了最广泛的"礼"的规则。

这种规则从家来说就孝敬父母，这就把孝提到了很高的程度。孟德斯鸠对中国孝道的分析较为深刻：

> 他们制定了无数的礼节和仪式，使人对双亲在他们的生前和死后，都能克尽人子的孝道。……敬奉亡亲的仪式，和宗教的关系较为密切；信奉在世的双亲的礼节，则与法律、风俗、社仪的关系较为密切。不过，这些只是同一个法典的不同部分而已……[③]

他明确指出，中国的礼绝非仅仅是礼貌，礼的价值远远高于礼貌。在家行孝，出门讲礼，人人都要温厚待人，从而使天下太平。而在家行孝与在外忠君是紧密联系的，他认为恪守孝道，侍人宽仁，这些"表面上似乎是最无关紧要的东西却可能和中国的基本政制有关。这个帝国的构成，是以治家的思想为基础的。如果你削减亲权，甚至只是删除对亲权表示尊重的礼仪的话，那么就等于削减人们

---

① 孟德斯鸠：《论法的精神》（上册），第314页。
② 同上书，第312页。
③ 同上书，第315页。

对于视同父母的官吏的尊敬了"①。

孟德斯鸠由伦理而推进到政体，应该说他抓住了中国伦理的本质所在，所以他说："礼教构成了国家的一般精神。"②当然，孟德斯鸠看得不准的地方也不少。仅仅根据几个到过中国、做过一次生意的商人们的游记，他就说中华民族"是世界上最狡诈的民族"③。另外，他还把中国人口众多的原因说成与中国的地理环境、气候有关，这也是无稽之谈。

以往人们对孟德斯鸠的中国观批评较多，或认为他对中国的问题大都是泛泛而论，或认为他将对中国仰慕与批评集于一身。④这些观点都有其合理性，但我们同时应看到，作为思想家孟德斯鸠，他的有些分析确有独到之处。对这个角度，以往的评论注意不够。

---

① 孟德斯鸠：《论法的精神》（上册），第315页。
② 同上。
③ 艾田蒲：《中国之欧洲》（下），第41页。
④ 参阅朱谦之：《中国哲学对欧洲的影响》。

第十五章 中国哲学对德国文化的影响

第一节 莱布尼茨与中国哲学

戈特弗里德·威廉·莱布尼茨（Gottfried Wilhelm Leibniz, 1646—1716）是17世纪至18世纪欧洲伟大的科学家和哲学家。他出生在德国莱比锡的一个大学教授家中，自幼聪慧。他1661年进入莱比锡大学学习法律，大学期间接触到了哲学家培根、康帕内拉和科学家开普勒、伽利略等人的思想。两年后，他以《论个体原则方面的形而上学争论》的论文获得学士学位，1665年提交博士论文《论身份》。1666年，他完成了论文《论组合术》。1667年，他在阿尔特多夫大学获得了法学博士学位并受聘为法学教授。

在大学毕业以后的社会实践生活中，对莱布尼茨影响最大的是他在1667年夏天结识的美因茨选帝侯约翰·菲利普的宰相博伊内堡男爵。男爵非常喜欢和赏识莱布尼茨的才华，邀请他到美茵河畔的法兰克福工作。在此期间，他在哲学、神学、逻辑学、数学、物理等几个方面的研究中取得了新的进展。

1672—1676年间，莱布尼茨作为美茵茨选帝侯的代表驻在巴黎，并兼管着博伊内堡男爵儿子的教育事项。在巴黎期间，他不仅学会了用法语写作与交流，还结识了笛卡儿学派的重要传人马勒伯朗士、著名物理学家惠更斯等人。在返回德国的途中，他还路经荷兰，见到了著名生物学家列文虎克、哲学家斯宾诺莎。

回到德国以后，他在汉诺威任职，担任汉诺威宫廷法律顾问兼图书馆馆长职务。在汉诺威的40年中，他完成了一生中最主要的作品，建立了自己独有的哲学体系。他于1679年写了《逻辑演算诸原则》，提出了创立数理逻辑的伟大思想，并于1684年完成了微积分的研究论著作。他于1686年写了《形而上学论》，开始构思自己的哲学体系，并分别在1695年和1714年写出了《新系统》和《单子论》，从而成为大陆唯理论哲学派别的最主要代表。

莱布尼茨是17世纪和18世纪之交的伟大思想家、科学家，是一位百科全书式的伟大人物。作为哲学家，他的哲学体系通常被称为"单子论"，或者如他自己所说的"前定和谐系统"。他的哲学思考主要是针对当时欧洲的一些哲学观点而生发的。在认识论上，他反对英国洛克的经验论，不同意把感觉作为认识的原则，反对感性的存在，主张思维对象是真理的本质。在本体论上，他不同意斯宾诺莎的实体说，反其道而行之，主张个体性是实体的根本的原则，反对斯宾诺莎把天、地、人、神都融入一个实体概念的观点。

他所谓的"单子论"，就是世界是由无限的被称为"单子"的实体组成的。"实体是一个能够活动的东西；它或者是复合的，或者是单纯的，没有单纯的实体，就不能有复合的实体。这些单子就是单纯的实体。"① 显然，莱布尼茨强调一种个体性原则，认为这种众多性的绝对的单子是独立的。国内已故的研究莱布尼茨的专家陈修斋认为，在莱布尼茨的哲学中，其中心是"个体性和自由"，这是极为深刻的。每个"单子"都是独立的，"单子"之间并不联系，它们之间的协调和一致是由在它们之外的另一种力量决定的，这就是神。"神预定了这一和谐——这就是大家所熟知的预定和谐。当一个单子发生变化的时候，在另一个单子里也发生与此相吻合的变化；这种吻合就是和谐，是由神规定的。"②

莱布尼茨的哲学在西方哲学史占有重要地位，我们只有初步了解了他的哲学特点以后，才能理解他对中国哲学的接受和评论。

---

① 黑格尔：《哲学史讲演录》（第四卷），第169页。
② 同上书，第183—184页。

一、莱布尼茨了解中国的途径

在欧洲"中国热"盛行的年代里,莱布尼茨也对中国文化特别关注。他在20岁时就读到了施皮策尔的《中国文献评注》和基歇尔的《中国图说》。前一本书讲到了中国的文字,提到了《周易》、阴阳五行、算盘和炼丹术,后一本书则是当时流行欧洲的第一本图文并茂地介绍中国的书籍。他和当时德国以研究中国文字而著名的学者米勒教授有着直接的联系,并一直想得到米勒关于中国文字结构的书。从1685年开始,他就关注耶稣会在华的传教活动。正是在同来华耶稣会士的接触中,莱布尼茨进一步加深了对中国文化的了解。礼仪之争发生以后,一些人批评入华耶稣会士的报道有误,但莱布尼茨却认为与其对中国一无所知,不如说入华耶稣会士多讹误的介绍仍是好的。

莱布尼茨接触到的第一个来华耶稣会士是闵明我(Philippe Marie Grimaldi,1639—1712)。他是法国传教士,康熙帝对其格外宠爱[1],曾派他回欧洲办理与俄国的关系问题。在此期间,他在罗马与莱布尼茨相遇,两人多次交谈,过从甚密。从闵明我那里,莱布尼茨得知康熙皇帝生活节俭,言行公正,这给他留下了深刻印象。

> 他原以为四分五裂的世界必须联合起来,此时这种思想又开始在他心中激荡起来。这里有一个他一直未曾猜想过的世界,这里有一个科学和艺术在其中发挥着强大作用的好国家,尤其是这里有一个学者兼哲人的皇帝。他能分出时间与传教士们讨论各种问题。[2]

东方强烈地吸引了莱布尼茨,中国开始成为他新的兴趣中心。以后两人建立了直接通信关系。闵明我向莱布尼茨提供了不少有关中国的各种情况。

白晋是与莱布尼茨有着密切联系的另一个耶稣会士。白晋在1697年从中国返回欧洲时,在巴黎期间读到了莱布尼茨的《中国近事》,对莱氏十分敬佩。所以他寄给莱布尼茨一本他新出版的《中国当朝皇帝传》(即《康熙传》)

---

[1] 参阅费赖之:《在华耶稣会士列传及书目》,第371页。
[2] Rita Widmaier,"Leibniz and China:From Natural Theology to True Philosophy,"*Actes du IIe Colloque International de Sinologie*,Chantilly,1989,p.333.

和一封信。这封信的日期是1697年10月18日。莱布尼茨12月2日通过维尔尤斯转交给白晋一封信,信中除了向他要一些有关中国语言、历史等方面的资料外,还请他允许在《中国近事》第二版时将《康熙传》收入其中。白晋高兴地答应了。①

莱布尼茨对《康熙传》十分感兴趣,将它从法文译为拉丁文后收入《中国近事》的第二版中。白晋回中国以后,两人继续保持通信联系。正是白晋所提供的有关《易经》的象数方面的情况,才促使莱氏将《易经》与他曾设想的二进制进行比较,从而最终推动了关于二进制的论文的发表。

从莱布尼茨的著作和通信来看,同他保持有联系和他所提到的来华传教士还有张诚、苏霖(Joseph Suarez, 1656—1736)、安多(Antoine Thomas, 1644—1709)、南怀仁、汤若望、邓玉函、李明、龙华民等。

正由于他同来华传教士保持着密切的联系,这样他就直接或间接读到了许多有关中国的书籍,如金尼阁的《基督教中国传教史》(实际上是利玛窦的《利玛窦中国传教史》一书)、卫匡国的《中国新地图志》(这是第一本用精确的经纬度标明中国各省份的地图册)、柏应理的《中国哲学家孔子》(这是当时来华传教士的集体之作,详细介绍了儒家思想)、李明的《中国近事报道》(这是李明的一部护教著作,详细介绍了中国的礼俗)、龙华民的《论中国宗教的若干问题》(这是最早系统向西方介绍中国宗教的著作)等。

正因此,莱布尼茨是当时的欧洲知识界中最了解中国情况的人之一,同时也是对中国十分友好的思想家。他在《中国近事》的序言中说:"也许是天意要实现这样的目标:当东西方这两个相距最远而文明程度最高的民族携起手来时,生活于他们之间的那些民族便可能被引入到一种更加理性的生活。"② 正如艾田蒲先生所说:"在1700年前后关注中国的人之中,莱布尼兹(即莱布尼茨——引者注)无疑是最了解实情,最公平合理的一个,他的著作也是唯一一部我们今天还可以阅读的著作。"③

---

① 孟德卫:《莱布尼兹和儒学》,张学智译,江苏人民出版社1998年版,第40页。
② 维吉尔·毕诺:《中国对法国哲学思想形成的影响》,耿昇译,商务印书馆2000年版,第385页。
③ 艾田浦:《中国之欧洲》(上),第385页。

二、莱布尼茨有关中国的著作和文献

莱布尼茨生前发表的关于中国的著作就是《中国近事》。莱布尼茨在序言中说：

> 我们将展示给大家一份初次带到欧洲的有关中国政府首次正式允许基督教在华传播的报告。此外，本书还将提供很多迄今为止鲜为人知的情况：欧洲科学在中国的发展，中国人的风俗习惯与伦理道德，特别是皇帝本人的高尚精神，以及中俄之间的战争及和约。①

此书于1697年出版，1699年莱布尼茨又将白晋所写的《中国当朝皇帝传》补入并再版，还附了一幅康熙的肖像。

全书共有7篇文章，它们分别是：

1. 葡萄牙传教士、北京基督教会会长苏霖关于现今（1692年）在中国允许传播基督教的报告

2. 比利时传教士南怀仁在中国出版的天文学著作摘要——关于现今中国政府统治者对天文学的研究状况

3. 意大利传教士闵明我1693年12月6日从果阿（Goa，印度地名——译者注）寄出的致莱布尼茨的信

4. 比利时传教士安多1695年11月12日发自北京的信

5. 通向中国的道路的简要描述，俄国歌唱团于1693年、1694年和1695年曾途经此路

6. 附录，法国传教士张诚1689年9月2日和3日书信的摘要，寄自俄国统治下的中俄边境城市尼布楚，信中汇报了中俄之间的战争和最终媾和的情况

7. 法国传教士白晋所撰《中国当朝皇帝传》（从法文译为拉丁文）②

《中国近事》是莱氏编辑的著作，而他本人关于中国的研究是《论中国人的

---

① G. G. 莱布尼茨：《中国近事——为了照亮我们这个时代的历史》，梅谦立、杨保筠译，大象出版社2005年版，"1699年拉丁文本第二版出版说明"，第1页。

② 安文铸、关珠、张文珍：《莱布尼茨和中国》，第102—103页。

自然神学》。1716年,法国政界要人奥尔良公爵的幕僚德雷蒙(N. Remond)将马勒伯朗士和龙华民、利安当的文章寄给了莱布尼茨。1716年2月左右他给德雷蒙先生回了一封长信,即《论中国人的自然神学》。此信生前未发表,原文仍藏于莱布尼茨档案馆中。

这封信被庞景仁先生译为中文,分别发表在《中国哲学史》1981年第3、第4期和1982年第1期上。1993年旅加拿大华裔学者秦家懿又将此信译成中文,并收入《德国哲学家论中国》在生活·读书·新知三联书店出版。

这些材料说明,莱布尼茨像当时的欧洲启蒙运动者一样,追求一种普遍性的知识,从而对欧洲以外的知识格外关注。关于中国的作品的编辑和写作,说明莱布尼茨不仅是一个杰出的欧洲哲学家,而且也是一个很好的汉学家。

在莱布尼茨关于中国的文献中,还有200封信件尚未被整理出版。1990年,德国出版了由Rita Widmaier整理出版的《莱布尼茨关于中国的通信(1689—1714)》,但仍有一些信件尚未公开出版。因此我们对莱布尼茨关于中国哲学宗教、文化的论述目前还不能全面把握,只能根据现已掌握的材料展开研究。

三、莱布尼茨论孔子

莱布尼茨在《论中国人的自然神学》中,多次谈到孔子。他根据的是龙华民和利安当提供的材料,加上其他材料。他也读到了一些孔子的言论。也有的学者考证,他读过柏应理的《中国哲学家孔子》一书。如果这样,那么除《孟子》外,"四书"中的其他书他都看过。但这仍避免不了错误,如他把《中庸》称作孔子的著作之一(见该信的第七、第八段)。总的来说,莱布尼茨对孔子的学说是怀有好感的。他极力从孔子学说中解释出与督教神学相似之处,以批评龙华民把孔子视为对立面和批判对象的做法。

莱布尼茨认为,孔子是承认上帝存在的。"中国某国君曾问孔子,在祀火神或较次一等的灶神之间,应作何种选择,孔子的答复是:若人获罪于天——即上帝——则也只可向天求恕。"① 这指的是《论语·八佾》中的一段话:"王孙贾问曰:'与其媚于奥,宁媚灶。何谓也?'子曰:'不然,获罪于天,无所祷

---

① 秦家懿编译:《德国哲学家论中国》,生活·读书·新知三联书店1993年版,第100页。

也。'"这段话反映了孔子的天道观,他认为天是不可得罪的。莱布尼茨从孔子这段话得出了孔子信天的结论,在孔子眼中天是独一无二的神:"可见孔子与柏拉图一样,相信至高神唯一独尊,又像柏拉图一般,会适应民间拥有的偏见。"[1]

这是莱布尼茨对孔子思想的一个重要判断。他基本同意利玛窦对中国文化的看法,同意他的"合儒"政策,因为利玛窦这种"适应文化"的解释使基督教和中国儒家思想达到了某种契合和沟通。莱氏采取了同样的立场,尽量从两种文化的相同点入手,沟通中西两种文化。

他提到了柏拉图的一神论思想。柏拉图晚期思想主要表现在《蒂迈欧篇》中,在这里,他开始向一神论思想转化,认为凡是变化着的东西必有变化的原因,这个原因就是万物之父。柏拉图的这个思想对以后的新柏拉图主义和基督教哲学产生了深刻的影响。

莱布尼茨之所以将孔子与柏拉图相比较,是抓住了其相同的一面。在孔子的思想中,"天"是占有位置的,说孔子是"无神论"显然是错误的。但中国思想到孔子时已基本完成了从神到人的转变,孔子理论的重点是人世,不过,这并不意味着他完全放弃了"天"。正因此,他对"天"表现出极大的灵活性,如"祭神如神在"(《论语·八佾》)。"天"在孔子的思想中仍有其地位,它是最终的依托,它是可望不可即的精神支撑。从孔子全部的思想来看,还不能说"天道"已完全内化于"人道"之中。人世显然重要,他所追求的重点是从"人道"中寻"天道",但外在于人的"天"依然存在。在这一方面,匡亚明先生解释得较为客观。他认为,孔子"把天字喊出来,以便减少心灵上的负担,增加一点精神力量。天是人的宗教感情的寄托,可以给人以心灵上的慰藉,但是它的作用仅此而已,在孔子那里,它不再具有支配一切的神威了"[2]。孔子和柏拉图显然有一定的共同性,但把柏拉图和孔子的这种相同性扩大也是不对的。二者在对待神的态度上存在着明显的差别。柏拉图的思想是希腊精神走向一神论的开始,而孔子则是中国文化走出巫术期的鬼神崇拜的奠基人。显然,在这里,莱布尼茨的重

---

[1] 秦家懿编译:《德国哲学家论中国》,第100页。
[2] 匡亚明:《孔子评传》,齐鲁书社1988年版,第212页。

点是考察二者的共同点。

莱布尼茨对孔子的鬼神观的分析，进一步体现出了他对孔子思想的深入把握，他开始触及孔子思想的根本特点。

如何看待中国文化中的泛神论，这是使西方来华传教士很头疼的问题。莱布尼茨不像龙华民那样批判这种泛神论，而是重新说明它，给予理解。在他看来，这不过是在众神的崇拜中表达了对最高神的崇拜。"个别事物的妙用表达的是一种伟大而独有的本原的功能，而且四季之神灵、山川之神灵都是治天的'上帝'。"①

从这个角度出发，他说明了孔子为什么对泛神论采取默许的态度。他认为孔子这样做只是因为他"认为我们在天之神灵中，在四季、山川与其他生命的事物中只应崇拜至高的神灵，即是上帝、太极、理"②。

孔子本人是这样的态度，但一般民众很难从对鬼神的崇拜中解脱出来。所以孔子对弟子们不愿多谈此事，这也是为什么子贡说"夫子之文章，可得而闻也。夫子之言性与天道，不可得而闻也"（《论语·公冶长》），为什么孔子在答子路时说"未知生，焉知死"（《论语·先进篇》），为什么会有"子不语怪力乱神"（《论语·述而》）的说法。

龙华民不理解孔子这种态度，他认为孔子和中国的古人们一样是不信神的，"孔子的方法腐化了中国学者的心，并蒙蔽了他们，使他们只思考有形有体的事，并因而落入至恶之阱：无神论"③。

莱布尼茨不同意这种看法。一方面，他表现了一种宽容和理解，认为孔子这样做，是他觉得一般老百姓有这种泛神论是正常的，这样的事没有必要也不愿意让弟子们研讨；另一方面，莱布尼茨还是对孔子学说的性质做出了较为准确的判断："孔子毫无否认鬼神与宗教的存在的意思，他只是不要弟子们过分争论这事，而叫他们只要对上帝与诸神的存在满足，并表示尊敬，又为取悦神们而作善。"④

---

① 秦家懿编译：《德国哲学家论中国》，第109页。
② 同上书，第110页。
③ 同上书，第112页。
④ 同上。

这个结论充分说明了莱布尼茨的智慧和眼力。孔子对"上帝""神"是存而不论的，他并未最终取消神，使自己的学说完全世俗化。在他的思想中，"天""神"仍有一定的位置。但他的确像莱布尼茨所说的那样认为，神只要存在那里就满足了。在对待孔子的天道观上，有二种错误理解：一种是以龙华民代表的，认为孔子坚持无神论，完全否认孔子学说中外在的"天""神"的地位的观点。也有人认为，孔子完全是"内在的超越"，他的学说仅仅是哲学而不是宗教，若有宗教作用也仅是从"内在超越"的意义上讲的，外在的对天敬畏是不存在的。另一种观点则认为，孔子的学说和基督教是完全一致的，他们利用孔子对天、对上帝的保留态度，扩大孔子学说中"外在超越"的部分，否认其伦理为主、世俗为主的特点。利玛窦的解释即具有前面一种倾向，在白晋等人的索隐派中则后一种倾向十分突出。

其实，这两种理解都有片面性。莱布尼茨的解释较为客观和冷静，他对孔子学说中神的地位和作用的分析比较到位。他的观点也为我们进一步加深理解孔子学说中的天道观提供了一个好的范例。

四、莱布尼茨论"理"的概念

莱布尼茨首先将龙华民和利安当文章中所介绍的中国哲学中理的概念加以梳理。他认为，他们所提供的有关中国的权威性的学说，应是可靠的。他认为，理的概念有以下特点：

（1）理是第一本原，是自然之根，万物之律法，它是包罗万象的实体，它统治一切，存在一切，以天与地的绝对主宰的身份控制并产生一切。它纯粹、精微、无形无体。

（2）理不仅是一切有形物体的物质性之原，也是一切德性的精神性之原，它本身不可见，但至善至美，完善完美，换句话讲，理是至善的本体，是"至善之中，至善之善，至善之纯……它好得不能更好"[①]。

（3）理与万物的关系是一和一切的关系。即它本身是一，是不可再分的本体，同时，它是世上所有要素、所可能有的要素的本原。一切都在一中，一又是

---

① 秦家懿编译：《德国哲学家论中国》，第77页。

一切,这就是理与一切要素之关系。

(4)理在空间上是无所不在的,它充满一切,不留一点空隙。同时,万物的存在与秩序都由理来决定。

(5)理在形态上是"圆体"或"丸体",即它的中心无所不在,而它的圆边则并无所在。

根据这个概括,莱布尼茨得出的结论是:"中国人的'理'即是我们拜为至高神的至上实体。"① 但龙华民和利安当的观点却与莱布尼茨的这个结论相反,他们认为不应被"理"的概念所迷惑,"理"并不是至高的神,"'理'即是我们的原始物质"②。

于是,对龙华民和利安当观点的批判成为莱布尼茨对理的概念的进一步阐发。莱氏对龙华民的五个理由逐一加以驳斥,以申明他对"理"的理解。

第一,理不是原始物质。

首先,莱布尼茨认为,一方面承认理是至善,具有至高神的特征,另一方面又不承认理有任何意识,这是自相矛盾的。他从逻辑上推论,中国人不可能有这样的结论。理能洞察一切,是万物之本,同时理又是生命的,这显然是说不通的。其次,理不可能是被动的。若把理看成是原始物质,那它必然是被动性的,既无秩序又无形体的。但实际上,理是主动的,是一切行动的规范和形式之源。退一步讲,理若是原始物质,也是类似于斯宾诺莎的观点,它含有自动的原则。接着,他又用西方本身的例子来证明这一点。西方人常说,灵魂是至高神的一口气,这并不是说灵魂分有了至高神的一部分,而只能说"灵魂实是至高神直接创造出来的"③。以此来看,中国哲学家的理,当他们讲"事物发自'理',我们不可以立刻说他将'理'变成事物的'物质因'"④。事物是理直接创造出来的,不能由此就认为理是万物的物质本原。最后,他说明了"气之理"与"理"的区别。龙华民认为,中国哲学家说"鬼神都出自一理,所以理是万物的实体与

---

① 秦家懿编译:《德国哲学家论中国》,第77页。
② 同上。
③ 同上书,第80页。
④ 同上。

普遍本体"①，所以"理"是物质的实体。莱布尼茨却不这样认为。他说，中国哲学家这样说，旨在强调的是理是万物的实质、生命和力量。由万物所决定、派生出的理是"气之理"，即赋予万物中的理。"这里的'理'似是不指第一类精神实体而指普通的精神体或单子。"②这个区别是很重要的，这是一个典型的西方哲学的分析方法。

龙华民弄不清"第一类精神实体"和"普通的单子"之间的关系。当理派生万物时，不是说理成了物质性的东西，而是理与物质的结合，使物质、事物更完善。因此，莱布尼茨认为他完全错了，把理或秩序的理认作原始物质是很不对的。

第二，理是有智力的。

龙华民从基督教神学出发，认为至高的神——上帝是有爱恨、有智力的，它是一个人格神，道成肉身，耶稣基督成为上帝的代表，圣父、圣子、圣言三位一体。这样，他认为中国《尚书·泰誓》中的"天视自我民视，天听自我民听"说明了理本身并无活力，并无生命，并无沟通本能，又无知力。

莱布尼茨认为，如果中国人认为理是无生命、无知识、无力量的，那只是因为在他们看来，生命、知识、力量都是具体的人身上的品德和表现。这样，生命不过是人的活动，知识不过是由推理或经验得来的知识。力量不过是国王和官吏们进行统治的能力。在中国人看来，理远比这些具体的品德和能力要完善、要高尚，具体形态的东西怎么能同万物之源的理相比呢？"受造物的生命、知识、力量只能算是仿造物的影子一般。"③所以理比明智更为明智。至于他们说到天地无知觉、无爱憎，那是因为他们认为天受治于理，在无知觉、无爱憎的天地之上还有一个至善至美至全的理。

莱布尼茨显然想得出理和上帝具有相同一面的结论。这个努力的确有一定的价值。理并不仅仅是一个纯粹的概念抽象。在这个意义上，莱布尼茨把理解释为理智的，显然要比龙华民的解释更接近中国思想些。当然，理这种伦理的能动性与人格神的上帝还有着原则的差别，莱布尼茨还无法弥合这种区别。不过，他在

---

① 秦家懿编译：《德国哲学家论中国》，第81页。

② 同上。

③ 同上书，第83页。

这里还是尽力从两者的共同性来展开的。

第三，理是必然的。

龙华民认为中国哲学所讲的理不具有自主的意志和判断，因而，气或事物从理中产生完全是偶然的。在他看来，万物的产生都应是偶然的，中国哲学的理产生万物的这种自然性和偶然性是不值得称道的。

莱布尼茨认为龙华民在这里犯了个错误，"必然性"并非要加入主观的意志。也就是说，龙华民对"必然性"的概念理解本身就存在问题，按照西方人对必然性、上帝的理解，龙华民的必然性概念也有问题。

龙华民把理描写为是天的自然规律；通过它，万事万物各凭本身的重量、度量和状态，不需智力、反思，只因倾向和自然秩序而受治。莱布尼茨认为，如果理像龙华民描写的这样，那么，这样的理反而是很值得称道的，理凭着本身的完美使万物自然而然地产生了。理的这种特性，中国人对理的这种解释，"非但不应受责备，而且他们的事物因自然习性和预定规范而产生的这项理念，实在值得受人称扬"①。

所以，莱布尼茨认为不能把理的这种自然性说成是偶然性的，即便从欧洲本身的理解来看，这样的自然性的理，才是真正必然的。

第四，理并不变质。

龙华民提出，理是易变质的，容易采取各种各样的性质或偶然形式。莱布尼茨认为，这完全是一个错误的判断。因为龙华民在讲到这点时，并未提到作为本原的理，作为最高神的理，而是指的是理的派生物气和各种物质。显然，这是两类有根本区别的东西。龙华民混淆了这二者，用气、物质的易变性来证明理是矛盾的、变质的。莱布尼茨认为，龙华民的论点和论据本身是矛盾的，他自然只能得出一个错误的判断。

第五，除理以外，没有任何非物质性实体。

龙华民认为，由于理总是和气在一起，结果世上的万物都必然是物质性的，而没有真正的精神体。实际上，他是在批评宋明理学是唯物论，只承认物质。

莱布尼茨针锋相对地给予了反驳。"……中国人除了产生物质的'理'之

---

① 秦家懿编译：《德国哲学家论中国》，第85—86页。

外，并不清楚地承认任何非物质性的实体。在这点上，我相信他们是对的。"①这就是说，不能因为新儒家主张理在气中，就认为他们否认了精神实体的存在。恰恰相反，任何精神实体都是不能脱离物体而存在的，正像灵魂必须和肉体结合在一起一样。在莱布尼茨看来，精神实体只能与物质相联系而存在，离开了产生万物的理，中国人不承认任何非物质性的实体。

龙华民之所以弄不清这个问题，根本原因在于他弄不清一与多的关系。莱布尼茨说，龙华民和利安当总是反复抓住"万物一体"这个理学概念，来证明理是物质性的，在理学中没有比物质性更多的什么东西。其实，龙华民根本没有理解"万物一体"这个概念，他并不知道，中国哲学的理并不是伊壁鸠鲁式的唯物主义。因为伊壁鸠鲁也主张万物一体，但却根本"否认概念和普遍的东西是本质。一切产生都是偶然的结合，这些结合又都偶然地分解"②。

新儒家的"万物一体"，是指万物都分有了同一的理，同一的原始精神，也就是上帝，从而才有了灵魂、精神、单子。所以"万物从'理'发出，如同由一中心发出一般"③。

从另一个角度来理解"万物一体"就是"一切即一"。这是说"理"充满着一切，理在"万物之内，而万物也在他之内。他同时是中心，又是空间"④。

经过对龙华民五个论断的批评，莱布尼茨表述了他对中国哲学理的概念的理解："我们实在不可将'理'与我们（西方）哲学家的原始物质一般看待。"⑤应该看作什么呢？他的结论是："我们仍可将它当作第一形式即是世界的灵魂。"⑥这样，他认为龙华民、利安当等人对理的概念的解释完全错了。

了解中国哲学的人都知道，宋明理学在本身发展的过程中也并不完全观点一致，张载更多讲气，朱熹更多讲理，王阳明更多讲心。莱布尼茨这里所指的理，更多和朱熹的理的概念相接近。莱布尼茨对理的这个理解较为准确。宋明理学，

---

① 秦家懿编译：《德国哲学家论中国》，第86页。
② 黑格尔：《哲学史讲演录》（第三卷），第64页。
③ 秦家懿编译：《德国哲学家论中国》，第87页。
④ 同上书，第88页。
⑤ 同上。
⑥ 同上。

尤其是朱熹的哲学，是一种客观唯心主义的哲学。尽管在社会内容上"五常是理"，理以伦理形态表现出来，但在抽象意义上，它类似于柏拉图的客观理念。"宇宙之间一理而已"，当朱熹这样展开理时，如果有人用西方哲学中的本体论去衡量，那么这完全是一种唯理论的本体论思路。贺麟先生曾将理与黑格尔的绝对观念相比较，认为二者有极大的共同性。作为唯理论哲学的代表人物，莱布尼茨很敏锐地看到了这一点，因他认为理支配世间的一切现象而丝毫不受它们的影响。这显然和他本身的哲学倾向有内在联系。

五、莱布尼茨论气和太极

在弄清了理的概念之后，莱布尼茨对新儒家中的几个基本概念逐一做了梳理和确定，并进一步批评了龙华民等人的错误。

首先，他论述了气的概念。龙华民认为气由理所派生，理在产生了气以后才有行动。莱布尼茨认为龙华民这种解释是矛盾的："若是'理'产生了'气'，又怎能说它本身无所为呢？而'气'既然只是'理'的工具，不是应该说它的德能或主要动力因是在理之内？"①他认为，"中国哲学比较古希腊哲学……更接近基督教神学"②。因为希腊哲学把上帝和物质看成是平行的，物质并不是由上帝所产生的；而中国哲学虽然也强调理、气都是永恒的，但强调理在先气在后，若是把理等同于上帝，那么这倒更符合基督教的创世说。尚未走出神学藩篱的莱布尼茨的思想上仍打着深深的中世纪哲学的痕迹。理从何处产生？他认为，从中世纪神学来说是无法从理性出发来证明上帝的产生的，对理也是同样如此，而且中国人也没有讲明。但莱布尼茨很明确地把气置于理之后，认为气不能和理平衡。正因为理比气更根本，产生了气，中国哲学才显得比古希腊二元论的哲学更高明，更接近基督教哲学。

其次，他探讨了太极的概念。龙华民对太极概念的解释是混乱的，对这一个概念他有三种说法：其一，他认为太极是理的产物，理所达到的完满无缺的最后极限就是太极，这样，理与太极的顺序是先理后太极；其二，他把太极与元气混

---

① 秦家懿编译：《德国哲学家论中国》，第90页。
② 同上。

为一谈,说太极就是元气;其三,他认为太极是理与气之组合,即"以'理'为魂、'气'为物质。他们用'太极'的名称来了解这实体"①。

莱布尼茨认为,龙华民对太极的解释是矛盾和混乱的。龙华民一方面认为"理"先太极后,太极是产物,另一方面又说"中国人的所有的鬼神,就是他们称为统治事物的所有的(灵性)精神体等,都可化为一,即是'理'或'太极'"②。莱布尼茨却能在龙华民混乱矛盾的表述中抓住问题的实质:"我觉得最好现在不立刻检讨这观念,而只说(对龙氏而言)'理'与'太极'可指同一物。"③他认为理和太极只是表述的不同,实质为一个东西。

在太极与气的关系上,他认为应从中国人所说的"万物—太极"上去理解,也就是万物、气都是从太极那里获得了实在性和完满性,这又明确了太极的本体论地位。莱布尼茨认为"理一分殊"就是一个很好的说明,这说明理并不是由各分殊构成的,那样就如一堆沙子,而理作为第一本原为万物提供了根据。

同样,莱布尼茨不同意那种太极是理加气的说法。而且上面已经讲到,中国哲学认为理是万物之本原,一切物体都是由理所派生的。莱布尼茨说,如果按照中国人的这种观点,就更不应将气与理混为一谈。在他看来,理也就是西方人理解的上帝。

那么理、气、太极之间的关系应该是什么呢?莱氏对此做了很简洁明确的回答:"当龙华民神父说'太极'包有'理'与'气'或'元气'时,我们不应认为这指的是它们组合而成为'太极',而只是它包罗它们,如同结论在其信念中一般,因为'太极'即是在'气'身上有所为的'理',所以'气'也是已预有假设的。"④读到这里,我们真是敬佩莱布尼茨高度的理论抽象能力,用如此简洁的语言概括了中国哲学的一个复杂问题。

六、莱布尼茨论中国人的灵魂观

灵魂说是基督教神学的重要内容,它的基本要点是人有肉体和灵魂之分,肉

---

① 秦家懿编译:《德国哲学家论中国》,第91页。
② 同上书,第92页。
③ 同上。
④ 同上书,第91—92页。

体是物质性的，灵魂是精神性的，它是直接由天主所造的。人的一切活动都是由灵魂所发动的，由灵魂所决定的，罪过和功绩都附在灵魂上。人的肉体随死亡而腐化于地上，而灵魂则是不朽的。但灵魂有两种遭遇，一是永远享福，一是永远受罪。享福的地方被称为天堂，而受苦的地方则被称为地狱。

耶稣会士来华以后，他们对中国人信仰的"魂"问题十分关注，在龙华民和利安当的信中有对这点的详细介绍。龙华民和利安当认为，中国人的灵魂观是完全不同于基督教神学的灵魂观的。他们认为，中国人认为人死后升了天，而这个天不过是物质性的天，"它们将灵魂回归上帝（理）解为化成'气'一般的物质，并失去它通过身体感官而得到的所有知识"[①]。这就是说人死魂归天，灵魂完全分归于气中了。关于这一点，利安当表述得十分清楚，他说：

> 在论及灵魂时，中国人有不同的误解。有的相信灵魂不灭，只是转生于别的——人或禽兽——身上；有的认为灵魂降入地狱，过了一段时间才出来；在有的承认灵魂不灭，并说它们在远山中游荡，被称为"神仙"，还为它们立庙宇以表示尊敬。至于儒者与受过高等教育的人，则相信我们的灵魂来自天，是从天的最精微的物质中分出来的精微的气或——是天的火气的一小部分，在与肉身分离后，又回归于天；因为天是中心处：既是它们起源点，又是它们的归宿所在。[②]

在这里，灵魂要么不是永恒的，要么不是精神的。显然，中国人的灵魂观与他们头脑的基督教神学灵魂观相去甚远。

莱布尼茨则不同意龙华民和利安当对中国人灵魂观念的批评，他认为他们的解释与他们所介绍的中国人的看法很不相同，甚至认为他们的解释破坏了经典原文，把原文弄得荒唐不堪，矛盾百出，成为招摇撞骗的东西。他提出，人们决不能认为中国人的宗教仅仅是一出喜剧，中国人的宗教有其自己的特点，中国人的灵魂观有和基督教灵魂观的相近之处。他从以下几个方面对龙华民和利安当进行了反驳。

---

① 秦家懿编译：《德国哲学家论中国》，第121页。
② 同上书，第122页。

第一,"升天说"。根据龙华民和利安当的介绍,中国人认为人死后"魂"(或灵魂)升天,而"魄"(或肉体)入地。龙华民和利安当认为,灵魂升天以后分解在物质的气中,这样灵魂因变成粗俗的东西而不存在了。莱布尼茨认为,他们的理解与中国人的原意是大相径庭的。如果说灵魂有升有降,这说明即便灵魂有时和粗笨的物体相结合,有时也和更高贵、更精细的物体相结合,这说明灵魂不灭,它是存在的。

按照中国人的观点,因人的死亡,天地相分,而天地气属于灭,复归于天,就是说这种纯粹的物质性的东西消失在气中,消失在火中。莱布尼茨认为这个说法很接近西方人的观点,因为《圣经》中说,"天使是火",这里的"火"说明天使终究仍是精神的东西。所以他很惊讶地说,《尚书》的作者好像读过《圣经》一样。

因而,"灵魂升天说"是可以理解的,在这点上古代的基督徒和非基督徒有相似之处。

第二,"化身说"。中国儒家常把圣人看作是"天使的化身",甚至有时把这些古代圣贤看成是上帝的化身。例如中国历史上的尧、舜、禹、孔子等都人被看作天使或上帝的化身。作为基督徒,莱布尼茨当然不同意将这些中国的圣贤说成是上帝的化身的说法。因为在基督教看来,只有耶稣才是上帝的化身,这才有圣父、圣子、圣灵之三统一。因而,他批评中国的这种说法,但同时又表现出了极大的宽容性,从中国人的这种说法中找到灵魂永恒的根据。

莱布尼茨认为,"灵魂化身说"和西方思想是接近的,中世纪的神哲学家圣·奥古斯丁、近代哲学家斯宾诺莎也都主张人的灵魂里有上帝的一部分。另外,既然中国人认为人灵魂是天使的化身,死后继续存在,那么如果说灵魂是上帝的化身,或分有了上帝的一部分,那么不更加证明了灵魂是永存的吗?

所以,中国人的说法是有些道理的,当然,中国人的观点也是变化的,现代的中国人和古代的中国人对灵魂的看法已很不相同了。

第三,"天堂、地狱说"。儒家学说中没有天堂、地狱的内容,莱布尼茨也知道这一点。但若按灵魂永存不灭的观点推演,则必须有天堂和地狱,否则灵魂永恒说就不完整,存在理论上的内在矛盾。在基督教神学中,这二者是融为一体的。但莱布尼茨在解释中国人的灵魂观时就很难处理,一旦他认为中国人是主张灵魂不死的,并做了类似基督教神学的解释,那么他就必须对"天堂、地狱说"给予说明,否则将进退两难。

莱布尼茨认为,中国人还是隐隐约约地承认天堂、地狱说的。《诗经》中已有"文王在上,于昭于天。周虽旧邦,其命维新。有周不显,帝命不时。文王陟降,在帝左右"的说法,这似乎说明人死后灵魂升天,圣人的灵魂入天堂,在帝身旁。从逻辑上讲,至上的神对鬼神世界的统治和治理一定会比世俗世界的治理要好得多。如莱布尼茨所说:"所以这伟大主宰的天国与其治下的神灵,不可不及人间的帝国的秩序。由此推论,既然在人生时,(环境所造)不够公正,在天国治下,必有赏善罚恶的事。"① 也就是说,在理论上,中国人也是有天堂观念的。

关于地狱,他说:"中国的儒者的确不谈地狱或炼狱,但是他们间可能有人相信或信过,在山林中乱跑的'游魂'实是身处一种炼狱。"② 显然,这个说法比较勉强。

第二节 莱布尼茨与《周易》

一、莱布尼茨了解《周易》之过程

《周易》乃五经之首,它是中国哲学的重要内容,但由于莱布尼茨对《周易》的论述不仅仅局限于哲学范围内,这样,我们需专门加以论述。

根据有关专家研究,莱布尼茨在20岁时就知道了《周易》这本书。他是在阅读施皮策尔所编的《中国文献评注》一书时得知的,显然这并未给他留下深刻的印象。前面我们在讨论儒家学说在欧洲的早期传播时,曾讲到1687年在巴黎出版的来华传教士的集体之作《中国哲学家孔子》。这本书已提到《周易》,并附及六十四卦图与六十四卦之解说。莱布尼茨虽然读过这本书,但并未对《周易》产生特别关注。因为10年以后,莱布尼茨所编的《中国近事》并未收录关于《周易》的有关译文,在该书的序言中也没有提到《周易》。

---

① 秦家懿编译:《德国哲学家论中国》,第123页。

② 同上书,第125页

莱布尼茨对《周易》产生兴趣的是在他同白晋建立了联系以后。白晋是来华传教士中对中国文献比较熟悉的一位，尤其是他在康熙的直接关心下对《周易》进行了长期的研究。在《周易》的研究中，历来有义理和象数两个方向。白晋数学好，他对《周易》的研究主要走象数派的路子。

白晋在1698年2月28日答复莱布尼茨问题的第二封信中就已经提到了《周易》，但较为详细地向莱布尼茨介绍《周易》是在他返回中国以后于1700年11月8日给莱布尼茨的一封信中。在这封信中他说，《周易》是完全可以与欧洲哲学相媲美的一种纯粹的、健全的哲学。白晋认为，他在《周易》中发现了"世界的始祖传授给后代的最古老、最杰出的哲学的零碎而珍贵的残余，是因为时间销蚀并几乎完全模糊了那一'哲学'"①。他认为，在这部书中体现了一种"计数的形而上学，或一种科学的普遍方法，十分完美，它的建立不仅是以数字的三种级数规则为依据，而且还以几何图形和比例规则以及静力学规则为依据"②。

白晋是索隐派的主要代表人物，任何时候都想从中国古籍中寻找出基督教痕迹，对待《周易》也不例外。在这封信中，他说：

> 几乎完整的一套圣教体系，即在其中……极大的神秘，如圣子的降生、救世主的身世与受死，以及他宣教的圣工（对世人）所起的重大的作用，这类似预言性的表现，在这些珍贵的古代中国巨著中，亦隐约有迹可寻。当你看到这无非是连篇累牍的虚无与象征的词语，或者真理新定律的谶语时，你的惊奇程度当不在我下。③

但由于路途遥远，莱布尼茨当时并未收到这封信，而他于1701年2月15日给白晋写了一封信，介绍自己研究二进制的情况。白晋收到莱布尼茨这封信以后发现《周易》中的阳爻与阴爻和莱布尼茨的0与1十分相似，特别是六十四卦图的数码完全可以和莱布尼二进制中的数码相对应。1701年11月4日，他十分兴奋地给莱布尼茨写信说：

---

① 艾田蒲：《中国之欧洲》（上），第409页。
② 同上。
③ 转引自林金水：《〈易经〉传入西方考略》，《文史》第29辑，第368页。

> 您的新计数法，跟伏羲的体系，即 "les coha"（八卦）是一样的。您的"二进制几何级数"一旦推到第6级，便可得出2、4、8、16、32、64等数，或者也可以说63，因为63加上级数起首的0，还等于64。简直是奇迹，伏羲推算的也正是64卦。可您，先生，您与《易经》不谋而合！我向您承认，那一古老的系统是我在世界科学领域看得最重的东西，而您的发明与这一古老系统的不谋而合，大大地增加了我脑中对您本人已经存有的高度敬仰。①

白晋深信，如果能将二进制与《周易》合为一体，那么人们就可以获得"对真正的自然体系与所有其他科学的了解，与人类的始祖都了解的相差无几"②。在这封信中，白晋将邵雍的《六十四卦圆图方位图》寄给了莱布尼茨。由于白晋误将其当作伏羲的图，莱布尼茨也误认为这是伏羲的图。

1703年4月1日，莱布尼茨收到了白晋的这封信，看到了伏羲（实为邵雍）的《六十四卦圆图方位图》，受到了极大的鼓舞。他二十多年苦思苦虑的东西现在得到了证实，而且是被一个古老的文明所证实的，其心情之喜悦可想而知。七天以后，莱布尼茨就把论文寄住巴黎科学院请求发表。1703年5月，莱布尼茨关于二进制的文章正式发表，题为《关于仅用0与1两个符号的二进制算术的说明，并附其应用，以据此解释古代中国伏羲图的探讨》。

二、中西哲学交流的典范

莱布尼茨从象数方面理解《周易》，发现《周易》在象数上的特点与二进制契合，从而下决心公开发表了自己关于二进制的论文。莱布尼茨为此给予《周易》和邵雍的《六十四卦圆图方位图》高度的评价。莱布尼茨强调《周易》与二进制的相似性，在他看来如果至今中国仍未知道二进制，那么应该将《周易》卦象的真正含义翻译出来。"在这个意义上，莱布尼茨期待这样一个结果：不仅中国人应该很好地感谢欧洲的科学和宗教，而且欧洲人也期待中国对这一神秘的数

---

① 艾田蒲：《中国之欧洲》（上），第410页。
② 同上。

字会有更多进一步的发现。"①

《周易》所包含的哲理是很深刻的，这种以阴阳为基础的宇宙论，体现了中国先民对世界认识的二分法。研究中国自然科学史的日本专家山田庆儿认为，"二分法在人类各种各样的文化中，乃是极普遍的思考方法。在气的哲学中，阴阳的原理即是二分法"②。《周易》象数的特点是基于这个根本性观点之上的。

用"—"和"— —"两个简易的符号演绎出一个世界图式，和用0和1表示全部数的世界，这二者之间的确有一种契合性。这说明中西文化尽管在形态上有很大的不同，但作为地球之上的同类，面临同样的人与自然、人与人的问题，有许多共同性。天下的学问其实是相通的。西学、东学，其实殊途同归。现代学术太强调分科，太强调专业性，结果导致学者的学术视野狭小。他们尽管在局部问题上钻得很深，但无法思考全局。当代中国哲学研究中的中西分野尤为明显。正是在这个意义上，莱布尼茨对《周易》的研究对我们具有很大的启发意义。

莱布尼茨为我们提供了一个典型的范例。日本学者五来欣造说得好：

> 以0和1的单纯二数来表示一切数的理想，这是他的天才闪烁，就是《易经》；以阴阳两个记号显示天地万有，亦是天才的放射。这东西二大天才，借着数学的普遍的直觉方法，而互相接触，互相认识，互相理解，以至于互相携手，在这一点，莱布尼茨把东西文明拉紧了几步；他的二元算术和《易经》亦就是象征东西两文明相契合之两只手掌。③

在理解和认识莱尼茨对《周易》的解释这一问题上有两点值得我们注意。

首先，不是中国人发明了二进制，而是莱布尼茨发明了二进制，并在《周易》中得到了证实。近年来，虽有一些严肃的学者指出了这一点，但总仍有人在这个问题上混淆视听。尤其是这些年来，"下一个世纪是太平洋世纪""下一个世纪的文化是中国文化"的说法十分普遍。为证明中国文化的亘古价值，《周易》所包含的二进制思想被一些人作为证据。这个说法是很不严肃的，是违背基本历史事实的。

二进制的思想并不是莱布尼茨最早提出来的。魏格留斯最先将十进制改为四

---

① Rita Widmaier, "Leibniz and China: From Natural Theology to True Philosophy," p. 339.
② 山田庆儿：《古代东亚哲学与科技文化》，辽宁教育出版社1996年版，第10页。
③ 五来欣造：《莱布尼茨的周易学》，《学艺杂志》1935年第14卷第3号。

进制，这点莱布尼茨本人说得很清楚。而且莱布尼茨也明确指出，在他之前，二进制在《柏林要文集》中有人提到过，只不过未引起人们注意。

莱布尼茨本人则早在1679年3月5日就撰写了关于二进制的论文《二进制算术》（De L'Arithmetque Binaire）。在这篇论文中，莱布尼茨对二进制算术做了相当详细的讨论，不但给出了用0和1表示一切数的规则，还给出了加、减、乘、除四则运算的规则，并对二进制和十进制做了比较。只是莱布尼茨没有公开发表这篇文章。

1695年5月，莱布尼茨和卢道夫·奥古斯特（Rudolphus Augustus）公爵的一次谈话，使他对这个问题重新产生了兴趣。两年以后，在1697年元旦，他送给了公爵一枚刻有二进制内容的纪念币。

纪念币的正面是奥古斯特公爵的半身肖像，肖像的下面是公爵名字的缩写字母A和R，在两个字母中间是希腊字母中加王冠，而这希腊字母从图像上看是1穿过。纪念币的背面是二进制从0到17的数表，其中，在几何级数前有重点符号※。在数表两边则是各有二进制的运算例证，一个是加法，一个是乘法。

纪念币上端是莱布尼茨刻的座右铭：

2，3，4，5等	0	1
Omnibus	Ex. Nihilo. Ducendis	SUFFICIT UNUM
（一切）	（出自"无"）	（"壹"即足）

莱布尼茨在给公爵的信中解释说：

> 我们也可以将这行字简便地分为两部，因为字母之形间的区别与其间有的空处能够用以辨别两部，使人知道最后几个字Sufficit unum（壹即足）是右边的主要字句。……在Omnibus（一切）上面有2，3，4，5等数字。（在"零"上写0，"壹"上写1）使大家能够从这算术表上演绎到以上所引述过的那句话的意义。①

这封信中，莱布尼茨已经提到中国，说他要给闵明我写信，并把二进制的方

---

① 秦家懿编译：《德国哲学家论中国》，第140页。

法告诉闵明我,这样,"可能会格外为强大的中国国王(康熙帝)显现出来基督教信仰的优越性"①。看来,此时莱布尼茨还未想到《周易》,也不知《周易》在象数方面与二进制的一致性。但这说明莱布尼茨在认识白晋以前,在未得到邵雍的六十四卦图时,已经发现了二进制这种记数方法。

另外,即使有他和白晋的通信,也不能说明二进制为中国人所发明。因为白晋全面向莱布尼茨介绍《周易》是在他1700年11月8日给莱布尼茨的信中。这封信莱布尼茨并未立即收到,他向白晋热情介绍自己的二进制发现是在1701年2月15日的信中。写这封信时,莱布尼茨并不知道《周易》与二进制的关系。

白晋收到莱布尼茨1701年2月15日的信后立即发现了二者之间的联系,并于1701年11月4日写信给莱布尼茨,随信寄上了邵雍的六十四卦图。莱布尼茨收到这封信后就立刻把论文正式发表,并于1703年5月18日给白晋写了长篇回信,谈了《周易》与二进制的关系。莱布尼茨在给白晋的信中讲得很清楚:"我向您承认,即使我自己,如果未曾建立我的二元算术的话,对伏羲图哪怕研读良久也未必能够理解。"②

之所以有人把二进制说成是中国人的发明,除了历史知识不足这个原因以外,还有更深层的文化原因。这不仅仅反映了一些文化人、学者的浮骄之气,也是长期以来"西学中源说"的一个反映和表现。当代《周易》象数研究专家董光璧先生在他的《易图的数学结构》一书中讲得十分清楚:

> 其实易图不能算二进制数学,莱布尼茨也不是受易图的启发才发明二进制算法的。
>
> 易图本身只不过可以译成二进制数码,但它以及它的演成都并不蕴含二进制算法。
>
> ……
>
> 根据这个过程,虽然莱布尼茨发表他的论文《谈二进制算术》是在1703年,但不能认为是他受易图的启发发明二进制算术,而是他发现了易图结构

---

① 秦家懿编译:《德国哲学家论中国》,第139页。
② 《莱布尼茨致白晋的一封信》,朱伯崑主编:《国际易学研究》(第2辑),华夏出版社1996年版,第3页。

和他的二进制算术的一致性。①

其次，莱布尼茨具有索隐派思想。毫无疑问，莱布尼茨是一位伟大的科学家、哲学家，但他是基督徒，在当时，他的自然论思想已是一个进步，但上帝仍然存在。所以，他的二进制也有神学方面的考虑。他在给白晋的信中说："您已充分体会到了它在宗教中的主要功用之一，亦即它是创世的无伦比的象征，也是万物来源于唯一的上帝和无，没有什么先在的质料。"②他认为1代表上帝，0代表无，因此，二进制正是象征着上帝在虚无中创造世界。他在给奥古斯特公爵的信中也表示，用如此简洁的数字是可以表示"造化之迹"的。"在这方面，世上没有比关于数字之源的理论更能够表示与证明这事，而这里指的，是简单而朴实地用'壹'与'零'或'无'来代表（创世的事迹）。"③

在进一步谈到中国文化，谈到《周易》时，莱布尼茨就表现出索隐派的观点。

莱布尼茨认为，二进制和《周易》的相通，从宗教上说明了基督教的普世性，从历史上说明中国文化与基督教是一脉相承的。他说："我相信中国的学者们，当他们了解了这些想法并且看到伏羲的所有创造都与我们的一致，将会相当乐于相信这位巨人也乐于代表上帝，造物主以及个上帝从无中创生万物的创世过程的。"④这里，他认为伏羲代表上帝，这暗示着中国文化是西方文化的一支的观点。

在谈到《周易》的八卦时，他的这个思想表现得更为明显：

> 八卦，或八个线形符号，在中国人那儿是如此根本，使人相信好像伏羲本人在从一和无导出万物时心中想的就是创世，甚至还能与创世故事联系起来。因为0可以意指天地创造之前的虚空，然后是七天，每个符号标志着该开始时所存在的和已经被造的。在第一天开始存在1，亦即上帝；第二天的开始，天和地已在第一天中被造，最后在七天的开始已经万物俱在，这也是

---

① 董光璧：《易图的数学结构》，上海人民出版社1987年版，第52—54页。
② 《莱布尼茨致白晋的一封信》，朱伯昆主编：《国际易学研究》（第2辑），第5页。
③ 秦家懿编译：《德国哲学家论中国》，第137页。
④ 《莱布尼茨致白晋的一封信》，朱伯昆主编：《国际易学研究》（第2辑），第5页。

为什么最后一个符号最完美的，这一天也是安息日，因为一切都已完成和完满……只有用这种0和1的写法，才能看到这个神圣的第七天的完满，另一个令人吃惊之处是它的符号与三位一体的关系。①

在这里，莱布尼茨对八卦做了最典型的索隐派式的解释。索隐派是来华传教士中极有代表性的一个思想派别，从今天来看，他们的观点似乎十分荒唐可笑，但若放在历史的境遇中，恰恰反映了中西文化交流初期的那种文化碰撞，西方一神教的思想遭遇悠久的中国历史文化后产生的一种困惑、彷徨和曲折。

索隐派虽正式源于白晋、傅圣泽、马若瑟等人，但早在利玛窦那里已有端倪。利玛窦在《天主实义》中就把中国人的"五行说"看成是亚里士多德的"四元素说"，说佛教是毕达哥拉斯学派之后的变种，如此等等。

索隐派在文化问题上类似于中国的"中学西源说"，是西方文化初遇中国文化时的一种不成熟的表现。尽管莱布尼茨对中国文化怀有深深的敬意，但他也免不了受到这种思想的影响。在这个意义上，莱布尼茨的哲学并不是完美的哲学。我们在把握莱布尼茨的中国观时，应注意到这一点。

由此可见，"西学中源说"和"中学西源说"是在中西文化交流史中曾出现过的两种错误观点，其实质在于不能展开双臂接受外来文化，自持于自己原本的文化，都表现出了一种民族文化至上的倾向。这种历史教训是十分深刻的，值得我们今天深刻反思。但不管怎样，莱布尼茨"在德国处在对华文化交流的前列"②，他对中国文化的认识和论述至今仍有很大的启示意义。

第三节　沃尔夫与中国哲学

沃尔夫是莱布尼茨哲学体系的继承者。他把莱布尼茨的《单子论》和《神正论》演化成了一个系统的哲学体系。沃尔夫在德国哲学史上的贡献主要有两点：

第一，他是第一个用德文写哲学著作的人。莱布尼茨是用拉丁文和法文写作，而沃尔夫的著作是用德文写的。黑格尔认为这一点很重要，因为在他看来，

---

① 《莱布尼茨致白晋的一封信》，朱伯昆主编：《国际易学研究》（第2辑），第8—9页。
② Rita Widmaier, "Leibniz and China：From Natural Theology to True Philpsophy," p. 334.

哲学是一种自我意识,这种自我意识如果不以自己的语言表达出来,就不能得到发展。海涅的评价更加明确:

> 克利斯提安·伏尔夫(即沃尔夫,下同——引者注)是个杰出人物,他不仅是把莱布尼茨的思想加以系统化,并且(是)用德语讲述了他的思想的杰出人物。伏尔夫的功绩既不在于把莱布尼茨的思想总结成为一个牢固的系统,也不在于用德语介绍他的思想,而在于激励我们用本国语言进行哲学的思维。①

第二,他使哲学成为德国理智的一部分。他首先用德语写作哲学,并在大学长期任教,对于德国文化接受哲学这种形式起了很大的作用。"沃尔夫为德国人的理智教育作出了伟大的贡献,不朽的贡献。他不仅第一个在德国使哲学成为公共财产,而且第一个使思想以思想的形式成为公共财产。"②黑格尔认为首先应当把他称作德国人的教师,因为他首次使哲学成了德国本地的东西。

当然,沃尔夫是不能和莱布尼茨相提并论的,他没有什么深刻的思想,把哲学完全形式化和空洞化了。

一、沃尔夫论孔子

沃尔夫关于中国的论述主要是在他的一篇讲演《中国的实践哲学》中。

沃尔夫了解中国哲学的途径主要是来华传教士的译稿:一个是柏应理等人所译的《中国哲学家孔子》,一个是卫方济的一些译稿。卫方济是来华传教士中对中国哲学着力较多的一位。他曾翻译了《中国六部古典文献:大学、中庸、论语、孟子、孝经、小学》。他还有《中国哲学》四开本,摘录翻译了中国著名哲学家的学说。沃尔夫在讲演中多次提到卫方济,称他为饱学而德高望重的人,并对他的译著给予了高度评价。他说:"他完成的巨作,也是百余年以来,在中国传教区成立后,有过许多人曾经试过,但是尚未做到的工程。"③

他在介绍到孔子时说,孔子的地位在于他是中国哲学的重建者。他认为,中

---

① 亨利希·海涅:《论德国》,薛华、海安译,商务印书馆1980年版,第268页。
② 黑格尔:《哲学史讲演录》(第四卷),第185页。
③ 秦家懿编译:《德国哲学家论中国》,第162页。

国哲学的创始人是伏羲,接着是神农、黄帝、尧、舜等人:

> 中国哲学的创始者——在这光荣谱系上的第一位国王,被尊为国家的创始者与文化之父的,是伏羲。继承他的是神农、黄帝、尧、舜。他们都对伏羲开创的事业作过贡献。最后,夏、商、周三代的统治者也将政府与法则带到更进一步的完美境界内。①

在他看来,早在孔子之前,中国社会发展已很完善,政治制度合理,因而在道德实践上,君主与臣民们得以互相标榜。那时的中国是理想的王国,君主们是哲学家,臣民们遵纪守法。

之后,中国的发展遭到了破坏,君主们不再遵守先王的遗训,背离了他们的道德,臣民们也开始放浪作恶,整个民族都处在迷茫之中。

在这样的时刻,孔子出现了。他担当起了重建中国哲学的使命。他决心效法先王,坚信国王应为臣民服务,臣民应遵守道德。

> 就在多种患难中,上天为照顾世人而使孔子兴起,以他这位德高望重的博学者来从败坏中挽救他的国家。他并非出身于贵族显爵之家,又无权编纂与公布好的法律,或者使人民服从。他只是个老师,但是在自己本分内的事总是全力以赴。他既然不能行其所欲行,但至少行其所能行,他又尽其天赋之责,不但履行教职,并将之发扬光大。②

在沃尔夫看来,孔子的主要工作是研究历史,从中汲取对生活和行为有用的东西,并实践这些有益的东西,把它传授给后代。

那么,孔子学说的结果如何呢?他认为,孔子并未成功,君主们拒绝效法达到他的学说的高度或深度。

通过这个介绍我们可以看出如下几点:

第一,他对孔子本人的介绍大体正确。他说孔子非贵族出身,只是一个老师,主要从事历史编年工作,这三个基本点是符合历史事实的。

第二,他对孔子学说的基本特征概括得较为客观。孔子在政治上是"法先

---

① 秦家懿编译:《德国哲学家论中国》,第149页。
② 同上书,第150页。

王"，《礼记·中庸》中说："仲尼祖述尧舜，宪章文武。"孔子自己也说："大哉，尧之为君也。"（《论语·泰伯》）他的弟子有若说："礼之用，和为贵。先王之道，斯为美。"（《论语·学而》）所以，沃尔夫所说的孔子志在重建败坏的国家，强调正名、道德，这大体是对的。当然，沃尔夫未说明孔子复古主义的性质，这个不可苛求。因为这在中国学术界也是一个颇有争议的问题。

第三，他较为准确地揭示了孔子在中国的地位。他把孔子比于摩西、穆罕默德和基督，这显然是西方的思维方法。孔子所创立的儒家学派虽不是宗教派别，但就孔子所处的地位来说，大体是可以样比喻的。沃尔夫这里明显的错误是关于中国哲学的创立问题。他认为中国哲学创立于伏羲，而孔子只是中国哲学的重建者。这个观点显然不对。中国文化成熟于西周，但春秋中期的贵族与卿大夫虽多见闻而有卓识，但还谈不上哲学思想。张岱年先生说："中国哲学之创始者，当推孔子。"其理由为："一，孔子有自己的'道'，而欲行其道于天下；二，孔子以其自己的'道'把以前为贵族所专有的知识传授于一般人民。孔子是集过去时代之学问思想之大成的人，而又是一个新时代的开创者。"①

沃尔夫在这里显然把中国历史和中国哲学的创立两个问题混为一谈。中国的历史可追溯到伏羲，但中国的哲学思想在伏羲及三代时都不可能形成。

无论如何，沃尔夫这个介绍是非常简略的。在具体材料的运用上，他还不如伏尔泰和莱布尼茨。我们目前尚未读到柏应理和卫方济的译稿，但从沃尔夫这个介绍中，我们也可对他们有关孔子学说的翻译和介绍有个大体的判断。

二、沃尔夫论中国哲学

沃尔夫在介绍中国哲学时只讲到儒家，他没有提到道家、墨家等其他的中国学派。他从四个方面介绍了儒家伦理学的特点。

第一，中国哲学的理性特点。

沃尔夫认为，"中国人的第一原则，是小心培养理性，以达到明辨是非，为选择德性而行善，不为恐惧上司或追求报赏而行善的能力"②。中国哲学是实践

---

① 张岱年：《中国哲学大纲：中国哲学问题史》，"序论"第10页。
② 秦家懿编译：《德国哲学家论中国》，第160页。

的哲学、道德的哲学，但这种德性不是为善而善，不是为个人利益而为善，而是从一种理性出发。

那么这种理性是什么呢？这种理性只能通过对于事物性质与理由的深入认识而达到。这是一种道德理性，这是一种理性的自觉。一个人只有具有了这种理性时才能甘居人下，才能自觉地克制自己的欲望。而这种理性在中国人看来必须来自对事物的性质与理由的检讨。

中国哲学的道德精神是一种自觉理性，是一种对独立完美人格的追求。"志士仁人，无求生以害仁，有杀身以成仁！"（《论语·卫灵公》）"志于道，据于德，依于仁，游于艺。"（《论语·述而》）李泽厚先生把中国哲学的这种理性精神概括为"实践理性"，也就是说在这种道德实践中，首要的是一种理性态度，没有对外在偶像的狂热，一切都立足于平实的生活，立足于对这种平实生活的思考与提升，以达到一种理想人格。

所以，沃尔夫说中国哲学第一要义是理性原则，这是对的。但这个理性不是他所理解的探求事物本原和真知的科学理性，而是立足于道德修养的实践理性。这两种理性是有着重大区别的。"……实践理性本身，也有其弱点和缺陷。它在一定程度和意义上有阻碍科学和艺术发展的作用。由于强调人世现实，过分偏重与实用结合，便相对地忽视、轻视甚至反对科学的抽象思辨，使中国古代科学长久停留并满足在经验论的水平……"[①]这个看法是很深刻的。

沃尔夫显然只是从西方传统来解释中国哲学中的理性概念的，他完全不可能知道中国思想中的实践理性与科学理性两个不同方面的差别与不同。但他的这种误读是正常的，他强调理性，正是一种启蒙精神在他身上的体现。

第二，中国哲学的非宗教性。

沃尔夫认为，人的德性是由不同的动机来决定的。一种是从自然宗教中找到德性的根据，即人的道德是因神的完美决定的，"从神恩中得到力量，并以之为自己的德性的原则"[②]。另一种则完全出于人性本身，出于纯自然的力量。德性的确定是由于自身的追求而不是出于神的恩典和祈求。中国哲学属于本身力求行

---

① 李泽厚：《中国古代思想史论》，第37页。
② 秦家懿编译：《德国哲学家论中国》，第154页。

善的实践方面的哲学。在他看来，中国人的道德动力不是从外面的自然宗教和神的启示得来的，而是他们只能反求于内心，"他们的所作所为，只发自行为性质的内在理由。从他们行为的榜样，我们也可见他们坚强决心"①。

中国哲学的知识论系统不发达，而且知识论是附属于道德论的。李泽厚把"心理原则"视为孔学、儒家区别于其他学说或学派的关键，这是有道理的。所以，按照一种西方认识或知识论的框架来研究中国的认识问题，这完全是风马牛不相及的事。沃尔夫在这个问题上的感觉大体是正确的。

第三，中国人的教育原则。

中国人擅长伦理，注重道德，止乎礼仪。这根本在于中国的教育。沃尔夫认为，中国的教育分两部分，他称为"双层学校"。"第一层叫做'小学'，专为教训灵魂下部而设的。另一层叫做'大学'，专为教训灵魂上部而设的。"②小学的目标在于教育孩子服从，善于听从命令，而大学则在于教育学生善领导，发善命，以身作则。小学教育突出的遵守上司命令，孝顺双亲，而大学教育突出的是解释事理，为自治治人而提出有用规则。但无论小学还是大学，全部的教育在于"导向行善，不做任何违背这目标的事"③。

沃尔夫这个介绍，说明他看到了传教士所翻译的有关中国教育的材料。《大戴礼记·保傅》说："古者年八岁而出就外舍，学小艺焉，履小节焉；束发而就大学，学大焉，履大节焉。"这里说的"小艺""小节"就是指初级的文艺，即礼、乐、射、御、书、数；所说的"大艺""大节"指的是高一级的"六艺"，即《诗》《书》《礼》《乐》《周易》《春秋》六种典籍。

在孔子以前，西周贵族子弟大体都要经过这两个阶段的由简到繁的学习过程。经过孔子的努力，中国教育开始走向平民化。关于孔子教育的第二种情况，沃尔夫认为，中国人的伦理道德与宗教无关。"中国古人并不认识宇宙的创始者，并不相信自然宗教，更没有任何启示的宗教。他们只靠与一切宗教无关的自然力量引导他们行善。"④

---

① 秦家懿编译：《德国哲学家论中国》，第161页。
② 同上书，第158页。
③ 同上书，第160页。
④ 同上书，第154页。

沃尔夫这个看法基本正确。儒家思想，特别是在孔子思想中，理性精神十分实在。"子不语怪力乱神"，"未能事人，焉能事鬼"，"未知生，焉知死"，这都反映了孔子清醒的理性精神，在他的思想中没有给启示神以位置。"这样，也就不需要舍弃现实世间、否定日常生活，而去另外追求灵魂的超度、精神的慰安和理想的世界。正是这个方面，使中国在过去终于摆脱了宗教神学的统治……"①

但怎样看待"中国人为内在的善而行善"②呢？沃尔夫说："中国人的最后目的是为己为人追求至善。我在很久以前已经指出这方向包含一切自然律的摘要，与我们所称为行为上的善。"③怎样理解这种至善呢？沃尔夫没有回答。

其实儒家思想还有宗教性的一面，关于这点学者的看法不一。唐君毅认为儒家就其内在超越性来说是宗教的，这种宗教就是孔孟文化。李泽厚先生认为，儒家文化是半宗教，有宗教功能无宗教仪式。沃尔夫注意到了中国人追求至善，但他显然没有这样更深的思考。从沃尔夫来说，这样的议论在当时的欧洲已十分大胆，显然这包含了对神的不敬。也许正因此，沃尔夫这个讲演使其丢掉了饭碗。

第四，中国哲学的道德追求。

沃尔夫认为中国人哲学的最高追求是道德的完善，这就是："人类的至善，在于不断地追求至善。……日新又新的追求至善的人们，也在追求幸福的道路上迈进。"④自古中国圣贤英雄德性核心不是传授知识，主要在于育人，他希望培养出的人"可以托六尺之孤，可以寄百里之命，临大节而不可夺也"（《论语·泰伯》）。沃尔夫还是基本上抓住了中国儒家教育思想的特点。

第四节 康德论中国文化

康德（Immanuel Kant，1724—1804），德国古典哲学的奠基人。他早年受到莱布尼茨、沃尔夫哲学思想的影响，读到休谟的著作之后从沃尔夫哲学的"独

---

① 李泽厚：《中国古代思想史论》，第39页。
② 秦家懿编译：《德国哲学家论中国》，第166页。
③ 同上书，第164页。
④ 同上书，第165页。

断主义的美梦"中醒了过来。1780年他开始了自己批判哲学时期,这是他学术的巅峰时期。在近十年的时间(1781—1790),他先后写下了《纯粹理性批判》(1781)、《实践理性批判》(1788)、《判断力批判》(1790)、《能够作为科学的任何未来形而上学导论》(1783)、《道德的形而上学基础》(1785),这些著作奠基了德国古典哲学的基础。

18世纪90年代,康德的兴趣转向社会政治,他对东方思想也有了一定的关注。他的《地文学讲义》《永久和平论》等著作也偶尔涉及中国①,总的来说中国并不是他关注的重点,他唯一留给我们的关于中国的文字只有一篇口述。②从这篇文字中我们可以看出,康德还是读到了不少关于中国的著作。虽然这是一篇一般性论述的文字,但字里行间也透露出康德的中国观。因而,不少研究者都想揭示出康德哲学和孔子、孟子学说之间的关系。③对此,我们应做深入的考查。

在对中国的总体介绍中,他讲到中国幅员辽阔,地域宽大,人口众多,认为"它无疑是全世界人口最多、耕地面积最大的国家。据统计,中国的人口数量相当于整个欧洲的人口总数"④。对大运河的长度、长城的悠久、南京报恩寺的美丽,康德都给予了肯定性、赞美性的介绍,认为大运河在世界上是独一无二的,认为报恩寺是东方最美的建筑物。

在介绍中国人时,他的评价并不是很高:"中国人报复心强,但他们总可以忍耐到适当的时机才发作。他们那里没有决斗的习惯。他们非常贪玩,可胆小怕事;他们勤勉、恭顺,奉承起人简直是天花乱坠。他们抱着传统习俗死死不放,对未来生活却漠不关心。"⑤这个简短的评价倒也抓住了中国人区别于欧洲人的特点,如处事中庸,崇古传统,这些康德看得还是比较准确的。

关于中国的伦理与风俗,它主要介绍了中国家庭中的孝道与婚姻伦理。康德认为孩子孝顺父母是中国伦理与法律中的头等大事,男女婚姻大事完全由父母决

---

① 参阅朱谦之:《中国哲学对欧洲的影响》,第342—343页。
② 康德:《中国》,夏瑞春编:《德国思想家论中国》,陈爱政等译,江苏人民出版社1995年版,第61—67页。
③ 参阅Julia Ching and Willard G. Oxtoby, *Moral Enlightenment: Leibniz and Wolff on China*, Steyler Verlag, 1992, p. 222.
④ 康德:《中国》,夏瑞春编:《德国思想家论中国》,第61页。
⑤ 同上书,第62—63页。

定,如果通奸将还以笞刑。另外,服从和敬重上司也是重要的法律原则。

康德所介绍的内容没有什么新鲜之处,这是把中国伦理与法律混为一谈,基本上是入华传教士们的观点,但不可否认他从入华传教士的大量著作中和众多游记中还是提炼出了中国法律和伦理的基本特征,这表现出了他的洞察力。

关于中国的宗教,康德说:

> 宗教在这里遭受冷遇。许多人不信上帝,即使那些信教的人也很少参加宗教仪式。这里,佛教教派为数最多。他们理解佛为神的化身,神灵附在居住于西藏布达拉宫的那位受人顶礼膜拜的大喇嘛身上,当他死后,神灵又转世到了另外一个喇嘛。鞑靼人的佛教僧人叫作喇嘛,就是中国的和尚。从天主教传教士所描述的中国佛教的神祇来看,佛教实际上是一种由基督教变种而生的异教。据说,佛教的神分为三圣,第二圣立定教法,并为人类流血牺牲。大喇嘛据说也主持以面饼和酒进行祝祷这样的圣事。中国人崇拜孔子,他是中国的苏格拉底。这里也居住着一些犹太人,他们就像马拉巴尔海岸的犹太人一样,公元前就迁居到这里,对犹太教已经知之甚少了。佛教的各种教派都相信灵魂能够转世,认为世间万物一切皆空,无始无终,因此在一段时间之内停止一切劳作,无欲无求乃是虔诚的举动。[①]

在这篇不到5000字的口述中,康德对中国宗教给予了特别关注,我们仅从篇幅上就可看出这一点。这段论述有以下几点格外值得我们注意:

第一,康德关心更多的是中国的佛教,这方面的内容占了这段文字80%的篇幅。

第二,对儒家的介绍只有一句,这和欧洲在"中国热"时对儒家的一片赞扬形成反差。可以肯定的是,莱布尼茨和沃尔夫所编、所写的关于中国的书,他应该读过。但他在这里一笔带过,这说明在他看来,孔子及其儒学的宗教性远不如佛教。他将孔子说成中国的苏格拉底,表明他认为孔子的学说主要是伦理学的内容。康德在这里对儒家的性质和作用的评价基本上符合事实的。

第三,他一字未提道教。

---

① 康德:《中国》,夏瑞春编:《德国思想家论中国》,第66页。

第四，他讲到了中国的犹太人。显然，他读到了入华耶稣士的有关报告。[①] 但他未提基督教，未讲天主教在明代的发展。这说明，他要么未阅读到有关书籍，如基歇尔的《中国图说》等，要么作为一名启蒙思想家，对基督教持有一定的批判态度。

第五，他对佛教的理解受到了入华传教士的重大影响，如将佛教说成是基督教的变种，这是利玛窦在《天主实义》和《利玛窦中国传教史》等书中的基本观点。

康德在1794年的《万物的终结》（Das Ende aller Dinge）中讲到了老子的思想，他说：

> 由此便产生了至善就在于无这一老君体系的怪诞，亦即就在于感觉到自己通过与神性相融合并通过自己人格的消灭而泯没在神性的深渊之中的这样一种意识。为了获得对这种状态的预感，中国的哲学家们就在暗室里闭起眼睛竭力去思想和感受他们的这种虚无。[②]

有的学者认为，康德这里把老子看成了神秘主义者，看成了一个"被压抑的人"（brooding man）。但对老子"虚无"这个概念，康德还是猜到了几分。

第五节 黑格尔与中国哲学

一、19世纪中西关系逆转

18世纪，中国是欧洲的榜样。从思想家到平民，中国都是其学习和生活的榜样。如托克维尔（Alexis de Tocqueville，1805—1859）在《旧制度与大革命》中所说的，对于法国的启蒙思想家们而言：

> 没有一个人在他们著作的某一部分中，不对中国倍加赞扬。只要读他们的书，就一定会看到对中国的赞美……他们心目中的中国政府好比是后来全体法国人心目中的英国和美国。在中国，专制君主不持偏见，一年一度举

---

① 参阅荣振华、莱斯利：《中国的犹太人》，耿昇译，中州古籍出版社1992年版。
② 康德：《历史理性批判文集》，何兆武译，商务印书馆1990年版，第90页。

行亲耕礼,以奖掖有用之术;一切官职均经科举考试获得;只把哲学作为宗教,把文人奉为贵族。看到这样的国家,他们叹为观止,心驰神往。①

为何到19世纪中国和西方的文化关系就发生了根本的扭转呢?中西之间为什么发生了"大分流"?这目前是学术界的热点问题。阿瑞吉说:

> 随着近代欧洲军商合一的民族国家体制在1648年的威斯特伐利亚条约中被制度化,中国的正面形象黯然失色了,这不是因为欧洲经济上成就有多么伟大,而是欧洲在军事力量上的领先地位。欧洲商人和冒险家们早已指出过由士大夫阶级统治的国家在军事上的薄弱,同时也抱怨过在与中国贸易时遇到的官僚腐败和文化障碍。这些指控和抱怨将中国改写成一个官僚腐化严重且军事上不堪一击的帝国。这种对中国的负面评价又进而将中国纳入西方对中国的政治想象中,从而使得中国由一个值得仿效的榜样,变成了"英国模式"的对立面,后者在西方的观念中日益成为一种意识形态霸权。②

从更长的历史来说,西班牙对南北美洲的征服,为欧洲市场提供中国急需的白银,欧洲才搭上了由中国主导的世界经济体系的末班车。③西班牙人征服美洲的时候带去了欧洲人已经完全具有免疫力但美洲当地人完全没有接触过的疾病,由此造成了美洲原住民的大量死亡。

> 现在已很难确知美洲土著的死亡人数到底达到90%、95%还是98%(这种估算需要以美洲最初的人口基数为依据,而这一数据目前尚不确定),但很明显这一场浩劫在世界历史上是规模空前的。到1600年,欧洲人来到新大陆一个世纪之后,拉丁美洲的人口数已降低到只有几百万。到1700年,当灾难波及至北美洲时,最后只有几十万美洲土著在今天的加拿大和美国一带幸存下来。④

---

① 托克维尔:《旧制度与大革命》,冯棠译,商务印书馆1992年版,第198页。
② 阿瑞吉:《从东亚的视野看全球化》,转引自韩毓海:《五百年来谁著史:1500年以来的中国与世界》,九州出版社2009年版,第182页。
③ 参阅贡德·弗兰克:《白银资本:重视经济全球化中的东方》,刘北成译,中央编译出版社2000年版。
④ 杰克·戈德斯通:《为什么是欧洲?世界史视角下的西方崛起(1500—1850)》,关永强译,浙江大学出版社2010年版,第77页。

西班牙对美洲的侵入，不仅灭绝了那里已经高度发展起来的文化，而且给美洲当地原住民带来了巨大的灾难。

  1700年左右印度是世界上最大的棉纺品出口国，其纺织品不仅是为了满足英国的需要，而且也是为了全世界的需要。除印度广大的国内市场外，东南亚、东非和西非、中东和欧洲是其主要的出口市场。……1750年印度的纺织品生产量足有世界的四分之一。①

1757年英国从普拉西战役开始了征服印度的历程，在此后的50年中，英国控制的范围日益扩大，1875年整个次大陆成为其正式的殖民地。②这只是印度开始衰退的第一步，长期来英国是印度的棉纺织品的出口国，但从英国把印度变为殖民地开始，角色的更换就开始了。18世纪时英国曾提高关税限制印度棉纺织品在英国的出口，但现在他们成了印度次大陆的主人，英国棉纺织品进口印度的关税完全被取消了。由于价格低廉，很快印度本土的纺织品就开始败下阵来，从英国进口来的棉纺织品越来越多，印度破产的棉纺织厂也越来越多。到1820年时已经有数以百万计的印度纺织品工人失业，"到1833年，孟加拉……的'逆工业化'已经相当严重。印度失去了一种伟大的艺术，而艺术家也失去了他们的职业。现在家庭妇女的纺锤已很少在纺棉场上快速转动了。"③印度一度发达的棉纺织品业就是在这种殖民政策和"自由贸易"的政策下被英国击垮的。表面上，亚当·斯密（Adam Smith，1723—1790）主张政府对贸易的不干涉，使贸易自由的发展；实际上，英国是在精心的策划下击垮了印度的棉纺织业，将印度从棉纺织品的出口国变成进口国。

  总而言之，19世纪以英国为中心的全球资本主义体系从始至终都离不开印度的进贡。由于印度的付出，英国才能在1792—1815年间将公共开支扩大了6倍，这一支出的规模为随后半个世纪英国在资本商品工业中的龙头地位

---

① 罗伯特·B.马克斯：《现代世界的起源：全球的、生态的述说》，夏继果译，商务印书馆2006年版，第133页。

② 参阅上书，第136—137页。

③ Debendra Bijoy Mitra, *The Cotton Weavers of Bengal 1757-1833,* Calcutta Temple Press, 1978, p. 98.

打下了基础。同样，由于印度的进贡，才可以使英国在其工业霸权地位已经动摇的情况下，不断巩固它在全球范围内进行资本积累的核心地位。①

中国的丝绸、茶叶、瓷器从16世纪开始已经成为欧洲人最喜欢的商品，喝茶开始成为英国日常生活的必须。大量购买中国的茶叶，白银便开始流入中国。英国人必须找到一种商品让中国人购买，以解决中国和英国之间的贸易顺差。在中国的传统医学中，鸦片是医用的。英国人看到这一点，从1773年开始获取在孟加拉生产鸦片毒品的垄断权，通过各种途径将鸦片运往中国，开始了对中国的鸦片贸易。在19世纪30年代，每年高达3400万盎司的鸦片运进中国，同时白银开始向英国回流。为了在中国获取巨大的商业利益，当中国政府开始抵制鸦片贸易时，两个帝国的冲突就不可避免了。第一次鸦片战争以中国失败而结束，《南京条约》的签署使英国人获得了2100万银元的赔偿和香港的割让，由此拉开了西方列强对中国近一百年的侵略和掠夺。

18世纪，英国在与法国的连年战争中，于1713年签署了《乌德勒支条约》。这个条约使英国人成为向美洲大陆贩卖奴隶的贩子。用摧垮了印度棉纺业后的垄断地位，为每一个黑奴买上一套服装，英国赚上了第一桶金。

全球扩张、侵略、奴役与贩毒，经济的扩张与军事的侵略，西方借此走上了全球发展之路，英国崛起。无疑，英国本身的工业革命也是重要的，英国的科技发展也是重要的，但仅仅从西方内部来看欧洲的崛起，显然是不够的。"并不是殖民主义和武力征服导致了西方的崛起，而恰恰相反——是西方的崛起（依靠技术力量）和其他地区的衰落才使得欧洲强权得以在全世界不断扩张。"②这是在为英国的殖民主义进行辩护。如弗兰克（Andre Gunder Frank）所说：

那么西方是怎么兴起的呢？如果说西方或西方的生产方式没有什么特殊之处，而且西方在1800年以前甚至不抱有任何霸权的奢望，那么只能得出这样的结论：肯定有另外一些因素起了作用，或者有另外一些尚未提到的情况使这些因素在其中起了作用。我们已经看到，迄今对这个问题所作的大多

---

① 乔万尼·阿里吉、滨下武志、马克·塞尔登主编：《东亚的复兴：以500年、150年和50年为视角》，马援译，社会科学文献出版社2006年版，第372页。
② 杰克·戈德斯通：《为什么是欧洲？世界史视角下的西方崛起（1500—1850）》，第83页。

数探讨都不免牵强附会、生拉硬套，因为它们仅仅在欧洲路灯的光亮下寻找这些因素。但是，既然西方乃是全球世界经济的一个组成部分，西方的兴起就不可能完全凭借自身力量。相反，任何"西方的兴起"肯定是在世界经济之内发生的。因此，仅仅甚至主要在西方或其某个部分来寻找这种兴起的原因，是徒劳无益的。如果说这样做有什么"效用"的话，那只能是意识形态的效用，即抬高自己，贬低别人。①

全球的财富开始向英国集中，18世纪后期时所说的英国工业革命像静静的小溪；19世纪欧洲的主要特征就是工业革命，工业革命到了19世纪已经成为奔腾的大江。

> 人类能够凭借汽船和铁路越过海洋和大陆，能够用电报与世界各地的同胞通讯。这些成就和其他一些使人类能利用煤的能量、能成本低廉地生产铁、能同时纺100根纱线的成就一起，表明了工业革命这第一阶段的影响和意义。这一阶段使世界统一起来，统一的程度极大地超过了世界早先在罗马人时代或蒙古人时代所曾有过的统一程度；并且，使欧洲对世界的支配成为可能，这种支配一直持续到工业革命扩散到其他地区为止。②

技术的发明、财富的膨胀、人口的增长、城市的扩大，19世纪的欧洲像穿上了神靴，快速发展起来。

> 无疑，当欧洲的资本和技术与不发达地区的原料和劳动力相结合、首次导致一个完整的世界经济时，世界生产率无法估量地提高了。事实上，世界工业生产在1860年至1890年间增加了三倍，在1860年至1913年间增加了七倍。世界贸易的价值从1851年的64,100万英镑上升到1880年的302,400万英镑、1900年的402,500万英镑和1913年的784,000万英镑。③

彭慕兰（Kenneth Pomeranz，1958— ）认真研究对比了欧洲和印度、中国

---

① 贡德·弗兰克：《白银资本：重视经济全球化中的东方》，第442—443页。
② 斯塔夫里阿诺斯：《全球通史：1500年以后的世界》，吴象婴、梁赤民译，上海社会科学院出版社1999年版，第291页。
③ 同上书，第318页。

在1750年时在科学技术上的特点。"总的说来,认为1750年的欧洲已经拥有独一无二的综合科技水平的观点需要给以相当大的限制。"[①]彭慕兰想要表达的是,在1750年时,欧洲在科技上并未完全超过东方,将欧洲在现代化的胜出完全归结为科技是没有太多根据的。在他看来,欧洲和亚洲在1750年后的分流主要是新大陆的发现和英国在东方的殖民活动。通过新大陆的发现,英国解决了人与自然的矛盾,走上了效率型的发展道路,而中国走上了劳动密集型的道路。英国在扩张中获取了财富,财富奠基了社会的发展,社会的发展催生了科技的革命。英国得以在发展中扩张,在扩张中发展。移民的大规模展开、南北美洲和澳大利亚的迅速欧化、对印度和中国的殖民战争、对非洲的贩卖黑奴,欧洲人借此在一个世纪里统治了整个世界,英国走到了世界的前列。

拥有了世界财富的欧洲人,征服了整个世界的欧洲人,在文化视野上大大扩展了。达尔文跑遍了世界,开始思考人类的整体性问题;英国的人类学家们在南太平洋的岛屿上做实地的考察,使人类学大大拓宽了范围;德国的语言学家们醉心于印欧语系的研究,将欧洲的文化视野扩展到了亚洲。当他们的足迹遍及全球时,他们在精神上开始有了霸气,文化的傲慢已经成为大多数思想家的主旨。如果说18世纪欧洲人走出了中世纪,打破了自身的思想羁绊,那么19世纪欧洲人则创造了一个观念与文化的世界,为世界立法。他们俨然成为世界的主人。此时,欧洲学者们开始以整个人类代表的身份规划学术,创建学科,评论文化,建立崭新的世界的文化史和人类精神史。

当法国人深入非洲,英国人测量新西兰的海岸,德国人迷恋印度文化的神秘时,欧洲人自然不会再像18世纪那样只钟情中国文化。不但如此,他们反观中国文化,开始以一种欧洲发展所带来的自豪感,居高临下地俯视着中国文化。"中国热"已完全消退,批判中国开始逐渐成为主流的声音。尽管19世纪西方汉学家们对中国的研究较之18世纪已经有大踏步的进步,汉学已经成为东方学中重要的一支,对中国的研究已经逐步摆脱传教士汉学的基督教羁绊,成为一门新的学科;尽管对中国典籍的翻译相对于18世纪来说是大大地进步了,欧洲知识界所能

---

① 彭慕兰:《大分流:欧洲、中国及现代世界经济的发展》,史建云译,江苏人民出版社2008年版,第42页。

读到的中国古代文化的基础性文献已经相当广泛；但是知识汉学的进步和中国文化的影响似乎成了反比，此时在大多数西方思想文化领袖那里，东方已经成为衬托西方进步的一个对象、说明欧洲文化优越的一个有力证明。尽管仍有着相反的声音，中国仍吸引着不少欧洲的文化人、作家和思想家，但大的趋势已经改变，中国开始失魅，东西方关系发生了根本的扭转。

二、黑格尔论中国哲学

黑格尔（Georg Wilhelm Friedrich Hegel，1770—1831）是19世纪欧洲思想家的代表。他对待中国文化的态度，在19世纪的欧洲具有典型意义。我们从黑格尔这里可以看出19世纪欧洲的思想家是如何看待中国的，也能看到中国古代文化在这一时期在欧洲的接受与理解的一个维度、一个真实的画面。

在黑格尔生活的时代，中国古代文化典籍在欧洲已经有了许多译本。黑格尔在《历史哲学》和《哲学史讲演录》中提到的中国的古代文化典籍译本有《玉娇梨》（雷慕沙译本）、《礼记》《易经》《春秋》《书经》《诗经》《乐经》，从他的议论中我们可以看出他一定读过卫匡国的《中国上古史》、冯秉征的《中国通史》、卫方济的《中国六部古典文献》。黑格尔对中国文化也有过深入的研究，曾专程赴巴黎听雷慕沙的中国文化课程。他对中国的研究和关注一直是其哲学创造的一个重要来源。可以这样说，当时在欧洲出版的关于中国历史文化、典籍制度的各类读本和翻译本，黑格尔大都有所涉猎。黑格尔《历史哲学》的第一篇就是从中国开始的，他开篇就说："历史必须从中华帝国说起，因为根据史书的记载，中国实在是最古老的国家。"①黑格尔是认真读了当时所能看到的关于中国的典籍的，在历史的叙述上并没有太大的错误。他说：

> 中国人存有若干古代的典籍，读了可以绎出他们的历史、宪法和宗教。……中国人把这些文书都称为"经"，做他们一切学术研究的基础。《书经》包含他们的历史，叙述古帝王的政府，并且载有各帝王所指定的律令。《易经》多是图像，一向被看作是中国文字的根据和中国思想的基本。这书是从一元和二元种种抽象观念开始，然后讨论到附属于这些抽象的思想

---

① 黑格尔：《历史哲学》，王造时译，上海书店出版社1999年版，第122—123页。

形式的实质的存在。最后是《诗经》，这是一部最古的诗集，诗章的格调是各各不同的。古中国的高级官吏有一种职务，就是要采集所辖封邑中每年编制的歌咏，带去参加常年的祭礼。天子当场评判这些诗章，凡是入选的便为人人所赞赏。除掉这三部特别受到荣宠和研究的典籍以外，还有次要的其他两部，就是《礼记》或者又叫做《礼经》，以及《春秋》；前者专载帝王威仪和国家官吏应有的风俗礼制，并有附录一种，叫做《乐经》，专述音乐，后者乃是孔子故乡鲁国的史记。这些典籍便是中国历史、风俗和法律的基础。①

他们的历史追溯到极古，是以伏羲氏为文化的散播者、开化中国的鼻祖。据说他生存在基督前第二十九世纪——所以是在《书经》所称唐尧以前；但是中国的史家把神话和史前的事实也都算做完全的历史。②

从这里我们看到，黑格尔是读到了一些关于中国历史典籍的基本翻译著作的。但黑格尔不是汉学家，他是哲学家，而且代表着德国古典哲学的顶峰，他并不关心中国历史文化的实际发展和历史，他思考的重点是如何将中国放入他宏大的哲学体系中。因此，对他的哲学的了解是解开他的中国观的关键所在。

黑格尔把自己的哲学体系称为"哲学百科全书"，它由三部分组成：第一部分是"逻辑学"，第二部分是"自然哲学"，第三部分是"精神哲学"。逻辑学研究理念本身。自然哲学是研究理念的外化，即理念潜在于自然之中，自然哲学研究理念的外在形式——自然。精神哲学是理念外化后的回归，回到精神，这样理念经过外化为自然的过程，重新回到精神，并在精神、意识中得到自觉。这样，逻辑学、自然哲学和精神哲学成为他的哲学全书的组成部分。

黑格尔关于中国文化的论述主要在他的《历史哲学》和《哲学史讲演录》两本著作中，这两本书在黑格尔的哲学体系中都处于"精神哲学"这个环节之中。

在黑格尔的哲学体系中，历史哲学是从属于法哲学中的国家学说的，这时客观精神已超出了单一民族的界限并在世界历史中运动。③在黑格尔看来，国家生

---

① 黑格尔：《历史哲学》，第124页。
② 同上书，第125页。
③ 参阅侯鸿勋：《论黑格尔的历史哲学》，上海人民出版社1982年版，第47—49页。

活成了世界展示自己的工具，历史是以民族精神更替的形式来发展的，他说：

> 在世界精神所进行的这种事业中，国家、民族和个人都各按其特殊的和特定的原则而兴起，这种原则在它们的国家制度和生活状况的全部广大范围中获得它的解释和现实性。在它们意识到这些东西并潜心致力于自己的利益的同时，它们不知不觉地成为在它们内部进行的那种世界精神的事业的工具和机关。在这种事业的进行中，它们的特殊形态都将消逝，而绝对精神也就准备和开始转入它下一个更高阶段。①

这就是说，一个个的民族的精神发展只是世界精神发展的表现和工具，是它漫长系列的一个环节。

> 因为世界历史是"精神"在各种最高形态里的、神圣的、绝对的过程的表现——"精神"经过了这种发展阶段的行程，才取得它的真理和自觉。这些阶段的各种形态就是世界历史上各种的"民族精神"，就是他们的道德生活、它们的政府、它们的艺术、宗教和科学的特殊性。"世界精神"的无限冲动——它的不可抗拒的压力——就是要实现这些阶段，因为这样区分和实现就是它的"概念"。②

这个世界精神的发展史是如何完成呢？它是如何借着各个民族的精神外壳来表现自己呢？"东方世界只知道一个是自由的；希腊人和罗马人知道少数是自由的；日耳曼各民族受了基督教的影响，知道全体是自由的。"③他从时间和空间上来论证了东方国家低于欧洲国家。从时间上，他认为东方社会在人类中的地位就像太阳升起给你的感觉一样。历史从东方开始，犹如太阳从东方升起，壮丽、辉煌，在阳光的灿烂中人忘记自我，全部笼罩在阳光中。太阳升起后，人们开始思考自己，自我与对象好像开始清楚起来，只有到了晚上，人们反思自己的一天，内心的太阳升起，这是个人和太阳之间是自觉的。太阳从西方落下，正如欧洲代表着人类意识的成熟和自觉。黑格尔说："我们只要把上述想象的例子牢记

---

① 黑格尔：《法哲学原理》，范扬、张企泰译，商务印书馆1961年版，第353页。
② 黑格尔：《历史哲学》，第56页。
③ 同上书，目录第1页。

在心，我们就会明白这是象征着历史——'精神'在白天里的伟大工作——的路线。"① 东方是幼稚的，欧洲是成熟的。在空间上，黑格尔受到孟德斯鸠地理环境决定论的影响，把地理环境分为三类：（1）干燥的高原及草原和平原；（2）大江大河流过的平原；（3）沿海地区。非洲是第一类，不属于世界历史；亚洲是第二类，开始有所反省，形成了历史的一些关系，但仍不是自由意识的最高端；只有第三类欧洲沿海地区才代表世界精神。

> 黑格尔把几乎全部的赞美都献给了欧洲地区，企图用自然条件的特殊性来论证欧洲在文明发展中的特殊作用。他断定，欧洲温和的气候，高山与平原、陆地与海洋的合理的相互交错，都有利于促使自由概念的发展。在他看来，亚洲只代表宗教原则和政治原则的开端，只有在欧洲这些原则才会得到发扬光大。②

按照这样的理念和逻辑，黑格尔对中国历史、制度、文化与哲学做了全面的评述。

他认为道德和伦理在中国的政治体制中具有重要的地位。

> 中国纯粹建筑在这一种道德的结合上，国家的特性便是客观的"家庭孝敬"。中国人把自己看作是属于他们家庭的，而同时又是国家的儿女。在家庭之内，他们不是人格，因为他们在里面生活的那个团结的单位，乃是血统关系和天然义务。在国家之内，他们缺少独立的人格。③

黑格尔对中国的科举制度给予了肯定，认为中国除皇帝外，没有特殊的阶层，只有有才能的人才能当官。这点不仅其他国家值得学习，就是欧洲也是可以拿来做模范的。

谈到中国的文字，黑格尔评价更是离奇。他认为，中国的象形文字是导致中国"僵化文明"（stationary civilization）的原因。

在谈到《易经》时，他说："在《易经》中画有某种的线条，由此制定了各

---

① 黑格尔：《历史哲学》，第110页。
② 韩震：《西方历史哲学导论》，山东人民出版社1992年版，第235页。
③ 黑格尔：《历史哲学》，第127页。

种基本的形式和范畴——这部书因此便被称为'命书'。"①但黑格尔认为从这点来看，中国人是"没有精神性"的。

黑格尔并不否认中国有哲学。"不过中国人也有一种哲学，它的初步的原理渊源极古，因为《易经》——那部'命书'——讲道'生'和'灭'。在这本书里，可以看到纯粹抽象的一元和二元的观念；所以中国哲学似乎和毕达哥拉斯派一样，从相同的基本观念出发。"②显然，黑格尔是读过当时欧洲出版的关于孔子的书的，他认为"中国几部经籍的出版，以及关于道德的许多创著，都出于孔子的手，至今成为中国人风俗礼节的根本"③。尽管孔子著作中也包含了许多道德箴言，但重复太多，他的思想仍不能处于平凡以上。这就是说，孔子的学说是很平凡的著作。在《哲学史讲演录》中，他说"孔子只是一个实际的世间智者，在他那里思辨的哲学一点也没有的——只有一些善良的、老练的、道德的教训"④。《易经》有思辨性，但《易经》的哲学是浅薄的。⑤他对道家的思想给予较好的评价，但仍是从他自己的哲学出发，将道家的"无"说成他的哲学中的"绝对"。"这种'无'并不是人们通常所说的无或无物，而乃是被认作远离一切观念、一切对象，——也就是单纯的、自身同一的、无规定的、抽象的统一。因此这'无'同时也就是肯定的；这就是我们叫做的本质。"⑥由于无的这种抽象性，它无法超越自己，转化为具体的存在，这样一来，"如果哲学思想不超出这种抽象的开始，则它和中国人的哲学便处在同样的阶段"⑦。因此，道家的哲学最终也未被他所看上。

他总结说：

以上所述，便是中国人民族性的各方面。它的显著的特色就是，凡是属于"精神"的一切——在实际上和理论上，绝对没有束缚的伦常、道

---

① 黑格尔：《历史哲学》，第138页。
② 同上书，第141页。
③ 同上。
④ 黑格尔：《哲学史讲演录》（第一卷），第119页。
⑤ 参阅上书，第120页。
⑥ 同上书，第131页。
⑦ 同上。

德、情绪、内在的"宗教""科学"和真正的"艺术"——一概都离他们很远。……虽然人人能够得到最高的尊荣,这种平等却足以证明没有对于内在的个人胜利的拥护,而只是一种顺服听命的意识——这种意识还没有发达成熟,还不能认出各种的差别。①

三、对黑格尔中国观的评价

在评价黑格尔对中国文化的论述时,笔者认为以下三点是值得注意的。

第一,黑格尔不是汉学家,但从学术的角度,他对中国基本知识的误读也是应该指出的。从他对中国的研究来看,他的阅读面是很广的,涉猎中国文化的各个方面,可以说,当时翻译成欧洲语言的中国文化典籍他大都读过了。尽管如此,他的知识性错误也是很明显的,如他说马戛尔尼拜见乾隆皇帝时,乾隆皇帝68岁,这显然有误。在讨论道家时,他说道家献身于对"道"的研究,认为一旦明白了道的本源,就获得了普遍的科学、普遍的良药和道德,也就获得了一种超自然的能力,能够升天和长生不死。②黑格尔在这里混淆了道家和道教,尽管二者都献身于对"道"的研究,但道家只追求精神的自由,而道教却追求长生不老和肉体的自由。他将二者放在一起,显然没有分清它们的区别。黑格尔对中国泛道德主义做了批判,但认为"在中国人那里,道德义务的本身就是法律、规律、命令的规定。所以中国人既没有我们所谓法律,也没有我们所谓道德"③。尽管黑格尔对泛道德主义的批评有其深刻性,但在知识上有基本的不足。在中国,并非因为道德的重要性就没有了法律,道德并不能代替法律。中国法律在西方也有所传播:

---

① 黑格尔:《历史哲学》,第143页。朱谦之先生认为黑格尔的《精神现象学》在结构上和《大学》相似,"可假定其受了《大学》译本的影响"。(参阅朱谦之:《中国哲学对欧洲的影响》,第350页)这个假设有些牵强,黑格尔对中国文化的吸收主要是将其放入自己的逻辑体系,《精神现象学》是黑格尔哲学的真正秘密,从逻辑体系上来看很难说《精神现象学》和《大学》逻辑一致。在中世纪的托马斯·阿奎那哲学中,他已经开始更多吸收亚里士多德的哲学,对人的认识过程已经有了很细微的分析,感觉、知觉、悟性这些概念都已经有了,而中国哲学主要是伦理学,对认知过程很少细分。因此,《精神现象学》基本逻辑主要是黑格尔对西方哲学吸收改造的结果。
② 参阅黑格尔:《哲学史讲演录》(第一卷),第124页。
③ 同上书,第125页。

1778年，俄国汉学家列昂季耶夫选译了《大清律例》部分内容在俄国出版，受到当时女皇叶卡特琳娜的重视。这是目前已知的西方人首次将中国法律原典译为西方文字。1781年，德国人亚力克司·里纳德夫在柏林出版了《中国法律》一书，其中也选译了《大清律例》中一些与刑法有关的内容，但上述著作只是选译，在翻译过程中，对原作改动较大，加之语言因素，未在西方世界广泛流传，西方人仍然看不到完整的中国法律原典。①

1810年，英国外交家、英国中国学研究奠基人乔治·托马斯·斯当东（George Thomas Staunton，1781—1859）将《大清律例》翻译成英文，西方人才首次见到了完整的中国法典。黑格尔1822—1823年开始讲《历史哲学》，他应该读到了斯当东的这个译本。这种知识的忽视是明显的。同时，由于当时中国典籍翻译有限，黑格尔只能读到当时已经出版的译本，这自然限制了他对中国的理解。他在自己的书中就没有谈过法家、墨家和名家，对佛教和宋明理学也缺乏更多的了解。他对春秋时的百家争鸣所知甚少，对中国文化的小传统基本不了解。这些情况都极大限制了他对中国的理解。正如今日我们做西方哲学研究，如果对西方历史的基本事实认识有误，这在学术上是不允许的。黑格尔是伟大的哲学家，但他的汉学知识的不足是限制他中国观形成的一个因素。

第二，他对东方文化和中国文化的认识有着浓厚的"欧洲中心主义色彩"，我们应该对其进行批评。黑格尔将人类的精神发展放在一个宏大的历史进程中去考虑是有价值的，但这种历史的历史性进程被他解释为欧洲是人类文明发展的高级阶段，这是有问题的。他认为"历史是有一个决定的'东方'，就是亚细亚。那个外界的物质的太阳便在这里升起，而在西方沉没那个自觉的太阳也是在这里升起，散播一种更为高贵的光明"②。而日耳曼民族把这种自由意识发展到了最高阶段。究其原因就在于欧洲人，特别是日耳曼人完全掌握了基督教精神。因为，只有基督教是启示宗教，上帝在这里完全是公开的透明的，没有任何秘密。很显然，黑格尔以基督教精神来衡量世界各民族精神的价值，这种欧洲中心主义

---

① 侯毅：《欧洲人第一次完整翻译中国法律典籍的尝试——斯当东与〈大清律例〉的翻译》，《历史档案》2009年第4期，第97页。
② 黑格尔：《历史哲学》，第110页。

的立场是很明显的。

黑格尔代表了19世纪西方文化精神，思想中弥漫着那种基督教的傲慢、西方的傲慢。对这样的一种文化态度做反思性批判是应该的，继续站在黑格尔的文化立场上为这种"欧洲中心主义""基督教神圣论"辩护则是不应该的。对黑格尔这种"欧洲中心主义"的批判并不是对其哲学智慧的否定，而是对其学说的批判性继承。①

在有关中国文化的论述上，黑格尔的观点更应得到批判的反思。他从比较哲学和比较宗教的角度对中国思想特点进行分析，认为中国是一个重集体、重社会、轻个人的社会，中国思想的特点是道德高于理性，直觉高于思辨。在一定意义上，他揭示出了中国思想文化社会的一些特征，有些分析也很深刻。但由于他的所做的比较研究不是在平等对待中国文化和西方文化的基础上展开的，而是在他设定的自己的宏大哲学体系中展开的，中国文化和思想在逻辑上已经被确定了位置。这样，即便黑格尔对中国文化也在一些个别之处说了些好话（例如，他认为由于有科举制度，中国没有固定的贵族等级制度等，这些应该介绍到欧洲来），即便他对中国文化的认识也不乏深刻之处，但这种深刻是建立在对中国文化根本否定的基础之上的。

首先，他认为世界精神是一个进化的历史过程，中国文化虽然早期十分灿烂，但那只是人类精神发展的幼年。从孔子思想的平淡无极可以看出其平庸，孔子思想根本谈不上哲学，中国也没有真正意义上的哲学。世界精神进化的高峰在西方，在欧洲，在日耳曼民族，在他的思想哲学之中。从这样的高度俯视中国文化，根本谈不上任何的尊重和平等。

其次，他认为世界历史是一个理性的过程，理性是世界的主宰，世界历史的这种合理过程经历了"原始的历史""反省的历史"和"哲学的历史"。中国

---

① 有的学者认为，黑格尔对东方文化的认识正确的，我们对黑格尔这种"欧洲中心主义"所做的批评是一种文化相对主义："东方民族的文化所以有如此之多的不可言说、不可理喻的神秘东西，原因就在于东方民族的精神没有超越与自然的直接统一，而黑格尔的精神概念原则上能够彻底理解这种东西。至此，我们依据黑格尔的精神概念至少在原则上已经揭示了东方神秘主义的起源和奥秘，证明它客观上低于那能产生发达的理智意识的精神；由此，我们证明了，文化相对主义源于对精神概念的无知，它是站不住脚的。"显然，这种观点完全站在了黑格尔的立场上，缺少一种理性的反思。参阅卿文光：《论黑格尔的中国文化观》，社会科学文献出版社2005年版，第165页。

知识处在"原始的历史"阶段,中国文化的特点是直觉而非理性。这样,即便是《易经》的思想"也达到了对于纯粹思想的意识,但并不深入,只停留在最浅薄的思想里面。这些规定诚然也是具体的,但这种具体没有概念化,没有被思辨地思考,而只是从通常的观念中取来,按照直观的形式和通常感觉的形式表现出来的。因此在这一套具体原则中,找不到对于自然力量或精神力量有意义的认识"①。他从自己设定的理性历史观出发,完全看不到中国哲学和文化中的理性精神,将中国文化排除在理性之外。

最后,他认为"自由"是自我意识的产生和实现,也是"精神"和"理性"的唯一本性。世界精神的历史就是一个不断追求自由的历史,理性的世界就是一个自由的世界。黑格尔也将自己的哲学称为"自由的哲学"。当世界历史成为"自由意识"②演化和发展的历史时,"自由"的发展程度就成为判断一个民族和国家精神高下的标准。"自由"程度高的国家,就是理性的国家,反之就是非理性的国家。按照他的分析,东方国家和民族只知道一个人是自由的,希腊和罗马世界只知道一部分人是自由的,而日耳曼民族却知道一切人是自由的。这样他便推论出:包括中国在内的东方各国的政治体制是专制主义,希腊罗马是民主整合贵族政体,而日耳曼基督教国家则是君主政体。③

在这样的逻辑设计中,在这样的整体思考中,中国处于边缘的地位,欧洲处于中心的地位,日耳曼人则处在核心的地位。这种欧洲中心主义的观点理应受到批评。"无论如何,黑格尔总把蔑视放在东方民族身上,而把赞誉和同情留给西方世界。他失去了启蒙思想家那种宽容广博的精神,变得狭隘起来。"④

---

① 黑格尔:《哲学史讲演录》(第一卷),第120—121页。
② 参阅黑格尔:《历史哲学》,第59页。
③ 同上书,第18—21页。
④ 韩震:《西方历史哲学导论》,第241页。但国内有些黑格尔哲学的研究者对黑格尔的哲学过于宠爱了,几乎完全认同黑格尔有关中国文化的论述。"传统中国社会不允许有丝毫的主观自由个人自由,这种情况在古代西方是不存在的。""……儒教道德把三纲五常君臣父子这种东西看做是出自人的自然本性,这证明这里并不存在自由意志,不存在自由意志自己决定自己的那种自由的自决性……这是一种不自由的道德,是一种他律。儒家尊奉这种他律的道德之所以'主观上并不感到他律的痛苦,这绝不是因为他们极大地伸张了个人的自由意志,而恰好是由于他们自觉地预先克服和取消了自由意志',又是因为中国人'从未意识到自己是一个独立的个体,从未"离家出走"因而只有"反身而诚",即可发现自己事实上处于天然的伦理实体之中',故可知儒教道(转下页)

第三，黑格尔历史哲学具有双重性。黑格尔全部哲学将历史归于思想，在其宏大的逻辑发展和思想演化中展现人类的历史。在黑格尔宏大的历史叙述和严密的逻辑设计中，包含了很多深刻的哲学思考，例如，历史与逻辑的一致原则，历史是一个由低到高、逐步发展的过程，人类历史是一个从不自由到自由的过程，是一个充满矛盾并不断克服矛盾的过程。但这些都是在历史与精神的倒置中展开的，历史的发展表现在世界精神史的发展历程中。黑格尔自己也说过："每个人都是他那时代的产儿。哲学也是这样，它是被把握在思想中的它的时代。妄想一种哲学可以超出它那个时代，这与妄想个人可以跳出他的时代……是同样愚蠢的。"①在这个意义上，黑格尔深刻地影响了马克思的历史观，马克思将人类历史还原到了它的真实社会生活的基础上。

黑格尔对东方的论述和对中国文化的论述是在他的总体框架中展开的，他的世界历史的框架既有十分深刻之处，也有明显的缺陷和不足。

> 黑格尔对世界历史行程的图解的主要缺陷是，（1）从整体上，把历史变成一个从起点到终点的直线发展的模式；不仅从理论上是形而上学的，而且由于把东方民族放在低级阶段上，把日耳曼民族放在历史发展的最后阶段，从而带有了浓厚的民族沙文主义色彩。（2）由于形而上学的图式化，黑格尔把许多民族排斥在世界历史之外，如非洲黑人、美洲印第安人、东南亚各民族和澳洲土著等。……（3）把各个民族变成了世界精神进展的逻辑环节，从而否定了一个民族本身发展的历史。这意味着，古代希腊属于世界历史的范畴，现代希腊则不是；中国4000年所发生的事件没有任何意义。当然，世界历史在发展中往往有一个或几个民族在某一时期起带头作用，但这种作用并不是固定的，更不会完全停留在日耳曼民族身上。……（4）黑格尔拒绝谈论未来，表现了资产阶级的怯懦，因为历史的未来并不属于这个阶段。……对未来的憧憬，恰恰是人类改造现实的一种力量源泉。人类的历史

（接上页）德只是'一种不自由的道德和没有意志的"自律"'，'中国传统文化没有对真正道德的意识，而只有对伦理的认识'。""黑格尔对儒教的道德意义的本质的揭示是深刻的，无可反驳的。""黑格尔把人人平等的中国社会称为农奴制，这是对战国后的中国社会性质的一个相当准确而深刻的认识。"卿文光：《论黑格尔的中国文化观》，第243、245—246、255、288页。

① 黑格尔：《法哲学原理》，第12页。

是有未来的，但未来并不属于资产阶级，更不属于普鲁士王国。①

19世纪是西方开始发达兴盛的世纪，正像达尔文发展了自然的进化史一样，黑格尔也希望在自己的哲学中发现人类的进化史。这种学术和思想的理想展示了其朝气蓬勃和对自己思想力量的自信。此时，中国文化和思想只是他表述自己宏大叙事的材料，正像伏尔泰和孟德斯鸠把中国文化和思想作为自己的思想材料和武器一样。所不同的是：18世纪，在伏尔泰等人那里，中国文化是启蒙思想家理想的材料，他们把中国作为样板，用来批判欧洲中世纪的文化与思想；19世纪，在黑格尔那里，中国文化成为负面的材料，来证明欧洲的辉煌和日耳曼精神的伟大。所以，黑格尔对待中国文化的态度应是19世纪西方思想家的一个代表。有的学者认为，黑格尔的历史观从哲学上为西方的扩张奠定了基础。他看到了英国对印度的占领，甚至预测到了他死后十年的英国对中国的鸦片战争，"因为受制于欧洲人，乃是亚细亚洲各帝国必然的命运；不久以后，中国也必然会屈服于这种命运"②。

黑格尔的历史哲学为19世纪西方的帝国主义扩张提供了正义的理由。在这里，哲学变成神话，知识变成意识形态，既然历史是民族与国家的存在方式，进步是绝对的，那么，停滞在过去的东方就没有任何存在的意义或者说是完全不合理的存在，西方文明征服、消灭它，也就成为合理、正义必然的行动。行动的西方与思想的西方正默契配合，创造一个在野心勃勃扩张中世界化的西方现代文明。③

这可以说把黑格尔的历史哲学的政治含义讲到了极端。

第六节　赫尔德与中国文化

赫尔德（Johann Gottfried von Herder，1744—1803）是德国近代狂飙突进运

---

① 韩震：《西方历史哲学导论》，第246—247页。
② 黑格尔：《历史哲学》，第147—148页。
③ 周宁编：《世界之中国：域外中国形象研究》，南京大学出版社2007年版，第56页。

动的思想先驱之一。他是一位历史学家、哲学家和文艺批评家。他对中国的关注不像康德那样漫不经心,而是自觉地将中国纳入自己的研究领域,在认识上要比康德更为深入。

赫尔德关于中国的论述主要有两篇,一篇是收入他《关于人类历史哲学的思想》(*Ideen zur Philosophie der Geschiche der Menschheit*)第三卷中的《中国》,一篇是他独自撰稿出版的杂志《报应女神》中的《中华帝国的基督化》。前后两篇文章对中国的态度判若两人,前一篇站在欧洲中心主义立场上对中国进行了尖锐的批评,后一篇则成为中国的同情者,批评了罗马教廷的中国政策。但从这两篇指向不同的作品中,我们还是可以梳理出一个头绪。

在对中国的批评方面,他关注了两个问题。

第一,中国的人种问题。

他认为,中国之所以停滞不前,"阻碍它发展的因素在于它的性质、它的居住环境以及它自身的历史。中国人是蒙古人的后裔,这从他们的教养、他们的陋俗或者说古怪的趣味、他们圆熟的虚伪以及他们文化最初的发源地上可以看出来"①。因为人种落后,所以无论历史怎么进化,即使中国有着高度成熟的政治文化,有着精巧无比的工艺,有着独特的语言,这一切都无济于事。

> 他们的语言结构、国家政体、社会机构以及思维方式都具有自己的独特性。……他们在与其他民族的接触中至今仍还保持着自己的特点。这是一个在世界一隅形成了中国式奴隶制文化的蒙古人后裔。②

赫尔德的这个看法是典型的欧洲中心主义论调,表现出欧洲第一次扩张中那种殖民主义的心态。如果说孟德斯鸠对中国的批评还依据着他自己的法学理论话,赫尔德的批评则是赤裸裸的种族论。

第二,中国的教育问题。

他认为中国的教育是中国停滞的一个根源。中国的教育突出伦理、注重服从,因为中国社会是一个敬老的社会。但这种只讲顺从、只讲道德的做法制约了

---

① 夏瑞春编:《德国思想家论中国》,第85页。
② 同上书,第86页。

中国的发展，压抑了人的个性的展开。他说：

> 孩童般的服从无论在家里还是国家事务中，都被当作所有德行的基础……在一个国家里，倘若孩童般的顺从没有限度，倘若人们硬要把这种只有未成年的孩子应尽的义务强加给那些已经成了孩子爸爸的成年男子汉……那将会出现什么样的情形呢？这种不顾人的本性而一味要求制造出一种人类新的心灵，这种做法除了使人心由真言变为虚假之外，还能够产生些什么呢？既然成年人必须像孩子那样顺从听话，那他也就不得不放弃大自然在他那个年龄赋予他的那种自我的力量。①

这个批评十分尖锐，但也的确指出了中国传统教育中的问题，即重集体而弱个人的发展，重伦理而忽视对自然的追问，敬老人而易压抑年轻人的成长，崇古代则是使中国少去了开拓精神。读一读"五四"时代陈独秀、胡适、鲁迅等人对中国传统文化的批判，便可感到赫尔德的批评并非没有道理。

赫尔德是德国启蒙运动的奠基人，"启蒙运动坚信教育治人治国，坚信理性解决社会问题的能力。而狂飙突进运动重视的则是人的本性、情感及其冲动。赫尔德对中国注重服从的教育方式的批判，正是体现了这一时代的特点"②。

真理跨过了一步便是谬误，赫尔德对中国文化的总体认识是欧洲中心主义的，充满了傲慢。

> 拿欧洲人的标准来衡量，这个民族在科学上建树甚微。几千年来，他们始终停滞不前。我们能不对此感到惊讶吗？就连他们那些谈论道德和法令的书本也总是变着法儿，反反复复、详详细细地在同一个话题上兜圈子，千篇一律地吹捧那种孩童的义务。他们的天文学、音乐、诗歌、兵法、绘画和建筑如同千百年前一样，仍旧是他们永恒法令和千古不变的幼稚可笑的政体的孩子。这个帝国是一具木乃伊，它周身涂有防腐香料、描画有象形文字，并且以丝绸裹起来；它体内血液循环已经停止，犹如冬眠的动物一般③。

---

① 夏瑞春编：《德国思想家论中国》，第87页。
② 卫茂平：《中国文学对德国文学影响史述》，第84页。
③ 夏瑞春编：《德国思想家论中国》，第89页。

对于中国宗教和哲学，赫尔德还是下了一番工夫。尤其是晚年的《中华帝国的基督化》一文，表明他曾长期关注礼仪之争，并系统读过关于中国宗教方面的书一些，因而这篇文章较《关于人类历史哲学的思想》一书中的论述有所改变，较为中肯平和。

首先，关于中国宗教和哲学。"中国的哲学，首先是中国的政治道德学在欧洲备受欢迎。德国的莱布尼茨、比尔芬格、沃尔夫都对它表示了关注，尤其是沃尔夫对它几乎表现出以往不曾有过的狂热。"①

在对中国哲学的评价上，他仍坚持以往的一些观点，如儒家主要教人顺服，无法全面理解孔子及其儒家的价值。在《关于人类历史哲学的思想》一书中谈到孔子和儒家哲学时，他说：

> 对我来说，孔子是一个伟大的名字，尽管我马上得承认它是一副枷锁，它不仅仅套在了孔子自己的头上，而且他怀着最美好的愿望，通过他的政治道德说教把这副枷锁永远地加给了那些愚昧迷信的下层民众和中国的整个国家机构。在这副枷锁的束缚之下，中国人以及世界上受孔子思想教育的其他民族仿佛一直停留在幼儿期，因为这种道德学说呆板机械，永远禁锢着人们的思想，使其不能自由地发展，使得专制帝国中产生不出第二个孔子。②

但在《中华帝国的基督化》一文中谈到中国的思想特点时，他又一次讲了儒家哲学的特点和影响：

> 中国的一切事理都源于孩子般的顺服，上至皇帝的社会各阶层，甚至那些早已作古了的列祖先宗都在传播这种礼俗和义务。他们所有的文字、格言警句，所有的经书典籍、所有家庭内部的和社会公共的风俗习惯以及他们所有的生活方式、治国方法统统都建立在这个原则的基础之上，并受其制约。③

显然这个评价要比前面的评价温和一些。

---

① 夏瑞春编：《德国思想家论中国》，第97页。
② 同上书，第91页。
③ 同上书，第95页。

如果说对孔子和儒家的评价只是在口气上有些变化，那么在关于西方文化如何对待东方文化的关系上，他则有了较大的变化。他不再像早年那样以一种欧洲中心主义的口吻批评中国人种的落后，相反，他开始批评罗马教廷，认为他们在礼仪之争上缺乏宽容。

他批评巴黎外方传教会的阎当和罗马教廷派往中国的特使嘉乐，认为他们的做法"违反了中华帝国的文化习俗，在礼仪问题上做得既不明智又缺乏常识"①；相反，他赞扬了康熙皇帝对"罗马插手侵犯他的统治权表现出令人难以置信的忍耐"②，乾隆皇帝"容忍北京的基督教活动，曾经几次下达圣旨为基督教徒在其他省份提供了便利。"③

显然，在礼仪之争上他站在了同情中国的一边，而没有赞成罗马教廷的政策。他支持了入华耶稣会士的努力，而对道明会、巴黎外方传教会不尊重中国习俗的做法提出了批评。

其次，关于中国基督史。赫尔德这两篇论文说明了礼仪之争在欧洲深入的程度，正如他说的："现在，我们对中国的了解甚至超过对欧洲的一些国家。"④ 这是礼仪之争在欧洲思想史上所引起的反应的一篇重要之献，正是这篇文章使人们知道了基督教在中国的发展、争论的焦点以及中国政府和罗马教廷不同的态度。

第七节　歌德与中国文化

歌德（Johann Wolfgang von Goethe，1749—1832），德国当代文化巨人，狂飙突进运动的主要代表人物。歌德年轻时对中国并不太感兴趣，尤其当"中国热"遍及欧洲时，他对那种以异国情调为内容的矫揉造作的东西常加批评。

按照利奇温的考证，歌德于1781年1月10日在"日记中述及在读杜·赫德所

---

① 夏瑞春编：《德国思想家论中国》，第95页。
② 同上书，第94页。
③ 同上书，第96页。
④ 同上书，第93页。

撰的《中华帝国全志》中有一个剧本和一个故事，使他深感兴趣"①。这个剧本就是来华法国耶稣会士马若瑟翻译的《赵氏孤儿》。也是在这一年的8月，歌德已开始了他著名的《埃尔佩诺》（*Elpenor*）的创作。

根据这个线索，德国学者彼德曼（W. F. V. Biedermann）认为歌德的《埃尔佩诺》受中国戏剧《赵氏孤儿》的影响，中国学者陈铨也持这种观点。②但当代学者卫茂平对此提出不同意见，认为彼德曼的证据不足。③但歌德一生中，尤其是在1813—1815年和1827—1829年期间曾较深入地接触过中国文化，这是学界所普遍认可的事实。

1813年11月10日他在给朋友克内伯尔（Karl Ludwig von Knebel）写信时说：

> 最近一段时间，与其说是真想干点什么，不如说是为了散散心，我着实做了不少事情，特别是努力地读完了能找到的与中国有关所有书籍。我差不多是把这个重要的国家保留了下来，搁在了一边，以便在危难之际——像眼下正是这样——能逃到它那里去。即便仅仅在思想上能处于一个全新的环境，也是大有益处的。④

歌德在1827年1月31日至2月11日的日记中记下了他的工作内容，这些日记足以反映当时中国在他思想中的重要性：

> 一月三十一日。艾克曼博士。关于中国诗的性质。
> 二月二日。研究中国诗。
> 二月三日。《花笺记》。晚上自修，继续读《花笺记》。
> 二月四日。晚上，《中国的诗》。
> 二月五日。同约翰谈《中国女诗人》。夜里继续研读中国文学。
> 二月六日。抄写《中国女诗人》。
> 二月十一日。晚上向艾克曼博士朗颂中国诗。⑤

---

① 利奇温：《十八世纪中国与欧洲文化的接触》，第116页。
② 参阅陈铨：《中德文学研究》，第三章。
③ 参阅卫茂平：《中国文学对德国文学影响史述》，第92—99页。
④ 杨武能：《歌德与中国》，生活·读书·新知三联书店1991年版，第36页。
⑤ 同上书，第38—39页。

歌德作为一个文学家,接触中国文化的切入点是文学。根据学术界的研究,歌德读过中国的小说有《好逑传》《老生儿》《花笺记》《玉娇梨》,另外还有收入杜赫德《中华帝国全志》之中的《今古奇观》三篇小说:《庄子休鼓盆成大道》《怀私怨仆告主》《吕大郎还金完骨肉》。另外歌德还从《百美新咏》的英译本中选出四首译成德文,这就是他后来所说的《中国女诗人》。他在这些诗歌的引言中说:"下面从一本传记的书《百美新咏》摘录出来的笔记和诗,使我们相信,虽然在这个奇怪特别的国家有种种的限制,一般人仍然不断地生活,爱恋吟咏。"①

"歌德与中国文化或文学接触而产生的最丰硕果恐怕是他的《中德岁时诗》(一译《中德四季晨昏杂咏》——引者注)"②,这组诗体现了歌德暮年的那种宁静心境和高远眼光,表现出诗人对中国文化精神的一种理解。诗当然仍是德国的诗,也并非是受到中国《花笺记》的影响,但这体现了他对东方的理解,从诗中我们能感受到"他的思想能够和中国的真精神,直接地深深吻合"③。

歌德不仅是一位诗人、文学家,也是一位思想家,是德国思想启蒙的斗士。"歌德是对生活的一曲伟大的德国赞歌,他是他用德语歌唱生活的一曲雅歌。"④鉴于本书的主题,我们将主要探索在他有关中国的作品和论述中所表现出的对中国哲学、中国传统思想的理解。

第一,歌德对中国伦理思想的理解。

歌德在和友人谈及他对中国小说的看法时,对中国小说中所描写的青年男女主人公同住一室而保持高度的道德克制给予了注意。

> 有一对钟情的男女在长期相识中很贞洁自持,有一次他俩不得不在一间房里过夜,就谈了一夜的话,谁也不惹谁。还有许多典故,都涉及道德和礼仪。正是这种在一切方面保持严格的节制,使得中国维持到几千年之久,而

---

① 卫茂平:《中国文学对德国文学影响史述》,第109页。
② 同上书,第118页。
③ 卫礼贤:《歌德与中国文化》,陈铨:《中国纯文学对德国文学的影响》,学生书局1971年版,第281页。
④ 汉斯-尤尔根·格尔茨:《歌德传》,伊德、赵其昌、任立译,商务印书馆1982年版,第210页。

且还会长期存在下去。①

这里歌德点出了中国伦理的一个重要特点，即礼教。自孔子起就强调礼，孔子说："丘闻之，民之所由生，礼为大。非礼，无以节事天地之神也；非礼，无以辨君臣上下长幼之位也；非礼，无以别男女父子兄弟之亲，婚姻疏数之交也。"（《礼记·哀公问》）在孔子看来只有"道之以德，齐之以礼"（《论语·为政第二》），有礼仪道德，民众才能有耻且格，只有将这种外在的礼仪化为内心的仁，人才能真正达到一种道德的提升。男女之间更是强调"非礼勿视，非礼勿听，非礼勿言，非礼勿动"（《论语·颜渊》）。歌德通过中国小说敏锐地感觉到了这一点。

歌德在《威廉·迈斯特的漫游时代》中，也对中国的孝道做了介绍。卫礼贤曾对这一问题做了研究，把歌德的描写与中国的《孝经》做对比，从中我们便可看出二者的相似之处。

歌德的论述：

> 孝是一切之本，因为有敬，所以人到底是个人。
>
> 始则以敬对在我们三上者。……就是在上有上帝，他在父母师长政府的身上，表示其意志。
>
> 中则以敬对在我们之下者。……若使他有罪无罪的伤害了自己的身体，若使受到别人有意无意的伤害，若使他得了什么苦难，他要好好小心，要知这些苦难是伴他到死的。
>
> 末了我叫他们努力向着群众走，努力尽朋友之道，惟能和侪辈有密切联络的人能够向世界奋斗。②

《孝经》的论述：

> 天地之性，人为贵。人之行，莫大于孝。
>
> 夫孝，德之本也，教之所由生也。
>
> 夫孝，始于事亲，中于事君，终于立身。

---

① 爱克曼辑录：《歌德谈话录》，朱光潜译，人民文学出版社1978年版，第112页。
② 卫礼贤：《歌德与中国文化》，陈铨：《中国纯文学对德国文学的影响》，第282页。

> 夫孝,天之经也,地之义也,民之行也。
>
> 天地之经,而民是则之。则天之明,因地之利,以顺天下,是以其教不肃而成,其政不严而治。
>
> 身体发肤,受之父母,不敢毁伤,孝之始也。
>
> 君子之事亲孝,故忠可移于君;事兄悌,故顺可移于长;居家理,故治可移于言。

在儒家思想中,伦理是其核心,如蔡元培先生所说:

> 我国以儒家为伦理之大宗。而儒家,则一切精神界科学,悉以伦理为范围。……我国伦理学之范围,其广如此,则伦理学宜若为我国惟一发达之学术矣。①

伦理学不仅在范围上涉及所有人文学科,而且在深度上成为中国人精神的依托,中国人的宗教精神主要表现其伦理之中,如孔子所说:"人而不仁,如礼何?人而不仁,如乐何?"(《论语·八佾》)"孔子通过约礼入仁,把社会道德伦理的价值源头移入了人们的心中,将宗教礼仪对人的他律,变成了一种自律。同时也在无形中,将传统宗教变成了自己学说中的一个部分——礼学。这就是当代学者所说的,中国哲学独特的内在超越路线,由孔子开其端。"②

歌德作为一名思想家,其深刻之处在于他意识到中国文化中这种伦理的宗教属性。他在《印度及中国诗论》中谈到中国戏剧时说:

> 很可使人回忆起伊夫兰德的《老鳏夫》(*Iffland's Hagestolz*),所不同的,在德国人,家庭及社会环境的空气和新异事物已经够剧中的需要,而在中国人的作品里,除具有这种本事外,还加有宗教和社会的礼文的点缀。③

歌德肯定读过入华耶稣会士所翻译的中国哲学著作,如柏应理的《中国哲学家孔子》等书。他对中国哲学的认识虽少,但都很精确。如他和席勒合撰的《美

---

① 蔡元培:《中国伦理学史》,第2页。
② 牟钟鉴、张践:《中国宗教通史》(上),第172页。
③ 利奇温:《十八世纪中国与欧洲文化的接触》,第123页。

术趣味史》(*Paralipomena on Dilettantism*)中说:"英人的艺术趣味以实用为基础,这点是法人所不理会的。英人趣味的摹仿性,具有有用的中国的趣味的外表。"① 这里讲的是园林艺术的特点,歌德点出了中国园林审美趣味的实用性,这从一个侧面猜到了中国人哲学思维的一个重要特点。

有些时候歌德虽未直接讲到中国哲学,但其精神与中国哲学精神相通。最典型的是他晚年的重要诗篇《中德岁时诗》。其中几首中国味很浓,抄录一首如下:

第十一首

"我害怕那骗人的把戏,
讨厌的胡言乱语,
无一存留,一切无常,
你刚见到,已经消亡;
我陷入这令人担心的,
灰线织成的网罟。"
放心吧!不朽不灭,
乃是永恒的规律,
蔷薇、百合都按它开放。②

诗人通过歌颂大自然"无一存留,一切无常"的现象,表达了一种万物皆变、川息不流的观点,而这正是中国哲学中所讲的宇宙是变易不息的大流的大化精神。如孔子说:"子在川上曰:逝者如斯夫,不舍昼夜。"(《论语·子罕》)老子说:"大曰逝,逝曰远。"(《老子·上篇》)关于这种精神的暗合,陈铨有一个很好的表述:

> 不过顶有趣味,顶奇怪的,就是歌德越是从自身出发来写诗,他同中国人性接触越近,因为他能够从他个人,到世界的全体。如像他第十一首诗,讲宇宙上的万事万物,时时刻刻都在变易,但是在一切变易中又有不变易者

---

① 利奇温:《十八世纪中国与欧洲文化的接触》,第114页。
② 转引自卫茂平:《中国对德国文学影响史述》,第132—133页。

在。我们看见世界上所有的东西都风驰云卷地飞去，我们忍不住害怕，但是我们一想变易是宇宙的基本原理，事物可变，宇宙的基本原理不变，那么我们又未尝不可以自慰。歌德对于宇宙人生这一种深刻的认识同中孔子老子，有许多共鸣的地方。孔子平生最用功的书，就是《易经》，《易经》中所讲的道理，同歌德这一首诗中所讲的道理主要的地方，完全一样。①

第二，歌德对中国哲学中"中和"精神的理解。

"中和"是中国哲学的重要精神，孔子说："中庸之为德也，其至矣乎！民鲜久矣。"（《论语·雍也》）"中庸"成为最高的道德原则，极高明者道中庸。道家则以人与自然的和谐为其终极目标，庄子说："夫明白于天地之德者，此之谓大本大宗，与天和者也；所以均调天下，与人和者也。与人和者，谓之人乐；与天和者，谓之天乐。"（《庄子·天道》）这样无论儒还是道，在理解上没有什么不同，追求"中和"成为中国人精神的理想，由此才产生中国人性情宁静、沉稳、坦然的特点，才会有"道法自然""天人合一"的追求。

歌德作为一个思想非常敏锐的人，体悟到中国哲学的这一精神，感受到这一精神取向与西方文化的重大区别。

歌德在1827年1月31日的日记中说：

> 在他们那里一切都比我们这里更明朗，更纯洁，也更合乎道理。在他们那里，一切都是可以理解的，平易近人的，没有强烈的情欲和飞腾动荡的诗兴……他们还有一个特点，人和大自然是生活在一起的。你经常听到金鱼在池子里跳跃，鸟儿在枝头歌唱不停，白天总是阳光灿烂，夜晚也总是月白风清。月亮是经常谈到的，只是月亮不改变自然风景，它和太阳一样明亮。②

从歌德的阅读来看，他读到的几乎都是儒家的著作以及受儒家思想影响的文学作品，"所以歌德所看见的也只是孔子的世界，至于中国文化里道教佛教的成分，歌德没有机会接触"③。

---

① 陈铨：《中德文学研究》，第99页。
② 爱克曼辑录：《歌德谈话录》，第112页。
③ 陈铨：《中德文学研究》，第15页。

但歌德的这个体悟、感受对不对呢？应该说他的体悟很真切，他思想的锐利正表现于此。中国文学由于受儒家思想的影响，在文学作品中人物以中庸为名，因而"凡是受了孔子哲学影响最深配称儒者的诗人，都没有对无穷的渴望，也没有对如浪漫的崇拜，没有似真似幻神秘的思想，没有绝对求真的冲动，一切诗歌都从安定的灵魂中抒写出来"①。陈铨这段评语十分真切，恰如其分，并且也十分深刻。

歌德越到晚年对东方的宁静淡泊的精神肯定越来越多。晚年他在所写的《设色论》（*Farbenlehre*）中说：

> 文明发展程度虽然较低，但对于材料的某种区别，因而达到某种的纯洁性和前后一贯，是可能的；这种技术是从传统中相沿而来的。因为这个缘故，所以我们在静态的文明的民族中，如埃及人、印度人及中国人，都可以看到高度完美的设色。静态的民族常以宗教精神纳入于他们的技术之中。……他们进行工作，像自然那样从容不迫，他们所制作的器物，是更文明的进步较速的国家所不能仿效的。"②

他把中国人特点表述为"像自然那样从容不迫"，可谓画龙点睛之笔。但这里歌德也表现出了19世纪欧洲人的普遍具有的傲慢，对东方的俯视。在《中德岁时诗》中也处处流露出渴望恬淡，追求宁静的思想。

第一首

疲于为政，倦于效命，
试问，我等为官之人，
怎能辜负大好春光，
滞留在这北国帝京？
怎能不去绿野之中，
怎能不临清流之滨，
把酒开怀，提笔赋诗，

---

① 陈铨：《中德文学研究》，第15页。
② 转引自利奇温：《十八世纪中国与欧洲文化的接触》，第118—119页。

一首一首，一樽一樽。①

这里我们仿佛看到李白辞官离长安，三月下扬州，放歌于庐山瀑布，举杯于明月下之轻舟。

另一首则是禅意正浓，字里行间跳动着东方的静谧、安然、平和的精神。

第八首

暮色徐徐下沉，景物俱已远遁。
长庚最早升起，光辉柔美晶莹！
万象摇曳无定，夜雾冉冉上升，
一池静谧湖水，映出深沉黑影。
此时在那东方，该有朗朗月光。
秀发也似柳丝，嬉戏在青溪上。
柳荫随风摆动，月影轻盈跳荡。
透过人的眼帘，凉意沁入心田。②

所以，老年歌德对中国哲学的中和精神，对天人合一，对道法自然的思想，有很深的体悟。如利奇温所说："中国人公德所具有的温静而平衡的性质吸引了暮年的歌德……在他暮年的全面见解中，东方世界愉快地进入了它范围之内。"③

歌德晚年对东方的向往在他著名的《东西方诗文集》中表现得更为突出：

东西两大洲，不能再分离了，
谁是多识的人们呀，应明白这些吧！
两世界相互研究，即是我的希望，
东西互相连系，也是我的希望。④

这里他希望东西合璧，互相学习，打破壁垒。对歌德的这种东方精神，海涅

---

① 转引自杨武能：《歌德与中国》，第62—63页。
② 同上书，第66—67页。
③ 利奇温：《十八世纪中国与欧洲文化的接触》，第127—128页。
④ 转引自卫礼贤：《歌德与中国文化》，陈铨：《中国纯文学对德国文学的影响》，第283页。

有过十分精辟的概括：

> 歌德在《东西方诗文集》里把令人陶醉的生活享受谱成了诗句，诗句是这样轻快，这样巧妙，这样清新，这样漂渺……这本书的好处是难以言传的，它像是西方向东方献花，其中有多种奇花异草：肉红色的粉玫瑰，像裸身少女白净胸脯的绣花球……但是这一献花礼意味着西方已经讨厌它那冰冷枯瘦的唯灵论，而想在东方健全的肉体世界中再次生息。①

在理解歌德的中国观时，有两点值得我们注意：

其一，歌德对儒家精神的认可是18世纪"中国热"中的一个文化现象。正像我们上面讲到的伏尔泰、莱布尼茨一样，他们对中国儒家思想的认同，首先是从欧洲文化思想的现状出发的。而儒家被歌德等人喜欢，恰恰反映了儒家文化中也具有普世性的东西，也具有人类思想所普遍认可的因素，如非宗教性、自然神论的思想、注重人的道德修养、追求天人合一的理想等。因此，并不能因儒家是封建意识形态，我们就将其整体否认，必须对儒家思想做理性的分析，而不能一味地批判。20世纪90年代以来海内外理论界对此已有不少共识。②

其二，歌德对中国的兴趣已是晚年之事，历史的车轮已驶进19世纪，欧洲的"中国热"基本上已经降温。经过启蒙运动洗礼的欧洲在思想上已走出中世纪，欧洲的经济也呈现出发展的势头。此时，中国的综合国力虽仍比任何一个欧洲国家强，但已呈现出衰落之气象。歌德也已感到这一点，他在《近代德国宗教及爱国艺术》一文中说：

> 为什么一个人不能完全设身处地地投入过去时代的精神，和由其中探取精华的缘故，是有艺术上及技术上、伦理上及机械上的种种理由的。……如须举例，就可以指我们的有高度文化的邻邦，它在五十年前曾仿效中国建筑及绘画上的特异趣味，也一样没有成功。③

---

① 亨利希·海涅：《论德国》，第70页。
② 参阅杜维明：《现代精神与儒家传统》，生活·读书·新知三联书店1997年版；李泽厚：《论语今读》；余敦康：《中国哲学论集》。
③ 转引自利奇温：《十八世纪中国与欧洲文化的接触》，第124页。

在这里,中国是"过去时代精神"的象征。下面这两段话将更能说明问题。

> 罗马及希腊文学的研究也许将永远为我们高级教育的基础。……至于中国、印度与埃及的古学,不过是新奇的事物而已;如我们自己或世界能熟悉它们,自然也不错,但对于我们道德及美学上的教育贡献不大。①

> 我们不应该认为中国人或塞尔维亚人,卡尔德隆或尼伯龙根就可以作为模范。如果需要模范,我们就要经常回到古希腊人那里去找,他们的作品所描绘的总是美好的人。②

这些论述和歌德上面已介绍的思想并不矛盾,它说明在歌德思想中,主线仍是欧洲文化,他仍保持着19世纪欧洲人的那种对古老东方文化居高临下的俯视的自豪感。东方文化、中国精神对其是有影响的,但只是作为外在的、次要的因素,我们不应扩大这种因素的影响程度。

另外,这也说明歌德已察觉到中国的落后,在歌德看来"中国是一个已经完成的世界,而西方则正在发展变化中"③。

---

① 转引自利奇温:《十八世纪中国与欧洲文化的接触》,第124页。
② 朱光潜译:《歌德谈话录》,第113—114页。
③ 转引自利奇温:《十八世纪中国与欧洲文化的接触》,第124页。

第十六章　中国哲学在英国的传播和影响

第一节　中国文化在英国的传播

16、17世纪世界的航海权控制在葡萄牙、西班牙和荷兰手中。1588年英国联合尼德兰（荷兰）打败了西班牙的"无敌舰队"，从此英国海上力量逐步强大。

1583年，伊丽莎白女王"派遣商人约翰·纽伯里（John Newberry）由海路前往东方并交给他两封信，一封致印度莫卧儿皇帝，一封致中国皇帝，要求与东方君主开展贸易"①。1596年，英国女王派本杰明·伍德（Benjamin Wood），携带她的亲笔信，乘三艘船出使中国。信中写道：

>……敝国实现二国通商，有利无害，以其所有，易其所无，各得其所，何乐不为？互相扶植，利于吾民，想陛下必有同心也。今求陛下，凡我国人来贵国贸易者，务请赐以出入自由权，俾得与贵国人交易，在陛下仁慈治下，使其得享受自由特典及权利，与其他国人在贵国贸易所享受者，一无差等。②

---

① 何茂春：《中国外交通史》，中国社会科学出版社1996年版，第325页。
② 朱杰勤：《中外关系史论文集》，河南人民出版社1984年版，第485页。

这封信最终也未送到中国皇帝手中。

1684年英国已在广州建立了商馆，从事对华贸易。到了18世纪末，英国政府于1972年以为乾隆皇帝八十岁生日祝寿为名义，正式派遣了马戛尔尼伯爵为首的代表团，中英政府间有了正式的交往。

在文化上，随着葡萄牙人、西班牙人早期关于中国游记和入华耶稣会士的著作在欧洲出版，英国也开始认识中国。这一时期英国人最早读到了三本关于中国的书：

第一本书是 The History of Trauayle in the West and East Indies, and Other Countreys Lying Eyther Way Towardes the Fruitfull and Ryche Moluccaes，1577年在伦敦出版。书中有 "Certayne reportes of the prouince China, learned through the Portugalles there imprisoned, and chiefly by the relation of Galeotto Perera, a gentleman of good credit, that lay prisoner in that countrey many yeeres" 一节，由威尔斯（Richard Willes）从意大利文翻译过来。

第二本书是由弗兰帕顿（John Frampton）翻译的，英文书名为 A Discourse of the Navigation Which the Portugales doe Make to the Realmes and Provinces of the East Partes of the Worlde, and of the Knowledge That growes by Them of the Great Thinges, Which are in the Dominion of China，中文书名可译为《葡萄牙人赴中国统治下的世界东方文明学识之邦的航海游记》，这本书是1579年在伦敦出版的。

第三本书是著名的门多萨的《中华大帝国史》，其英文书名为 The History of the Great and Mighty Kingdom of China and the Situation Thereof。

还有其他一些书也陆续出版，例如Michel Baudier于1635年从法文翻译成英文的 The History of the Imperiall Estate of the Grand Seigneurs: Their Habitations, Liues, Titles, Qualities, Exercises, Workes, Reuenewes, Habit, Discent, Ceremonies, Magnificence, Iudgements, Officers, Fauorites, Religion, Power, Gouernment and Tyranny，1682年从法文翻译的 The History of the Court of the King of China等。其中产生较大影响的是曾德昭的《大中国志》，利玛窦的《利玛窦中国传教史》已被收入一个包罗万象的关于中国的书中（A Discourse of the Kingdom of China, Taken out of Ricius（Ricci）and Trigautius, contayning the Countrey, People, Government, Religion, Rites, Sects,

Characters, *Studies*, *Arts*, *Acts*; *And a Map of China Added*, *Drawne out of one There Made With Annotations for the Underseanding thereof*）。该书的作者萨缪·波切斯（Samuel Purchas）之后又编了名为《东方旅行者》（*Purchas His Pilgrimes*）的关于中国的全科全书式的五卷本，几乎收入了当能收集到的所有关于中国的各种东方旅行游记，从马可·波罗到利玛窦的书都收在其中。这套书在当时英国受到广泛欢迎，成为之后文学创作的一个重要素材。

在这期间，杜赫德的《中华帝国全志》在英国的出版最受关注。这本书的于1735年出了法文版《中华帝国并领鞑靼之地理的历史的年代的政治记述》（*Description géographique, historique, chronologique, politique, et physique de l'empire de la Chine et de la Tartarie chinoise: enrichie des cartes générales et particulieres de ces pays, de la carte générale et des cartes particulieres du Thibet, & de la Corée; & ornée d'un grand nombre de figures & de vignettes gravées en tailledouce*）。当年9月，英国的《君子杂志》（*The Gentleman's Magazine*）就预报了其将出英译版的消息。11月，《君子杂志》就发表了对此书的论论说：

> 第一个提供中华帝国情况的是威尼斯人马可波罗，他到过该国的大部分地区。可是他于十三世纪末发表的论述，当时人认为是个传奇，不是实录，因为那时欧洲人不相信在亚洲的极东部，隔着许多野蛮国家，会有一个伟大而有学术的民族，发展多种工艺美术以及商务，而且它的治国之道与沙龙（雅典政治家）、罗葛格斯（斯巴达法家）和努玛（罗马帝王）所订的法制同样贤明。到了十五世纪末年，好几个欧洲人，特别是一些有学识而又热心的传教士，深入中国，后来又发表了报导。从这些报导来看，大家觉得马可波罗所作的论述，不是向壁虚造；正相反，人们惊讶地认识到，一向不被重视的信息得到了那些传教士的一致证实。[①]

在英国，《中华帝国全志》出了两个版本。一个是由布鲁克斯（R.Brooks）翻译、由瓦茨（J. Walts）于1736年12月出版的，书名为 *The General History of China: Containing a Geographical, Historical, Chronological, Political and Physical*

---

① 转引自范存忠：《中国文化在启蒙时期的英国》，第66页。

Description of the Empire of China, Chinese-Tartary, Corea, and Thibet; Including an Exact and Particular Account of Their Customs, Manners, Ceremonies, Religion, Arts, and Sciences : The Whole Adorn'd With Curious Maps, and Variety of Copper-Plates。这是一个节译本，八开四册。书一出版在英国就引起反应，《文学杂志》（*Literary Magazine*）为它作了长达十页的提要，《学术概要》（*The Works of the Learned*）的译述则长达100多页。[①]另一个英译本是凯夫（Edward Cave）于1741年出版的节译本，对折本，两册厚，书名为 *A Description of the Empire of China and Chinese-Tartary, Together With the Kingdoms of Korea, and Tibet: Containing the Geography and History (Natural as Well as Civil) Of Those Countries*。杜赫德的书，李明的书，柏应理的书……一时间入华传教士的一些代表性著作大都有了英译本，更多的人从这些书中了解到遥远的东方发生的事件，从而对中国产生了兴趣。流行于欧洲大陆的"中国风"也吹进了英国，人们厌倦了庄重、繁芜的巴罗克风格，而开始欣赏轻巧纤细、自然的罗可可风格，中国的园林、中国的家具、中国的艺术成为当时英国罗可可风格的一种代表。

> 房间里每把椅子，所有镜子的镜柜，以及桌子，都必定是中国式的：四周墙壁贴着中国糊墙纸，上面的图案非人非兽，思虑周到生性慎重的人，一想到那些想象力丰富的妇女，便会禁止使用它们。另一个房间里，则是密密麻麻的东方宝塔与畸形怪兽的图案……房间一侧，几个龇牙咧嘴姿态怪异的瓷狮子被放在中国风格的小托架上，安置在同样瓷质的花树丛里，片片铜叶子涂成绿色，就像情人们躺卧在阿卡迪亚（位于伯罗奔尼撒山区的田园胜镜——引者注）的田园风光里。呸，对中国建筑风格的爱好变得如此过分，以致如今猎狐狸的猎人，追逐猎物经过不是按东方情调修建的大门时，就会担心折断自己的一条腿，因为东方情调的大门四面八方只有少得可怜的树木。趣味优雅的美食鉴赏家，鉴别得出一头从中国式牛槽里吃干草的牛，一口关在中国式猪厩里的猪，或关在同样风格鸡舍里养肥的鸡，他们能发现口味上的极大差别……中国趣味如今在这个城市时兴得这样厉害，以致哑剧演

---

① 参阅范存忠：《中国文化在启蒙时期的英国》，第67—68页。

出中的小丑，都不得不从中国式的场景和角色里去找噱头。①

前面我们在介绍中国文化在欧洲的传播情况时已指出，风靡欧洲的中国园林之风就是首先从英国兴起的。以中国为主题的文学作品也成为一种时尚，据钱锺书先生研究，在欧洲文学中最早注意到中国题材的是英国作家雷·亨特（Leigh Hunt），他在《论饮茶》（The Drinking）中说："在我们端起茶杯、饮茶时，我想，此时不仅使我们想起了武夷山的兄弟，还想起了整个中华民族，想起了他们全部的历史。"②笛福1705年的《联合号》以及之后的《鲁滨孙漂流记》的第二部，即鲁滨孙到中国的旅行，都是以中国为对象，尽管是抱着一种批评的态度。

戏剧方面，卡纳·塞特尔爵士（Sir Elkanah Settle，1648—1724）的《中国之征服》（The Conquest of China）将卫匡国的《鞑靼战记》东拼西凑地变成了一出戏，但在英国产生一定影响的是阿瑟·墨菲（Arthur Murphy）所改编的《中国孤儿》，这出戏于1759年4月22日开演，获得很大的成功。③

英国对中国的认识也并非完全沉醉于幻想之中，英国的科学家们与来华传教士进行着实际的联系。柏应理带到欧洲的中国人沈福宗到过英国，见到了当时英国的东方学家海德（Thomas Hyde）并进行了深入的交谈。英国皇家学会的斯隆（Hans Sloane）、莫蒂默（Cromwell Mortimer）、伯奇（Thomas Birch）则直接和在华的耶稣会士戴进贤（Ignace Kögler，1680—1746）、徐懋德（André Pereira，1690—1743）等人有直接联系。英国的《哲学汇刊》（Philosophical Transactions）则发表过一系列有关中国活动与书评的文章，在英国有着重要的影响。④

1792年马戛尔尼伯爵率使团访华，是18世纪末英国与中国政府的第一次正式接触。英使团基本达到目的，对中国的国力、政策、国情有了直接的了解。回国

---

① 张弘：《中国文学在英国》，第31页。
② C. S. Chien（钱锺书），*China in the English Literature of Seventeenth and Eighteenth Centuries*，1945（打印稿），p. 3.
③ 参阅范存忠：《中国文化在启蒙时期的英国》，第六、第七章。
④ 参阅韩琦：《17—18世纪欧洲和中国的科学关系——以英国皇家学会和在华耶稣会士的交流为例》，黄时鉴主编：《东西交流论谭》，上海文艺出版社1998年版，第141—165页。

后使团中的约翰·巴娄爵士的《中国旅行记》和乔治·斯当东的《英使谒见乾隆纪实》、安德逊的《英使访华录》等一系列关于使团访华的材料和书籍出版，使英国对中国的认识开始回到一个平实的基础上。①

第二节　中国哲学的赞成者

16世纪的英国社会经济生活已发生了很大的变化②，以往中世纪的思想已成为一种束缚。思想在迅速地发展，现实生活、现实世界又成为思想关注的焦点。

> 人获得了自信，信任自己的那种作为思维的思维，信任自己的感觉，信任自身以外的感性自然和自身以内的感性本性；人在技术中、自然中发现了从事发明的兴趣和乐趣。理智在现世的事物中发芽滋长；人意识到了自己的意志和成就，在自己栖身的地上、自己从事的行业中得到了乐趣，因为其中就有道理、有意义。③

黑格尔这段话非常生动地概括了当时欧洲思想的变化，这种变化在宗教上首先就表现为"自然神学"的产生。"自然神学"就是用理性、用自然重新解释中世纪的神学。在他们看来，在《圣经》中，在基督教神学中，凡是符合理性的就是符合信仰的，凡是遵循自然规律的就是符合神性的，启示只有符合自然规律者是完全的、可信的。在这里，理性、自然成了重新解释基督教神学思想的基本原则。④

"自然神学"发端于英国，而后传播到欧洲大陆。主张"自然神学"的哲学家可以开出一长串名单，如赫伯特勋爵（Lord Herbert of Cherbury）、托马斯·霍布斯（Thomas Hobbes），也有人认为著名的哲学家洛克（John Locke）也应算入

---

① 参阅佩雷菲特：《停滞的帝国——两个世界的撞击》，王国卿等译，生活·读书·新知三联书店1995年版。
② 参阅费尔南·布罗代尔：《15至18世纪的物质文明、经济和资本主义》，顾良、施康强译，生活·读书·新知三联书店1992年版。
③ 黑格尔：《哲学史讲演录》（第四卷），第4页。
④ 参阅吕大吉：《西方宗教学说史》，第249页。

其列。①但这里特别引起我们关注的是安东尼·科林斯（Anthony Collins，1676—1729）和马修·廷得尔（Matthew Tindal，1653—1733）、韦斯康特·波林布罗克（Viscount Bolingbroke，1678—1751）等人。因为他们的自然神学观点是同他们的中国观紧密连在一起的，或者说他们从儒家思想，从中国哲学中，找到了支持自然神学的根据。

科林斯是洛克的好朋友，洛克说他是一位具有"为真理而爱真理"的"美德"的人。他最著名的著作是《论思想自由》，他认为人应有思想的自由，这种思想自由的基础就是理性与自然。他举例，从古至今，解释《圣经》的有3万多本书，哪一本书是正确的呢？他认为："我们唯一可以依靠的，只能是理性的判断。除了用理性和证据。我们无法判断哪一本《圣经》注释可以信得过，哪一本是伪书，必须抛弃。"②

科林斯很关注中国。根据范存忠先生研究，在科林斯的藏书目录中有曾德昭、柏应理、李明、莱布尼茨等人关于中国的书。通过这些书他了解到东方宗教的存在，由此得出基督教并不是唯一的宗教，"西方崇拜的《圣经》不是颠扑不破的经典"③的观点。东方宗教的存在打破了基督教的神话，为科林斯的自然神论提供了证明。

廷得尔的主要代表作是《基督教与创世同龄》。他认为真正神的启示应是在自然之中，自然是真正的上帝。他说世界上宗教很多，但它们"全部承认有一个自然规律，都不能不服从这个规律的命令，所以这种自然之光像太阳一样，是具有普遍性的，如果人们愿意睁开眼睛来了解它，不受别人的迷惑，他们就一定能够很快澄清那从错误的传统，或从对传统的错误中提出来的解释"④。

廷得尔的上帝很像牛顿所说的上帝。鉴于这样一种理解，他亲近中国哲学，对孔子的思想十分敬重。他甚至将孔子与基督相提并论，他说："我并不认为孔子和耶稣基督教的格言有何差异，我甚至认为前者简单朴素的语录可以帮助我们

---

① 参阅韩凌：《洛克与中国：洛克"中国笔记"考辨》，北京大学出版社2019年版；张西平、李颖主编：《启蒙的先声：中国文化与启蒙运动》，北京大学出版社2020年版。
② 吕大吉：《西方宗教学说史》，第275页。
③ 范存忠：《中国文化在启蒙时期的英国》，第32页。
④ 尹大贻：《基督教哲学》，第235页。

阐明后者比较晦涩的指示。"①例如，《圣经》中既有宽恕人的记载，又有报复仇人的记载，二者之间在伦理上很难统一说明。廷得尔认为《圣经》中讲了那么多，其实孔子两句话就说得很清楚了。②他引用了孔子两段话："或曰：以德报怨，何如？子曰：何以报德，以直报怨，以德报德。（《论语·宪问》）""子曰：唯仁者能好人，能恶人。"（《论语·里仁》）廷得尔认为孔子可与基督并论，甚至孔子的语气比基督还要简明，思想比基督还要清晰。这在当时的正统神学家看来是大逆不道的。

哥尔德斯密斯（Oliver Goldsmith，1730—1774）是英国18世纪中叶杰出的诗人和戏剧家。他的代表作之一就是《世界公民》。如果说廷得尔、科林斯是从哲学的角度在中国哲学中找到自己理论的依据和证明的，那么哥尔德斯密斯的《世界公民》则从文学的角度表述了他对中国哲学的理解。在1757年时，何瑞恩·沃尔波尔（Horale Walpole，1717—1797）受孟德斯鸠《波斯人信札》的影响，写了一部《旅居伦敦中国哲学家叔和致北京友人李安济书》，简称《叔和通信》（*A Letter from Xo Ho*）。歌尔德斯密斯在《大众纪事报》（*Public Ledger*）上也以《中国人的书信》为题，假托一个中国人李济安·阿尔打基（Lien Chi Altangi）的观点，评论英国时政和社会现象，共写了120封信。后来他将这些书信汇集成册，以《世界公民》为书名出版，赢得了好评。一时哥尔德斯密斯声名鹊起。

哥尔德斯密斯对中国的了解主要通入华耶稣会士寄回欧洲的材料，像上面已讲过的郭纳爵所译的《大学》拉丁文本，殷铎泽用拉丁文所译的《中庸》，柏应理主编的拉丁文的《中国哲学家孔子》，以及李明、杜赫德的书。③哥尔德斯密斯写《世界公民》的目的在于运用他掌握的中国材料批评当时的英国社会。他不像伏尔泰、莱布尼茨那样系统、深入地研究过中国文化，但他是亲近中国文化的、他像伏尔泰等启蒙时代的一些思想家一样，把中国当作一个理想的国家。如他以李济安的口气说：

---

① 范存忠：《中国文化在启蒙时期的英国》，第32页。
② 参阅上书，第33页。
③ 参阅上书，第194页。

> 一个帝国换了多少朝代，还是这个样子；最后虽给鞑靼人征服，但仍保持古代的法典、古代的学术。因此，与其说屈服于外国的侵略者，倒不如说它兼并了鞑靼。一个国家，论幅员可抵欧洲全部，但只服从一种法律，只听命于一个君主，四千年来只经过一度长期革命。这是它的特别伟大之处。因此，我觉得别的国家和它相比，真是微不足道的了。在我们这里，宗教迫害是不存在的，人们的不同主张也没有引起战争。老君（老子）的信徒，崇拜偶像的佛门弟子，以及继承孔子的哲学家，只是通过各自的活动来尽力表达其学说的真实而已。①

哥尔德斯密斯在对中国的介绍时就定下了自己的原则是不侧重于情趣方面，而侧重于思想方面，在1762年《世界公民》出单行本时，他在序言中说：

> 中国的家具、小玩意儿和烟火当作时髦流行好久了，我想靠舶来的一小点中国道德试试好运气；如果说中国人在败坏我们的趣味上已有贡献，我倒想试试他们在帮助改善我们理性方面会有多大能力。②

因而在书中他介绍了不少中国哲学思想和哲学家的故事。在讲到孔子时他说："孔子讲过，读书人的责任在于加强社会的联系，而使百姓成为世界公民。"③ 显然这是他自己编出的孔子的话。但他还是认识到儒家思想长于伦理、固守中庸之道的特征。在第42封信中，他借中国礼部官员之口说：

> 他们（欧洲人）在造船、制炮、测量山脉等技术方面，也许比我们高明，但在那最伟大的艺术方面，在那治国安民的艺术方面，难道也比我们更高明吗？④

第7封信还讲到了儒家的中庸思想，他通过李济安说：

> 我们要恪守那中庸之道，既不是无动于衷，也不宜悲伤自损，我们的企

---

① 转引自范存忠：《中国文化在启蒙时期的英国》，第198页。
② 张弘：《中国文学在英国》，第46页。
③ 转引自范存忠：《中国文化在启蒙时期的英国》，第193页。
④ 同上书，第198页。

图不在绝灭情性，而在节止情性：碰到悲伤事故，不是漠然无动，而在使每一祸害化为有利于己的条件。①

除儒家思想以外，他还介绍了道家、墨家的思想，将杜赫德《中华帝国全志》中的一些有哲理的故事加以介绍。由于他常常以中国人的道德法来教训、批评英国人，以致别人称他为"英国的孔夫子"②。

在赞同中国哲学方面，柏应理的《中国哲学家孔子》的英译本也是一个代表，英译本书名为《孔子的道德哲学——一个中国哲学家》（*The Morals of Confucius, A Chinese Philosopher*）。1691年出版以后，这本书中孔子的道德学说、追求理性的精神，深深打动了一些英国人。特别是看到中国政府中的官员都是通过考试的文人，而不是世袭的，一些人很有触动。如当时由激进议员组成的"平均派"就很赞成中国的做法，他们认为每人都有理性，都应具有自由参加选举的权力。人们对孔子的学说做出了不同的理解。③

第三节　中国哲学的反对者

18世纪中叶，英国人乔治·安森（George Anson，1697—1762）的船队开始做环球旅行，路经广州。这次旅行给他们留下了不好的印象，他们发现中国并不像来华耶稣会士笔下写的那样光芒四射。返回欧洲后，这个船队中的四人都写了书，中国的另一个形象开始出现在欧洲，批评的声音开始出现。从哲学上来讲，自然神论动摇了基督教的神学思想，必然遭到正统神学家的反对。威廉·劳（William Law，1686—1761）出版《从理性问题》，批驳廷得尔，认为理性不能为宗教找到真理。一些哲学家坚决反对那种上帝创造完现实世界以后就不再干涉世界的自然神论的观点。

为批驳自然神论，就必须抽掉他们的重要论据——中国哲学思想，威廉·沃顿（William Wotton，1666—1727）在他《关于古今学术感想》一书中就对中国

---

① 转引自范存忠：《中国文化在启蒙时期的英国》，第195页。
② 张弘：《中国文学在英国》，第47页。
③ 参阅Edmund Leites, "Confucianism in Eighteenth-Century England: Natural Moraliy and Social Reform," pp. 68-70.

古代文明的昌盛表示怀疑。他也是通过耶稣会士所提供的材料，从中找出论证的例子。如卫匡国说过中国方块字有6万个左右，而且十分难认，一个人没有六、七年工夫很难识别好中国的文字。沃顿就说，如果一个人光识字就花费了六、七年，那他们还有多少时间从事学术研究呢？另外，中国的科学并不发达，中国人只是懂一些简单的数理，一谈高深一些的科学就不行了。他还说："柏应理等人吹捧孔子的学说，其实，孔子的书里谈来谈去无非是一些道德问题，而在这些问题上，凡是通情达理而又有一点人事经验的人未尝不可以说出同样的话来。"①

孔子在沃顿那里失去光泽，其批评程度和黑格尔对孔子的评价相差无几。

伯内特主教（Bishop Gilbert Burnet，1643—1715）在《我自己一代的历史》中认为中国的哲学是一种无神论的哲学。托马斯·布劳顿（Thomas Broughton，1668—1737）在《基督教不同于自然神论》一书中认为廷得尔所推崇的孔子学说对基督教神学思想的危害极大：

> 基督教重视神的启示，这是孔子学说里所没有的。难道因为孔子不谈启示，英国人就不要启示吗？启示原是一种恩典，不是人人都能得到的，中国人就没有得到，因为他们不是选民。难道因为中国人不是选民而得不到上帝的恩典，英国人就不当选民，而拒绝上帝的恩典吗？②

贝克莱（George Berkely，1684—1753）是著名的唯心主义哲学家，他不仅坚决反对自然神学的哲学理论，也对中国哲学及中国文化持有怀疑态度。他甚至不相信中国的历史有那么悠久，也不认为中国科学有什么高明之处。他说：

> 不管他们的内外环境和政治信条有可能造成他们多大的优势，用欧洲人的科学观点来看，他们并非如此博学和如此敏锐，如果我们相信金尼阁和其他作者的记叙，中国人的总的特点，是注意细微末节和轻信新奇事物，他们沉迷于寻找金石与长生不老药的徒劳中，沉迷于星象、算命与各种各样的预兆。很明显，他们缺乏自然科学与数学方面的知识，是耶稣会传教士给他们

---

① 范存忠：《中国文化在启蒙时期的英国》，第49页。
② 同上书，第504页。

传授了大科学家的学识。①

批评中国的英国哲学家不仅有贝克莱，还有著名的休谟（David Hume，1711—1776）。他在一篇题为《论艺术和科学的兴起和进步》的论文中探讨多个的国家艺术与科学进步与衰败的原因时讲到了中国，对中国思想的僵化、缺乏生机提出了尖锐的批评。

> 在中国，似乎有不少可观的文化礼仪和学术成就，在许多世纪漫长的历史发展过程中，我们本应期待它们能成熟到比它们已经达到的要更完美和完备的地步。但是中国是一个幅员广大的帝国，使用同一种语言，用同一种法律治理，用同一种方式交流感情。任何导师，像孔夫子那样的先生，他们的威望和教诲很容易从这个帝国的某一角落传播到全国各地。没有人敢于抵制流行看法的洪流，后辈也没有足够的勇气敢对祖宗制定、世代相传、大家公认的成规提出异议。这似乎是一个非常自然的理由，能说明为什么在这个巨大帝国里科学的进步如此缓慢。②

休谟在宗教观上是与他的经验论哲学完全一致的。他反对宗教的神迹，在这个意义他也否认中国宗教与神迹。但休谟认为，"在中国的孔夫子的信徒中，才会有唯一正规的自然神论者"③。从否认一神论的角度，他指出："多神论一般是主张宗教宽容的，它承认多民族和各教派的神都有神性，它为多种不同的神，各种不同的宗教传统和仪式，营造了和谐共处的气氛。"④这里休谟实际上又对多神教派给予了一种宽容的理解。从这里我们可以看到，休谟对中国的态度实际较为复杂。

笛福（Daniel Defoe，1660—1731）是英国近代文学和报刊的创始人。1719年，他根据航海家和流之者的记载所创作的《鲁滨孙漂流记》获得了极大的成功，被誉为"世界性的书"。而《鲁滨孙漂流续记》就是鲁滨孙在中国的旅行。

---

① 张弘：《中国文学在英国》，第37页。
② 杨适等译：《人性的高贵与卑劣——休谟散文集》，上海三联书店1988年版，第47页。
③ 忻剑飞：《世界的中国观——近二千年来世界对中国的认识史纲》，学林出版社1991年版，第163页。
④ 周晓亮：《休谟哲学研究》，人民出版社1999年版，第359页。

在他的眼中，中国人是一群贫困、奸诈、怯懦、自以为是的人，中国庞大而又虚弱，中华民族是一具僵尸，古老、败落。从笛福开始，中国的另一个形象开始出现在欧洲。虽然笛福从未到过中国，但他通过鲁滨孙这个艺术形象的历程向西方人展示了中国的另一面。笛福在完成《鲁滨孙漂流续记》以后，1720年又出了一本《鲁滨孙感想录》(Serious Reflections of Robinson Crusee)，在这里他谈起了哲学，直接批评了中国人的自然神论的宗教观。笛福以鲁滨孙的口气说：

> 然而，如果我们说到中国人，被人们誉为天赋伟大的中国人，我们很容易发现他们深陷于偶像崇拜的污泥中无法自拔。他们顶礼膜拜的偶像人狰狞可怕，形态怪诞，面无耳目，既不能行走、站立、飞翔，也不能视听、言说。这些丑陋狰狞的偶像的唯一作用，就是将一大堆乌七八糟、可怕又可恶的观念装到偶像崇拜者愚蠢的脑子里。①

如果说笛福是在凭空编造着中国的故事，那么马戛尔尼的出使中国则使西方人最终看清了这个庞大的帝国。他们在中国的漫长旅行和等待使他们再也找不到以往传教士第一次到中国时的感觉。一个真正落后的中国真实地展现在西方人面前。经历了工业革命的英国人此时再看中国，它已是老态龙钟。"由于这次使命失败，它将使人看清真相，并为下一世纪的武装对抗开拓了道路。"②

从此欧洲再不迷恋中国，中西关系翻开了新的一页，那是欧洲殖民主义在中国扩张的历史，那是资本经济对自然经济的胜利，那是一个泱泱大国从未有过的百年耻辱的历史。

---

① 周宁：《2000年西方看中国》（下），团结出版社1999年版，第628页。
② 佩雷菲特：《停滞的帝国——两个世界的撞击》，第550页。

结束语　寻求世界近代思想的起源

中西早期思想交流是中西早期文化交流史的一部分，如果从1583年罗明坚、利玛窦正式入华，在肇庆建立了仙花寺为其起点，那么到1840年鸦片战争开始为止，中西早期文化交流史便告一个段落。

就西方宗教和哲学在中国的传播来说，在华耶稣会士在向中国传播科学和技术的同时，也将西方神学、西方哲学传入中国。长期以来，我们对传教士传入的这部分内容重视不够：一是评价不高，认为这些内容基本上是中世纪的经院哲学，对中国思想没有起到多少作用；一是梳理不够，对究竟传教士们介绍了哪些西方哲学思想，介绍到什么程度等问题，往往大而化之。

也正鉴于此，本书上编着力于基本文献的梳理和介绍，并力图将传教士所介绍的思想与中国传统哲学做一比较和评述。这部分文献相当多，而且许多文献还藏于海外，国内学者还很难见到，因而这种梳理工作也仅仅是开始，还有许多工作待深入。

从文化比较史来说，上编侧重于传播学，而对于西方宗教和哲学对明清思想史的实际冲击与反应虽有所涉猎，但毕竟着墨较少。之所以如此安排，笔者有两点考虑。一是，如将明清间中国对西方宗教和哲学思想的接受列入本书，那上编实际成为明清思想史的一个方面，其内容非本书所能容纳。我想待以后有机会可将这一问题专门加以展开。二是，20世纪30年代从陈受颐先生开始，历经陈卫平的《第一页与胚胎——明清之际的中西文化比较》、李天纲的《中国礼仪之争：历史·文献和意义》和孙尚扬的《基督教与明末儒学》等不断开拓，这方面已有实质性进展。若没有新的文献发现，尤其是个案的深入研究，显然不行，而一旦这样展开又和本书主题冲突。

西方文化在中国的命运与礼仪之争有着重要的关系。这一事件的发生暴露了自利玛窦以来基督教儒学化所包含的自身矛盾。西方哲学与宗教面临着有着悠久文化传统和独特哲学表述的中国文化应该进行怎样的调整？中西文化相遇后如何找到"会通"之路？这是很大的挑战。但后来入华的传教士们并未解决利玛窦留给他们的矛盾。面对这份有着巨大价值的理论文化遗产，利玛窦的继承者们消化得并不理想，到康熙时传教士中"惟白晋一人稍知中国书义"[1]，而白晋、马若瑟等人又走的是索隐派的路线，西学的微式应在必然之中。

同时，由徐光启、李之藻、杨廷筠、王徵等人所开创的会通中西之路，虽然在明末和康熙年间曾一度显示其巨大的价值，但在雍正、乾隆两代采取"节取技能而禁传其学术"（《四库全书》）的路线后，只能使西学归结为"技能"，形而上学和宗教被列入排斥之列，这样西方宗教和哲学在中国的传播就失去了发展的空间。1838年，拥有一技之长的传教士退出历局，"西学已被整个社会（包括帝王在内）遗忘得一干二净"[2]。两年之后英国的大炮便轰塌了虎门炮台，一个新的时代便开始了。西方宗教和哲学结束了它在中国的第一次传播。

就中国宗教和哲学在西方的传播来说，从1592年高母羡将《明心宝鉴》译为西班牙文，到1814年十六卷的《中国杂纂》出版，前后二百多年时间里，中国宗教和哲学思想、文化传统大规模地、系统地传入欧洲，中国文化成为催生启蒙运动的重要因素。中国宗教和哲学以其独特的思维方式、深邃的哲学思考，深深影响了欧洲启蒙时代的思想家。

尽管入华耶稣会士对中国的介绍有其理想化的一面，但基本材料还是真实的。18世纪的欧洲"中国热"并非像一些西方学者所讲是"一个神话"，我们也

---

[1] 罗光：《教廷与中国使节史》，第173页。
[2] 陈卫平：《第一页与胚胎——明清之际的中西文化比较》，第274页。

并不能把它归入今天的所谓"东方主义"。这是中西思想第一次相识以后,东方文化对西方文化的第一次大的冲击。在康乾年间中国的国力在世界上是第一位的。① 当时双方同时在向近代转化,而中国文化悠久于欧洲,国力也强于欧洲,因而形成这种"中国热"除有欧洲自身的原因以外,也是当时中西方的实际情况决定的。今天的有些西方人完全忘记了这一点,或者说从"欧洲中心主义"出发不愿意接受这一点。② 显然,简单地用萨义德的"东方主义"来解释16—18世纪的东方观也不尽全面。因为在萨义德看来,"东方主义"是今日西方所构建的东方,这只是西方的"他者",是"想象"的东方,而不是实际的东方。③ 但这里指的是19世纪以后"欧洲中心"形成以后的东方观,而不能套到1500—1800年间欧洲的中国观上。

16—18世纪,甚至可以说是15—18世纪,在西方第一次进行殖民主义扩张时,西方人也是第一次走出地中海,走出大西洋。他们面临着一个崭新的世界。如果说他们对南美洲是物质掠夺与精神文化扫荡同时进行的话④,那么他们在东方则遇到完全不同的境遇。因为那是一个比西方还要强大的东方,一个比欧洲文明还要悠久的中国文明。因此,在东方面前,此时"欧洲中心主义"并未形成。更何况中国在经济上也是十分强大的。当时中国与欧洲的交往是平等的。这段历史至今仍未被充分研究,我们很习惯接过19纪以来中西方关系完全不对等以后的一些理论来解释这段历史,但应看到西方的"中国观"是变化的"中国观",在对待东方和中国的态度上,西方是典型的"变色龙"。

当1793年马戛尔尼使团访华以后,西方对中国的认识就开始发生了转变⑤,黑格尔则体现了这种转变的完成。在黑格尔眼中,中国哲学已完全失去了它的光环,孔子成了一个俗不可耐的糟老头。中国到乾隆晚年已露出败相,当乾隆二十四年(1759)颁布《防范外夷规条》并关上中国大门时,中国就注定要失败

---

① 当时各国人均收入用1960年美元价格作计算,中国1800年为228美元,居世界先进水平。参阅费尔南·布罗代尔:《15至18世纪的物质文明、经济和资本主义》,第617—618页。
② 参阅许明龙:《欧洲18世纪"中国热"》。此书对这一问题有较深入的分析。
③ 参阅爱德华·W.萨义德:《东方学》,王宇根译,生活·读书·新知三联书店1999年版。
④ 参阅普雷斯科特:《秘鲁征服史》;贡德·弗兰克:《白银资本:重视经济全球化中的东方》。
⑤ 许明龙《欧洲18世纪"中国热"》第五章有很好的介绍。

了。此时，西方发生了科技革命，法国开始了轰轰烈烈的大革命，东西方之间的平衡开始被打破。欧洲人的世纪来了，这就是19世纪。此时，"印度的神秘主义，夺取了中国哲学的地位；它在十九世纪所起的作用，正如中国文化在十八世纪所起的一样，但没有像后者的受人注意而已"①。

1500—1800年这三百年是近代世界史上最重要的三百年。长期以来对世界体系的研究受到"欧洲中心主义"的影响，当中国，当东方，当第三世界重新返回世界体系时，当经济真正开始了它的全球化时，1800—2000年这二百年所形成的世界体系将被打破。②在文化上，"欧洲中心主义"将被真正解构。就中国来说，历史仿佛又回到了它的起点，但这次西方遇到的是一个再次逐步强大的东方，一个迅速发展的中国，完全异于西方文化的东方文化。

19世纪以来的文化结构必须被打破，中西方应回到一个平等的起点上，重建世界体系，重新开始不同文化的平等对话。正是在这段历史中，我们看到"五四"以来困扰中国思想界的"现代与传统""东方与西方"的二元结构已被化解。它告诉我们，中国的传统并不是完全与近现代社会相冲突，中国宗教和哲学思想并非与现代思想根本对立。在我们的传统中，在我们先哲的思想中，有许多同希腊文明一样永恒的东西，有许多同基督教文明一样具有普世性的观念。只要我们进行创造性的转化，中国传统哲学的精华定会成为中国现代文化的有机内容。东方在世界体系中也并非无足轻重，在西方走向世界时，东方无论在思想上还是在经济上都起着不可取代的作用。同样，在西方近代思想的形成过程中，"欧洲中心主义"并不是其主流，如伏尔泰在《风俗论》中丝毫没有白种人的优越感，在维柯的《新科学》中民族平等是其基本准则。这说明我们应从更长的历史，从全球化新的视角，从五百多年中西文化互动的历史中，重新梳理世界近代思想的形成。

---

① 利奇温：《十八世纪中国与欧洲文化的接触》，第132页。
② 参阅贡德·弗兰克：《白银资本：重视经济全球化中的东方》；王国斌：《转变中的中国：历史变迁与欧洲经验的局限》，李伯重、连玲玲译，江苏人民出版社1998年版；王加丰：《扩张体制与世界市场的开辟——地理大发现新论》，北京大学出版社1999年版；伊曼纽尔·沃勒斯坦：《现代世界体系》，高等教育出版社1998年版。在全球化的今天，"世界体系"问题日益引起人们的关注，以"欧洲中心主义"的立场所建造的"世界体系"必然要被打破，这将对重新说明中西关系产生重要的影响。

也正是在这个意义上，本书第一次从中西两个方面同时研究，将"西学东渐"和"东学西传"作为一个整体。我们应从中西方第一次思想对话的历史中汲取智慧，因为思想从来不能离开历史的大地飞翔，轻视、无视历史的思想创造是注定要失败的，厚重的历史凝聚着一代代哲人的思考，绕过他们几乎是不可能的。

参考文献

C.R.博克舍编注：《十六世纪中国南部行纪》，何高济译，中华书局1990年版。

E.卡西勒：《启蒙哲学》，顾伟铭等译，山东人民出版社1988年版。

G.G.莱布尼茨：《中国近事——为了照亮我们这个时代的历史》，梅谦立、杨保筠译，大象出版社2005年版。

H.裕尔撰，〔法〕H.考迪埃修订：《东域纪程录丛》，张绪山译，云南人民出版社2002年版。

《中国逻辑史研究》编辑小组编：《中国逻辑史研究》，中国社会科学出版社1982年版。

阿塔纳修斯·基歇尔：《中国图说》，张西平、杨慧玲、孟宪谟译，大象出版社2010年版。

艾儒略原著，谢方校释：《职方外纪校释》，中华书局1996年版

艾田蒲：《中国之欧洲》（上），许钧、钱林森译，河南人民出版社1992年版。

艾田蒲：《中国之欧洲》（下），许钧、钱林森等译，河南人民出版社1992年版。

爱德华·W.萨义德：《东方学》，王宇根译，生活·读书·新知三联书店1999年版。

爱克曼辑录：《歌德谈话录》，朱光潜译，人民文学出版社1978年版。

安国风：《欧几里得在中国：汉译〈几何原本〉的源流与影响》，纪志刚、郑诚、郑方磊译，江苏人民出版2008年版。

安田朴、谢和耐等：《明清间入华耶稣会士和中西文化交流》，耿昇译，巴蜀书社1993年版。

安文铸、关珠、张文珍编译：《莱布尼茨和中国》，福建人民出版社1993年版。

埃德蒙·帕里斯：《耶稣会士秘史》，中国社会科学出版社1990年版。

奥尔森：《基督教神学思想史》，吴瑞诚、徐成德译，北京大学出版社2003年版。

奥古斯丁：《忏悔录》，周士良译，商务印书馆1963年版。

柏理安：《东方之旅》，毛瑞芳译，江苏人民出版社2017年版。

包乐史：《中荷交往史》，庄国土、程绍刚译，路口店出版社1989年版。

保罗·奥斯卡·克利斯特勒：《意大利文艺复兴时期八个哲学家》，姚鹏、陶建平译，广西美术出版社2017年版。

北京大学哲学系外国哲学史教研室编译：《古希腊罗马哲学》，商务印书馆1982年版。

北京大学哲学系外国哲学史教研室编译：《十六—十八世纪西欧各国哲学》，生活·读书·新知三联书店1958年版。

北京大学哲学系外国哲学史教研室编译：《西方哲学原著选读》（上卷），商务印书馆1981年版。

北京大学哲学系外国哲学史教研室编译：《西方哲学原著选读》（下卷），商务印书馆1982年版。

毕尔麦尔等编著：《中世纪教会史》，雷立柏译，宗教文化出版社2010年版。

蔡元培：《中国伦理学史》，东方出版社1996年版。

查尔斯·L. 坎默：《基督教伦理学》，王苏平译，中国社会科学出版社1994年版。

陈来：《古代宗教与伦理：儒家思想的根源》，生活·读书·新知三联书店1996年版。

陈来：《宋明理学》，辽宁教育出版社1991年版。

陈梦家：《殷虚卜辞综述》，中华书局1988年版。

陈卫平：《第一页与胚胎——明清之际的中西文化比较》，上海人民出版社1992年版。

陈铨：《中德文学研究》，辽宁教育出版社1997年版。

陈铨：《中国纯文学对德国文学的影响》，学生书局1971年版。

陈修斋主编：《欧洲哲学史上的经验主义和理性主义》，人民出版社1986年版。

陈炎：《海上丝绸之路与中外文化交流》，北京大学出版社1996年版。

陈垣编印：《康熙与罗马使节关系文书》，文海出版社1974年版。

陈垣等：《民元以来天主教史论集》，辅仁大学出版社1985年版。

存萃学社编集：《利玛窦研究论集》，崇文书店1971年版。

大卫·璐尔斯：《中世纪思想的演化》，杨选译，商务印书馆2012年版。

邓玉函口授、王徵译绘：《远西奇器图说》（一），中华书局1985年版。

董光璧：《易图的数学结构》，上海人民出版社1987年版。

杜维明：《现代精神与儒家传统》，生活·读书·新知三联书店1997年版。

杜文凯编：《清代西人见闻录》，中国人民大学出版社1985年版。

樊洪业：《耶稣会士与中国科学》，中国人民大学出版社1992年版。

范存忠：《中国文化在启蒙时期的英国》，译林出版社2010年版。

范明生：《柏拉图哲学述评》，上海人民出版社1984年版。

方豪：《方豪六十自定稿》（下册），学生书局1969年版。

方豪：《方豪文录》，上智编译馆1948年版。

方豪：《李之藻研究》，台湾商务印书馆1966年版。

方豪：《中国天主教史人物传》，宗教文化出版社2007年版。

方豪：《中西交通史》（下），上海人民出版社2008年版。

费尔南·布罗代尔：《15至18世纪的物质文明、经济和资本主义》，顾良、施康强译，生活·读书·新知三联书店1992年版。

费赖之：《在华耶稣会士列传及书目》，冯承钧译，中华书局1995年版。

冯尔康：《尝新集：康雍乾三帝与天主教在中国》，天津古籍出版社2017年版。

冯友兰：《中国哲学简史》，涂又光译，北京大学出版社2013年版。

伏尔泰：《风俗论》（上册），梁守锵译，商务印书馆1994年版。

伏尔泰：《哲学辞典》（上册），王燕生译，商务印书馆1997年版。

伏尔泰：《路易十四时代》，吴模信、沈怀洁、梁宇锵译，商务印书馆1996年版。

弗朗斯瓦·魁奈：《中华帝国的专制制度》，谈敏译，商务印书馆1992年版。

弗朗西丝·伍德（吴芳思）：《马可·波罗到过中国吗？》，洪允息译，新华出版社1997年版。

傅汎际译义，李之藻达辞：《名理探》，生活·读书·新知三联书店1959年版。

高丙中撰：《中华文化通志·宗教与民俗典：民间风俗志》，上海人民出版社1998年版。

高寿仙：《中国宗教礼俗：传统中国人的信仰系统及其实态》，天津人民出版社1992年版。

戈岱司编：《希腊拉丁作家远东古文献辑录》，耿昇译，中华书局1987年版。

贡德·弗兰克：《白银资本：重视经济全球化中的东方》，刘北成译，中央编译出版社2000年版。

郭湛波：《近五十年中国思想史》，山东人民出版社1997年版。

韩凌：《洛克与中国：洛克"中国笔记"考辨》，北京大学出版社2019年版。

韩琦：《中国科学技术的西传及其影响（1582—1793）》，河北人民出版社1999年版。

韩毓海：《五百年来谁著史：1500年以来的中国与世界》，九州出版社2009年版。

韩震：《西方历史哲学导论》，山东人民出版社1992年版。

汉斯-格奥尔格·加达默尔：《哲学解释学》，上海译文出版社1994年版。

汉斯-尤尔根·格尔茨：《歌德传》，伊德、赵其昌、任立译，商务印书馆1982年版。

汉斯·昆：《世界宗教寻踪》，杨煦生、李雪涛等译，生活·读书·新知三联书店2007年版。

何光沪：《多元化的上帝观：20世纪西方宗教哲学概览》，贵州人民出版社1991年版。

何怀宏：《良心论——传统良知的社会转化》，上海三联书店1994年版。

何俊：《西学与晚明思想的裂变》，上海人民出版社1998年版。

何茂春：《中国外交通史》，中国社会科学出版社1996年版。

何世明：《从基督教看中国孝道》，宗教文化出版社1999年版。

赫德逊：《欧洲与中国》，王遵仲、李申、张毅译，中华书局1995年版。

黑格尔：《法哲学原理》，范扬、张企泰译，商务印书馆1961年版。

黑格尔：《历史哲学》，王造时译，上海书店出版社1999年版。

黑格尔：《哲学史讲演录》（第一卷），贺麟、王太庆译，商务印书馆1959年版。

黑格尔：《哲学史讲演录》（第二卷），贺麟、王太庆译，商务印书馆1960年版。

黑格尔：《哲学史讲演录》（第三卷），贺麟、王太庆译，商务印书馆1959年版。

黑格尔：《哲学史讲演录》（第四卷），贺麟、王太庆译，商务印书馆1978年版。

亨利希·海涅：《论德国》，薛华、海安译，商务印书馆1980年版。

亨利希·肖尔兹：《简明逻辑史》，张家龙译，商务印书馆1977年版。

洪汉鼎：《斯宾诺莎哲学研究》，人民出版社1997年版。

侯鸿勋：《论黑格尔的历史哲学》，上海人民出版社1982年版。

侯杰、范丽珠：《中国民众宗教意识》，天津人民出版社1994版。

侯外庐：《中国思想通史》（第四卷下），人民出版社1960年版。

侯外庐、邱汉生、张岂之主编：《宋明理学史》，人民出版社1997年版。

黄邦和、萨娜、林被甸主编：《通向现代世界的500年：哥伦布以来东西两半球汇合的世界影响》，北京大学出版社1994年版。

黄明同、吴熙钊主编：《康有为早期遗稿述评》，中山大学出版社1988年版。

黄时鉴主编：《东西交流论谭》，上海文艺出版社1998年版。

姜广辉：《理学与中国文化》，上海人民出版社1994年版。

姜林祥编著：《儒学在国外的传播与影响》，齐鲁书社2004年版。

江晓原：《天学外史》，上海人民出版社1999年版。

焦树安：《比较哲学》，中国文化书院1987年版。

焦树安：《焦树安文集》，北京图书馆出版社2002年版。

杰克·戈德斯通：《为什么是欧洲？世界史视角下的西方崛起（1500—1850）》，关永强译，浙江大学出版社2010年版。

金国平、吴志良：《过十字门》，澳门成人教育学会2004年版。

金国平、吴志良：《镜海飘缈》，澳门成人教育学会2001年版。

金尼阁：《西儒耳目资》，文字改革出版社1957年版。

金泽、赵广明主编：《宗教与哲学》（第二辑），社会科学文献出版2013年版。

康德：《历史理性批判文集》，何兆武译，商务印书馆1990年版。

柯毅霖：《晚明基督论》，王志成、思竹、汪建达译，四川人民出版社1999年版。

克里斯蒂安·乔基姆：《中国的宗教精神》，王平等译，中国华侨出版公司1991年版。

克里斯托弗·哥伦布：《哥伦布美洲发现记》，刘福文译，文云朝、蔡宗夏校，黑龙江人民出版社1998年版。

雷立柏：《论基督之大与小：1900—1950年华人知识分子眼中的基督教》，社会科学文献出版社2000年版。

匡亚明：《孔子评传》，齐鲁书社1988年版。

雷蒙·道森：《中国变色龙——对于欧洲中国文明观的分析》，常绍民、明毅译，中华书局2006年版。

李金明、廖大珂：《中国古代海外贸易史》，广西人民出版社1995年版。

李明：《中国近事报道：1687—1692》，郭强、龙云、李伟译，大象出版社2004年版。

李乔：《行业神崇拜：中国民众造神运动研究》，中国文联出版社2000年版。

李秋零：《上帝·宇宙·人》，中国人民大学出版社1992年版。

李申：《儒教简史》，广西师范大学出版社2013年版。

李申选编、标点：《儒教敬天说》，国家图书馆出版社2009年版。

李天纲：《跨文化的诠释：经学与神学的相遇》，新星出版社2007年版。

李天纲：《中国礼仪之争：历史·文献和意义》，上海古籍出版社1998年版。

李俨、钱宝琮：《科学史全集》，辽宁教育出版社1998年版。

李约瑟：《中国科学技术史》（第四卷天学第二分册），《中国科学技术史》翻译小组译，科学出版社1975年版。

李泽厚：《批判哲学的批判——康德述评》，人民出版社1979年版。

李泽厚：《己卯五说》，中国电影出版社1999年版。

李泽厚：《论语今读》，安徽文艺出版社1998年版。

李泽厚：《世纪新梦》，安徽文艺出版社1998年版。

李泽厚：《由巫到礼 释礼归仁》，生活·读书·新知三联书店2015年版。

李泽厚：《中国古代思想史论》，人民出版社1985年版。

李之藻编：《天学初函·理编》，黄曙辉点校，上海交通大学出版社2013年版。

利玛窦：《利玛窦书信集》（上），罗渔译，光启出版社、辅仁大学出版社1986年版。

利玛窦：《利玛窦书信集》（下），罗渔译，光启出版社、辅仁大学出版社1986年版。

利玛窦：《利玛窦中国传教史》（上），刘俊余、王玉川合译，光启出版社、辅仁大学出版社1986年版。

利玛窦：《利玛窦中国传教史》（下），刘俊余、王玉川合译，光启出版社、辅仁大学出版社1986年版。

利玛窦：《耶稣会与天主教进入中国史》，文铮译，商务印书馆2014年版。

利玛窦、金尼阁：《利玛窦中国札记》（上册），何高济、王遵仲、李申译，何兆武校，中华书局1983年版。

利奇温：《十八世纪中国与欧洲文化的接触》，朱杰勤译，商务印书馆1962年版。

梁景之：《清代民间宗教与乡土社会》，社会科学文献出版社2004年版。

梁启超：《中国近三百年学术史》，天津古籍出版社2003年版。

林金水：《利玛窦与中国》，中国社会科学出版社1996年版。

刘述先：《儒家思想意涵之现代阐释论集》，"中央研究院"中国文哲研究所筹备处2000年版。

龙思泰：《早期澳门史》，东方出版社1997年版。

楼宇烈、张志刚主编：《中外宗教交流史》，湖南教育出版社1998年版。

陆安德：《真福直指》，土山湾印书馆1933年版。

陆国俊、郝名玮、孙成木主编：《中西文化交流的先驱——马可·波罗》，商务印书馆1995年版。

罗伯特·B.马克斯：《现代世界的起源：全球的、生态的述说》，夏继果译，商务印书馆2006

年版。

罗光：《天主教教义》，辅仁大学出版社1985年版。

罗光：《教廷与中国使节史》，台湾光启出版社1961年版。

罗芃、冯棠、孟华：《法国文化史》，北京大学出版社1997年版。

罗素：《西方哲学史》（上卷），何兆武、李约瑟译，商务印书馆1963年版。

罗素：《西方哲学史》（下卷），马元德译，商务印书馆1976年版。

罗竹风主编：《汉语大词典》（第三卷），汉语大词典出版社1989年版。

吕大吉：《西方宗教学说史》，中国社会科学出版社1994年版。

马可波罗：《马可波罗行纪》，冯承钧译，上海书店出版社2001年版。

马克斯·舍勒：《资本主义的未来》，刘小枫编校，罗悌伦等译，生活·读书·新知三联书店1997年版。

马西沙、韩秉方：《中国民间宗教史》，上海人民出版社1994年版。

马肇椿：《中欧文化交流史略》，辽宁教育出版社1993年版。

门多萨：《中华大帝国史》，何高济译，中华书局1998年版。

孟德斯鸠：《论法的精神》（上册），张雁深译，商务印书馆1995年版。

孟德斯鸠：《论法的精神》（下册），张雁深译，商务印书馆1995年版。

孟德卫：《莱布尼兹和儒学》，张学智译，江苏人民出版社1998年版。

孟华：《伏尔泰与孔子》，新华出版社1993年版。

孟华主编：《比较文学形象学》，北京大学出版社2001年版。

苗力田主编：《古希腊哲学》，中国人民大学出版社1989年版。

苗力田主编：《亚里士多德全集》（第一卷），中国人民大学出版社1990年版。

牟钟鉴、张践：《中国宗教通史》（上），中国社会科学出版社2000年版。

牟宗三：《康德的道德哲学》，学生书局1982年版。

牟宗三：《中国哲学的特质》，上海古籍出版社1997年版。

牟宗三：《中国哲学十九讲》，上海古籍出版社1997年版。

牟宗三：《中西哲学之会通十四讲》，上海古籍出版社1997年版。

南怀仁：《南怀仁的〈欧洲天文学〉》，高华士英译，余三乐中译，林俊雄审校，大象出版社2016年版。

南怀仁集述：《穷理学存（外一种）》，宋兴无、宫云维等点校，浙江大学出版社2016年版。

尼古拉·马勒伯朗士等：《有关神的存在和性质的对话》，陈乐民试译并序，生活·读书·新知三联书店1998年版。

帕尔默、科尔顿：《近现代世界史》（上），孙福生、陈敦全译，商务印书馆1988年版.

潘吉星主编：《李约瑟文集》，辽宁科学技术出版社1986年版。

潘吉星：《中外科学之交流》，香港中文大学出版社1993年版。

庞景仁：《马勒伯朗士的"神"的观念和朱熹的"理"的观念》，冯俊译，商务印书馆2005年版。

裴化行：《利玛窦评传》（上、下），管震湖译，商务印书馆1993年版。

裴化行：《天主教十六世纪在华传教志》，萧濬华译，商务印书馆1936年版。

佩雷菲特：《停滞的帝国——两个世界的撞击》，王国卿等译，生活·读书·新知三联书店1995年版。

彭慕兰：《大分流：欧洲、中国及现代世界经济的发展》，史建云译，江苏人民出版社2008年版。

普雷斯科特：《秘鲁征服史》，周叶谦等译，商务印书馆1996年版。

乔万尼·阿里吉滨下武志、马克·塞尔登主编：《东亚的复兴：以500年、150年和50年为视角》，马援译，社会科学文献出版社2006年版。

卿文光：《论黑格尔的中国文化观》，社会科学文献出版社2005年版。

秦家懿编译：《德国哲学家论中国》，生活·读书·新知三联书店1993年版。

阮元：《畴人传》，商务印书馆1955年重印本。

任继愈主编：《国际汉学》（第四辑），大象出版社1999年版。

任继愈主编：《中国佛教史》（第一卷），中国社会科学出版社1981年版。

荣振华、莱斯利：《中国的犹太人》，耿昇译，中州古籍出版社1992年版。

桑贾伊·苏拉马尼亚姆：《葡萄牙帝国在亚洲1500—1700：政治和经济史》，何吉贤译，纪念葡萄牙发现事业澳门地区委员会1997年版。

山田庆儿：《古代东亚哲学与科技文化》，辽宁教育出版社1996年版。

单纯：《儒家的思想魅力》，中国社会出版社2011年版。

尚智丛：《明末清初（1582—1687）的格物穷理之学：中国科学发展的前近代形态》，四川教育出版社2003年版。

沈福伟：《中西文化交流史》，上海人民出版社1985年版。

石峻主编：《中国近代思想史参考资料简编》，生活·读书·新知三联书店1957年版。

石田干之助：《欧人之汉学研究》，朱滋萃译，山西人民出版社2015年版。

石田干之助：《中西文化之交流》，张宏英译，商务印书馆1941年版。

史景迁讲演：《文化类同与文化利用》，北京大学出版社1997年版。

斯宾诺莎：《神学政治论》，温锡增译，商务印书馆1963年版。

斯塔夫里阿诺斯：《全球通史：1500年以后的世界》，吴象婴、梁赤民译，上海社会科学院出版社1999年版。

宋黎明：《神父的新装：利玛窦在中国》，南京大学出版社2011年版。

苏尔·诺尔编：《中国礼仪之争：西文文献一百篇（1645—1941）》，沈保义、顾卫民、朱静译，上海古籍出版社2001年版。

孙尚杨：《基督教与明末儒学》，东方出版社1994年版。

谈敏：《法国重农学派学说的中国渊源》，上海人民出版社1992年版。

谭嗣同：《仁学》，吴海兰评注，华夏出版社2002年版。

汤开建汇释、校注：《利玛窦明清中文文献资料汇释》，上海古籍出版社2017年版。

汤一介：《中国传统文化中的儒道释》，中国和平出版社1988年版。

唐君毅：《中国文化之精神价值》，正中书局1981年版。

唐晓峰：《元代基督教研究》，社会科学文献出版社2015年版。

陶亚兵：《明清间的中西音乐交流》，东方出版社2001年版。

陶亚兵：《中西音乐交流史稿》，中国大百科全书出版社1994年版。

托克维尔：《旧制度与大革命》，冯棠译，商务印书馆1992年版。

王重民辑校：《徐光启集》（上册），上海古籍出版社1984年版。

王国斌：《转变中的中国：历史变迁与欧洲经验的局限》，李伯重、连玲玲译，江苏人民出版社1998年版。

王国维：《观堂集林外二种》，河北教育出版社2003年版。

王加丰：《扩张体制与世界市场的开辟——地理大发现新论》，北京大学出版社1999年版。

王建鲁：《〈名理探〉与〈辩证法大全注疏〉比较研究》，中国社会科学出版社2014年版。

王明：《道家和道教思想研究》，中国社会科学出版社1984年版。

王萍：《西方历算学之输入》，"中央研究院"近代史研究所1980年版。

王晓朝：《基督教与帝国文化》，东方出版社1997年版。

王漪：《明清之际中学之西渐》，台湾商务印书馆1979年版。

王元化主编：《学术集林》（卷四），上海远东出版社1995年版。

王徵:《王征集》,林乐昌编校,西北大学出版社2015年版。

王徵:《畏天爱人极论:王徵天主教文献集》,台湾橄榄出版有限公司2014年版。

王治心:《中国宗教思想史大纲》,东方出版社1996年版。

维吉尔·毕诺:《中国对法国哲学思想形成的影响》,耿昇译,商务印书馆2000年版。

魏若望:《耶稣会士傅圣泽神甫传:索隐派思想在中国及欧洲》,吴莉苇译,大象出版社2006年版。

魏若望编:《传教士·科学家·工程师·外交家南怀仁(1623~1688)——鲁汶国际学术研讨会论文集》,社会科学文献出版社2001年版。

卫茂平:《中国对德国文学影响史述》,上海外语教育出版社1996年版。

卫三畏:《中国总论》,陈俱译,陈绛校,上海古籍出版社2005年版。

温公颐:《中国近古逻辑史》,上海人民出版社1993年版。

温公颐主编:《中国逻辑史教程》,上海人民出版社1988年版。

吴相湘主编:《天主教东传文献》,学生书局1966年版。

吴相湘主编:《天主教东传文献续编》(第一册),学生书局1986年版。

吴相湘主编:《天主教东传文献续编》(第二册),学生书局1986年版。

吴相湘主编:《天主教东传文献续编》(第三册),学生书局1986年版。

吴湘相主编:《天主教东传文献三编》,学生书局1972年版。

吴于廑、齐世荣主编:《世界史·近代史编》(上卷),高等教育出版社1992年版。

西塞罗:《西塞罗三论:老年·友谊·责任》,徐奕春译,商务印书馆1998年版。

夏伯嘉:《利玛窦:紫禁城里的耶稣会士》,上海古籍出版社2012年版。

夏瑰琦编:《圣朝破邪集》,建道神学院1996年版。

夏瑞春编:《德国思想家论中国》,陈爱政等译,江苏人民出版社1995年版。

向达:《唐代长安与西域文明》,生活·读书·新知三联书店1957年版。

谢和耐:《中国和基督教:中国和欧洲文化之比较》,耿昇译,上海古籍出版社1991年版。

谢应瑞主编:《法国启蒙时代的无神论》,厦门大学出版社1994年版。

忻剑飞:《世界的中国观——近二千年来世界对中国的认识史纲》,学林出版社1991年版。

徐光启:《增订徐文定公集》,徐顺兴印刷所1933年版。

徐宗泽:《明清间耶稣会士译著提要》,上海书店出版社2006年版。

许明龙:《孟德斯鸠与中国》,国际文化出版公司1989年版。

许明龙:《欧洲18世纪"中国热"》,山西教育出版社1999年版。

许志伟、赵敦华主编：《冲突与互补：基督教哲学在中国》，社会科学文献出版社2000年版。

雅各布·布克哈特：《意大利文艺复兴时期的文化》，何新译，马香雪校，商务印书馆1979年版。

亚里士多德：《形而上学》，吴寿彭译，商务印书馆1959年版。

燕鼐思：《天主教中国教理讲授史》，田永正译，河北信德室1999年版。

杨焕英编著：《孔子思想在国外的传播与影响》，教育科学出版社1987年版。

杨森富编著：《中国基督教史》，台湾商务印书馆1984年版。

杨适等译：《人性的高贵与卑劣——休谟散文集》，上海三联书店1988年版。

杨武能：《歌德与中国》，生活·读书·新知三联书店1991年版。

杨志玖：《马可波罗在中国》，南开大学出版社1999年版。

姚小平主编：《海外汉语探索四百年管窥：西洋汉语研究国际研讨会暨第二届中国语言学史研讨会论文集》，外语教学与研究出版社2008年版。

叶秀山：《前苏格拉底哲学研究》，生活·读书·新知三联书店1982年版。

叶秀山、傅乐：《西方著名哲学家评传》（第二卷），山东人民出版社1984年版。

尹大贻：《基督教哲学》，四川人民出版社1988年版。

永瑢：《四库全书简明目录》（上册），古典文学出版社1957年版。

永瑢、纪昀主编：《四库全书总目提要》，海南出版社1999年版。

永瑢等撰：《四库全书总目》（上册），中华书局1965年版。

永瑢等撰：《四库家藏：子部典籍概览（一）》，山东画报出版社2004年版。

余敦康：《内圣外王的贯通：北宋易学的现代阐释》，学林出版社1997年版。

余敦康：《中国哲学论集》，辽宁大学出版社1998年版。

余士雄主编：《马可·波罗介绍与研究》，书目文献出版社1983年版。

余英时：《士与中国文化》，上海人民出版社1987年版。

余英时：《中国文化史通释》，生活·读书·新知三联书店2011年版。

约翰·德雷恩：《旧约概论》，许一新译，北京大学出版社2004年版。

约翰·德雷恩：《新约概论》，胡青译，北京大学出版社2005年版。

约翰·穆勒：《穆勒名学》，严复译，商务印书馆1981年版。

曾德昭：《大中国志》，何高济译，上海古籍出版社1998年版。

詹姆士·利奇蒙德：《神学与形而上学》，朱代强、孙善玲译，四川人民出版社1997年版。

詹鄞鑫：《神灵与祭祀：中国传统宗教综论》，江苏古籍出版社1992年版。

张错：《利玛窦入华及其他》，香港城市大学出版社2002年版。

张岱年：《中国哲学大纲：中国哲学问题史》，中国社会科学出版社1982年版。

张奉箴：《福音流传中国史略》（卷二上编），辅仁大学出版社1971年版。

张光直：《美术、神话与祭祀》，郭净译，辽宁教育出版社1988年版。

张弘：《中国文学在英国》，花城出版社1992年版。

张家龙主编：《逻辑学思想史》，湖南教育出版社2004年版。

张箭：《地理大发现研究：15—17世纪》，商务印书馆2002年版。

张践：《中国古代政教关系史》，中国社会科学出版社2012年版。

张铠：《庞迪我与中国：耶稣会"适应"策略研究》，北京图书馆出版社1997年版。

张立文主编：《理》，中国人民大学出版社1991年版。

张立文、李甦平主编：《中外儒学比较研究》，东方出版社1998年版。

张世英：《天人之际：中西哲学的困惑与选择》，人民出版社1995年版。

张维华：《明史欧洲四国传注释》，上海古籍出版社1982年版。

张西平：《交错的文化史：早期传教士汉学研究史稿》，学苑出版社2017年版。

张西平：《欧洲早期汉学史：中西文化交流与西方汉学的兴起》，中华书局2009年版。

张西平、李颖主编：《启蒙的先声：中国文化与启蒙运动》，北京大学出版社2020年版。

张西平、卓新平编：《本色之探：20世纪中国基督教文化学术论集》，中国广播电视出版社1999年版。

张先清：《官府、宗族与天主教：17—19世纪福安乡村教会的历史叙事》，中华书局2009年版。

张星烺编注，朱杰勋校订：《中西交通史料汇编》（第一册），中华书局1977年版。

张增信：《明季东南中国的海上活动》，东吴大学中国学术著作资助委员会1988年版。

张志刚：《猫头鹰与上帝的对话：基督教哲学问题举要》，东方出版社1993年版。

赵敦华：《基督教哲学1500年》，人民出版社1994年版。

郑安德编辑：《明末清初耶稣会思想文献汇编》（第三卷），北京大学出版社2003年版。

钟鸣旦：《杨廷筠——明末天主教儒者》，鲁汶大学中国欧洲研究中心1987年版。

钟鸣旦等编：《徐家汇藏书楼明清天主教文献》（第二册），辅仁大学神学院1996年版。

钟鸣旦等编：《徐家汇藏书楼明清天主教文献》（第一册），辅仁大学神学院1996年版。

钟宇人、余丽嫦编：《西方著名哲学家评传》（第四卷），山东人民出版社1984年版。

周辅成编：《西方伦理学名著选辑》（上卷），商务印书馆1964年版。

周景濂编著：《中葡外交史》，商务印书馆1936年版。

周宁：《2000年西方看中国》（下），团结出版社1999年版。

周宁编：《世界之中国：域外中国形象研究》，南京大学出版社2007年版。

周宁著/编注：《契丹传奇》，学苑出版社2004年版。

周晓亮：《休谟哲学研究》，人民出版社1999年版。

朱伯昆主编：《国际易学研究》（第2辑），华夏出版社1996年版。

朱杰勤：《中外关系史论文集》，河南人民出版社1984年版。

朱静编译：《洋教士看中国朝廷》，上海人民出版社1995年版。

朱谦之：《中国景教：中国古代基督教研究》，东方出版社1993年版。

朱谦之：《中国哲学对欧洲的影响》，上海人民出版社2006年版。

朱维铮校注：《梁启超论清学史二种》，复旦大学出版社1985年版。

朱维铮主编：《利玛窦中文著译集》，复旦大学出版社2001年版。

卓新平：《当代西方天主教神学》，上海三联书店1998年版。

卓新平：《当代西方新教神学》，上海三联书店1998年版。

本卡尔迪诺：《15—17世纪欧洲地图学对中国的介绍》，《文化杂志》1998年春季号。

陈洁、解启扬：《西方逻辑的输入与明末文化思潮》，《广西师院学报》（哲学社会科学版）2001年第1期。

郭齐勇：《当代新儒家对儒学宗教性问题的反思》，《中国哲学史》1999年第1期。

黄一农：《被忽略的声音——介绍中国天主教徒对"礼仪问题"态度的文献》，《清华学报》1995年第25卷第2期。

黄一农：《明末清初天主教的"帝天说"及其所引发的论争》，《故宫学术季刊》1997年第14卷第2期。

侯毅：《欧洲人第一次完整翻译中国法律典籍的尝试——斯当东与〈大清律例〉的翻译》，《历史档案》2009年第4期

江晓原：《十七、十八世纪中国天文学的三个新特点》，《自然辩证法通讯》1988年第3期。

蒋庆：《以儒教文明回应西方文明》，《新京报》2005年12月21日c10版。

金胜惠：《对〈七克〉的研究——基督教修养观与新儒家修养观的早期交汇》，段琦译，《世界宗教文化》1993年第1期。

李天纲：《从〈名理探〉看明末的西书汉译》，《传统文化与现代化》1996年第6期。

林金水：《明清之际士大夫与中西礼仪之争》，《历史研究》1993年第2期。

林金水：《试论南怀仁对康熙天主教政策的影响》，Sino-Western Cultural Relations Journal, XIV. 1992。

李明：《瑞典"中国宫"的形成及其建筑艺术风格的形成》，《艺术百家》2011年第2期。

梁启超：《保教非所以尊孔论》，《新民丛报》第2号，1902年2月22日。

卢西亚诺·佩特奇：《罗明坚地图中的中国资料》，《文化杂志》1997年春季号。

鲁国尧：《明代官话及其基础方言问题——读〈利玛窦中国札记〉》，《南京大学学报》1985年第4期。

罗常培：《耶稣会士在音韵学上的贡献》，《中央研究院历史语言研究所集刊》1930年第一本第三分。

洛佩斯：《罗明坚的〈中国地图集〉》，《文化杂志》1998年春季号。

弥维礼：《利玛窦在认识中国诸宗教方面之作为》，《中国文化》1990年12月。

南怀仁：《扈从康熙皇帝巡幸西鞑靼记》，张美华译，《清史研究通讯》1987年第1期。

唐逸：《中国基督教的发展》，《中国研究》1991年第2期。

汪雁秋译：《"无极天主正教真传之正辨"考》，《大陆杂志》1963年第26卷第8期。

王育民：《关于〈马可·波罗游记〉的真伪问题》，《史林》1988年第4期。

五来欣造：《莱布尼茨的周易学》，《学艺杂志》1935年第14卷第3号。

席泽宗：《十七、十八世纪西方天文学对中国的影响》，《自然科学史研究》1988年第3期。

向达：《书熊三拔泰西水法后》，国立北平图书馆刊，1930年第4卷第5期。

肖朗：《明清之际耶稣会士与西方大学讲义的译介》，《教育研究》2005年第4期。

许明龙：《中法文化交流的先驱黄嘉略——一位被埋没二百多年的文化使者》，《社会科学战线》1986年第3期。

杨福绵：《罗明坚、利玛窦〈葡汉辞典〉所记录的明代官话》，《中国语文学报》1995年第5期。

杨志玖：《关于马可·波罗离华的一段汉文记载》，《文史杂志》1941年第1卷第12期。

尹斌庸：《西字奇迹考》，《中国语文天地》1986年第2期。

曾传辉：《宗教概念之迻译与格义》，《世界宗教研究》2015年第5期。

张荫麟：《明清之际西学输入中国攻略》，《清华学报》1924年第1期。

朱雁冰：《从西方关于儒家思想的最早传说到利玛窦的儒学评价》，《神学论集》第96期，1993年号。

Charles E. Ronan, S.J. and Bonie B.C.OH (eds.), *East Meets West: The Jesuits in China, 1582—1773*, Loyola University Press, 1988.

Claudia von Collani, *P. Joachim Bouvet S.J.: Sein Leben und Sein Werk*, Steyler Verlag, 1985.

David E. Mungello, *Curious Land: Jesuit Accommodation And The Origins Of Sinology*, Franz Steiner Verlag, 1985.

D. E. Mungello (ed.), *The Chinese Rites Controversy: Its History and Meaning*, Steyler Verlag, 1994.

Debendra Bijoy Mitra, *The Cotton Weavers of Bengal 1757-1833*, Calcutta Temple Press, 1978.

Donald F. Lach, *Asia in the Making of Europe*, University of Chicago Press, 1977.

F. D'Arelli (ed.), *Le Marche e l'Oriente: Una tradizione ininterrotta da Matteo Ricci a Giuseppe Tucci*, Instituto Italiano per l'Africa e l'Oriente, 1998.

Ferdinand Verbiest, *The "Astronomia Europaea" of Ferdinand Verbiest, S. J. (Dillingen, 1687)*, ed. and trans. by Noel Gdvers, Steyler Verllag, 1993.

Gianni Criveller, *Preaching Christ in Late Ming China*, Taipei Ricci Institute, 1997.

George Minamiki, S.J.: *The Chinese Rites Controversy: From Its Beginning to Modern Times*, Loyola University Press, 1985.

Hongqi Li and Thomas H. C. Lee (ed.), *China and Europe*, Chinese University Press, 1991.

Iso Kern, *Buddhistische Kritik am Christentum im China des 17. Jahrhunderts*, Peter Lang, 1992.

Jerome Heyndrickx (ed.), *Philippe Couplet, S.J. (1623-1693): The Man Who Brought China to Europe*, Steyler Verlag, 1990.

Joachim Kurtz, *The Discovery of Chinese Logic: Genealogy of A Twentieth-Century Discourse*, Brill, 2011.

John D. Young, *Confucianism and Christianity: The First Encounter* Hongkong University Press, 1983.

John T. Driscoll, *The Catholic Encyclopedia*, Vol. 4, Robert Appleton Company, 1908.

John W. Witek, S.J., *Controversial Ideas in China and Europe: A Biography of Jean Francois Foucquet, S.J. (1665-1741)*, Institutum Historicum S.I., 1982.

Julia Ching, *Confucianism and Christianity: A Compartive Study*, Kadansha, 1977.

Julia Ching and Willard G. Oxtoby, Moral Enlightenment: Leibniz and Wolff on China, Steyler Verlag, 1992.

Karl Rahner, *The Trinity*, Herder & Herder, 1997.

Lewis A. Maverick, *China: A Model For Europe*, Paul Anderson Company, 1946.

Matteo Ricci, *The True Meaning of the Lord of Heaven*, trans. by Douglas Lancashire and Peter Hu Kuo-chen, The Institute of Jesuit Sources with the Ricci Institute Taipei, 1985.

Nicolas Standaert, *The Fascinating God: A Challenge to Modern Chinese Theology Presented by a Text on the Name of God Written by a 17th Century Chinese Student of Theology*, (Inculturation: Working Papers on Living Faith and Cultures XVII), Pontificia Universita Gregoriana, 1995.

Noêl Golvers (ed.), *The Christian Mission in China in the Verbiest Era: Some Aspects of the Missionary Approach,* Leuven University Press, 1990.

Paul A. Rule, *K'ung-Tzu or Confucius. The Jesuit Interpretation of Confucianism*, Allen and Unwin, 1986.

Robert Wardy, *Aristotle in China: Language, Categories, and Translation,* Cambridge University Press, 2000.

Tiziana Lippielo and Roman Malex (eds.), *"Scholar from the West": Giulio Aleni S.J. (1582—1649) and the Dialogue between Christianity and China*, Routledge, 1997.

Yu Dong, *Catalogo Delle Opere Cinesi Missionarie Della Biblioteca Apostolica Vaticana* (XVI—XVIII secolo), Biblioteca Apostolica Vaticana, 1996.

Albert Chan, S. J., "Michele Ruggieri, S. J. (1543-1607) and His Chinese Poems, " *Monumenta Serica*, Vol. XLI, 1993.

E. J. Van Kley, "Chinese History in Seventeenth-Century European Reports, " *Actes Du IIe Colloques Internatinal de Sinologie*, VI, Les Belles Lettres, 1983.

Edmund. Leites, "Confucianism in Eighteenth-Century England: Natural Moraltiy and Social Reform, " *Philosophy East and West*, Vol.28, No.2.

W. Watson, "Interpretation of China in Enlightenment: Montesquieu and Voltaire," *Actes Du IIe Colloque International de Sinologie*, IV, Les Belles-Lettres, 1980.

Knud Lundbaek, "The First Translation From a Confucian Classic in Europe, " *China Mission Studies (1500—1800) Bulletin* 1, 1977.

Thaddus Tui-Chieh Hang, "Ricci's Criticism of The Concept of Tai-chi, " *International Symposium on Chinese-Western Cultural Interchange in Commemoration of The 400th Anniversary of The*

Arrival of Matteo Ricci, S.J. in China, Taipei, 1983.

Rita Widmaier, "Leibniz and China : From Natural Theology to True Philosophy, " *Actes du lle Colloque International de Sinologie*, Chantilly, 1989.

后 记

1997年在广西召开的中国中外关系史学会的学术讨论会上，我结识了当时的人民出版社哲学编辑室主任方鸣，我们意气相投，相交甚好。

方鸣提议策划一套"大航海时代丛书"，在他后来任职的东方出版社出版。我约到了黄时鉴先生的两位高足——龚缨晏和徐海松，又找到了当时在中西文化交流史研究上崭露头角的吴孟雪和顾卫民，我希望大家各写一本。《中国与欧洲早期宗教和哲学交流史》便是我在这个丛书中的一本。这本书实际上是我进入中西文化交流史研究领域的第一本书，现在看起来显得有些幼稚，特别是在历史研究上。但这本书却是在朱谦之先生的《中国哲学对欧洲的影响》后沿着先生的思路进一步展开的，同时在内容上增加了朱先生一书所缺乏的西学东渐，尤其是西方宗教和哲学在中国传播的部分。由于书的主题是哲学和宗教，这本书在思想交流上还是下了一些功夫，例如对基督教灵魂论在中国传播的介绍，这一部分后来在《哲学研究》上发表。或许出于是这些原因，在沈福伟先生和张国刚先生的推荐下，新疆人民出版社2010年在策划"丝绸之路研究丛书"时，将这本书也列入了其中，书名改为《丝绸之路：中国与欧洲哲学宗教交流研究》。

自从我加入国际儒联的学术团队后，滕文生会长对中国思想在欧洲的传播和影响的研究十分重视。在国际儒联和北外比较文明与人文交流高等研究院、中国文化走出去协同中心的支持下,我主编了"儒学与欧洲文明研究丛书"。于是,我对这本旧作做了小的修订,为了文字更简洁一些,将题目改为《中国和欧洲早期思想交流史》。从总体上看,书稿保持了原来的面貌;从中西文化交流史研究的现状看,本书大大拓展了对历史的研究,但对中西思想交流的研究相对来说仍比较薄弱。另外,绝大多数的学者都是从单一方面展开中西文化交流史的研究的,或致力于西学东渐的研究,或致力于中学西传的研究;而这本书将西学东渐和中学西传作为一个整体的研究视角,从思想史、从哲学与宗教交流的角度展开研究,至今仍有价值。鉴于此,在修订、增补了部分内容后,放在北大社这套丛书中,奉献给读者。

张西平

2018年5月8日写于岳各庄东路游心书屋